von Borries · Wendepunkte der Frauengeschichte II

Frauen in Geschichte und Gesellschaft
Herausgegeben von Annette Kuhn und Valentine Rothe

Band 38

Wendepunkte der Frauengeschichte II

Über Muttergöttinnen, Männeransprüche und Mädchenkindheiten

Modelle und Materialien zum Ausprobieren und Bessermachen

Bodo von Borries

Centaurus Verlag & Media UG 2003

Der Autor, Prof. Dr. *Bodo von Borries*, ist Professor am Fachbereich Erziehungswissenschaft der Universität Hamburg.

Heute – wie damals – für Monika

Die Deutsche Bibliothek – CIP-Einheitsaufnahme

Borries, Bodo von:
Wendepunkte der Frauengeschichte II :
Über Muttergöttinnen, Männeransprüche und
Mädchenkindheiten. Modelle und Materialien
zum Ausprobieren und Bessermachen /
Bodo von Borries. - Herbolzheim : Centaurus-Verl., 2003
  (Frauen in Geschichte und Gesellschaft ; Bd. 38)
  ISBN 978-3-8255-0345-1   ISBN 978-3-86226-484-1 (eBook)
  DOI 10.1007/978-3-86226-484-1

ISSN 0933-0313

Alle Rechte, insbesondere das Recht der Vervielfältigung und Verbreitung sowie der Übersetzung, vorbehalten. Kein Teil des Werkes darf in irgendeiner Form (durch Fotokopie, Mikrofilm oder ein anderes Verfahren) ohne schriftliche Genehmigung des Verlages reproduziert oder unter Verwendung elektronischer Systeme verarbeitet, vervielfältigt oder verbreitet werden.

© *CENTAURUS Verlags-GmbH & Co. KG, Herbolzheim 2003*

Umschlagabbildung: Mel Marido, Schlechter Ehemann. Prado, Madrid.
Umschlaggestaltung: DTP-Studio, Antje Walter, Hinterzarten
Satz: Vorlage des Autors

Inhaltsverzeichnis

Warum ein Fortsetzungsband? (Vorwort) 9

1. Frauenleistung und Frauengeltung in jungsteinzeitlichen Bauerndörfern 15
Kommentar für Lehrer(innen) 16
1.1 Neolithische Revolution - jungsteinzeitliche Umwälzung 24
- Wie es im Schulbuch steht... 24
- Die neolithische Revolution 26
- Der seßhafte Mensch 28
1.2 Die Bedeutung der Neuerungen 30
- Jungsteinzeit im heutigen Alltag 30
- Weltgeschichtlicher Stellenwert 31
- Langfristige Folgen der neolithischen Revolution 34
- Unwiderufliche Veränderungen der Erde 36
1.3 Frauenanteil und Frauenarbeit 38
- Tongefäße der Jungsteinzeit 38
- Erfindungen und Leistungen von Frauen 39
- Sind Frauen technisch minderbegabt? 42
- "Männliche" und "weibliche" Errungenschaften 44
1.4 Fraueneinfluß oder Männerleitung in der Jungsteinzeit? 48
- Gesellschaftlicher Rang der Frauen 48
- Göttinnen und Götter 50
- "Mutterrecht" und "Frauenherrschaft"? 51
1.5 Völkerkundliche Parallelen und Überreste? 56
- Die Minankabaufrauen 56
- Die Irokesenfrauen 59
1.6 Beispiele "matrifokaler" Gesellschaften? 63
- Typische Frauenbeschäftigungen? 63
- Abweichende Interpretationen 64
- Seltene Verbindung günstiger Bedingungen 66
1.7 Zwischen altsteinzeitlichem Sammler-/Jägertum und metallzeitlichen Hochkulturen 68
- Hochkulturelle Errungenschaften auf jungsteinzeitlichen Grundlagen 68
- Drei Entwicklungsstufen vor- und frühgeschichtlicher Gesellschaften 71
- Folgen für Männer und Frauen 72

1.8 Aufstieg der Hochkultur - Niedergang des Fraueneinflusses? .. 74
- Vom "Matriarchat" zum "Patriarchat"? 74
- Frauengeltung und Männerherrschaft 74
- Die Kehrseite des Fortschritts - Frauen als Verlierer 78
- Macht und Sturz der Frauen in Mythen und Sagen? 79
Bildquellenachweis 81
Literaturverzeichnis 81

2. "Die Hälfte des Himmels"? Frauen im alten China (1500 v. - 500 n. Chr.) 85
Begründung 85
Benutzte Quellen und Darstellungen 91
2.2 Unterrichtsmaterial: Frauen im alten China 95
2.2.1 Frauenklagen ohne Ende? 96
2.2.2 Leben im Überfluß? 100
2.2.3 Herrschaft ohne Frauenanteil? 106
2.2.4 Familie als Zentrum des Denkens? 114
2.2.5 "Berühmte" Frauen - "große" Frauen - "befreite" Frauen? .. 123
2.2.6 Unterdrückung ohne Ausweg? 131

3. Frauenunterdrückung und Frauenbefreiung bei den Römern 137
3.1 Frauen - die vergessene Hälfte des römischen Volkes 137
3.2 Frauenemanzipation durch Weltherrschaft? 143
3.3 Die Barbaren haben bedenkliche Sitten 149
3.4 Frauenherrschaft in Ägypten? 156
Kommentar für Lehrer(innen) 163
Literatur 170

4. Die "Große Hexenverfolgung" (1555-1665) "Todeskampf des Mittelalters" oder "Geburtswehen der Neuzeit"? 177
4.1 Faszinierendes Lieblingsthema zwischen Reflexion und Projektion 177
4.2 Zwei biografische Dokumente 181
4.2.1 Ein Urteil aus Dillingen 1587 182
4.2.2 Ein Brief aus Bamberg 1628 184
4.3. Umfang und Stellenwert der Erscheinung 188
4.4 Rechtfertigungen der Verfolger 190
4.4.1 Obrigkeiten verteidigen ihr Durchgreifen 191
4.4.2 Untertanen bitten um Hexenverfolgung 192
4.5 Erklärungen! Erklärungen? Erklärungen! Erklärungen? 195
4.6 Und heute? - Presseartikel und Ausstellung 199
Literatur 204

5. Im "Paradies der Frauen"? Weibliches Leben in den dreizehn Kolonien und den frühen USA .. 207
Vorbemerkungen 207
5.1 Fragen über Fragen 209
5.1.1 Braucht die Amerikanerin mehr Rechte? 209
5.1.2 Sind Einfluß und Arbeit "gerecht" und "sinnvoll" verteilt? .. 211
5.1.3 Eigene Wahl bei Liebe und Ehe? 213
5.1.4 Gleiche Lebensleistungen und Entfaltungschancen? 215
5.2 Vergessene Größe - verschütte Vorbilder? 217
5.2.1 Eine sektenbildende Koloniegründerin: Anne Hutchison (ca. 1589-1643) 217
5.2.2 Eine erfinderische Plantagenbesitzerin: Eliza Lucas Pinckney (1723-1793) 219
5.2.3 Eine versklavte Freiheitsdichterin: Phillis Wheatley (ca. 1753-1794) 222
5.2.4 Eine verschleppte Wahlirokesin: Deh-he-wa-mis (1743-1833) 224
5.3 Gegensätzliche weibliche Lebenverhältnisse 227
5.3.1 Gemeinsame Grundlage: Farmerinnen und Vertragsmägde . 227
5.3.2 Westliche Grenzwildnis: Pionierfrauen und Indianerinnen .. 231
5.3.3 Südliche Plantagengesellschaft: Negersklavinnen und Geldadelsdamen 236
5.3.4 Nordöstliche Gewerbewelt: Geschäftsfrauen und Fabrikarbeiterinnen 240
5.4 "Leben, Freiheit und die Suche nach Glück" - Auch für Frauen? 244
5.4.1 Gegensätzliche Entwicklungen erschweren das Urteil 244
5.4.2 Ein konservativer Mann zieht positive Bilanz 246
5.4.3 Eine radikale Frau findet großes Defizit 248
5.4.4 Entschlossene Frauen organisieren eine Bewegung 250
Quellennachweise 254

6. "Konvenienzehe" oder "Leidenschaftsheirat"? Autobiografische Zeugnisse des 18. Jahrhunderts zur rationalen Partnersuche in der Vormoderne . 257
6.1 "Heirat ohne Liebe" - Unvorstellbar! Unvorstellbar? 257
6.2 Exemplarische Fälle aus verschiedenen Schichten und Regionen 260
6.2.1 Ein adliger Student vom Mittelrhein 260
6.2.2 Ein bürgerlicher Künstler aus der Pfalz 265
6.2.3 Zwei patrizische Kaufmannstöchter in Hansestädten 268
6.2.4 Zwei vielbeschäftigte Ärzte in Residenzen 274
6.2.5 Zwei arme Schlucker in Dorf und Stadt 278
6.2.6 Zwei vermögende Witwer aus Norddeutschland 284

6.3 Das Modell "Vernunft- und Versorgungsheirat"
("Konvenienzehe") - zwar "inhuman", aber "erfolgreich"? ... 287
6.3.1 Kontroverse Einschätzungen 287
6.3.2 Männliche Erfahrungen in Stenogrammform 290
6.3.3 Zur Gegenkontrolle - der (seltener überlieferte) weibliche
Blick 293
6.3.4 "Gefühle von Überlegenheit" und "Anlässe zum
Nachdenken"? 295
Erwähnte Literatur 297

7. "Wie Mädchen gemacht und Frauen geformt wurden" Geschlechtsspezifische Erziehung und weiblicher Charakter im bürgerlichen Zeitalter 1763-1914 . 299

7.1 "Weibliche Unterlegenheit" - Naturgesetz oder
Erziehungsfolge? 299
7.1.1 "Erziehung als Entwicklung" - "Erziehung als
Verkrüppelung" 299
7.1.2 Die Innensicht der Betroffenen 303
7.2 Erziehungsmittel - und ihre Wirkungen 306
7.2.1 Spiel und Ernst, Belohnung und Bestrafung 306
7.2.2 Vom brutalen Gewaltantun zum bitteren Gewissensbiß 310
7.3 "Soziale Frage" statt "Frauenfrage"? 317
7.3.1 Spiel oder Hausarbeit, Schule oder Erwerb? 318
7.3.2 Liebe und Ehe, Beruf und Politik 325
7.4 Und dennoch: "Frauen befreien sich" 334
7.4.1 Fanny Lewald (1811-1889), "Schriftsteller" 336
7.4.2 Adelheid Popp (1869-1939), "Agitatorin" 340
Kommentar: Anspruch und Begrenzung 344
Quellennachweise 348

8. Weibliches Recht auf Studium und Beruf? Zulassung von Mädchen zu Gymnasium und Abitur 1908 .. 351

Kommentar für Lehrer(innen) 351
8.1 Weibliche Bildungs-, Berufs- und Lebenspläne vor 120 Jahren 352
8.2 Hochschulzugang für hochbegabte Hochprivilegierte? 355
8.3 Vor fast 100 Jahren: Der weite Weg zur Selbstverständlichkeit 359
Literaturnachweise 362

Fundstellen der Erstveröffentlichungen 363
Eigene Beiträge zu Theoriebildung und Normsetzung, Empirie und Historie frauengeschichtlichen Lernens 363

Warum ein Fortsetzungsband?

"- Der Normalhistoriker verhält sich so, als wolle er einen Apfelbaum mit seinen Früchten allein aus Ästen, Zweigen und Blättern verstehen und erklären, aber ganz ohne Wurzeln. Die Frauengeschichte mag für das ungeübte, vorurteilsbeladene Auge so unsichtbar sein wie die Baumwurzeln, aber man kann sie ausgraben, sichtbar machen, ans Licht fördern; und vor allem: ohne sie hat man vom Leben, Wachsen und Fruchtbringen des Apfelbaums nichts begriffen.
- Man kann den "Tag" nicht wissenschaftlich untersuchen, ohne Hell und Dunkel, Tag und Nacht, Wachsein und Schlaf zu betrachten. Diese Einsicht wird erschwert, weil rein sprachlich der Tag (im weiteren Sinne) den Tag (im engeren Sinne) und die Nacht umfaßt. Die semantische Mehrdeutigkeit, der Imperialismus der Sprache, verschmutzt auch das Denken. So auch in der Geschichte, wo "man" auch die Frauen umfaßt, "Mensch" von "Mann" abgeleitet ist. Bei der Erforschung des "Tages" bleibt es unredlich und unfruchtbar, auf Vorhaltungen hin jeweils an die weite Bedeutung von "Tag" zu erinnern und dann doch wieder selbstverständlich nur die helle Hälfte des Tages (die männliche Hälfte der Menschheit) zu bearbeiten.(...)
Auch solche Bilder und Vergleiche werden die Gegner und Vernachlässiger der Frauengeschichte nicht überzeugen, ja nicht einmal erreichen. Von einem schwer ausrottbaren Vorurteil zu sprechen, wäre noch viel zu wenig. Die überwältigende Mehrheit der Historiker klammert vielmehr durch ihre Anthropologie, ihre Sprache, ihre Voraussetzungen, ihr Weltbild die Frauen als gleichberechtigte menschliche Wesen automatisch aus. Die sexistische Struktur der Denkpraxis und Sozialwelt ist eine unbefragte und unbefragbare Prämisse. Sie ist damit gegen jede abweichende Information, ja Fragestellung immunisiert. Alle Erkenntnis vollzieht sich in Zirkelschlüssen, die diese Prämisse aussparen und daher immer nur bestätigen können. Die Voraussetzung ist übrigens so verborgen und unbewußt und zugleich sozial so unerwünscht, daß man sie - wenn darauf hingewiesen oder festgenagelt - empört zurückweist, verleugnet, um sie doch am nächsten Tage wieder zu benutzen.
Es scheint so, als sei der Sexismus der Historiographie und des Geschichtsunterrichts schwerlich durch schrittweises, bedächtiges Lernen abzuschaffen. Vor der Grundeinsicht kann man nicht verstehen, wieso sich mehr Frauen denn über Benachteiligung beklagen. Hinterher kann man nicht mehr begreifen, wie man einmal die Ungerechtigkeit auf allen Ebenen übersehen konnte. Der Wechsel kann wohl nur sprunghaft, als persönlichkeitsprägende, identitätsverändernde Erfahrung stattfinden. Es geht um einen nicht nur intellektuellen "Paradigmenwechsel". Solche "Durchbrüche" für die Gesamtheit curricular zu verordnen, ist weder lernpsychologisch möglich noch zur Zeit machtpolitisch durchsetzbar. Von hier aus fällt auch Licht und Trost auf den weitgehenden Mißerfolg der Frauengeschichte bisher. Es war absolut notwendig, die Theoriefähigkeit, Forschungsdignität, Erklärungskraft von Frauengeschichte erst durch massiv erweiterte empiriegesättigte Historiographie eindeutig und unwidersprechbar zu belegen. Auch das heliozentrische Weltsystem mußte vor seiner Durchsetzung erst einmal in den Einzelheiten ausgearbeitet sein." (v. Borries 1985, 52f.)

"*Wendepunkte der Frauengeschichte*" sind von mir nicht nur in dem gleichnamigen Band I von 1990 (2. Auflage 2001) dargestellt, sondern auch in einer Reihe von Unterrichtsmodellen vorher und nachher behandelt worden. Da inzwischen geschichtsdidaktische Einheiten zur Frauengeschichte kaum noch greifbar sind, ist es nützlich, diese verstreuten Beispiele - sie ergeben einen eigenen Durchgang durch die Geschichte von ca. 8.000 v.Chr. bis 1920 n.Chr. und eine gute Ergänzung zu Band I - gesondert wieder vorzulegen und zu erweitern.

Mädchen und Jungen verstehen und interpretieren Geschichte in wichtigen Punkten verschieden; das ist empirisch nachweisbar (vgl. v. Borries 2000). Nach wie vor ist es die Hauptaufgabe, Frauen in der Geschichte überhaupt sichtbar zu machen ("Frauengeschichte") und die Geschlechterverhältnisse zu einem wichtigen (nicht dem einzig wichtigen!) Analysegegenstand zu machen ("Geschlechtergeschichte"). Das ist heute vielleicht nicht nur leichter, sondern auch schwieriger als vor 25 Jahren. Denn inzwischen gibt es massenhaft Spezialstudien, dazu einige Gesamtdarstellungen (z.B. Duby/Perrot 1995/98) und Materialsammlungen (z.B. *Quellen zur Geschichte der Frauen* 1999ff.), aber auch eine gewisse Müdigkeit und gelangweilte Abwendung.

Viele geben sich der Illusion hin, das Thema sei erledigt. Demgegenüber ist strikt daran festzuhalten, daß die tiefgreifende Reorganisation der geschichtlichen Deutungen unter der Frage der Geschlechterbeziehungen erst kaum angefangen und noch keineswegs abgeschlossen ist (vgl. Medick/Trepp 1998). Blicke in renommierte neuere Gesamtdarstellungen der deutschen Geschichte (so Winkler 2000) oder der europäischen Geschichte (etwa Salewski 2000) bestätigen dieses Urteil. Auch bei den Schulbüchern stehen übrigens solche, in denen sich seit 1975 substantiell überhaupt nichts geändert hat (z.B. "Zeiten und Menschen" oder "Historia") neben solchen mit - angesichts der restriktiven Bedingungen - anerkennenswert intensiver Berücksichtigung von Geschlechtergeschichte (z.B. "Geschichtsbuch" und "Wir machen Geschichte").

Selbstverständlich muß die Geschlechterfrage bei praktisch allen Themen beachtet werden - und meist sogar als ein Hauptpunkt, wobei zur Zeit noch riesige Defizite auftreten. Zudem bleibt daneben die Notwendigkeit bestehen, gelegentlich *ausschließlich* das Frauenleben und die Beziehungen von Männern und Frauen zu thematisieren (z.B. Löhr 1993/94, Ecker u.a. 1995, Sonnleitner/Ledinegg 1997). Gesonderte und integrierte historische Behandlung von Geschlechterbeziehungen schließen sich nicht aus, sondern sollen sich gegenseitig ergänzen.

Wichtiger vielleicht ist die Feststellung, daß sich - fachdidaktisch betrachtet - die thematische Modernisierung nicht in "Geschlechtergeschichte" erschöpft, daß also die neue Berücksichtigung von Frauengeschichte mit der Einbeziehung anderer Fragen, z.B. von Kindheitsgeschichte/Sozialisation (vgl. I, 6, II, 7, II, 8), außereuropäischen Kulturen (vgl. I, 2, I, 6, II, 1, II, 2, II, 3), Umweltbeziehung (vgl. I, 4, II, 1, II, 5), Wirtschaftsentwicklung (I, 1, I, 4, II, 1, II, 2, II, 5), Menschenrechtsdurchsetzung (I, 5, I, 6, II, 4, II, 8) und Mentalitätsgeschichte (vgl. II, 4, II, 6, II, 7), kombinieren, ja durchgittern muß. Mit anderen Worten: Die elementaren Erfahrungen, die man aus der Geschichte insgesamt ziehen kann, z.B. "reflexive Anwendbarkeit", "kulturelle Verschiedenheit", "ökologische Abhängigkeit" und "evolutionäre Beschleunigung", können gerade auch am vorgelegten Material gemacht werden.

Die meisten Modelle sind in den Jahren 1977 bis 1989 erarbeitet und veröffentlicht worden; viele sind auch in Klassen ausprobiert. Für den Neudruck schien es sinnvoll, die beiden Themen "*Hexenverfolgung*" (II, 4) und "*Leidenschaftsheirat oder Konvenienzehe*" (II, 6) zusätzlich einzubringen und damit zugleich eine gewisse Abrundung und eine bessere chronologische Verteilung zu erreichen. Bedauerlich ist allerdings, daß z.B. Einheiten über "*Frauen als Täter und Opfer*" (20. Jahrhundert) und "*Transformation von Arbeit, Alltag und Haushalt seit 1950*" fehlen. Am schmerzlichsten ist der Verzicht auf "*Alter im Wandel und Altern als geschlechtsspezifische Erfahrung*"; ein entsprechener Text stand einfach nicht zur Verfügung. Insgesamt ist kaum zu bezweifeln, daß die deutsche Geschichtsdidaktik mit dem Ausklammern der Altersproblematik eine absolut brennende gesellschaftliche Orientierungsaufgabe einfach noch nicht wahrgenommen hat.

Die vorgelegtem Einheiten betreffen tatsächlich "*Wendepunkte*", d.h. beschleunigte Entwicklungen und Wandlungen im Verhältnis der Geschlechter. Historie erscheint in ihnen nicht - *gleichsam ethnologisch* - als "Andersheit" der Vergangenheit, sondern - *wirklich historisch* - als tiefe "Änderung" im Prozeß der Geschichte. Wenn alle Geschichte "narrativ" nach den Mustern "*vorher - nachher - heute*", "*schon damals - und heute erst recht*" oder "*damals zwar - heute aber*" verfährt, muß das für "Wendepunkte" besonders zugespitzt gelten.

- Die "agrarische (R)Evolution" (II, 1) hat - mit Pflanzenanbau und Viehzucht, Seßhaftigkeit und Hierarchie, Töpferei und Weberei - nicht nur die menschliche Lebensweise und die natürliche Umwelt völlig verwandelt (vgl. I, 1), sondern eben auch die Beziehung der Geschlechter umgekrempelt - und das in einem komplizierten Rhythmus wohl gleich zweimal nacheinander als Frauen-Aufwertung zu Beginn und als Frauen-Abwertung gegen Ende.
- China ist stets als eine Art Gegenwelt und Spiegelbild zu Europa verstanden worden; auch in China wurde die Geschlechterfrage unterbrochen diskutiert

(II, 2) und wurden - im Rahmen einer durchaus männerdominierten Kultur - recht verschiedene Lösungen erprobt. Das alles galt längst vor den sprichwörtlichen verkrüppelten Füßen (vgl. I, 6) der Chinesinnen.
- Die Römer sind - ähnlich den Hellenen (vgl. I, 3) und den Indern (vgl. I, 2) - gewiß ein Muster an "patriarchalischer Gesellschaft" gewesen; selbst bei ihnen aber zeigten sich - unter dem befremdlichen Eindruck und verwirrenden Einfluß anderer Kulturen (wie Ägypten und Kleinasien) - partielle Erscheinungen von Frauenemanzipation (II, 3).
- Die "große Hexenverfolgung" (II, 4) bedeutet einerseits eine tiefe Krise der europäischen Entwicklung zur Moderne und stellt andererseits bis heute eine intellektuelle und emotionnale Herausforderung dar. Was ist eigentlich wirklich aufgeklärt - die strikte Ableugnung jeder Art und Möglichkeit von "Zauberei" oder die Anerkennung verbreiteter (und wirksamer?) "magischer Praktiken" in vielen (fast allen?) vergangenen und aktuellen Gesellschaften?
- In den englischen Kolonien Nordamerikas und den frühen USA hat u.a. die Knappheit an Frauen deren Status beachtlich aufgewertet (II, 5); freilich brauchte es noch einen langdauernden und wohlorganisierten Emanzipationskampf (I, 5), um aus den - u.a. von amerikanischen weißen Oberschichtmännern erfundenen und propagierten - "Menschenrechten" wenigstens die bescheidensten Folgerungen zugunsten der Frauen zu ziehen.
- "Frauengeschichte" ist gewiß nicht in Isolation von "Männergeschichte" zu verstehen; es geht um "Geschlechtergeschichte", d.h. die Beziehungen zwischen beiden Gruppen und innerhalb beider Gruppen. Der Eheschließung kommt dabei naturgemäß eine Schlüsselstellung zu. Die Ablösung der rational geplanten "Konventionsehe" durch die angeblich überlegene "romantische Leidenschaftsheirat" seit dem 18. Jahrhundert (II, 6) erweist sich als ein zentral wichtiger - aber auch höchst ambivalenter - Prozeß.
- "Jungencharaktere" und "Mädchencharaktere" sind - jedenfalls hauptsächlich - nicht angeboren, sondern werden angelernt (II, 7). "Erziehung" bedeutete - und bedeutet - individuell-biografisch in jedem Leben den "Wendepunkt". Zu den folgenreichsten Mustern gehörte die geschlechtsspezifische Sozialisation im bürgerlichen Zeitalter (vgl. I, 4). Auch sie aber brachte eben jene Kräfte hervor, die sie auf- und ablösten, nämlich z.B. die Emanzipationswünsche von Frauen.
- Die "Einführung Höherer Mädchenschulen 1908" (II, 8) erscheint bloß als eine marginale Verwaltungs-Maßnahme, hat aber nicht nur für die Zeitgenossinnen erhebliche biografische Bedeutung entfaltet, sondern auch den Weg zur heutigen Überlegenheit der Mädchen bei Schulabschlüssen freigemacht. So läßt sich in äußerter Kürze und exemplarischer Klarheit die narrative Struktur des "vorher - nachher - heute" verdeutlichen. Kleine Ursachen haben große Auswirkungen - und in der Nußschale spiegelt sich die Welt.

In den bereits früher gedruckten Modellen sind - außer der Berichtigung von Druckfehlern und Versehen - keine Änderungen vorgenommen. Die seit damals noch gewachsene Skepsis gegenüber "Matriarchatsvorstellungen" (Röder u.a. 1996, Lenz/Luig 1995) führte in seltenen Fällen zu minimalen Abschwächungen bzw. Zuspitzungen. Eine Einarbeitung detaillierter und spezialisierter neuerer Forschungsergebnisse entspricht nicht der fachdidaktischen Machart der Einheiten, die ja bedeutsame (und als solche nicht veraltende) Quellenbestände vorführen und vorsichtig erschließen. Am Fragen aufwerfenden, Hypothesen bildenden und Kontroversen reflektierenden Zugriff muß sich durch neu erschienene Literatur prinzipiell nichts ändern; doch werden einige Buchtitel nachgetragen. Wenigstens ein kurzer Satz ist zur eigenen theoretischen und politischen Position nötig, die nicht als "feministisch" oder "radikal-feministisch" gekennzeichnet werden kann. Es erscheint nach wie vor sinnvoll (vgl. v. Borries 1986), vier Modelle von Frauengeschichte mit durchaus unterschiedlicher Reichweite (auch verschiedenen Stärken und Schwächen) zu unterscheiden:

- Weibliche Beiträge und Ergänzungen zur "allgemeinen" (vorwiegend als männlich verstandenen) Geschichte,
- Frauenbewegungen und -widerstandsformen in der Geschichte,
- Frauenlage und Frauenleben in der Geschichte,
- Feministische Theoriemodelle und Gesamtdeutungen zur "allgemeinen" (nunmehr auf Männer und Frauen bezogenen) Geschichte.

Die dritte Position - die jetzt besser "Gesellschafts- und Stukturgeschichte der Geschlechterbeziehungen", eben "Geschlechtergeschichte", genannt werden sollte - wird ausdrücklich eingenommen, die vierte Berufeneren überlassen.

Hamburg, im August 2001   Bodo von Borries

Erwähnte Literatur

Borries, Bodo v.: Forschen und Lernen an Frauengeschichte. Versuch einer Zwischenbilanz, in: Joeres, Ruth-Ellen B. und Kuhn, Annette (Hrsg.): Frauen in der Geschichte VI; Düsseldorf (Schwann) 1985, 49-89.
Borries, Bodo v.: Geschlechtsspezifisches Geschichtsbewußtsein und koedukativer Geschichtsunterricht, in: Oechsle, Mechtild und Wetterau, Karin (Hrsg.): Politische Bildung und Geschlechterverhältnis; Opladen (Leske + Budrich) 2000, 262-288.
Duby, Georges und *Perrot*, Michelle (Hrsg.): Geschichte der Frauen. 5 Bde.; Frankfurt/M. (Fischer) 1998.
Duby, Georges und *Perrot*, Michelle (Hrsg.): Geschichte der Frauen im Bild; Frankfurt/M und New York (Campus) 1995.
Ecker, Alois u.a.: Frauengeschichte. Sozialhistorische Texte zur Frauenarbeit. Kommentierter Quellenband mit didaktischen Anleitungen; Wien (Bundesministerium für Unterricht...) 1995.
Lenz, Ilse und *Luig*, Ute (Hrsg.): Frauenmacht ohne Herrschaft. Geschlechterverhältnisse in nichtpatriarchalischen Gesellschaften; Frankfurt/M. (Fischer) 1995.
Löhr, Brigitte (Hrsg.): Frauen in der Geschichte. Grundlagen, Anregungen, Mate-

rialien für den Unterricht, 2 Bde. (Bd. 1: Beiträge, Bd. 2: Materialien); Tübingen (DIFF) 1993/94.

Medick, Hans und *Trepp*, Anne-Charlott (Hrsg.): Geschlechtergeschichte und Allgemeine Geschichte. Herausforderungen und Perspektiven; Göttingen (Wallstein) 1998.

Quellen zur Geschichte der Frauen. 3 Bde.; Stuttgart (Reclam) 1999/2000/? (Bd. 1: Antike, hrsg. von Patzek, Barbara, 2000; Bd. 3: Neuzeit, hrsg. von Conrad, Anne und Michalik, Kerstin, 1999).

Röder, Brigitte u.a.: Göttinnendämmerung. Das Matriarchat aus archäologischer Sicht; München (Droemer Knaur) 1996.

Salewski, Michael: Geschichte Europas. Staaten und Nationen von der Antike bis zur Gegenwart; München (Beck) 2000.

Sonnleitner, Käthe und *Ledinegg*, Theresia: Frauengeschichte im Unterricht. Mittelalter; Graz (Leikam) 1997.

Winkler, Heinrich August: Der lange Weg nach Westen, 2 Bde.; München (Beck) 2000.

1. Frauenleistung und Frauengeltung in jungsteinzeitlichen Bauerndörfern

Kommentar für Lehrer(innen)

Das Unterrichtsmodell – in Form eines „alternativen Schulbuchkapitels" – will nicht nur in frauengeschichtlicher Perspektive das absolut unverzichtbare Problem „Mütterzentrierung"/„Matrifokalität" bearbeitbar machen (bes. Teil C., D., E., F., H.), sondern auch unter universalhistorischem Gesichtspunkt dem Thema „Jungsteinzeit"/„Neolithikum" den gebührenden, bisher verweigerten Stellenwert einräumen (bes. Teile A., B., G.). Beide Ansprüche sind gleich notwendig und – wegen ihres Sachzusammenhangs – nicht voneinander zu trennen.

Wichtige Vorbemerkung. Das Thema „Jungsteinzeit und Matrifokalität" zeigt auch gegenüber den anderen Stoffen dieses Bandes einige Besonderheiten, die zu einer abweichenden Behandlung veranlassen:

- Soweit bekannt, ist bisher (trotz Marienfeld 1979 und Köster 1982) nicht eine einzige Unterrichtseinheit vorgelegt worden, weder für die Sekundarstufe I noch für die Sekundarstufe II.
- Da das Problem zur sogenannten „Vorgeschichte" gehört, sind die meisten Lehrer(innen) wesentlich schlechter ausgebildet und eingearbeitet als bei Gesellschaften mit schriftlichen Quellen.
- Der Komplex ist hochgradig umstritten, ideologiebefrachtet und legendenanfällig; was die einen als „Mythos vom Matriarchat" oder umgekehrt als „Mythos vom naturgegebenen Patriarchat" verspotten, ist den anderen wissenschaftlich abgestützte Überzeugung.
- Für jedes Unterrichtsmodell, das sich nicht allen möglichen Verdächtigungen und Fehlinterpretationen aussetzen will, sind mithin breite Fundierung und sorgfältige Absicherung unerläßlich.

Der folgende Text (A. – F.) enthält daher nicht nur „Schülermaterialien" im eigentlichen Sinne, sondern auch Texte, die für Schüler der Sekundarstufe I (auch im Gymnasium) eindeutig zu schwer sind. Diese Teile sind durch kleine Sternchen (*) kenntlich gemacht. Dieses Verfahren bietet zwei Vorteile:

- *Das Unterrichtsmodell kann mühelos auch in der Sekundarstufe II benutzt werden.* Für die Sekundarstufe I müssen entsprechende Abschnitte wenn sie nicht einfach ausgelassen werden können, sprachlich und sachlich vereinfacht oder in Lehrer(innen)berichte umgeformt werden.
- *Die Kolleg(inn)en erhalten eine breite Einführung und Information.* Sie können sich ansatzweise selbst mit den Kontroversen auseinandersetzen und die Schlüssigkeit der Argumentation in Sachbüchern und Fachliteratur prüfen.

Traditionelle Defizite. Die geläufigen Schulbücher enthalten durchweg Kapitel über die „Jungsteinzeit" bzw. die „neolithische Revolution". Bei allen Stärken, z. B. Anschaulichkeit und Altersgerechtigkeit, ist jedoch insbesondere zu bemängeln:

- Nach Umfang und Detaillierung werden die Darstellungen meist in keiner Weise der schlechthin zentralen Bedeutung des „Neolithisierungsprozesses" als eines der großen evolutionären Durchbrüche der Menschheit gerecht (vgl. Marienfeld 1979, Köster 1982). Wenn später der vergleichbar wichtigen Industrialisierung 30 bis 50 Seiten gewidmet werden, sind es für die „Agrarisierung" allenfalls drei bis zehn.
- Zwischen den frühjungsteinzeitlichen Bauerngesellschaften des Vorderen Orients und den spätjungsteinzeitlichen Mitteleuropas wird meist nicht ausreichend unterschieden. Die Megalithkulturen sind fälschlich mit der Jungsteinzeit identifiziert. Pflug und Rad, die bis etwa 3200 v. Chr. fehlen, werden unbekümmert schon vorausgesetzt. Selbst zur mitteleuropäischen Bronzezeit ist keine deutliche Grenze gezogen; auch bei Abbildungen werden vielfach bedenkenlos aus hochkultureller Zeit gewählt (z. B. aus Ägypten und Mesopotamien).
- Die Schlüsselstellung der Frauen wird durchweg völlig übergangen oder kraß heruntergespielt, so wenn in einem Buch (fast) generell „Vaterrecht" angenommen wird oder in einem anderen die Erfindung des Pfluges einem Mann zugeschrieben ist. In der sozialen und religiösen Sphäre fehlt jedes ernsthafte Eingehen auf die Rolle der Frauen. Insgesamt werden „Frauenleistung und Frauengeltung" niemals ausdrücklich zum Thema und Problem gemacht.
- Die Kehrseite der großartigen Erfindungen wird in keiner Weise beleuchtet. Daß mit der „neolithischen Revolution" der Mensch definitiv anfängt, ökologische Gleichgewichte von sich aus nachhaltig zu stören, kommt nicht in den Blick. Erst die Seßhaftigkeit und die Überschußerzeugung ermöglichten „Besitz" (bzw. Privateigentum), „Herrschaft" (Aneignung fremder Arbeitsprodukte), „Klassen" und „Staat"; doch werden diese Zusammenhänge ausgelassen. Auch daß heute Völkerkundler weithin das Leben von Sammlern und Jägern („Wildbeutern") für weniger arbeitsintensiv, eher sicherer, sogar glücklicher halten als das von Bauern, wird nicht diskutiert.

Globale Lernziele.
Die Schüler(innen) sollen einsehen und sich einprägen,

- daß in der „Jungsteinzeit" seit etwa 8000 v. Chr. ausgehend besonders vom Nahen Osten (Vorderer Orient) die landwirtschaftliche Produktionsweise (Bodenbau und Viehzucht), aber auch Mahlen und Backen, Töpferei und Weberei, Bootsbau und Zimmermannswerk, Steinschleifen und Steinbohren, Hausbau und Befestigungswesen entstanden: „Landwirtschaft und Bauerntum, Dorf/Kleinstadt und Seßhaftigkeit sind etwa 10000 Jahre alt" (vgl. A.),
- daß unser alltägliches Leben bis heute in vielen Grundzügen und Einzelheiten durch die jungsteinzeitlichen Bauerngesellschaften bestimmt ist und erst die Industrialisierung wieder vergleichbar tiefgreifende Änderungen für Lebensweise und Denkgewohnheiten bewirkt hat: „Die jungsteinzeitlichen Bauern haben Landschaften, Pflanzen, Tiere und auch die Menschen selbst tiefgreifend geändert und bis heute festgelegt" (vgl. B.),
- daß Frauen an den Neuerungen und Errungenschaften der Jungsteinzeit einen maßgeblichen Anteil gehabt haben (sehr wahrscheinlich Seßhaftigkeit und Pflanzenanbau, Weberei und Töpferei, Mahlen und Backen, vielleicht auch Kleintierhaltung und Hausbau), vermutlich einen weit größeren als die Männer: „Frauen haben damals die wichtigsten Gegenstände und Arbeitstechniken erfunden, eingeführt und angewandt" (vgl. C.),

- daß Frauen in jungsteinzeitlichen Bauerngesellschaften gelegentlich, aber keineswegs immer, ihre technischen Leistungen und wirtschaftlichen Beiträge auch in gesellschaftlichen Einfluß, politische Beteiligung und Prägung des Bewußtseins umgesetzt haben: „Frauen waren damals zuweilen gleichberechtigt, manchmal in gewisser Weise überlegen" (vgl. D.),
- daß bis heute (oder besser gestern) in einigen Bauerngesellschaften Gruppen von mütterlicherseits verwandten, zusammen wohnenden, kollektiv arbeitenden und gemeinsam besitzenden Frauen (Großmütter, Mütter, Tanten und Schwestern) den eigentlichen Kern und Angelpunkt der Gesellschaft bilden: „Nach Auskunft der Völkerkunde kreist in manchen Gesellschaften alles um die Frauen und Mütter, die den größten Einfluß ausüben" (vgl. E./F.).
- daß weibliche Leistungen zwar die Grundlage für die Weiterentwicklung zu Ackerbau (Pflug und Zugvieh), Großstadt, Staat und Hochkultur bildeten, im Umkreis dieses Übergangs aber gleichzeitig für Jahrtausende die überlegene bzw. günstige Stellung der Frauen verlorenging: „In den Hochkulturen werden Frauen von Männern meist kraß benachteiligt und verachtet, oft brutal ausgebeutet und unterdrückt" (vgl. G./H.).

Spezielle Schwierigkeiten. Der Komplex „Neolithikum/Jungsteinzeit und Frauenleistungen/Matrifokalität" wirft eine Reihe besonderer Probleme auf:

- Das Thema steht bereits in der 5. oder 6. Klasse auf dem Lehrplan bzw. zur freiwilligen Behandlung, also in einem Alter, wo unanschauliche und verwickelte gesamtgesellschaftliche Vorgänge nur unvollkommen begriffen und lustlos bearbeitet werden. Die Frage der Anpassung an Denkvoraussetzungen und Lernmotivation der Schüler(innen) ist daher besonders heikel. Man sollte nach Möglichkeit den Stoff später vertiefend und wiederholend aufgreifen.
- Das Thema gehört nicht zum traditionellen Grundbestand des Faches Geschichte und des historischen Bewußtseins; das spricht nicht gegen seine Bedeutung, erschwert aber den Unterricht. Die Fachtermini sind Eltern und Öffentlichkeit nicht vertraut, sondern wirken wie „neumodische und aufgepustete Fremdworte", angefangen bei „Neolithikum" und „Matrifokalität". Für Haupt- und Realschüler können leicht sprachliche Schwierigkeiten, emotionale Sperren und alberne Mißverständnisse entstehen; Lächerlichkeit würde die wichtigen Lernziele der Einheit empfindlich stören.
- Das Thema bietet wichtige, aber ambivalente Bezüge zur Gegenwart, zum Leben und zur Identität der Lernenden. Angesichts der Problemkreise „Ökologie" und „Geschlechterrollen" gibt es daran keinen Zweifel. Ein Vergleich mit den augenblicklichen Formen und Folgen der „dritten Industrialisierung", z. B. „Umweltzerstörung", „strukturelle (bes. weibliche) Arbeitslosigkeit", „Genmanipulation", „Explosion des Lebensstandards", drängt sich auf. Gleichzeitig dauern grundlegende Tatbestände seit der „Jungsteinzeit" noch an und gehen in die gegenwärtige Umwälzung ein. Das alles ist für Schüler(innen) mühsam zu erarbeiten und schwer zu ertragen, zudem an scheinbar so entlegenen, witzigen oder makabren „Gegenständen" wie kopfförmigen Tongefäßen, hölzernen Spaten, unbekleideten Muttergottheiten und Friedhöfen unter den Schlafbänken.

- Das Thema fällt in den Bereich der sogenannten „Vorgeschichte", da es keine geschriebenen Nachrichten aus der Jungsteinzeit gibt. Was mit archäologischen Methoden („Ausgrabungen") absolut zweifelsfrei festgestellt werden kann, bildet nur einen recht schmalen Ausschnitt der gesamten gesellschaftlichen Wirklichkeit (Tongefäße, Knochen, Werkzeuge, Idole, Nahrungsreste, Hausruinen usw.). Besonders interessante Bereiche wie Eigentumsbegriff, Arbeitsteilung, Gesellschaftsorganisation, Familienform, Geschlechterrollen, Mentalität, Weltbild, Kultformen sind – trotz der Explosion archäologischer Erkenntnisse und Methoden – allenfalls indirekt als wahrscheinlich zu erschließen – oft mit Hilfe von Völkerkunde, Sprachwissenschaft oder Mythenvergleich. Die Kontroversen der „Prähistorie" sind noch heftiger, grundlegender und manchmal unentscheidbarer als bei sogenannten „historischen" Themen aus schriftkundigen Kulturen.

Methodische Hinweise. Die sechs Teileinheiten sind bewußt so aufgebaut, daß sie am konventionellen Geschichtsunterricht anknüpfen (mit A.) und wieder auf ihn zurückführen (mit G.). Intern dagegen gelten die Prinzipien der Kontroversität, der Überraschung, der kognitiven Dissonanz, der Ideologiekritik. Einige Methodenfragen müssen kurz gestreift werden:

- Der *Zeitbedarf* je Teileinheit dürfte in der Regel – von Erschwernissen und Begünstigungen der jeweiligen Klasse und Situation abgesehen und vertretbare Kürzungen eingerechnet – ungefähr zwei bis drei Schulstunden betragen. Damit ergibt sich insgesamt ein Aufwand von sechzehn bis vierundzwanzig Stunden, der allerdings keineswegs ganz aus der „Verfügungsmasse", dem „Freiraum", den die meisten Richtlinien den Lehrer(inne)n zugestehen, zu decken und der Frauengeschichte anzulasten ist. Die „neolithische Revolution" und der „Übergang zur Hochkultur" gehören ja ohnehin zum „Pensum" und müssen aus guten Gründen intensiver behandelt werden. Für die ausführliche Untersuchung der besonderen „Frauenleistung und Frauengeltung" sind also nur sechs bis zwölf Stunden zu rechnen.
- Der *Schwierigkeitsgrad* der Einheit ist nicht leicht abschließend zu bestimmen. Bei oberflächlicher Betrachtung wirkt das Ungewohnte häufig kompliziert, das Übliche gilt als einfach. Ein näherer Vergleich mit herkömmlichen Schulbüchern zeigt jedoch, daß die traditionellen Informationen, Begriffe, Materialien und Fragen durchaus nicht leichter zugänglich, intellektuell und emotional anspruchsloser gewesen sind. Schwierigkeitsgrad und Motivation sind ja keine voneinander unabhängigen Größen; gerade Haupt- und Realschüler(innen) bewältigen erfolgreich, was sie bewältigen wollen. Wenn es also gelingt, den Lernenden die Fragen als „ihr eigenes" Problem deutlich zu machen, dürften die logischen Operationen sie nicht mehr überfordern als im bisherigen Geschichtsunterricht bei herkömmlichen Themen, vielleicht sogar weniger, weil der Bezug zu heutigen Verhältnissen offenkundig ist. Dennoch müssen einige Texte weiter vereinfacht bzw. zu Lehrerinformationen umgearbeitet werden.
- Die *Arbeitsschritte* sollen nicht im einzelnen dargestellt werden, da sie teilweise unmittelbar aus dem Schülermaterial hervorgehen, wobei das besondere Gewicht auf spielerischen Tätigkeiten (Zuordnen, Raten) und Wiederholungen auffallen wird. Vielfach sind die Materialien variabel nutzbar. Nur aus

Detailkenntnis von Klasse und Lernsituation kann entschieden werden, wo arbeitsteilige oder arbeitsgleiche Gruppenarbeit sinnvoll ist, wo Spiel- und Wettbewerbsformen angebracht sind, welche Tafelbilder zur Festigung beitragen, welche Hilfsimpulse zum Weiterdenken anregen können usw. usf.
• Die *Vereinfachungsmöglichkeiten* müssen jedoch erwähnt werden. Eine einigermaßen vollständige Behandlung dürfte in einer fünften Hauptschulklasse unmöglich und auch in einer sechsten Gymnasialklasse nur im Glücksfall praktikabel sein. Kürzungen, Umstellungen, Elementarisierungen sind seit jeher bei der Benutzung von Schulbüchern und ihren Alternativen üblich. Auch das vorgelegte Modell kann „baukastenmäßig" gebraucht werden, nur sollte es dabei nicht jeden „Biß" verlieren. In vielen Untersuchungsschritten sind – im Hinblick auf ältere Klassen – bewußt zahlreichere und vielfältigere Materialien aufgenommen, als zwingend benötigt werden. Manchmal kann man von einer Reihe von Texten einfach den (oder die) sprachlich anspruchsvollsten und strukturell komplexesten auslassen. Auch ganze Teileinheiten (bes. E./F., u. U. G./H.) können notfalls „ausgeklinkt" werden.

Kontroversen über Neolithikum. So unzweifelhaft die fundamentale Bedeutung der „Neolithisierung" für die Menschheitsgeschichte im Grundsatz erscheint, so heftig kontrovers bleiben in den fachwissenschaftlichen Schulen selbst wichtigste Grundzüge, z. B.:

• Das Tempo: ruckartig beschleunigte „Revolution" versus kontinuierlich gleitender „Prozeß",
• die Ursachen: Klimaverschlechterung und Überjagung versus technischer und intellektueller Fortschritt,
• die wesentlichen Merkmale und deren Zusammentreffen: Steinschliff und Keramik versus „Produktion" und Seßhaftigkeit,
• der Ursprung: Einmaligkeit in Nahost versus Knollenbau in Südostasien, haustierloser Körnerbau in Amerika, „gemischte" Form mit Körnerbau und Tierhaltung in Nahost,
• die Verbreitung: Übernahmen in Kulturkontakten („Diffusionismus") versus Neuerfindungen in Entwicklungslogik („Evolutionismus"),
• die Terminologie: z. B. „Bauern" schon als „Hackbauer" versus „Bauern" nur als „Pflugbauer", „Neolithikum" versus „niederes Pflanzertum",
• die Reihenfolge: Priorität der „Tierdomestikation" versus Priorität der „Pflanzendomestikation", Vorangehen von Seßhaftigkeit und Keramik versus Vorangehen von landwirtschaftlicher Produktion,
• die Rekonstruktionsmethode: strikt und restriktiv „archäologisch" versus komparativ und analogisierend „ethnologisch".

Der äußerst umfangreichen Detailforschung sind Allgemeinbegriffe, Ablaufmuster, Merkmalskombinationen, Kausalitätsmodelle vielfach unter den Händen zerronnen. Neuere archäologische Darstellungen behelfen sich, indem sie mehr als ein halbes Dutzend Fundstellen nacheinander detailliert beschreiben, ein äußerst komplexes und unübersichtliches Bild der Entwicklung – selbst einer ganz begrenzten Region – zeichnen und sich dennoch ganz auf die Fundbestände beschränken,

d. h. alle theoretischen und gesamtgesellschaftlichen Schlußfolgerungen ausklammern. Ethnologische Überblicke entziehen sich nicht der Klassifikation, bieten aber komplizierte Schemata mit vielfältigen Formen des „Bodenbaus" und einer Reihe feiner Unterscheidungen („extensiver" und „intensiver", „niederer" und „höherer" Bodenbau; „Gartenbau", „Pflanzertum", „Feldbau" und „Ackerbau"; „Grabstock-/Hackbau" und „Pflugbau" usw.).

Modellbildung statt Detaildeskription. Im Geschichtsunterricht der Sekundarstufe I können beide Darstellungsarten nicht angewandt werden, denn es ist nicht sinnvoll, recht viel Zeit aufzuwenden und dann doch die Hauptfragen offenzulassen oder die Lernenden durch Überkomplexität zu verwirren. Geschichtsunterricht ist „theoriebedürftig" und „elementarisierungsbedürftig", d. h. muß Gesellschaften als funktionierende Ganzheiten auffassen (ohne sie auf besonders eindeutig nachweisbare Züge zu verkürzen) und gestalthafte Grundformen vorstellen (ohne durch Differenzierung und Detaillierung alle Einsichten zu verwischen). Auch die Fülle der genannten Kontroversen kann in der Schule nicht diskutiert werden.

Es ist also nötig, ein „idealtypisches Modell" von „jungsteinzeitlichen Bauerngesellschaften" zu konstruieren, das – relativ unabhängig von Einzelbeispiel, Ort und Zeitpunkt, wenn auch vorwiegend anhand sehr frühen nahöstlichen Materials – die fundamental neuen und zukunftsweisenden Grundzüge dieser Gesellschaften den Schüler(innen) verdeutlicht. Das ist jedenfalls besser, als das grundlegend wichtige Thema – wegen seiner Komplexität – bedauernd wegzulassen oder die Schüler(innen) zu überfordern. Auch im Sinne einer – richtig verstandenen – Korrektheit ist diese Lösung akzeptabler, auch wenn sie sich dem fachwissenschaftlichen Vorwurf aussetzt, längst widerlegte Vorurteile und Verallgemeinerungen zu verbreiten, statt „Gesichertes" weiterzugeben.

Doch wirft diese Entscheidung ein neues Problem auf. Wenn schon eine so an keinem Ort und zu keiner Zeit vorhandene „idealtypische" jungsteinzeitliche Bauerngesellschaft konstruiert wird, dann kann diese kaum zusätzlich noch im Prozeß ihrer Entstehung dargeboten werden, ohne sich vollends in „Fiktion" – mit Vollständigkeits- und Begründungsbedarf – zu verlieren. Damit wird der wichtige geschichtsdidaktische Grundsatz unanwendbar, der verlangt, komplexe Strukturen in konkrete Prozesse zurückzuverwandeln, z. B. anhand ihrer Entstehung, ihrer Bewährung in Krisenzeiten, ihrer Zerstörung oder ihrer Rekonstruktion durch Historiker vorzustellen. Über die Jungsteinzeit ist so wenig Allgemeines sicher bekannt, daß wir für den Unterricht nicht auch noch hypothetisch die hinführenden Schritte und ersten Anfänge fingieren sollten und könnten, zumal die meist synchron arbeitende Ethnologie hier keine Hilfe bietet. Im Unterrichtsmodell ist der Terminus „Bauer" schon wegen der Verständlichkeit – wie in der Vorgeschichte, aber abweichend vom völkerkundlichen Sprachgebrauch – bereits auf frühe „Pflanzer und Kleintierhalter" angewandt, nicht erst auf „Ackerbauern mit Großvieh". Im ganzen werden nur zwei grundlegende Stufen unterschieden. Vom jungsteinzeitlichen Bauerntum (mit Grabstock oder Hacke und scheibenlosem Töpfern) wird das metallzeitliche Bauerntum (mit Zugtier, Pflug, Wagen und Töpferscheibe) unterschieden, das bereits in enger Verbindung zur Hochkultur (Bewässerung, Schrift, Großstadt und Staat) zu sehen ist. Der umfassende Komplex „neolithische Gesellschaften" muß zudem im vorliegenden Unterrichtsmodell wesentlich verkürzt und vereinfacht werden. Zugunsten der Probleme „Umweltveränderung" und „Geschlechtsrollenwandel" werden weitere, theoretisch äußerst interessante Punkte ganz ausgelassen bzw. nur äußerst knapp am Rande erwähnt, z. B. Sexualsymbole und Fruchtbarkeitskulte, Menschenopfer und Kannibalismus, Ahnenverehrung und Kopfjagd, Eigentumsbildung und Klassendifferenzierung, Kriegswesen und Herrschaftsentstehung. Im ganzen fällt die Darstellung der Jungsteinzeit daher wohl etwas zu „idyllisch" aus.

Kontroverse zum „Matriarchat". Auch die Stellung der Frauen wird in den wissenschaftlichen „Schulen" recht unterschiedlich beurteilt. Für die „kulturhistorischen Völkerkundler" gibt es „Mutterrecht" nur in der ursprünglichen „Pflanzerkultur" (Knollenbau) und ihrem sekundären Verbreitungsgebiet, nicht aber bei stets „vaterrechtlich" organisierten höheren Jägern, Hirtennomaden und Pflugbauern (Körnerbau). Die „Evolutionisten" leugnen entweder (ausdrücklich oder stillschweigend!) jede nennenswerte Erscheinung im Sinne von Mutterrecht, oder sie machen daraus eine allgemeingültige frühe Entwicklungsstufe. Während die Kontroversen um Entstehung, Verbreitung und Zuordnung von „Pflanzertum" und „Neolithikum" weitgehend zugunsten einer idealtypischen Konstruktion und Zuspitzung ausgeklammert werden können und müssen, ist dasselbe für das Problem „Frauenleistung und Frauengeltung" nicht möglich. Im Meinungskampf über „Matriarchat" ist zur Zeit so wenig wie vor hundert Jahren eine Einigung absehbar (vgl. u. a. Bornemann 1975; Göttner-Abendroth 1980; Fester 1979, Löffler in Eckert 1979, Schreier 1977; Müller 1984; Mumford 1977; Rosaldo/Lamphere 1974; Wesel 1977; Zinser 1981; Janssen-Jurreit 1976; Harris 1978; Treusch-Dieter 1983; Heinsohn 1984; Der soziale Ursprung 1984; Matriarchat und Patriarchat 1986). In recht bescheidenem Maße muß die Streitfrage also im Unterricht selbst abgebildet werden (vgl. Mat. 21-24, 32-33, 38-41). Es ist jedoch unerläßlich, von vornherein festzuhalten, daß damit nicht der gesamte Problemkreis „Matriarchat" detailliert aufgerollt werden kann und soll. Statt dessen wird viel spezifischer nach den Beiträgen und Einflußmöglichkeiten der Frauen in jungsteinzeitlichen Dörfern (vorwiegend des Nahen Ostens und Europas), also in einer ganz besonderen gesellschaftlichen Situation, gefragt.

„Matrifokalität" statt „Frauenherrschaft/Mutterrecht". Die eigene Stellungnahme wird dabei nicht verschwiegen. Daß es keinerlei Wandlungen im Verhältnis der Geschlechter gegeben habe und dieses letztlich bereits biologisch vorprogrammiert sei, muß angesichts überzeugender Belege für Gestaltungsfreiräume als überholt und widerlegt gelten. Umgekehrt ist die verbreitete Vorstellung von hochzivilisierten Frauenreichen mit politischer und kultureller Herrschaft der Frauen (u. U. auch Männerausbeutung und -unterdrückung) wohl eindeutig in den Bereich der Legende zu verweisen. Dagegen kann eine Reihe „matrifokaler" Gesellschaften des vorstaatlichen, privateigentumslosen Typs als recht gut gesichert gelten.

Dabei muß (und kann) zur Zeit allerdings die Frage offenbleiben, ob es sich hierbei um letzte Reste einer einst viel weiter verbreiteten Erscheinung, ja um eine notwendige Stufe aller Gesellschaften (vielleicht gar eine zutiefst humane, leider meist verlorene Gestaltungsform) handelt oder um einen seltenen, exotischen Luxus, eine Sonderentwicklung unter höchst speziellen Überlebensbedingungen mit geringen Risiken und Belastungen. Es liegt auf der Hand, daß allein die Existenz und Funktionsfähigkeit „matrifokaler" Gesellschaften eine grundlegende Bedeutung für das Selbstverständnis und die Zukunftsvorstellung von Frauen (und Männern) heute haben kann. Beweisen sie doch – unabhängig von ihrer Seltenheit – die gesellschaftliche Bedingtheit, die prinzipielle Plastizität und die politische Veränderbarkeit der sogenannten „Geschlechterrollen".

A. Neolithische Revolution – jungsteinzeitliche Umwälzung

Die Zeitspanne zwischen ungefähr 10000 und 5000 Jahren vor der Gegenwart bezeichnet man als „Jungsteinzeit" oder „Neolithikum". Die wichtigsten Werkzeuge wurden damals noch aus Stein hergestellt, aber schon raffinierter geformt und sorgfältiger bearbeitet als in der Altsteinzeit (bis ungefähr vor 12000 oder 10000 Jahren). Die Jungsteinzeit brachte in verhältnismäßig schneller Folge eine Menge wichtiger Neuerungen.

Arbeitsaufgaben:
1. Geht in das nächstgelegene „Heimatmuseum" oder „Museum für Vor- und Frühgeschichte" und informiert euch über das „Neolithikum".
2. Oder lest statt dessen in eurem Schulbuch das Kapitel über die „Jungsteinzeit" und beantwortet die dort gestellten Fragen (vgl. **Mat. 1** und **2**)!
3. Oder arbeitet ersatzweise die Graphiken eines dreibändigen „Panorama der Weltgeschichte" (vgl. **Mat. 3** und **5**) sowie den Text einer 24bändigen „Weltgeschichte in Bildern" (vgl. **Mat. 4**) durch!
4. Welche besondere Bedeutung für die Entwicklung der Menschheit und das Leben in der Gegenwart schreibt das Museum/Schulbuch/Sachbuch der Jungsteinzeit zu? Warum?

Wie es im Schulbuch steht ...

Mat. 1

„Aus Jägern und Sammlern werden seßhafte Bauern. Die Klimaveränderung, die durch ein langsames Zurückgehen der Vereisung nach 10000 v. Chr. bewirkt wurde, veränderte auch die Pflanzen- und Tierwelt. Auf den weiten Steppen und Tundren mit nur vereinzelten Büschen und verkrüppelten Bäumen wuchsen allmählich dichte Wälder heran, in denen nun andere Tiere lebten, die es heute auch noch gibt. Um genügend Nahrung zu finden, brauchten die Menschen nicht mehr den wandernden Tierherden nachzuziehen. Sie lernten sogar, einige Tierarten zu zähmen und sie in der Nähe ihrer Wohnplätze als Haustiere zu halten. Der Hund war das erste Haustier. Später lieferten Ziege, Schaf, Schwein und Rind Fleisch, Wolle und Milch. Statt Beeren und Körner dort zu sammeln, wo sie gerade wuchsen, lernten die Menschen nun, diese planmäßig anzubauen. Aus Samenkörnern von Wildgräsern züchteten sie durch Auslese Getreide. Sie bearbeiteten den Boden zuerst mit dem Grabstock und dann mit dem hölzernen Hakenpflug, vor den sie später Rinder spannten. Auf den Feldern bauten sie Hirse,

Hafer, Gerste, Weizen, Erbsen, Bohnen sowie Gemüse und Früchte an. Die Getreidekörner zerrieben sie zwischen flachen, rauhen Steinen. Das so gewonnene Schrotmehl verrührten sie mit Wasser zu Brei. Später lernten sie, flache Brote daraus zu backen. Nun waren die Menschen nicht mehr von dem unsicheren Jagdglück oder dem zufälligen Vorhandensein anderer Nahrungsmittel abhängig. Die Möglichkeit der Tierhaltung und Getreidezüchtung ließ sie zu seßhaften Bauern werden. In Flußtälern und Gebieten mit fruchtbarem Boden entstanden die ersten „festen" Häuser. Ein Balkengerüst wurde mit Flechtwerk ausgefüllt und mit Lehm abgedichtet. Das steile Dach bestand aus Schilf oder Stroh. Am Rande von Seen oder Sümpfen konnten die Häuser auch auf Pfähle gesetzt werden. Die Menschen schlossen sich langsam zu größeren Gruppen zusammen, und aus kleinen vereinzelten Siedlungen wurden bald größere Dörfer.

Was ersetzte dem Menschen die Jagd, was das Sammeln von Naturprodukten?
Welche Vorteile bot die Haustierhaltung, welche der Getreideanbau?
Welche Arbeiten waren auf dem Hof, dem Acker und im Wald zu verrichten?
Vergleiche sie mit den Arbeiten der Jäger und Sammler.
Überlege, wie der „Besitz" eines festen Hauses, von Haustieren und Ackerland das Zusammenleben zwischen den Menschen veränderte.

Nicht alle Menschen waren Bauern geworden. Einige blieben der alten Lebensweise treu und zogen weiterhin als Jäger oder Hirtennomaden ohne festen Wohnsitz umher. Andere spezialisierten sich auf bestimmte handwerkliche Tätigkeiten. Töpfer stellten handgeformte Gefäße aus Ton her, indem sie Tonwülste aufeinanderlegten und glattstrichen. Später erlaubte die Erfindung der Töpferscheibe das „Ziehen" des Tones zu schön geformten Gefäßen. Die verschiedene Herstellungsweise, die unterschiedlichen Formen und Verzierungen ermöglichen den Archäologen, die Gefäße bestimmten Zeiten und Herstellern zuzuordnen. Weber verarbeiteten Schafwolle und pflanzliche Fasern am Webebalken zu Stoffen, Werkzeugmacher schlugen, polierten und durchbohrten Feuersteinbeile und andere Steingeräte, und Spezialisten für Holzverarbeitung stellten Boote her und Karren mit Scheibenrädern. Solche „Berufe" mußten entstehen, weil die steigende Qualität der Geräte und Waffen Fachkenntnisse in der Herstellung voraussetzte, die nicht mehr jeder einzelne besaß. Die Menschen vergrößerten durch diese Erfindungen und Fertigkeiten ihre Unabhängigkeit von der Natur – aber gleichzeitig auch ihre Abhängigkeit untereinander. Die Zeit, in der dies geschah, wird „Jungsteinzeit" genannt.

Warum machten die Erfindungen die Menschen von der Natur unabhängiger?
Auf wen ist z. B. der Werkzeugmacher, der selber keine Nahrung für sich produziert, angewiesen?
Erläutere die Abhängigkeit der einzelnen Berufe voneinander.
Überlege, inwieweit die Erfindung des Rades das Leben der Menschen bis heute beeinflußt hat.
Zähle auf, was ohne Rad nicht denkbar wäre.
Überlege, ob der Wandel der Lebens- und Wirtschaftsformen in der Steinzeit auch bestimmend für unser heutiges Leben war" (Menschen in ihrer Zeit I, 1977, 9f.).

Mat. 2

„Als vor etwa 10000 Jahren die letzte Eiszeit zu Ende ging, endete allmählich die Periode der Jäger und Sammler, die Altsteinzeit. Die Menschen wurden zum ersten Mal seßhaft, und zwar in dem Raum zwischen dem persischen Hochland (Teheran) und dem Mittelmeer (Tel Aviv). Bei uns in Deutschland wurden die ersten Menschen erst vor etwa 5000 Jahren seßhaft. Der seßhaft gewordene Mensch züchtete Tiere und fertigte Geräte, die er für sein bäuerliches Leben brauchte. Hund, Ziege, Rind und Pferd wurden Haustiere. In Töpfen bewahrte der Mensch seine Vorräte auf. Mit dem Pflug konnte er den Boden auflockern und für das Einbringen des Samens vorbereiten. Mit der Spindel verarbeitete er die Wolle zum Faden, und auf dem Webstuhl entstand aus dem Faden das Tuch. Die Altsteinzeit dauerte im Vergleich zur Jungsteinzeit ungeheuer lang, von der Menschwerdung bis vor etwa 10000 Jahren. Dann aber, von der Jungsteinzeit ab, geht die Entwicklung rascher vor sich. Der Stein wurde als Material für menschliche Werkzeuge bald abgelöst durch Bronze, ein Mischmetall aus Kupfer und Zinn" (Curriculum Geschichte I, 1, 1975, 19).

Die neolithische Revolution

Mat. 3 Vom Wildbeuter zum frühen Ackerbau

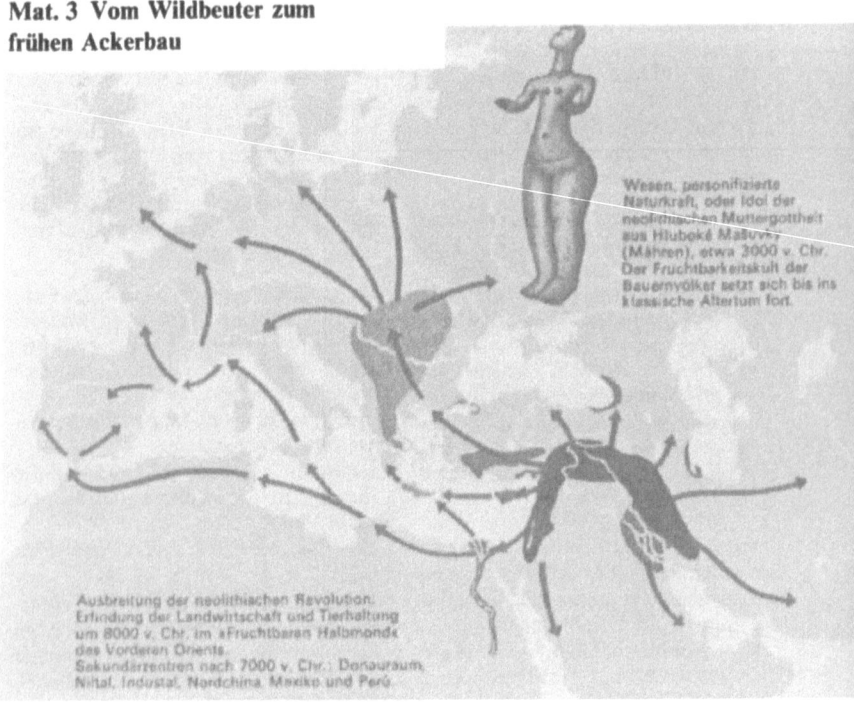

Wesen, personifizierte Naturkraft, oder Idol der neolithischen Muttergottheit aus Hluboké Mašůvky (Mähren), etwa 3000 v. Chr. Der Fruchtbarkeitskult der Bauernvölker setzt sich bis ins klassische Altertum fort.

Ausbreitung der neolithischen Revolution. Erfindung der Landwirtschaft und Tierhaltung um 8000 v. Chr. im »Fruchtbaren Halbmond« des Vorderen Orients. Sekundärzentren nach 7000 v. Chr.: Donauraum, Niltal, Industal, Nordchina, Mexiko und Peru.

Mat. 4 „Die Revolution der Jungsteinzeit

Bis dahin hatte der Mensch von dem gelebt, was die freie Natur ihm bot, indem er Wild und Fische tötete und Früchte und eßbare Pflanzen pflückte. Daher war er unablässig auf der Suche nach neuen Jagdgründen. In der Jungsteinzeit wurde der Mensch Produzent. Er wählte Getreidesorten aus und säte sie, er zähmte Tiere und züchtete sie, er bearbeitete den Boden und bewässerte ihn. Viehzucht und Ackerbau erschlossen den menschlichen Gemeinschaften ganz neue Existenzmittel. Hinzu kamen Töpferei, Keramik und die Bearbeitung von Metallen wie Kupfer, Gold und Silber. In der Alten Welt entfaltete sich die Jungsteinzeit ursprünglich in den Mittelmeergebieten des Vorderen Orients, im Iran, in der Türkei, in Thrakien und Makedonien und beginnt um das Jahr 8000 vor unserer Zeitrechnung. Ausgrabungen in Syrien und Palästina haben Überreste von Getreidespeichern, Steinsicheln, Trinkschalen, Stößel, Mörser und Spuren von Häusern aus rohem Backstein zum Vorschein gebracht. Im Zuge dieser Entwicklung entstand die Stadt: Jarmo im Irak, Jericho in Palästina, Çatal Hüyük in der Türkei zählen zu den ersten Städten der Welt. Das 6. Jahrtausend war das Goldene Zeitalter der neolithischen Kulturen. Wandmalereien und Basreliefs aus Ton entstanden, und die Bildnisse der ersten Gottheiten und primitive Grabbeigaben bezeugen die große Bedeutung der religiösen Vorstellungen vom Leben nach dem Tode.
Im Vergleich zu Vorder- und Mittelasien waren Ägypten und Nordafrika etwas zurückgeblieben. Übrigens haben Einflüsse aus Palästina vermutlich das Eintreten der Jungsteinzeit im Niltal um 5000 v. Chr. mit ihren Gemeinschaften von Ackerbauern und Viehzüchtern begünstigt. Aber Ägypten holte seinen Rückstand rasch auf. Denn im Laufe des 4. Jahrtausends war das untere Niltal wie auch das untere Tal des Euphrat der Schauplatz einer neuen Entwicklungsstufe: Es entstand das, was wir eine organisierte Kultur nennen, und zwar ein auf der Stadt beruhendes einheitliches Ganzes, das von einer politisch-religiösen Hierarchie geleitet wurde, vom Ackerbau lebte, der von der Bewässerung abhängig war, das Metalle bearbeitete und die Schrift erfand. Die Geschichte entstieg den Stromländern. Die von den Überschwemmungen stets erneuerte Fruchtbarkeit der Felder konnte dem Menschen nur in einer Gemeinschaft dienstbar gemacht werden, die imstande war, eine kollektive Ordnung durchzusetzen, wie ein Staat oder ein Stadtstaat. Bau und Unterhalt von Dämmen und Kanälen erforderten Gesetze und damit ein die Aufsicht führendes Beamtentum. Gleiches zeigte sich in den Tälern des Indus und des Gelben Flusses in China. Beginnen wir damit, jene Kulturen zu betrachten, die den Triumphzug der Menschheit eröffnet haben: Sumer und Ägypten" (Weltgeschichte in Bildern I, 1980, 9).

Der seßhafte Mensch

Mat. 5

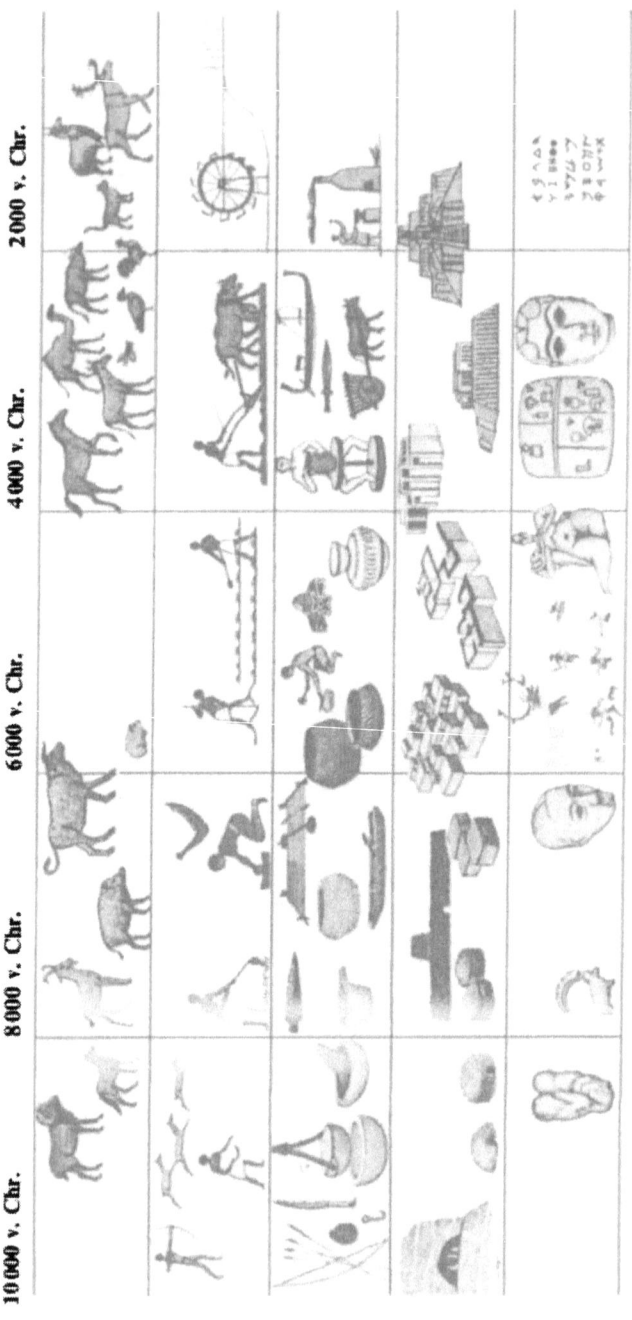

Ende der Altsteinzeit (Mesolithikum im Vorderen Orient). Aneignende Wirtschaftsstufe, Jagd und Sammeln von Wild-Weizen. Um 8500 v. Chr. erste Domestikation von Schaf und Hund. Natufien mit Mikrolithenwerkzeugen und Erfindung des Steinschliffs. Die ersten Hausformen aus geflochtenem Material, wenig Kunstzeugnisse.

Frühes Neolithikum ohne Keramik im Vorderen Orient. Beginn der neolithischen Revolution: Erzeugende Wirtschaftsform. Anbau von Wild-Weizen und Züchtung der Getreidesorten. Domestikation von Ziege, Schwein und Rind. Jericho, die älteste Stadt der Welt, mit Stadtmauer und großem Turm. Im 8. Jahrtausend v. Chr. Ab 6800 v. Chr. viereckige Lehmziegelhäuser und Mauerung mit Zement. Porträtähnlich der gipsüberzogene Schädel von Jericho, Steinschliff-Töpfe, Körbe, Obsidianklingen.

Neolithikum mit Keramik. Im 5. Jahrtausend v. Chr. Besiedlung des mesopotamischen Tieflandes (Bewässerung der Felder). (Meerschweinchen in Peru domestiziert.) Erfindungen: Keramik, Kupfergerät, Stempel, Leinen (Bodenwebstuhl schon vor 6000 v. Chr. in Catal-Hüyük). Städte: Catal-Hüyük (Türkei) und Festung von Mersin (Türkei), Festungstor. Wandmalerei aus Catal-Hüyük, Jagdszene (zur selben Zeit auch ostspanische Felsmalereien). Frauenfigürchen aus Ton, Hacilar.

Frühe Hochkulturen und frühgeschichtliche Zeit im Vorderen Orient. Domestikation von Pferd, Esel, Dromedar, Kamel, Biene, Ente, Haushuhn und Wasserbüffel. Erfindungen: Pflug, Töpferscheibe, Segelschiff, Bronzeguß, Wagen und Bilderschrift (Sumer). 1. Tempel von Tepe Gaura (Irak), 2. Weißer Tempel von Uruk, 3. Zikkurat von Ur.

Geschichtliche Zeit im Vorderen Orient. Domestikation der Hauskatze, in Peru des Alpaka (Lama schon 3500 v. Chr.) und des Rentieres in Nordeurasien. Erfindungen: Wasserrad, Eisenbearbeitung und Alphabetschrift (Phönizier).

B. Die Bedeutung der Neuerungen
Jungsteinzeit im heutigen Alltag?

Mat. 6

A Geräte und Techniken älter als die Jungsteinzeit

B Geräte und Techniken aus der Jungsteinzeit

C Geräte und Techniken jünger als die Jungsteinzeit

- ☐ Fisch- und Fleischnahrung
- ☐ Feuer zum Heizen und Kochen
- ☐ Bücher, Zeitungen, Hefte und Plakate (Schrift)
- ☐ Kunststoffe in Kleidung, Möbeln und Werkzeugen
- ☐ Brot, Nudeln, Bier, Getreide
- ☐ Radio, Fernsehen, Recorder, Telefon (Kommunikation)
- ☐ Eisenwerkzeuge und -fahrzeuge, Metallmöbel und -bestecke

- ☐ Räder, z. B. Fahrrad, Bus, U-Bahn
- ☐ Dauernde Wohnung in steinernem Haus (Seßhaftigkeit)
- ☐ Schule, Großstadt, Steuern und Staat
- ☐ Stadtleben, Bevölkerungsballung
- ☐ Kühlschrank, Staubsauger, Drucker, Drehbank und ähnliche Maschinen
- ☐ Hemd, Hose, Socken aus Wolle, Baumwolle, Leinen und Seide

- ☐ Lederschuhe und Pelzmäntel
- ☐ Werkzeuggebrauch
- ☐ Benzin-, Elektro- und Dampfmotoren
- ☐ Hölzerne Möbel: Schrank, Tisch, Stuhl
- ☐ Geschirr, Blumentöpfe, Backsteine
- ☐ Obst, Gemüse, Kartoffeln
- ☐ Milch, Butter, Käse, Sahne

Arbeitsaufgaben:
1. Sucht Gegenstände und Erfahrungen eures täglichen Lebens heraus, die aus der Jungsteinzeit stammen (**B**), die noch älter sind (**A**) und die erst danach eingeführt wurden (**C**). Diskutiert über Zweifelsfälle.
2. Schreibt eine Geschichte über den Alltag eines Mädchens/Jungen heute, in der alle Erfindungen und Neuerungen der Jungsteinzeit ausgelassen werden. Wie gründlich und wie unbequem ändert sich dabei das Leben des gedachten Kindes?

Weltgeschichtlicher Stellenwert

Mat. 7

„Unsere Dankesschuld an die barbarischen Analphabeten [halbwilden Schriftunkundigen] ist groß. Es gibt keine Anbaufrüchte von Bedeutung, die nicht bereits von irgendeiner namenlosen barbarischen Gemeinschaft entdeckt wurden. So finden wir neolithische Völker, die nicht nur von Weizen und Gerste, sondern auch von Reis, Hirse und Mais leben – oder gar von Yamswurzel, Maniok, indianischem Kürbis und anderen Pflanzen, die gar kein Getreide sind. (...)
Ein Stück Land wird (...) nicht länger als zwei oder drei Jahre hintereinander eine anständige Ernte bringen. Der einfachste Ausweg aus dieser Klemme ist, jedes Jahr ein neues Stück Land zu roden und, wenn alles Land um das Dorf herum verbraucht ist, mit Sack und Pack weiterzuziehen und auf jungfräulichem Boden neu anzufangen. (...) Die neolithische Umwälzung fand ihre biologische Rechtfertigung in dem zahlenmäßigen Anwachsen der Species Homo Sapiens [Gattung Mensch], das sie im Gefolge hatte. Aus Vorderasien, Ägypten und Europa sind buchstäblich Tausende von Skeletten aus dem Zeitraum zwischen der neolithischen Umwälzung und der städtischen Umwälzung, dem Übergang zur bronzezeitlichen Wirtschaft, erhalten geblieben, im Gegensatz zu den paar hundert fossilen Menschenresten aus der gesamten Altsteinzeit. Und dabei muß die Altsteinzeit zehn bis fünfzig Mal so lang gedauert haben wie die Jungsteinzeit!

Das Wachstum der neolithischen Bevölkerung fand schließlich seine Grenze in inneren Widersprüchen der neuen Wirtschaftsform. Die zahlenmäßige Vermehrung brachte eine räumliche Ausdehnung mit sich. Zusätzliche Familien konnten nur durch Anbau weiteren Ackerlandes und durch Auffindung neuer Weideplätze für Groß- und Kleinvieh ernährt werden. Bei den beschränkten Möglichkeiten des Barbarentums [halbwilder Gesellschaften] blieb den Nahrungserzeugern nichts anderes übrig, als sich auszubreiten. Jedes sich selbst versorgende Dorf mußte immerzu neue Ableger an Tochter-Dörfern entstehen lassen. Die weltweite Verbreitung der neolithischen Wirtschaftsform legt für diesen Vorgang Zeugnis ab" (G. Childe 1952, 70, 82).

Mat. 8*

„Vom Neolithikum bis heute bestand die Nahrung des Menschen im wesentlichen aus den Produkten [Erzeugnissen] von Bodenbau und Viehhaltung, seine Kleidung überwiegend aus Wolle, aus den Fasern von Kulturpflanzen und aus zu Leder verarbeiteten Häuten domestizierter [gezähmter] Tiere. Größtenteils sind seine Häuser noch immer aus Holz, Lehm oder Stein. Auch das Küchengeschirr besteht noch zu großem Teil aus gebranntem Ton. Trotz des Wachstums der Städte, der Bildung von Königreichen, Imperien [Weltstaaten] und Völkerbünden lebt der überwiegende Teil der Menschheit in Dörfern und übt Berufe aus, die sich bereits im Neolithikum bildeten. (...)
Im Neolithikum erschloß der Mensch sich nicht nur neue Nahrungsquellen, er prägte nicht allein mit der Entwicklung dörflichen Zusammenlebens das für die menschliche Gesellschaft typische „Pattern" oder Kulturmuster. Vielmehr begann er außerdem die von

ihm geübte Praxis, mit den Kräften der Natur sein Spiel zu treiben. Als erstes fällte er jahrtausendealte Wälder oder brannte sie nieder. An ihre Stelle traten Buschwuchs oder Felder, und in regenarmen Gegenden setzte er damit jene große Bodenerosion [Humusabtragung] in Gang, die riesige Gebiete der Erdoberfläche unfruchtbar machen sollte. Ferner gab er bestimmten Pflanzen- und Tierarten den Vorzug vor anderen, wodurch sie von seiner Pflege abhängig wurden und die für ein Leben in der Wildnis erforderliche Fortpflanzungskraft und Überlebensfähigkeit einbüßten. So störte er damals wie heute, indem er die natürliche Selektion [Auswahl] durchkreuzte, das Gleichgewicht der Natur. Äpfel, Granatäpfel, Birnen und Feigen sind inzwischen zwanzigmal größer als ihre wilden Urformen. Die Ähren des Getreides und die Schoten der Hülsenfrüchte vermögen sich nicht mehr im Reifezustand zu öffnen und sind daher, ebenso wie viele der Haustiere, für ihren Fortbestand auf die Hilfe des Menschen angewiesen" (C. S. Coon 1970, 131, 144 f.).

Mat. 9

„Der Getreideanbau war von einer ebenso radikalen Neuerung in der Zubereitung von Nahrung begleitet: der Erfindung des Brotes. In einer unendlichen Vielzahl von Formen, vom ungesäuerten Brot aus Weizen oder Gerste im Nahen Osten bis zu den Maistortillas der Mexikaner und dem hefegesäuerten Brot späterer Kulturepochen, war das Brot bis heute der Mittelpunkt aller Ernährung. Keine andere Nahrung ist so bekömmlich, so transportabel oder von solcher Universalität [weltweiten Verbreitung]. „Unser täglich Brot gib uns heute" wurde zu einem universalen Gebet, und dieses Nahrungsmittel wurde so verehrt wie das Fleisch eines Gottes, und es gilt daher in einigen Kulturkreisen immer noch als Sakrileg [Frevel], Brot mit dem Messer zu schneiden. Das tägliche Brot brachte eine Sicherheit in der Nahrungsversorgung, wie sie nie zuvor möglich gewesen war. Trotz Ertragsschwankungen infolge von Überschwemmungen oder Dürre sicherte der Getreideanbau dem Menschen die tägliche Nahrung, sofern er ständig und fortlaufend arbeitete, während er des Wildes und des Jagdglücks nie sicher sein konnte. Mit Brot und Öl, Brot und Butter oder Brot und Speck hatte die neolithische Kultur die Basis [Grundlage] einer ausgewogenen, kalorienreichen [nahrhaften] Ernährung, die nur frischer Gartenprodukte bedurfte, um völlig adäquat [angemessen] zu sein.
Diese Sicherheit machte es dem Menschen möglich, mit Vertrauen vorauszusehen und vorauszuplanen. Außer in tropischen Gebieten, wo das Problem der Bodenregenerierung [Bodenerholung] nicht gemeistert wurde, konnten Gruppen nun an einem Ort Wurzeln schlagen, von ständig bebauten Feldern umgeben, allmählich die Landschaft umgestaltend, indem sie Gräben und Bewässerungskanäle bauten, Terrassen anlegten, Bäume pflanzten, für die spätere Generationen ihnen dankbar waren. (...)
Überall war das Ergebnis ein üppiges Emporsprießen von Leben, das, wie man annehmen darf, von einem Gefühl des Wohlstands und der Sicherheit begleitet war. Mit reichlichen Vorräten an Getreide für Brot und Bier, die in Verschlägen, Scheunen und Kornkammern, von Katzen und Schlangen wie auch durch Mauern aus gebranntem Lehm vor Nagetieren geschützt, gespeichert werden konnten, sicherten sich große Bevölkerungen gegen Hungersnot, es sei denn, sie wurden von schrecklichen Naturkatastrophen heimgesucht. Wo einstmals eine Handvoll von Fischern, Jägern und Fallenstellern leben konnte, ernährte der Boden nun ein Vielfaches

dieser Zahl an Bauern. Dörfer wuchsen zu Landstädten oder zu Großstädten heran, wie Jericho und Çatal Hüyük heute beweisen. (...) Der Großteil der Einrichtungen, die zur häuslichen Bequemlichkeit beitragen, der Herd, die Truhe, der Kasten, der Lagerraum, Betten, Sessel, Kochgeräte, Trinkgefäße, Tücher, gewebte Kleider und Wandbehänge – kurz, die ganze Ausstattung des häuslichen Lebens –, wurden im Neolithikum, zumeist früher als 2000 vor Christus, erfunden. Wenn eine böse Fee uns dieses neolithische Erbe raubte und uns nur Staubsauger, elektrische Waschmaschinen und Geschirrspüler, elektrische Toaster und automatische Heizgeräte ließe, wären wir nicht mehr imstande, einen Haushalt zu führen; in der Tat, wir hätten nicht einmal mehr ein Heim, nur undefinierbare, ungemütliche Raumeinheiten, wie sie heute leider in den bürokratisierten [übermäßig verwalteten] Wohnungsprojekten von Paris und New York, Singapur und Hongkong schon verwirklicht sind" (L. Mumford 1977, 166f., 184, 191).

Mat. 10*

„Von allen kulturellen Neuerungen, die der Mensch geschaffen hat, war eine der umwälzendsten sicherlich die Erfindung des Ackerbaus. (...) Die allmähliche Ausbreitung der Ackerbau treibenden Siedler brachte auch negative Folgen mit sich. Jagdbare Wildtiere wurden verdrängt oder ausgerottet, Wälder und Grasland wurden abgeholzt und abgebrannt, umgepflügt oder durch zu starkes Beweiden unbrauchbar gemacht.
Als immer mehr Ackerbausiedlungen entstanden, wurden die Horden von Jägern und Sammlern in andere Gebiete abgedrängt oder zum allmählichen Aussterben verurteilt. Wie müssen sie die Menschen verachtet haben, die bereit waren, ihre Bewegungsfreiheit aufzugeben! Die Bauern hingegen, die sich neuen Bedürfnissen und neuen Möglichkeiten gegenübergestellt sahen, ließen sich bei ihrem Tun sicherlich vor allem durch die Aussicht auf nie erträumte Annehmlichkeiten leiten, auf materielle [greifbare] Verbesserungen, die der ganzen Gemeinschaft zugute kommen sollten: Nahrung in so reichlichen Mengen, daß nicht nur alle satt zu essen hatten, sondern auch noch etwas übrigblieb, was man gegen begehrte Artikel oder Rohstoffe eintauschen konnte, neue handwerkliche und bautechnische Verfahren, Bewässerungssysteme und verbesserte Transportmöglichkeiten. So führte der Ackerbau nicht nur zu Veränderungen im Landschaftsbild, er begünstigte auch die Entstehung einer biologischen und psychologischen Umwelt, wie sie früher nur in jenen wenigen Gebieten bestanden hatte, wo ein Überfluß an natürlichen Nahrungsquellen die dauernde Ansiedlung größerer Gruppen von Menschen erlaubte.
Mit der weltweiten Verbreitung der Landwirtschaft sah sich der Mensch jedoch zunehmend vor Probleme der Hygiene [Sauberkeit], der Umweltverschmutzung und der Bekämpfung übertragbarer Krankheiten gestellt, und psychologisch gesehen, wechselte er aus der natürlichen Welt in die komplexere [schwierigere] und bedrohlichere Welt unsichtbarer sozialer Spannungen und Belastungen über. Innerhalb der immer verwickelter werdenden Zusammenhänge dieses neuen sozialen Universums mit all seinen Rivalitäten und Leidenschaften mußte er seine Beziehungen zu seinen Mitmenschen und zu den Kräften rings um sich neu definieren. Letzten Endes hat dies vielleicht zu seinen größten Errungenschaften geführt: zu der Einsicht in die Notwendigkeit einer sittlichen Ordnung und zum Begriff des Rechts" (R. H. Dyson in J. N. Leonard 1977, 6).

Mat. 11

Langfristige Folgen der Neolithischen Revolution

Fahrlässig zerstörte
Konsumlandschaft

Überweidetes Grasland
Erodiertes Ackerland

Nutzbringend umgestaltete
Kulturlandschaft

Obstblüte
Reisterrassen

Weitgehend unberührte
Naturlandschaft

Gemäßigter Mischwald
Tropischer Regenwald

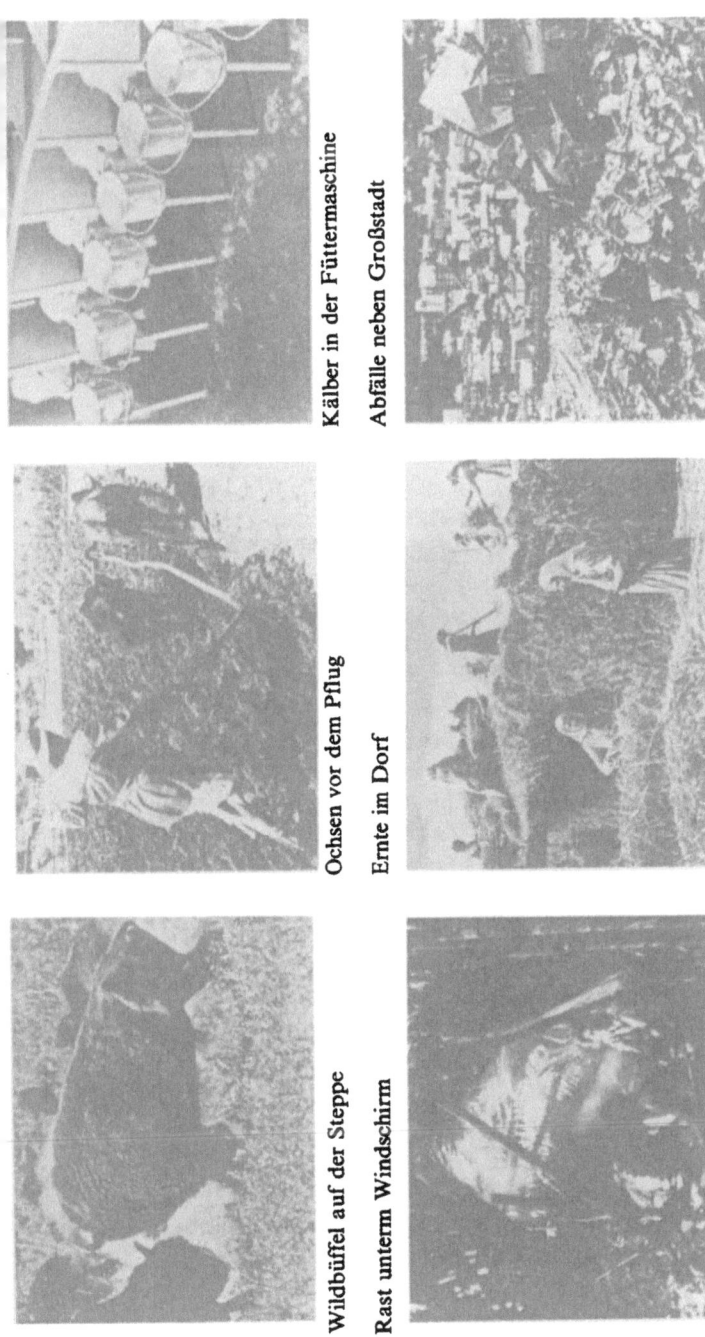

Kälber in der Füttermaschine
Abfälle neben Großstadt
Ochsen vor dem Pflug
Ernte im Dorf
Wildbüffel auf der Steppe
Rast unterm Windschirm

Arbeitsaufgaben:
1. Beschreibt und vergleicht jeweils drei Landschaften. Woran erkennt man Urzustand, Nutzung und Mißbrauch?
2. Welche unwiderruflichen Folgen hat die „neolithische Revolution" gehabt? Wie groß schätzt Ihr heute die Anteile von Naturlandschaft, Kulturlandschaft und Kulturwüste?

Unwiderrufliche Veränderungen der Erde

Mat. 12

Für die Landschaft:
Bewässerung, Entwässerung, Terrassenanlage,
Säuberung von „Unkraut", Aufbau von Humus
Zerstörung von Bewaldung und Erdkrume, Verwüstung und Erosion
Kulturlandschaft oder Kulturwüste
statt vorausgehender Naturlandschaft

Für die Pflanzen:
Züchtung größerer, ertragreicherer,
eßbarer und nahrhafterer Formen (Domestikation)
Unfähigkeit zum Überleben ohne Hilfe des Menschen
(z. B. bei Obst und Getreide)
Verminderung des Sortenreichtums
(Kampf gegen „Unkraut", Vereinheitlichung der Anbaupflanzen)

Für die Tiere:
Züchtung zunächst kleinerer, zahmerer, fetterer,
nützlicherer Formen (Domestikation)
Unfähigkeit zum Überleben ohne Hilfe des Menschen
(z. B. bei Haushühnern und Kühen)
Verminderung des Sortenreichtums
(Kampf gegen „Raubtiere", Aussterben von Wildarten)

Für die Menschen:
Starke Bevölkerungsvermehrung, ausgewogene Ernährung
Seßhaftigkeit und Sicherheit (Selbstdomestikation),
reichlichere Gebrauchsgegenstände und Luxusgüter
Längere und schwerere Arbeit,
erhöhter Zwang und Streß durch Mitmenschen

Arbeitsaufgaben:
1. Welche Folgen hatten die jungsteinzeitlichen Neuerungen für die Menschen?
2. Warum gehört die „Seßhaftigkeit" zu den wichtigsten Ergebnissen der Landwirtschaft und ist Voraussetzung vieler späterer Entwicklungen?
3. Sind die Menschen durch die Landwirtschaft „reicher", „sicherer", „freier", „gleicher" geworden?
4. Inwiefern kann sich das Leben der Menschen durch die Landwirtschaft auch verschlechtern? Was ändert sich für Landschaft, Tiere und Pflanzen?

Arbeitsaufgaben:
1. Welche Bedeutung hat das Museum/das Schulbuch/das Sachbuch den neolithischen Neuerungen zugemessen? Welche langfristigen, anhaltenden Folgen wurden hervorgehoben?
2. Wie denkt Ihr jetzt selbst darüber?
3. Wo seid Ihr mit dem Museum/dem Schulbuch/dem Sachbuch zufrieden, wo unzufrieden?
4. Macht Vorschläge für Änderungen!

C. Frauenanteil und Frauenarbeit
Tongefäße der Jungsteinzeit
Mat. 13

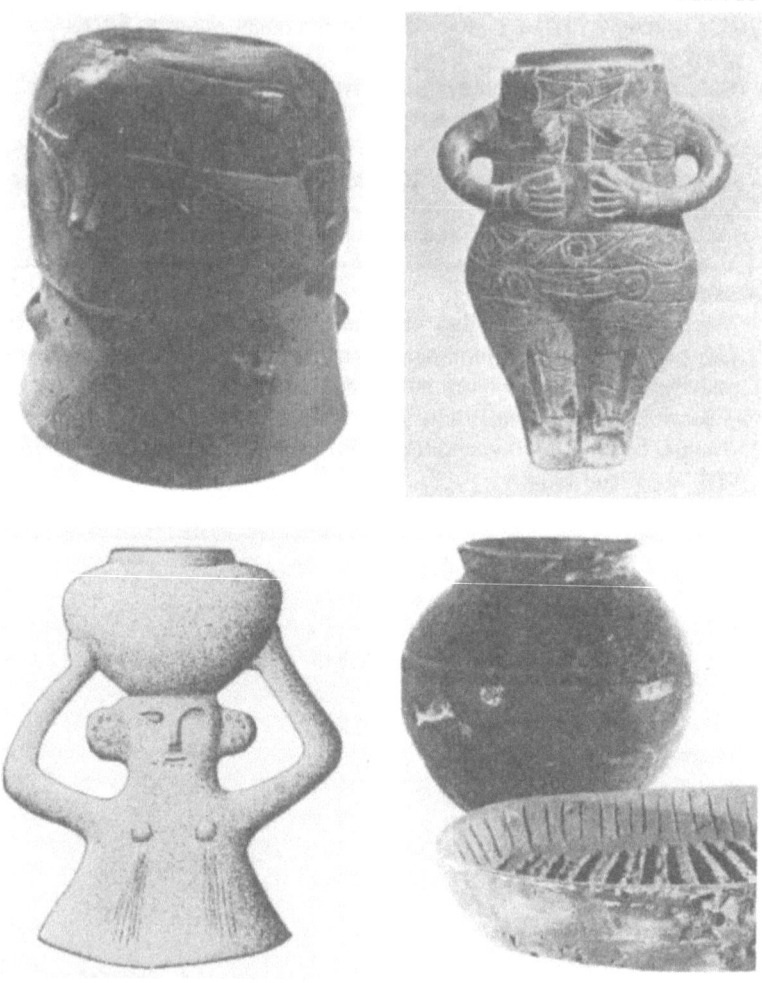

Arbeitsaufgaben:
1. Beschreibt die abgebildeten Gegenstände möglichst genau und erratet ihre Funktion!
2. Versucht Gründe für die enge Verbindung zwischen Frauen und Tongefäßen zu finden!

Erfindungen und Leistungen von Frauen

Mat. 14

„Um diese neolithische Umwälzung zustandezubringen, mußten die Menschen – genauer gesagt, die Frauen – nicht nur geeignete Pflanzen und passende Anbaumethoden dazu entdecken, sondern auch besondere Geräte erdenken, um den Acker zu bestellen, um die Frucht abzuernten und einzulagern, und um sie dann zu Nahrung zu verarbeiten. Das von heutigen Halbwilden meist verwendete Gerät zum Bodenauflockern ist einfach ein zugespitzter Stock, der mitunter noch nahe der Spitze mit einem durchbohrten Stein beschwert ist. Die meisten afrikanischen Stämme jedoch bereiten den Boden mit einer Hacke vor, und Hacken wurden nachweislich auch von den Donau-Leuten und vermutlich noch von anderen europäischen und asiatischen Völkern verwendet. Getreide wurde zuerst mit Sicheln abgeerntet, die entweder, wie bei den Natufiern und Fayumis, aus einem geraden hölzernen oder knöchernen Griff mit eingesetzten Feuersteinschneiden bestanden, oder aus den Kieferknochen eines Tieres bzw. einer Nachbildung hiervon.

Es ist ein wesentlicher Gesichtspunkt der neolithischen Wirtschaftsweise, daß bei jeder Ernte genügend Nahrung eingebracht und so eingelagert wird, daß sie bis zur nächsten Ernte, normalerweise also auf ein Jahr, ausreicht. Getreidespeicher oder Lagerhäuser waren dementsprechend ein hervorstechendes Merkmal jedes Barbarendorfes und können bereits in so alten vorgeschichtlichen Siedlungen wie Merimde, el Fayum und Köln-Lin-

denthal nachgewiesen werden. Weizen und Gerste müssen durch Dreschen und Worfeln von der Spreu geschieden und dann zu Mehl gemahlen werden. Das Mahlen erfolgt mitunter durch Stoßen in einem Mörser, aber die übliche Methode war, die Körner auf einem teller- oder sattelförmigen Stein mittels eines walzen- oder wurstförmigen Reibsteins zu zerreiben. Derartige Handmühlen müssen jedoch aus einem zähen Stein gefertigt sein, wenn das Mahlgut nicht ebensoviel Steingrieß wie Körnermehl enthalten soll. Das Mehl kann leicht in Brei oder flache Fladen umgewandelt werden, aber um es zu Brot zu machen, bedarf es einiger biochemischer Kenntnisse – der Verwendung des Mikroorganismus [Kleinlebewesen] Hefe –, sowie eines besonders konstruierten Ofens. Überdies erschloß derselbe biochemische Vorgang, der angewandt wurde, um den Teig ‚gehen' zu lassen, der Menschheit eine neue Welt der Verzückung: Alle heutigen Halbwilden stellen irgendeine Art vergorener Getränke her. Schon im ersten Dämmerlicht der Geschichte wurde in Ägypten und Mesopotamien Bier gebraut, und es hatte sich bereits als das geeignete Getränk Geltung verschafft, um die ältesten sumerischen Götter zu wohltätigem Walten anzuregen. Um das Jahr 3000 v. Chr. waren berauschende Getränke in der Tat den meisten Gemeinschaften Europas und Vorderasiens zu einer Notwendigkeit geworden, und eine ganze Ausstattung von Krügen, Kannen, Bechern, Trichtern und Trinkröhrchen war für ihren zeremoniellen Genuß bereits in Mode. Nach dem Befund der Ethnographie [Völkerkunde] zu urteilen, waren alle oben aufgezählten Erfindungen das Werk der Frauen. Ihnen muß auf Grund ähnlicher Anhaltspunkte auch der Chemismus der Töpferei, die Physik des Spinnens, der Mechanismus des Webstuhls und die Botanik von Flachs und Baumwolle zugeschrieben werden. Andererseits sind in den bereits erwähnten vorgeschichtlichen Gemeinschaften – auch in sonstigen, ihnen ähnlichen in Europa und in ganz Asien bis nach China – diese weiblichen Errungenschaften zu einer einzigen Wirtschaftsform verschmolzen, denen andere gegenüber stehen, die wiederum den Männern zuzuschreiben sind. Sind doch bei den heutigen Halbwilden die Sorge für Herden und Kleinvieh sowie die dazugehörigen Maßnahmen und Einrichtungen eben Sache der Männer. Nach den Zeugnissen der Archäologie ist nun aber die neolithische Wirtschaftsweise eine gemischte Wirtschaft, und wir müssen daraufhin näher betrachten, wie eine solche Wirtschaft funktioniert. (...)
Die Frauen bestellten den Acker, mahlten und kochten die Feldfrüchte, spannen und webten und schneiderten die Kleider, formten und brannten die Töpfe und fertigten Schmuck und Zaubergegenstände an. Die Männer wiederum werden das Ackerland urbar gemacht, die Hütten gebaut, das Viehzeug versorgt, gejagt und die benötigten Werkzeuge und Waffen angefertigt haben" (G. Childe 1952, 72 f., 74).

Mat. 15*

„Die radikalen Erfindungen der Jungsteinzeit lagen auf dem Gebiet der Gefäße und Behälter. (...)
Die Herstellung wasserdichter, nicht ausrinnender, schädlingssicherer Tongefäße zum Speichern von Getreide, Öl, Wein und Bier war entscheidend für die ganze neolithische Wirtschaft. Viele Gelehrte, die unschwer erkennen, daß Werkzeuge mechanische [künstliche] Nachbildungen der Muskeln und Glieder des männlichen Körpers sind – der Hammer ist eine Faust, der Speer ein verlängerter Arm, die Zange menschliche Finger –, scheinen sich schamhaft gegen die Einsicht

zu sperren, daß auch der weibliche Körper extrapoliert [gesteigert] werden kann. Sie wollen nicht sehen, daß der Mutterleib ein schützender Behälter und die Brust ein Milchkrug ist; deshalb erkennen sie nicht die volle Bedeutung des Umstands, daß eine Vielfalt von Gefäßen genau zu dem Zeitpunkt in Erscheinung trat, da die Frau erwiesenermaßen in der Nahrungsversorgung und in der Gemeinschaftsführung eine wichtigere Rolle zu spielen begann als in den früheren Sammler- und Jägerwirtschaften. (...) Historisch sind Kochen, Melken, Gerben, Brauen und Gartenbau weibliche Beschäftigungen; sie alle hängen mit den Lebensprozessen der Befruchtung, des Wachstums und des Zerfalls oder von den das Leben aufhaltenden Prozessen der Sterilisation [Keimfreimachung] und der Konservierung [Haltbarmachung] zusammen. Alle diese Funktionen erweitern notwendigerweise die Rolle der Gefäße und Behälter; sie sind in der Tat unvorstellbar ohne Körbe, Töpfe, Kasten, Fässer und Scheunen; und die eigentliche Domestizierung, in der Sexualität und verantwortungsbewußte Elternschaft eine so große Rolle spielen, beginnt erst mit dem permanenten [dauernden] Wohnhaus, dem Viehpferch und der Dorfsiedlung. (...)
Als Haushälterin, Wirtschafterin, Feuerhüterin, Töpferin, Gärtnerin war die Frau für die große Menge von Utensilien und Gerätschaften verantwortlich, die die neolithische Technik kennzeichnen – Erfindungen, die für die Entwicklung einer höheren Kultur genauso wichtig waren wie irgendeine der späteren Maschinen. Und sie hinterließ ihren persönlichen Stempel auf allen Teilen der Umwelt: Glaubten die Griechen, daß die erste patera nach der Brust der Helena geformt wurde, so pflegten die Zuni-Frauen, gleichsam als Bestätigung der Fabel, ihre Krüge genau in der Form der weiblichen Brust herzustellen. (...)

Das erste Tier, das der Domestizierung unterlag, war der Mensch; und schon der Ausdruck, mit dem wir diesen Prozeß bezeichnen, enthüllt den Ausgangspunkt. Denn domus heißt Haus; und der erste Schritt zur Domestizierung, der alle weiteren ermöglichte, war die Errichtung einer festen Herdstelle mit einem dauerhaften Dach. (...)
Daryll Forde betont, daß bei manchen australischen Ureinwohnern, die noch unter ganz ähnlichen Bedingungen leben, ‚kleine Grundstücke, auf denen reichlich wilde Yamwurzeln wuchsen, geschützt, zum Teil gejätet und von der Mutter an die Tochter weitergegeben wurden'. Kehrte der Jäger mit leeren Händen und vielleicht auch durchfroren und durchnäßt zurück, dann fand er ein Feuer vor, das für ihn brannte, und einen Vorrat eßbarer Wurzeln oder Nüsse, mit denen er seinen Hunger stillte.
Gartenbau, im Unterschied zum Ackerbau, ist überwiegend, nahezu ausschließlich, Frauenarbeit. Offenkundig wurden die ersten Schritte zur Domestizierung von der Frau gemacht. War diese Kultur auch kein Matriarchat im politischen Sinn, so lag ihr Schwergewicht doch auf dem Mütterlichen: der Pflege und Betreuung von Leben. Die alte Rolle der Frau als kundige Sammlerin von Beeren, Wurzeln, Blättern, Kräutern bestand bei den Bauern bis in unsere Zeit fort" (L. Mumford 1977, 167f., 171).

Mat. 16

„Die Hitze eines gewöhnlichen Kochfeuers reichte aus, um ein Tongefäß für den täglichen Gebrauch, etwa zum Kochen des Essens, genügend zu härten. Nun konnten die Frauen Brei und Suppe zubereiten – praktische Gerichte, die die Entwöhnung der Kinder erleichterten und auch von den Alten mit ihren zahnlosen Mündern geschluckt werden konnten.

Solange die Finger der alten Frauen gelenkig und ihre Augen ungetrübt blieben, pflegten sie bei gutem Wetter vor dem Haus oder, wenn es kalt war, im Innern Wolle zu spinnen, die sie an einfachen Webstühlen zu Stoffen verwebten. So verwandelten sie die mit einer Feuersteinklinge geschorene Schafwolle in Webstücke, die nicht allein für die Kleidung, sondern auch als Tauschobjekt [-gegenstand] von Wert waren und den Wohlstand vermehrten. Während die Männer im Freien mit dem Beil arbeiteten oder sich um ihre Tiere kümmerten, konnten die Frauen – von den Pflanz- und Erntezeiten abgesehen, in denen jede Hand auf den Feldern gebraucht wurde – zu Hause töpfern und weben.

So nahm im Neolithikum die von den Jägern des Paläolithikums [Altsteinzeit] eingeführte Arbeitsteilung zwischen den Geschlechtern beständig zu. Die Aufgaben des Mannes vermehrten sich, zu Jagd und Werkzeugfertigung kam nun die Arbeit des Holzfällers und Zimmermanns. Die Frau übernahm statt des täglichen Sammelns die Arbeit auf den Feldern sowie das Töpfern und Weben.

Zu den Pflichten des Zimmermanns gehörte es auch, die geflochtenen Zäune anzulegen, um die Felder vor Wildschaden zu bewahren und die Haustiere zusammenzuhalten. Da eine Ziegenherde innerhalb kurzer Zeit ganze Ernten abfressen kann, erhielt die Abgrenzung des Besitzes eine noch größere Bedeutung, als sie es ohnehin zur Zeit der Jäger gehabt hatte" (C. S. Coon 1970, 128 f.).

Arbeitsaufgaben:
1. Welche Erfindungen und Leistungen haben – nach Auskunft der Texte – in der Jungsteinzeit die Frauen beigesteuert?
2. Womit belegen die Verfasser ihre Behauptungen? Könnt Ihr zustimmen und die Argumente als Beweise anerkennen?

Sind Frauen technisch minderbegabt?

Heute gibt es nur ganz wenige Frauen in Berufen wie Ingenieur, Automechaniker, Maschinenschlosser oder Elektriker. „Frauen verstehen eben nichts von Technik", lautet die Einschätzung bei vielen Menschen. Oder noch krasser: „Für Technik fehlt den Frauen von Natur aus jede Eignung." Ob man vor rund 8000 Jahren auch schon dieser – wenig schmeichelhaften – Auffassung war?

Trotz vieler gegenteiliger Behauptungen in der Wissenschaft gibt es wohl zahlreiche Beweise dafür, daß in der Jungsteinzeit Frauen die Tongefäße erfunden, hergestellt, benutzt und verbreitet haben:

- Zahlreiche Tongefäße sind als Frauenkörper, weibliche Köpfe oder Topfträgerinnen geformt.
- Die Tongefäße dienten in erster Linie zur Erleichterung der weiblichen Aufgaben wie Sammeln, Aufbewahren, Mahlen und Kochen von Nahrungsmitteln.
- Töpfern (ohne Töpferscheibe) ist noch heute in vielen Kulturen Frauensache, das dürfte immer so gewesen sein. Einige Forscher behaupten auch, die auf den frühesten Tongefäßen vielfach erkennbaren Fingerabdrücke seien eindeutig als weiblich identifizierbar.
- Die Erfindung der Töpferei und Brennerei wird in den Sagen und Mythen der meisten Völker den Frauen zugeschrieben.

Bei den anderen jungsteinzeitlichen Erfindungen kann der Beweis weiblicher Herkunft nur indirekt, aus Hinweisen und Schlußfolgerungen, geführt werden. Abweichende Meinungen gibt es hier erst recht. Deswegen lassen sich Aussagen auch nur mit großer Wahrscheinlichkeit, nicht mit absoluter Sicherheit treffen. Diese Einschränkung gilt übrigens für sehr viele archäologische Feststellungen, die gleichwohl als zutreffend anerkannt sind.

Belege für die überragende Bedeutung der Frauen bei den technischen Erfindungen der Jungsteinzeit stammen aus ganz verschiedenen Bereichen:

- Grabfunde: In Frauengräbern finden sich vielfach Grabstöcke und Erntesicheln, Mahlsteine und Kellen, Spindeln und Kettsteine (Gewichte für einfache Webrahmen), bei Männern eher Waffen, Äxte und Feuerzeuge.
- Mythen: von Griechenland bis China gelten Frauen als Erfinder von Ackerbau und Weberei. In China kann man für Mann auch „Hirt", für Frau auch „Weberin" sagen.
- Schlußfolgerung: Der Pflanzenbau ist fast sicher aus dem Sammeln, die Weberei aus dem Flechten hervorgegangen, beides höchst wahrscheinlich typisch weibliche Arbeiten der Altsteinzeit. Dagegen steht die Großviehzucht möglicherweise eher mit der Jagd, das durchbohrte Steinbeil mit dem geschäfteten Steinhammer in Verbindung, die mutmaßlich als männliche Angelegenheiten einzuordnen sind.
- Gegenwartsvergleich: In überlebenden neolithischen Naturvölkern obliegen Pflanzen und Ernten, Spinnen, Mahlen und Backen den Frauen, Jagd und Großviehhaltung den Männern.

Als *Ergebnis* ist festzuhalten: Töpferei und Brennerei, Spinnerei und Weberei, Pflanzen und Ernten, Mahlen und Backen, Seßhaftigkeit und Dorfbildung sind höchst wahrscheinlich fast ausschließlich Errungenschaften und Leistungen der jungsteinzeitlichen Frauen. Steinschliff und Steinbohrung, Zimmermannswerk und Bootsbau, Befestigung und Großsteinbau sind wahrscheinlich vorwiegend Erfindungen und Entdeckungen jungsteinzeitlicher Männer. Bei Hausbau und Kleintierhaltung ist der Beitrag nicht so eindeutig zurechenbar.

„Männliche" und „weibliche" Errungenschaften
Mat. 17

Lehmziegel- und holzgebaute Dörfer und Kleinstädte

Geschliffene und durchbohrte Steinäxte   Dauerhafte ortsfeste Häuser

Gezähmtes Klein- und Großvieh   Textilgewebe und gewebte Kleider   Spinnwirtel und Garnknäuel

Gezüchtete Getreidekörner (verkohlt)
und andere Feldfrüchte

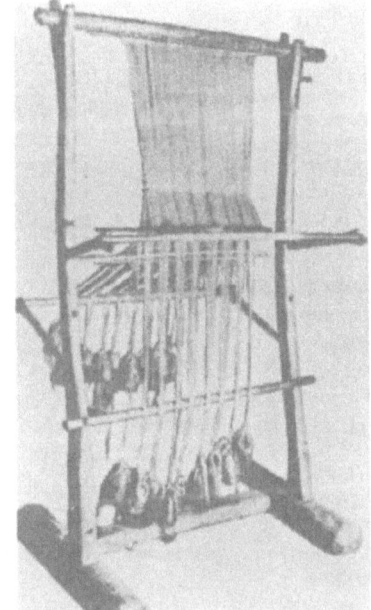

Einfache Webgeräte mit Kettgewichten

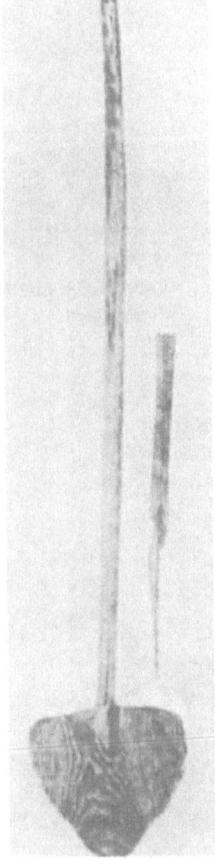

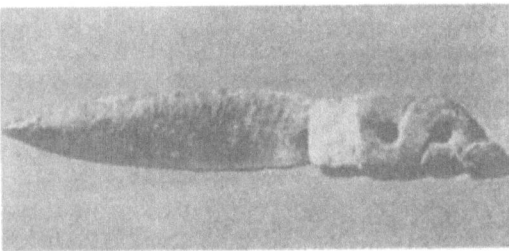

Geschäftete Dolche und andere Kriegswaffen

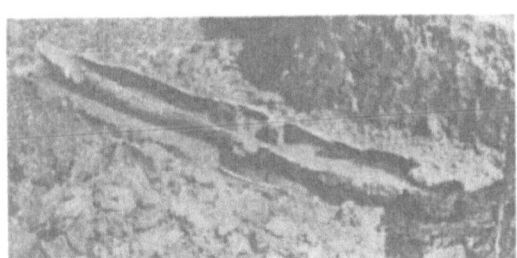

Hölzerne Grabstöcke,   Hölzerne Schiffe und Boote
Hacken und Spaten

 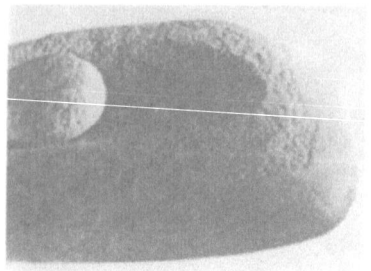

Bemalte, glasierte und gebrannte Tongefäße

Mahlsteine und Handmühlen

Steinerne Erntemesser und -sicheln (geschäftet)

Vervollkommnete Pfeilspitzen

Zimmermannsarbeiten und Holzmöbel

Weittragende Jagdwaffen

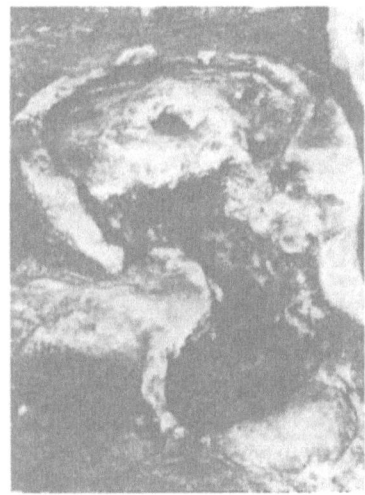

Lehmgebaute Back- und Brennöfen

Tönerne Stempel zum Stoffdrucken   Steinerne Befestigungsmauern

Arbeitsaufgaben:
1. Ordnet die Gegenstände jeweils den Männern (A), den Frauen (B) oder – in unsicheren bzw. gemischten Fällen – beiden Geschlechtern (C) zu!
2. Welches Geschlecht hat durch Erfindung und Gebrauch neuer Geräte in der Jungsteinzeit mehr für ein besseres Leben der Menschen geleistet?

D. Fraueneinfluß oder Männerleitung in der Jungsteinzeit?

Gesellschaftlicher Rang der Frauen

Mat. 18 Wohnungen und Begräbnisse in Çatal Hüyük (Ausgrabungsbericht)

„Die größere Plattform und Bank bleibt beständig gegen die Ostwand gerichtet. Diese Plattformen, so sorgfältig verputzt wie das übrige Haus und häufig mit einer gerundeten Einfassung versehen, sind die Urbilder des türkischen Sofas (und Divans). Sie dienten zum Sitzen, zum Arbeiten und zum Schlafen. Oft sind sie mit Rohr- oder Binsenmatten bedeckt, der Unterlage für Polster, Tücher und Bettzeug. Unter diesen Plattformen lagen die Toten begraben, und die Untersuchung der Bestattungsbräuche ergab, daß die kleine Eckplattform dem Mann, dem Hausherrn, die weit größere Hauptplattform dagegen der Hausherrin gehörte. Das Bett der Frau wechselte nie seinen Platz, dasselbe gilt für die Anordnung der Küche. Anders verhielt es sich jedoch mit dem Bett des Mannes. Die soziologischen Folgerungen, die daraus zu ziehen sind, liegen auf der Hand. Kinder wurden entweder bei der Frau oder unter den übrigen Plattformen begraben, doch finden sie sich nie neben dem Hausherrn. (...)

In einer frühjungsteinzeitlichen Gesellschaft wie der von Çatal Hüyük kann man aus biologischen Gründen einen höheren Anteil von Frauen als von Männern erwarten, und dies bestätigt in der Tat der Befund der Begräbnisstätten. Mehr noch: In der neuen Wirtschaftsform übernahmen Frauen eine große Anzahl von Arbeiten (und daran hat sich in anatolischen Dörfern bis auf den heutigen Tag nichts geändert). Gerade darin aber lag die Ursache für die soziale Überlegenheit der Frau. Als einzige Lebensquelle wurde die Frau mit dem Arbeitsvorgang des Ackerbaus in Verbindung gebracht, mit der Zähmung und Aufzucht der Haustiere, mit den Vorstellungen von Wachstum, Überfluß und Fruchtbarkeit. Eine Religion, die ihrerseits auf Erhaltung des Lebens in all seinen Formen zielte, die Verbreitung einer solchen Religion und die Mysterien [Geheimnisse] ihrer Kulte, die mit Leben und Tod, Geburt und Auferstehung verknüpft waren, gehörten daher offensichtlich eher zu ihrem Bereich als zu dem des Mannes. Mit außerordentlich hoher Wahrscheinlichkeit dürfte der Kult der Göttin hauptsächlich in den Händen von Frauen gelegen haben, wenn auch das Vorhandensein männlicher Priester keineswegs auszuschließen ist. (...)
Sämtliche Verstorbenen waren wahrscheinlich in ihren Kleidern beigesetzt, und man findet sowohl hölzerne Schüsseln, Schalen und Kästen als auch Körbe und Lebensmittel (Bee-

ren, Erbsen, Linsen, Korn sowie Eier oder ein Fleischgericht) bei den Toten, welchen Geschlechts sie auch waren. Unter den sonstigen Grabbeigaben zeichnen sich Unterschiede zwischen einerseits solchen ab, die man Männern mitgab, und andererseits solchen für Frauen und Kinder. Kosmetische Artikel sind ein Vorrecht der Frauen. (...) Schmuckgegenstände – sie allerdings sind nicht auf das schöne Geschlecht beschränkt – finden sich in Form von Halsbändern, Armbändern, Armspangen und Fußringen, deren Glieder aus einer ungeheuren Vielfalt von Steinen, Muscheln, aus Ton, Knochen, Tierzähnen und – seltener – aus Kupfer und Blei bestanden. (...) Knochennadeln hielten die Frauenkleider in der Schultergegend zusammen. Allgemein verbreitet sind Amulette und Gehänge. Wo eine Frau mit einem Kind bestattet ist, kommen häufig Löffel, Spatel und Schöpflöffel aus Knochen vor. Werkzeuge trifft man seltener, doch wurden Ahlen zum Nähen, Pfrieme zum Korbflechten sowie Messer und Hacken gefunden. Kinder haben Halsbänder, Anhänger und Ringe, sonst jedoch keine besonderen Grabbeigaben. Männerbestattungen verraten wenig Sinn für Schmuck. Einige Schmuckperlen, Zieranhänger, Muscheln oder Tierzähne mögen an einer Schnur um den Hals getragen worden sein, wie es auch die Wandmalereien zeigen, doch kein männliches Wesen war mit so kunstvollen Halsbändern geschmückt, wie sie die Frauen hatten. Statt dessen war der Verstorbene mit seinen Waffen gerüstet: mit Keulen aus poliertem Stein, deren Köpfe durchbohrt waren, Dolchen, Messern und Feuerzeugen, mit deren Hilfe sich aus dem Flintstein Feuer schlagen ließ (oft befand sich dabei noch ein Schwefelstück). (...) Sehr oft wurden eine Anzahl Pfeilspitzen, einzelne Speerspitzen, einige wenige Sichelblätter sowie Messerklingen aus Obsidian oder Feuerstein mit dem männlichen Verstorbenen begraben" (J. Mellaart 1967, 74f., 237f., 247f.).

Arbeitsaufgaben:
1. Sind die Frauen – nach Mellaart – den Männern unterlegen, gleichberechtigt oder überlegen?
2. Wie hängt die wirtschaftliche Leistung mit der gesellschaftlichen Stellung der Frauen zusammen?
3. Aus welchen Hinweisen glaubt Mellaart auf die Position der Frauen in den Familien und in der Kleinstadt schließen zu können?
4. Gibt es auch andere mögliche Erklärungen für die Grabungsbefunde?

Göttinnen und Götter (bes. aus Çatal Hüyük) Mat. 19

Arbeitsaufgaben:
1. Wer wird größer (und häufiger) dargestellt, Männer oder Frauen?
2. Warum gibt es bei den Ton- und Steinfiguren einen engen Zusammenhang zwischen Frauen und Kindern?
3. Was spricht dafür, daß es sich bei den weiblichen Tonfiguren um Fruchtbarkeitsgöttinnen handelt?
4. Wirken die Männer-Götter den Frauen-Göttinnen überlegen oder unterlegen?

Mat. 20

„Die Götterfamilie folgte somit dem Muster der menschlichen, und die vier Aspekte [Ansichten], die sich zeigen, waren in der Reihenfolge der Wichtigkeit: Mutter, Tochter, Sohn und Vater. Damit erhebt sich die Frage, ob die Jungsteinzeitleute diese als vier Gottheiten oder nur als zwei verehrten, da Mutter und Tochter (oder vielleicht Mädchen und Mutter) nur zwei Aspekte des Begriffs Weib, Sohn und Vater nur zwei des Begriffs Mann darstellen. Es wäre außerordentlich schwierig, wollte man hier eine Entscheidung treffen. Doch der allgemeine Eindruck, den man durch das Material erhält, spricht für das Vorhandensein nur zweier Gottheiten: der Großen Göttin und ihres Sohnes und Liebhabers. Spätere Entsprechungen aus Kreta und dem bronzezeitlichen Griechenland zeigen die Tendenz [Richtung], diese Auffassung von der Götterfamilie zu bestätigen" (J. Mellaart 1967, 236).

„Mutterrecht" und „Fauenherrschaft"?

Mat. 21

„Haustiere zu hüten und vor Raubtieren zu schützen war die logische Fortsetzung der traditionellen [herkömmlichen] Tätigkeiten des Mannes, seine Wandlung vom Jäger zum Hirten ein natürlicher Schritt. Der Bodenbau ergab sich mit gleicher Konsequenz [Stimmigkeit] aus der bisherigen Beschäftigung der Frau, dem Sammeln von Pflanzen. So gingen beide Geschlechter gleichzeitig, aber auf getrennten Wegen, zu einer neuen Tätigkeit über, wobei sich das Verhältnis zwischen Mann und Frau im wesentlichen nicht veränderte. Zu

späterer Zeit, als man das Pflügen gelernt hatte, übernahm der Mann die schwerere Ackerbautätigkeit, und die Frau behielt mehr Zeit zum Töpfern und Weben. In den für die Landwirtschaft entscheidenden Monaten jedoch, zum Beispiel zur Erntezeit, arbeiteten Männer, Frauen und Kinder gemeinsam auf den Feldern. Unterdessen übernahmen, je mehr die Männer sich der Feldarbeit zuwandten, Knaben oder eigens dazu bestimmte Hirten die Sorge für die Herden. (...)
Eine gemischte Form der Landwirtschaft brachte für Männer und Frauen das gleiche Maß an Arbeit mit sich. Der erzielte Überschuß reichte für die Versorgung einer Elite [Oberschicht] aus, deren Aufgabe hauptsächlich in der Gestaltung menschlicher Beziehungen, weniger in der Entwicklung der Technologie [Erfindungen] bestand. Spezialisten für Regierungs-, Rechts- und Kult-Fragen, die an der Spitze der politischen und religiösen Institutionen standen, gaben dieser Gesellschaft in Krisenzeiten inneren Halt, während der Kern der Elite als militärische Streitmacht die Gesellschaft nach außen schützte. Wallfahrtsorte, Schulen für Priesterinnen, Orakelstätten und Tempel, in denen man Zuflucht suchen konnte, sind kultische Phänomene, die uns in der Geschichte der aus der neolithischen Kultur hervorgegangenen Kulturen im Mittleren Osten, in Europa, China und Indien immer wieder begegnen. Die Ansicht, unsere Vorfahren hätten eine frühere Periode [Zeitspanne] des Matriarchats, eine Zeit des Mutterrechts, der weiblichen Erbfolge und der Verehrung der Göttin der Fruchtbarkeit als ihrer höchsten Gottheit durchlaufen, läßt sich aufgrund der uns bekannten Fakten [Tatsachen] und durch logische Schlußfolgerungen nicht halten. Im wesentlichen änderte sich das Verhältnis der beiden Geschlechter während der ganzen Zeit der kulturellen Entwicklung von den Tagen der Jäger an bis in unsere Zeit nicht" (C. S. Coon 1970, 129f., 181f.).

Mat. 22*

„Im wirtschaftlichen Bereich waren mutterrechtliche („matriarchale') Gesellschaften gekennzeichnet von Akkerbau, der vom einfachen Gartenbau bis zu technisch hochentwickelter Bodennutzung durch Bewässerungsanlagen reichte. In der Familienstruktur spielten Namensgebung und Erbfolge in weiblicher Linie („Matrilinearität') und Wohnsitz bei der Mutter („Matrilokalität') die größte Rolle. Die Familiengruppe war die Sippe, eine ‚Kernfamilie' in unserem Sinne (Vater – Mutter – Kind) gab es nicht, denn die biologische Vaterschaft war unbekannt. Die Sippe wurde von der Sippenmutter beherrscht, der Stamm von der Stammutter oder den Müttern der großen Sippen. Namen und Würden wurden von der Mutter auf die Tochter vererbt, wobei oft die jüngste Tochter erbte (Grundsatz der ‚Ultimogenitur'). Vererbung von Gütern gab es nicht, denn Land und Haus waren Gemeinschaftsbesitz der Sippe. Besaßen Männer irgendeine Würde, so verlieh sie die Mutter dem Sohn oder die Schwester dem Bruder oder der Onkel (Bruder der Mutter) dem Neffen. Ein dauerndes Erbrecht für Männer gab es nicht. Bei den gefühlsmäßigen Bindungen zählten die Beziehungen zwischen Bruder und Schwester weit vor jeder Gattenbeziehung. Der Gatte, der aus einer anderen Sippe kam, war stets nur ein geduldeter ‚Fremder', der meist auch nicht lange blieb. Frauen hatten gleichzeitig und nacheinander mehrere Männer – und umgekehrt. Die Einehe war so gut wie unbekannt. Verbunden mit den lockeren ‚Ehe'-Beziehungen war große sexuelle Freiheit.
Bildeten mutterrechtliche Gesellschaften auf ihrer entwickelten Stufe Staats-

formen – als Stadtstaaten oder Bund von Stadtstaaten –, so herrschte eine Gruppe von Priesterinnen über den Staat, der als Regierung der Göttin aufgefaßt wurde. Die Oberpriesterin war meist die Sippenmutter der vornehmsten Sippe; und sie hatte als ‚Heiligen König' einen Verwandten der eigenen Sippe, Sohn oder Bruder, neben sich. Dieser erfüllte außer rituellen Handlungen jedoch nur untergeordnete Verwaltungsaufgaben. Die Oberpriesterin war die Vertreterin der Muttergöttin, die als Herrscherin des Himmels, der Erde und der Unterwelt galt. Im religiösen Bereich hatten mutterrechtliche Gesellschaften daher Mythensysteme mit Muttergöttinnen. Auf der einfachen Stufe bedeutete das Mythen über in Höhlen wohnende und wirkende Erdgöttinnen, auf der entwickelten Stufe Himmels- und Gestirnmythen, deren Zentralgestalt die dreiförmige Mondgöttin war. Die Zeitvorstellung war dabei regelhaft wiederkehrend statt gradlinig gerichtet; der Kreislauf der Jahreszeiten mit den Abschnitten Wachstum, Tod, Wiederkehr bestimmte das Denken. Im rituellen Bereich vollzogen die Oberpriesterin oder heilige Königin und der heilige König oder mythische ‚Fruchtbarkeitsheld' die typischen Jahreszeitenfeste, die mit den Kreisläufen des Pflanzenwachstums übereinstimmten und diese magisch beeinflußten: die ‚Einweihung' im Frühjahr, die ‚Heilige Hochzeit' im Sommer, Tod und Wiederauferstehung des ‚Helden' im Herbst und Winter" (sprachlich vereinfacht nach H. Göttner-Abendroth 1980, 12f.).

Mat. 23

„Jede Sippe besaß das Recht auf bestimmte Namen, so daß der Privatname stets auch aussagte, zu welcher Sippe sein Besitzer gehörte. Der Sippenname gab Sippenrechte, wie ein heutiger Paß Bürgerrechte gibt. Der typische Sippenname der Griechen trug zum Beispiel die Endung -idas, die auf dem Element -id- beruhte, einer weiblichen Form. Daraus folgt, daß in ältester Zeit auch bei den Griechen die Sippen matristisch [um die Mütter kreisend] organisiert und von Frauen geleitet waren. Jeder Haushalt, wie wir gesehen haben, stand unter der Leitung der ältesten Frau, aber sie herrschte niemals als Matriarch, sondern stützte sich stets auf die Meinung anderer alter Frauen der Sippe, die einen Sippenrat bildeten. Der Sippenrat wählte den Stammesrat. Der Stammesrat wählte die Stammessprecherin, denn es gibt heute kaum Zweifel darüber, daß ‚bei entwickeltem Matriarchat' auch der Stamm stets ‚von einer Frau geleitet wird'.(...) Obgleich auf dieser Stufe die führenden Rollen in der Stammes- und Sippengesellschaft von Frauen besetzt waren, bevormundeten sie niemals ihre Männer. Eben das ist der maßgebliche Unterschied zwischen jener fälschlich als ‚Matriarchat' bezeichneten Ordnung der Mütter und dem späteren Patriarchat, das tatsächlich eine Herrschaft der Väter darstellte. Bei den Müttern besaßen alle Erwachsenen gleiche Rechte und gleiche Stimmrechte. Die Wahl der Sippensprecherin mußte stets von den anderen Sippen in ihrer Gesamtheit bestätigt werden. Männer und Frauen hatten das gleiche Wahlrecht. Auch hatten bei jeder Ratsversammlung sowohl die Sprecher der Bruderschaften wie auch die individuellen männlichen Sippenmitglieder jederzeit das Recht, ihre Meinung zu äußern und Anträge zu stellen. (...) Alle Wahlprinzipien der Stammesgesellschaft zielten auf die Erlangung von Einstimmigkeit hin. Das Prinzip der Mehrheiten und Minderheiten, des Stimmenzählens und der Abstimmung im heutigen Sinne war noch nicht erfunden. Die Aufgabe einer jeden Versammlung war deshalb eine Dis-

kussion, die zu einer Meinung führte. Die Meinung mußte stets einstimmig sein. Das galt für den Sippenrat, den Bruderschaftsrat, den Stammesrat und selbst den Rat der Stammesbrüder. War die Entscheidung des Rats aber einmal gefallen, so befolgte die Gemeinde, die ihn gewählt hatte, die Entscheidung mit absoluter Verbindlichkeit. In diesem Sinne war die Sippenorganisation eines der bestfunktionierenden demokratischen Systeme aller Zeiten.
Keine der Sippensprecherinnen besaß irgendwelche Zwangsmittel. Ihre Macht beruhte ausschließlich auf der freiwilligen Zustimmung der Sippe, die ihre Sprecherin jederzeit abwählen konnte, andererseits aber auch das ausführende Organ ihrer Entscheidungen war. Dieses Prinzip der absoluten Ebenbürtigkeit aller Mitglieder einer Sippe wurde auf die größeren Einheiten der Schwesterschaft, der Bruderschaft, des Stammes und des Bundes verschiedener Stämme übertragen.

Die vier Prinzipien, auf denen diese ganze Stammespyramide ruhte, waren:
1. Blutsverwandtschaft
2. Matrilineare Deszendenz [Abstammung von Muttersippe]
3. Gemeinschaftsbesitz
4. Gleichberechtigung der Geschlechter.

Es gab weder Beamte noch Polizisten, weder Richter noch Gefängnisse, weder Adel und Militär. Es gab keine Armen und keine Reichen, keine Arbeitgeber und keine Arbeitnehmer, keine Klassen, kurzum: keine öffentliche Gewalt irgendwelcher Art außerhalb der Gesamtheit der Stammesmitglieder und deshalb auch keinen Staat" (E. Bornemann 1975, 70 f.).

Mat. 24*

„Der einfache Pflanzenanbau als eine vornehmlich weibliche Wirtschaftsweise hat an eine allgemeine Herrschaft verschiedener Bräuche und Einrichtungen denken lassen, die insgesamt als ‚Mutterrecht' bezeichnet werden. Es ist auch kaum zu bezweifeln, daß *mit dem Bodenbau die wirtschaftliche Bedeutung der Frau beträchtlich zugenommen hat*. Dem steht ebenso die *Verbindung der Männer mit der Viehzucht* gegenüber und auch ihre Beteiligung am Bodenbau, vor allem an schweren Arbeiten wie dem Roden der Bäume. Treffen derartige Vermutungen zu, werden wir es auch *in der Jungsteinzeit bereits mit einem Nebeneinander und einer Auseinandersetzung von ‚vater-' und ‚mutterrechtlichen' Regeln und Ordnungen* zu tun haben. Die einen oder die anderen dürften in dieser oder jener Form jeweils ein gewisses Übergewicht gewonnen haben.
Aus dem wissenschaftlichen Grabungsbefund wird darüber nur unter äußerst glücklichen Bedingungen etwas zu entnehmen sein. Die gelegentlich beobachtete Verbindung ‚mutterrechtlicher' Züge mit weiblichen Kulten, Muttergottheiten usw. hat manche dazu veranlaßt, derartige soziale Einrichtungen auch da anzunehmen, wo in Kunstwerken und Sinnbildern das Weibliche besonders stark hervortritt. Auch wenn dem eine besondere Stellung der Frau in der Gesellschaft entspricht oder eine Hervorhebung in den Begräbnissitten festzustellen ist, besagt das zumeist noch nichts über die Einzelheiten, die den Kern des ‚Mutterrechts' als Gesamtheit ausmachen. Das sind Zurechnung zur Muttersippe (‚Matrilinearität') und Wohnsitzwahl in der Frauensippe (‚Uxorilokalität'). Nur ganz selten werden sich darauf wirklich brauchbare archäologische Hinweise ergeben (z. B. in Çatal Hüyük). (...)

Wenn auch nicht im Sinne strenger Regelmäßigkeit, kommt es doch nach weitgehender Erfahrung zu solchen ‚mutterrechtlichen' Einrichtungen *auf der Grundlage eines erhöhten wirtschaftlichen Beitrages der Frauen und eines weiblichen Verfügungsrechtes über die Wohnung oder gar einen Besitz am dazugehörenden Ackerboden.* Bei Opfergaben und Götterbildern ist in Çatal Hüyük der weibliche Bereich ebenfalls stark vertreten, ohne daß es an männlichen Bestandteilen und Sinnbildern fehlte. Wieweit das Übergewicht des Weiblichen ging, muß dahingestellt bleiben: ‚Mutterrecht' ist nicht gleichbedeutend mit Vorherrschaft der Frauen. (...) Çatal Hüyük vergleichbare Beispiele für ‚vaterrechtliche' Züge der Sozialordnung lassen sich nicht beibringen. Selbst ein Hervorragen männlicher Bestattung und sogar die Mitgabe von Frauen ins Grab mögen zwar für eine machtvolle Stellung des Mannes sprechen, besagen aber nichts über den Ablauf des Erbganges oder dergleichen, die daneben durchaus in mütterlicher Linie erfolgen können. (...)

Eine starke Stellung des Mannes, *ausgeprägt vaterrechtliche (‚patriarchalische') Verhältnisse sind vor allen Dingen bei nicht-seßhaften Viehzüchtern anzutreffen*, wie wir sie für die Jungsteinzeit noch nicht voraussetzen können. Die starke Betonung der Viehzucht in einzelnen Gruppen macht es jedoch immerhin nicht unwahrscheinlich, daß dort ähnliches vorliegt. (...) So wichtig solche Züge in der tatsächlichen Vergangenheit gewesen sein dürften, so wenig Aussichten haben wir – bis auf ganz seltene Ausnahmefälle –, darüber aus den archäologischen Quellen etwas zu erfahren: *Wir stehen hier wieder an einem jener Punkte, an denen uns schmerzhaft die begrenzte Aussagefähigkeit des ausgegrabenen Fundstoffes bewußt wird*" (sprachlich vereinfacht nach K. J. Narr 1975, 648 f.).

Arbeitsaufgaben:
1. Welche Vermutungen stellen die vier Autoren auf? Faßt jeden Text in eine Hauptthese aus einem Satz zusammen!
2. Wie begründen und belegen die vier Wissenschaftler jeweils ihre Behauptungen?
3. Wie versuchen die Verfasser jeweils die Argumente der anderen zu entkräften?
4. Welche Darstellung scheint Euch am wahrscheinlichsten, überzeugt Euch am meisten?

E. Völkerkundliche Parallelen und Überreste?

Die Grabungsbefunde sind ziemlich eindeutig, aber nicht absolut beweiskräftig. Das ist bei archäologischen Zeugnissen auch kaum zu erwarten. Ihre Deutung im Sinne eines starken Fraueneinflusses in vielen oder einigen jungsteinzeitlichen Gesellschaften läßt sich dann noch wahrscheinlicher machen, wenn es ähnliche Verhältnisse noch heute in Bauerngesellschaften neolithischen Typs gibt oder bis vor kurzem gab. Deshalb sollen zwei bekannte Pflanzergruppen anhand völkerkundlicher Berichte näher betrachtet werden.

Mat. 25 Die Minankabau-Frauen

Mat. 26

„Die Minankabau (1960: ca. 3,6 Mio.) leben im westlichen Küstenland und im Hochland von Zentral-Sumatra (Republik Indonesien). Sie sind sprachlich den Malaien verwandt und werden aufgrund ihrer Zugehörigkeit zum Islam zu den Jung-Indonesiern gerechnet.
Trotz ihrer Prägung durch den Islam repräsentieren die M. das geradezu klassische Beispiel einer mutterrechtlichen Gesellschaft. Die Abstammung wird strikt matrilinear gerechnet, d. h. nur zur mütterlichen Seite hin anerkannt. Traditionell [Herkömmlicherweise] bleibt die Frau auch nach ihrer Heirat im Haus der mütterlichen Verwandten. Ihr Ehemann und Vater

Mat. 27*

ihrer Kinder hat in ihrer eigenen Haus- bzw. Wohngemeinschaft – diese wird in der Regel aus 3–4 Generationen matrilinearer Verwandten gebildet – nur Gastrecht. Elterliche Funktionen gegenüber den Kindern werden vom Mutterbruder wahrgenommen. Die Häuser der M. sind sehr geräumig und mit ihren mehrfach geschwungenen Dächern prächtig gearbeitet. Die Hausgemeinschaft ist im täglichen Leben die wichtigste soziale und wirtschaftliche Einheit. Sie wird von einer Großmutter mit ihren Brüdern, den Müttern und Mutterbrüdern und den Kindern gebildet. Mehrere Hausgemeinschaften schließen sich zu einem größeren genealogischen [Verwandtschafts-]Verband, dem Matri-Klan, zusammen.

Die M. sind Bauern. Sie kultivieren [bauen an] auf ihren terrassierten Feldern Reis, Tabak, Zimt, Obst und Gemüse. Zu ihren handwerklichen Fertigkeiten zählen die songkat-Weberei (Stoffe werden mit Goldfäden durchwirkt), die Flechterei, sowie kunstvolle Holz- und Metallarbeiten (Silberfiligran).

Historisch faßbar wurden die M. erstmals um die Mitte des 14. Jh. Ihre Islamierung setzte Mitte des 16. Jh. ein, war allerdings im 18. Jh. noch nicht ganz abgeschlossen. Auf den Einfluß des Islams ist zurückzuführen, daß Kenntnisse über die alte Religion weitgehend verlorengegangen sind.

Seit dem Zweiten Weltkrieg verliert das matrilineare System der M. als gesellschaftliche Ordnungsgröße mehr und mehr an Bedeutung. Inzwischen haben viele junge Männer ihre Dörfer verlassen, um – losgelöst vom matrilinearen System – mit ihren Frauen und Kindern eigene Hausstände zu gründen" (W. Lindig 1981, 241 f.).

„Bei den Minankabau steht die Frau als Mutter im Brennpunkt, und zwar im Sinne von Zuneigung wie von tatsächlicher Macht innerhalb der engeren Abstammungsgruppe, der erweiterten mütterlichen Sippe und der Kernfamilie. (...) Minankabau-Männer „gehen hinaus" zwecks Handel oder Erziehung. Diese Tradition hat sich durch die Verstädterung verstärkt. Sie sind beispielhafte Unternehmer und haben manchen Beitrag zum nationalen indonesischen Leben auf so verschiedenen Feldern wie Literatur, Politik, Religion, Wirtschaft und Erziehung geleistet, weit über ihre geringe Zahl hinaus. Auf der nationalen Ebene sind die Minankabau als Volksgruppe stark in der aufsteigenden städtischen Mittelklasse vertreten. (...)

Verwandte Frauen bilden das dauernd gemeinsam wohnende zusammengefügte Kernstück von Minankabau-Verwandtschaftsgruppen. Diese strukturelle Solidarität versetzt Frauen gegenüber Männern in eine starke Stellung, deren Verwandtschaftssituation – sowohl als Mitglieder der Abstammungsgruppe als als eingeheiratete Männer – mehr randständig ist. In den meisten Minankabau-Wohnstätten in West-Sumatra – städtischen ebenso wie ländlichen – gibt es mehr erwachsene Frauen, die im Haushalt leben, als erwachsene Männer. In einem Haushalt z. B. gab es eine Urgroßmutter, eine Großmutter, eine Mutter, zwei verheiratete Töchter, einen eingeheirateten Mann, eine unverheiratete Tochter und zwei Kinder von Töchtern. Ein Mann darf mehr als eine Ehefrau haben; dann pendelt er zwischen den Haushalten seiner Ehefrauen. Scheidung und Trennung sind häufig; anfänglich ist die eheliche Verbindung brüchig. Es ist Tatsache, daß für viele Minankabau die Bande von Mutter und Sohn

sowie Schwester und Bruder die stärksten zwischengeschlechtlichen Bande bilden. Dennoch können sich tief liebevolle Beziehungen zwischen Frauen und ihren Ehemännern und zwischen Kindern und ihren Vätern entwickeln; das geschieht auch. Es gibt viele verfügbare Typen von befriedigenden menschlichen Beziehungen. Bei den Minankabau sind Bande zwischen blutsverwandten Angehörigen wichtiger als unter Anglo-Amerikanern. (...)
Minankabau-Frauen erledigen viel von der landwirtschaftlichen Arbeit. Zusätzlich sind viele mit Heimarbeit (Stoff-, Matten- und Beutelweben, Stickerei usw.) beschäftigt. Viele verkaufen landwirtschaftliche Güter auf den winzigen Dorf-Märkten (Eier, Tomaten, Zwiebeln, Chili, Pfeffer usw.), um kleine Summen für ihre täglichen Bedürfnisse zu verdienen. Einige verkaufen landwirtschaftliche und handwerkliche Erzeugnisse auf den größeren städtischen Märkten. Es gibt eine Marktabfolge im Hochland, und weibliche Händler können eine wöchentliche Rundreise zu den größeren Märkten machen, indem sie mit dem Bus reisen und ihre Waren auf dem Busdach aufstapeln. Wenige Frauen haben Läden in der Stadt. Wie in Java arbeiten Frauen auch in Berufen des öffentlichen Dienstes als Büroangestellte, Lehrer, Richter usw. Es gibt weibliche Lehrer des Islam und Frauen, die politisch aktiv sind.
Der Grundgedanke verwandtschaftlichen Fällens von Entscheidungen unter den Minankabau besteht in gemeinschaftlicher Beratung und Einigung. Trotzdem treffen tatsächlich die Mütter die meisten alltäglichen Entscheidungen; manchmal ziehen sie zwanglos andere Familienmitglieder hinzu, manchmal nicht. Diese Entscheidungen berühren Landnutzung, Haushaltsführung und -ausgaben, Kindererziehung, Verleihen und Ausborgen und den Verkauf von handwerklichen und landwirtschaftlichen Waren. Entscheidungen, die Zeremonien betreffen – z. B. eine Hochzeit –, oder Angelegenheiten, die die Abstammungsgruppe als ganze angehen, werden im Zusammenhang förmlicher Beratungen im Sippenhaus gefällt. Die alten Frauen laden die Männer der Abstammungsgrupe – und je nach Gegenstand manchmal die Ehemänner – ein, an diesen Beratungen teilzunehmen. Sie sitzen auf dem Boden und diskutieren die Angelegenheit in einer ziemlich feierlichen Weise. Eine der jungen Frauen bedient die Männer gewöhnlich mit Kaffee und einem Imbiß. Die alte Frau (oder die alten Frauen) sitzt meist ungezwungen etwas abseits von den Männern auf dem Boden oder lehnt vielleicht gegen eine Wand nahe der Küchentür. Sie lauscht auf die Diskussion; wenn diese nicht nach ihren Wünschen verläuft, wirft sie ihre Auffassung ein. Wenn sie die Notwendigkeit zu einer Erläuterung empfindet, besteht sie nicht auf Feierlichkeit. Ihre Meinung und Gründe werden kurz und bündig vorgetragen. Die Männer diskutieren dann ihre Anregung ausführlich. Ihr Standpunkt setzt sich oft durch. Zusätzlich zu der Achtung, die die Männer für ihre Ansicht hegen, verfügt sie auch über den Reis, der für jede Zeremonie nötig ist. (...)
Männliche Sippenmitglieder vertreten die Verwandtschaftsgruppe nach außen und tragen wirtschaftlich zu ihr bei. Die beiden Hauptkennzeichen der männlichen Rolle bei den Minankabau sind solche (1.) der wirtschaftlichen Hilfsquellen und (2.) der rituellen, politischen und rechtlichen Vertretung. Diese doppelten Merkmale waren früher größtenteils in der Rolle des Bruders der Mutter vereinigt; aber heute werden sie zunehmend zwischen der Rolle des Mutterbruders (Repräsentation) und der des Ehemanns und Vaters (wirtschaftlicher Beitrag) aufgeteilt. (...)

58

Auch nach einer langen Reihe kultureller Glaubenssätze wird die Mutter für eine Quelle der Weisheit gehalten. (...) Die Minankabau-Mutter kann ihrem Sohn ebensogut Ratschläge wie Vorrechte gewähren. Bundo Kandueng, wörtlich „eigene Mutter", ist die mythische Königin-Mutter der Minankabau. Ihre Bedeutung wird durch zeremonielle Frauenkleidung, bei Hochzeiten, Umzügen usw. gefeiert. Sogar ein lokaler Bus wurde Bundo Kandueng genannt. Bundo Kandueng hatte keinen Ehemann, und ein Bruder wird nie erwähnt; andererseits spielt ihr Sohn eine wichtige Rolle in einer traditionellen Erzählung. Das legt nahe – wie es auch andere traditionelle Literatur tut –, daß die Zweiergruppe von Mutter und Sohn für die Minankabau-Kultur überragend bedeutsam ist und die Beziehung von Frauen und Männern in der mütterlichen Abstammungsgruppe der Minankabau versinnbildlicht. Das kulturelle Bild der Mutter als gleichzeitig stark, ernährend und weise wird überall in Drama und Literatur der Minankabau gefunden. (...) Die Weltsicht der Minankabau ist so, daß man sagt, der Himmel liege unter der Sohle des mütterlichen Fußes. Moralische Stärke – sogar Gott selbst – ist mit den Frauen verbunden, und menschliche Zuneigung ist auf sie gebündelt. Die kulturelle Grundlage für Matrifokalität ist von langdauernder anhaltender Bedeutung. Die mütterliche Machtstellung wird noch stärker und ihr Einflußbereich dehnt sich aus, weil der wirtschaftliche Beitrag ihres Bruders – und damit seine Fähigkeit Entscheidungen zu steuern – abnimmt, während der Ehemann ein geehrter, aber ziemlich unsicherer Gast im Heim seiner Ehefrau bleibt" (Sprachlich vereinfacht nach N. Tanner in M. Z. Rosaldo 1974, 142–146).

Arbeitsaufgaben:
1. Wodurch ist die Stellung der Frauen bei den Minankabau so stark und unabhängig? Welche Verbindung von Einzelmerkmalen *erhält* auf Dauer die günstige Situation der Frauen?
2. Folgt aus der Gleichberechtigung (oder gar Bevorrechtigung) der Frauen bei den Minankabau eine Erleichterung weiblicher Arbeit oder eine Unterdrückung der Männer?
3. Ist die Gesellschaft der Minankabau besonders primitiv? Gibt es bei ihnen Privateigentum, Ehrgeiz, Gewalt, Krieg?
4. Inwiefern kann man die Minankabau-Gesellschaft „Jungsteinzeit in der Moderne" nennen?

Mat. 28* Die Irokesen-Frauen

„Der Gesellschaftsaufbau der Irokesen nach mütterlichen Abstammungslinien erhebt die Frau und Mutter zum Bezugpunkt sozialen Verhaltens. Im Zusammenhang mit der Vergabe von Ansehen, Vorrechten und Ämtern, der Pflicht zu Hilfe und Schutz, dem Recht auf Eigentum und Erbe, teilweise auch dem Wohnsitz nach der Heirat wird die Mutter zum Angelpunkt des sozialen Lebens des Irokesen. (...) Die Arbeitsteilung nach Geschlechtern verschafft der Frau eine größere wirtschaftliche Bedeutung als dem Mann. Die Frau erzeugt die Grundnahrungsmittel und stellt mit ihrer Arbeit die durchgehende Versorgung der Gemeinschaft sicher. Demgegenüber hat der Wirtschaftsertrag des Mannes mehr ergänzende Bedeutung. Die zentrale Stellung der Irokesin in der Produktion wird durch die Festigkeit und Wirksamkeit der weiblichen Zusammenarbeit unterstrichen. Während die Arbeitsgemeinschaften der Männer durch wechselnde Zielsetzung und Mitgliedschaft gekennzeichnet sind, bringt der gemeinsame Einsatz der weiblichen Arbeitskraft eine Zusammenballung der wirtschaftlichen Leistungsfähigkeit der Frau. Der wirtschaftliche Vorrang der Irokesin in Erzeugung und Arbeitsorganisation setzt sich bei der Verteilung fort. Die Frau behält nicht nur die Kontrolle über die von ihr erwirtschafteten Produkte, sondern gewinnt auch die Verfügungsgewalt über einen Großteil des Arbeitsertrages der Männer. In der geschilderten Wirtschaftsform der geschlossenen Hauswirtschaft kontrolliert die Frau Mitteleinsatz und Verbrauch und nimmt damit eine Schlüsselstellung im gesamten Wirtschaftsprozeß ein.

Die politische Verfassung sichert der Frau unmittelbare und mittelbare Beteiligung am Entscheidungsprozeß. Als Vertreterin sozialer und wirtschaftlicher Interessen besitzt die Irokesin auf allen Ebenen politischer Betätigung Bedeutung. Die Einflußnahme der Frau überwiegt in Langhaus und Sippe, weicht jedoch in Dorf, Stamm und Stammesbund gegenüber der politischen Stellung der Mäner zurück. Während die Frau in den Verwandtschaftsgruppen die Entscheidungen unmittelbar mitbestimmt, ist sie in den politischen Einrichtungen der größeren Einheiten nur mittelbar durch die von ihr entsandten Sprecher und von ihr gewählten und kontrollierten Häuptlinge vertreten. Das Wahlrecht der Frauen ist für die politische Verfassung grundlegend. (...) Die wirtschaftliche Stellung der Frauen erweist sich als Sicherung, so daß sich die politische Willensbildung innerhalb der von weiblichen Rechten gesetzten Grenzen vollzieht.

Nach Ideen und Überzeugungen der Irokesen haben Mann und Frau ganz verschiedene Aufgaben. Das „weibliche" Persönlichkeitsideal fördert bei der Frau eine auf Zusammenarbeit und Erhalt der Verwandtschaftsgruppe gerichtete Einstellung; das „männliche" Persönlichkeitsideal dagegen begünstigt beim Mann eine nach außen hin drängende, die einzelne Persönlichkeit betonende Einstellung. In den persönlichen Beziehungen der Eheleute finden trennende Wertvorstellungen und Verhaltensregeln ihre Fortsetzung. Forderungen nach Verläßlichkeit zwischen Frauen einerseits und Männern andererseits haben großen Abstand zwischen den Geschlechtern zur Folge. Die gegenseitige Achtung ist allerdings gesichert, da Mann und Frau den Aufgabenbereich des anderen anerkennen und verletzende Übergriffe gegen die strengen Verhaltensregeln kaum vorkommen" (Sprachlich vereinfacht nach I. Schumacher 1972, 130–132).

Mat. 29

Mat. 30

„Zu diesen Garten- und Ackerbauern zählten unter anderen die Huronen und die Völker der Irokesen-Konföderation (Seneca, Cayuga, Mohawk, Onondaga und Oneida). Zwar halfen die Männer bei der Landrodung, aber es waren die Frauen, die das Land für den Anbau vorbereiteten, das Wachstum der Pflanzen beobachteten und die Ernte einbrachten.

Die Seneca-Frauen arbeiteten auf den Feldern unter der Leitung einer Feldaufseherin; sie war im allgemeinen eine angesehene ältere Frau, die von den anderen Frauen im Frühjahr gewählt wurde und absolute Autorität [unbeschränkten Einfluß] besaß. Sie begannen die Arbeit auf dem Feld einer Frau, arbeiteten dort, bis die notwendigen Tätigkeiten abgeschlossen waren, und gingen dann zur Bearbeitung des Feldes der nächsten Frau über. Die Feldaufseherin hatte darauf zu achten, daß alle Frauen zusammenarbeiteten, damit nicht Klagen aufkamen, einige der Frauen hätten schwerer zu arbeiten als andere. Sie beaufsichtigte auch die Pausen, in denen die Frauen sangen, Spiele spielten und sich Geschichten erzählten. Auch die Ernte wurde in Gemeinschaftsarbeit erledigt. (...)

In den Teilen des Jahres, in denen die Huronen-Frauen nicht mit Gartenarbeit beschäftigt waren, mahlten sie den überschüssigen Mais zu Mehl, das dann bei den Algonkin, die weiter im Norden lebten, gegen Fleisch und Häute eingetauscht wurde. Sie nähten auch Schüsseln aus Birkenrinde, flochten Weidenkörbe und aus Maisblättern Matten, und Hanffasern verspannen sie zu Schnüren, aus denen die Männer Fangschlingen und Fischnetze anfertigten.

In den Tagen vor dem Eindringen der Weißen erwirtschafteten beide Geschlechter etwa gleiche Mengenanteile an Nahrung; die Frauen lieferten Getreide, Gemüse und Früchte, und die Männer schafften Fleisch und Fisch heran und halfen bei den schweren Feldarbeiten. Als allerdings die nordöstlichen Stämme Kriege gegeneinander führten, hatten die Männer kaum noch Zeit für die Jagd. Und nachdem später die Europäer sich ausbreiteten und es möglich war, Biberfelle gegen Gewehre und Munition einzutauschen, waren die Männer wiederum nicht für ihre normalen Aktivitäten [gewöhnlichen Tätigkeiten] frei. Als das normale Gleichgewicht der Nahrungsproduktion durcheinander geraten war, mußten die Frauen ihre Anbauleistungen steigern, um die zurückgegangenen Jagderträge der Männer auszugleichen. (...)

Die Feministinnenbewegung hat die Diskussion über das Matriarchat [Frauenherrschaft] wieder aufleben lassen. Zwar hat es weder in alter noch in neuer Zeit je ein echtes Matriarchat gegeben, doch sind die Irokesen diesem gesellschaftlichen Modell näher gekommen als jede andere Gesellschaft. Die Kultur der Irokesen war eine Waldlandkultur. Sie bewohnten das Gebiet des heutigen New York. In der Irokesen-Gesellschaft besaßen die Frauen wirtschaftlich die Oberhand, da ihnen die Felder, die jeweilige Ernte und die Häuser gehörten. Die Abstammung wurde über die Frauen hergeleitet, und alle Titel, Rechte und Besitzansprüche vererbten sich über die weibliche Linie. Wenn auch diese Regelung die Macht in den Händen der Männer beließ, so gab sie doch den Frauen weitgehende Kontrolle über die Ausübung dieser Macht.

Zwar hatten bei den Irokesen nicht die Frauen das Amt des Häuptlings – er wurde sachem genannt – inne, doch wählten sie nicht nur die Führer, sondern entschieden auch darüber, ob die Männer, die sie ausgesucht hatten, ihre Aufgaben auch meisterten. Jeder Clan [Sippe] war in Abstammungslinien unterteilt, und an der Spitze jeder Abstammungslinie stand eine ältere Frau, die Matrone, die ihre Stellung aufgrund ihres Alters und ihrer Befähigung als Führerin und Vermittlerin einnahm. Eine ihrer Pflichten bestand in der Koordination [Abstimmung] der wirtschaftlichen Tätigkeiten der weiblichen Clanmitglieder – nicht nur ihrer Arbeit auf den Feldern, sondern auch ihrer Nahrungsabgaben für wohltätige Zwecke und öffentliche Festlichkeiten.

Wenn einer der sachem starb, oblag es der Matrone seiner Abstammungslinie, nach Beratung mit ihren weiblichen Verwandten seinen Nachfolger zu bestimmen. War die Amtsführung des neuen sachem nicht zufriedenstellend, mahnte ihn die Matrone dreimal und gab ihm so Gelegenheit, sich zu bessern. Fruchtete dies nichts, forderte die Matrone den Rat auf, ihn abzusetzen. Aufgrund ihrer Position [Stellung] hatte die Matrone hinsichtlich ihrer eigenen Lebensführung immer großen Anstand und Schicklichkeit zu wahren, damit ihre Mahnungen respektiert wurden.

Berichten einiger der ersten englischen Siedler zufolge waren bei den frühen Indianern im Nordosten weibliche Führer keine Seltenheit. Allerdings befanden sich unter diesen ersten Reisenden keine ausgebildeten Anthropologen [Völkerkundler] – damals gab es diese Fachrichtung noch gar nicht –, und die erhalten gebliebenen Schilderungen dieser mächtigen Frauen enttäuschen in ihrer Knappheit" (C. Niethammer 1982, 172 f., 197 f.).

Arbeitsaufgaben:
1. Wodurch ist die Stellung der Frauen bei den Irokesen so stark und unabhängig? Welche Verbindung von Einzelmerkmalen *erhält* auf Dauer die günstige Situation der Frauen?
2. Folgt aus der Gleichberechtigung (oder gar Bevorrechtigung) der Frauen bei den Irokesen eine Erleichterung weiblicher Arbeit oder eine Unterdrückung der Männer?
3. Ist die Gesellschaft der Irokesen besonders primitiv? Gibt es bei ihnen Privateigentum, Ehrgeiz, Gewalt, Krieg?
4. Inwiefern kann man die Irokesen-Gesellschaft „Jungsteinzeit in der Moderne" nennen?

F. Beispiele „matrifokaler" Gesellschaften?

Typische Frauenbeschäftigungen?

Mat. 31

Indianerinnen beim Hausbau

Indianerin bei Kartoffelbau, Schafehüten, Bootsfahrt

Afrikanerin beim Viehhüten

Asiatin beim Zaubern

Asiatin beim Ballspiel

Afrikanerinnen beim Fischfang

Abweichende Interpretationen

Auch Deutung und Benutzung der völkerkundlichen Befunde sind heftig umstritten. Viele Wissenschaftler lehnen jeden Rückschluß von heutigen Pflanzern auf vorgeschichtliche (jungsteinzeitliche) Bauern ab, weil es sich eben nicht um vergangene, sondern um zeitgenössische und keineswegs seit 10000 Jahren stehengebliebene Zustände handele. Sogar über die Auswertung der völkerkundlichen Feldstudien besteht keine Einigkeit: Ist die Stellung der Frauen in einfachen Pflanzerkulturen nun günstig oder ungünstig?

Mat. 32*

„Am Anfang der Matrilinearität [Namengebung in weiblicher Linie] stehen weibliche Arbeitskollektive und Matrilokalität [Wohnsitz bei der Familie der Frau]. Das ist ein historisch wichtiges Ergebnis. Denn dies ist die Kombination der Matrifokalität [Mittelpunktstellung der Mütter]. Das zeigen nicht nur die Irokesen und die Hopi. Das ergibt sich auch aus anderen vergleichenden Untersuchungen der letzten Zeit. Karen Sacks zeigt, daß die soziale Situation von Frauen dann am besten ist, wenn sie in kollektiven Gruppen arbeiten, die über die häusliche Einheit hinausgehen (...). Auch für Peggy Sanday gibt es einen starken Zusammenhang zwischen solidarischen Arbeitskollektiven, politischer Teilhabe und Kontrolle der Produktion durch Frauen (...). Die Unabhängigkeit von Frauen ist nach den statistischen Untersuchungen von Alice Schlegel dann am größten, wenn die Autorität ihres Bruders und ihres Mannes gleich groß sind und sich gegenseitig aufheben, mit anderen Worten: wo es – fast – keine männliche Autorität gibt. (...)
Matrilokalität und kollektive Arbeit von Frauen sind die beiden Tragebalken im schützenden Dach der Matrifokalität, und zwar auf beiden Seiten, historisch und funktional. Auf der einen stehen die funktionalen Untersuchungen von Schlegel, Sanday und Sacks, auf der anderen die historische Rekonstruktion auf der Grundlage der Arbeiten von Murdock, Gough und Aberle. Schiebt man sie zusammen, dann erst ergibt sich im matrilinearen Puzzle das vollständige Bild: Am historischen Beginn matrilinearer Gesellschaften steht regelmäßig die Matrilokalität. Es gibt also doch eine Entwicklungsstufe, in der sich Frauengesellschaften finden. (...)
In der frühen seßhaften Landwirtschaft gibt es ein Nebeneinander von matrifokalen Frauengesellschaften und partilinearen Männergesellschaften. [Zudem] bedeutet Matrifokalität nicht ein gesellschaftliches Übergewicht der Frauen. Das hat es nur in Ausnahmefällen gegeben, wie bei den Irokesen. Von Herrschaft kann man in keinem Fall sprechen. Ein Matriarchat hat es nicht gegeben. Modellfall einer frühen matrilinearen Gesellschaft mit Matrifokalität sind etwa die Hopi. Die Frauen haben ein großes gesellschaftliches Gewicht. Sie herrschen nicht. Es ist eine Situation, die mit der Bezeichnung als Gleichberechtigung nur unvollkommen beschrieben ist. Es ist ein Gleichgewicht, kein Übergewicht, keine Herrschaft. (...)
Mit der Seßhaftigkeit hat sich die Situation der Frauen also in zwei Richtungen entwickelt. Bei Patrilinearität verstärkt sich die Benachteiligung, die es in Jägergesellschaften schon gab, außerordentlich. Bei Ma-

trilinearität wird sie überlagert, beseitigt, entwickelt sie sich zur Matrifokalität, um sich dann später, bei Umwandlung der Matrilokalität, in gleicher Weise zu verschlechtern wie bei Patrilinearität" (U. Wesel 1980, 129-131).

Mat. 33*

„Bei Wildbeutern nun zählt es gewöhnlich zu den Aufgaben der Frauen, die – zumeist ja nur aus leichtem Zweigwerk und Fellen zusammengesetzten – Behausungen zu errichten. Und damit verknüpfen sich eben bestimmte Besitzansprüche und Rechte: Die Frauen sind hier die Eigner und Herrinnen des Hauses; sie können daher, wie bei den Pygmäen in Zentralafrika z. B., das Prärogativ [Vorrecht] besitzen, einem Mann, der ihren Unmut erregt hat, die Tür zu weisen bzw. den Zutritt zu ihrer Hütte zu verwehren. Der häusliche Kernbereich ist für die Frauen nicht letzte Station eines allgemeinen Abdrängungsprozesses, sondern vielmehr die Basis ihrer Bewegungsfreiheit. (...) Die Lage der Frauen hatte sich in den Pflanzerkulturen gegenüber den Verhältnissen in den wild- und feldbeuterischen Gesellschaften deutlich verschlechtert. Die Beziehungen der Gruppenangehörigen untereinander waren enger, die Bewegungs- und Ausweichmöglichkeiten begrenzter geworden. Entsprechend hatten sich das Konfliktpotential erhöht und mit ihm die Disziplinierungsmechanismen verschärft.

Gleichwohl besaßen die Frauen auch unter den Bedingungen der pflanzerischen Lebensweise noch Mittel zur Gegenwehr – vor allem dort, wo es [u. a. durch „Matrilinearität" und „Matrilokalität", Müller 1984, 187, 207] zur Ausbildung stabiler weiblicher Solidargemeinschaften gekommen war, wie insbesondere etwa bei Gruppen im Westsudan, von denen in dieser Hinsicht ja bereits die Rede gewesen ist. Allerdings stellten derartige Fälle die Ausnahme dar. Üblicher waren, der gesellschaftlichen Position der Frauen entsprechend, individuelle Einzelaktionen. Eine Frau konnte ihre Verärgerung über eine erlittene Unbill z. B. dadurch bekunden, daß sie es unterließ, für ihren Gatten das Essen, und namentlich die abendliche Hauptmahlzeit, zuzubereiten (...) [Sinnbildlich] deutete die Gattin ihrem Gatten auf diese Weise gleichzeitig an, daß sie ihm das Beilager verwehrte, ja unter Umständen auch überhaupt die Ehe zu lösen beabsichtigte" (K. E. Müller 1984, 165, 209f.).

Arbeitsaufgaben:
1. Faßt jeden Text in einer kurzen These zusammen! Wo liegt der Gegensatz?
2. Hat sich die Lage der Frauen in Pflanzergesellschaften – nach Meinung beider Autoren – gegenüber den vorausgehenden Wildbeutern verbessert oder verschlechtert? Behauptet eine Seite Frauenüberlegenheit, Frauenherrschaft?
3. Beide Verfasser sehen den Prozeß nicht einheitlich. Was betrachten sie als Regel, was als Ausnahme?
4. Wie ändert sich die Kontroverse, wenn man nicht nach der üblichen Frauenlage in *allen*, sondern der günstigsten Frauenlage in *wenigen* Gesellschaften fragt?

Seltene Verbindung günstiger Bedingungen

Die Minankabau/Irokesen bilden tatsächlich eine Gesellschaft, die um Frauen und Mütter kreist, in der Frauen und Mütter überragenden Einfluß haben und im Mittelpunkt stehen,

- weil die Familien/Sippen ihre Abstammung nach den Müttern rechnen *(Matrilinearität)*, die Kinder also der Mutter zugehören, nicht dem Vater,
- weil die Ehepaare ihren Wohnsitz in der Herkunftsfamilie (Sippe, Dorf) der Frau nehmen *(Matrilokalität)*, der Mann also eher Gast unter Fremden ist,
- weil die Felder und Gärten den Frauen bzw. den weiblichen Sippen gehören, von ihnen kollektiv bearbeitet und in ihnen vererbt werden, die Frauen also die *wirtschaftliche Kontrolle* behalten,
- weil das *Weltbild* auf der Verehrung von Mutter und Fruchtbarkeit aufbaut und die Beziehung zwischen Mutter und Kind, Schwester und Bruder auch sozial und religiös als wichtigste Bindung gilt, also männliche Überlegenheit nicht im Bewußtsein und Denken abgesichert ist.

Diese Kombination ist in heutigen (bzw. durch Schrifttexte „historisch" faßbaren) Gesellschaften relativ selten, aber keineswegs völlig vereinzelt. Sie wird „Matrifokalität" (auch „Matristik" oder „Matrizentrik") genannt und geht mit hoher Wahrscheinlichkeit auf die Jungsteinzeit zurück.

Arbeitsaufgaben:
1. Wieweit stimmen völkerkundliche und archäologische Beispiele überein?
2. Was kann man aus den Zuständen bei Minankabau/Irokesen und anderen Stämmen über die Verhältnisse in der Jungsteinzeit, z. B. in Çatal Hüyük erschließen?
3. Welche Bedingungen müßten gegeben sein, um in Çatal Hüyük von einer „matrifokalen" Gesellschaft zu sprechen?
4. Wieweit lassen sich die verlangten Merkmale im Fundmaterial nachweisen oder wahrscheinlich machen?

Ethnologische Vergleiche sind natürlich keine Beweise, aber Hinweise. Wenn Matrilinearität, Matrilokalität, weibliche Kollektivarbeit und Muttergöttinnen gelten, dann ist „Matrifokalität" gegeben: Mutterabstammung und Mutterwohnung lassen sich mit einer gewissen Wahrscheinlichkeit aus den Schlafbänken in Çatal Hüyük erschließen. Weibliches Feldeigentum ist deswegen zu vermuten, weil Frauen den Feldbau erfunden hatten und die Arbeit verrichteten. Mutter-Weltbild ist wegen der hohen Bedeutung von Fruchtbarkeitskult und Muttergöttinnen in Çatal Hüyük recht naheliegend. Im ganzen sprechen also –

soweit archäologisch überhaupt zu erwarten – überragende Befunde für „Matrifokalität" in Çatal Hüyük (und einigen anderen jungsteinzeitlichen Gesellschaften). Ob allerdings *alle* frühen Bauerndörfer zunächst um Frauen und Mütter kreisten, ist noch viel schwerer zu erkunden und zu entscheiden.

Nach dieser Zusammenfassung ist der richtige Zeitpunkt für ein neues Nachdenken, einen Vergleich mit dem Museumsbesuch, der Schulbuchlektüre oder dem Sachbuchauszug (vgl. oben A.) Eure neuen Informationen können auch auf Eure ersten Hilfsmittel angewendet werden.

Arbeitsaufgaben
1. Hat das Museum/Schulbuch/Sachbuch Frauen überhaupt erwähnt? Wo hat es ausdrücklich von Männern gesprochen, wo stillschweigend an Männer denken lassen?
2. Welchen Stellenwert in der Darstellung hatte die geschlechtsspezifische Verteilung von Leistung und Geltung?
3. Warum hat das Museum/Schulbuch/Sachbuch die Rolle der Frauen abweichend dargestellt, vielleicht (fast) völlig ausgelassen? Kam es überhaupt auf die Idee, Frauen könnten in der Geschichte wichtig sein?
4. Was müßt Ihr kritisieren? Schreibt einen Brief an Museumsdirektor, Schulbuchverlag oder Sachbuchautor und macht begründete Verbesserungsvorschläge.

G. Zwischen altsteinzeitlichem Sammler-/Jägertum und metallzeitlichen Hochkulturen

Ausgereifte jungsteinzeitliche Gesellschaften mit allen bisher beschriebenen Erfindungen und Neuerungen gab es seit etwa 6000 v. Chr. in Westasien und Nordafrika, etwa gleichzeitig in Südostasien und später auch in Amerika. Europa wurde von Bauerngruppen aus dem Südosten „kultiviert" und „kolonisiert". Von jungsteinzeitlichen Einwanderern lernten die einheimischen Sammler und Jäger bald die neuen Techniken von Getreidebau und Viehzucht, Töpferei und Weberei usw. Von 4000 bis 3000 v. Chr. – also in verhältnismäßig kurzer Zeit – wurden wiederum in Nordafrika und Westasien eine Fülle wichtiger handwerklicher Verfahren, wirtschaftlicher Verbesserungen, organisatorischer Leistungen und geistiger Neuerungen erfunden und eingeführt. Sie beruhen alle auf Grundgedanken der Jungsteinzeit, brachten aber zusammen eine ganz andere Art von Wirtschaft und Gesellschaft hervor, die man „Hochkultur" nennt.

Hochkulturelle Errungenschaften   auf   jungsteinzeitlichen Grundlagen

Bewässerungsfeldbau   Regenfeldbau

Zugtiernutzung   Milch- und Schlachtviehhaltung

Pflug und Pflugbau

Hacke und Hackbau

Schmelzofen für Metall

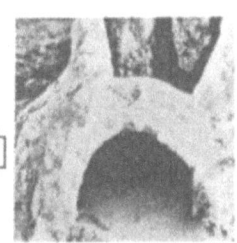
Backofen für Brot, Brennofen für Ton

Töpferscheibe und Rad

Bohrer und Feuerzeug

Großstadt

Dorf

Schrift   Siegel

Sippenältester und Dorfvorsteher

Gottkönig und Stadtherrscher

Arbeitsaufgaben:
1. Beschreibt die acht wichtigen Neuerungen der Hochkultur und ihre jeweiligen Voraussetzungen aus der Jungsteinzeit.
2. Inwiefern stellen die hochkulturellen „Erfindungen" und „Verbesserungen" (nur) eine wirksamere Anwendung von Grundgedanken des Neolithikums dar? Wo liegt jeweils das übernommene Prinzip?
3. Wie verändert sich das Alltagsleben mit Arbeit, Nahrung, Zusammenleben und Sicherheit der Menschen?
4. Welche Auswirkungen haben handwerklich-technische Erfindungen mutmaßlich für die Organisation der Hochkultur-Gesellschaft, z. B. für Anzahl und Gleichheit der Menschen?

Drei Entwicklungsstufen vor- und frühgeschichtlicher Gesellschaften

Mat. 35

☐ Zugtiernutzung	☐ Schlacht- und Milchviehhaltung	☐ Jagd
☐ Saat/Ernte	☐ Sammeln	☐ Bewässerung
☐ Hochkultur	☐ Bauerntum	☐ Wildbeuterei
☐ Stock	☐ Hacke/Spaten	☐ Pflug
☐ Steinabschlag	☐ Bronzeguß/-schmieden	☐ Steinschliff
☐ Metallaxt	☐ Faustkeil/Klinge	☐ durchbohrtes Steinbeil
☐ ungedrehter Tontopf	☐ Tongefäß von Töpferscheibe	☐ Lederbeutel
☐ Fein-Weberei	☐ Grob-Gewebe	☐ Pelzkleidung
☐ Feuerstelle	☐ Backofen/Brennofen	☐ Schmelzofen/Hochofen
☐ Haus/Dorf	☐ Höhle/Zelt	☐ Palast/Großstadt
☐ Schaber/Stichel	☐ Bronzesichel	☐ Feuerstein-Erntemesser
☐ Rad-/Karrenbau	☐ Möbeltischlerei	☐ Knochenschnitzerei
☐ Textilstempel/-muster	☐ Bilderschrift	☐ Felsmalerei
☐ Steuerliste	☐ Speerschleuder	☐ Mahlstein
☐ Staat	☐ Stamm/Sippe	☐ Horde
☐ Jagdmagie	☐ Fruchtbarkeitskult	☐ Tempeldienst
☐ Dorf-/Sippenältester	☐ Schamane	☐ Gottkönig
☐ Umherschweifen	☐ Zentralisierung	☐ Seßhaftigkeit

A. Altsteinzeit
B. Jungsteinzeit
C. Kupfer- und Bronzezeit

Arbeitsaufgaben:
1. Ordnet aus jeder Dreiergruppe ein Stichwort der „Altsteinzeit", eines der „Jungsteinzeit" und eines der „Kupfer- und Bronzezeit" zu. Begründet und diskutiert Eure Entscheidungen.
2. Schreibt in drei Gruppen je einen kurzen Aufsatz über die drei Gesellschaften und laßt dabei alle zugehörigen Stichworte vorkommen.
3. In welcher der drei Zeiten hättet Ihr selbst am liebsten gelebt? Warum?
4. Überlegt, wie man „regelmäßige Männerherrschaft", „gelegentliches Frauenübergewicht" und „ausgeglichene Partnerschaft" den Stufen zuordnen könnte!

Folgen für Männer und Frauen

Mat. 36

„Die Fachkunde der Metallhandwerker ist der Anlauf zu einem übervölkischen Wissensschatz. Aber sie bleibt Geheimkunst einer Zunft. Das ganze praktische Wissen der damaligen Schmiede und Bergleute war zweifellos eingebettet in ein durchaus unpraktisches Beiwerk von Zauberbräuchen. Assyrische Texte noch aus dem ersten vorchristlichen Jahrtausend enthalten Hinweise, was alles bei diesen Zauberbräuchen eine Rolle spielte – Foetusse [ungeborene Kinder] und Jungfrauenblut. (...) Die ersten Metallgegenstände – abgesehen von kleinen Schmucksachen –, die für gewöhnlich den Bestattungen beigegeben werden, sind in der Tat Waffen und nicht Werkzeuge.

Einige Gemeinschaften kamen, nachdem sie Haustiere zunächst wegen ihres Fleisches und dann wegen ihrer Milch gezähmt hatten, auf den Einfall, einen Teil der schweren Last der Arbeit auf die Schultern der Rinder zu legen. Der erste Schritt mag gewesen sein, ein Paar Rinder eine Abwandlung jener Hacke, wie sie bisher die Frauen geschwungen hatten, über den Acker ziehen zu lassen – einen Pflug. (...) Der Pflug verwandelte den Landbau von der Bebauung kleinster Stücke Landes in den eigentlichen Ackerbau [die Feldbestellung] und verband Landbau und Viehzucht unlösbar miteinander. Er erlöste die Frau von der allerdrückendsten Plackerei, beraubte sie aber auch ihres Monopols [Alleinbesitzes] über die Getreideernte und ihrer daraus abgeleiteten Stellung in der Gemeinschaft. Bei den Halbwilden ist es so, daß die Frauen normalerweise die Beete umhacken, während die Männer die Felder pflügen. Und selbst in den ältesten sumerischen und ägyptischen Zeugnissen sind die Pflüger tatsächlich Männer. (...) Die Schultern des Menschen (oder im allgemeinen die der Frau) waren die ältesten Transportmittel. Als dann aber tierische Bewegungskraft in Gebrauch kam, war es naheliegend, die Last auf die geduldigen Schultern eines Tieres zu laden. Das Rind ist für diesen Zweck nicht sehr geeignet, vielmehr scheint das älteste Lasttier der aus Ostafrika stammende Esel gewesen zu sein. (...) So hatte noch vor dem Ende des vierten Jahrtausends v. Chr. die Zugkraft von Rind, Pferd und Esel sowie das Rädergefährt den Völkern des Orients die Antriebskraft und das Landtransportmittel geliefert, die beide bis zum 19. Jahrhundert nicht überholt worden sind. Dazu kam, daß um 3000 v. Chr. der Wind als Antriebskraft für den Wassertransport dienstbar gemacht worden war. (...) Die Völkerkunde zeigt, daß Töpfer, die mit der Scheibe arbeiten, normalerweise männliche Spezialisten sind und nicht mehr Frauen, für die das Töpfern nur eine häusliche Verrichtung wie Kochen oder Spinnen darstellt. Man darf wohl annehmen, daß auch im fernen Altertum die Verwendung der Töpferscheibe die Industrialisierung der Töpferei und damit das Aufkommen eines neuen Spezialberufes anzeigt. (...)

Im Gegensatz zu den überwiegend weiblichen Beiträgen, die [früher] (...) beschrieben wurden, müssen die eben betrachteten Entdeckungen und Erfindungen anscheinend alle den Männern zugeschrieben werden, deren wirtschaftliche Stellung sie sicherlich gestärkt haben dürften. Indem sie den Frauen eine Menge schwerer aber auch wichtiger Arbeiten, wie das Umhacken des Bodens, das Lastentragen und das Anfertigen von Töpfen abnahmen, beseitigten sie auch die wirtschaftlichen Grundlagen des Mutterrechts. Zudem will das neue Spezialistentum nicht zu der alten Geschlechterverfassung passen. Selbst wenn sich ein Töpfer für die Dauer in einem Dorf niederläßt, ist er offensichtlich kein Sippengenosse in irgendeinem physiologischen [körperlichen] Sinne. (...) Bei Halbwilden, die solche hier besprochenen Neuerungen angenommen haben, glauben nun die Soziologen die vaterrechtliche Familie zu finden, und zwar sogar jene Form derselben, bei welcher der Haushalt neben dem Familienältesten auch verheiratete Söhne mitsamt ihren Frauen und womöglich sogar Sklaven umfaßt. In einer derartigen Gemeinschaft kann sich das persönliche Eigentum von Schmuck und Kleidern, Gerätschaften und Waffen bis auf Klein- und Großviehherden – und Sklaven – erstrecken, Vermögensgüter, die vermehrbar sind" (G. Childe 1952, 98–107).

Arbeitsaufgaben:
1. Welche Vorteile hatten die neuen Erfindungen für die Gesellschaft im ganzen? Und welche Nachteile? Warum setzten sie sich durch?
2. Von wem stammen die großen Neuerungen vorwiegend und wer wendet sie an? Gibt es einen Zusammenhang zwischen vermehrter Arbeit und größerem Einfluß?
3. Wie änderte sich das tägliche Leben der Frauen? Welche Erleichterungen gab es und welche Belastungen?
4. Diskutiert die These des Textes: „Beim Übergang zur Hochkultur ging die hohe Geltung und günstige Stellung der jungsteinzeitlichen Frauen verloren"!

H. Aufstieg der Hochkultur – Niedergang des Fraueneinflusses?

Vom „Matriarchat" zum „Patriarchat"?

Mat. 37

Um 3200 v. Chr.   Um 2500 v. Chr.

Ägyptische Paare (Die Entwicklung ist in den wenigen Beispielen stark zugespitzt; im Gesamtbestand zeigt sie sich als viel schwächere Tendenz)

Frauengeltung und Männerherrschaft

Mat. 38 Verbreitung des „Matriarchats" (Mutterrechts)

„Demnach umfaßten matriarchale Gesellschaften in ihrer Entwicklung von einfachen Dorfkulturen bis zu raffinierten Hochkulturen einen längeren Zeitraum als die patriarchalen Gesellschaften bis heute (wenigstens 4000 Jahre gegenüber 3000 Jahren patriarchaler Geschichte). Ich nenne diesen Zeitraum die ‚matriarchale Epoche'. Matriarchate umspannten während dieser Zeit in ihrer einfachen Form den gesamten subtropischen und gemäßigten Klimagürtel der Erde: Hinterindien, Indien, Südchina, Tibet, Indonesien, Ozeanien, Australien, den Vorderen Orient, Afrika, den Mittelmeerraum, Mittel- und Nordeuropa, Mittel- und Südamerika. Auch die entwickelten, städtisch-hochkulturellen Matriarchate gab es auf mehreren Kontinenten: in Asien, Europa, Nordafrika, Mittel- und Südamerika, wobei sie ihren höchsten Entwicklungsstand im vorderasiatisch-mittelmeerischen Raum erreichten. Es sind die Hochkulturen von Sumer, Altpersien, Altägypten und Kreta. Genau diese Kul-

Um 1400 v. Chr. Um 1250 v. Chr.

turen waren aber die Grundlage der europäischen Staaten der Antike und durch diese auch eine Grundlage des späteren ‚Abendlandes'.
Es liegt auf der Hand, warum dieser lange und überaus reiche Zeitraum, der die matriarchale Epoche in der Menschheitsgeschichte darstellt, in unserem Geschichtsbewußtsein nicht vorkommt: Unsere Geschichtsschreibung beginnt erst bei den klassischen Staaten der Antike, dem hellenistischen Griechenland, dem Römischen Reich, genau zu jenem Zeitpunkt, wo der Wechsel von matriarchalen zu patriarchalen Gesellschaften im mittelmeerisch-europäischen Raum endgültig vollzogen ist. Das macht das ideologisch-normative Vorgehen dieser Geschichtsschreibung deutlich (...)" (H. Göttner-Abendroth 1980, 15).

Mat. 39* Beginn der Frauenunterdrückung

„Nach Ansicht vieler Wissenschaftler fand die permanente Unterwerfung der Frauen unter die Männer erst unter den kriegerischen Hirtennomaden statt, die von der Bewirtschaftung von Vieh und vom Einfall in fremde Gebiete lebten. (...) Es ist einsehbar, daß Haremshaltung, Raub und Vergewaltigung von Frauen, die Errichtung patriarchalischer Abstammungs- und Erbfolgelinien, die Bewirtschaftung von Frauen als Teil des beweglichen Eigentums die Folge dieser neuen Wirtschaftsweise war. Sie war jedoch durch zwei Elemente ermöglicht worden: durch den Waffenbesitz der Männer, der die Herrschaft über Tiere und Menschen ermöglichte, und durch die lange Beobachtung des reproduktiven Verhaltens der Tiere. Indem die Männer das sexuelle und reproduktive Verhalten der Tiere veränderten und ihren Interessen unterwarfen, entdeckten sie ihre eigene Zeugungsfähigkeit. Dadurch veränderte sich auch die geschlechtliche Arbeitsteilung. Für die Hirten sind Frauen nicht als Arbeiterinnen und Produzentinnen von Nahrung interessant, sondern als Gebärerinnen von Kindern, vor allem von Söhnen. Ihre Sexualität und Fruchtbarkeit wurde daher der gleichen Zwangsbewirtschaftung unterworfen wie die der Tiere. Das heißt, ihre Produktivität wurde durch die Männer angeeignet (...)

Es ist darum wahrscheinlich richtig, die Hirtennomaden als die Väter aller Herrschaft, besonders der der Männer über die Frauen zu bezeichnen. Doch gibt es viele Hinweise darauf, daß auch unter Ackerbauern ausbeuterische Verhältnisse zwischen Frauen und Männern errichtet wurden, und zwar nicht erst unter der Pflugwirtschaft, wie Esther Boserup (1970) annimmt, sondern auch schon unter den Hackbauern Afrikas, wo die Feldarbeit bis in unsere Tage hauptsächlich von den Frauen besorgt wird. (...)

Die Sklaverei wuchs also nicht aus dem Handel, sondern aus dem Monopol der Männer über Waffen. Ehe Sklaven verkauft werden konnten, mußten sie durch Gewalt angeeignet worden sein. Die gewaltsame Aneignung fremder – meist weiblicher – Arbeitskräfte für die Arbeit in den eigenen Feldern und für den Verkauf wurde von diesen Jäger-Kriegern als die ,produktivste' Betätigung angesehen. Die Jäger-Krieger Afrikas lebten in einem ökonomischen System, das auf der produktiven Feldarbeit der Frauen basiert. Sie waren die Gatten dieser Feldarbeiterinnen, ohne deren Erzeugung von Hirse, Bier und anderer Nahrung sie auch nicht auf ihre Jagdexpeditionen hätten gehen können" (M. Mies 1980, 70f.).

Mat. 40* Frauengeltung in der altkretischen Hochkultur

„Im Gegensatz zu der Kraft, die von dem Fresko des Priesterkönigs ausstrahlt, sind hier Frivolität und weiblicher Charme verkörpert. Nur eine Gesellschaft, die die Frau bewunderte und ihr sehr viel Freiheit zugestand, vermochte ein solches Werk zu schaffen. Welche Bewunderung die Frauen genossen, geht aus zahlreichen inzwischen entdeckten Fresken hervor, auf denen Dutzende von Frauen dargestellt sind, alle ähnlich gekleidet (...) Aber die Frauen waren nicht bloße ,Zierstücke', die man ihrer Schönheit und Anmut wegen bewunderte; sie nahmen vielmehr offensichtlich in der minoischen Gesellschaft eine Stellung ein, die ihnen viel Freiheit ließ. Sie pflegten freizügigen Umgang mit Männern, was sie dann rund 1000 Jahre später nicht einmal im fortschrittlichen Athen durften. In der Religion nahmen sie sowohl als Priesterinnen wie als Gläubige eine bevorzugte Stellung ein. Wie es scheint, war auch die höchste minoische Gottheit weiblichen Geschlechts.

Auf den Steinsiegeln erscheinen immer neue Göttinnen – schlanke Gestalten mit falbelbesetzten [Rüschen-]Röcken und flatterndem Haar, häufig in Gesellschaft von Priesterinnen, gelegentlich auch in der von Männern. Sehr oft wird die Göttin mit einer Taube oder einer Schlange dargestellt, zwei Tieren, die ihr heilig waren. (...)

Andeutungen, daß es einen rituellen Sport gegeben haben könnte, an dem minoische Jugendliche und Stiere beteiligt waren, lieferten schon früh Steinsiegel und Gefäßscherben. Dann gelang Evans eine aufsehenerregende Entdeckung: Er fand ein Fresko, auf dem ein Gruppe von drei jungen Akrobaten ganz offensichtlich Turnübungen auf einem angreifenden Stier vollführt. (...) Können wir es glauben, wenn wir entdecken, daß zwei der Akrobaten Mädchen sind? Zwar tragen sie wie die männlichen Akrobaten nur den kurzen Lendenschurz und haben schlanke, knabenhafte Figuren, aber wir erkennen ihr Geschlecht an ihrer weißen Haut: In der minoischen Kunst wurden Frauen stets mit weißer, Männer dagegen mit roter Haut dargestellt" (M. A. Edey 1978, 79, 81 f.)

Mat. 41 Rückkehr zu Haus und Garten

„Doch dieses letzte Stadium der Domestizierung [Zähmung] hatte eine unvorhergesehene Folge: Es stürzte die Vorherrschaft der Frau. Denn die erste Wirkung der Tierdomestizierung war die Wiederherstellung des Gleichgewichts der Geschlechter, noch bevor die patriarchalische [vaterrechtliche] Spezialisierung auf Viehzucht einsetzte. Carl Sauer faßt dies treffend zusammen: ‚Viehhaltung, Pflügen, Säen mit der Hand und Bohren – all diese begannen als Zeremonien [heilige Handlungen] eines aufkommenden Fruchtbarkeitskults im Nahen Osten, dessen Träger Männer waren, und fortan waren die Betreuer des Viehs, die Pflüger und die Säer männlich. Der Mann übernimmt die landwirtschaftlichen Tätigkeiten, und die Frau kehrt zur Haus- und Gartenarbeit zurück.' Nicht nur Viehhüten und Pflügen, auch Kastrieren und Schlachten wurden männliche Beschäftigungen: alle lebenswichtig für die neue Ökonomie. Während nun Göttinnen, Königinnen und Priesterinnen Seite an Seite mit ihren männlichen Gegenspielern aufschienen, gewann das zurückgedrängte männliche Element auf allen Gebieten der Wirtschaft den verlorenen Boden zurück. Die Frau aber, von ihrer männlichen Verpflichtung, zu arbeiten und zu regieren, befreit, nicht länger durch exzessive [übermäßige] Muskelanstrengung verkrüppelt, wurde reizvoller nicht allein in ihrer Sexualität, sondern auch in ihrer Schönheit. Bei all den Erkenntnissen über das Züchten, die die Domestizierung mit sich brachte, wäre es seltsam gewesen, wenn dies sich nicht auf die sexuelle Selektion [Zuchtwahl] des Menschen ausgewirkt hätte. Die zarten Konturen [Umrisse] und welligen Linien des weiblichen Körpers waren eine ständige Freude für die ägyptischen Bildhauer" (L. Mumford 1977, 184 f.).

Arbeitsaufgaben

1. Worin besteht die Hauptthese jedes Textes? Welcher stimmt am besten mit **Mat. 36** überein?
2. Beginnt die Vorherrschaft des Mannes jeweils vor, mit oder nach dem Aufstieg der Hochkultur?
3. Welche Ursachen werden im einzelnen für Beginn, Lockerung oder Verschärfung der Frauenunterdrückung geltend gemacht?
4. Prüft die archäologischen Belege und die logische Überzeugungskraft? Welche Behauptung ist die wahrscheinlichste?

Die Kehrseite des Fortschritts – Frauen als Verlierer

Der Schritt zur Hochkultur gilt überall als einer der größten Fortschritte der Weltgeschichte. Ein Leben ohne Metall und Rad, Schrift und Staat können wir uns kaum noch vorstellen, jedenfalls nur als äußerst ärmlich und mühselig denken. Sogenannte „Primitivvölker" jungsteinzeitlichen Typs sind da allerdings ganz anderer Ansicht und meist nicht freiwillig zum Tausch bereit.

Das Verhältnis zwischen „Hochkultur" und „Patriarchat" (Männerherrschaft) ist strittig. Am überzeugendsten und wahrscheinlichsten dürfte folgende Rekonstruktion sein: Vor allem die Frauen verloren bei der Entwicklung zur Hochkultur; jungsteinzeitliche Bauerndörfer waren wohl vielfach – nicht immer – „matrifokal" organisiert, d. h. auf dem solidarischen Zusammenarbeiten verwandter Frauen aufgebaut. Hochkulturelle Staaten sind in der Regel „patriarchalisch", d. h. die Männer regieren in Familie und Gesellschaft. Eine Reihe von einsichtigen Gründen liegt in den technischen Neuerungen selbst:

- Metallschmiede und -gießer waren von Anfang an Männer, nicht Frauen; ihre Erzeugnisse waren zuallererst Waffen, nicht alltägliche Arbeitsgeräte für die Landwirtschaft, dazu waren sie viel zu teuer. „Männliches" Kriegswesen – einschließlich Festungsbau – spielte daraufhin eine viel größere Rolle als in der frühen Jungsteinzeit.
- Pflug und Wagen wurden von zahmem Vieh gezogen, sie bedeuteten den Einbruch der „männlichen" Großviehzucht in den Pflanzenbau. Der Pflugbau (als „Ackerbau" auf großen Flächen) ist im Gegensatz zum weiblichen „Gartenbau" stets männlich bestimmt und wird von Männern ausgeführt. Dasselbe gilt für die künstliche Bewässerung und dazu nötige Bauarbeiten.
- Töpfern mit der Töpferscheibe ist meist spezialisierte, hauptberufliche Männerarbeit; in vielen Kulturen geht auch die Weberei auf einem breiten, flachen Webstuhl diesen Weg.
- Da die erzeugten Überschüsse stiegen und mehr Menschen näher zusammenwohnten, wurden verwickeltere soziale Organisationen üblich, mehr Kontrolle nötig und mehr Ungleichheit hingenommen. So entstanden Privateigentum und Schrift, Herrschaft und Staat – und zwar sämtlich in der Hand von Männern.

Die wirtschaftliche Leistung und Verfügungsmacht der Frauen nahm dadurch wahrscheinlich nachhaltig ab, folglich auch der Rang der „Mütter" in Religion und Sitte. Trotz aller Vorteile und Fortschritte: Die Frauen bezahlten die Zeche. „Hochkultur", „Klassengesellschaft", „Eroberungskrieg" und „Frauenunterdrückung" hängen geschichtlich und ursächlich zusammen.

Die Erinnerung an günstigere Stellung und größeren Einfluß von Frauen wirkte jedoch in den Hochkulturen noch lange nach. Sagen und Märchen, heilige Schriften und klassische Texte zeigen möglicherweise vielfach Nachklänge früherer Gleichberechtigung und Anspielungen auf den Absturz weiblicher Geltung.

Macht und Sturz der Frauen in Mythen und Sagen?

In einem langen Klagelied (um 2000 v. Chr.) berichtet eine sumerische Stadtkönigin von Entmachtung und Vertreibung durch einen Mann:

Mat. 42

„Damals kam mir Verhängnis, damals (kam mir) Unglück.
Es war der Tag, (...)
als ein Mensch zu mir in mein Haus eintrat,
als ein Mensch mit Schuhen dort eintrat,
mich mit seinen ungewaschenen Händen anfaßte,
als ich aufbrechend das Schiff bestieg und davonfuhr,
als ich mich auf dem Vorderschiff niederließ,
als ich, die Herrin, mich auf dem Heck niederließ,
als ich schreckliche Angst ausstand. (...)
Der Feind hat mir mein Kleid abgenommen, sein Weib damit bekleidet,
der Feind hat mir meine Edelsteine abgerissen, seine Kinder damit behängt,
wo er steht, muß ich gehen,
nach einem Rat für mich such ich. (...)
Nachdem ich fortgegangen, nachdem ich fortgegangen, ruft mein Haus dauernd nach mir,
nachdem ich fortgegangen, ruft meine Stadt dauernd nach mir, der Herrin (...)
Da sprach ich zu meinem Haus: ‚Mein Haus bist du nicht (mehr)‘,
Da sprach ich zu meiner Stadt: ‚Meine Stadt bist du nicht (mehr).‘
‚Ich will es nicht wieder betreten!‘ sagte ich zu ihm, ‚die dort (genossene) Wonne würde mich verzehren‘,
‚Ich will mich dort nicht (wieder) niederlassen!‘ sagte ich zu ihr, ‚die dort (genossene) Freude würde mich bedrücken‘"
(A. Falkenstein/W. v. Soden 1953, 183).

In einer babylonischen Dichtung (um 1800 v. Chr.) beschuldigt der Gott Marduk die Göttin Tiamat, seine Mutter, bevor er mit ihr kämpft und sie tötet:

Mat. 43

„Warum sprichst du überfreundliche Worte,
da du dich innerlich zum Angriff rüstest?
Die Söhne haben sich getrennt, ohne Achtung vor ihren Vätern,
denn du, die sie geboren, hast jedem mütterlichen Sinn entsagt.
Du wähltest diesen Kingu dir als Gatten,
rechtswidrig hast du ihn mit allerhöchster Macht bekleidet.
Wider Anschar, den König der Götter,
hast du feindliche Pläne geschmiedet.
Wider die Götter, meine Väter, hast du deine Bosheit gerichtet.

Deine Truppe mag sich ausrüsten oder dir die Waffen anlegen.
Begegnen wir uns lieber und kämpfen im Zweikampf!"
(P. Garelli/M. Leibovici 1980, 140f.).

In den „Wohlwollenden", einem Theaterstück des griechischen Dichters Äschylos um 450 v. Chr., klagen die entthronten Mutter- und Erdgöttinnen die neuen „vaterrechtlichen" Götter an, sogar den Muttermord straffrei zu lassen:

Mat. 44

„Derart verfahren diese neuen Götter nun,
die ihre Macht ausüben jenseits allen Rechts!
Als mordbespritzter Thron – befleckt an Fuß und Kopf –
zeigt sich der Erde Nabel jetzt. Und Ströme Bluts
bedecken grauenvoll ihn als des Frevels Frucht. (...)
Ihr Götter jüng'ren Stammes, urzeitaltes Recht,
ihr rennt es nieder, reißt mir's weg aus meiner Hand!"
(Aischylos 1961, 215f., 235).

In den „Schutzflehenden", ebenfalls einem Drama des Äschylos, verlangen junge Mädchen das Recht auf eigene Gattenwahl und weigern sich gegen erzwungene Eheschließung als Vergewaltigung:

Mat. 45

„So vollziehe sich denn, was das Schicksal bestimmt hat,
unentrinnbar bleibt Gottes wandellos-ewiger Ratschluß.
Doch in jeder und jeglicher Ehe zeige als Ziel sich,
daß der Frau zukomme die Herrschaft. (...)
Macht gewähre den Frauen! Geht es besser als schlecht nur,
mir erträglich nur, so lobe ich's gern ja.
Laß mir Recht für Recht geschehn. Ich bete bloß um freie Wahl,
das erfülle der Götter heiliger Spruch!"
(Aischylos 1961, 115f.).

Viele Wissenschaftler sehen keinen Zusammenhang zwischen zahlreichen Texten dieser Art und geschichtlichen Änderungen der Frauengeltung. Sie beziehen Mythen und Sagen auf andere Probleme (z. B. die Weltschöpfung) und legen „Berichte von Frauenherrschaft" als „Märchen von der verkehrten Welt", als „männliche Utopien" aus, die Frauenunterdrückung rechtfertigen sollen.

Einige Forscher(innen) widersprechen und argumentieren: Wenn sich solche deutlichen Spuren von „Frauenmacht und Frauensturz" schon in der von Männern geschaffenen und für Männer bestimmten Literatur finden, dann müssen Frauen ihren Töchtern erst recht jahrtausendelang eigene „matrifokale" Traditionen weitergegeben haben – mitten in „patriarchalischen" Gesellschaften.

Bildquellennachweise

Mat. 3+5: Vom Wildbeuter zum frühen Ackerbau
a) Pleticha I, 1976, 60. b) Pleticha I, 1976, 60 f.
Mat. 11: Naturlandschaft, Kulturlandschaft, Wegwerflandschaft
a) Demoll 1954, Abb. 5. b) Hinrichs I, 1972, 369. c) Farb 1976, 156 f. d) Bernatzik 1975, Abb. 210. e) Hinrichs III, 1972, 26. f) Hinrichs II, 1972, 309. g) Hinrichs II, 1972, 359. h) Hinrichs III, 1972, 103. i) Afrika 1980, 105. k) Demoll 1954, Abb. 2. l) Kohlenberg 1972, nach 208. m) Farb 1976, 167.
Mat. 13: Tongefäße der Jungsteinzeit
a) Leonard 1977, 107. b) Kühn II, 1963, Abb. 51. c) Müller-Karpe 1976, Taf. 18, Nr. 6. d) Leonard 1977, 7. e) Kühn II, 1963, Abb. 85. f) Mellink/Filip 1974, Tafel 288.
Mat. 17: Errungenschaften der Jungsteinzeit
a) Leonard 1977, 26 oben. b) Hamblin 1977, 95. c) Behn 1962, Taf. 39 a. d) Mellaart 1967, Taf. 94. e) Kühn II, 1963, Abb. 46. f) Oates 1975, 48. g) Behn 1962, Taf. 30 a. h) Oates 1975, 90. i) Danz/Mitte 1980, 43, Nr. 49. k) Leonard 1977, 34 f. l) Danz/Mitte 1980, 42, Nr. 47. m) Danz/Mitte 1980, 39, Nr. 43 links oben. n) Oates 1975, 65. o) Oates 1975, 64. p) Oates 1975, 23. q) Mellaart 1967, Taf. 54. r) Schwabedissen 1972, letzte Tafel. s) Wernick 1977, 84 oben. t) Oates 1975, 81 unten. u) Danz/Mitte 1980, 23, Nr. 6.
Mat. 19: Göttinnen und Götter der Jungsteinzeit
a) Mellink/Filip 1974, Tafel 20. b) Oates 1975, 74. c) Oates 1975, 75. d) Oates 1975, 81 oben. e) Hawkes 1977, 68 f.
Mat. 25: Die Minankabau-Frauen
a) Duyvendak 1935, 86. b) Lindig 1981, 241.
Mat. 29: Die Irokesen-Frauen
a) Lindig 1972, 233. b) Jemison 1979, 67.
Mat. 31: Typische Frauenbeschäftigungen?
a) 4. Weltausstellung, 1977, Abb. 413. b) Bernatzik 1975, Abb. 290. c) P. Schmid 1956, nach 304. d) Bernatzik 1975, Abb. 165. e) Bernatzik 1975, Abb. 212. f) Maquet/Ganslmayr 1970, 330.
Mat. 34: Hochkulturelle Errungenschaften
a) Strommenger 1962, Taf. 22. b) Wolf 1955, Taf. 22 oben. c) Strommenger 1962, Taf. XI. d) Strommenger 1962, Taf. 78. e) Westendorf 1968, 75. f) Westendorf 1968, 74. g) Erman 1923, 549. h) Danz/Mitte 1980, 34, Abb. 33. i) Erman 1923, 545. k) Erman 1923, 542. l) Wernick 1977, 95. m) Mode 1959, Taf. 1. n) Claiborne 1978, 13. o) Mode 1959, Taf. 63. p) Wolf 1955, Taf. 5 unten links. q) Kühn II, 1963, Abb. 122.
Mat. 37: Ägyptische Paare
a) Müller 1970, 5. b) Wolf 1955, Taf. 16. c) Poulsen II, 1968, 42. d) Garbini 1968, 166.

Literaturverzeichnis

Afrika. Texte, Dokumente, Bilder. Ein Arbeitsbuch, Wuppertal (Peter Hammer) 2. Aufl. 1980
Behn, Friedrich: Vorgeschichtliche Welt, Stuttgart (Cotta) 1962

Bernatzik, Hugo A. (Hrsg.): Neue Große Völkerkunde, Herrsching (Pawlak) 1975
Bischof, Norbert/Preuschoft, Holger (Hrsg.): Geschlechtsunterschiede. Entstehung und Entwicklung. Mann und Frau in biologischer Sicht, München (Beck) 1980
Bornemann, Ernest: Das Patriarchat. Ursprung und Zukunft unseres Gesellschaftssystems, Frankfurt/M (Fischer) 1975
Childe, (V.) Gordon: Stufen der Kultur. Von der Urzeit zur Antike, Stuttgart (Kohlhammer) 1952
Claiborne, Robert: Die Erfindung der Schrift, Reinbek (Rowohlt) 1978 (= Die Frühzeit des Menschen)
Coon, Carleton S.: Die Geschichte des Menschen, Köln (Kiepenheuer) 1970
Curriculum Geschichte, Gustav Adolf Süß u. a., I. Altertum, Schülermaterial 1, Frankfurt/M. (Diesterweg) 1975
Danz, Karl/Mitte, Wolfram (Hrsg.): Bilder und Dokumente zur Weltgeschichte, Gütersloh (Prisma) 1980
Degenhardt, Annette/Trautner, Hanns Martin (Hrsg.): Geschlechtstypisches Verhalten. Mann und Frau in psychologischer Sicht, München (Beck) 1979
Demoll, Reinhard: Ketten für Prometheus. Gegen die Natur oder mit ihr?, München (Bruckmann) 1954
Duyvendak, J. Ph.: Inleiding tot de Ethnologie van de indische Archipel, Groningen-Batavia (Wolters) 1935
Eckert, Roland (Hrsg.): Geschlechtsrollen und Arbeitsteilung. Mann und Frau in soziologischer Sicht, München (Beck) 1979
Edey, Maitland A.: Die verlorene Welt der Ägäis, Reinbek (Rowohlt) 1978 (= Die Frühzeit des Menschen)
Erman, Adolf: Ägypten und ägyptisches Leben im Altertum, neu bearbeitet von Hermann Ranke, Tübingen (Mohr/Seebeck) 1923
Falkenstein, Adam/v. Soden, Wolfram: Sumerische und akkadische Hymnen und Gebete, Zürich (Artemis) 1953
Farb, Peter: Die Ökologie, Reinbek (Rowohlt) 1976
Fester, Richard, u. a.: Weib und Macht. Fünf Millionen Jahre Urgeschichte der Frau, Frankfurt/M. (Fischer) 1979
Freudenfeld, Burghard (Hrsg.): Völkerkunde, München (Beck) 1960.
Garbini, Giovanni: Alte Kulturen des Vorderen Orients, Gütersloh (Bertelsmann Kunstverlag) 1968
Garelli, Paul/Leibovici, Marcel: Akkadische Schöpfungsmythen, in: Die Schöpfungsmythen, mit einem Vorwort von Mircea Eliade, Darmstadt (Wiss. Buchgesellschaft) 1980, 119-151
Göttner-Abendroth, Heide: Die Göttin und ihr Heros. Die matriarchalen Religionen in Mythos, Märchen und Dichtung, München (Frauenoffensive) 1980
Grünert, Heinz, und Autorenkollektiv: Geschichte der Urgesellschaft, Berlin (Ost) (VEB Verlag der Wissenschaften) 1982
Hamblin, Dora Jane: Die ersten Städte, Reinbek (Rowohlt) 1977 (= Die Frühzeit des Menschen)
Harris, Marvin: Kannibalen und Könige. Aufstieg und Niedergang der Menschheitskulturen, Frankfurt/M. (Umschau) 1978
Hawkes, Jacquetta: Bildatlas der frühen Kulturen, Gütersloh (Bertelsmann) 1977
Heinsohn, Gunnar: Privateigentum, Patriarchat, Geldwirtschaft, Frankfurt/M. (Suhrkamp) 1984

Hinrichs, Emil (Hrsg.): Illustrierte Welt- und Länderkunde, 3 Bde., Zürich (Stauffacher) 1972
Janssen-Jurreit, Marielouise: Sexismus. Über die Abtreibung der Frauenfrage, München/Wien (Hanser) 1976
Jemison, Marie: Niederschrift der Lebensgeschichte, Basel/Frankfurt/M. (Stroemfeld/Roter Stern) 1979
Köster, Fredy: Der Neolithisierungsprozeß – Zur Behandlung urgeschichtlicher Themen (...), in: Gd. 7 (1982), 369–380
Kohlenberg, Karl F.: Enträtselte Zukunft. 5000 Jahre Irrtum, Verhängnis, Schuld, München (Langen/Müller) 1972
Kühn, Herbert: Vorgeschichte der Menschheit, 2. Bd.: Neusteinzeit, Köln (DuMont) 1963
Leonard, Jonathan Norton: Die ersten Ackerbauern, Reinbek (Rowohlt) 1977 (= Die Frühzeit des Menschen)
Lindig, Wolfgang: Die Kulturen der Eskimos und Indianer Nordamerikas, Frankfurt/M. (Athenaion) 1972
Lindig, Wolfgang (Hrsg.): Völker der vierten Welt. Ein Lexikon fremder Kulturen in unserer Zeit, München/Paderborn (Fink/Schöningh) 1981
Maquet, Jacques/Ganslmayr, Herbert: Afrika. Die schwarzen Zivilisationen, München (Kindler) 1970
Marienfeld, Wolfgang: Ur- und Frühgeschichte im Unterricht, Frankfurt/M (Diesterweg) 1979
Matriarchat und Patriarchat.
Zur Entstehung der Familie. Ethnographische Forschung/theoretische Diskussion, Frankfurt/M. (IMSF) 1986
Meillassoux, Claude: „Die wilden Früchte der Frau", Frankfurt/M. (Suhrkamp) 1983
Mellaart, James: Catal Hüyük, Stadt aus der Steinzeit, Bergisch-Gladbach (Lübbe) 1967 (= Neue Entdeckungen der Archäologie)
Mellink, Machteld J./Filip, Jan: Frühe Stufen der Kunst, Berlin (Propyläen) 1974 (= Propyläen Kunstgeschichte 13)
Menschen in ihrer Zeit, Bd. 1, Freyh, Richard, u. a. (Hrsg.): Im Altertum und frühen Mittelalter, Stuttgart (Klett) 2. Aufl. 1977
Mies, Maria: Gesellschaftliche Ursprünge der geschlechtlichen Arbeitsteilung, in: Frauen und „dritte" Welt, München (Frauenoffensive) 1980, 61–78 (= Beiträge zur feministischen Theorie und Praxis 3)
Mode, Heinz: Das Frühe Indien, Stuttgart (Cotta) 1959
Müller, Hans-Wolfgang: Ägyptische Kunst, Frankfurt/M. (Umschau) 1970
Müller, Klaus E.: Die bessere und die schlechtere Hälfte. Ethnologie des Geschlechterkonflikts, Frankfurt/M. (Campus) 1984
Müller-Karpe, Hermann: Geschichte der Steinzeit, München (Beck) 2. Aufl. 1976
Mumford, Lewis: Mythos der Maschine, Kultur, Technik und Macht, Frankfurt/M. (Fischer) 1977.
Nachtigall, Horst: Völkerkunde. Eine Einführung, Frankfurt/M. (Suhrkamp) 1974
Narr, Karl J.: Urgeschichte der Kultur, Stuttgart (Kröner) 1961
Narr, Karl J. (Hrsg.): Handbuch der Urgeschichte, 2. Bd.: Jüngere Steinzeit und Steinkupferzeit. Frühe Bodenbau- und Viehzuchtkulturen, Bern (Francke) 1975
Niethammer, Carolyn: Die Indianerfrau. Legende und Wirklichkeit, Düsseldorf (Econ) 1982

Oates, David und Joan: Die Entstehung der Zivilisation, München (Lektüre) 1975 (= Menschen, Mächte und Kulturen)
Pfeiffer, John E.: Aufbruch in die Gegenwart. Frühgeschichte der menschlichen Gesellschaft, Düsseldorf (Econ) 1981
Pleticha, Heinrich, u. a. (Hrsg.): Panorama der Weltgeschichte, 3 Bde., Gütersloh (Bertelsmann Lexikon) 1976
Poulsen, Vagn: Ägyptische Kunst, 2 Tle. in 1 Bd., Königstein/Ts. (Langewiesche) 1968
Röhrer-Ertl, Olav: Die neolithische Revolution im Vorderen Orient, München (Oldenbourg) 1978
Rosaldo, Michelle Zimbalist/Lamphere, Louise (Hrsg.): Woman, Culture and Society, Stanford/Cal. (Stanford Univ. Press) 1974
Schmid, Peter: Nachbarn des Himmels, Stuttgart (DVA) 1953
Schmidt, Wilhelm: Das Mutterrecht, Wien-Mödling (Missionsdruckerei St. Gabriel) 1955
Schreier, Josefine: Göttinnen. Ihr Einfluß von der Urzeit bis zur Gegenwart, München (Frauenoffensive) 1977
Schumacher, Irene: Gesellschaftsstruktur und Rolle der Frau. Das Beispiel der Irokesen, Berlin (West) (Duncker & Humblot) 1972 (= Soziologische Schriften 10)
Schwabedissen, Hermann (Hrsg.): Die Anfänge des Neolithikums vom Orient bis Nordeuropa, Bd. 7: Westliches Mittelmeergebiet und Britische Inseln, Köln (Böhlau) 1972
Sellnow, Irmgard, und Autorenkollektiv: Weltgeschichte bis zur Herausbildung des Feudalismus. Ein Abriß, Berlin (Ost) (Akademie) 1977
Sheratt, Andrew (Hrsg.): The Cambridge Encyclopedia of Archaeology, Cambridge (Camb. Univ. Press) 1980 (auch in deutscher Übersetzung)
Der soziale Ursprung des Patriarchats. Frauen, Familie, Gesellschaftsformation, o. O. (VSA/VVA) 1984
7000 Jahre Handwerk und Technik, Herrsching (Pawlak) o. J.
Strommenger, Eva: Fünf Jahrtausende Mesopotamien, München (Hirmer) 1962
Treusch-Dieter, Gerburg: Wie den Frauen der Faden aus der Hand genommen wurde. Die Spindel der Notwendigkeit, Berlin (West) (Ästhetik und Komm.) 1983
4. Weltausstellung der Photographie. Die Kinder dieser Welt, Gütersloh (Bertelsmann Lexikon) 1977
Vivelo, Frank Robert: Handbuch der Kulturanthropologie, Stuttgart (Klett) 1981
Weltgeschichte in Bildern, hrsg. unter der Leitung von Claude Schaeffner, 24 Bde., Bayreuth (Gondrom) 1980
Wernick, Robert: Steinerne Zeugen früher Kulturen, Reinbek (Rowohlt) 1977 (= Die Frühzeit der Menschen)
Wesel, Uwe: Der Mythos vom Matriarchat, Frankfurt/M. (Suhrkamp) 1980
Westendorf, Wolfhart: Das Alte Ägypten, Baden-Baden (Holle) 1968
Wolf, Walther: Die Welt der Ägypter, Stuttgart (Kilpper) 1955
Wyss, René: Wirtschaft und Gesellschaft in der Jungsteinzeit, Bern (Francke) 1973
Zinser, Hartmut: Der Mythos des Mutterrechts. Verhandlung von drei aktuellen Theorien des Geschlechterkampfes, Frankfurt/M. (Ullstein) 1981

2. "Die Hälfte des Himmels?" Frauen im alten China (1500 v. - 500 n. Chr.)

1. Begründung

1.1 Curriculare Überlegungen

Mit guten Gründen wird gefordert, frauengeschichtliche Themen im Unterricht zu behandeln. Aber dies ist nicht der einzige geschichtsdidaktische Neuansatz der letzten zehn Jahre. Daneben soll z. B. die Geschichte der Kindererziehung, der unterdrückten Völker und der einfachen Leute aufgearbeitet werden. Als Ziele treten an Stelle von „Grundwissen" (das noch nie erreicht wurde) und „nationaler Identifikation" komplexere Verhaltensweisen wie „balancierte geschichtliche Identität", „reflektierte Parteinahme in historisch-politischen Konflikten" oder „historische Kompetenz". Solche Leistungen sollen durch Schülerorientierung, Quellenauswertung, Ideologiekritik, Multiperspektivität u. Ä. erreicht werden.

Die Fülle der neuen Ansätze hat das Problem eines praktisch durchführbaren Gesamtcurriculums bei überaus knapper Unterrichtszeit eher noch unlösbarer gemacht. Auch eine Reihe herkömmlicher Themen (z. B. Nationalsozialismus, Industrialisierung, Sowjetunion) bleibt ja unverzichtbar und muß (nach jüngsten Überlegungen) eher noch intensiviert werden. Beim einzelnen Lehrer entsteht leicht Ratlosigkeit oder Resignation: Er kann eben nicht alles Schöne, Gute und Wahre nebeneinander machen, sondern muß das Wichtigste auswählen, Prioritäten setzen. Die nötige Konzentration läßt dann leicht wieder einen herkömmlichen Kanon entstehen, zumal für ihn weit perfektere methodische Hilfsmittel vorliegen. Die Änderungen der Praxis bleiben in einem Mißverhältnis zu den Ideen in der Literatur.

Die Geschichtsdidaktik muß (sicher ein längerer Prozeß!) verstärkt das Ganze des historisch-politischen Unterrichts (und der außerunterrichtlichen Sozialisation) verdeutlichen und die Vereinbarkeit verschiede-

ner Forderungen glaubhaft machen. Das hat nichts damit zu tun, etwa ein festes, verbindliches Geschichtsbild vorschreiben zu wollen. In einem ersten Schritt sind Curriculumelemente sinnvoll, die durch die gleichzeitige Erfüllung mehrerer Forderungen legitimiert sind und daher eine höhere Priorität einnehmen. Früher wurde gezeigt, daß sich frauengeschichtliches Thema, quellengestützte Arbeitsweise und Multiperspektivität miteinander vertragen (v. Borries: Frauenunterdrückung und Frauenbefreiung bei den Römern, in: West. Päd. Betr. 29 (1977), 419 ff., 457 ff.). Um einen ähnlichen Nachweis geht es hier: Frauengeschichte, Unterschichtensicht und außereuropäische Welt sind gleichzeitig bearbeitbar, und zwar wiederum quellengestützt und mehrperspektivisch. Alle drei stützen sich sogar gegenseitig.
Noch ein Wort zur Rechtfertigung des speziellen Themas: Daß Frauen- und Unterschichtengeschichte erwünscht sind, braucht nicht erneut begründet zu werden. Die außereuropäische Geschichte ist bisher im Unterricht nur sehr bescheiden vertreten. Sie muß sprunghaft ausgeweitet werden. Die Gründe dafür können hier nur angedeutet werden, eine ausführliche Analyse bleibt vorbehalten. Wichtigstes Ziel ist es, den kulturellen (unterschwellig auch rassischen) Überlegenheitsdünkel abzubauen (Ethnozentrismus), und zwar kognitiv wie emotional. Wie selbstverständlich eine rein europäische Perspektive und Wertung bisher nicht nur im Geschichtsunterricht, sondern sogar in der Wissenschaft ist, hat der Historikertag 1978 gezeigt. Unter dem Rahmenthema „Wissenschaft als universalhistorisches Problem" wurde – trotz der umfangreichen Forschungen z. B. Needhams für China – ausschließlich die europäische Wissenschafttradition verhandelt.
Es genügt nicht, die „Europäisierung und Enteuropäisierung der Welt" darzustellen, wie es ansatzweise in den meisten Schulbüchern geschieht. Auch wenn die Europäer dabei nicht mehr als Helden und Kulturbringer, sondern oft genug als Zerstörer und Ausbeuter erscheinen (was keineswegs für alle Bücher gilt), bleiben Perspektiven und Wertungsmaßstab (fast) rein europäisch. Die Geschichte der außereuropäischen Kontinente geht auch nicht im Problem „Unterentwicklung als Modernisierungsrückstand oder als abhängiger Kapitalismus" auf. Es kommt auf die „ganze" Geschichte der anderen Erdteile an, also besonders auf die einheimischen Kulturen, Leistungen und Traditionen vor, neben und nach dem europäischen Einfluß. Viele sog. „junge" Völker (nicht nur im islamischen Bereich!) besinnen sich heute auf solche Eigenständigkeit und stärken damit ihre „Identität".
Im Zeitalter der globalen Verkettung und Bedrohung („Weltinnenpolitik") ist die übliche rein europäische Nabelschau ebenso töricht wie

gefährlich. Die möglichen Argumente gegen außereuroäische Geschichte lassen sich leicht entkräften. Sie scheitert z. B. keineswegs am *Desinteresse der Schüler.* Wie die fast hysterische Begeisterung für Tutenchamun oder die Mayas beweist, fasziniert alles Archaische und Exotische; „Schwarz (und auch Rot oder Gelb) ist schön". Diese (gewiß nicht optimale) Motivation läßt sich im Unterricht aufgreifen und weiterentwickeln.

Manche meinen, außereuroäische Geschichte sei für zuverlässige und verantwortbare Behandlung im Unterricht *nicht genügend dokumentiert und erforscht.* Das mag – dank systematischer Zerstörung und bisheriger Vernachlässigung – teilweise stimmen, ist aber selbst für Lateinamerika und Schwarzafrika recht übertrieben. Für andere Kulturerdteile ist es Unsinn, z. B. für Ostasien, dessen Geschichtsschreibung nach Alter und Kontinuität die europäische eher übertrifft.

Die anderen Erdteile sind für die Geschichte der Menschheit auch nicht *„unbedeutend" oder „untypisch".* Diese (Fehl-) Einschätzung setzt immer schon einen bestimmten Maßstab, nämlich den europäischen, voraus, ohne ihn auszuweisen. Selbst am wirtschaftlich-technischen Fortschritt gemessen war z. B. China etwa tausend Jahre lang (ca. 500-1500 n. Chr.) Europa eher überlegen, also durchaus „wichtig" und „fruchtbar" (vielleicht auch „typischer" als Europa).

Alle anderen Argumente lassen sich letztlich auf eines zurückführen: Die außereuropäische Geschichte sei *nicht „unsere eigene" Geschichte,* trage nichts zu unserer Identität bei. Diese Aussage ist aber in zweierlei Hinsicht grob falsch.

1. Wer immer nur in den Spiegel schaut, lernt die Welt und die Mitmenschen nicht kennen und nicht einmal sich selbst. Identität entsteht nur durch Interaktion mit Partnern, durch Erfahrung des „Anderen" und durch Reflexion darüber.

2. Wenn mehrere Leute in einem Boot sitzen, das jeder von ihnen zum Kentern bringen kann, dann wird jeder Fehler zum eigenen Problem, jedermanns Biografie zur Geschichte aller. Von der Geschichte unserer außereuropäischen Partner (und Opfer) sind wir allemal betroffen, sie ist unsere eigene Geschichte geworden. Man muß nur die richtigen Fragen stellen und die richtigen Folgerungen ziehen.

1.2 Didaktische Entscheidungen

Als Beispiel eines außereuropäischen Kulturerdteils wird China gewählt, weil es (neben Vorderasien) am besten dokumentiert und untersucht ist und mit besonderer Deutlichkeit ein weit entferntes, aber völlig gleichwertiges Gegenüber zu Europa bilden kann. Auch die weltpolitische Machtstellung heute rechtfertigt diese Wahl. Zeitlich beschränkt sich die Untersuchung auf die 2000 Jahre zwischen dem Auftauchen von Staat und Hochkultur (um 1500 v. Chr.) und der zeitweiligen Vorherrschaft des Buddhismus und der Steppenvölker (um 500 n. Chr.). Dadurch wird das hohe Alter der chinesischen Kultur betont, aber der „klassische" Höhepunkt (Tang und Sung ca. 600–1200) und die Phase der „Stagnation" (Ming und Ching ca. 1350–1850) ausgeklammert. Die Parallele zum griechisch-römischen Altertum ist beabsichtigt.

Es ist gut, bei historischen Untersuchungen die leitende Fragestellung offen auszusprechen. Ein – auch in seiner Einseitigkeit – bewußtgemachtes Auswahl- und Anordnungsprinzip ist objektiver als ein vage-umfassender Bericht, oft genug „mit den Kategorien eines quasinaturalen Imperialismus" (Schörken). In diesem Fall ist die Lage und Leistung der Frauen in der chinesischen Kultur als Problem herausgesucht. Damit werden *andere*, wahrscheinlich nicht weniger wichtige und motivierende *Bereiche übergangen*, z. B.

● Entstehung, Entwicklung und Besonderheit der chinesischen Hochkultur (vgl. Granet, Hentze, Mücke),
● Gründe für den wissenschaftlichen und wirtschaftlichen Vorsprung Chinas etwa 500 bis 1500 und den späteren Rückstand (vgl. Needham, Böttger u. a.),
● Klassenverhältnisse, Herrschaftsideologie und Widerstandsformen im chinesischen Kaiserreich (vgl. z. B. Wilhelm, Opitz, Bauer),
● sozialhistorische Bedingungen der Zeit der „Kämpfenden Reiche" und der „Hundert Schulen" (chinesische „Achsenzeit" mit kanonischer Gültigkeit bis 1911).

Zu diesen Fragestellungen wären entsprechende Modelle möglich und wünschenswert. Auch diese *Alternativen* verbinden die Forderung nach außereuropäischer Geschichte mit anderen curricularen Gesichtspunkten. Eine Schwierigkeit würde sich allerdings regelmäßig stellen; sie gilt auch für den folgenden Versuch. China (schon oft als Parallele oder Gegenpol mit Europa verglichen) erscheint im ganzen Europa zu ähnlich. Die *Fremdartigkeit* wird weitgehend heruntergespielt, so werden grundlegende Begriffe versuchsweise übersetzt, statt sie als Fremdworte stehen zu lassen. Man steht vor einem methodischen Dilemma. Wenn für außereuropäische Geschichte geworben, das Eindringen erleichtert, der Anfänger nicht abgeschreckt werden soll, muß man einige Besonderheiten und Komplikationen übergehen (Elementarisierung).

Aufgabe des Beispiels ist der Nachweis, daß Frauen-, Unterschichten- und außereuropäische Geschichte in der Praxis kombiniert werden können. Der Einfachheit halber hat das Unterrichtsmodell die Form eines Schulbuchentwurfs; einschränkend ist hinzuzufügen, daß es nicht für eine bestimmte Klassenstufe und Schulform bestimmt und nicht im Unterricht erprobt ist. Um als Anregung für verschiedene Situationen brauchbar zu sein, wird auf die Ausarbeitung aller Feinheiten (Arbeitsfragen, Lernschritte, Kontrollen u. ä.) verzichtet. Das Material sollte schon in der Sekundarstufe I (etwa ab der 8. Klasse) verwendbar sein und ist bewußt etwas breiter angelegt, damit jeweils einzelne Teile weggelassen werden können. Für die Sekundarstufe II ist einer Ergänzung anhand der Quellen und Darstellungen – u. U. mit Schülerreferaten – sinnvoll. Erprobungen des Materials und Rückmeldungen an den Autor sind erwünscht. Für die Gestaltung im einzelnen gilt:

● Der *Aufbau* ist nicht chronologisch, sondern vorwiegend *sektoral* (Querschnitt statt Längsschnitt); doch werden grundlegende Änderungen während der 2000 Jahre (!) erwähnt (bes. 2.1). Nach der Problemstellung (2.1) werden die drei Sektoren Wirtschaft (2.2), Sozialstruktur (2.3) und Bewußtsein (2.4 einschließlich Primärgruppe Familie) behandelt. Vor dem zusammenfassenden Ausblick (2.6) stehen individuelle Beispiele (2.5) der schichtspezifischen und zugleich ausweglosen Frauensituation (auch als Vertiefung und Festigung).
● Das Modell bemüht sich um eine einheitliche und *sinnvolle Denkbewegung* über mehrere Abschnitte. Übergroße „Geschlossenheit" des Teilcurriculums soll dennoch durch Multiperspektivität und Kontroversen verhindert werden. Die Wahl von Thema und Fragestellung ist schon in sich eine Alternative zum üblichen Unterricht, bringt also im Vergleich zu den Vorkenntnissen und Vorurteilen (die artikuliert werden sollten!) eine *Gegen-Perspektive* ein. Zudem wechseln Sicht und Wertung vielfach zwischen Europa und China, Regierung und Volk, Männern und Frauen, Konfuzianern und Taoisten.
● Die Berichte über die Vergangenheit werden regelmäßig durch *Einwände und Zwischenfragen* unterbrochen. Sie konfrontieren den untersuchten Gegenstand mit der Situation des Lernenden und mit der Gegenwart (2., 2.2, 2.4, 2.6) oder kontrollieren die Ergebnisse durch Rekurs auf Quellen- und Methodenprobleme (2.1, 2.3, 2.5). Die Einschübe wollen also nicht den Gedankenfluß abschneiden, sondern bezwecken (neben äußerer Abwechslung) Einübung von Reflexion.
● Das Modell besteht aus Quellen (Texte und Bilder), Bearbeitungsanregungen und Zusatzinformationen. Da Klassenstufe und Schulform nicht festgelegt sind und Pedanterie vermieden werden muß, bleiben die Impulse zur Erarbeitung und Interpretation zurückhaltend. Hier müssen die Lehrer situationsspezifisch ergänzen, vor allem im Bereich ideologiekritischer Fragestellungen und interessegeleiteten Denkens und Handelns. Die Dokumente erlauben die Anwendung vielfältiger historischer Arbeitsmethoden.
● Die Quellentexte sind absichtlich nicht in winzige Bruchstücke zerhackt, sondern ziemlich ausführlich gebracht. Man muß den Mut zu Breite und Detailreichtum haben, denn: „Nur das Ausführliche ist unterhaltend, ist zu Fragen, zu Zweifeln, zu Vergleichen anregend."(Golo Mann) Unterhaltung und Genuß sollten – trotz der oft schrecklichen Inhalte – ein wesentlicher Reiz des Geschichtsunterrichts sein. Dazu bieten gerade die chinesischen Bilder und Texte

gute Chancen; ihre künstlerische Perfektion ist aber auch unmittelbares Lernziel (Abbau des Ethnozentrismus).
● Alle Einzelabschnitte beziehen sich immer wieder auf die Frauenfrage, d.h. die leitende Problemstellung wird durchgehalten und nicht anderer Gesichtspunkte (Vollständigkeit!) wegen vergessen. Es geht nicht um allgemeine Quellenkunde, sondern um Quellen zum Frauenleben (2.1), nicht um das sozialistische China heute, sondern um den Stand der Frauenbefreiung (2.6) usw. Nur so kann belegt werden, daß Frauengeschichte nicht irgendeine untergeordnete Spezialdisziplin ist, sondern ein Hauptzugang zur allgemeinen Geschichte.

Das benutzte Quellenmaterial ist absichtlich zeitlich und sachlich weit gestreut. An Sachfunden sind Skelette, Reliefs, Tonmodelle und Metallgefäße aus Bestattungen ebenso vertreten wie Gemälde und Holzschnitte. Von der *vorkonfuzianischen Literatur* ist das „Buch der Lieder" häufig benutzt; „Buch der Wandlungen", „Buch der Urkunden" und „Frühling und Herbst" werden vereinzelt herangezogen. Die *„Zeit der kämpfenden Reiche"* ist mit Texten aus allen vier philosophischen Hauptschulen vertreten (Konfuzianismus, Mohismus, Taoismus, Legalismus). Dazu kommen Geschichtsschreibung (Tsos Kommentar, Pläne der kämpfenden Staaten) und Lyrik (Gesänge von Chu). Häufiger noch sind *hanzeitliche und spätere Texte*, in der Mehrheit Volkslieder (Musikamtslieder) und Volksballaden, aber auch Historiografisches (Ssu-ma Ch'ien, Pan Ku u.a.) und Philosophisches (u.a. buddhistische Utopien).

Die Quellentexte sind ohne Kenntnis des Chinesischen nach Vergleich möglichst vieler *Übersetzungen* und sprachlich-grammatischer Überarbeitung festgelegt. Von der jeweils angegebenen Fassung wird dabei oft weit abgewichen, weil nach bestem Wissen und Gewissen andere Verdeutschungen mehr überzeugten. Mittelschwere Irrtümer sind angesichts gegensätzlicher Versionen (vgl. 2.3) möglich. Bei der Bearbeitung sollte ein *Atlas* benutzt werden, auf dem die Ausbreitung des chinesischen Volkes, Staates und Kultureinflusses verfolgt werden kann.

Explizite *Lernziele* werden nicht angegeben (Umfang!); viele Intentionen ergeben sich aus Auswahl und Anordnung des Materials ohnehin, doch bleiben auch wichtige Fragen offen. Über *„Ambivalenzen"* wird man an einigen Stellen schwer hinauskommen: zwar Hochkultur, aber Klassengesellschaft; zwar künstlerische Vollendung, aber Frauenunterdrückung; zwar wirtschaftlich-technischer Fortschritt, aber Imperialismus usw. Es ist schon viel erreicht, wenn den Schülern deutlich wird, daß Leistungen und Defizite sich in China ähnlich mischen wie in Europa.

Benutzte Quellen und Darstellungen zum Thema

Ayscough, Florence: Chinese Women. Yesterday and To-day; London (J. Cape) 1938.
Bauer, Wolfgang: China und die Hoffnung auf Glück. Paradiese, Utopien, Idealvorstellungen...; München (dtv) 1974.
Bauer, Wolfgang und *Franke,* Herbert (Üb.): Die goldene Truhe. Chinesische Novellen aus zwei Jahrtausenden; München (Hanser) 1961.
Böttger, Walter: Kultur im alten China; Köln (Pahl-Rugenstein) 1977.
Broyelle, Claudie: Die Hälfte des Himmels. Frauenemanzipation und Kindererziehung in China; Berlin (Wagenbach) 1973.
Chang Sin-Ren: Als Chinese nach China. Wiedersehen nach 25 Jahren; Reinbek (Rowohlt) 1976.
Ch'en Shou-yi: Chinese Literature. A Historical Introduction; New York (Ronald Press) 1961.
Croll, Elisabeth (Hrsg.): Die Befreiung der Frau in China. Originaldokumente und -artikel 1949–1973; Stuttgart (Verlag Neuer Weg) 1977 (= Reihe Neues China 2).
Debon, Günther und *Speiser,* Werner (Hrsg. von Üb.): Chinesische Geisteswelt. Von Konfuzius bis Mao Tse-Tung; Baden-Baden (Holle) 1957.
Duyvendak, J. J. L. (Üb.): The Book of Lord Shang. A Classic of the Chinese School of Law; London (Arthur Probsthain) 1928.
Eberhard, Wolfram: Geschichte Chinas; Stuttgart (Kröner) 1971.
Eckstein-Diener, Bertha: Mütter und Amazonen. Ein Umriß weiblicher Reiche; Nachdruck Wien (Verlag Neue Presse) o.J. (Original pseudonym: Sir Galahad, ca. 1929)
Eichhorn, Werner: Kulturgeschichte Chinas; Stuttgart (Kohlhammer) 1964.
Erdberg-Consten, Eleanor v.: Das alte China; Stuttgart (Kilpper) 1958.
Fitzgerald, C.P.: China. Von der Vorgeschichte bis zum 19. Jh.; München (Kindler) 1967 (als: Die Chinesen auch Heyne-Taschenbuch).
Fontein, Jan und *Hempel,* Rose: China, Korea, Japan; Berlin (Propyläen) 1968 (= Propyläen Kunstgeschichte Bd. 7).
Forke, Alfred (Üb.): Blüthen chinesischer Dichtung aus der Zeit der Han- und Sechs-Dynastie; Magdeburg (Faber'sche Buchdruckerei) 1899.
Forke, Alfred (Üb.): Mo Ti des Sozialethikers und seiner Schüler philosophische Werke; Berlin (Vereinigung wiss. Verleger) 1922 (= Beiband zu: Mitteilungen des Seminars für Orientalische Sprachen Bd. 23/25).
Forke, Alfred: Geschichte der alten chinesischen Philosophie; Hamburg (L. Friederichsen) 1927 (= Hamburgische Universität. Abhandlungen aus dem Gebiet der Auslandskunde Bd. 25).
Franke, Herbert und *Trauzettel,* Rolf: Das chinesische Kaiserreich; Frankfurt/M. (Fischer) 1968 (= Fischer Weltgeschichte Bd. 19).
Gipoulon, Catherine (Üb.): Die Steine des Vogels Jingwei. Qiu Jin. Frau und Revolutionärin im China des 19.Jhs.; München (Frauenoffensive) 1977.
Granet, Marcel: Das chinesische Denken; München (Piper) ^{2}1971.
Granet, Marcel: Die chinesische Zivilisation. Familie, Gesellschaft, Herrschaft. Von den Anfängen bis zur Kaiserzeit; München (Piper) 1976.
Grosier, Jean Bapt.: Die Welt des alten China; München (Herbig) 1972.
Gundert, Wilhelm, *Schimmel,* Annemarie und *Schubring,* Walter (Hrsg. von Üb.): Lyrik des Ostens; München (Hanser) 1958.

Gutbrod, Karl (Hrsg.): Geschichte der frühen Kulturen der Welt; Köln (DuMont) 1975.
Haenisch, Erich (Üb.): Gestalten aus der Zeit der chinesischen Hegemoniekämpfe. Übersetzungen aus Sze-ma Ts'ien's historischen Denkwürdigkeiten; Wiesbaden (Steiner) 1962 (= Abhandlungen für die Kunde des Morgen landes Bd. 34,2).
Haenisch, Erich (Üb.): Der Herr von Sin-ling. Reden aus dem Chankuo-tsê und Biographien aus dem Shi-ki; Stuttgart (Reclam) 1965.
Hentze, Carl: Funde in Alt-China. Das Welterleben im ältesten China; Göttingen (Musterschmidt) 1967 (= Sternstunden der Archäologie).
Kristeva, Julia: Die Chinesin. Die Rolle der Frau in China; München (Nymphenburger) 1976.
Kuhn, Franz (Üb.): Altchinesische Staatsweisheit; Zürich (Verlag Die Waage) 1954.
Legge, James (Üb.): The Shu King, the Religious Portions of the Shih King, the Hsiao King; Delhi (Motilal Banarsidass) 1965 (= The Sacred Books of the East Vol. III; The Sacred Books of China. The Text of Confucianism Part I).
Legge, James (Üb.): The Ch'un T'sew with Tso-chuen; Hongkong (University Press)[2] 1960 (= Legge: The Chinese Classic Vol. 5).
Mücke, Wolfgang: Die klassische chinesische Mythologie; Stutgart (Klett) 1976.
Münsterberg, Hugo: Der Ferne Osten; Baden-Baden (Holle) o.J. (= Kunst im Bild).
Mydral, Jan: Bericht aus einem chinesischen Dorf; München (dtv) 1969.
Needham, Joseph: Wissenschaftlicher Universalismus. Über Bedeutung und Besonderheit der chinesischen Wissenschaft; Frankfurt/M (Suhrkamp) 1979.
Olschak, Blanche Ch.: Frauen um den Drachenthron. Verführung und Macht im Schicksal Chinas; Olten und Freiburg (Walter) 1956 (teilweise fiktional-romanhaft!).
Opitz, Peter J. (Hrsg.): Chinesisches Altertum und konfuzianische Klassik; München (List) 1968.
Propyläen Weltgeschichte. Eine Universalgeschichte, hrsg. von Golo Mann und Alfred Heuß; Frankfurt/M. (Ullstein) 1976 (Taschenbuchausgabe!), Bd. 2/2, 477–571 (Hulsewé), Bd. 8/1, 189–228 (Frankel), Bd. 11/1, 129–196 (Bauer).
Schafer, Edward H.: China. Das Reich der Mitte; Reinbek (Rowohlt) 1971 (= Time Life Bd. 25).
Schmitt, Erich u.a.: Kultur der orientalischen Völker; Potsdam (Athenaion) 1936 (= Handbuch der Kulturgeschichte).
Schwarz, Ernst (Üb.): Der Ruf der Phönixflöte. Klassische chinesische Prosa; 2 Bde.; Berlin (Ost) (Rütten & Loening) 1973.
Schwarz, Ernst (Üb.) Chrysanthemen im Spiegel. Klassische chinesische Dichtungen; Berlin (Ost) (Aufbau) 1976.
Shou-Lin Cheng: Chinesische Frauengestalten; Leipzig (Verlag der Asia Major) 1926.
Smith, Bradley und *Wan-go Weng*: China. A History in Art; London (Studio Vista, Gemini Smith) 1973.
Speiser, Werner: Ostasiatische Kunst; *Erdberg-Consten*, Eleanor v.: Die Baukunst Chinas und Japans; Frankfurt/M. (Ullstein) 1964 (= Ullstein-Kunstgeschichte Bd. 17).
Strauß, Victor v. (Üb.): Lao-tse: Tao Tê King; Zürich (Manesse) 1959.

Strauß, Victor v. (Üb.): Schi-King. Das kanonische Liederbuch der Chinesen; Darmstadt (Wiss. Buchges.) 1969.
Sullivan, Michael: Chinesische Kunst. Die schönsten neuen Funde; München (Droemer Knaur) 1974.
Tchen, Ysia: La chinoise des origines au 20e siècle, in: Grimal, Pierre (Hrsg.): Histoire mondiale de la femme, Bd. 3; Paris (Nouv. Libr. de France) 1967, 337–405.
Toynbee, Arnold (Hrsg.): Der ferne Osten. Geschichte und Kultur Chinas und Japans; Braunschweig (Westermann) 1974.
Waley, Arthur (Üb.): Chinesische Lyrik aus zwei Jahrtausenden, ins Deutsche übertragen von Franziska Meister; Hamburg (Marion v. Schröder) 1951.
Watson, Burton (Üb.): Records of the Grand Historian of China, translated from the Shih chi of Ssu-ma ch'ien, 2 Bde., New York and London (Columbia U.P.) 1961.
Watson, Burton (Üb.): Courtier and Commoner in Ancient China. Selections from the History of the Former Han by Pan Ku; New York und London (Col. Univ. Press) 1974.
Weber-Schäfer, Peter (Üb.): Altchinesische Hymnen. Aus dem ‚Buch der Lieder' und den ‚Gesängen von Ch'u'; Köln (Hegner) 1967.
Wilhelm, Hellmut: Gesellschaft und Staat in China. Zur Geschichte eines Weltreiches; Hamburg (Rowohlt) 1960.
Wilhelm, Richard: Die chinesische Literatur; Wildpark-Potsdam (Akad. Verlagsges. Athenaion) 1926 (= Handbuch der Literaturwissenschaft, hrsg. von Oskar Walzel).
Wilhelm, Richard (Üb.): Die Philosophie Chinas; 5 Bde.; Düsseldorf (Diederichs) 1976 (1. I Ging. Das Buch der Wandlungen, 2. Kungfutse. Gespräche. Lun Yü, 3. Laotse: Tao te king, 4. Liä Dsi: Das wahre Buch vom quellenden Urgrund, 5. Dschuang Dsi: Das wahre Buch vom südlichen Blütenland).
Wilhelm, Richard (Üb.): Li Gi. Das Buch der Sitte...; Jena (Diederichs) 1930.
Wilhelm, Richard (Üb.): Mong Dsi; Jena (Diederichs) 1921.
Wilhelm, Richard (Üb.): Frühling und Herbst des Lü Bu-We; Jena (Diederichs) 1928.
Wilhelm, , Richard (Üb.): Kungfutse, Schulgespräche (Gia Yü); Jena (Diederichs) 1930.
Wilkinson, H.P.: The Family in Classical China; Shanghai (Kelly and Walsh) 1926.

Nachweis der Bildquellen
Q2: König der Urzeit (um 1500 v. Chr.) mit zwei Nebenfrauen
Kuhn, Franz: *Altchinesische Staatsweisheit, Zürich (Waage) 1954, 53.*
Q5: Jahrelang geschnürter Fuß einer Chinesin (um 1900 n.Chr.)
Schmitt, Erich u.a.: Kultur der orientalischen Völker, Potsdam (Athenaion) 1936,4 (Abb. 3).
Q6: Reste einer fürstlichen Bestattung (um 1200 v.Chr.)
Gutbrod, Karl: DuMont's Geschichte der frühen Kulturen der Welt; Köln (DuMont) 1975, 316 (Abb. 457).
Q8: Festlichkeiten (Grabrelief, 2. Jh. n.Chr.)
Wilhelm, Richard: Die chinesische Literatur; Potsdam (Athenaion) 1926, 109 (Abb. 80).

Q11: Landarbeiten (Grabrelief, 2. Jh. n.Chr.)
Münsterberg, Hugo: Der Ferne Osten; Baden-Baden (Holle) O.J. (= Kunst im Bild), 6.
Q13: Dorf (Tonmodelle aus Gräbern um Chr.Geb.
v. Erdberg-Consten, Eleanor: Das alte China; Stuttgart (Kilpper) 1958, Tafel 92.
Q15: Frauen bei der Arbeit und Erholung (Verzierung von einem Bronzegefäß um 500 v.Chr.)
v. Erdberg-Consten Abb. 29
Q17a: Gefangener (Grabstatuette, um 1200 v.Chr.)
Hentze, Carl: Funde in Alt-China; Göttingen (Musterschmidt) 1967, Tafel II (unten).
Q17b: Dienerin (Grabstatue, um 100 v.Chr.)
Sullivan, Michael: Chinesische Kunst; München (Droemer Knaur) 1974, Tafel 26.
Q20: Herrscher und Bote (Grabrelief, 2. Jh. n.Chr.)
Schwarz,Ernst: Der Ruf der Phönixflöte, Bd. 1; Berlin-Ost (Rütten & Loening) 1973, 122f.
Q29: Schlacht (Grabrelief, 2. Jh. n.Chr.)
Toynbee, Arnold: Der ferne Osten; Braunschweig (Westermann) 1974, 38f.
Q35: Bronzekasten für den Ahnenkult (um 700 v.Chr.)
Hentze Tafel XLIII (unten).
Q38: Vorwurf des Gatten (Gemälde um 400 v.Chr., spätere Kopie)
Olschak, Blance Ch.: Frauen um den Drachenthron; Olten & Freiburg (Walter) 1956, Abb. nach 112 (oben).
Q45a: Chinesischer Wohnturm (Grabfund, um 100 n.Chr.)
v. Erdberg-Consten Tafel 91.
Q45b: Japanischer Burgpalast (um 1600 n.Chr.)
Toynbee 207 (oben).
Q48: Pan Chao (Holzschnitt aus viel späterer Zeit)
Wilhelm 115 (Abb. 83)
Q51: Mu-lan (Holzschnitt aus viel späterer Zeit)
Ayscough, Florence: Chinese Women; London (J. Cape) 1938, 215.
Q58: Buddhistische Königin bei Meditation (Gemälde um 600 n.Chr.)
Münsterberg 69.
Q6 0a: Alte Chinesin mit ihrer Enkelin (um 1970)
Grimal, Pierre (ed.): Histoire mondiale de la femme, 3. Bd., Paris (Nouv. Libr. de France) 1967, Abb. vor 401 (rechts oben).
Q60b: Hausarbeit (um 1970)
Croll, Elisabeth: (Hrsg.): Die Befreiung der Frau in China; Stuttgart (Verlag Neuer Weg) 1977, 101 (oben).

2. Unterrichtsmaterial: Frauen im alten China (1500 v. – 500 n. Chr.)

Zunächst eine *Vorfrage: Was geht uns Altchina überhaupt an?* Warum sollen wir uns mit so „abgelegenen" Themen beschäftigen? – Daß man dieses Buch lesen kann, beruht auf einer Reihe von Erfindungen aus mehreren Jahrtausenden, z.B. Schrift und Buchbinderei. Nur wenige dieser Neuerungen stammen aus Europa, zwei der wichtigsten aus China:

- Seit 100 n.Chr. haben die Chinesen *Papier* aus Lumpen hergestellt, nachdem vorher auf Steinplatten, Tontafeln, Rinde, Knochen, Holzbrettchen, Pflanzenmark (Papyrus), Leder (Pergament) oder Textilien geschrieben wurde.
- Um 750 n.Chr. haben die Chinesen das uralte Siegeln und Stempeln von Ton oder Stoff zum *Buchdruck* weiterentwickelt. Texte und Bilder (z.B. Holzschnitte) konnten seitdem leicht vervielfältigt werden, während vorher jedes Buch bzw. jede Schriftrolle einzeln mit der Hand geschrieben und gemalt wurde.

Ein anderes Beispiel: Stell dir vor, du besuchst mit Freund oder Freundin ein Gartencafé. Ihr sitzt auf Stühlen aus Bambusrohr. Ein klappbarer Schirm mit schwerem Fuß aus Gußeisen schützt euch gegen die Sonne. Auf dem seidenen Tischtuch stehen Porzellantassen und eine lackierte Dose mit Zucker. Die Kellnerin bringt schwarzen Tee, der auf Erdgas gekocht ist. Plötzlich fällt dein Blick auf die Zeiger eines Uhrwerks: Es ist schon spät. Du greifst schnell zum Geldschein und bezahlst. Bei diesem kurzen Ausgehen hast du *zehn* Erfindungen benutzt, die in China gemacht wurden oder jedenfalls von China nach Europa kamen. Kannst du sie anstreichen?
Bis ungefähr 1500 n.Chr. war China den europäischen Ländern wissenschaftlich und wirtschaftlich keineswegs unterlegen, durchaus nicht „rückständig", sondern eher „entwickelt" und vorausgeeilt. Es klingt wie ein böser Witz, aber bei der „Entdeckung und Eroberung der Erde" benutzten die Europäer zwei wichtige Erfindungen der Chinesen:

- Seit dem 1. Jh. n.Chr. kannten die Chinesen den *Magnetkompaß*; sie richteten damit z.B. ihre Tempel und Grabmäler genau nach Süden aus. Die Europäer aber gebrauchten den Kompaß, um quer über die Weltmeere zu „neuen" Erdteilen zu fahren.
- Seit dem 8. Jh. n.Chr. spätestens stellten die Chinesen *Schießpulver* her; sie führten damit zunächst bei ihren Festen Feuerwerke auf. Die Europäer dagegen füllten das Pulver in Gewehre und Kanonen, um Soldaten und Festungsmauern zu zerschmettern.

Da Europa so viel von China gelernt hat, lohnt es sich wohl doch, dessen Geschichte ein wenig zu untersuchen.

2.1 Frauenklagen ohne Ende?

Q1:
„Wie traurig ist es, als Frau erschaffen zu sein,
nichts auf Erden wird so gering eingeschätzt!
Wird einer Familie ein Junge geboren,
scheint er ein Gott, der irdische Form angenommen.
Sein tapferes Herz bietet Trotz den vier Meeren
und dem Sturm und dem Staub von zehntausend Meilen.
Doch niemand frohlockt, wird ein Mädchen geboren,
keinen Wert legt seine Familie darauf.
Wird es größer, bleibt es versteckt in der Kammer
und wagt einen Mann kaum anzublicken.
Niemand weint, wenn es dann aus dem Hause verschwindet
so schnell wie die Wolke, die ab sich geregnet.
Die Frau senkt den Kopf und bewegt keine Miene,
in die roten Lippen preßt sie die Zähne;
sie kniet und verbeugt sich unzählige Male,
und selbst vor den Dienern muß sie sich neigen.
Wird sie geliebt, ist ihr Eheherr dennoch entrückt wie ein Stern;
Sie ist die Blume, die stets nach der Sonne sich dreht.
Fremder als Wasser und Feuer wird bald ihrer beider Gefühl sein.
Hundert Übel sind auf die Gattin gehäuft,
während die Jahre ihr Antlitz zeichnen, und bald
sucht ihr Gebieter sich andere Liebesfreuden.
Die einst wie Körper und Schatten zusammengehangen,
sind nun getrennt wie Barbaren und Chinesen.
Doch eher noch nähern sich Barbaren und Chinesen
als Gatten: sie klaffen wie Abend- und Morgenstern."
(Fu Hsüan, 3. Jh. n.Chr., üb. nach Waley/Meister 85)

Q2
*König der Urzeit (um 1500 v.Chr.)
mit zwei Nebenfrauen* (Relief aus
einer Grabkammer, 2. Jh. n.Chr.)

Das alte Gedicht und das noch ältere Bild zeigen vergleichbare Züge. Aufschlußreich für die chinesische Einschätzung der Frau ist, womit die Frau verglichen wird und womit der Mann. Außerdem: Was geschieht mit kleinen Jungen, was mit kleinen Mädchen? Wie behandelt die Frau den Mann, wie er sie? Der Text beschreibt ein Frauenleben im einzelnen; fraglich ist, ob er allgemeingültig sein will und kann. Ein Vergleich hilft weiter:

Q3:
„Oh du Sonne, du oh Mond, ihr gewährt der Erde Licht.
Doch solch Mann wie meiner, ach, kennet Gegenliebe nicht.
Wie nur kann er Ruhe finden, der mir weigert seine Pflicht?...
Mein Herz ist nicht ein Stein der Flur, mit dem herum man tollen kann.
Mein Herz ist keine Matte nur, die auf und zu man rollen kann...
Ich denke schweigend meiner Not, erwachend wünsch ich mir den Tod."
(Buch der Lieder, hier 8. Jh. v.Chr., üb. nach v. Strauß 97,93)

Q4:
„Die Frauen in meinem Vaterland leben in einer Welt der Finsternis wie betrunken oder wie in einem Traum dahin: ohne das geringste Wissen. Obwohl es Schulen gibt, können doch die wenigsten diese Schulen besuchen, um zu lernen. Ganz im Gegenteil, es gibt unter unseren 200 Millionen Frauen unzählige, die unter der Tyrannei der Männer stöhnen. Aber was tun sie? Sie fahren fort, sich zu schminken, ihr Haar kunstvoll zu frisieren und sich die Füße einzuschnüren und zu verkrüppeln. Mit Schmuck in ihren Haarknoten und in gestickte Gewänder gehüllt kokettieren sie mit den Männern, um deren Zuneigung auf solche Weise zu gewinnen. Sie sind so lammfromm wie Lasttiere. Sie schämen sich nicht, von den Männern wie Spielzeug benutzt und wie Sklavinnen behandelt zu werden. Ohne Gefühl für die brutale Gewalt, die man ihnen antut, ertragen sie ohne jede Selbstachtung schlechte Behandlung und tiefe Bemütigung. Völlig blind und unwissend begnügen sie sich in ihrer Dummheit damit, das Schicksal dafür verantwortlich zu machen... Sie geben sich damit zufrieden, ihren Männern und Söhnen zu gehorchen. Anstatt ihren Schwestern zu Hilfe zu kommen, machen sie sogar deren Anstrengungen zunichte. Denn einige Frauen arbeiten daran, Mädchenschulen zu gründen und die Ausübung handwerklicher Tätigkeiten zu ermöglichen." (Qiu Jin, um 1900, üb. nach Gipoulon 20)

Q5:
Jahrelang geschnürter Fuß einer Chinesin (um 1900 n.Chr.)

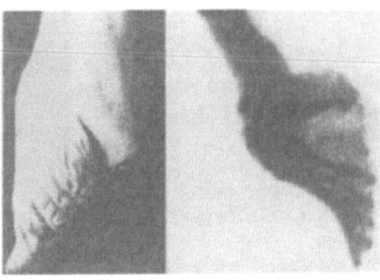

Der Vergleich der Texte und Bilder (aus einem Zeitraum von über 2500 Jahren) zeigt grundlegende Übereinstimmungen, aber auch einzelne Abweichungen. Man kann feststellen, was die Verfasser(innen) jeweils ändern und wie sie das erreichen wollen. Angesichts der verzweifelten Klagen aus dreitausend Jahren liegt es nahe, die chinesische Geschichte unter der Fragestellung zu untersuchen: *Wie sieht die Gesellschaft aus, gegen die Frauen solche Vorwürfe erheben?* Sind die Vorwürfe berechtigt, war keine Abhilfe möglich? Natürlich wären auch andere Problemstellungen denkbar und sinnvoll, aber es ist wichtig, sich für *eine* zu entscheiden und von da aus selbständig Fragen zu entwickeln. Die vorstehenden Quellen geben dazu eine Menge her: Sie provozieren mehr, als daß sie schon sichere Antworten erlaubten.

Hier liegt eine *Zwischenfrage* nahe: Reichen denn überhaupt die Quellen? *Wie kann man etwas über die Frauen im alten China herausbekommen?* – Bei Funden und Ausgrabungen sind viele Gegenstände aufgetaucht, die Auskunft über das alte China (1500 v. – 500 n.Chr.) geben. Vor allem Siedlungen (Dörfer, Städte) und Grabanlagen sind erforscht worden; am wichtigsten sind die Grabbeigaben. Zunächst erhielten die toten Fürsten kostbare heilige Bronzegefäße, aber auch Waffen, Hausgeräte, Nahrung und Getränke mit ins Grab.

Q6:
Reste einer fürstlichen Bestattung (um 1200 v.Chr.)

Wie das Bild beweist, wurde neben Geräten auch Lebewesen mit ins Grab gegeben, nicht nur Pferde und Hunde, sondern auch Diener, Frauen und Dienerinnen. Die zahlreichen Menschenopfer wurden erst ungefähr 220 v. Chr. endgültig abgeschafft. Alle Grabbeigaben wurden jetzt durch kleine Modelle aus Ton und durch Reliefs und Malereien an den Grabwänden ersetzt. Von einer solchen Grabwand stammt z. B. das Bild des Königs und seiner Frauen (Q2). Die Bilder und Modelle geben sehr anschauliche Auskunft über das tägliche Leben im Haus und Draußen, bei Arbeit und Festen, von Männern und Frauen.
Neben den Sachfunden gibt es seit etwa 1500 v. Chr. auch *Inschriftenfunde*. Zunächst waren die Texte ganz kurz und handelten selten von Frauen, aber schon um 500 v. Chr. gab es mehrere „*Bücher*":

● Das „*Buch der Lieder*", eine Sammlung von Opferliedern, Kriegsliedern, Arbeitsliedern, Liebesliedern usw., ist heute noch erhalten (vgl. Q3).
● Das „*Buch der Urkunden*", eine Sammlung von geschichtlichen Dokumenten, Gesprächen, Reden und Erlassen, erwähnt nur selten Frauen und ist zum großen Teil verloren. In der ursprünglichen Form ganz verschollen sind das „Buch der Sitte" und das „Buch der Musik".
● Das „*Buch der Wandlungen*", ein Wahrsage- und Sprüchebuch, bezieht sich oft auf Frauen, z. B.: „Ein Mädchen heiraten bringt Glück".
● „*Frühlings- und Herbstbücher*" (Jahrbücher) gab es als älteste Geschichtsschreibung in vielen Fürstentümern. Gerettet sind nur die Jahrbücher von Lu mit vielen Nachrichten über Fürstinnen.

Die Zeit von 481 bis 221 v. Chr. heißt die Epoche der „Kämpfenden Reiche" oder der „Hundert Schulen". Die schriftliche Überlieferung ist schon viel reicher: *Geschichtsschreibung, Gedichte, Verhaltenmaßregeln* und vor allem die größten *Philosophen* der ganzen chinesischen Geschichte (z. B. Konfuzius und Lao-tse). Nebenbei, leider sehr am Rande, gehen alle diese Quellen auf die Lage der Frauen ein. Bedauerlicherweise ist viel vom damals weit umfangreicheren Schrifttum zerstört. So ließ ein Kaiser (213 v. Chr.) alle Bücher verbrennen und verbieten, die ihm nicht paßten und gefährlich schienen. Nur ein Teil konnte später von alten Leuten aus dem Gedächtnis wiederhergestellt werden.
Im Verlauf der nächsten vierhundert Jahre (206 v. Chr. – 220 n. Chr.) sammelte man nicht nur alle alten Bücher, sondern schrieb auch viel Neues. Dabei gibt es weit genauere Aussagen über die besondere Lage der Frauen als in früheren Zeiten:

● Die Geschichtsschreibung wurde vervollkommnet; neben vielen anderen Darstellungen erschienen „*Lebensläufe von vorbildlichen Frauen*" (Liu Hsiang, 1. Jh. n. Chr.).
● Ein eigenes „*Amt für Musik*" sammelte Volkslieder aus allen Teilen des Rei-

ches, um Kaiser und Verwaltung über die Stimmung der einfachen Leute zu informieren. Viele dieser Lieder betreffen die Lage der Frauen (vgl. Q1).
- Erstmals entstanden Sammlungen von *erfundenen Geschichten*, z. B. Erzählungen, Witzen, Balladen, die oft über Frauen handeln. Im Gegensatz zum „ernsten" Schrifttum (Geschichte, Philosophie) galt diese „schöne" Lteratur aber noch jahrhundertelang als minderwertig.
- Aus dieser Zeit stammen auch die ersten *sicheren Selbstzeugnisse von Frauen*. Einige Schreiberinnen sind namentlich bekannt, während man in älterer Zeit nur manchmal Frauen als Verfasser von Texten vermuten und erschließen kann.

Das Material zur altchinesischen Geschichte ist sehr umfangreich und bietet äußerst schwierige Probleme. Bei manchen Texten wird erbittert gestritten, wann sie geschrieben sind, z. B. 300 v. oder 300 n. Chr. Über Männer erfahren wir – wie meist in älteren Zeiten – gewiß zehn- oder zwanzigmal so viel wie über Frauen. Es lohnt sich, noch einmal herauszusuchen, aus welchen winzigen Quellensplittern die „Frauengeschichte" erforscht werden muß. Immerhin: das Material reicht für unsere Zwecke.

2.2 Leben im Überfluß?

Die Ausgangsfrage sollte sein, wie in der altchinesischen Gesellschaft die notwendigen Bedürfnisse befriedigt wurden: Wie aßen und tranken, wohnten und kleideten, erholten und unterhielten sich die Chinesen? Im folgenden Gedicht wird ein lebensgefährlich Kranker beschworen, nicht zu sterben:

Q7:
„Sorglos vollende dein Leben   im reichen Lande von Ch'u!
Dort lebst du in Freude und Reichtum,   erfüllt wird dir jeglicher Wunsch!
Erfülle die Tage mit Freude,   bis sich das Alter dir naht!
Kehre zurück, o Seele,   zu Freuden ohne Zahl!

Das Korn ist hoch gestapelt,   Hirse und Bambus bereit.
Auf dem Herde singen die Kessel,   die Halle ist voll Duft.
Tauben, Pirole und Gänse   kochen in Brühe vom Dachs.
kehre zurück, o Seele,   zum köstlichen Lieblingsgericht...

Erhitzt sind die vier Weine;   die Kehle durchlaufen sie glatt,
süß ist und duftend der Reiswein,   für Knechte nicht bestimmt!
In Wu ward gemischt die Hefe   mit klarem Most von Chu.
Kehre zurück, o Seele,   Seele, vergiß deine Angst!...

Zweimal acht sind die Tänzer,   sie drehen sich im Takt.
Sie schlagen die Glocken und Steine,   Musik spielt auf nun zum Tanz.
Vierfach die Bambusflöten   ertönen mit schrillem Klang.
Kehre zurück, o Seele,   lausche dem holden Gesang!

Mädchen mit roten Lippen   – es leuchtet der Zähne Schmelz –,
sie sind bescheiden und sittsam,   erfahren in jeglicher Kunst.
Zarte Haut und schlanke Glieder,   betörend die Schönen sind.
Kehre zurück, o Seele,   sie lindern deinen Schmerz!...
Ein Sommerhaus mit Halle,   die Balken geschnitzt und bemalt,
ein Zimmer im südlichen Flügel,   die Dächer mit Türmen geziert.
Rings um das Haus überdacht   zum Tummeln der Pferde ein Platz...
Kehre zurück, o Seele,   erfülle dir jeglichen Wunsch..."
(Gesänge von Ch'u, um 300 v. Chr., üb. nach Weber-Schäfer 82 ff.).

Q8:
Festlichkeiten (Grabrelief, 2. Jh. n. Chr.)

Die Freuden des Essens und Trinkens, Feierns und Liebens, Reitens und Jagens werden im Gedicht noch weit ausführlicher dargestellt. Das alte China scheint ein Schlaraffenland. Oder? Welche Rolle spielen die Frauen beim Fest, welche die Diener? Es lohnt sich, eine Liste mit den damals schon bekannten und beliebten Gütern aufzustellen. Im Vergleich von Gedicht und Relief kann man kontrollieren, ob die Einzelheiten des Hausbaus und des Festes übereinstimmen. Männer und Frauen sind auf den Bildern gar nicht leicht zu unterscheiden. Der Kranke wird aufgefordert, eine Fülle von Gütern zu verbrauchen, nicht aber sie herzustellen. Um ein vollständiges Bild zu bekommen, muß man die Frage umdrehen: Was wird produziert und von wem?

Q9:
„Sie roden Gras und Bäume;   der Pflug durchschneidet die Erde.
Tausende jäten das Unkraut   im Tiefland und am Flußdeich...
Die Frauen sind lieblich,   die Männer sind stark.
Scharf ist die Pflugschar,   sie pflügt im Süden das Feld.
Wir säten hundert Arten Korn,   die junges Leben bergen.
Üppig sprießen die Halme,   hoch steht unser Korn...
Zwischen den hohen Halmen   ziehen die Bauern im Herbst.
Sie ernten nun reiche Ernte,   sie schneiden das üppige Korn
und binden die Garben dicht.   Sie brennen klaren Reiswein."
(Buch der Lieder, 10.–7. Jh. v. Chr., üb. nach Weber-Schäfer 50 f.)

Q10:
„Schafe? Wer sagt, keine Schafe?   Dreihundert die Herde zählt.
Rinder? Wer sagt, keine Rinder?   Neunzig mit schwarzem Maul.
Es kommen die Widder,   krumm ist ihr Horn.
Es kommen die Ochsen,   lang ist ihr Ohr...
Dein Hirte kommt dazu,   im Binsenmantel, Bambushut,
er trägt die Mahlzeit mit...
Dein Hirte kommt gegangen,   mit Reisig und mit Holz,
mit Hähnen und mit Hennen..."
(Buch der Lieder, 10.–7. Jh. v. Chr., üb. nach Weber-Schäfer 60)

Q11:
Landarbeiten (Grabrelief, 2. Jh. n. Chr.)

Die Quellen geben nicht nur über den Stand der Landwirtschaft Auskunft, sondern auch über Kleidung, Heizung usw. einfacher Leute. Vor allem die Feldbestellung läßt sich genau rekonstruieren. Welchen Eindruck gewinnt man vom Lebensstandard – vor allem im Vergleich mit dem vorher beschriebenen Fest (Q7)? Die damalige Arbeit ist aber mit Ackerbau und Viehzucht keineswegs erschöpft.

Q12:
„In Ching am Berge wuchsen Zypressen und Kiefern dicht.
Wir schlugen sie, trugen sie; wir sägten sie, schnitten sie.
Die langen Balken ragen als Säulen jetzt zum Himmel.
Der Tempel ist friedlich und still...
Der Herzog ließ Häuser bauen, und senkrecht fiel das Lot.
Gerade standen die Pfosten, den Ahnentempel zu baun.
Sie trugen in Körben die Erde, türmten zu Haufen sie auf.
Sie stampften den Lehm zu Mauern, polierten und schnitzten die Wand.
Viel Klafter hoch ragten die Wälle, erbaut beim Trommelschall...
Sie schlugen die Eichenwälder und legten Straßen an...
Wir schnitten die weiße Hirse auf dem neuen Acker,
auf den jungen Feldern. Da kam Fang-shu
mit dreitausend Wagen und mit seinem Heer.
Fang-shu führt das Heer mit vier Apfelschimmeln.
Vier Apfelschimmel voran, der Wagen rot gestrichen,
Bambusmatten, Schuppenköcher, Harnischplatten, Bronzegeschirr."
(Buch der Lieder, 10.–7. Jh. v. Chr., üb. nach Weber-Schäfer 148, 108, 155)

Q13:
Dorf (Tonmodelle aus Gräbern um Chr. Geb.)

Die Gedichte beweisen ein hoch entwickeltes Metallhandwerk, Holzhandwerk und Textilhandwerk. Beschreibe es. Auch über Verkehr, Krieg und Bauwesen wird einiges deutlich. Deckt es sich mit der Festbeschreibung (Q7/8)? Welche Art des Bauens fehlt? Eine Frage ist immer noch offen, was nämlich die Frauen hergestellt haben.

Q14:
„Die Mägdlein nehmen schön gewölbte Körbe
und gehn damit den engen Pfad entlang,
um zarte Maulbeerblätter aufzusuchen...
Des Mädchens Herz ist weh vor Leid,
bis sie dem Mann zur Ehe folgt...
Im Seidenraupenmonat grünt der Maulbeer;
Da greift man zu dem Beil und zu der Axt,
um abzukappen, was zu hoch und weit.
Im achten Monat hebt das Spinnen an,
da webt man blauen, webt man gelben Stoff,
und unsern roten, der am schönsten glänzt."
(Buch der Lieder, 10.–7. Jh. v. Chr., üb. nach v. Strauß 239)

Q15:
Frauen bei Arbeit und Erholung (Verzierung auf einem Bronzegefäß um 500 v. Chr.)

Das Bild bestätigt in einem wichtigen Punkt das Lied, gibt aber eine erstaunliche Ergänzung. Die wirtschaftlichen Pflichten der Frauen werden nur teilweise deutlich. Seit sehr alter Zeit haben die Frauen alle Arbeiten im Hause zu erledigen, insbesondere Vorräte konservieren, Kochen, Waschen und Nähen. Eines aber ist die Hauptbeschäftigung geradezu das Zeichen der Weiblichkeit: *Weberin gleich Frau.*

Hier ist ein *Vergleich* nötig: War denn China wirklich kulturell und wirtschaftlich so weit? *Wie stand es gleichzeitig in Europa?* – Die chinesische Kultur ist etwa ebenso alt wie die griechische, eher etwas älter. Manche Entwicklungen verliefen ziemlich gleichzeitig und gleichartig:

● Um 3000 v. Chr. hatte China – wie Griechenland – die „jungsteinzeitliche Revolution" schon hinter sich. Die Chinesen kannten den Ackerbau mit dutzendweise Getreiden und Gemüsen, die Viehzucht mit vielen gezähmten Tierarten, die Weberei mit Seide, Wolle und Pflanzenfasern, die Töpferei und die Seßhaftigkeit in Dörfern.
● Um 1500 v. Chr., etwa gleichzeitig mit Griechenland, begann in China die *eigentliche Hochkultur* mit bronzenen Waffen, pferdebespannten Kampfwagen, Schrift, befestigten Städten und der Bildung von Staaten. Gegen 600 v. Chr. setzten sich das Eisen und die Reiterei durch.
● Die ersten Opfergesänge und Volkslieder im „Buch der Lieder" und die ersten Reden und Erlasse im „Buch der Urkunden" entstanden um 1100 v. Chr., noch lange bevor Homer die Kämpfe um Troja und die Irrfahrten des Odysseus in den *ersten* europäischen „*Büchern*" besang.
● Der einflußreichste *Philosoph* Chinas, Konfuzius, lebte um 500 v. Chr., d. h. hundert Jahre vor Sokrates, dem Begründer unserer Denktradition. Der tiefsinnigste chinesische Weise, Chuang-tse, war ein Zeitgenosse Platons. Auch Geschichtsschreibung und Medizin Chinas sind älter als die Griechenlands.
● 221 v. Chr. wurde aus den vielen Fürstentümern Chinas ein *einheitliches Kaiserreich* – kurz vor der Zusammenfassung der Mittelmeerländer unter Rom; seit 220 n. Chr. brach trotz gewaltiger Grenzmauern der Einheitsstaat unter Aufständen und Barbareneinfällen zusammen – ebenfalls etwas früher als der römische.
● Um 150 n. Chr. wurde der Buddhismus (mit „Pagoden" und „Bonzen") aus Indien nach China übertragen und blieb dort lange die *wichtigste Religion*. Etwa gleichzeitig haben wir Europäer aus Vorderasien (Palästina) das Christentum übernommen.

Zu den eigenartigen Gemeinsamkeiten gehört auch das offene *Aussprechen der Frauenunterdrückung*. In Griechenland haben besonders die Theaterdichter Euripides und Aristophanes um 400 v. Chr. einzelnen Frauen bittere Anklagen gegen die Männerherrschaft und die Frauenbenachteiligung in den Mund gelegt. In China enthalten schon die ältesten Bücher (Q3) solche Vorwürfe, die lange fortgesetzt werden (Q1). Die männlichen Verfasser treten nur selten für eine Änderung und Verbesserung ein; sie beobachten einfach, versetzen sich in die Lage der Frauen. Und doch spürt man in ihren Texten ein Unbehagen, fast ein schlechtes Gewissen.

Die Ähnlichkeiten ließen sich häufen, aber auch große Unterschiede wären zu nennen. Aber darauf soll es hier nicht ankommen. In den zweitausend Jahren von 1500 v. bis 500 n. Chr. hat sich China genauso verändert und *weiterentwickelt* wie die Mittelmeerwelt. Am Anfang standen kleine steinzeitliche Dörfer, am Ende luxuriöse Weltstädte mit Hunderttausenden von Menschen. Ganz China hatte schon um Chr. Geb. nach zuverlässigen Zählungen über 50 Millionen Einwohner. Um 500 n. Chr. brechen wir die Untersuchung ab. Vieles, was uns Europäern als „typisch chinesisch" gilt, fehlte damals noch vollständig: Zopftragen und Füßebinden, Opiumrauchen und Kinderzwangsehen. Auch die für Europa „klassische" Kunst Chinas kam erst später: blaugemusterte Porzellanvasen und Rollbilder mit Landschaften, Liebes- und Heldenopern sowie Blumen- und Mondscheingedichte. China ist also auch seit 500 n. Chr. nicht stehengeblieben.

2.3 Herrschaft ohne Frauenanteil?

Q 16:
„Die Menschen sind durchaus von den wilden Tieren, Rehen und Hirschen, Vögeln und Kriechtieren verschieden. Diese benutzen ihre Flügel und Haare als Kleidung und Pelz, ihre Beine und Klauen als Hosen und Schuhe und Gras als Speise und Trank. Deshalb brauchen die Männchen nicht zu pflügen, zu säen und zu pflanzen; und die Weibchen müssen nicht spinnen und weben. Denn die Stoffe für Kleidung und Nahrung stehen immer für sie bereit. Beim Menschen ist es anders: Er muß sich auf seine Arbeit verlassen, um zu leben. Wenn er das nicht tut, so kann er nicht leben...
Die Könige, Fürsten und Herren halten in der Frühe Besprechungen ab und kehren erst spät heim. Sie nehmen an Gerichtsverhandlungen teil und üben die Regierung aus. Das sind ihre Pflichten. Die Gelehrten und Adligen erschöpfen die Kraft ihrer Glieder und verwenden die Kenntnisse ihres Geistes, um daheim ihr Amt zu verwalten und draußen an Toren und Märkten, in Gebirgen und Wäldern, an Seen und Deichen die Steuern zu erheben. Damit werden die Speicher und Schatzkammern gefüllt. Das sind ihre Pflichten. Die Bauern ziehen des Morgens hinaus und kommen am Abend zurück. Sie pflügen, säen, pflanzen und sammeln. Das sind ihre Pflichten. Die Frauen erheben sich, wenn es Tag wird, und schlafen erst des Nachts. Sie spinnen und weben und ordnen die Hanf-, Seiden- und Bastfäden, die sie zu Geweben und Seidenstoffen verarbeiten. Das sind ihre Pflichten." (Mo Ti, um 400 v. Chr., üb. nach Forke 153 f.)

Der Text beweist – wie die früheren – krasse Unterschiede zwischen den Menschen im alten China. Wie werden die Arbeiten einzelner Gruppen begründet? Unter welchen Bedingungen wären sie überflüssig? Werden Vor- und Nachteile einzelner Gruppen gesehen? Die Stellung der Frauen in der arbeitsteiligen Gesellschaft ist besonders interessant, zumal sie nicht in mehrere Schichten eingeteilt werden.
Die Aufzählung ist nicht ganz vollständig. Seit den ältesten Zeiten gab es die drei Gruppen der *Fürsten,* ihres *adligen Gefolges* und der freien

Bauern. Die zunächst zahlreichen Fürsten verloren bis 221 v. Chr. ihre Sonderstellung und Macht. Seit damals gab es nur noch einen Herrn in ganz China, den *Kaiser*. Aus dem Adel entwickelte sich die Schicht der *Gelehrten* und *Beamten*, mit deren Hilfe der Kaiser den Einheitsstaat verwaltete. Den Bauern der Dörfer entsprachen in den Städten *Handwerker* und *Händler*. Sie waren reicher, aber weniger angesehen als die Bauern. Eine kleine Gruppe läßt der Text ganz aus: Der Staat und die Reichen besaßen einzelne *Sklaven*, die vor allem in Staatsbetrieben und als Diener im Hause eingesetzt wurden.

Q 17:
Gefangener (Grabstatuette, um 1200 v. Chr.) *Dienerin* (Grabstatuette, um 100 v. Chr.)

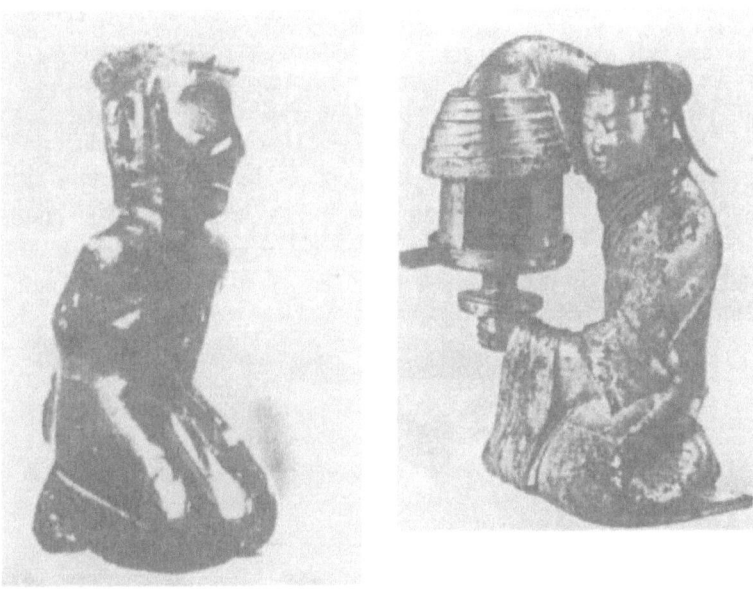

Die Haltung beider Figuren ist auffällig. Es ist leicht vorstellbar, inwiefern die Abbilder wirkliche Opfer der älteren Zeit ersetzen (Q 3). Die Sklavin dient im Leben als Laternenträgerin, ihre Stellvertreterin im Grabe als „Lebenslicht". Der Sklave gehört zu den ältesten plastischen Menschendarstellungen überhaupt, die aus China bekannt sind. Wie ist der künstlerische Wert beider Grabbeigaben?
Aufgaben und Leistungen der Herrschenden werden nicht nur von Mo Ti (Q 16) hoch eingeschätzt: „Regieren heißt recht machen. Wenn der Fürst vorangeht im Rechten, wer würde da wagen, Unrecht zu tun?" meint Konfuzius, und das

„Buch der Lieder" stellt fest: „Ein freundlich mildgesinnter Fürst ist Vater, Mutter allen Leuten" (H. Wilhelm 18, 115). Viele kleine Geschichten beschreiben, was die Regierung zu tun hat.

Q 18:
„König Wen war bescheiden und ehrfurchtsvoll und widmete sich friedlichen Tätigkeiten, der Sorge um den Ackerbau. Er war milde und in bezaubernder Weise respektvoll. Er pflegte die kleinen Leute und war freundlich und gut zu Witwern und Witwen. Von Sonnenaufgang bis Sonnenuntergang fand er keine Zeit, um in Ruhe zu essen. So einigte und versöhnte er das Volk der Zehntausende. Er wagte es nicht, bei Ausflügen und Jagdzügen seine Lust zu suchen."
(Buch der Urkunden, 10.-7. Jh. v. Chr., üb. nach H. Wilhelm 114)

Q 19:
„Im Sommer suchte eine furchtbare Dürre den Staat Lu heim. Der Herzog wollte aus diesem Grunde eine klapperdürre Zauberin verbrennen lassen. Der Würdenträger Dsang Wen-dschung sprach zum Herzog: ‚Nichts ist geschehen, um einer Dürre vorzubeugen. Die Stadtbefestigungen auszubauen, an Lebensmitteln zu sparen, die Ausgaben zu verringern, die Feldbestellung zu fördern und das Volk zum gegenseitigen Teilen seiner Vorräte zu ermahnen: darum müßte man sich kümmern! Was kann denn schon so eine armselige, dürre Zauberin für Schaden anrichten? Wollte der Himmel sie wirklich beseitigen, hätte er sie erst gar nicht zur Welt kommen lassen. Und könnte sie wirklich eine Dürre herbeizaubern, so würde uns wegen ihrer Verbrennung ein nur noch größeres Unheil befallen.' Der Herzog hörte auf den Rat. Es gab zwar eine Hungersnot in diesem Jahr; aber allzu arg litt das Volk nicht darunter." (Tsos Komentar, um 400 v. Chr., üb. nach Schwarz I, 117 f.)

Q 20:
Herrscher und Bote (Grabrelief, 2. Jh. n. Chr.)

Wie wird die Regierung hier dargestellt, wofür ist sie verantwortlich, womit erreicht sie ihre Ziele? Es ist kein Zufall, daß besonders die Sorge für die Landwirtschaft betont wird. Jedes Jahr einmal mußte der Kaiser selbst feierlich ein heiliges Feld pflügen. Am wichtigsten waren *Bewässerung und Entwässerung:* Ohne sorgfältigen Ausbau der Deiche und Kanäle wurde jede Trockenheit einerseits, jede Überschwemmung andererseits zur Hungerkatastrophe. Zu den großen öffentlichen Arbeiten zählten aber auch Straßenbau, Festungsbau und Getreidespeicher (für Kriegsfälle und Notzeiten). Schwerer verständlich ist, was über die Behandlung der Untertanen gesagt wird: Ob die Beschreibung Wirklichkeit, Ermahnung oder Selbsttäuschung ist? Stimmt sie mit dem früher beschriebenen Fest (Q 7,8) überein? Texte aus anderer Sicht helfen weiter:

Q 21:
„Die Sonne geht auf, da arbeiten wir.
Die Sonne sinkt, da rasten wir.
Wir graben Brunnen und trinken dann.
Wir pflügen Felder und essen dann.
Des Königs Macht, was geht sie uns an?"
(Buch der Urkunden, 10.-7. Jh. v. Chr., üb. nach Gundert 232)

Q 22:
„Wir zimmern die Wagen und Räder zurecht.
Zum Fluß hinab schafft für den Herrn sie der Knecht.
Hell fließen die Fluten und kräuseln sich fein.
Du säst nicht und mähst nicht und ziehst nicht den Pflug.
Wer bringt dir die reiche Ernte herein?
Du pirschst nicht und jagst nicht und hast doch genug:
Im Herrenhof hängen die Schnepfen in Reih'n.
He, hoher Herr, was du verzehrt, muß andrer Leute Arbeit sein!"
„Große Maus! Große Maus! Friß nicht unsern jungen Reis!
Wir hielten dich drei Jahre aus, du fragtest nichts nach unserm Schweiß!
Wir ziehn in jenes schöne Land, schöne Land, schöne Land,
wo uns Recht wird zuerkannt."
(Buch der Lieder, 10.-7. Jh. v. Chr., üb. nach Schwarz 9 und v. Strauß 194)

Der Fürst, der adlige Grundbesitzer und der Verwaltungsbeamte (als Ratte) erscheinen hier in ganz anderem Licht, obwohl Bewässerung und Verkehr auch hier erwähnt werden. Erstaunlich ist das Leistungs- und Selbstbewußtsein. Worauf gründet es sich? Welche Mittel besitzen die Bauern, sich zu wehren? Von hier aus werden auch die voranstehenden Beschreibungen der Herrschaft besser verständlich. Wieso? Die Weisen und Gelehrten der verschiedenen Schulen äußern sich wiederum anders:

Q 23:
„Daß das Volk hungert, kommt davon her,
daß die Oberen zu viele Steuern fressen. Darum hungert es.
Daß das Volk schwer zu leiten ist, kommt davon her,
daß seine Oberen zuviel verwalten. Darum ist es schwer zu leiten.
Daß das Volk den Tod zu leicht nimmt, kommt davon her,
daß seine Oberen die Fülle des Lebens zu reichlich suchen. Darum nimmt es den Tod zu leicht..." (Tao-te-king, um 300 v. Chr., üb. nach Wilhelm 118)

Q 24:
„Meng-tse redete mit dem König Süan von Tsi und sprach: ‚Wenn unter euren Dienern einer ist, der Weib und Kind seinem Freunde anvertraute und in ferne Lande reiste, und wenn er heimkommt, da hat der andere seine Frau und Kinder frieren und hungern lassen: was soll mit jenem Mann geschehen?' Der König sprach: ‚Er soll verurteilt werden.'... Meng-tse fuhr fort: ‚Wenn Unordnung im ganzen Lande herrscht: was soll geschehen?' Der König wandte sich zu seinem Gefolge und redete von anderen Dingen...
Meng-tse sprach: ‚Das Volk ist am wichtigsten. Die Götter des Landes und des Kornes kommen in zweiter Linie. Und der Fürst ist am unwichtigsten... Wenn ein Landesfürst die Altäre des Landes und des Korns in Gefahr bringt, so wird er abgesetzt und ein anderer für ihn eingesetzt... Wenn das Opfer rechtzeitig dargebracht war und es tritt dennoch Dürre oder Hungersnot ein, so werden die Götter des Landes und des Kornes abgesetzt und andere für sie eingesetzt."
(Meng-tse, um 300 v. Chr., üb. nach Wilhelm 17, 174)

Beide Verfasser kritisieren die Regierung, aber aus unterschiedlichen Gründen. Um den Bauern zu helfen, machen sie verschiedene Vorschläge. Einig wären sie wohl nur darin: „Eine harte Regierung ist grausamer als ein Tiger" (Buch der Sitte, üb. Schwarz I, 170). Trotz vieler vorbildlich fürsorglicher Herrscher und Beamter ist die ganze chinesische Geschichte voll von Klagen über untragbare Steuern, ausbeuterische Gutsbesitzer und bestechliche Verwaltung. Aber sie ist auch voll von riesigen *Bauernaufständen,* die vielfach von der Schule der Taoisten unterstützt wurden. Meist wurden die Rebellen blutig unterdrückt, aber mehrfach konnten sie auch eine Landreform erzwingen oder – wie von Meng-tse vorgeschlagen – eine neue Familie auf den Kaiserthron bringen.
Bei alledem scheint die Frage nach der Rolle der Frauen ganz in Vergessenheit geraten zu sein. Hatten Frauen an der Regierung teil oder gehörten sie nur zu den Untertanen?

Q 25:
„Ein kluger Mann erbaut sich feste Städte, die kluge Frau zerstört die festen Städte... Der Aufruhr wird vom Himmel nicht gesandt, vom Weibe kommt er in das Land... Die Frau ist zum Staatsdienst nicht geeignet, sie darf Seidenzucht und Weberei nicht verlassen." (Buch der Lieder, üb. nach v. Strauß 459 f.) – „Wenn die Henne am Morgen (vor dem Hahne) kräht, dann steht dem Hause nahes Unglück bevor!" (Buch der Urkunden, üb. nach Kuhn 51) – „Frauen würden bald Unordnung und Verwirrung im Reich, Schaden und Schmach am kaiserlichen Hof und Beschämung für Sonne und Mond stiften. Das ‚Buch der Urkunden' warnt uns vor dem Huhn, das an Stelle des Hahns den Tag ausruft. Das ‚Buch der Lieder' berichtet von einer Frau, die in geschickter Weise den Sturz eines Staates bewirkt... Man sollte daher den Frauen keine Beteiligung an Regierungsgeschäften gestatten." (Yang Dschen, um 100 n. Chr. üb. nach Kristeva 56)

Der letzte Text ist überaus bezeichnend – nicht nur wegen seiner Absicht, sondern mehr noch wegen der Art der Begründung! Durch die Jahrhunderte ziehen sich die Warnungen und Befürchtungen der Gelehrten (oder gar aller Männer?). Es lohnt sich, damit die tatsächlichen Zustände oder wenigstens Beispiele zu vergleichen. Gab es Frauen, die regierten? Wie übten sie ihre Macht aus?

Q 26:
„Der König von Tsi hatte einen Gesandten mit einer Anfrage an die Königin Wei von Dschao geschickt. Bevor sie den Brief öffnete, fragte die Königin den Gesandten: ‚Wie war bei euch die Ernte, wie geht es dem Volk, was macht der König?' Der Gesandte fuhr auf und sagte: ‚Ich bin mit einer Botschaft an die Königin Wei geschickt. Da fragen Sie jetzt nicht nach dem König, sondern zuerst nach dem Erntejahr und dem Volk. Wollen Sie das Niedere voranstellen und das Höhere zurücksetzen?' – ‚Keineswegs', sagte die Königin. ‚Aber was ist das Volk ohne Ernte, und was ist der König ohne das Volk? Habe ich da mit meiner Frage die Hauptsache außer Acht gelassen und nach der Nebensache gefragt?'" (Pläne der kämpfenden Staaten, um 250 v. Chr., üb. nach Haenisch 24)

Q 27:
Eine Kaiserin: „Ich habe mit Bedauern aus der Geschichte entnommen, daß zu allen Zeiten und bis heute das meiste Unglück für den Staat von Frauen herrührte. Ich muß sagen, daß diese Erkenntnis tiefen Eindruck auf mich gemacht hat und daß ich mich seitdem mit Argwohn beobachte. Jetzt muß ich fürchten, meinen Namen von der Geschichte auf die Liste jener Frauen gesetzt zu sehen." (Jahrbücher, um 315 n. Chr. üb. nach Kuhn 110)

Welche Wirkungen hatten die Warnungen auf die Frauen selbst? Bestimmte Texte kannten alle gebildeten Chinesen auswendig: Kann es sein, daß die Königin Wei Meng-tse zitiert (Q 24)? War die Rolle der Frauen wirklich so verderblich? Eher gilt umgekehrt: Sie sollten nicht an der Regierung teilhaben, aber sie blieben von Herrschaft und Krieg nicht ungeschoren.

Q 28:
„Von den drei Armeen soll eine aus den kräftigen Männern, eine aus den kräftigen Frauen und eine aus den alten und schwachen Männern und Frauen gebildet werden... Laß die Armee aus kräftigen Männern mit reichlich Vorräten und scharfen Waffen sich aufstellen und den Feind erwarten. Laß die kräftigen Frauen mit reichlich Vorräten und Schanzmaterial auf dem Rücken sich ordnen und Befehle erwarten. Sie sollen beim Anmarsch des Feindes Hindernisse aus Erdwällen, Fallgruben, Verhauen und pfahlbesetzten Gräben machen. Sie sollen die Stützbalken niederlegen und die Hauswände einreißen, das Bewegliche wegbringen und das nicht Tragbare verbrennen, damit die Eindringlinge es bei ihrem Angriff nicht benutzen können. Laß die Armee der Alten und Schwachen die Ochsen, Pferde, Schafe und Schweine hüten und alles Brauchbare an Pflanzen und Wasser für die eigene Versorgung sammeln, damit Nahrung für die kräftigen Männer und Frauen gespart wird." (Shang-tse, um 350 v. Chr., üb. nach Duyvendak 250 f.)

Q 29:
Schlacht (Grabrelief, 2. Jh. n. Chr.)

Inwiefern tragen Frauen die Last des Krieges wie der Arbeit mit? Inwiefern können sie mitbestimmen? Selten wurde in China die Berechtigung von Herrschaft (Kaisertum) und die Aufgabe, Frieden und Wohlstand zu sichern, bestritten. Aber das Ausmaß des Versagens ist oft erschreckend! Immer leiden die Frauen besonders. Aus ihrer Verzweiflung macht ein Dichter die schwerste Anklage:

Q 30:
„In der Hauptstadt war Chaos. Wie Tiger tobten
Gewaltherren, bar aller Menschlichkeit.
Ich ging. Verwandte und Freunde gaben
mit Tränen zum Tor mir ein trübes Geleit.

Mein Weg war besät mit Toten – zerstochen,
zerhauen, zerfleischt, zerrissen der Leib.
Die Äcker deckten bleichende Knochen –
da sah ich am Waldrand ein hageres Weib.

Sie trug einen Säugling. Im Dickicht legte
sie nieder ihr Kind. Ich hörte es schrein.
An den Tränen sah ich, daß Schmerz sie bewegte.
Sie dreht sich nicht um! – Sie läßt es allein!
Ich frag sie: ‚Warum?' – Voll bitterem Leide
blickt sie mich an; aus dem magren Gesicht
wischt sie die Tränen: ‚Es reicht nicht für beide!
Auch mich trifft es bald...' – Ich ertrug es nicht –
Fort! Fort sprengte ich mit verhängtem Zügel,
vor Grauen stand mir zu Berge das Haar.
So kam ich nach Baling, dem Grabeshügel
König Wens, der milde und weise war.
Ich stieg hinan, und den Blick ließ ich schweifen
zur Hauptstadt und stöhnte, von Schmerz übermannt.
Jetzt kann ich die Lieder der Alten begreifen –
den bitteren Traum vom gesegneten Land."
(Wang Tsan, um 200 n. Chr., üb. nach Schwarz 67)

Hier drängt sich ein *Einwand* auf: *Sind Übersetzungen aus dem Chinesischen eigentlich zuverlässig?* Stammen die erschütternden (oder beglückenden) Texte nicht eher von den Übersetzern? – Manches kann mißtrauisch machen, z. B. die Namen: Der oben zitierte Mo Ti erscheint auch als Meti, Micius, Me-tse, Mo Dsi, Mo-tzu oder Mods. Wer hätte gedacht, daß immer derselbe gemeint ist? Ein anderes Beispiel:

Q 31:

„Nichts ist rot als der Fuchs;
nichts ist schwarz als die Raben.
Sei gut zu mir, liebe mich
faß meine Hand, nimm mich in deinen Wagen
Ach, diese Scheu, diese Säumigkeit!
Komm, es ist keine Zeit."
(Buch der Lieder, üb. nach Debon in Gundert 249)

„Ein Fuchs ist unser Herzog hier,
auf Raub und Mord erpicht.
Ihr zaudert noch? Was zaudert Ihr?
Auf, Freunde, laßt uns Hand in Hand
nun fahren in ein andres Land.
Wir dulden's länger nicht!"
(Buch der Lieder, üb. nach Schwarz 12)

Beide Übersetzungen scheinen sogar verschiedene Themen zu haben; man kann Überschriften suchen und erraten, welche Übersetzung in der DDR, welche in der Bundesrepublik erschienen ist. Die Unsicherheiten sind besonders groß bei ganz alten, schlecht überlieferten, bewußt doppeldeutigen (z. B. revolutionären) Texten. Immer aber gibt es mehrere Schwierigkeiten:

● Die Chinesen benutzen eine *Bilderschrift* mit tausenden von Zeichen, keine Lautschrift. Die Bilder sind nicht immer eindeutig und bekannt, obwohl jedem Zeichen eine Erläuterung (Deute-, Klassezeichen) zugesetzt wird.
● Die chinesische Sprache kennt nur einsilbige und *unveränderliche Worte*

ohne Wortarten (Hauptwörter, Tätigkeitswörter), Fälle, Zeiten usw. Nur die Satzstellung und Hilfsworte geben einige Auskunft.
● Die chinesischen Philosophen bilden keine abstrakten Begriffe und umfassenden Systeme, sondern erzählen kleine Beispiele und Anekdoten. Der Zuhörer kann über diese *Geschichten* nachdenken (meditieren) und sie oft verschieden auslegen. Gegnerische Schulen benutzen dieselben Geschichten mit ganz kleinen Änderungen.
● Schon die ältesten Gedichte stecken voll schwieriger Bilder und Vergleiche (z. B. „große Maus" gleich „habgieriger Beamter"), später wird ständig aus den alten Schriften zitiert (z. B. „Fürst als Vater und Mutter des Volkes"). Viele Texte bestehen daher eher aus vieldeutigen *Anspielungen* als aus klaren Aussagen.

Man tut gut daran, wenn irgend möglich mehrere Übersetzungen zu vergleichen, am besten von Wissenschaftlern verschiedener Richtung. Das ist bei fast allen hier angeführten Texten geschehen. Deshalb sind die Übertragungen sehr selten wörtlich übernommen, sondern meist vereinfacht, kontrolliert und nach der wahrscheinlichsten (also nicht jeweils der bequemsten) Lösung verändert. Dennoch können im einzelnen Text Mißverständnisse stecken: erst die Gesamtheit gibt ein zuverlässigeres Bild.

2.4 Familie als Zentrum des Denkens?

Q 32:
Die Jahrbücher von Lu über die Jahre 669 und 668 v. Chr.: „Im vierundzwanzigsten Jahr des Herzogs, im Frühling, im dritten Monat, ließ er die Dachbalken für Herzog Hwans Ahnentempel schnitzen. Es war das Begräbnis des Herzogs Chwang von Ts'ao. Im Sommer reiste der Herzog nach T'se, um seine Braut zu treffen; im Herbst kam der Herzog von T'se zurück. Im achten Monat kam seine Frau, die Dame Keang, an. Am Tag Mow-yin hatten die großen Beamten, die zum herzoglichen Hof gehörten, und ihre Frauen einen Empfang bei ihr und brachten ihr Geschenke aus Seide. Es gab große Überschwemmungen. Im Winter machten die Jung einen Überfall nach Ts'ao; darauf floh Ke von Ts'ao nach Ch'in und Ch'ih kehrte nach Ts'ao zurück.
Im fünfundzwanzigsten Jahr des Herzogs, im Frühling, schickte der Graf von Ch'in den Ju Shuh nach Lu mit freundlichen Erkundigungen. Im Sommer, im fünften Monat, am Tag Kwei-Ch'ow starb Soh, Graf von Wei. Im sechsten Monat, am Tag Sin-we, zu Neumond, war Sonnenfinsternis. Deshalb schlugen wir Trommeln und brachten Opfer auf dem Altar des Landes dar. Die älteste Tochter des Herzogs reiste zu ihrem Palast in Ke. Im Herbst gab es große Überschwemmungen. Darauf schlugen wir Trommeln und versuchten es mit Opfern auf dem Altar des Landes und an den Stadttoren. Im Winter reiste Yew, der Sohn des Herzogs Hwan, nach Ch'in."
(Frühling und Herbst III 24,25, vor 500 v. Chr., üb. nach Legge)

Der Wortlaut ist typisch für viele, viele andere Jahre des frühen China und ähnelt stark europäischen Annalen des Mittelalters (1500 Jahre später). Gütererzeugung und Regierungsweise (die beiden ersten Fragen an jede Gesellschaft!) werden in Umrissen deutlich, vor allem aber das Denken, die Ideen: Was war so wichtig, daß es aufgezeichnet wurde? Was fürchteten, hofften und fühlten die Menschen am stärksten? Weiteren Aufschluß geben die alten Lieder:

Q 33:
„Ahnfrau und Ahnherrn zur Ehre soll klafterhoch ragen das Haus
mit Toren im Süden und Westen... Laute und Trommelschlag
ehren den Ahnen der Felder, bitten um Regen so süß.
Möge die Hirse nun sprießen, Speise für Kinder und Frau...
Engerlinge und Würmer schadet nicht unserer Saat!
Der Ahne der Felder hat Macht über euch, gibt euch der Flamme zum Fraß...
Nun naht sich euer Enkel mit Kindern und mit Frau,
trägt Speise zum südlichen Acker den Knechten hinaus auf das Feld.
Er opfert den Winden, der Erde den roten und schwarzen Stier.
Er bringt die Hirse zum Opfer, bringt sie euch Ahnen dar.
So wächst noch immer sein Glück."
(Buch der Lieder, üb. nach Weber-Schäfer 61,57f., 59)

Die religiösen Vorstellungen lassen sich klar erkennen, auch die Stellung der Frauen und der Familie darin. Fruchtbarkeitskult und Ahnenverehrung hingen eng zusammen; die Vorfahren konnten reiche Ernte schenken, Schädlinge, Hagelschlag, Trockenheit, Überschwemmung u. ä. abwenden. Verglichen damit waren die Götter (selbst eine Art von Ahnen) weniger wichtig. Opfer (anfangs auch Menschenopfer bei Aussaat, Fürstenbegräbnis, Mißernte oder Siegesfeier), Zukunftserforschung (Wahrsagerei, Traumdeutung, Orakel) und Zauberei dienten dazu, den Willen der Ahnen zu erforschen und zu beeinflussen.

Q 34:
Es werden Söhne dir geboren,
du wirst sie auf ein Lager legen,
du wirst sie in Gewänder hüllen,
zum Spielen ihnen Szepter geben.
Sie werden kräftig ihre Stimmen üben,
beim Opfer prächtig rote Kleider tragen
und Herrn des Hauses und des Staates sein.

Es werden Töchter dir geboren,
du wirst sie auf den Boden legen,
du wirst sie nur in Windeln hüllen,
zum Spielen ihnen Spindeln geben.
Sie werden gut und schlecht nicht kennen,
für Opferreis und -wein gehorsam sorgen
und folgsam ihren Eltern Kummer sparen." (Buch der Lieder", üb. nach Weber-Schäfer 62 f. und v. Strauß 302 f.)

Q 35:
Bronzekasten für den Ahnenkult (um 700 v. Chr.)

Der Kasten ist nicht nur für die Ahnenverehrung bestimmt, er stellt sie zugleich dar. Die Vorfahren bleiben unsichtbar, aber Eltern und Kinder sind erkennbar und führen typische Handlungen aus! Auch der Liedtext läß sich aus der Bedeutung des Ahnenkults verstehen. Kinder sind „lebensnotwendig", denn nur eigene Nachkommen können die Opfer ausführen: „Drei Dinge verstoßen gegen die Pflicht der Kindesehrfurcht. Keine Nachkommen zu haben, ist das schlimmste davon." (Meng-tse, üb. Wilhelm 84) Hieran knüpft sich eine unterschiedliche Wertung von Söhnen und Töchtern. Was sollen Söhne „sichern", wozu „nur" scheinen Töchter brauchbar? Man kann sich leicht vorstellen, wie die getrennte und verschiedene Erziehung auf Jungen und Mädchen wirkte (vgl. Q1)!

Q 36:
„Welches sind die bürgerlichen Pflichten? Es sind: die elterliche Sorge für das Kind, der kindliche Gehorsam gegen die Eltern; die Freundlichkeit des älteren Bruders gegen den jüngeren, die Nachgiebigkeit des jüngeren Bruders gegen den älteren; rücksichtsvolle Behandlung der Frau durch den Ehemann, Unterwerfung der Ehefrau unter den Willen des Mannes; wohlwollende Behandlung der Jüngeren durch die Älteren, Respekt der Jüngeren gegenüber den Älteren; Mitgefühl des Herrschers für die Beherrschten, Treue der Beherrschten gegenüber dem Herrscher. Das sind die zehn bürgerlichen Pflichten. (...)
Durch die Heiratszeremonien erfolgt die freundschaftliche Vereinigung zweier Personen verschiedenen Familiennamens: nach Oben, um im Ahnentempel zu dienen, und nach Unten, um den Stamm durch Nachkommen in gerader Linie fortzusetzen. Deswegen legten die Weisen so großes Gewicht auf diese Zeremo-

nien... Aus der Verschiedenheit der Aufgaben von Mann und Frau ergeben sich ihre gegenseitigen Pflichten. Wenn Mann und Frau ihre Pflichten erfüllen, dann herrscht auch Liebe zwischen Vater und Sohn, dann ist auch das Verhältnis zwischen Fürst und Untertan in Ordnung. Daher sagt man: ‚Die Heiratszeremonien sind die Wurzel aller Sitten.'" (Buch der Sitte, 400–200 v. Chr., üb. nach Kuhn 130 und Schmitt 28)

Q 37:
„Eine Frau hat nicht zu bestimmen! Sie ist in dreifacher Hinsicht abhängig: in der Jugend von den Eltern, in der Ehe vom Gatten, nach dessen Tode vom Sohne. So verlangt es die Sitte." (Lebensläufe der berühmten Frauen, ca. 30 v. Chr., üb. nach Shou-Lin Cheng 32) – „Mit kleinen Leuten is ebenso schwer umzugehen wie mit Frauen. Ist man vertraulich mit ihnen, dann werden sie unverschämt. Hält man aber Abstand von ihnen, dann murren sie." (Konfuzius, um 500 v. Chr., üb. nach Kristeva 55)

Q 38:
Vorwurf des Gatten (Gemälde um 400 n. Chr., spätere Kopie)

Die Texte und das Bild machen das Verhältnis von Mann und Frau sehr deutlich. Ist die Beziehung gleichberechtigt, spiegelbildlich, einseitig? Wie wird sie in andere gesellschaftliche Abhängigkeiten eingeordnet? Warum werden Frauen und kleine Leute verglichen? Kann es zwischen mehreren Pflichten Widersprüche geben? Wie sind sie zu entscheiden? Wem allem muß eine junge Frau gehorchen? Werden ernsthafte Gründe für die jeweiligen Pflichten angegeben? Aus welcher Sicht stammen die Texte? Gibt es Widersprüche? Wie könnte man eine Gesellschaft mit diesen Grundregeln bezeichnen? Für das Zusammenleben in der Familie gibt es zahlreiche Vorschriften, z. B. für Heirat, Alltag, Erziehung und Scheidung:

Q 39:
„Die Toren ertragen in Milde, bringt Glück. Die Frauen zu nehmen wissen, bringt Glück... Sie soll nicht ihrer Laune folgen, sie soll im Innern für Speise sorgen... Sie ist der Reichtum des Hauses: großes Glück!... Das heiratende Mädchen wird Sklavin, wenn sie als Nebenfrau heiratet... Man nimmt eine Nebenfrau, damit sie einen Sohn bringt... Die Frau bekommt drei Jahre kein Kind. Endlich hindert sie nichts mehr. Glück!" (Buch der Wandlungen, um 1000 v. Chr., üb. nach Wilhelm 41, 145, 202, 187, 198)

Q 40:
„Wenn ein Kind zur Welt kommt und es ist ein Junge, stark wie ein Wolf, dann fürchtet man dennoch, er könnte zu schwach sein. Ist es aber ein Mädchen, schon sanft und gefügig, so befürchtet man noch, es könnte zu stark sein." (Pan Ku und Pan Chao, um 100 n. Chr., üb. nach Kristeva 56f.) – „Die Mutter behandelt ihren Sohn mit inniger Liebe, aber das hat oft sehr schlechte Folgen. Dafür ist die Liebe verantwortlich. Der Vater zeigt weniger Liebe und züchtigt den Sohn bei seinen Unterweisungen. Aber das wirkt viel Gutes: eine Folge der väterlichen Strenge." (Han Fei-tse, um 250 v. Chr., üb. nach Forke 479)

Q 41:
„Männer und Frauen sitzen nicht beieinander. Sie benützen nicht denselben Kleiderhaken oder Kleiderständer. Sie benützen nicht dasselbe Handtuch oder denselben Kamm. Sie reichen einander nichts mit der Hand. Schwägerin und Schwager erkundigen sich nicht nacheinander... Worte von außen dringen nicht ins Frauengemach; und aus dem Innern dringen keine Worte über das Frauengemach hinaus... Wenn eine Tochter zu Besuch in das väterliche Haus zurückkehrt, so werden selbst ihre Brüder nicht mit ihr auf derselben Matte sitzen oder aus derselben Schüssel essen... Junge Männer und Mädchen wissen außer bei Verlobungen nicht die Namen voneinander. Ehe die Hochzeitsgeschenke überreicht sind, haben sie keine Bekanntschaft und kein Liebesverhältnis." (Buch der Sitte, 400–200 v. Chr., üb. nach Wilhelm 346f.)

Q 42:
„Ich ging auf den Berg, um wildes Kraut zu pflücken,
das Kindersegen bringt.
Beim Heimweg traf ich meinen früheren Gemahl.
Ehrfürchtig kniend fragt' ich ihn:
‚Die neue Frau, wie denn gefällt sie dir?'
‚Man sagt wohl, sie sei hübsch, doch nicht so hübsch wie du.
Ihr gleicht euch an Gestalt, doch nicht an Tüchtigkeit...
Gelbseide webt die Neue mir – du webtest feinen weißen Stoff.
Sie täglich nur ein Stück – fünf Ellen webtest du.
Vergleich die Seide ich,
dann ist die alte Frau doch besser als die Neue.'"
(Musikamtslieder, 1. Jh. n. Chr., üb. nach Eichhorn 121)

Wie trostlos fremd müssen sich Männer und Frauen im Alltag gewesen sein! Man hat gesagt, sie lebten wie zwei feindliche Stämme bei ganz brüchigem Waffenstillstand vorsichtig nebeneinander, nicht liebevoll miteinander. Ehen wie Scheidungen wurden nicht von der Zuneigung bestimmt, sondern von anderen Gesichtspunkten. Interessant ist z. B., nach welchen Maßstäben Männer ihre Frauen bewerten (Q39, Q42), wer und warum über Vereinigung und Trennung entscheidet. Wichtigster Grund war wohl meist Nachwuchswunsch, nicht Liebe, sogar beim Erwerb von Nebenfrauen, die als Sklavinnen der Hauptfrau galten. Die Männer konnten aber auch aus vielen Gründen (schlechte Bedienung der Schwiegereltern, keine männlichen Nachkommen, Schwatzhaftigkeit, Krankheit usw.) die Hauptfrau verstoßen.
Nur Fürsten, adlige Beamte und Reiche konnten sich überhaupt Nebenfrauen leisten. Wenn sie von den starren Sitten und strengen Regeln zu Hause gelangweilt waren, nahmen sie Liebesverhältnisse mit Sängerinnen, Tänzerinnen oder Musikerinnen auf. Für diese verachteten Frauenberufe galten die engen Verhaltensvorschriften nicht. Ein großer Teil der Liebesromane und -geschichten handelt von solchen Frauen, nicht von den abgeschlossen lebenden Gattinnen. Man darf sich also nicht vorstellen, alle Menschen in China hätten so gelebt, wie die heiligen und gelehrten alten Bücher es vorschrieben. „Die Tiere kennen ihre Mutter, aber nicht ihren Vater. Die Bauern sagen: ‚Vater und Mutter, warum sollen wir sie unterscheiden?' Nur die adligen Städter wissen, wie man dem verstorbenen Vater Ehre erweist." (Sprichwort, üb. Kristeva 53) Die Bauern und das einfache Volk lebten (schon aus wirtschaftlichen Gründen) in Einehe. Unter den Philosophen standen dem einfachen Volk die „oppositionellen" Taoisten nahe – im Gegensatz zu den „regierungstreuen" Konfuzianern.

Q 43:
„Das Weibliche siegt immer durch seine Stille über das Männliche... Wer das Männliche kennt, doch sich ans Weibliche hält, wird wie ein Tal und empfängt alle Dinge... Und er wird wieder wie ein Kind... Ich schätze es hoch ein, Nahrung zu suchen bei der Mutter... Der Geist des Tals ist unsterblich. Er heiß das tief Weibliche. Der Ausgang des tief Weiblichen ist die Wurzel von Himmel und Erde..." (Tao-te-king, um 300 v. Chr., üb. nach Wilhelm 104, 95, 68, 46)

Q 44:
„Zeigst du ein freundlich Antlitz mir und Liebe unverkürzt,
so wat ich durch den Fluß zu dir, den Rock hoch aufgeschürzt.
Nur denk nicht, wenns's dir nicht beliebt,
daß es nicht auch noch andre gibt – du dummer, dummer Junge du!" –
„Auf der Heide das kriechende Gras ist vollgesaugt mit schwerem Tau.

Auf ihm lag ein schöner Jüngling mit hellen Augen und edler Stirn.
Wir trafen uns durch Zufall, und vereint waren wir glücklich."
(Buch der Lieder, üb. nach Schwarz 12f. und Fitzgerald 56)

Die bäuerlichen Volkslieder geben Frauenverhalten und Liebe ganz anders wider. Ist in ihnen irgendeine Unterdrückung spürbar? Wie steht es mit Bekanntschaften vor der Eheschließung? Von wem geht die Aktivität aus? Viele kleine Hinweise dieser Art machen es wahrscheinlich, daß in grauer Vorzeit (und bei den Bauern noch lange) die Männer die Frauen noch nicht beherrschten. In der Schrift bedeuten die Zeichen „Frau" und „Kind" zusammen „Glück", die Zeichen „Frau" und „Abstammung" zusammen „Familienname" oder „Sippe". In ältester Zeit haben wohl die Kinder zur Familie der Mutter gehört („Mutterrecht").

Dabei erhebt sich die *Zwischenfrage: Wie wichtig ist eigentlich das altchinesische Denken heute noch?* Und welche Richtung hat stärker gewirkt? – Wir Europäer können uns die Rolle des alten China in der Weltgeschichte und im heutigen Denken vielleicht am besten klarmachen, wenn wir es mit dem (etwa gleich frühen) alten Griechenland vergleichen. Die chinesische Kultur ist für ganz Ostasien (Japan, Korea, Vietnam, Tibet, Mongolei usw.) ganz genauso grundlegend wie die altgriechische für uns Europäer:

● Wie wir alle (selbst Russen und Isländer) *Schriften* benutzen, die aus dem Altgriechischen abgeleitet sind, so haben Japan, Korea und Vietnam ihre Schreibweise aus der chinesischen entwickelt.
● Die Ostasiaten haben ebenso viele *Grundbegriffe* („Nicht-handeln", „große Gleichheit", „Maß und Mitte", „Himmelssohn") aus den Chinesischen übernommen wie wir aus dem Griechischen (z. B. „Logik", „Demokratie", „Physik", „Ökonomie", „Atom", „Historiker").
● Die altchinesische *Bauweise*, der fälschlich „Pagode" genannte Festungs- und Wohnturm, kehrt überall in Tempeln, Palästen und Toren Ostasiens bis zur Gegenwart wieder. So wurden auch bei uns bis um 1900 mit Kirchen, Schlössern, Theatern und Parlamentsgebäuden oft altgriechische Tempel nachgeahmt.
● Die eigene Bevölkerung wird mit *„Welt und Menschheit"* gleichgesetzt. Wie man in Ostasien, das fast ganz Teil im chinesischen „Reich der Mitte" war, nur „Chinesen" und kaum menschliche „Barbaren" kannte, so im römisch-griechischen „Weltreich" (fast ganz Europa!) nur „hellenisierte Römer" und „Barbaren". Heute unterscheiden viele nur „Europäer" und „Eingeborene".
● Die Ostasiaten haben lange an der *höchsten Verehrung des Altertums*

festgehalten und den ältesten Schriften (wie auch alten Menschen) unbedingt gehorcht. Deshalb beeinflußt die altchinesische Geschichte die Gegenwart stark. Auch die Römer haben die Sitten der Vorfahren (und die Alten) fast vergötzt; und vielen Europäern gilt die „Heilige Schrift" (die Bibel ist ein sehr altes Buch!) als höchste Autorität.

● Zu den grundlegenden Traditionen Ostasiens gehört auch die *Unterordnung der Frau* und die Trennung der Geschlechter; sie findet sich (oder fand sich noch vor kurzem) auch in Japan, Korea usw. Ist es in Europa nicht ähnlich? Oder wirken das römische Recht und das jüdische Denken nicht mehr zu Ungunsten der Frauen nach?

Q 45:
Chinesicher Wohnturm (Grabfund, um 100 n. Chr.) / *Japanischer Burgpalast* (um 1600 n. Chr.)

Und doch gibt es zwischen der chinesischen und der griechischen Kultur wichtige Unterschiede:

● China ist heute wie vor 3000 Jahren die größte Macht Ostasiens; jeder fünfte Mensch ist ein Chinese. Dagegen sind wir Europäer in viele Nationalstaaten zerfallen, von denen Griechenland einer der kleinsten ist: auf 100 Chinesen kommt ein Grieche.
● China hat sich weit selbständiger und unabhängiger entwickelt, denn es war von den ersten Hochkulturen in Vorderasien/Nordafrika sehr weit entfernt und bekam nur flüchtige Anregungen. Dagegen haben unsere griechischen Vorgänger viele Kenntnisse und Erfindungen unmittelbar von den Ägyptern oder Mesopotamiern übernommen.
● Wir Europäer haben viele tiefe Brüche und Wendungen unsrer Geschichte erlebt, z. B. zugunsten des Gottes Jahwe auf Zeus und Wodan verzichtet. Statt dessen hat China seine Überlieferung stets ununterbrochen gehalten (Kontinuität) und seine Kultur gegen alle Eroberer durchgesetzt: Das „Buch der Lieder" und das „Buch der Urkunden" bedeuten den Chinesen deshalb mehr als uns die Sagen der Griechen, das Nibelungenlied (Siegfried und Hagen) und die biblischen Geschichten zusammengenommen.
● Wir Europäer haben in den letzten 500 Jahren die Erde erobert und in den letzten 200 Jahren Industrien aufgebaut. Gleichzeitig haben die Chinesen den umgekehrten Weg verfolgt; ihren großen Seehandel bis Ostafrika haben sie 1433

aufgegeben und sogar bei Todesstrafe verboten, gegen Europäisierung und Industrialisierung haben sie sich bis etwa 1900 erbittert gewehrt.

Die Betrachtung ist aus der Sicht eines Europäers geschrieben. Es lohnt sich, sie in die Sicht eines Chinesen oder (vielleicht besser) eines Japaners umzuschreiben und zu überlegen, was sich dann ändern muß. Was mag im japanischen Geschichtsunterricht ausführlicher behandelt werden: Altgriechenland oder Altchina? Ob sich Japaner oder Chinesen uns Europäern so überlegen fühlen wie umgekehrt?

2.5 „Berühmte" Frauen – „große" Frauen – „befreite" Frauen?

Von 195 bis 180 v. Chr., fünfzehn lange Jahre wurde China von der *Kaiserin Lü* regiert, der Witwe des Kao-Tsu (206–195), der eine neue Kaiserfamilie gegründet hatte. Sie herrschte für und im Namen ihres Sohnes Hui (195–188), später anderer Kinder aus der Familie. Der größte Geschichtsschreiber des alten China, Ssu-ma Ch'ien, schreibt im Kapitel „Jahrbücher der Kaiserin Lü":

Q 46:

„Die Kaiserin Lü war eine Frau von sehr starkem Willen. Sie half Kao-tsu bei der Eroberung des Reiches. Viele der großen Minister, die hingerichtet wurden, waren Opfer ihrer Macht. Sie hatte zwei ältere Brüder, die beide Generale waren... Die Kaiserin-Witwe Lü gewährte den Mitgliedern ihrer eigenen Familie große Ehrenstellen; einige Männer der Familie Lü machte sie zu Königen, so daß sie die Herrscherin unterstützen konnten. Sie bestimmte auch die Tochter von Lü Lu als Kaiserin für den Kinderkaiser, den sie ausgesucht hatte, um dem Kaiser Hui zu folgen. So hoffte sie feste Bande zu knüpfen, die ihre Familie sicherer an den Quellen der Macht halten sollten. Aber das hatte keinen Erfolg...

Später ließ Kaiserin Lü der Frau Ch'i (einer bevorzugten Nebenfrau Kao-tsus) Hände und Füße abhauen, Augen ausstechen und Ohren verbrennen, durch Gift die Zunge lähmen und sie als „menschliches Schwein" auf den Mist werfen... Daraufhin weinte Hui so bitter, daß er krank wurde und mehr als ein Jahr das Bett nicht verlassen konnte. Er sandte einen Boten, um seiner Mutter zu sagen: ‚Kein menschliches Wesen hätte eine Tat wie diese begehen können! Da ich Euer Sohn bin, werde ich niemals zur Regierung des Reiches geeignet sein.' Seit damals ergab er sich täglich dem Trinken und beteiligte sich nicht mehr an der Staatsverwaltung. Seine Krankheit wurde schlimmer...

Der Groß-Geschichtsschreiber bemerkt: Unter der Regierung des Kaisers Hui und der Kaiserin Lü brachten die einfachen Leute erfolgreich die Leiden der „Zeit der kämpfenden Reiche" hinter sich. Regierung und Untertanen gleichermaßen suchten Erholung durch Unterlassen von Aktionen. Deshalb saß Kaiser Hui mit gefalteten Händen und glatten Kleidern da. Und Kaiserin Lü, obwohl sie als Frau in der Weise eines Kaisers regierte, führte die Geschäfte der Regierung, ohne jemals ihre privaten Gemächer zu verlassen. Und die Welt hatte Frieden. Strafen wurden selten ausgesprochen und Übeltäter wurden selten. Während dessen widmeten sich die Leute den Aufgaben der Landwirtschaft; Nahrung und Kleidung gab es im Überfluß." (Ssu-ma Ch'ien Kap. 9 und 49, um 90 v. Chr., üb. nach Watson I, 321, 323, 340, 381)

Die Beschreibung und die Beurteilung der Kaiserin ist äußerst uneinheitlich, fast widersprüchlich. Worin? Man kommt weiter, wenn man die Auswirkungen ihrer Regierung auf die Kaiserfamilie, die Kaiserinfamilie und die Bevölkerung einzeln durchgeht. Inwiefern verläßt die Kaiserin die typische chinesische Frauenrolle, inwiefern erfüllt sie sie? Manche Züge lassen sich auch aus der Tendenz der chinesischen Geschichtsschreibung erklären. Sie ist verantwortlich, daß die Kaiserinnen Chinas viel weniger bekannt sind als die Kaiser.
Regierung von Frauen an Stelle und im Namen von Kinderkaisern waren häufig. Vereinzelt haben Frauen sogar im eigenen Namen geherrscht, so *Kaiserin Wu* (690-705). Die Beamten und Gelehrten waren immer gegen weibliche Regenten: Sie wollten sich Frauen nicht unterordnen und fürchteten die Absetzung der Herrscherfamilie durch die Familie der Kaiserin. Frauen regierten wohl kaum grausamer als Männer, aber ihnen wurden alle möglichen Hinterlisten, Ausschweifungen und Morde nachgesagt. Entsprechend erscheinen sie in der Geschichtsschreibung bösartig entstellt. Schließlich wurde es verboten, Jahrbücher über eine Kaiserin zu verfassen. Statt dessen mußte immer der Name des Kaisers eingesetzt werden, auch wenn er ein Säugling oder ein Schwachsinniger war.
Ein krasses Beispiel von Verleumdungen und Entstellungen ist auch *Kaiserin Hu-Shi* von Wei (465-477). Angeekelt von den Tücken und Intrigen ihrer männlichen Gegner am Hofe wollte sie als buddhistische Nonne ins Kloster gehen. Um ein Chaos zu vermeiden, holte man sie an die Regierung zurück. Wenige Jahre darauf nahmen die Machenschaften wieder so zu, daß sie sich endgültig ins Kloster zurückzog, eine große Heilige wurde und das Land dem Bürgerkrieg überließ.
Eine andere Frau blieb zweitausend Jahre lang berühmt: die *Adlige Pan Chao* (ca. 50-120 n. Chr.). Sie war Großnichte einer vorbildlichen kaiserlichen Nebenfrau, Tochter eines bedeutenden Gelehrten und Schwester von Zwillingsbrüdern, des größten Feldherrn und des größten Historikers der Zeit. Mit vierzehn Jahren in die Ts'ao-Sippe verheiratet war sie bald Witwe mit mehreren Kindern, die sie sorgfältig erzog, verheiratete und in hohe Ämter brachte. Auf besonderen Wunsch des Kaisers vollendete sie das Werk von Vater und Bruder, eine der größten Leistungen der chinesischen Geschichtsschreibung. Daneben war sie Hofdichterin und Lehrerin der fünfzehnjährigen Kaiserin Teng.
105 n. Chr. wurde die fünfundzwanzigjährige Teng als Kaiserinwitwe und Kaiserinmutter Regentin des Reiches. Pan Chao, genannt „Tante Ts'ao", blieb die wichtigste Beraterin und war einer der mächtigsten

Menschen in China. Bei ihrem Tod nach etwa fünfundzwanzig Jahren Staatsdienst wurde Staatstrauer angeordnet. Von Pan Chaos Werken ist einiges erhalten: Gedichte, Gutachten, das Geschichtsbuch. Aber am interessantesten ist eine kleine Schrift über Mädchenerziehung, die äußerlich an die eigenen Töchter gerichtet, aber eigentlich für die kaiserlichen Prinzessinnen bestimmt war: „Verhaltensmaßregeln für Frauen".

Q 47:
„Der normale Lebensweg einer Frau....: Anspruchslos sein, nachgeben; respektieren und verehren; erst an andere Leute denken, dann an sich selbst; eigene Freundlichkeiten nicht erwähnen, eigene Fehler nicht leugnen; Vorwürfe ertragen und Tadel einstecken; mit Hochachtung und Ehrfurcht sich verhalten: solches Benehmen gilt als Beispiel für ‚Demut und Anpassungsbereitschaft'.
Spät schlafen gehen und früh schon arbeiten; vom Morgengrauen bis zur Dunkelheit immer ihre Kraft anstrengen; den Sinn auf die häuslichen Aufgaben richten und dabei weder Schwerem noch Leichtem ausweichen; das Nötige erledigen, Ordnung wahren, ihr Benehmen klar regeln: dieses Verhalten wird ‚Aufgehen in sorgfältiger Pflichterfüllung' genannt.
Ruhig in ihrer Lebensart sein und aufrecht im Ziel; dem Herrn und Ehemann dienen; sich selbst sauber und gelassen erhalten und keinem unpassenden Scherz oder Gelächter aussetzen; fleckenlos und ehrfürchtig Wein und Speise darbringen und vor den Altären der Eltern und Ahnen aufstellen: solches Betragen heißt ‚Fortspinnen des unzerrissenen Fadens, der Opfer für die toten Vorfahren'.
Wenn diese drei Verhaltensweisen gründlich eingeschärft sind, wird der Ruf einer Frau nie seinen Glanz verlieren. Erniedrigung und Beleidigung können ihr nicht begegnen. Wenn aber diese drei Benehmensregeln nicht beachtet werden: Wie könnte ihr Ruf dann weithin leuchten? Wie könnten Erniedrigung und Beleidigung ihrer Person vermieden werden?...
Seine Söhne zu lehren und seine Töchter nicht zu lehren, heißt das nicht blind sein? Heißt das nicht, die Töchter zugunsten der Söhne benachteiligen?... Daraus folgt, daß auch Töchter ausgebildet werden sollten... Ehemann und Ehefrau wünschen, daß ihre Liebe lebenslang nicht zerschnitten wird. Aber wenn sie in den Räumen und inneren Gemächern sich überall folgen, umeinander kreisen und sich wiedertreffen, sind taktlose und begierige Annäherung die Folgen... Daraus geht Verachtung für die Gefühle des Ehemanns hervor..." (Pan Chao, üb. nach Ayscough 239f., 241 ff.)

Q 48:
Pan Chao (Holzschnitt aus viel späterer Zeit)

Der größte Teil der „Verhaltensmaßregeln für Frauen" handelt davon, wie durch Gehorsam die Liebe des Gatten, die Achtung der Schwiegereltern und die Hilfe der Schwäger zu gewinnen sind. Auch das ist aufschlußreich dafür, ob Pan Chao die Interessen der chinesischen Frauen vertritt bzw. sich gegen die Rolle der Frauen auflehnt. In einem Punkt weicht sich aufgrund ganz persönlicher Erfahrungen jedenfalls vom früher (und später) Üblichen ab. Worin wohl?
Als Gelehrte und Künstlerin ist Pan Chao in China durchaus kein Einzelfall. Viele namenlose Volkslieder dürften von Frauen stammen; von einer Reihe adliger Damen sind ausdrücklich Gedichte überliefert. *Tsai-yen* (um 200 n. Chr.) beschreibt in achtzehn großen Gedichten ihre traurige Lebensgeschichte: Aus einer ersten Ehe wurde sie von Barbaren geraubt und mit deren Fürsten vermählt. Freigekauft und nach China zurückgekehrt konnte sie die Trennung von den Söhnen aus der zweiten Ehe nicht verschmerzen. *Dsi-yä* (um 330 n. Chr.) trug als Volkssängerin eigene Liebeslieder (manche sind erhalten) ergreifend vor. Sie wurde von vielen namhaften Dichtern nachgeahmt. Auch unter den größten Malern und Schriftkünstlern werden Frauen genannt.
Eine uralte Volksballade berichtet über das traurige Leben der *Schreibersfrau Lan-chih* (um 200 n. Chr.):

Q 49:
„Alt war sie erst siebzehn Jahre, als sie einem Mann vermählt ward.
Dennoch konnte ihres Lebens froh von Herzen nie sie werden.
Ihren Gatten, der im Amtshaus des Präfekten Sekretär war
und dem sie stets treu ergeben, sah sie, ach, nur gar zu selten,
saß daheim im öden Hause. Morgens früh beim Hähnekrähen
trat heran sie an den Webstuhl, fing zu weben an und webte
tief bis in die Nacht, die dunkle. Sie vollendete fünf Rollen
im Verlaufe dreier Tage. Dennoch schalt die Schwiegermutter,
daß zu träge sie und langsam. ‚Nein, ich webe nicht zu langsam,
aber, ach, in diesem Hause hat es schwer die Schwiegertochter.
All dem Quälen und dem Drängen bin ich leider nicht gewachsen.
Denn solange ich hier bleibe, kann ich nie genügend schaffen...'
(Der Ehemann tritt liebevoll für seine Frau ein.)
... Ihm entgegnete die Mutter: ‚Deine Rede zeigt mir deutlich
eine klägliche Gesinnung. Deine liebe Frau ermangelt
ganz der Sitte und des Anstands, zeigt in allen ihrem Handeln
störrisch sich und eigenwillig. Ja, ich hege lang gestauten
Groll auf sie deshalb im Herzen. Wagst auch du dich aufzulehnen?
Eine edle Jungfrau kenn ich... Lass um dieses holde Mädchen
deine Mutter für dich werben. Und entlasse deine erste
Gattin, die zu gar nichts tauget. Halte sie nicht länger bei dir!'
Lange kniete Tsiau am Boden ehrerbietig vor der Mutter.
Rede stand er ihr und Antwort, und er schloß mit diesen Worten:
‚Soll ich diese Frau verstoßen, werde ich in meinem Leben
niemals eine andre freien.' Als die Mutter dies vernommen,
schlug voll Wut sie auf die Bettstatt, sprach zu ihrem Sohne also:
‚Den Respekt verlernst du, Söhnchen, daß du wagst, in dieser Weise
deine Frau in Schutz zu nehmen. Aus ist es mit meiner Nachsicht,
und ich werde deinen Wünschen nun und nimmermehr nachgeben.'
Stumm ward Tsiau und sprach kein Wort mehr, neigte nochmals sich zur
Erde..."
(Ballade von Lan-chih, um 200 n. Chr., üb. nach Forke 97ff.)

(Beide Ehegatten müssen gehorchen und sich scheiden. Dabei schwören sie sich ewige Treu und Ablehnung jeder anderen Heirat. Doch kurz darauf zwingen beide Familien die Geschiedenen zu neuen Verlöbnissen. Wieder müssen sie den Müttern gehorchen; aber nach einem letzten Treffen nehmen sich beide das Leben. Sie werden gemeinsam beerdigt; und ihre Geschichte soll allen Menschen, vor allem den Witwen, Mahnung und Warnung sein:)

„Daß für den Tod zwei Menschen sich trennen müssen,
ist furchtbarer, als man mit Worten ausdrücken kann.
Zu wissen, daß sie die Welt und alles darinnen verlassen
und etwas tun, daß sich niemals zurücknehmen läßt."
(Ballade von Lan-chih, üb. nach Waley/Meister 101)

Die Geschichte zeigt klar die Verteilung der Gewalt in der Familie.

Warum muß der Sohn der Mutter nachgeben? Wer entscheidet über Ehen und Scheidungen? Benimmt sich die Schwiegermutter gemäß der oder gegen die Frauenrolle? Und Lan-chih? Aufschlußreich ist aber auch, daß diese Ballade überhaupt entstand und sich verbreitete. Darin ist eine klare Absicht zu erkennen. Auch Kritik oder gar Auflehnung? Von ihren Männern verlassene Frauen, von ihren Schwiegermüttern tyrannisierte und ausgenutzte Schwiegertöchter kommen in den alten Volksliedern oft vor. Auch der Selbstmord scheint nicht selten gewesen zu sein, denn verstoßen zur eigenen Familie zurückzukehren oder sich elend allein durchs Leben zu schlagen, galt als die größere Schande. So nahm sich 206 v. Chr. die *„Geliebte des Königs Yü"* vor einer aussichtslosen Schlacht das Leben und 423 n. Chr. folgte die *„Jungfrau vom Hua-Schan-Berge"* ihrem Liebhaber freiwillig in den Tod.
Man weiß nicht genau, wann die *Bauerntochter Mu-lan* lebte (wahrscheinlich um 450 n. Chr.). Die alte Volksballade über sie kennt in China jedes Kind:

Q 50:
„Klick, klick – immer wieder klick, klick –
Mulan sitzt an der Tür beim Weben.
Doch wenn man lauscht, hört man nicht nur das Weberschiffchen,
sondern des Mädchens Seufzen und Schluchzen...
‚Ich las heute nacht die Liste der Krieger,
der Khan verlangt viele Soldaten.
Die Liste war in zwölf Rollen verzeichnet,
und in jeder stand meines Vaters Namen.
Meines Vaters Söhne sind noch nicht erwachsen,
von meinen Brüdern ist keiner älter als ich.
Oh laßt mich zum Markt, um Sattel und Pferd mir zu kaufen,
und laßt als Soldat mich reiten statt meines Vaters.'...
Wohl tausend Meilen wanderte sie auf den Wegen des Krieges,
wie ein fliegender Vogel überwand sie Gebirge und Grenzen.
Durch die Luft des Nordens hallte des Wächters Trommel,
des Winters Licht erglänzte auf Kettenpanzern.
Ihr Hauptmann kämpfte in hundert Schlachten und starb,
die Krieger erlangten nach zehn Jahre Rast.
Sie kehrten zurück und sahen des Kaisers Antlitz...
Da sprach der Khan und fragte, was Mulan sich wünsche.
‚Oh, Mulan trägt kein Begehren,
den Hof des Khans zu beraten.
Doch ein Kamel hätte ich gerne,
das tausend Meilen am Tag schafft
und mich in die Heimat bringt.'
Als Vater und Mutter von ihrer Rückkehr erfuhren,
gingen sie bis an die Stadtmauer und geleiteten sie ins Haus...
Sie warf ab den schweren Soldatenmantel

und trug nun wieder ihr früheres Kleid.
Sie stand am Fenster und band sich ihr dunkles Haar,
sie ging zum Spiegel und steckte die gelben Kämme.
Sie ging aus dem Haus und traf Kameraden am Wege:
Die Kameraden verloren fast den Verstand.
Sie hatten zusammen zwölf Jahre im Kriege gedient
und niemals gemerkt, daß Mulan ein Mädchen gewesen.
Denn der Hase schlägt beim Sitzen die Beine unter sich,
die Häsin aber erkennt man an ihrem scheuen Blick.
Doch läßt man sie nebeneinander rennen,
wer vermöchte sie auseinander zu kennen?"
(Ballade von Mu-lan, um 500 n. Chr., üb. nach Waley/Meister 118–120)

Q 51:
Mu-lan (Holzschnitt aus viel späterer Zeit)

Mulan verhält sich ungewöhnlich. Aber ihre Motive und Taten bedeuten nicht nur einen Verstoß gegen die Sitte, sondern auch die Erfüllung typischer Frauenpflichten. Daraus kann man auch erklären, daß Mulan nicht am Hofe bleibt, sondern heimkehrt. Die Schlußwendung ist aufschlußreich: Ändert sich durch Mu-lans Taten etwas? Liegt in der Ballade ein Protest gegen die Lage der Frau?
Kriegsheldinnen sind in der chinesischen Geschichte gar nicht selten. In der ältesten Zeit wurden Frauen regelmäßig zum Festungsbau und

bei ihrer Verteidigung eingesetzt. Die Schwestern *Tseng-tse und Tseng-Oerr* führten ungefähr 200 v. Chr. einen Aufstand an, *Nü-hsiu* rächte um 220 n. Chr. eine Beleidigung ihrer Familie und brachte den Beleidiger mit Schwert und Speer um.

Doch dazu ein Einwand: *Was ist eigentlich typisch?* Kann man überhaupt sagen, wie die Frauen im alten China durchschnittlich lebten? – Das ist tatsächlich sehr schwierig. Lü, Pan Chao, Lan-chih und Mu-lan gehörten ganz verschiedenen Schichten an: dem Kaiserhaus, dem Beamtenadel, dem Stadtbürgertum, den kleinen Leuten. Natürlich waren die Lage der Frauen, ihre Arbeit, ihre Ernährung, ihre Bildung, ihre Glücksträume je nach ihrem Besitz und ihrer Herkunft recht verschieden. Die Kaiserin wird kaum den ganzen Tag am Webstuhl gesessen, selten gehungert und nie ihren Vater als Soldaten vertreten haben. Die Bäuerin brauchte sich nicht vor jüngeren Nebenfrauen oder Tänzerinnen zu fürchten. Aber es gibt noch weitere Unterschiede, wie zwei typische Gedichte beweisen:

Q 52:
„Zwischen mir und meinem Gatten
herrscht schöne Harmonie.
Folge ihm gleich einem Schatten,
der sich trennt vom Körper nie.
Eine Deck' uns nachts umhüllet,
ungeteilt und ungestückt.
Ist mit Baumwoll' ausgefüllet,
die auf einem Feld gepflückt.
Will uns Sonnenglut erhitzen,
fächelt uns *ein* Fächer kühl.
Schulter wir an Schulter sitzen,
wenn es kalt, auf gleichen Pfühl.
Seh ich lächeln den Geliebten,
bin ich glücklich auch und froh.
Stets, wenn Sorgen ihn betrübten,
auch von mir die Freude floh.
Kommt mein Mann einhergegangen,
geh an seiner Seit' ich mit.
Und wohin ihn mag verlangen,
folg ich ihm auf Schritt und Tritt.
Trennen möchten wir uns nimmer,
bilden einen Leib zu zwein,
leben froh in einem Zimmer,
tot in einem Sarge sein."
(Yang-fang, um 300 n. Chr. üb. nach Forke 32f.)

Q 53:
„Unsere Liebe war rein
wie der Schnee auf den Bergen,
weiß wie der Mond
zwischen Himmelsgewölk.
Doch man flüstert mir zu,
daß deine Liebe geteilt sei.
Drumm bin ich gekommen,
den Bruch zu vollziehn.
Heut laß uns trinken
den Becher voll Wein.
Doch morgen uns trennen
am große Kanal.
Wir schreiten dahin
am großen Kanal,
wo die Wasser sich scheiden
nach Osten und West.
Es ist kalt, sehr kalt,
wie Schnee so kalt.
So wein' ich als Frau.
Denn ich ward vermählt
und fand nicht den Mann,
dessen Herz ungeteilt,
der nie mich verläßt,
bis das Haar bleicht zu Schnee."
(Wen Kün, um 100 n. Chr., üb. nach Waley/Meister 63)

Es lohnt sich, beide Gedichte näher zu betrachten, vor allem die Bilder und Vergleiche sind wichtig. Nicht nur das Glück beider Frauen ist sehr verschieden, sondern auch ihre Selbständigkeit. Wer ist stärker gleichgestellt? Zu beiden Gedichten ließen sich leicht ähnliche Texte beibringen. Aber das verschärft nur die Frage, welches Verhalten für Chinesen und Chinesinnen denn wirklich typisch war und welches eine seltene Ausnahme. Genau wissen wir das nicht. Das Zahlenverhältnis in den zufällig überlieferten Beispielen muß ja nicht mit dem in den Millionen Fällen übereinstimmen, von denen niemand berichtet.

Dennoch dürfte es „typisch" sein, daß Töchter, Frauen, Schwestern und Schwiegertöchter meist „gehorsam und unterdrückt" sind, Mütter, Großmütter und Schwiegermütter aber oft „selbstherrlich und herrschsüchtig". Um 600 n. Chr. hatte die Stellung der Frauen sich gegenüber der ältesten Zeit schon sehr verschlechtert, aber sie war noch viel besser als etwa 1600 oder 1800 n. Chr. Die schmerzhafte, demütigende und hilflos machende Verkrüppelung der Füße war noch unbekannt. Reine Zwangsheiraten und eigentliche Kinderheiraten (ab etwa sieben Jahren) waren noch unüblich. Im Konfliktsfall zwischen Mutter und Sohn hatte die Unterwerfung der Frau unter den Mann noch keinen Vorrang vor der Kindespflicht.

2.6 Unterdrückung ohne Ausweg?

Die ihre Familie begünstigende Kaiserin Lü, die zum Gehorsam aufrufende Schriftstellerin Pan Chao, die dem Ehemann treubleibende Selbstmörderin Lan-chih, die den Vater ersetzende Kriegerin Mu-lan, sie alle tun etwas Besonderes, Seltenes. Und deshalb sind sie bis heute berühmt geblieben. Aber ihre Taten sind doch typisch „weiblich", protestieren nicht gegen die Vormacht der Männer, verlangen nicht Gleichberechtigung. Deshalb stellt sich die Frage, ob alle Menschen in China mit der Unterdrückung der Frauen einverstanden waren.

Q 54:
„Ein Land heißt ‚Nordende'... Die Menschen haben eine sanfte Art und folgen ihrer Natur, ohne zu zanken und zu streiten... Alte und Junge leben gleichberechtigt zusammen. Es gibt weder Herrscher noch Untertanen. Männer und Frauen treffen sich, wie sie wollen. Es gibt weder Heiratsvermittler noch Verlobungsgeschenke. Sie wohnen an den Ufern der Bäche und pflügen nicht und ernten nicht. Da das Klima warm ist, weben sie auch nicht und kleiden sich nicht. Sie sterben mit hundert Jahren, keine Krankheit, kein vorzeitiger Tod." (Lieh-tse, spätestens 3. Jh. n. Chr., üb. nach Bauer 141f.)

Q 55:
„Im ‚Land des unendlichen Lebens' gibt es weder Könige noch Gesetze, weder Klassen noch Adelsränge... Knaben und Mädchen werden aus Lotosblüten geboren, so vermeiden sie die Berührung mit dem Mutterleib. Herbergen und Häuser, Paläste und Hallen sind alle mit den sieben Kostbarkeiten geschmückt. Allenthalben hängen von selbst – zum Pflücken bereit – bessere Dinge herab, als sie menschliche Handwerker herstellen könnten. Gärten und Anlagen, Tümpel und Teiche erstrahlen in wundersamer Pracht." (Chih Tun, 4. Jh. n. Chr., üb. nach Bauer 228)

Q 56:
„In diesem Lande sprießt der Reis von allein, man braucht sich nicht mit Pflügen und Säen zu befassen... Die Verwandtschaftsverhältnisse sind einheitlich geregelt, es gibt keine Vorurteile... Wenn sich bei den Leuten von Uttarakuru Männer und Frauen in der Liebe vereinigen wollen, dann folgen sie ganz ihrem Herzen. Sie zeigen, wonach ihnen der Sinn steht, indem sie einander Blicke zuwerfen. Wenn ein Mädchen so die Gefühle des Mannes erkennt, kommt sie alsogleich mit ihm mit. So wandern sie zusammen unter die Bäume...
Die Kinder bleiben bei den Leuten von Uttarakuru nur sieben Tage im Mutterschoß, am achten Tag werden sie geboren. Die Mutter setzt das Kind nach der Geburt an einem Kreuzungspunkt von vier Straßen ab, gleichgültig, ob es nun ein Knabe oder ein Mädchen ist. Sie überläßt es sich selber und geht fort. Nachdem die Kinder (von anderen Menschen) sieben Tage lang genährt worden sind, sind sie auch schon erwachsen und sehen ganz so aus wie die Alten. Auch in der Größe sind sie nicht mehr von ihnen zu unterscheiden... So wird das ganze Reich wahrhaftig zu einer einzigen Familie." (Dharmagupta, um 600 n. Chr. nach älterer Vorlage, üb. nach Bauer 234ff.)
Ähnliche Paradiesesbeschreibungen gibt es auch in Europa; aber die chinesischen Besonderheiten werden deutlich, wo das Verhältnis von Alten und Jungen sowie von Männern und Frauen beschrieben wird. Man kann feststellen, daß selbst im Schlaraffenland noch gewisse Unterschiede gemacht werden. Was mögen solche Texte ausdrücken: Sehnsucht, Hoffnung, Unmöglichkeit, Illusion oder noch anderes? Neben ihnen gibt es realere Beschreibungen aus erdkundlich-geschichtlichen Büchern. Ein Beispiel:

Q 57:
„Das östliche Königreich der Frauen wird ‚goldene Familie' genannt. Es hat achtzig Städte und wird von einer Königin beherrscht... Es gibt über vierzigtausend Familien und zehntausend Soldaten. Die Herrscherin heißt Pin-chin, ihre weiblichen Beamten heißen Kao-pa-li und sind wie unsere Staatsminister. Sie beauftragen die Männer mit allen äußeren Obliegenheiten, und daher werden diese ‚Beauftragte der Frauen' genannt. Aus dem Innern des Palastes erhalten die Männer die Befehle und geben sie weiter. Die Herrscherin hat in der Nähe ihrer Person einige hundert Frauen. Und jeden fünften Tag wird ein Staatsrat abgehalten. Stirbt die Herrscherin, so zahlt das Volk mehrere Myriaden Goldmünzen ein und wählt aus der königlichen Familie zwei kluge Frauen, eine zum Regieren und die andere als Aushilfskönigin...
Die Frauen achten die Männer nicht hoch. Und Reiche halten sich immer eine große Anzahl männlicher Diener, die ihnen die Frisur richten und das Gesicht bunt mit Ton bemalen müssen, jeden Tag in einer anderen Farbe. Die

Männer besorgen auch den Kriegsdienst und bewirtschaften den Boden. Die Söhne tragen den Familiennamen der Mutter. Das Land ist kalt und nur zum Anbau von Gerste geeignet. Ihre Haustiere bestehen vornehmlich aus Schafen und Pferden. Es wird Gold gefunden. Ihre Gewohnheiten gleichen sehr denen von Indien... Wird die Königin beerdigt, so folgen ihr drei- bis viermal zehn Menschen ins Grab." (Tang Shu, üb. nach Eckstein-Diener 102).

Ob hier nur eine verkehrte Welt erfunden und ausgemalt wird oder ob wirklich ein „tibetanisches Frauenreich" bestand? Auch in der einheimischen Literatur gibt es Hinweise. Für die Chinesinnen jedenfalls war das nur ein Gedankenspiel, keine echte Chance. Frauenbefreiung gab es bloß im phantastischen Traum und in unerreichbarer Ferne. Privates Glück bei der Wahl des „Eheherrn" löste das Problem nur ersatzweise und für einzelne. So war es kein Zufall, daß viele Frauen sich leidenschaftlich und weltflüchtig der aus Indien eingewanderten Religion Buddhas und ihren Hoffnungen zuwandten. Dabei verwandelten sie Kuan-yin, den „Helfer des Mitleids" zu einer neuen Gottheit: Kuanyin, der *„Göttin der Barmherzigkeit"*. Ihr vertrauten sie in ihrer Verzweiflung.

Q 58:
Buddhistische Königin bei Meditation (Gemälde um 600 n. Chr.)

Daran setzt die *Schlußfrage* an: *Wie steht es heute?* Dauert die Frauenunterdrückung von viertausend Jahren in China noch an? Wurde inzwischen ein Ausweg gefunden? – Eine Behandlung der chinesischen

Zeitgeschichte aus der Sicht der Frauen wäre ein umfangreiches eigenes Thema, also sind nur knappe Andeutungen möglich. Seit 1911 ist China Republik, seit 1949 (nach dreißigjährigem Krieg und Bürgerkrieg) sozialistische Volkrepublik. Hier soll nicht untersucht werden, ob für die Mehrheit die Enteignung der Grundherrn und der Fabrikbesitzer ein Glück oder ein Unglück war, ob das sozialistische China sich schneller oder langsamer als ein entsprechendes marktwirtschaftliches Land von ständigem Hunger und ausländischer Einmischung befreit hat. Es wird nur gefragt: *Wie hat die chinesische Revolution die Stellung der Frau verändert?*

Q 59:
Die Lage um 1940: „Auf meinem Schulweg, der ein Stück weit über Land führte, fand ich eines Tages am Straßenrand ein neugeborenes Kind, das mit dem Spaten in Stücke gehauen war. Es stellte sich heraus, daß ein Bauernpaar statt eines Knaben immer nur Mädchen bekam, bis sie überzeugt waren, dahinter müsse ein Teufel stecken. Um ihm diesen Unfug zu legen, hatten sie dieses Mal Härte walten lassen." (Chang Sin-Ren 59) – „Wir haben sehr viele Berichte über China gehört – aber welcher erzählt das Leben der alten Bäuerin aus den Bergen von Sinkiang mit den kleinen verstümmelten Füßen? Welcher ist jener Arbeiterin vom Kanal der roten Fahne gewidmet, die uns mit maßvollen Worten, fast lächelnd erzählte, daß sie im Alter von acht Jahren jeden Tag von ihrem Schwiegervater ausgepeitscht worden war? Welcher gehört jener jungen Tibetanerin, die sich der Träne nicht erwehren konnte, als sie uns sagte, daß der Feudalherr, der sie besaß, sie eines Tages erwischte, als sie fortlaufen wollte, sie mit den Füßen an den Schwanz seines Pferdes band und sie so im Galopp zu seinem Besitz zurückschleifte?... Was könnte schlimmer sein als die Situation der Frauen in der Feudalfamilie?" (Broyelle 121)

Q 60:
Alte Chinesin mit ihrer Enkelin (um 1970) *Hausarbeit* (um 1970)

Q 61:
Die Lage um 1970: „Die Direktorinnen. Ob sie nun in Schulen (selbstverständlich), in Arbeitszentren (natürlich) oder in Fabrikzentren (schon weniger selbstverständlich) eingesetzt werden, immer übernehmen sie ihre Führungsaufgabe mit Selbstvertrauen und Ruhe. Ihre Berichte über Erreichtes oder Projektiertes, über Erfolge und Mängel ihrer Schule, ihres Zentrums oder ihrer Fabrik sind präzise und nüchtern, als sollten sie nur sorgfältig Selbstverständlichkeiten darlegen, als könne es gar nicht anders sein. Hiermit befinden sie sich im Gegensatz zu ihren männlichen Kollegen, die sich ereifern... Ob in der Schule, in der Fabrik oder auf dem Land, immer sind diese ‚Direktorinnen' sich bewußt, daß sie die Stabilität, das Mögliche und die Grenzen zu garantieren haben; eine Art Zentrum der Vernunft, des Maßes, wenn nicht gar der ‚goldenen Mitte'..." (Kristeva 207, 218)

Q 62:
Lehrerin über ihre Klasse: „Ich gab ihnen vor einiger Zeit das Aufsatzthema: ‚Was willst du werden, wenn du groß bist?' Einige sagten, daß sie in die Befreiungsarmee des chinesischen Volkes eintreten würden. Andere wollen Flieger werden, um ‚Chinas weite Grenzen' zu verteidigen, wie einer sich ausdrückte. Ein Mädchen wollte Lehrerin werden... Mehrere gaben Traktorführer als Berufsziel an, darunter viele Mädchen. ‚Wir müssen mehr Getreide ernten, und das macht man mit Maschinen.' Einige sagten nur, daß sie ‚verdiente Arbeiter' in der Landwirtschaft werden wollten. Einer schrieb ‚Handarbeiter'.
Wenn wir den Kindern erzählen, daß die Frauen nunmehr alle Stellungen in der Gemeinschaft einnehmen können, liegt es ja auf der Hand, daß auch Mädchen Flieger und Soldat werden wollen. Die Ideale der Jungen und Mädchen sind so ziemlich dieselben. Sie lesen allerlei in den Zeitungen und sehen vieles im Kino. Und dann sprechen sie miteinander, was sie werden wollen. Im allgemeinen kann man wohl sagen, daß die Mädchen in meiner Klasse stiller und fleißiger als die Jungen sind. Doch gibt es mehr begabte Jungen." (Kou Chao-lan in Myrdal 1969, 284)

Die Texte und Bilder von Augenzeugen machen einige überaus rasche und günstige Wandlungen (Beruf, Familie, Haushalt, Bildung usw.) sichtbar; sie lassen erkennen, welche Einflüsse die Frauenbefreiung fördern, welche (milderen) Vorurteile aber teilweise noch bestehen. Es lohnt sich, die Lebensaussichten von Großmutter und Enkelin zu vergleichen. Nicht nur die Verkrüppelung der Füße und die Zwangs- und Kinderheirat (Symbole der Frauenunterdrückung) sind gesetzlich verboten. Das Ehegesetz von 1950 schreibt strenge Gleichberechtigung vor. Aber „die Chinesen... gehen nicht davon aus, daß die Befreiung der Frauen sich verwirklichen lasse, indem man ihnen die juristische und ökonomische Gleichberechtigung ‚gewähre' aber sonst nichts... Die vorgegebenen ‚Werte' der Frau – in ihrer Beziehung zur Gesellschaft, zur Familie, zu den Männern, in ihrer Funktion als Mutter und Ehefrau sowie als Arbeiterin – werden neu eingeschätzt." (Han Suyin in Broyelle 5). In diesem Sinne glaubt die bekannte (im Westen lebende) Romanschreiberin, daß die Chinesinnen die Europäerinnen überholt haben.

3. Frauenunterdrückung und Frauenbefreiung bei den Römern

3.1 Frauen - die vergessene Hälfte des römischen Volkes

Q 1. Mädchenkopf

a) Wie gefällt dir das Mädchen, möchtest du es gerne auf der Straße treffen? Du kommst um über 2.000 Jahre zu spät.
b) Überlege dir, wie das Mädchen vor über 2.000 Jahren in Rom gelebt haben mag! Was weißt du überhaupt von den Frauen in Rom?
c) Hast du schon bemerkt, daß meist ausschließlich von römischen Männern die Rede ist? Auch in der Geschichte anderer Völker wird oft nur von Männern erzählt. Warum wohl?

Es scheint, als werde die weibliche Hälfte der Bevölkerung ständig vergessen, als sei sie kein wichtiges Thema der geschichtlichen Untersuchung. Deshalb wollen wir einmal diese Frage gründlich nachholen und intensiv diskutieren.

Welche Stellung, welche Rechte und Pflichten, hatten die Frauen in der römischen Gesellschaft?

Q 2a. Eine Grabschrift aus dem 2. Jahrhundert v. Chr. lautet: "Fremder, meine Botschaft ist kurz. Bleib stehen und lies sie durch! Hier ist das unschöne Grab einer schönen Frau. Ihre Eltern nannten sie mit Namen Claudia. Sie liebte ihren Ehemann von ganzem Herzen. Sie gebar zwei Söhne, von ihnen läßt sie einen auf der Erde zurück, den anderen hat sie unter die Erde gelegt. Sie war reizend im Gespräch, doch zurückhaltend im Auftreten. Sie besorgte das Haus, sie spann Wolle. Das ist alles. Geh weiter!" (CIL 1, 2, 1211)

Q 2b. Eine andere Grabschrift: "Die Sabinerin Manlia, Tochter des Lucius. Den Vater liebte ich, weil er mein Vater war. Den Gatten schätzte ich gleich nach dem Vater. So war die Summe meines Lebens fehlerlos. Leb wohl, Fremder. Lebe, denn auch zu dir kommt schon der Tod!" (CIL I, 2, 1836)

Q 2c. Eine dritte Grabschrift: "Postumia 'Hausmütterchen'. Sie war eine unvergleichliche Gattin, eine gute Mutter, eine verehrungswürdige Großmutter, keusch, fromm, arbeitsam, brav, energisch, wachsam, besorgt, nur eines Mannes treue Frau, eine Hausherrin voll Fleiß und Verläßlichkeit." (DE 8444)

Q 2d. Grabstein mit Ehepaar

a) Die Inschriften wollen die verstorbenen Frauen loben und ehren. Welche Eigenschaften gelten als vorbildlich?
b) Vergleiche mit den Eigenschaften vorbildlicher römischer Männer!

c) Welche Arbeiten erledigen die römischen Frauen? Wo halten sie sich meist auf?
d) Hatte Claudia nur Söhne als Kinder? Welche andere Erklärung der Inschrift ist möglich?
e) Vergleiche die Namen der Frauen auf den Grabsteinen mit Männernamen der Römer!
f) Welche Gefühle zwischen Mann und Frau will der Bildhauer mit seinem Werk ausdrücken? Wie? Suche ähnliche Aussagen in den Grabinschriften!

Q 3a. In der Lebensbeschreibung eines berühmten Feldherrn aus dem 2. Jahrhundert v. Chr., des Lucius Aemilius Paulus, heißt es: "Er hatte sich mit Papiria, einer Tochter des Papirius Maso, eines ehemaligen Konsuls, verheiratet. Er schied sich aber nach einer vieljährigen Ehe wieder von ihr, obwohl sie ihn zum Vater der hervorragendsten Söhne gemacht hatte. Denn sie war die Mutter des so berühmten Scipio [des Jüngeren] und des Fabius Maximus. Die Ursache dieser Trennung ist zwar nicht in Schriften auf uns gekommen. Es muß aber wohl ein triftiger Grund zur Ehescheidung vorhanden gewesen sein, daß ein so echter Römer seine Frau verstoßen konnte. Seine Freunde machten ihm darüber Vorwürfe und fragten: 'Ist sie nicht tugendhaft, ist sie nicht schön, ist sie nicht fruchtbar?' Darauf hielt er ihnen seinen Schuh hin ... und sagte: 'Ist er nicht zierlich, ist er nicht neu? Aber keiner von euch weiß, wo er meinen Fuß drückt!'" (Plutarch, Aemilius Paulus 5)

a) Aemilius' Freunde zeichnen das Bild einer vorbildlichen Römerin. Was gehört dazu, was fehlt? Vgl. mit Claudia, Manlia und Postumia!
b) Von wem geht die Scheidung aus? Was kann die andere Seite dagegen unternehmen?
c) Stelle das hier gezeichnete Bild der römischen Ehe mit dem in den Grabschriften gegenüber!
d) Was will Aemilius mit seiner Entgegnung auf freundschaftliche Vorwürfe sagen? Welche Einstellung zeigt sich im Vergleich von Frau und Schuh?

Q 3b. Rechte des Mannes und der Frau: "Solange ein Mann ... noch nicht geschieden ist, vertritt er als Richter bei seiner Frau die Stelle des Zensors. Er hat zweifellos unbeschränkte Gewalt über sie. Wenn sich z. B. seine Frau eine sittenwidrige oder schandbare Handlung zuschulden kommen läßt, darf er sie bestrafen... Wenn du deine Frau beim Ehebruch erwischst, darfst du sie ohne weiteres ungestraft töten. Wenn du aber selbst die Ehe brichst oder gebrochen hast, steht ihr keineswegs das Recht zu, dich auch nur mit dem Finger zu berühren." (Cato d. Ält. bei Gellius 10, 23)

Q 3c. Über denselben Cato wird auch berichtet: "Er wählte sich eine Gattin, die mehr von edler Geburt als reich war. Denn er glaubte, daß die adligen wie die reichen Frauen einen gewissen Stolz und Dünkel besitzen. Die adligen Frauen hätten aber mehr Schamgefühl bei unehrenhaften Dingen und ließen sich daher von ihren Gatten viel leichter zum Guten anleiten. Er war auch der Meinung: Wer seine Frau oder seinen Sohn schlüge, der vergriffe sich an den ehrwürdigsten Heiligtümern. In seinen Augen war es ein schöneres Lob, ein guter Ehemann zu sein als ein großer Senator." (Plutarch, Cato d. Ält. 19)

a) Vergleiche die Rechte des Mannes und der Frau! Wo fällt der Unterschied besonders auf?
b) Wen vertritt der Mann gegenüber der Frau? Hat die Frau unmittelbar etwas mit dem Staat zu tun?
c) Was heißt es für die römischen Männer, unbeschränkte Gewalt zu haben? Gibt es Grenzen?

d) Wie erklärst du den Unterschied zwischen den Worten und den Taten des Cato? Stehen sie im Widerspruch?
e) Wodurch wird völlige Willkür der Männer bei der Behandlung der Frauen verhindert?

Q 3d. Römisches Eherecht nach dem Zwölftafelgesetz von 450v.Chr.: "Die Vorfahren wollten, daß die Frauen, auch wenn sie im Erwachsenenalter standen, immer unter Vormundschaft waren. Ausgenommen waren nur die jungfräulichen Vestapriesterinnen, die sie frei haben wollten. So ist es auch im Zwölftafelgesetz vorgesehen... Wenn eine Frau unter der Vormundschaft ihrer väterlichen Verwandten stand, konnte niemand ihr Eigentum durch einjährigen Gebrauch erwerben. Es sei denn, daß sie es selbst unter Mitwirkung ihres Vormunds übergab. Dies war so im Zwölftafelgesetz bestimmt ... Im Zwölftafelgesetz ist Folgendes vorgesehen: Will eine Frau nicht durch einjährigen Gebrauch in die Verfügungsgewalt ihres Ehemannes kommen, dann muß sie jährlich drei Tage ausziehen und dadurch die Jahresfrist unterbrechen ... Gemäß dem Zwölftafelgesetz befahl er [der Ehemann] ihr [seiner Ehefrau], ihre Sachen mitzunehmen, forderte ihr die Schlüssel ab und wies sie aus dem Haus." (Fragmente des Zwölftafelgesetzes)

a) In wessen Verfügungsgewalt steht die römische Frau? Zwischen welchen Möglichkeiten kann die Verheiratete wählen? Kann sie jemals über sich selbst bestimmen?
b) Kann die Frau Eigentum haben? Kann sie über ihre Sachen allein verfügen?
c) Welche Seite kann die Scheidung veranlassen? Wie?
d) Vergleiche das römische Eherecht mit dem Eherecht heute! Wo ist die Frau sicherer, angesehener, selbständiger?

Die Römerinnen waren ihren Männern ganz und gar nicht "gleichberechtigt". Sie besaßen nicht das Bürgerrecht, konnten also nicht wählen oder gewählt werden. Auch Recht und Pflicht zum Heeresdienst fehlten ihnen. Sie durften zwar Eigentum erwerben und Erbschaften erhalten, aber sie standen immer unter der Gewalt oder Vormundschaft eines Mannes: ihres Vaters, Bruders, Gatten oder Sohnes. Die Männer führten drei Namen: Eigennamen (z. B. Lucius), Familienname (z. B. Aemilius) und Beinamen (z. B. Paulus Macedonicus). Die Frauen erhielten nur einen Familiennamen (z. B. Claudia oder Papiria) und allenfalls einen Beinamen (z. B. die Sabinerin oder Hausmütterchen). Alle Schwestern hießen also meist gleich, so daß man manchmal nicht weiß, von welcher die Rede ist. Der Verzicht auf Eigennamen für die Frauen zeigt, daß diese nicht als vollwertige Einzelpersonen galten, sondern nur als Teile ihrer Familie. Dennoch war das Ansehen der Frauen hoch. Sie bestimmten innerhalb des Hauses, erzogen die Kinder, trugen durch Spinnen, Weben und Nähen zur Gütererzeugung bei und ließen sich - im Gegensatz zu den Griechinnen - auch außerhalb des Hauses sehen. Viele Römer verehrten ihre Gattinnen hoch, doch hören wir auch von Scheidungen und Frauenfeindlichkeit. Am höchsten eingeschätzt wurden Frauen, wenn sie Mütter von Söhnen waren, also neue Männer (Soldaten und Politiker) geboren hatten. Die Unterordnung der Frauen wird auch daran deutlich, daß Töchter weit weniger erwünscht waren als Söhne. Väter waren rechtlich verpflichtet, wenig-

stens die älteste Tochter aufzuziehen. Spätere durften sie als Säuglinge aussetzen, doch kam das selten vor.
Unterordnung und politische Rechtlosigkeit der Frauen haben dazu geführt, daß wir über sie ungleich weniger wissen als über die Männer. Am besten informiert sind wird natürlich wieder über die Gattinnen von Senatoren und Rittern. Andere weibliche Wesen werden nur selten und fast zufällig erwähnt. Es reicht gerade, um uns ein ungefähres Bild zu machen: *War die Stellung der Frauen in allen Bevölkerungsschichten gleich? Oder wirkte sich die Schichtzugehörigkeit auf die Lebensweise aus?*

Q 4a. Das obere Ende: die Frau des Hannibalsiegers Scipio (des Älteren) und Tante des Aemilius (um 150 v. Chr.): "Aemilia - dies war der Name der Frau - pflegte jedesmal, wenn die Frauen bei festlichen Anlässen in der Öffentlichkeit erschienen, großen Prunk zu entfalten. Denn sie hatte am Leben und an der hohen Stellung Scipios teilgehabt. Abgesehen von ihrem persönlichen Schmuck und dem ihres Wagens waren auch die Körbe, die Trinkbecher und das übrige Opfergerät, das ihr bei den feierlichen Umzügen nachgetragen wurde, entweder aus Silber oder Gold. Entsprechend groß war die Zahl der Sklavinnen und Sklaven, die ihr folgten." (Polybios 32, 12)

Q 4b. Reiche Frauen in Sizilien (um 135 v. Chr.): "Ein gewisser Damophilus, aus Enna gebürtig, war ein Mann von großem Reichtum, aber anmaßendem Charakter. Er hatte große Flächen mit bestellten Feldern und besaß auch viele Viehherden ... Auf dem Lande fuhr er mit kostbaren Pferden, vierrädrigen Wagen und bewaffneten Sklaven umher ... In der Stadt und in seinen Landsitzen stellte er Silbergeschirr in getriebener Arbeit auf und ließ sich kostbare Purpurdecken verfertigen. Seine Tafel war mit übermäßigem Prunk und königsähnlichem Aufwand eingerichtet ... Jeden Tag ließ er einige Sklaven aus nichtigem Anlaß misshandeln. Seine Frau Megallis hatte ebensolche Freude an diesen übermäßigen Züchtigungen. Sie behandelte ihre Dienerinnen grausam und auch alle anderen Sklaven, die in ihre Gewalt kamen ... Damophilus hatte eine Tochter im heiratsfähigen Alter, die wegen ihrer gerechten und menschenfreundlichen Gesinnung bekannt war. Sie pflegte die zu trösten, die ihre Eltern hatten auspeitschen lassen, und sich für die einzusetzen, die in Ketten gelegt waren. Wegen ihres Mitleids war sie auch bei jedem und allen überaus beliebt." (Diodor 34/35, 2, 34, 37 und 39)

Q 4c. Eine Haussklavin (um 140 v. Chr.): "Lass sie Holz hacken, ihr Soll an Wolle verspinnen, die Zimmer fegen und - eine Tracht Prügel bekommen ... Eine Sklavin verhält sich so: Sie küßt mit der Zunge und beschwichtigt durch Liebkosungen." (Lucilius, Verse 703, 1019) "Hier bin ich, Lemiso, zur Ruhe gelegt. Nichts als der Tod hat meinen Mühen und Lasten jemals ein Ende gemacht." (Grabinschrift CIL 1, 2, 1325)

Q 4d. Das untere Ende: die Hirtensklavinnen (um 50 v. Chr.): "Andere [Sklaven] hüten die Herden in bergigen und waldigen Gegenden und halten den Regen nicht durch Hausdächer, sondern durch behelfsmäßige Hütten ab. Viele haben empfohlen, diesen Hirten Frauen beizugesellen, die den Herden folgen, den Hirten das Essen bereiten und sie fleißiger machen sollen. Solche Frauen müssen allerdings stark sein und nicht kränklich. An vielen Stellen sind sie den Männern bei der Arbeit nicht unterlegen. Wie man hier und da ... beobachten kann, können sie die Herde bewachen, Brennholz herbeitragen und Essen kochen oder die Dinge in ihren Hütten in Ordnung halten. Über das Nähren ihrer Kinder sage ich nur, daß sie beinahe gleichzeitig säugen und schwanger sind ... Oft kommt es vor, daß eine schwangere Frau, wenn ihre Stunde kommt, ein bißchen von ihrer Arbeit beiseite geht und ihr Kind zur Welt bringt. Sie kommt so schnell damit zurück, daß du glauben wurdest, sie hätte es nicht geboren, sondern gefunden." (Varro, Landwirtschaft 2, 10, 5 ff.)

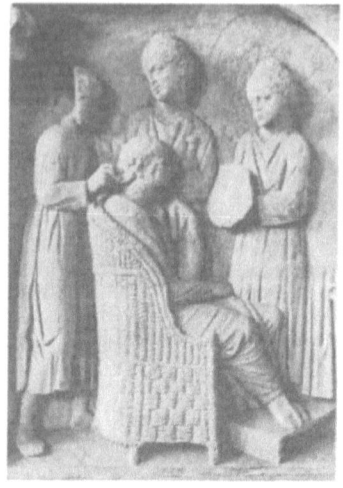 

Q 4e. Toilette *Q 5b. Alte Frau auf dem Markt*

a) Vergleiche Lebensstil, Arbeit und Besitz der Adligen bzw. Reichen und der Sklavinnen!
b) Warum sind die Herren an Kindern von Sklavinnen interessiert? Werden die Schwangeren besonders geschont?
c) Werden alle Sklavinnen gleich behandelt? Verhalten sich alle Herren einheitlich gegen ihre Sklaven? Erkläre die Unterschiede!
d) Beschreibe die Szene auf dem Bild! Welche Frauen - und welcher Schichten - sind beteiligt?

Oberschichtfrauen und Sklavinnen machen zusammen nur eine Minderheit der weiblichen Bevölkerung aus: *Wie waren die Lebensverhältnisse der restlichen drei Fünftel? Was arbeiteten die Frauen zwischen den beiden Extremen?*

Q 5a. Ein Soldat (Lingustinus) über seine Frau (um 170 v. Chr.): "Mein Vater hinterließ mir einen Morgen Ackerland und eine kleine Hütte. In ihr bin ich geboren und erzogen worden, und auch heute wohne ich noch dort. Sobald ich in das Alter kam, gab mein Vater mir die Tochter seines Bruders zur Frau. Sie brachte nichts mit als ihre freie Geburt, ihre Keuschheit und ihre Fruchtbarkeit, die sogar für eine reiche Familie genügen würde. Wir haben sechs Söhne und zwei Töchter ... Zweiundzwanzig Dienstjahre habe ich im Heere zugebracht und bin über fünfzig Jahre alt." (Livius 42, 34 f.)

Q 5c. Ein Gutsherr an seinen Gutsverwalter über dessen Haushälterin, eine Sklavin oder Freigelassene (um 150 v. Chr.): "Sieh zu, daß die Haushälterin ihre

Pflicht tut. Hat dein Herr sie dir zur Frau gegeben, so sei zufrieden mit ihr. Sie habe Respekt vor dir. Sieh zu, daß sie keine Verschwenderin ist. Sie sollte mit den Nachbarinnen und anderen Frauen wenig Umgang haben und sie nicht ins Haus und an sich ziehen. Sie gehe nicht zu Gastereien und spaziere nicht müßig herum ... Sie soll reinlich sein. Sie halte den Hof gefegt und sauber, den Herd geputzt. Sie fege täglich um ihn herum, ehe sie zu Bett geht ... Sie koche dir und dem Gesinde die Speisen. Sie soll viele Hühner halten und eine Menge Eier haben. Sie sammle einen Vorrat an getrockneten Birnen, Feigen, Äpfeln, Rosinen ... Jährlich soll sie dies alles sorgsam auf Vorrat legen. Sie soll gutes Mehl und feinen Gries machen können." (Cato, Landwirtschaft 143)

a) Beschreibe Haltung, Kleidung, Gesichtsausdruck und Beschäftigung der alten Frau. Schließe auf ihren Lebensstandard und ihre Schichtzugehörigkeit!
b) Überlege, welche Pflichten und Schwierigkeiten die Soldatenfrau hatte! Was geschah, wenn der Mann im Krieg war? Kann eine zehnköpfige Familie von einem Morgen Ackerland leben?
c) Welche Aufgaben und welchen Lebensstandard hat die Haushälterin des Gutes? Hat sie es besser als die Soldatenfrau? Denke auch an die Größe des Betriebes!
d) Stelle dir das Leben einer Tagelöhnerin und einer Großbäuerin vor! Worin würde es sich von dem der Soldatenfrau und der Haushälterin unterscheiden?
e) Stelle eine Übersicht auf! Lassen sich auch die Frauen ungefähr in die fünf Schichten Senatsadel, Ritterschaft, Bauern und Handwerker, Tagelöhner und Arbeitslose, Sklaven einordnen?

Die verschiedenen Schichten der Bevölkerung bestimmen auch die Lage der Frauen. Die Frauen der oberen Schichten leben ganz anders als die zahllosen Bäuerinnen, Besitzlosen und Sklavinnen. Die "Tugenden" der vorbildlichen Römerin (vgl. Q 1) gelten vor allem für die besitzenden Frauen. Nur sie haben die Aufsicht und Befehlsgewalt über ein großes Haus, u. U. mit zahlreichen Sklaven. Nur sie können innerhalb und außerhalb des Hauses Reichtum oder wenigstens ein gesichertes Leben genießen. Im Gegensatz zu Senatoren- und Ritterfrauen müssen Bäuerinnen, Tagelöhnerinnen und Sklavinnen schwer körperlich arbeiten und oft genug bei der Arbeit die fehlenden Männer ersetzen. Das Idealbild der vornehmen Römerin kann ihnen, besonders den unfreien Frauen, nur als offener Hohn erscheinen. Die Schichtung der Männergesellschaft spiegelt sich also völlig bei den Frauen. Da aber alle Frauen jeweils ihrem Mann zu gehorchen haben, tragen die Frauen der Unterschichten doppelte Lasten, Benachteiligung und Unterdrückung, nämlich durch die Ehemänner und durch die Oberschichten. Allerdings gibt es die Kluft zwischen den Römern, die als Handwerker und Bauern Eigentum besitzen, und den vielen Recht- und Besitzlosen erst seit den großen Eroberungen.

3.2 Frauenemanzipation durch Weltherrschaft?

"Alle Menschen herrschen über die Frauen, wir über alle Menschen, über uns aber herrschen die Frauen!" (Plutarch, Cato d. Ält. 8) soll schon um

150 v. Chr. ein Römer gesagt haben. Der Satz widerspricht kraß unseren bisherigen Schlüssen. Kann er ernst gemeint sein? Oder ist er scherzhaft oder warnend zu verstehen? Soll er ausdrücken, daß das Weltreich auch das Leben der Frauen stark veränderte? Wir müssen also genauer untersuchen: *Wie änderte sich durch die Weltherrschaft der Römer die Stellung der Frauen zu den Männern und zum Staat?*

Q 6a. Der Geschichtsschreiber Sallust behandelt Leben und Charakter einer adligen Frau (um 60 v. Chr.): "Sempronia hatte schon viele Schandtaten mit oft männlicher Verwegenheit begangen. Sie war durch Abstammung und Schönheit, aber auch durch Mann und Kinder in einer recht glücklichen Lebenslage. Mit griechischer und lateinischer Literatur war sie gut vertraut und verstand geschickter zur Laute zu singen und zu tanzen, als es sich für eine anständige Frau gehört. Dazu kannte sie alles, was man zu einem schlemmerhaften Leben braucht. Schon immer war ihr alles andere lieber als Zucht und Anstand. Man konnte kaum entscheiden, ob sie ihr Geld oder ihren guten Ruf weniger schonte.
Ihre Sinnlichkeit war so stark, daß sie häufiger Männern nachlief als von ihnen umworben wurde. Sie hatte früher schon oft ihr Wort gebrochen, Schulden eidlich abgeleugnet, von einer Mordtat gewußt. Durch Verschwendungssucht und Armut war sie tief gesunken. Dabei war sie geistig recht begabt. Sie verstand, Verse zu machen, Scherz zu treiben, ganz nach Wunsch eine ehrbare, gefühlvolle oder eine freche Unterhaltung zu führen. Kurz: sie besaß viel Witz und Anmut." (Sallust, Catilina 25)

Q 6b. Fest und Anbetung des Weingottes (um 50 v. Chr.)

a) Wie lebt Sempronia? Vergleiche ihr Verhalten und ihren Charakter mit Claudia, Manlia und Postumia! Was hat sich geändert?
b) Sallust verurteilt Sempronia. Was wirft er ihr vor? Scheinen dir alle Vorwürfe berechtigt?

c) Welchen Einfluß kann man für das Verhalten der Sempronia verantwortlich machen? Wirkt er auch auf die Männer?
d) Der dargestellte Kult des Weingottes wurde noch 186 v. Chr. vom Senat verboten. Er galt als fremdartig, gefährlich. Was beweist das Bild?
e) Wer nimmt nach Auskunft des Bildes am Kult des Weingottes teil?

Q 6c. Ein Scheidungsprozeß (um 100 v. Chr.): "Fannia hatte sich von ihrem Manne, der Tinnius hieß, geschieden und ihre Mitgift, die beträchtlich war, zurückgefordert. Der Mann aber hatte sie des Ehebruchs beschuldigt ... Bei dem Prozeß nun ergab sich, daß Fannia einen unzüchtigen Lebenswandel geführt hatte. Ihr Mann hatte sie aber geheiratet, obwohl er davon wußte, und hatte lange mit ihr in Ehegemeinschaft gelebt ... Beide waren straffällig: der Mann wurde verurteilt, die Mitgift herauszugeben; der Frau wurde eine schimpfliche Strafe von vier Kupfermünzen auferlegt." (Plutarch, Marius 38)

Q 6d. Die Rednerin Hortensia gegen eine Sondersteuer für reiche Frauen (43 v. Chr.): "Warum sollten wir Steuern bezahlen, wo wir doch keinen Anteil an den Ehrenämtern, den Heereskommandos und der Staatsführung haben? ... Wann sind jemals den Frauen Steuern auferlegt worden? Bei allen Menschen sind sie durch ihr Geschlecht davon ausgenommen ... Unsere Mütter haben sich einmal über ihr Geschlecht erhoben ... und haben freiwillige Beiträge geleistet. Aber das geschah nicht von ihrem Landbesitz, ihren Feldern, ihrer Mitgift oder ihren Häusern, ohne die für freie Frauen ein Leben unmöglich ist. Sie brachten nur ihren eigenen Schmuck zum Opfer." (Appian, Bürgerkriege 4, 32 f.)

a) Vergleiche den Lebenswandel der Fannia mit Sempronia einerseits, mit Claudia, Manlia und Postumia andererseits? Wird sie ernsthaft bestraft?
b) Wie verhält sich Fannias Mann? Warum verweigert er die Rückgabe der Mitgift? Wer veranlaßt die Scheidung? Vergleiche auch mit Aemilius!
c) Haben Fannia, Hortensia und andere Frauen Vermögen? Verfügen sie selbst darüber?
d) Welchen Schichten gehören die Frauen an, von denen die Rede ist? Was wird als selbstverständlich vorausgesetzt? Ist es auch für alle gewährleistet?
e) Hat der Staat unmittelbaren Zugriff auf die Frauen und ihr Vermögen?

Gegenüber der Zeit der karthagischen Kriege änderte sich die rechtliche und tatsächliche Lage der Frauen bis zum Ende der Republik gründlich. Wie die Männer wurden auch die Frauen stark von den unterworfenen Völkern, vor allem den Griechen, beeinflußt. Die neuen Religionen aus dem Orient und Griechenland wurden besonders von römischen Frauen angenommen - trotz einzelner Verbote. Wie die Männer verfielen reiche Frauen oft dem Luxus und hemmungslosem Lebensgenuß. Daneben hatten sie neue Möglichkeiten der Bildung: Literatur, Musik, Theater, Bücher bereicherten ihr Leben. Die alte römische Sparsamkeit verschwand - in der Kultur wie im Konsum.
Gleichzeitig wurde die Stellung in der Ehe und in wirtschaftlichen Angelegenheiten freier. Die Vormundschaft über die Frauen wurde mehr und mehr zur Formsache; in Wirklichkeit betrieben Frauen eigene Geschäfte und erwarben manchmal große Vermögen, die sie selbst verwalteten. In krassem Gegensatz zur früheren Zeit lösten sie jetzt leicht ihre Ehen und gingen neue ein. Oder sie nahmen sich ebenso selbstverständlich Lieb-

haber, wie ihre Männer mit Sklavinnen oder Lustknaben die Ehe brachen. Allerdings darf nicht vergessen werden, daß alle diese Entwicklungen allein auf die oberen Schichten beschränkt blieben. Nur Frauen aus Senatoren- und Ritterfamilien hatten genügend Zeit, Geld und Bildung, um selbstbewußt und selbständig zu leben. Für die erdrückende Mehrzahl der Frauen änderte sich der Lebensstil wenig. Sie mußten noch immer innerhalb und außerhalb des Hauses schwer arbeiten und ihren Männern gehorchen. Ihr Leben wurde an der Seite von Handwerkern und Tagelöhnern in Zeiten wirtschaftlicher Krisen immer bedrückender.
Hortensia setzt zwar voraus, daß die Frauen ihr Vermögen selbst verwalten, betont aber ausdrücklich, daß sie keinen Anteil am Staatsleben haben. Sie widerspricht damit deutlich Catos Satz: "Über uns aber herrschen die Frauen!" *Wie entwickelten sich die politischen Rechte und der politische Einfluß der Frauen? Hatte die kulturelle und wirtschaftliche Befreiung der Oberschichtfrauen Folgen für die Politik?*

Q 7a. Weibliche Macht (um 75 v. Chr.): "In Rom lebte damals eine gewisse Praecia, die wegen ihrer Schönheit und ihres kecken Wesens berühmt war. Sie war zwar um nichts besser als eine gewöhnliche Dirne. Aber sie benutzte diejenigen, die sie besuchten, auch dazu, ihren Freunden Dienste zu leisten oder ihnen zu Ämtern zu verhelfen. So verband sie mit ihren übrigen Reizen noch den Schein einer geschäftigen Beschützerin ihrer Freunde und besaß dadurch großen Einfluß. Da sie Cethegus, der damals in Rom die größte Gewalt besaß, an sich gezogen hatte und mit ihm als ihrem erklärten Liebhaber lebte, so war die Macht des Staates ganz in ihre Hände gefallen. Denn es wurde nichts öffentlich unternommen, wenn sich Cethegus nicht dafür verwendete. Und bei Cethegus war nichts zu erreichen, wenn Praecia nicht einwilligte." (Plutarch, Lucullus 6)

Q 7b. Die Frau des berühmten Redners, Staatsmannes und Philosophen Cicero (61 v. Chr.): "Terentia war eine Frau, die überhaupt keinen sanften oder furchtsamen Charakter besaß, sondern einen ziemlichen Ehrgeiz. Wie Cicero selbst sagt, nahm sie an den politischen Sorgen ihres Mannes mehr Anteil, als sie ihm an den häuslichen Angelegenheiten überließ." (Plutarch, Cicero 20)

a) Wie benehmen sich Praecia und Terentia im privaten, wie im öffentlichen Leben? Was ist daran neu?
b) Wie gewinnen sie Einfluß, wie üben sie ihn aus? Vergleiche mit Methoden der politischen Einflußnahme bei Männern!
c) In welchen Punkten stimmen die Berichte über Praecia und Sempronia überein? Was unterscheidet sie?
d) Warum urteilen Sallust und Plutarch so negativ über selbständige und einflußreiche Frauen? Könnte man deren Verhalten auch günstiger bewerten?
e) Aus welcher Schicht stammen Praecia, Sempronia und Terentia? Haben Frauen aller Schichten gleiche Chancen zur Unabhängigkeit und Machtbeteiligung?

Q 7c. Ehen zwischen Senatorenfamilien (59 v. Chr,): "Um die Macht und das Ansehen des Pompeius noch mehr für sich auszunutzen, vermählte Caesar seine Tochter Julia mit Pompeius. Sie war allerdings mit Servilius Caepio verlobt. Doch tröstete er damit, daß er ihm die Tochter des Pompeius versprach. Diese war ebenfalls nicht mehr frei, sondern schon mit Faustus, Sullas Sohn, verlobt. Bald darauf heiratete Caesar selbst die Calpurnia, Pisos Tochter, und verhalf Piso zum Konsulamt für das folgende Jahr. Dagegen protestierte nun Cato sehr nachdrücklich und rief: 'Es ist doch unerträglich, daß das höchste Amt durch Heiraten verkuppelt wird und daß man sich Provinzen, Armeen und Staatsämter durch Weiber zuschanzt.'" (Plutarch, Caesar 14)

Q 7d. Ehepaar auf Vorder- und Rückseite einer Münze (40 v. Chr.)

a) Zu welchen Zwecken werden die Ehen in führenden Adelsfamilien geschlossen?
b) Werden die Frauen nach ihrer Meinung gefragt? Was geschieht mit früheren Verlöbnissen und Heiraten? Was wird die Folge für die Festigkeit und das Glück der Ehen sein?
c) Die Münze erinnert an einen Friedensschluß im Bürgerkrieg, bei dem der eine Gegner die Schwester des anderen heiratete. Erkläre und beurteile den Vorgang!
d) Wie werden die Frauen hier behandelt: als selbständige, freie Personen oder als Mittel für anderer Leute Zwecke?
e) Kann man zur Zeit der römischen Weltherrschaft von "Frauenemanzipation" sprechen? Was spricht dafür, was dagegen?

Tatsächlich kümmerten sich einzelne Frauen mehr und mehr um die Politik. Aber sie besaßen keine politischen Rechte. Da sie weder wählen noch gewählt werden konnten, war es ihnen allenfalls möglich, über ihre Männer, Söhne, Väter, Brüder oder Liebhaber Einfluß im Staate auszuüben. Schon diese bescheidene Chance wurde von den Männern mißtrauisch, ja feindselig bemerkt. Von Frauenherrschaft konnte keine Rede sein, höchstens manchmal von weiblicher Mitbestimmung auf dem Umweg über Männer.
Meist war es allerdings umgekehrt: Nicht die Frauen benutzten die Männer als Mittel politischen Einflusses, sondern die Männer bedienten sich der Frauen zu ihren Zwecken. Vor allem die Eheschließungen im Senatsadel verfolgten fast immer politische Ziele. Durch Verheiratung von Schwestern, Nichten, Tanten, Töchtern wurden Bündnisse geschlossen, Streitigkeiten beigelegt, Parteiwechsel vorbereitet oder verhindert. Die betroffenen Frauen wurden dabei nicht nach ihrer Zustimmung oder gar ihrer Liebe gefragt. Brachen sie dann später aus der erzwungenen Ehe aus, zeigten sich die Männer empört. Noch immer waren die Frauen (auch in

den teilweise emanzipierten Oberschichten) für die Männer nicht Personen, volle Menschen, sondern Mittel, beinahe Werkzeuge.
Wurde den Römern überhaupt bewusst, daß ihre Frauen langsam selbständiger wurden? Wie nahmen sie zur teilweisen Frauenbefreiung in der Oberschicht Stellung? Der Vorgang wurde frühzeitig bemerkt und lebhaft diskutiert. Um Christi Geburt stellt der Geschichtsschreiber Livius das Für und Wider der Frauenemanzipation in einer erfundenen Diskussion dar, die er allerdings fast 200 Jahre in die Vergangenheit zurückverlegt.

Q 8a. Ein Redner: "Ihr Römer, hätte doch jeder von uns die Rechte und die Würde des Mannes bei seiner eigenen Frau behauptet, wie es sich gehört! Dann würden die Frauen uns insgesamt weniger zu schaffen machen! Wie es jetzt steht, ist unsere Freiheit zu Hause durch weibliche Gewaltanwendung zerstört. Sogar hier auf dem Marktplatz wird sie zu Boden geworfen und mit Füßen getreten ... Nach dem Willen unserer Vorfahren sollten die Frauen nichts, nicht einmal eine private Angelegenheit ohne einen Gerichtsvormund erledigen. Sie sollten ihren Vätern, Brüdern, Männern untertan sein. Wir aber lassen, wenn die Götter es nicht verhindern, sie nun sogar in Staatsangelegenheiten eingreifen ... Erinnert euch all der Gesetze, mit denen unsere Vorfahren die Freiheit der Frauen eingeschränkt, durch die sie die Frauen der Macht der Männer unterworfen haben ... Wenn sie anfangen, euch gleich zu sein, von dem Augenblick an werden sie euch beherrschen." (Livius 34, 2 f.)

Q 8b. Der gegnerische Redner: "Ach, niemals hört die Dienstbarkeit der Frauen auf, solange ihre Männer leben. Sie selbst verabscheuen die Freiheit, die sie doch nur als Witwe oder als Waise erhalten. Es ist ihr eigener Wunsch: Von eurer Willkür soll ihr Putz abhängen ... Euch ziemt es, sie in Schutz und Ordnung zu halten, nicht in Sklaverei. Wollt doch lieber Väter und Männer heißen als Herren! Der Herr Konsul [der Vorredner] hat vorhin recht gehässig von Aufstand und Auswanderung der Frauen gesprochen ... Nein, diese Schwachen müssen hinnehmen, was immer ihr beschließt. Je größer eure Gewalt ist, um so gemäßigter sollte eure Herrschaft sein!" (Livius 34, 7)

a) Welche Gründe gibt der erste Redner für seinen Hass und seine Angst, welche der zweite für seine Sicherheit und Milde an?
b) Welche Eigenschaften der Frauen setzt der eine, welche der andere als "natürlich" voraus? Wer nimmt die Frauen ernster? Wer nützt ihnen mehr?
c) Kann man sagen, daß der zweite Redner die Frauenemanzipation befürwortet?
d) Werden ähnliche Argumente noch heute vorgetragen? Gehe von der gegenwärtigen Lage der Frauen aus und nimm selbst Stellung zu beiden Reden!

Q 8c. Ansprache eines Magistrats (129 v. Chr.): "Er hatte die lobenswerte Absicht, das römische Volk aufzumuntern, sich ohne langes Zögern zu verheiraten ...: 'Ihr Römer, wenn wir ganz ohne Frauen leben könnten, würden sich wohl alle den Mühsalen der Ehe gern entziehen. Aber die Natur hat es nun einmal anders eingerichtet. Man kann weder mit den Frauen in der Ehe ruhig und bequem zusammenleben noch ist ohne sie überhaupt an ein Überleben der Familie und des Staates zu denken. So müssen wir unbedingt mehr Rücksicht auf das langdauernde Staatswohl als auf unser kurzes irdisches Vergnügen nehmen.'" (Metellus nach Gellius 1, 6)

Q 8d. Überlegungen eines Wissenschaftlers (um Chr. Geb.): "Unsere Berichte über andere Völker unterscheiden zwischen sagenhaften und geschichtlichen Nachrichten ... Aber über die Amazonen werden dieselben Geschichten heute wie in uralten Zeiten erzählt, obwohl sie wunderbar und unglaubhaft sind. Wer könnte z. B. für wahr halten, daß ein Heer oder eine Stadt oder ein Stamm von Frauen jemals ohne Männer organisiert werden könnte? Daß er nicht nur zusammenhalten, sondern sogar Einfälle in das Gebiet anderer Völker machen könnte? ... Denn das wäre dasselbe wie zu sagen: 'In jenen Zeiten waren die Männer Frauen; und die Frauen waren Männer!'" (Strabo 11, 5, 3)

a) Was will der Magistrat mit seiner Rede erreichen? Zu welchem Zweck sind nach seiner Meinung Frauen und Ehe allein bestimmt? Was hältst du davon?
b) Zwischen welchen Übeln müssen die Römer nach Meinung des Redners wählen? Welche erstrebenswerten Ziele geraten in Widerspruch?
c) Welche Gefühle der Männer für die Frauen hält der Redner für selbstverständlich? Welche erwähnt er gar nicht? Wie ist das zu erklären?
d) Wie schätzt er die römischen Ehen ein? Vergleiche mit den Vorbildern Claudia, Manlia und Postumia!
e) Warum hält der Wissenschaftler die Berichte über Amazonen (kriegerische Frauenstaaten) für unglaubwürdig? Beachte seine beiden Argumente!
f) Ist er seiner Sache ganz sicher? Welche Gefühle hegt er gegen die Frauen?
g) Halten beide Verfasser einen Staat ohne Frauen bzw. einen Staat ohne Männer für möglich, für wünschenswert? Erkläre die Unterschiede!

Mit der teilweisen Frauenemanzipation (nur in den besitzenden Schichten) ging eine erstaunliche Verschärfung des Tones zwischen den Geschlechtern einher. Von Frauen haben wir kaum Texte, bei den Männern aber sind deutliche Töne des Frauenhasses, der Frauenverachtung zu spüren. Manchmal scheint es, als verberge sich dahinter Angst vor der Frauenbefreiung. Die meisten römischen Schriftsteller haben die Ansätze zur Gleichberechtigung erbittert bekämpft. Sie gebrauchten dabei in merkwürdigem Widerspruch zwei eigentlich unvereinbare Argumente:
- Die Frauen sind den Männern "von Natur aus" unterlegen und unterworfen, wie die gesamte Geschichte beweist; die Frauen stimmen ihrer niedrigeren Stellung freiwillig zu, denn sie sind schwach und schutzbedürftig.
- Die Frauen wollen die Männer beherrschen (wie vielleicht schon früher einmal und bei den Amazonen); wenn man ihnen nur ein wenig entgegenkommt, wollen sie sich zu "Männern" aufschwingen und die Männer zu "Frauen" erniedrigen.

Ist diese zwiespältige, unlogische Argumentation heute wirklich verschwunden?

3.3 Die "Barbaren" haben bedenkliche Sitten

Q 9a. Die Amazonen in Westafrika: "In den westlichsten Teilen Afrikas, an der äußersten Grenze der Erde, hat ein Volk gelebt, das von Frauen beherrscht wurde und sich ganz von unserer Lebensweise unterschied. Es war nämlich unter ihnen Sitte, daß die Frauen die Mühsal des Krieges übernahmen und eine bestimmte Zeit lang die Feldzüge mitmachten. Solange mußten sie ihre Jungfräulichkeit bewahren. Waren die Jahre des Felddienstes vorüber, dann lebten sie mit Männern zusammen, um Kinder zu haben. Aber die Staatsämter und die Sorge für die öffentlichen Angelegenheiten behielten sie in den Händen. Die Männer aber führten, ganz wie bei uns die verheirateten Frauen, ein Leben im Hause und gehorchten den Befehlen ihrer Hausgenossinnen. An den Feldzügen dagegen hatten sie so wenig Anteil wie an den Staatsämtern ... Die kleinen Kinder wurden nach der Geburt den Männern übergeben. Diese zogen sie mit Milch und anderen Speisen auf, wie sie gerade für die Altersstufen der Kinder paßten." (Diodor 3, 53)

Q 9b. Felsbild in Westafrika

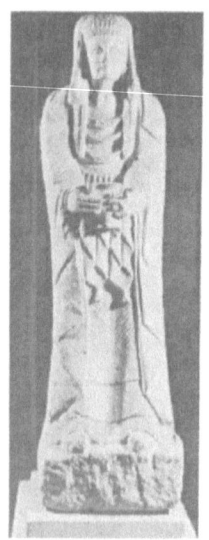

Q9 d. Spanische Frauenstandbilder

a) Vergleiche das Leben der Frauen in Westafrika mit dem der Römerinnen! Wie steht es mit Kriegsdienst, Staatsleitung, Haushaltsführung, Kindererziehung?
b) Ziehe auch die Zustände bei uns zur Gegenüberstellung heran!

c) Beschreibe das Gemälde und berücksichtige dabei auch die kleinen Figuren! Sind es Männer oder Frauen? Was tun sie?
d) Wie kann man das Bild auswerten, um Diodors Bericht zu prüfen, zu bestätigen oder zu widerlegen?

Q 9c. Die Iberer in Spanien: "Man könnte auch den Schmuck einiger ihrer Frauen als barbarische Eigenart ansehen ... Die Frauen tragen um ihren Kopf eine kleine Trommel. Sie umgibt den Schädel hinten, schließt den Kopf bis zu den Ohrläppchen eng ein, weicht aber oben und an den Seiten stufenweise zurück... Andere Frauen legen eine Einlage - etwa einen Fuß hoch - auf ihren Kopf, flechten das Haar um die Einlage und behängen es dann mit einem schwarzen Schleier... Es gibt Geschichten über ihren Mut und solche über ihre Wildheit und tierische Gefühllosigkeit. Zur Zeit des Kantabrischen Krieges töteten z. B. Mütter ihre Kinder, bevor sie gefangen genommen wurden ... Der Mut der Frauen ist wie der der Männer. Diese Frauen pflügen z. B. den Acker. Wenn sie ein Kind geboren haben, stecken sie ihre Männer ins Bett und pflegen sie, statt selbst ins Bett zu gehen. Während der Arbeit auf den Feldern wenden sie sich oft seitwärts zu irgendeinem Bach, bringen ein Kind zur Welt, baden und wickeln es ... Unter den Kantabrern ist es Sitte, daß die Ehemänner den Frauen eine Mitgift geben, daß die Töchter als Erben eingesetzt werden und daß die Brüder von ihren Schwestern verheiratet werden. Dieser Brauch schließt tatsächlich eine Art von Frauenherrschaft ein. Aber das ist keineswegs ein Zeichen von Kultur." (Strabo 3,4, 17 f.)

a) Oft wird gesagt: 'Männer sind von Natur stärker und mutiger als Frauen', 'Frauen gehören ins Haus, Männer in den Beruf', 'Frauen können wegen Schwangerschaften und Kinderpflege keine schwere Arbeit leisten', 'Männer sind in der Liebe aktiv, Frauen passiv', 'Männer können besser entscheiden und wirtschaftlich handeln'. Treffen diese Sätze für die Iberer zu?
b) Worin sieht Strabo bei den Iberern Beweise für eine "Art Frauenherrschaft"? Wie beurteilt er sie? Von welchem Standpunkt aus?
c) Vergleiche die Standbilder mit der Textquelle! Welchen Eindruck geben die Standbilder von der Stellung der spanischen Frauen?
d) Worin unterscheiden sich die Verhältnisse in Westafrika und in Spanien?

Griechen und Römer beobachteten sorgfältig die Sitten ihrer "barbarischen", d. h. nach ihrer Meinung wilden und kulturlosen Nachbarn. Voll Staunen, Hochmut und manchmal Sorge bemerkten sie, daß es dort ganz anders zuging. Im krassen Gegensatz zu ihrer Heimat entdeckten sie bei einigen Völkern "Frauenherrschaft". Schon der erste griechische Historiker Herodot, der "Vater der Geschichte" (Cicero), hatte um 450 v.Chr. aus verschiedenen Gegenden erregende und vielseitige Nachrichten über die Stellung der Frauen mitgeteilt. Seine Schriften kannten alle gebildeten Griechen und Römer aus der Schule.

Q 10a. Die Sarmaten in Südosteuropa: "Die Frauen der Sarmaten halten noch immer an ihrer alten Lebensweise fest, zu Pferde auf die Jagd zu reiten, mit oder ohne Männer. Sie ziehen auch in den Krieg mit und haben dieselbe Tracht wie die Männer... Was ihre Ehegebräuche betrifft, so darf kein junges Mädchen heiraten, bevor es nicht einen Feind getötet hat. Manche werden alt und sterben, ohne sich zu vermählen, weil sie dieses Gesetz nicht haben erfüllen können." (Herodot 4, 116 f.)

Q 10b. Die Massageten in Zentralasien: "Über ihre Sitten ist folgendes zu sagen. Zwar führt jeder ein Weib heim, doch herrscht trotzdem Weibergemeinschaft ...

Wenn sich ein Massaget nach einer Frau sehnt, hängt er seinen Bogen an ihren Wohnwagen und schläft ohne weiteres bei ihr ... Im übrigen sollen sie ein friedliches Volk sein. Und die Frauen sollen gleiche Rechte bei ihnen haben wie die Männer." (Herodot 1, 216 und 4, 26)

a) Was ist bei den Sarmaten und den Massageten gleich, was ist verschieden?
b) Inwiefern stehen die Sarmatinnen und Massagetinnen in der Mitte zwischen Amazonen und Römerinnen?
c) Was ist bei den Sarmaten und Massageten ähnlich wie heute? Was ist ganz anders?

Q 10c. Die Libyer in Nordafrika: "Ihre Frauen tragen viele Ringe aus Leder um die Knöchel. Es heißt, jedesmal wenn ein Mann bei einer Frau schläft, legt sie einen solchen Ring an. Wer die meisten hat, wird am höchsten geschätzt. Denn sie ist von den meisten Männern geliebt worden ... Sie leben in Weibergemeinschaft, kennen kein eheliches Zusammenleben, sondern begatten sich wie das Vieh. Ist das Kind einer Frau erwachsen, so versammeln sich innerhalb drei Monaten die Männer und sprechen das Kind dem zu, dem es ähnlich sieht." (Herodot 4, 176 und 180)

Q 10d. Die Lykier in Kleinasien: "Sie erhalten ihren Familiennamen nach ihrer Mutter, nicht nach ihrem Vater. Wenn man einen Lykier nach seiner Herkunft fragt, so nennt er den Namen seiner Mutter und zählt deren weibliche Vorfahren auf. Wenn eine Frau aus dem Bürgerstande mit einem Sklaven Kinder hat, gelten sie als Freigeborene. Wenn umgekehrt ein Bürger - und sei er noch so hochstehend - ein Weib aus der Fremde oder eine Nebenfrau hat, sind seine Kinder unfrei." (Herodot 1, 173) "Die Lykier erweisen den Frauen mehr Ehre als den Männern; sie nennen sich nach der Mutter und vererben ihre Hinterlassenschaft auf die Töchter, nicht auf die Söhne ... Von alters her werden sie von den Frauen beherrscht." (Nicolaus Damascenus und Heraclides Ponticus)

a) Oft wird gesagt: 'Frauen sind schamhafter als Männer', 'Frauen sind stärker auf Einehe und eheliche Treue bedacht als Männer'. Trifft das auch für die Libyerinnen zu?
b) Kennen die libyschen Kinder ihre Väter? Wer entscheidet über ihre Erziehung? Zu wessen Familie gehören sie dann als Erwachsene?
c) Wie sind Namengebung, Familienzugehörigkeit, Schichtzuweisung und Erbrecht der Kinder bei den Lykiern geregelt? Vergleiche mit den Römern und mit heute?
d) Inwiefern sind die lykischen Sitten für die Frauen günstiger, geben ihnen mehr Einfluß?
e) Zeige die Gemeinsamkeiten und Unterschiede zwischen Libyern und Lykiern auf!

Offenkundig ist es stark vereinfacht, wenn man nur "Männerherrschaft" und "Frauenherrschaft" unterscheidet oder noch die "Gleichberechtigung" hinzufügt. Man muß sorgfältig untersuchen, wie eine Reihe von Einzelbereichen geregelt ist, z. B. Eheformen, Vermögen, Arbeitsteilung, Familienzugehörigkeit. *Wer besitzt das Eigentum woran? Wer übernimmt welche Arbeit und Güterherstellung? Wer zieht in den Krieg? Wem "gehören" die Kinder? Wer wählt den oder die Ehepartner? Wer entscheidet über den Wohnsitz? Wem ist welches Sexualverhalten erlaubt und verboten? Wer hat welche politischen Rechte? Wie viele Frauen hat ein Mann und wie viele Männer eine Frau?* Noch mehrere Jahrhunderte nach Herodot haben Griechen und Römer weiteres Material gesammelt.

Q 11a. Die Aithiopen in Afrika: "Jeder Stamm hat seinen eigenen Häuptling. Kinder und Frauen haben sie gemeinsam, nur die des Häuptlings sind ausgenommen. Wer aber mit der Häuptlingsfrau eine Liebschaft hat, den bestraft der Häuptling, eine bestimmte Zahl von Schafen abzuliefern ... Die Bezeichnung 'Eltern' geben sie nie einem Menschen, wohl aber dem Stier und der Kuh, dem Widder und dem Schaf. Diese nennen sie 'Väter' und 'Mütter', weil sie es sind, die ihnen die tägliche Nahrung geben, nicht aber die leiblichen Eltern ... Führen sie untereinander Krieg, so geschieht das nicht wie bei den Griechen um eines Landstrichs oder sonstiger Ansprüche willen. Sie streiten sich wegen der jeweils besten Weideplätze ... Dann beginnt der Kampf mit Pfeil und Bogen; bald sind viele tot niedergestreckt ... Dem Kampf machen die älteren unter ihren Frauen ein Ende, die sich in die Mitte werfen. Diese genießen nämlich viel Rücksichtnahme, und es ist ein Gesetz bei ihnen, daß sie auf keine Weise geschlagen werden dürfen. Deshalb hört auch, sobald sie sich zeigen, das Schießen auf." (Diodor 3, 32 f.)

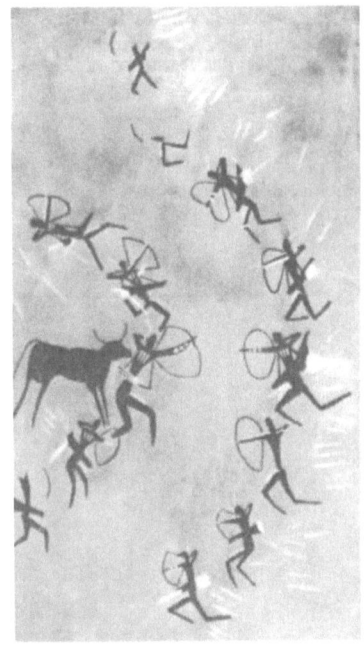 

Q 11b. Afrikanisches Felsbild   *Q 11d. Sardinischer Bronzeguß: Mutter und gefallener Sohn*

a) Wie sind Ehe, Familie und Kinderaufzucht bei den Aithiopen organisiert? Wen bezeichnen die Kinder als "Eltern und Ernährer"?
b) Wer hat das Richteramt und die politische Führung? Wer hat das höchste Ansehen und Unverletzlichkeit? Wer erklärt wohl den Krieg, wer sorgt für Frieden?

c) Wie werden etwaige Streitigkeiten zwischen Häuptling und alten Frauen ausgehen?
d) Welche Angaben des Textes könnte man mit Hilfe des Felsbildes stützen, d.h. wahrscheinlich machen?

Q 11c. Die Balearer auf den Inseln östlich Spaniens: "Vor allem sind sie große Verehrer des weiblichen Geschlechts und schätzen es sehr wertvoll ein. Wenn Frauen durch Seeräuber weggeschleppt worden sind, geben sie drei oder vier Männer als Lösegeld für eine Frau ... Alles Geld verwenden sie, um Frauen und Wein zu kaufen. Eine ganz seltsame Sitte herrscht auch bei ihren Hochzeitsfesten. Während des Gastmahls wohnen nämlich sämtliche Verwandten und Freunde nacheinander der Braut bei... Im Kriege schleudern sie viel größere Steine als andere, und zwar mit solcher Kraft, als ob das Geschoss aus einer Wurfmaschine käme ... Denn sie werden schon als Knaben von ihren Müttern immerfort zum Steinschleudern gezwungen. Es wird nämlich als Ziel ein Stück Brot auf einer Stange befestigt. Der Übende bekommt keine Nahrung, bevor er nicht das Brot getroffen hat und damit von der Mutter die Erlaubnis erhält, es aufzuessen." (Diodor 5, 17 f.)

a) Was kann man aus dem Lösegeld für Männer und Frauen schließen? Ist es für die Frauen nur günstig, wenn sie hoch "geschätzt" und teuer "bezahlt" werden?
b) Wer leitet die Erziehung der Knaben und bringt ihnen das Kämpfen bei? Was ist daran erstaunlich?
c) Wer ist größer dargestellt: Mutter oder Sohn? Warum?
d) Kann man von "Frauenherrschaft" auf den Balearen sprechen?

Q 11f. Bronzevase aus dem Grab einer gallischen Fürstin

Q 11e. Die Gallier in Frankreich: "Sena ... ist wegen des Orakels eines gallischen Götzen berühmt. Seine Priesterinnen sind heilig wegen ihrer ewigen Jungfräulichkeit ... Man glaubt von ihnen, daß sie ganz besondere Gaben hätten: Sie könnten Wind und Meer mit ihren Gesängen erregen, sich je nach Wunsch in allerlei Tierarten verwandeln, unheilbare Krankheiten heilen, zukünftige Dinge wissen und vorhersagen." (Pomponius Mela 3, 6) "Die Frauen der Gallier erreichen die Männer nicht nur an Körpergröße, sondern nehmen es auch an Stärke mit ihnen auf ... Sie gewinnen große Massen Goldes, das sie als Schmuck benutzen - und zwar nicht nur die Frauen, sondern auch die Männer. Um die Handwurzeln und Arme tragen sie Spangen und um die Nacken dicke Ketten von massivem Golde, dazu noch große Fingerringe und sogar goldene Panzer ... Hinsichtlich der Männer und Frauen ist es ihre Sitte, daß sie ihre Arbeiten vertauscht haben, also in der umgekehrten Weise erledigen wie wir. Diese Tatsache haben sie mit vielen anderen barbarischen Stämmen gemeinsam." (wahrscheinlich Poseidonios, überliefert bei Diodor 5, 27 und 32 sowie Strabo 4, 4, 3)

a) Die Bronzevase eines griechischen Künstlers ist mannshoch. Was sagt ihr Fund über den Verkehr und über die Stellung der Frau bei den Galliern?
b) Welche Einschätzung der Frauen läßt sich aus dem Text ablesen?
c) Gilt auch bei den Galliern: 'Frauen sind dümmer als Männer', 'nur Männer können Priester sein', 'Männer sind größer und kräftiger, Frauen eitler und putzsüchtiger', 'Männer machen die schwerere Arbeit, die ihnen von Natur zukommt'?
d) Suche auf einer Karte die Landschaften und Völker, über die berichtet wurde! Wie weit sind sie verteilt?
e) Stelle eine Liste von allgemeinen Aussagen über die "Natur" der Frauen auf und gibt jeweils Gegenbeispiele aus den Quellen!

Q 11g. Ein römischer Feldherr über die Britannier: "Je zehn bis zwölf, hauptsächlich Brüder mit Brüdern und Väter mit ihren Söhnen, haben die Frauen gemeinschaftlich. Hat aber eine Frau ein Kind, so wird es dem zugeschrieben, dem die jeweilige Mutter als Mädchen zuerst zugeführt worden ist." (Caesar, Gallischer Krieg 5, 14) Eine britannische Königin: "Die Britannier, über die ich herrsche, sind Männer, die Ackerbau und Handel nicht kennen, aber gründlich die Kunst des Krieges verstehen. Sie haben alle Dinge gemeinsam, auch Kinder und Frauen. Letztere besitzen denselben Mut wie die Männer ... Aber kann man solche Leute [die Römer] überhaupt noch Männer nennen? Sie baden in warmem Wasser, essen kunstreiche Leckerbissen, trinken unverdünnten Wein, salben sich mit Parfüm, schlafen auf weichen Lagern mit Knaben als Bettgenossen, die ihre Blüte schon hinter sich haben - und sind Sklaven eines armseligen Leierspielers [Kaiser Nero], der als 'Mädchen' singt..." (Boadicea, überliefert bei Cassius Dio, Ausz. 62, 6)

a) Inwiefern bestätigt die Königin den römischen Bericht? Inwiefern beurteilt sie den Vorgang ganz anders?
b) Gib heutige Beispiele für unterschiedliche Sitten in verschiedenen Ländern, die leicht zur Verachtung des andern und zum Eigendünkel mißbraucht werden!

Zu jeder der erwähnten Sitten ließen sich aus dem Altertum leicht weitere Belege anführen. *Aber sind die Nachrichten auch zuverlässig und glaubwürdig?* Die Schriftsteller können voneinander abgeschrieben haben: Tatsächlich gibt Pomponius Mela meist nur wieder, was er bei Herodot gelesen hat. Diodor und Strabo schöpfen gemeinsam aus dem verlorenen Werk des Gelehrten Poseidonios. Wo aber haben Leute wie Herodot und Poseidonios ihre Nachrichten her? Sind sie selbst in die beschriebenen

Länder gereist? Haben sie Kaufleute und Matrosen ausgefragt? Haben sie Bücher aus diesen Ländern gelesen? Oder haben sie sich spannende Geschichten ausgedacht? Haben sie anspornende Vorbilder und abschreckende Zerrbilder erfunden? Sind sie von orientalischen Märchenerzählern angeflunkert worden?

Tatsächlich sind nicht alle ihre Berichte zutreffend. In Einzelfällen sind bunte und erregende Romane später von anderen Verfassern als historische Berichte angesehen und übernommen worden. In anderen Fällen sind Schriftsteller Lügenmärchen verfallen: Schon früher haben Reisende viel Seemannsgarn gesponnen (von Odysseus über Sindbad den Seefahrer und Herzog Ernst bis zum Lügenbaron Münchhausen). So lesen wir von Völkern mit Vogelköpfen oder mit Ziegenfüßen, von Stämmen, die nicht sprechen können oder die ein halbes Jahr lang ununterbrochen schlafen. Damit ist allerdings noch nicht entschieden, ob auch die Berichte über "Amazonentum" und "Frauenherrschaft" nur Lügenmärchen oder Alpträume sind. Wir wissen nämlich auch, daß viele Verfasser sich sehr ernsthaft um Wahrheit und Zuverlässigkeit bemühten. Sie sahen nur Tatsachen als gewiß an, die sie auf ihren Reisen selbst gesehen oder von wahrheitsliebenden Zeugen genau gehört hatten.

Berichte von Griechen und Römern allein genügen nicht, um sicher auszumachen, was Wahrheit, was Irrtum, was Ernst und was Scherz gewesen ist. Deswegen muß ein Beispiel genauer untersucht werden, wo mehrere unabhängige Quellen zur Verfügung stehen. *Die griechisch-römischen Texte müssen durch einheimische Überlieferungen kontrolliert werden. Das ist in Babylonien, vor allem aber in Ägypten möglich.*

3.4 Frauenherrschaft in Ägypten?

Q 12a. Herodot um 450 v. Chr.: "Die Sitten und Gebräuche der Ägypter sind fast in allen Stücken denen der übrigen Völker entgegengesetzt. So gehen in Ägypten die Frauen auf den Markt und treiben Handel; und die Männer sitzen zu Hause und weben ... Die Männer tragen die Lasten auf dem Kopf, die Frauen auf den Schultern. Die Frauen lassen ihr Wasser im Stehen, die Männer im Sitzen ... Priesterämter, sowohl bei weiblichen wie bei männlichen Gottheiten, versehen nur die Männer, nie die Frauen. Für den Unterhalt der Eltern zu sorgen, werden nur die Töchter gezwungen; die Söhne brauchen es, wenn sie nicht wollen, nicht zu tun ... Andere Völker leben getrennt von den Tieren; die Ägypter leben mit den Tieren zusammen. Die anderen leben vom Weizen und Gerste; in Ägypten gilt es als Schande, davon zu leben, vielmehr backt man das Brot aus einer anderen Getreideart, die manche Leute Hirse nennen. Der Teig wird mit den Füßen geknetet, Lehm mit den Händen; man sammelt auch Mist ... Die Männer tragen zwei Kleidungsstücke, die Frauen nur eines. Beim Segeln binden andere Völker den Ring und das Tau außen an die Schiffswand, die Ägypter innen. Die Griechen schreiben ihre Buchstaben und Zahlen von links nach rechts, die Ägypter von rechts nach links..." (Herodot 2, 35 f.)

a) Welche Rechte und Pflichten haben die ägyptischen Frauen nach Herodots Bericht?
b) Vergleiche mit Rom und mit dem heutigen Zustand!
c) Handelt es sich um sachliche Angaben oder um ein Märchen "verkehrte Welt"?
d) Welche Teile des Berichtes lassen sich noch heute leicht kontrollieren?

Q 12b. Diodor um 60 v. Chr.: "Die Ägypter haben gegen die allgemeine Sitte der Menschen erlaubt, die eigene Schwester zu heiraten. Sie begründen dies damit, daß bei ihnen [die Göttin] Isis auf diese Weise ihr Glück gefunden habe. Diese sei nämlich ihres Bruders [des Gottes] Osiris Frau gewesen. Als dieser gestorben sei, habe sie eine weitere Ehe mit einem anderen Mann abgelehnt, die Ermordung ihres Gatten gerächt und bis ans Ende ihres Lebens als Königin überaus gerecht geherrscht. Von ihr seien überhaupt für alle Menschen die meisten und größten Wohltaten ausgegangen. Deshalb sei auch angeordnet, die Königin solle größere Macht und Ehre haben als der König. Auch beim Volke solle die Frau über den Mann herrschen. Deshalb versprechen die Heiratenden im schriftlichen Ehevertrag, daß sie ihrer Frau in allen Punkten gehorsam sein wollen." (Diodor 1, 27)

a) Worin drückt sich nach Diodor die Vorherrschaft der Frauen aus?
b) Ist seine historische Erklärung der Frauen-Vorrechte überzeugend?
c) Wie könnte man verdächtige und wahrscheinliche Angaben Diodors kontrollieren?
d) Ist Diodors Bericht von Herodot abhängig, d. h. übernommen? Paßt er zu Herodots Angaben oder widerspricht er ihnen?

Q 13c. Weberei
"Der Weber ist innen in der Werkstatt. Er hat es schlechter als eine gebärende Frau; seine Knie drücken auf den Magen, und er bekommt keine Luft." *(v. Bissing, 1955, 58)*

Q 13a. Träger und Trägerinnen

Q 13b. Markt

Q 13d. Feldarbeit

a) Trifft Herodots Bericht zu, daß Frauen auf den Schultern und Männer auf den Kopf tragen?
b) Haben Frauen tatsächlich ein, Männer zwei Kleidungsstücke, wie Herodo behauptet?
c) Nach Herodot betreiben (nur?) Frauen Handel und Geschäfte außerhalb de Hauses. Wird das von den Bildern bestätigt?
d) Wie weit ist Herodots Hinweis richtig, daß (allein) Männer zu Hause weben

Bei der Überprüfung Herodots ist zu beachten, daß die bildlichen Darstel lungen bis zu 2000 Jahre älter sind als sein Bericht. In der Zwischenzei können sich die Sitten des Landes wesentlich geändert haben. Herodot ha sich - ebenso wie Diodor - selbst längere Zeit in Ägypten aufgehalten un(dort sorgfältig beobachtet und vieles richtig widergegeben, z. B. die Rich tung der Schrift - ebenso wie Diodor die Geschwisterehen (im Königs haus). Ihm ist aber besonders das aufgefallen, was anders war als bei dei Griechen zu Hause: *Er übersah die Ähnlichkeiten und übertrieb die Un terschiede.* Tatsächlich konnten in Ägypten Frauen wie Männer Arbeitei außerhalb und innerhalb des Hauses verrichten. Das wich kraß vom Zu stand in Griechenland ab: Herodot hatte also den Eindruck, Frauen seier nur außerhalb, Männer nur innerhalb des Hauses beschäftigt.

Q 14a. *Aus einer Weisheitslehre:*

"Verdopple das Brot, das Dir Deine Mutter gab.
Trage sie, wie sie Dich trug.
Sie hatte Mühe und Last mit Dir.
Sie endeten nicht, als Du geboren wurdest nach Deinen (neun) Monaten.

Ihr Nacken trug Dich.
Ihre Brust war in Deinem Mund drei Jahre lang.
Sie hegte keinen Ekel vor Deinem Kot
und sagte nicht aus Ekel: 'Was soll ich tun?'

Sie brachte Dich zur Schule,
damit Du zum Schreiben erzogen wurdest.
Sie sorgte täglich für Dich
mit dem Brot und Bier aus ihrem Hause.

Du bist ein Jüngling und nimmst Dir eine Frau.
Du richtest Dich ein in Deinem Haus.
Sei eingedenk dessen, daß Du geboren wurdest,
und aller Sorge, mit der Deine Mutter Dich aufzog."
(S. Schott, Altägyptische Liebeslieder S. 107f.)

Q 14b. *Aus Liebesgedichten:*

"Ich ging vorüber nahe an seinem Hause
und fand dessen Tür offen.
Der Geliebte stand da zur Seite seiner Mutter.
Alle seine Geschwister waren bei ihm...

Ach, daß die Mutter mein Herz kennte,
und es ihr bald einfiele!
Goldene (Liebesgöttin) ach, gib es ihr ins Herz,
dann eile ich zu meinem Geliebten...

Er ist Nachbar des Hauses meiner Mutter,
und doch weiß ich nicht, wie ich zu ihm gehen kann.
Gut wäre in dieser Sache vielleicht meine Mutter.
Ach lass es, sie zu sehen ...

Er kennt nicht meine Wünsche, ihn zu umarmen,
und daß er zu meiner Mutter sende.
Geliebter, ach wäre ich Dir anbefohlen
von der Goldenen (Liebesgöttin) der Frauen!" *(Schott S. 8, 4)*

a) Wer leitet die Erziehung der Jungen, die schulische Ausbildung, die häusliche Wirtschaft? Wem gehört das Haus?
b) Welche Pflichten erwachsen den Söhnen gegenüber der Mutter? Warum? Vergleiche mit Herodot!
c) Wer verliebt sich und eröffnet die Liebesbeziehung? Wer leitet die Heirat ein?
d) Wer entscheidet über die Eheschließung? Welche Person wird erstaunlicherweise ganz ausgespart?

Q 14c. Totenklage eines Ehemannes um seine Frau: "Was habe ich gegen Dich getan? Ich habe Dich zur Frau genommen, als ich ein junger Mann war. Du warst bei mir, als ich meine verschiedenen Ämter ausübte. Du warst bei mir, ich habe

Dich nicht verstoßen und ließ Dein Herz nicht zornig werden ... Denn ich sagte: 'Ich handele nach Deinem Wunsch!'... Sieh, als ich Offiziere des Heeres des Pharao - er lebe, sei heil und gesund - und seiner Reiterei ausbildete, da kamen sie, um sich vor Dir auf die Erde zu werfen. Sie brachten lauter schöne Sachen, um sie vor Dir niederzulegen. Ich verbarg nichts vor Dir während der Tage Deines Lebens. Ich habe Dich in nichts, was ich als Ehemann mit Dir tat, leiden lassen. Du hast nie gefunden, daß ich Dich betrog ... Was ich mit Dir erwarb, man brachte es an diesen Platz, an dem Du warst ... Dein Öl, Dein Brot, Deine Kleider, man brachte sie Dir..." *(Schott, S. 150 f.)*

Q 14d. Brief eines Herrn an seinen Pächter: "Sched-se-chons an Pa-neb-en-ezed... Ferner teile ich Dir mit, daß ich zur Stadt zurückgekehrt bin. Ich hatte Dir gesagt, daß ich Dich nicht mehr weiter wirtschaften lassen würde. Doch siehe, meine Ehefrau, die Herrscherin meines Hauses, sagte mir: 'Nimm dem Pa-neb-en-ezed das Feld nicht weg, überweise es ihm wieder und lasse es ihn bestellen!' Wenn nun mein Brief zu Dir kommt, dann mache Du Dich an dieses Feld und sei nicht faul auf ihm! Raufe sein Unkraut aus und mache einen Acker mit Kohl an diesem Brunnen!" *(A. Erman u. F. Krebs, Aus den Papyrus... S. 92 f.)*

a) Sind die Briefe geeignet, die Behauptungen von Diodor zu bestätigen oder zu widerlegen?
b) Wem gehört das in der Ehe erworbene Vermögen, das Einkommen des Mannes (einschließlich Geschenken und Bestechungen)?
c) Wer entscheidet über die Haushaltsführung, wer über wirtschaftliche Angelegenheiten außerhalb des Hauses?
d) Welcher Bevölkerungsschicht gehören die Frauen an, von denen in den Texten die Rede ist? Kann man die Ergebnisse ohne weiteres auf andere Schichten übertragen?

Alle diese Dokumente könnte man vielleicht als zufällig, einseitig oder übertrieben ansehen: Wieweit stimmen die tatsächlichen Zustände mit den idealen Forderungen einer Weisheitslehre überein? Was denkt nicht alles ein verliebtes Mädchen an Wunderlichem? Was bedeutet es schon, wenn ein einzelner Mann seine Frau auf Händen trägt? Wie typisch ist das Verhalten eines anderen, der dem Rat seiner klugen Frau folgt? Einzelfälle geben nur Hinweise, keine Beweise. Allgemeingültige Aussagen kann man am besten aus Urkunden und Verwaltungsakten gewinnen: So wurden in die Heiratsverträge immer wieder gleiche oder ähnliche Bestimmungen aufgenommen. Sie waren verbindlich und einklagbar und geben deshalb die Lage und den Einfluß beider Geschlechter am zuverlässigsten wieder. Es folgen zwei verschiedene Vertragsmuster, die beide mehrfach überliefert sind.

Q 15a. Ein Ehevertrag 492 v. Chr.: "Du hast mich heute zur Ehefrau gemacht. Du hast mir eine vollwertige Silberkite ... als meine Morgengabe gegeben. Wenn ich Dich als Ehemann entlasse, wenn ich Dich hasse und wenn ich einen anderen Mann mehr als Dich liebe, so werde ich Dir eine halbe Silberkite zurückgeben von der einen Silberkite, die Du mir als Morgengabe gegeben hast. Und ich werde außerdem auf alles und jedes in der Welt verzichten, was ich mit Dir erwerben werde, ohne darüber mit Dir einen Prozeß zu führen" *(E. Lüddeckens, Ägyptische Eheverträge, S. 19)*.

Q 15b. Ein Ehevertrag 364 v. Chr.: "Ich habe Dich zur Ehefrau gemacht. Ich habe Dir 5 Silberkite ... als Deine Morgengabe gegeben. Wenn ich Dich als Ehefrau entlasse und Dich hasse und mir eine andere Frau zur Ehefrau nehme, dann werde ich Dir 5 Silberkite ... geben außer den 5 Silberkite, die oben beschrieben sind und die ich Dir als Morgengabe gegeben habe. So wird ein Silberling... [= 10 Silberkite] voll. Ich gebe Dir außerdem ein Drittel von allem und jedem, was ich uns erwerben werde. Die Kinder, die Du mir gebären wirst, werden Besitzer von allem und jedem sein, was mir gehört und was ich erwerben werde.
... Die Wertsumme Deiner Kupfersachen und Deiner Kleider, der Sachen, die Du mit Dir in mein Haus gebracht hast, betragen in Silberwert 1 Silberling 4 Silberkite ... Solange Du drinnen bleibst, bleiben sie mir Dir drinnen. Wenn Du nach draußen ausscheidest, werden sie mir Dir herausgegeben. Wenn Du gehst, indem Du mich als Ehemann entläßt, dann wirst Du mir 2 1/2 Silberkite ... zurückgeben von den 5 Silberkite, die oben beschrieben sind und die ich Dir als Morgengabe gegeben habe" (*Lüddeckens, S. 21*).

a) Wer spricht im ersten, wer im zweiten Vertrag? Von wem geht die Eheschließung aus? Wer gibt wem eine 'Morgengabe', wer wem eine Aussteuer? In wessen Besitz bleibt sie?
b) Welche Rechte genießt die Frau innerhalb der Ehe? Wer erwirbt während der Ehe Vermögen? Welche Stellung haben die Kinder?
c) Wer kann die Scheidung verlangen? Aus welchem Grund und mit welchen Vermögensfolgen?
d) Wer erhält durch die Verträge mehr Rechte? Oder sind beide gleichberechtigt?

Erstaunt und erschreckt über den großen Gegensatz zu ihrer Heimat haben Griechen und Römer die Stellung der Frauen in Ägypten übertrieben (*"Wenn sie anfangen, euch gleich zu sein, werden sie euch beherrschen"*, Cato).
Von einer reinen Frauenherrschaft kann nicht die Rede sein. Nur ganz selten wurde einmal eine Frau "König"; normalerweise war der Einfluß der Königinnen gering. Verwaltung und Heer waren fast ganz in den Händen von Männern, nur selten lernten die Frauen überhaupt das dafür nötige Schreiben und Lesen. Trotzdem haben die Griechen und Römer richtig gesehen, daß die Ägypterinnen sich in Wirtschaft, Recht und Familie viel günstiger standen als ihre eigenen Frauen. Offenbar war eine "gleichrangige Partnerschaft" zumindestens das Ideal der ägyptischen Ehe.
Die genaue Einschätzung der Frauenrechte in Ägypten ist bis heute unter den Wissenschaftlern umstritten. Besonders schwierig ist die Lage der Frauen in den unteren Schichten zu beurteilen, denn unsere Quellen berichten ja fast ausschließlich über wohlhabende Frauen. "*'Du hast den Frauen eine gleiche Stellung gegeben wie den Männern.' Diese Worte aus einem Preislied auf die Göttin Isis zeigen genau die Stellung der Frau im alten Ägypten, einschließlich ihrer starken rechtlichen Position ... Es gibt im alten Ägypten keinen Zweifel daran: Sie hat nicht nur rechtlich, sondern auch tatsächlich eine ganz gleiche Stellung*" schreibt ein moderner Forscher (Pestman), aber ein anderer (Vercoutter) widerspricht: "*Es gibt keinen Zweifel, daß die Ägypter niemals ein ungünstiges Vorurteil über das 'schwache Geschlecht' gehabt haben... Um volle persönliche Freiheit*

zu genießen, wäre es nötig gewesen, daß die Frau eine (wirtschaftliche) Unabhängigkeit besessen hätte. Diese gab es nur in sehr seltenen und genau bestimmten Fällen ... Die Frau in Ägypten war dem Mann untergeben, ihre Aufgabe war, ihn zu erfreuen, ihm Kinder zu schenken und seinen Haushalt zu führen. Es scheint aber auch, daß umgekehrt die Sitten den Frauen eine große Freiheit ließen... Es dauerte Jahrhunderte, bis die verhältnismäßige Freiheit, der sich die Ägypterinnen erfreuten, wieder das Los der Frauen wurde."

Die griechischen und römischen Berichte über Ägypten sind also - wenn auch mit erheblichen Einschränkungen und Abstrichen - bestätigt. Wie aber steht es mit den anderen Gegenden: Libyen, Spanien usw.? Bestanden die fremdartigen Sitten und erstaunlichen Frauenrollen tatsächlich? Seit Jahrhunderten haben Wissenschaftler aus allen Kontinenten entsprechende Beobachtungen und Nachrichten zusammengetragen, die mit denen der Antike übereinstimmen. Selbst die für uns erstaunlichsten Sitten, daß (auch) weibliche Heere Krieg führen (Amazonentum) und Männer sich nach der Niederkunft ihrer Frauen pflegen lassen (Männerkindbett) sind keine Lügenmärchen, sondern bei Stämmen der ganzen Welt nachgewiesen.

Das krasse "Vaterrecht" der Römer ist keineswegs die einzige Lösung für das Zusammenleben der Geschlechter. Die Rolle der Frauen in der Gesellschaft wird durchaus nicht von Geburt oder von Natur festgelegt, sondern von den Menschen. Die Römer sahen ganz richtig in den abweichenden Sitten ihrer "barbarischen" Nachbarn eine gewisse Verunsicherung und Gefährdung ihrer die Männer bevorzugenden Lebensweise. Trotz Ansätzen zur Frauenemanzipation hielten sie im ganzen eindeutig am Vaterrecht fest und gaben es an die europäischen Völker weiter. Während andere Frauenrollen, die in Ägypten, Spanien und anderswo schon einmal verwirklicht waren, vergessen wurden, haben viele Vorurteile über die Frauen bis heute - oder wenigstens bis gestern - überlebt. Denn erst in den letzten 200 Jahren haben die Frauen verstärkt für ihre "Emanzipation" und "Gleichberechtigung" zu kämpfen begonnen. Dabei können die Römer kein Vorbild sein.

Kommentar für Lehrer(innen)

Lernmöglichkeiten

Thematisch umfaßt das Kapitel die *Stellung der Frauen in der römischen Gesellschaft vor und nach der Reichsbildung*. Als Problem liegt die *Frage nach den Unterdrückungsmechanismen gegen und Emanzipationschancen für Frauen in patriarchalischen Gesellschaften* zugrunde (zugleich als

Aufarbeitung von Herkunft und Rechtfertigung der patriarchalischen Gesellschaft in Europa). Aufgebaut ist das Kapitel als *Strukturvergleich zwischen einer extrem patriarchalischen Gesellschaft und einer Reihe eher gleichberechtigter oder gar "matriarchalischer" Gesellschaften.* Würde nur Rom behandelt, so bestünde die Gefahr, daß nicht behalten wird: "Die Frauenrolle ist gesellschaftlich, nicht biologisch bedingt", sondern: "Gebt euch zufrieden, denn früher ging es den Frauen ja noch schlechter." Die gegenwärtige Situation der Frauen ist ausdrücklich jeweils der dritte Bezugspunkt des Strukturvergleichs.

Als didaktische Vereinfachungen sind zu nennen:
- Es wird keinerlei Theorie der Frauengeschichte und Frauenemanzipation vorausgesetzt oder gelehrt. Sämtliche Kontroversen und klassischen Positionen (Engels, Vaerting, Mead, Lévi-Strauss, Bachofen usw.) zu Matriarchat, Gynaikokratie, Amazonentum usw. sind ausgeklammert. Hier geht es nur um eine Sensibilisierung der Schüler(innen) für das Thema, um die Bereitschaft, die Stellung der Frau auch in anderen Gesellschaften als Problem zu empfinden und aufzuwerfen.
- Erhebliche zeitliche Überschneidungen werden in Kauf genommen. Der Text führt eine Abfolge des alten Frauenideals und der emanzipierten Oberschichtfrauen vor, während die Quellen eher ein gleichzeitiges Nebeneinander zeigen.
- Es bleibt letztlich offen, wieweit die Berichte über die Mehrzahl der kontrastierenden Gesellschaften zutreffen und ob sie nur für bestimmte Schichten gelten. Vor allem wird überhaupt nicht auf die Frage eingegangen, warum die günstigere Stellung der Frauen (z. B. in Ägypten) verlorenging und warum die Männer in Rom die ihnen verhaßte partielle Frauenemanzipation nicht verhindern konnten.

Als mögliche Lernziele sind folgende *komplexe Kenntnisse sinnvoll:*
Wissen,
- daß die fleißige, häusliche, keusche, gehorsame, hochverehrte und geliebte Hausherrin das Ideal der Römer war,
- daß aber im Recht und im täglichen Leben die Frauen benachteiligt und unterdrückt wurden,
- daß die Lebensweise der Römerinnen durch Geschlecht und Schicht bestimmt wurde und die Frauen in den fünf Schichten Senatsadel, Ritterschaft, Bauern- und Handwerkertum, Proletariat und Sklavenbevölkerung höchst unterschiedliche Stellungen hatten,
- daß Frauen der Unterschichten keineswegs dem Frauenideal entsprechend leben konnten und durch Oberschicht und Ehemänner doppelt benachteiligt und unterdrückt wurden (3.1).

Wissen,
- daß infolge des Weltreichs die Römerinnen in Bildung, Familie, Ehe, Wirtschaft, Recht, ja sogar Politik eine freiere Stellung erreichten,

- daß diese "Emanzipation" sich auf Frauen der oberen Schichten beschränkte und die Vorherrschaft der Männer nicht wirklich gefährdete,
- daß die Männer die partielle Emanzipation (vielleicht aus Angst) scharf ablehnten und emanzipierte Frauen moralisch verurteilten, bitter haßten und leidenschaftlich verachteten (3.2).

Wissen,
- daß griechische und römische Schriftsteller über eine freiere und angesehenere Stellung der Frauen, ja sogar über "Frauenherrschaft" bei benachbarten "barbarischen" Stämmen berichten,
- daß viele verschiedene Teilbereiche, z. B. Ehe, Familie, Erbrecht, Produktion, Arbeitsteilung, Heerwesen, Politik, Religion zur Stellung der Frau in der Gesellschaft beitragen und daher gesondert untersucht werden müssen,
- daß in großen Teilen Europas, Afrikas und Asiens vielfältige und einflußreiche Formen einer - verglichen mit Rom - weit selbständigeren und einflußreicheren Rolle der Frauen in der Gesellschaft verwirklicht waren (3.3).

Wissen,
- daß Griechen und Römer Ägypten für ein besonders ausgeprägtes Beispiel von "Frauenherrschaft" hielten,
- daß die altägyptischen Quellen eher auf eine weitgehende "Gleichberechtigung" der Geschlechter schließen lassen,
- daß den Griechen und Römern wegen des Kontrasts zu ihrer "Männerherrschaft" und aus Furcht vor Ansteckung schon Gleichberechtigung als "Frauenherrschaft" erschien (3.4).

An geistigen Operationen kann man mit dem Material einüben:

Fähigkeit,
- Bild- und Textquellen auszuwerten, mehrere Quellen zu vergleichen, Quellengruppen verschiedener Art und Herkunft gegenseitig zu kontrollieren, aufgrund von Quellenanalysen Aussagen zu bestätigen, zu verwerfen oder abzuwandeln,
- historische Zeugnisse mit heutigen Stereotypen zu vergleichen, dabei die Gegenwart historisch zu relativieren und eigene Vorurteile abzubauen,
- historische Strukturen untereinander und mit gegenwärtigen Strukturen zu konfrontieren, dadurch die Bedingtheit von Einzelzügen durch Strukturzusammenhänge sowie ihre Veränderlichkeit im Strukturwandel einzusehen.

Fähigkeit,
- Fragen zu stellen und Hypothesen zu entwickeln, allgemeine Aussagen durch Einzelfälle und ihre Häufung zu kontrollieren, zu erweitern oder einzuschränken,
- schichtspezifische Unterschiede und schichtspezifische Interessen festzustellen, menschliches Handeln aus Interessen zu erklären und eine Schichtungsanalyse durchzuführen,
- zwischen Tatsachenbeschreibung (deskriptive) und Verhaltensforderungen bzw. Rechtssetzungen (normative Aussagen) zu unterscheiden und Spannungen zwischen Anspruch und Wirklichkeit von Institutionen, zwischen legitimatorischen Vorwänden und tatsächlichen Motiven von Handelnden aufzuspüren.

An Zuspitzungen, Generalisierungen und Gegenwartsbezügen lassen sich herausarbeiten:
Einsicht,
- daß Ergebnisse historischen Forschens von den Fragestellungen einerseits, den Quellenbeständen andererseits abhängig sind, daß die Quellenaussagen die Fragestellungen modifizieren und daß die Fragestellungen neue Quellen finden und alte besser erschließen lassen,
- daß Kenntnis und Aufarbeitung auch der Traditionen nötig sind, die den augenblicklichen Tendenzen und den eigenen Interessen entgegenstehen, und daß es sich lohnt, nach den gegenteiligen verschütteten Traditionen zu suchen,
- daß der Geschichtsunterricht bisher seine Fragestellungen einseitig ausgewählt und besonders wichtige und für die Schüler praktisch verwendbare Probleme ausgeklammert hat, obwohl genügend Quellenmaterial zur Verfügung stand.

Einsicht,
- daß das Verhältnis zwischen den Geschlechtern nicht ein für allemal biologisch bestimmt ist, sondern durch die Menschen in historischen Gesellschaften festgelegt und verändert wird,
- daß unser Bewußtsein und die öffentliche Meinung noch immer durch Reste einer extrem "vaterrechtlichen" und "frauenfeindlichen" Denkweise mitbestimmt werden,
- daß die Gleichberechtigung kein abgeschlossenes Ergebnis, sondern ein fortlaufender Prozeß ist, der nur durch persönliches Engagement aufgrund primärer und historischer Erfahrungen vorangetrieben werden kann.

Benutzungsvorschläge

Es wäre jammerschade, wenn der "Frauenteil" im ganzen einer *Kürzung* zum Opfer fiele. Solche Themen werden ohnehin nur ganz selten berücksichtigt. Dagegen ist eine knappere Fassung durchaus zu vertreten. So kann die schichtspezifische Differenzierung in 3.1 entfallen, wenn Schichtprobleme ohnehin nicht wiederholt werden sollen. Ägypten kann fehlen, wenn die Behandlung und die Einübung von Quellenkritik fortfallen. Die vielen "barbarischen Gesellschaften" werden übersprungen, wenn schon an Ägypten allein der Gegensatz zur patriarchalischen Gesellschaft gezeigt werden kann. Sogar der Strukturvergleich selbst ist entbehrlich, wenn der Fehlschluß, die Frauenemanzipation sei vollendet und wir hätten es - gemessen an den Römern - "so herrlich weit gebracht", auf andere Weise vermieden werden kann.

Wiederholungen sind bewusst in den Text eingebaut. Eine schichtspezifische Untersuchung ist für die Lebensweise der Frauen so wichtig wie für die der Männer (v. Borries 1980, 60-76), sie festigt zugleich die Kenntnis der Schichten. In gewisser Weise wiederholt die Behandlung der Frauen (3.2) die der Sklaven (v. Borries 1980, 53-60): In jedem Falle darf sich eine unterdrückte Gruppe soweit emanzipieren, wie es das Interesse der Privilegierten erlaubt. Aber Frauen wie Sklaven bleiben Objekte, Mittel der Herren bzw. der Männer, werden nicht Zwecke, Subjekte. Die Darstellung von Gesellschaften mit günstigerer Frauenstellung ist uns so ungewohnt, daß sie bewusst wiederholt wird (Barbaren 3.3, Ägypter 3.4).

Tafelbild 1: Lebensbedingungen der Frauen

Schicht	Beispiel	Lebensweise
Senatorenfrau	Aemilia	Unermeßlicher Reichtum, viele Sklavinnen und Sklaven, Müßiggang und prunkvoller Schmuck
Ritterfrau	Megallis	Reichtum, Luxus, Prunk, Müßiggang, viele Sklavinnen und Sklaven
Verwalterin (wie Großbäuerin)	Namenlose	Aufsicht über Haus, Hof und Sklaven, viel Arbeit und vielfältiger Konsum
Proletarierin	Frau des Lingustinus	Fast besitzlos, Sorge um Ernährung einer großen Familie, schwere Arbeit, keine Sklaven
Haussklavin	Lemiso	Hausarbeit, Schlägen und Beischlaf ausgesetzt, keine Ruhepausen
Hirtensklavin	Namenlose	Schwere Arbeit wie die Männer, keine Rücksicht auf Schwangerschaft oder Stillen, keine Unterkunft

Die Lebensbedingungen verschiedener römischer Frauen (3.1) können als Schema erarbeitet werden *(Tafelbild 1)*.

Im Zusammenhang der partiellen Frauenemanzipation der Oberschichtfrauen (3.2) ist es wichtig, sich verschiedene Begriffe von Emanzipation klarzumachen (vgl. Hilligen 1975, 287 ff.).

Tafelbild 2: Verschiedene Emanzipationsbegriffe

1. Persönliche Selbstbestimmung, Mündigkeit, Reife (z. B. Großjährigkeit, Geschäftsfähigkeit, Eigenverantwortlichkeit)

2. Abbau gruppenspezifischer rechtlicher und sozialer Benachteiligungen (z. B. Juden, Arbeiter, Frauen).

3. Universalgeschichtlicher Prozeß der Entwicklung von Menschenwürde und Freiheitsrechten (z. B. Aufklärung, Menschen- und Bürgerrechte, Geschichte als Fortschritt im Bewusstsein der Freiheit).

4. Weltpolitische Zukunftsaufgabe der Sicherung von Überleben und "gutem Leben" (z. B. Weltinnenpolitik, Frieden, Umweltschutz, Fortsetzung des weltgeschichtlichen Kampfes um die Menschenrechte).

Die Formen der partiellen Frauenbefreiung können aufgelistet werden:

Tafelbild 3: Formen der Frauenbefreiung für die römischen Oberschichten

Ökonomisch:	Verfügung über Vermögen, Betreiben von Unternehmen
Rechtlich:	Lockerung der männlichen Vormundschaft
Kulturell:	Bessere Bildungschancen, größeres literarisches Interesse, Frauen als Rednerinnen und Dichterinnen
Moralisch:	Schwächung der frauenfeindlichen Doppelmoral, Erleichterung von Scheidungen, Liebesverhältnisse
Religiös:	Entwicklung eigener Frauenkulte
Politisch:	Einfluß auf gesamtes Staatsleben

Zu den barbarischen Völkern (3.3) sollte gleich zu Beginn eine immer wieder zu erweiternde Liste angelegt werden:

Tafelbild 4: "Typisch weibliche" Verhaltensweisen?

Vorurteil	Gegenbeispiel	Quelle
"Männer sind mutiger"	Iberer	Strabo
"Frauen gehören ins Haus"	Libyer	Diodor
"Frauen sind eitler und putzsüchtig"	Gallier	Poseidonios
...		
...		

Einen gewissen Ersatz für die bewusst ausgeklammerte Theorie bildet vielleicht folgende Begriffsunterscheidung, die als Lehrervortrag eingebracht werden kann:
1. *Matriarchat* (Mutterrecht): Frauen verfügen über das Eigentum an Häusern, Äckern und Kindern. Der Ehemann wird meist nicht als Vater der Kinder angesehen und gilt manchmal nur als Gast seiner Frau. So war es angeblich (vielleicht?) im alten *Libyen*.
2. *Matrilinearität* (Mutterabstammung): Familienzugehörigkeit, Besitz und Erbe werden nach der mütterlichen Seite gerechnet. Die Mutter oder häufiger der mütterliche Onkel entscheidet über die Kinder und vererbt ihnen das Vermögen, das also in der weiblichen Linie bleibt. So war es offenbar bei den alten *Lykiern*.
3. *Matrilokalität* (Mutterwohnsitz): Der Ehemann lebt bei der Frau und ihrer Familie. Auch wenn er - wie meist - dort die Gewalt über Frau und Kinder hat, bleibt die Stellung der Frau stark, weil sie von ihren Verwandten - z. B. ihren Schwestern - umgeben ist. So scheint es bei den alten *Iberern* gewesen zu sein.
4. *Gynaikokratie* (Frauenregierung): Frauen nehmen alle politischen Machtstellungen ein, sie regieren die Männer. So soll es bei den alten *Ägyptern* gewesen sein, doch ist bis heute scharf *umstritten* (und eher *unplausibel*), ob es jemals solche Völker gegeben hat.
5. *Amazonentum* (Frauenheere): (Nur) Frauen ziehen in den Krieg, in ihren Staaten werden die Männer unterdrückt, zur Hausarbeit gezwungen, allenfalls geduldet oder gar umgebracht. So wird von den alten *Amazonen* in Libyen berichtet, doch wird bis heute allgemein - und *begründet* - bestritten, daß es je solche Gesellschaften gegeben hat.
6. *Doppelstrukturen* (Gleichberechtigung in vielfachem Sinn): Entweder gelten ganz allgemein gleiche Rechte, z. B. bei den alten *Massageten;* oder für die Frauen gibt es neben den männlichen Ämtern eigene politische Ämter, wie bei den alten *Aithiopen*. Oder es kämpfen zusätzlich zu den Männer(heeren) auch Frauen(heere), so bei den alten *Sarmaten*. Auch die Abstammung wird oft nach beiden Seiten gerechnet, z. B. bei den alten *Galliern*. Männer und Frauen wohnen mit je eigenen Institutionen, Riten und Sitten nebeneinander und durcheinander, wie anderswo zwei Völker oder Städte. Beide haben dadurch ihre eigenen Bereiche.

Der Strukturvergleich, vor allem die Kontrolle anhand der Ägypter (3.4) versucht deutlich zu machen, wie schwierig es ist, über die Frauenrolle in verschiedenen Gesellschaften zu sicheren Aussagen zu kommen. Je nach eigenem Glauben und Interesse werden alle unerwünschten Nachrichten als Märchen, alle erwünschten als gesicherte Wahrheit angesehen. Zwischen Leichtgläubigkeit und Hyperkritik den richtigen Weg zu finden, ist extrem schwer. Die populäre Literatur zeigt eine geradezu erschütternde Einseitigkeit und Dogmengläubigkeit, die wissenschaftliche Literatur ist schwer auffindbar, oft (für die Geschechterfrage) unergibig und/oder weithin kontrovers!

Literatur

Als Nachweis der Fundstellen und als Hilfe für Weiterarbeit werden kurz einige Quellen und Darstellungen (jeweils einschließlich des Themas: Frauen in Ägypten) angegeben. Ein wissenschaftlicher Anspruch wird nicht erhoben.

Quellen: Antike Schriften

Die Verfasser aus dem Altertum werden - unabhängig von der jeweiligen Ausgabe oder Übersetzung - einheitlich nach Werktitel, Buch, Kapitel (und ggf. Abschnitt) zitiert. Detaillierte bibliografische Angaben sind daher überflüssig. Damit die Autoren historisch eingeordnet und leichter auf inhaltliche Einseitigkeiten (Tendenzen) untersucht werden können, sind Lebensumstände und Überlieferungszustand wichtig. Außerdem werden meist Verlage neuerer Übersetzungen vermerkt. Umfassend und hervorragend sind die zweisprachigen Ausgaben (griechisch/englisch, lateinisch/englisch) der "Loeb Classical Library" (Cambridge Mass.: Harvard Univ. Press, und London: Heinemann). Mit weitem Abstand folgen in deutscher Sprache die "Tusculum Bücherei" (München: Heimeran) und die "Bibliothek der Alten Welt" (Zürich: Artemis) sowie die Taschenbuchreihen Rowohlt-Klassiker (Reinbek), Fischer Exempla Classica (Frankfurt/M.), Kröner (Stuttgart), Goldmann (München), dtv (München), Reclam (Stuttgart).

Appian aus Alexandria/Ägypten, 2. Jh. n. Chr., kaiserlicher Verwaltungsbeamter, schrieb griech. umfangreiche "Römische Geschichte" (großenteils erhalten). Wirkungsvoll, etwas reißerisch, sachlich sehr wichtig, da ältere Vorlagen meist verloren. Übers. bei Loeb.

Ägyptische *Briefe*, vor allem aus Neuem Reich und Spätzeit (ca. 1500ca. 300 v. Chr.), sind auf Papyri erhalten (vgl. Papyri).

Gaius Julius *Caesar*, Imperator, 100-44 v. Chr., römischer Feldherr und Politiker, schrieb u. a. lat. "Gallischer Krieg" und "Bürgerkrieg" (erhalten). Starke Tendenz zugunsten der eigenen Leistungen. Übers. u.a. bei Loeb, Rowohlt, Reclam, Goldmann, Tusculum.

Cassius Dio Cocceianus aus Nicäa/Kleinasien, 2./3. Jh. n. Chr., kaiserlicher Verwaltungsbeamter, schrieb griech. umfangreiche "Römische Geschichte" (teilweise erhalten). Wichtig, da viele der älteren Vorlagen verloren. Übers. bei Loeb.

Marcus Porcius *Cato*, der Ältere, 234-149 v. Chr., römischer Politiker, schrieb Reden und Geschichtsbücher (geringe Bruchstücke erhalten) sowie "Landwirtschaft" (erhalten). Antigriechische Tendenz. Übers. bei Loeb (Cato/Varro), Duncker u. Humblot (Berlin-West).

Diodor aus Argyrion/Sizilien, 1. Jh. v. Chr., schrieb griech. umfangreiche "Historische Bibliothek" (Weltgeschichte) mit völkerkundlichem Einschlag (teilweise erhalten). Sehr wichtig, da viele Vorlagen (z. B. Polybios, Poseidonios) größtenteils verloren. Übers. bei Loeb.

Ägyptische *Eheverträge*, vor allem aus der Spätzeit (ca. 1000-ca. 300 v. Chr.), sind auf Papyri erhalten. Übers. Erich Lüddeckens: Ägyptische Eheverträge, Wiesbaden: Harrassowitz 1960.

Aulus *Gellius*, 2. J . n. Chr., schrieb lat. "Attische Nächte" (erhalten), Sammlung von Auszügen aus älteren griech. und lat. Autoren. Rettung wichtiger Bruchstücke. Übers. bei Loeb und Wiss. Buchges. (Darmstadt).

Römische Grabinschriften, seit 3. Jh. v. Chr., geben vielfach Auskunft über tägliches Leben und alle Schichten (nicht nur Adel). Übers. z. B. bei Loeb ("Remains of Old Latin IV"), Tusculum ("Römische Grabinschriften").
Heracleides aus Pontos/Kleinasien, 1. Jh. n. Chr., schrieb griech. zahlreiche Schriften (fast restlos verloren).
Herodot aus Halikarnassos/Kleinasien, 5. Jh. v. Chr., schrieb als "Vater der Geschichte" zuerst "Historien" mit völkerkundlichem Einschlag (erhalten). Übers. u.a. bei Loeb, Kröner, Artemis, Goldmann, Reclam (tw.), Tusculum.
Hortensia, 1. Jh. v. Chr., Römerin aus bekannter Politiker- und Rednerfamilie, hielt 43 v. Chr. berühmte Rede gegen die Besteuerung von Frauen (tw. überliefert bei Appian).
Griechische und lateinische *Inschriften*, insbes. 3. Jh. v.-1. Jh. n. Chr., sind wichtige Quellen zur römischen Geschichte. Übers. z. B. bei Tusculum ("Griechische Inschriften", "Pompeianische Wandinschriften") und Loeb ("Remains of Old Latin IV").
Ägyptische Liebeslieder, bes. aus dem Neuen Reich (ca. 1500-ca. 1000 v. Chr.), sind auf Papyri erhalten. Einblick in den Alltag. Übers. Siegfried Schott: Altägyptische Liebeslieder, Zürich: Artemis, 2. Aufl. 1950.
Titus *Livius* aus Padua, 59 v.-17 n. Chr., schrieb im Auftrag des Augustus lat. "Geschichte seit Gründung der Stadt" mit romverherrlichender und republikanischer Tendenz (großenteils erhalten). Schriftstellerisch glänzend, geschichtlich unzuverlässig, dennoch eine der wichtigsten Quellen über Rom. Übers. z. B. bei Loeb, Tusculum (im Erscheinen), Goldmann (tw.), Reclam (tw.), Kröner (tw.), Artemis (tw.), AufbauVerlag (Berlin-Ost, tw.).
Gaius *Lucilius*, 2. Jh. v. Chr., Freund des Karthago-Zerstörers, schrieb lat. Gedichte (viele kurze Bruchstücke erhalten). Übers. bei Loeb ("Remains of Old Latin III"), Artemis und Rowohlt ("Römische Satiren", tw.).
Quintus Caecilius *Metellus* Macedonicus, 2. Jh. v. Chr., römischer Politiker aus führender Adelsfamilie, schrieb lat. Reden (einzelne Zitate erhalten).
Römische *Münzen*, seit 3. Jh. v. Chr., haben auch durch ihre Inschriften Quellenwert.
Cornelius *Nepos*, 1. Jh. v. Chr., Berufsschriftsteller im Umkreis Ciceros, schrieb u.a. lat. "Berühmte Männer" (zu kleinem Teil erhalten). Übers. z. B. Loeb (Florus/Nepos) und Goldmann.
Nicolaos aus Damaskus/Syrien, 1. Jh. v./1. Jh. n. Chr., schrieb griech. u.a. "Weltgeschichte" und "Völkerkunde" (fast restlos verloren).
Papyri aus Ägypten, seit 3. Jahrtausend v. Chr., enthalten ägypt., später auch griech. und lat. Dokumente zu allen Bereichen des Lebens. Übers. u.a. bei Loeb ("Select Papyri"), Artemis ("Nachrichten aus dem Wüstensand"). Helmut Thierfelder: Unbekannte antike Welt, Gütersloh: Mohn 1963, Adolf Erman und Fritz Krebs: Aus den Papyrus der königl. Museen, Berlin: Spemann 1913 (letzter Titel: ägypt., andere: griech.-lat.).
Plutarch aus Chaironäa/Griechenland, 1./2. Jh. n. Chr., schrieb griech. "Moralische Fragen" und "Parallele Leben" großer Griechen und Römer (großenteils erhalten). Glänzender Schriftsteller, sachlich äußerst wichtig, da ältere Vorlagen vielfach verloren. Übers. bei Loeb, Artemis, dtv, Goldmann, Kröner (tw.).
Polybios aus Megalopolis/Griechenland, ca. 200-ca. 125 v. Chr., griechischer Politiker, als Gefangener in Rom Freund führender Staatsmänner, schrieb griech. "Weltgeschichte" (zum kleinen Teil erhalten). Hervorragend informiert, sachlich-kühler Schriftsteller, adels- und romfreundliche Tendenz. Eine der wichtigsten Quellen über Rom. Übers. bei Loeb, Artemis, dtv.
Poseidonios aus Apameia/Kleinasien, 2./1. Jh. v. Chr., bedeutender Universalgelehrter, schrieb griech. u.a. philosophische Schriften (tw. erhalten) und "Weltgeschichte" (verloren, in einzelnen Abschnitten aus Zitaten und Nachahmungen wiederherstellbar). Rom- und adelsfreundlich. Übers. bei Artemis ("Stoa und Stoiker").

Gaius *Sallustius* Crispus, 86-34 v. Chr., schrieb lat. "Krieg gegen Jugurtha", "Verschwörung des Catilina" (beide erhalten), "Geschichte" und "Flugschriften" (beide überwiegend verloren). Literarisch glänzend, sachlich äußerst wichtig, Tendenz zugunsten der "Popularen". Gilt neben Tacitus als größter Geschichtsschreiber Roms. Übers. bei Loeb, Tusculum, Artemis, Rowohlt, Reclam, Goldmann.
Strabon aus Amaseia/Kleinasien, 1. Jh. v./1. Jh. n. Chr., schrieb griechische "Geografie" (erhalten) mit völkerkundlichen und geschichtlichen Nachrichten. Übers. bei Loeb.
Ägyptische *Totenklagen*, seit dem Alten Reich (ca. 2800-ca. 2300 v. Chr.) sind auf Stein oder Papyrus überliefert. Übers. bei Artemis ("Die ägyptische Religion" 4 Bde. und "Das Totenbuch der Ägypter", "Altägyptische Lebensweisheit", "Altägyptische Liebeslieder", "Ägyptische Unterweltsbücher", "Ägyptische Hymnen und Gebete").
Marcus Terentius *Varro*, 1. Jh. v. Chr., schrieb als Universalgelehrter über fast alle Themen, u. a. "Landwirtschaft" (erhalten). Übers. Loeb (Cato/Varro).
Ägyptische Weisheitslehren, schon seit dem Alten Reich (ca. 2800-ca. 2300 v. Chr.), erinnern vielfach an Sprüche der Bibel. Übers. Friedrich Wilhelm von Bissing: Altägyptische Lebensweisheit, Zürich: Artemis 2. Aufl. 1979.
Zwölftafelgesetz, 5. Jh. v. Chr., ältestes lat. Gesetzbuch (fast ganz verloren). Übers. bei Loeb ("Remains of Old Latin III"), Tusculum, Aufbau-Verlag (Berlin-Ost, "Römisches Recht").

Quellen: Textsammlungen, gegenständliches und abbildendes Material

Zusätzlich zu den Ausgaben und Übersetzungen gibt es einige vorzügliche moderne Quellensammlungen, eine Art Lesebücher, z. B.:

Arend, Walter (Bearb.): Altertum. Alter Orient - Hellas - Rom; München (Bayer. Schulbuch-V.) 1965 (= Geschichte in Quellen I).
Gaiser, Konrad (Zus. und übers.): Für und wider die Ehe. Antike Stimmen zu einer offenen Frage; München (Heimeran) 1974 (= Dialog mit der Antike).
Hentig, Hartmut v. (Hrsg,): Weltmacht Rom. Glanz und Niedergang des großen Imperiums; München (Goldmann) o. J. (= Lesewerk zur Geschichte 2).
Kytzler, Bernhard (Übers.): Roma aeterna. Griechische und lateinische Romdichtung aus Antike, Mittelalter, Renaissance und Gegenwart; Zürich (Artemis) 1972.
Rehork, Joachim (Hrsg.): Geschichte im Altertum. Tat, Wort und Deutung, Bd. 5: Hellenismus und Rom, Bd. 6: Rom - Niedergang der Republik, Bd. 7: Augustus, Bd. 8: Tacitus; Hamburg (Standard) 1963f.
Till, Rudolf (Übers.): Res publica. Texte zur Krise der frührömischen Tradition; Zürich (Artemis) 1976.

Während das antike Schrifttum im großen und ganzen sorgfältig erschlossen und gut zugänglich ist (große Editions- und Übersetzungsreihen), steht es mit den gegenständlichen und bildlichen Überresten und Denkmälern weit schlechter. Es gibt nur relativ wenige und knappe Quellensammlungen dieser Art, z. B.:

Das Altertum in Bildern, von Heinz Mode u.a.; Berlin (Ost) (Volk und Wissen) 1955.
Bildatlas der klassischen Welt, hrsg. v. A. M. van der Heyden, dt. Ausg. v. Hans E. Stier; Gütersloh (Mohn) 1960.
Bilder und Dokumente zur Weltgeschichte, ausgew. und bearb. von Karl Danz und Wolfram Mitte; Berlin (Propyläen) 1965, 179-218 (= Propyläen-Weltgeschichte 12).
Hawkes, Jacquetta (Hrsg.): Bildatlas der frühen Kulturen; München (Bertelsmann-Lex.) 1977.

Nash, Ernest: Bildlexikon zur Topographie des antiken Rom, 2 Bde.; Tübingen (Ernst Wasmuth) 1961, 1962.
Weltgeschichte in Bildern, Bd. 3 und 4, Lausanne (Edition Rencontre) 1969.

Wesentlich günstiger ist die Lage allerdings bei zwei Untergruppen der Sachquellen, nämlich den Kunstwerken allgemein und den (wichtigen) Münzen im besonderen. Hier gibt es relativ erschwingliche neuere Überblicke mit Editionscharakter, z. B.:

Busch, Harald und *Edelmann,* Gottfried (Hrsg.): Römische Kunst; Frankfurt/M. (Umschau) 1968. Etruskische Kunst, 1969. Griechische Kunst, 1967. Ägyptische Kunst, von Hans-Wolfgang Müller, 1970 (= Monumente Alter Kulturen).
Hafner, German: Athen und Rom; Baden-Baden (Holle) 1969 (= Kunst im Bild).
Kent, John P. C., *Overbeck,* Bernhard und *Stylow,* Armin U.: Die Römische Münze. Aufnahmen von Max Hirmer und Albert Hirmer; München (Hirmer) 1973.
Kraus, Theodor: Das Römische Weltreich; Berlin (Propyläen) 1967 (= Propyläen Kunstgeschichte 2).
Poulsen, Vagn: Römische Bildwerke; Königstein/Ts. (Langewiesche Nachfolger) 1964. Römische Bauten, 1964. Griechische Bildwerke, 1962. Griechische Vasen und Bauten, 1963. Etruskische Kunst, 1969. Ägyptische Kunst. Altes und Mittleres Reich, 1968. Ägyptische Kunst. Neues Reich und Spätzeit, 1968. Römische Malerei, von Richard Seider, 1968. (= Die Blauen Bücher).
Sutherland, C. H. V.: Münzen der Römer; München (Ernest Battenberg) 1974.

Die übrigen Sachquellen, also besonders Geräte (z. B. Werkzeuge und Waffen) und nichtkünstlerische Bauwerke (z. B. Wohnhäuser, Wälle oder Hafenanlagen) sind in den archäologischen Publikationen überaus verstreut. Ersatzweise kann man die Bebilderung von vielen wissenschaftlichen Darstellungen heranziehen, bes. (Alte) *Propyläen-Weltgeschichte,* Bd. 2 (Berlin: Propyläen 1931), (Neue) *Propyläen-Weltgeschichte,* Bd. 4 und 11 (Frankfurt/M.: Ullstein 1976 Taschenbuchausgabe) *Handbuch der Kulturgeschichte, Handbuch der Altertumswissenschaft, Grimal, Kahrstedt, Grant und Rostovtzeff* Mehr Vorsicht ist bei den historischen Sachbüchern geboten, da sie oft gesicherte (oder auch phantasievolle) Rekonstruktionen nicht von Sachquellen abheben. Dennoch sind viele Abbildungen brauchbar, z. B. in *"Die Welt der Römer", "Rom und seine große Zeit", "Die Welt der Antike", "Die Römer. Ein enzyklopädisches Lexikon".*

Darstellungen: Geschichtswissenschaftliche Literatur

Aus der unübersehbaren Flut wird nur eine schmale Auswahl genannt. Der Schwerpunkt liegt nicht auf der allgemeinen politischen Geschichte, die Angaben werden vielmehr - wie das Unterrichtsmodell - auf Wirtschafts- und Sozialgeschichte, auf die Rechtfertigung von Kriegen und Herrschaft, auf das Alltagsleben besonders von Sklaven und Frauen (einschließlich einiger Titel zu den Ägypterinnen) zugespitzt. Einige Forschungskontroversen sind einbezogen (vgl. z. B. Christian Meier und Helmuth Schneider über die Krise der römischen Republik). In Einzelfällen wird die Spannweite erst richtig deutlich, wenn man fremdsprachige Literatur einbezieht, die unangenehme Fragen viel unbefangener stellt als die deutsche (vgl. vor allem die Aufsatzsammlungen).
Nicht besonders aufgeführt werden einschlägige Bände gängiger Handbücher und Gesamtdarstellungen der Bundesrepublik (z. B. Propyläen-Weltgeschichte, Historia Mundi, Saeculum Weltgeschichte, Handbuch der Kulturgeschichte, Fischer Weltgeschichte, Handbuch der Altertumswissenschaft) und anderer Länder (z. B. Weltgeschichte bis zur Herausbildung des Feudalismus (DDR), Weltgeschichte in zehn Bänden (UdSSR), History of Mankind (UNESCO), Cambridge Ancient History, Peuples et civilisations, Histoire generale des civilisations). Auch Atlan-

ten (z. B. Großer Historischer Weltatlas hrsg. vom Bayer. Schulbuchverlag und Westermanns Großer Atlas zur Weltgeschichte) und Lexika (z. B. Der Kleine Pauly und Lexikon der Alten Welt, letzteres auch in Taschenbuchausgabe) werden vorausgesetzt.

Alföldy, Geza: Römische Sozialgeschichte; Wiesbaden (Franz Steiner) 1975.
Aufstieg und Niedergang der Römischen Welt (ANRW). Geschichte und Kultur Roms im Spiegel der neueren Forschung, hrsg. von Hildegard Temporini; Berlin (de Gruyter) 1972 ff. (bes. Bde. I/ 1-4, II/ 1).
Badian, Ernst: Roman Imperialism in the Late Republic; Oxford (Blackwell) 1967.
Balsdon, Dacre: Die Frau in der römischen Antike; München (Beck) 1979.
Bleicken, Jochen: Die Verfassung der römischen Republik. Grundlagen und Entwicklung; Paderborn (Schöningh) 1975.
Bleicken, Jochen: Verfassungs- und Sozialgeschichte des Römischen Kaiserreiches, 2 Bde.; Paderborn (Schöningh) 1978.
Bornemann, Ernest: Das Patriarchat. Ursprung und Zukunft unseres Gesellschaftssystems; Frankfurt/M. (S. Fischer) 1975, 347-509 ("Das Patriarchat in Rom").
Brockmeyer, Norbert: Arbeitsorganisation und ökonomisches Denken in der Gutswirtschaft des römischen Reiches; Diss. Bochum 1968.
Brockmeyer, Norbert: Sozialgeschichte der Antike; Stuttgart (Kohlhammer) 1972.
Brockmeyer, Norbert: Antike Sklaverei; Darmstadt (Wiss. Buchges.) 1979 (= Erträge der Forschung).
Brunner-Traut, Emma: Die alten Ägypter. Verborgenes Leben unter Pharaonen; Stuttgart (Kohlhammer) 1974.
Brunt, Peter Astbury: Italian Manpower 225 B.C. - 14 AD; Oxford (Clarendon) 1971.
Brunt, Peter Astbury: Social Conflicts in the Roman Republic; London (Chatto and Windus 1971).
Burck, Erich: Die Frau in der griechisch-römischen Antike; München (Heimeran) 1969.
Carcopino, Jérôme: Les étapes de l'impérialisme romain; Paris (Hachette) 1961.
Carcopino, Jérôme: Rom. Leben und Kultur in der Kaiserzeit; Stuttgart (Reclam) 1977.
Christ, Karl: Römische Geschichte. Einführung, Quellenkunde, Bibliographie; Darmstadt (Wiss. Buchges.) 1972.
Christ, Karl: Das Römische Weltreich. Aufstieg und Verfall einer antiken Großmacht; Freiburg/Br. (Herder) 1973.
Christ, Karl: Krise und Untergang der römischen Republik; Darmstadt (Wiss. Buchges.) 1979.
Dohr, Heinz: Die italischen Gutshöfe nach den Schriften Catos und Varros; Diss. Köln 1965.
Dulckeit, Gerhard und (Neubearbeitung) *Schwarz,* Fritz: Römische Rechtsgeschichte. Ein Studienbuch; München (Beck) 5. neubearb. u. erw. Aufl. 1970.
Frank, Tenney: Roman Imperialism; New York (Macmillan) 1914.
Frank, Tenney: An Economic Survey of Ancient Rome, 6 Bde., Baltimore (John Hopkins) 1933/40 (bes. Bd. 1 und Bd. 5).
Fuchs, Harald: Der geistige Widerstand gegen Rom; Berlin (de Gruyter) 1964 (Neudruck).
Grant, Michael: Rom; Zürich (Kindler) 1960 (Kindlers Kulturgeschichte).
Grimal, Pierre: Römische Kulturgeschichte; München (Droemer) 1960.
Grimal, Pierre (ed.): Histoire mondiale de la femme, 4 Bde., Paris (Nouv. Lib. de France) 1965 (Ägypten und Rom in Bd. 1).
Harris, William V.: War and Imperialism in Republican Rome 327-70 B. C.; Oxford (Clarendon) 1979.
Heuss, Alfred: Römische Geschichte; Braunschweig (Westermann) 3. verb. Aufl.

1971.
Hopkins, Keith: Conquerors and Slaves. Sociological Studies in Roman History; Cambridge (Univ. Press) 1978.
Kahrstedt, Urich: Kulturgeschichte der römischen Kaiserzeit; Bern (Francke) 2. neubearb. Aufl. 1958.
Klein, Richard (Hrsg.): Prinzipat und Freiheit; Darmstadt (Wiss. Buchges.) 1969 (= Wege der Forschung 135).
Klein, Richard (Hrsg.): Das Staatsdenken der Römer; Darmstadt (Wiss. Buchges.) 2. Aufl. 1973 (= Wege der Forschung 46).
Leipoldt, Johann: Die Frau in der antiken Welt und im Urchristentum; Gütersloh (Mohn) 1962.
Marrou, Henri Irenée: Geschichte der Erziehung im klassischen Altertum; München (dtv) 1977.
Meier, Christian: Res Publica Amissa. Eine Studie zur Verfassung und Geschichte der späten römischen Republik; Wiesbaden (Franz Steiner) 1966.
Meyer, Ernst: Römischer Staat und Staatsgedanke; Zürich (Artemis) 4. Aufl. 1975.
Münzer, Friedrich: Römische Adelsparteien und Adelsfamilien; Stuttgart (Metzler) 1963 (Neudruck).
Oppermann, Hans (Hrsg.): Römertum; Darmstadt (Wiss. Buchges.) 4. Aufl. 1976 (= Wege der Forschung 18).
Pekáry, Thomas: Die Wirtschaft der griechisch-römischen Antike; Wiesbaden (Franz Steiner) 1976.
Pöschl, Victor (Hrsg.): Römische Geschichtsschreibung; Darmstadt (Wiss. Buchges.) 1969 (= Wege der Forschung 90).
Pomeroy, Sarah B.: Goddesses, Whores, Wives, and Slaves. Women in Classical Antiquity; New York (Schocken) 1975.
Robins, Gay: Frauenleben im Alten Ägypten; München (Beck) 1996.
Rostovtzeff, Michael: Gesellschaft und Wirtschaft im römischen Kaiserreich, 2 Bde.; Leipzig (Quelle u. Meyer) 1929.
Sämih, Wali-ad-Din: Alltag im alten Ägypten; München (Callway) 1963.
Schneider, Hans-Christian: Das Problem der Veteranenversorgung in der späten römischen Republik; Bonn (Habelt Kommission) 1977.
Schneider, Helmuth: Wirtschaft und Politik. Untersuchungen zur Geschichte der spätrömischen Republik; Erlangen (Palm und Enke) 1974.
Schneider, Helmuth (Hrsg.): Zur Sozial- und Wirtschaftsgeschichte der späten römischen Republik; Darmstadt (Wiss. Buchges.) 1976 (= Wege der Forschung 413).
Schneider, Helmuth: Die Entstehung der römischen Militärdiktatur; Köln (Kiepenheuer) 1977.
Seltmann, Charles: Geliebte der Götter. Eine Kulturgeschichte der Frau im Altertum; Stuttgart (Spemann) 1958.
Späth, Thomas und *Wagner-Hasel,* Beate (Hrsg.): Frauenwelten in der Antike. Geschlechterordnung und weibliche Lebenspraxis; Stuttgart (Metzler) 2000.
Staerman, E. M.: Die Blütezeit der Sklavenwirtschaft in der römischen Republik; Wiesbaden (Franz Steiner) 1969.
Vogt, Joseph: Die römische Republik; Darmstadt (wbg), 6. Aufl. 1973.
Wallon, Henri Alexandre: Histoire de l'esclavage dans l'antiquité, 3. Bde.; Aalen (Scientia) 1974 (Neudruck).
Wenig, Steffen: Die Frau im alten Ägypten; Leipzig (Ed. Leipzig) 3. Aufl. 1970.
Zinserling, Verena: Die Frau in Hellas und Rom; Stuttgart (Kohlh.) 1972.

Darstellungen: Fachdidaktische Arbeiten

Die Geschichtsdidaktik hat sich - jedenfalls bis 1977/1980 - mit der römischen Republik nur relativ selten beschäftigt. Abgesehen von einigen eher fachwissenschaftlichen - u.U. Abbilddidaktik nahelegenden - Aufsätzen (besonders in der GWU) liegen einzelne Schulbuchanalysen und Schülerumfragen, Lehrerberichte und Lernzielüberlegungen vor, z. B.:

Bichler, Reinhold: Über Klischee, Moral und weltanschauliche Tendenzen im Bild der Alten Welt in den Geschichtsbüchern, in: IJGU Bd. 15; 1974, 97-131.
Borries, Bodo v.: Das Altertum im historischen Sachbuch. Information und Ideologie; in: Geschichte als Fluchtburg? Zum Phänomen historisches Sachbuch Loccumer Protokolle 24/78, 15-69. Gekürzter Wiederabdruck als: Kommunikationsfaktoren des historischen Sachbuchs. Information und Ideologie, in: Bertelsmann-Briefe Heft 106, II/1981, 25-41.
Borries, Bodo v.: Problemorientierter Geschichtsunterricht? Schulbuchkritik und Schulbuchrevision, dargestellt am Beispiel der römischen Republik; Stuttgart (Klett) 1980.
Borries, Bodo v.: Römische Republik: Weltstaat ohne Frieden und Freiheit?; Stuttgart (Klett) 1980, 2. Aufl. 1985.
Borries, Bodo v. (unter Mitarbeit von Weidemann, Sigrid, Baeck, Oliver, Grzeskowiak, Sylwia und Körber, Andreas): Das Geschichtsbewußtsein Jugendlicher. Erste repräsentative Untersuchung über Vergangenheitsdeutungen, Gegenwartswahrnehmungen und Zukunftserwartungen in Ost- und Westdeutschland; Weinheim/München (Juventa) 1995, 53ff., 68ff.
Christ, Karl: Römische Geschichte im Unterricht, in: GWU, 23. Jg., 1972, 277-290.
Emrich, Ulrike: Was halten Schüler von alter Geschichte, in: GWU, 22. Jg., 1971, 340-363.
Erdmann, Elisabeth: Die Herrschaftsform des Prinzipats. Ein Unterrichtsversuch mit lateinischen Quellen, in: GWU, 19. Jg., 1968, 344-356.
Hilligen, Wolfgang: Zur Didaktik des politischen Unterrichts I; Opladen (Leske & Budrich) 1975.
Meier, Christian: Historie, Antike und politische Bildung, in: Historischer Unterricht im Lernfeld Politik, Bonn (Bundeszentrale f. Pol. Bildung) 1973, 40-76.

4. Die "Große Hexenverfolgung" (1555-1665)

"Todeskampf des Mittelalters" oder "Geburtswehen der Neuzeit"?

4.1 Faszinierendes Lieblingsthema zwischen Reflexion und Projektion

Die große Hexenverfolgung der Frühneuzeit ist bei Fachdidaktiker(inne)n und Schulbuchmacher(inne)n zu einem bevorzugten Thema aufgerückt (wenn es auch noch in manchen Lehrwerken fehlt). Das ist - angesichts des Ausmaßes der Katastrophe - gut verständlich. Aber die Darstellungen (z.B. Stöckle 1991) - und ähnlich die ziemlich zahlreichen Jugendromane (vgl. Literaturverzeichnis) - neigen dazu, vorweg Partei zu ergreifen und moralisch zu urteilen, statt das Phänomen erst einmal vorzuführen, mit den Augen der Zeitgenossen zu betrachten und dadurch verständlich zu machen. Ein Blick in die Denkwelt und Motivation der Verfolger wird nur selten versucht. Wie bei anderen Verbrechen gegen die Menschlichkeit (z.B. Kolonialeroberungen, Nationalsozialismus) wird in erster Linie Mitleid mit den Opfern - und Überlegenheitsdünkel gegenüber den Tätern - erzeugt. Ein Durchdenken wird so nicht befördert.

Das ist keine bloße Mutmaßung, sondern kann eindeutig belegt werden (v. Borries u.a. 1992, 58-63, 200f., 1995, 133ff., 145ff., 150ff., 216f.). 1990 wurden fast 2000 Jugendliche in Ostdeutschland (damals DDR in Auflösung) und verschiedenen Bundesländern Westdeutschlands - nach Vorlage einer sehr bekannten Bildquelle (vgl. Q 1) - gefragt (Wiederholung in Sachsen 1991): *"Versetze Dich in die Situation eines zeitgenössischen Richters und überlege, ob Du wohl an der Verurteilung einer Hexe teilgenommen hättest!"* Danach waren acht Aussprüche auf vierstufigen Likert-Skalen von *"unbedingt nein"* bis *"unbedingt ja"* anzukreuzen, und zwar "historisch triftige" wie "anachronistische" Argumente pro und contra. Dazu gehörten z.B. *"Ich weigere mich, denn Folter und Verbrennung sind auf alle Fälle grausam und unmenschlich..."* und *"Ich weigere mich, denn meine eigene Mutter oder Schwester können ja auch betroffen sein..."* gegen *"Ich mache mit, denn ich glaube - wie fast alle Zeitgenossen - selbst an Hexerei..."* und *"Ich mache mit, denn eine Weigerung macht mich selbst der 'Hexerei' verdächtig...".*

Q 1. *Hexenverbrennung in Derneburg 1555* (Piat 1998, 217)

Mat. 1. Affekte, Empathieversuche und Folgerungen zur Großen Hexenverfolgung
(Mittelwerte nach Klassenstufe, nur Gymnasium und POS/EOS)

	6. Klasse	9. Klasse	12. Klasse
Sachsen, Schleswig-Holstein, Hamburg 1990 (N = 1.915)	Skalen von -1.5 bis +1.5		
Betroffenheit bei Hexenverfolgung	+0.66	+0.80	+0.83
Faszination durch Hexenverfolgung	−0.66	−0.83	−1.16
Protest gegen Hexenverfolgung (als Zeitgenosse/in)	+0.40	+0.44	+0.51
Akzeptanz von Hexenverfolgung (als Zeitgenosse/in)	−0.60	−0.71	−0.80
Sachsen 1991 (N = 253)	Skalen von -2.0 bis +2.0		
Betroffenheit bei Hexenverfolgung	+.065	+0.56	+1.18
Faszination durch Hexenverfolgung	−0.13	−0.30	−1.18
Verurteilung von Hexenprozessen	+0.57	+0.57	+1.03
Erleichterung über Ende der Prozesse	+0.56	+0.64	+0.07

Die befragten Schüler(innen) - und zwar die älteren und bildungsmäßig bevorzugten besonders stark - stellten rund herum fest, daß sie sich - in der zeitgenössischen Situation - glatt und entschieden geweigert hätten. Zugleich äußerten sie lebhaft Affekte des Erschreckens über die Furchtbarkeit der Verfolgung und wiesen Erregung oder Spannung eindeutig zurück (vgl. v. Borries u.a. 1992, 58-63). Es ist gewiß erfreulich, wenn gesichert werden kann, daß die überwältigende Mehrheit "Hexenjagden" gegen Minderheiten und "Sündenbockmechanismen" in Krisenzeiten durchschaut und ablehnt. Genau diese Leistung bleibt aber fraglich, wenn nur Sadismus und Dummheit der damals Herrschenden gesehen werden und nicht geschlossene Weltbilder und absolut-gesetzte Glaubenssysteme mit einer gewissen Konsistenz und Plausibilität. Eine Betrachtung aus zeitgenössischer Sicht wird schlicht abgelehnt - aus Unwillen oder Unfähigkeit. Das eigentliche Risiko eines "Groß-Verbrechens aus Überzeugung" kommt nicht in den Blick.

Dazu paßt es, daß Jugendliche - ausweislich einer repräsentativen Befragung von 1992 - "Hexenverfolgung" ganz entschieden weiterhin mit "Mittelalter" verbinden (und eben keineswegs mit "Frühneuzeit"). Das geschieht bei den etwa Zwölfjährigen in der 6. Klasse noch nicht (negativer Wert), wohl aber schwach bei den Fünfzehnjährigen in der 9. und ziemlich entschieden bei den Achtzehnjährigen in der 12. Klasse (vgl. v. Borries u.a. 1995, 57-60). Der Befund ist insofern ziemlich spannend, als die *falsche, d.h. wissenschaftlich unvertretbare, Assoziation von Mittelalter und Hexenverfolgung* eindeutig in der Gesellschaft "erlernt" wird, wenn auch nicht unbedingt in der Schule. Der tatsächliche Ablauf, der "Neuzeit" und "Fortschritt" mit einer quälenden Ambivalenz belastet, ist als historische Einsicht nicht verbreitet, sondern wird (unbewußt) abgeschoben.

Mißtrauisch geworden, muß man wohl fragen, warum das Thema "Hexen und Hexenprozesse" nun schon seit Jahrzehnten eine außerordentliche mediale und wissenschaftliche Konjunktur genießt. Tatsächlich kann man leicht ein Dutzend Taschenbücher finden, von denen viele hohe Stückzahlen erreicht haben. Ausgerechnet der "Hexenhammer" liegt - bei einem überaus seriösen Verlag - bereits in 14. Auflage vor (Spees "Cautio Criminalis" dagegen erst in der 6.!). Wolfgang Behringer (2000), sicher einer der besten wissenschaftlichen Spezialisten, schreibt ganz offen über "Vermarktung" (und das keineswegs nur für die jüngste Zeit). Man darf vermuten, daß auch bei den Leserinnen und Lesern Projektionen im Spiele sind.

Die Mitleidsmotivation ist natürlich ganz ernst zu nehmen, aber sie verbindet sich sicherlich mit erotischen und sadistischen (u.U. auch masochistischen) Fantasien, ganz zu schweigen von der Faszination alles Okkulten und Geheimnisvollen. Berechtigte moralische Empörung schließt ja nicht aus, sich zugleich ein bißchen wohlig zu gruseln und insgeheim ein wenig aufzugeilen. Große Teile der heutigen Jugend üben - zwischen Spiel und Ernst - selbst okkulte Praktiken aus.

Das außergewöhnliche Interesse an Hexenverfolgung selbst dürfte also ebenso Anzeichen von Sensationsgier, Magiefaszination und Sado-Maso-Erotik sein wie von Mitleidsgefühlen, Menschenrechtsengagement und Aufklärungswunsch.

Mat. 2. *Sensationeller Hexenfilm von 1969* (van Dülmen 1987, 262)

Wenn es sich also um ein zugleich modisches und sperriges Thema handelt, das zwar aufgesucht wird, dessen entscheidende Einsichten aber gerne verweigert werden, dann kommt es erst recht darauf an, saubere Verfahren des historischen Denkens vorzuführen und einzuüben. Auf allen drei Erkenntnis-Ebenen ist das Feld für gegensätzliche Positionen aufzumachen: Quellen für historische Wahrnehmungen sind "*multiperspektivisch*" auszuwählen, Darstellungen als historische Deutungen "*kontrovers*" vorzulegen und Folgerungen im Sinne historischer Orientierungen "*plural*" anzubieten.

4.2 Zwei biografische Dokumente

Für die eigene reflexive Durcharbeitung - und erst recht für eine unterrichtliche Behandlung - bedeutet das, in der Beschreibung ganz systematisch verschiedene zeitgenössische Positionen einzunehmen oder Rollen auszuprobieren. Multiperspektivität darf gerade hier keine pathetische Forderung bleiben, sondern muß praktisch eingelöst werden. *In concreto* wird empfohlen, mit einem - auf Verhör und Geständnis beruhenden - Gerichtsprotokoll (siehe Q 3) zu beginnen, das oberflächlich betrachtet als eine Art Sozialbiografie anzusehen ist. Gerichts-, Polizei- und Notariatsakten sind ja nicht umsonst die beliebteste Quellengruppe der aktuellen Forschungen zur frühneuzeitlichen Mentalitäts- und Alltagsgeschichte. Das Erstaunen über ein solches Zeugnis soll erst einmal ausgehalten werden. Man darf durchaus schon vermuten und Argumente dafür sammeln, daß es sich hier um die Sichtweise der Herrschenden handelt, daß diese Geschichte eben nicht von der verurteilten "Hexe" selbst erzählt wird, obwohl die Äußerungen gleichsam in der ersten Person gemacht werden.

Q 2. *Hostienschändung auf Flugblatt von 1567* (Hauschild 1979, 71)

Das wird noch deutlicher, wenn eine zweite Quelle dagegen gesetzt wird, ein Familienbrief eines Verurteilten, der ausdrücklich ein falsches und erfoltertes Geständnis bezeugt (siehe Q 4, seltene Parallelfälle bei Behringer 1988, 305, 310f., 329f.). Nach gescheitertem Schmuggel ist dieser Kassiber selbst bei den Gerichtsakten gelandet. Es wird nicht möglich sein, diese Äußerung ohne tiefe Gefühlsregung zu lesen; wichtig ist aber auch, die strukturelle Logik des Verfahrens zu durchschauen und das Welt-, Menschen- und Gottesbild des unschuldigen Opfers zu rekonstruieren - und das ist nicht grundsätzlich von dem der Verfolger verschieden. Leider handelt es sich übrigens um ein für die Masse der Fälle wenig repräsentatives Opfer, nämlich einen Mann aus der Oberschicht; aber vielleicht ist es ganz erwünscht, zu zeigen, daß die ausschließliche Verbindung von "Hexerei" mit Frauen selbst ein - zu bekämpfender - Mythos ist.

4.2.1 Ein Urteil aus Dillingen 1587

Q 3. "Gegenwärtige, gefangene und gebundene, maleficische, arme Weibsperson, Walpurga Hausmännin, hat auf gütliches und peinliches Befragen, nach beharrlichem und gleichförmigem berechtigtem Bezichtigen über ihre Hexerei bekannt und ausgesagt: Als sie vor einunddreißig Jahren im Witwenstand gewesen, hat sie dem Hans Schlumperger allhier Korn geschnitten und mit ihr sein gewesener Knecht, Bis im Pfarrhof genannt. Mit diesem habe sie freche Reden und Geberden geführt und abgemacht, daß sie in derselbigen Nacht in ihrer, der Walpurga, Behausung zusammenkommen und Unkeuschheit treiben wollten. Als nun die Walpurga solches erwartet und nachts mit bösen fleischlichen Gedanken in ihrer Kammer gesessen, ist nicht der gedachte Knecht, sondern der böse Geist in dessen Gestalt und Kleidung zu ihr gekommen und hat alsbald mit ihr Unzucht getrieben. Darauf hat er ihr ein Stück Geld, wie einen halben Thaler geschenkt, das aber niemand von ihr nehmen wollte, weil es schlecht und wie Blei gewesen ist. Deshalb hat sie es auch weggeworfen. Nach vollendeter Unzucht hat sie an ihrem Buhlteufel den Geißenfuß gesehen und gespürt, daß seine Hand nicht natürlich, sondern wie aus Holz gewesen ist. Darüber ist sie erschrocken und hat den Namen Jesus genannt, worauf der Teufel sie alsbald verlassen hat und verschwunden ist.
In der nächstfolgenden Nacht ist der böse Geist in voriger Gestalt wieder zu ihr gekommen und hat mit ihr wieder Unzucht getrieben. Auch hat er ihr vielfach versprochen, ihr in ihrer Armut und bedrängten Zuständen Hilfe zu leisten, weshalb sie sich ihm mit Leib und Seele ergab. Darauf hat der böse Geist ihr alsbald unter der linken Achsel einen Kratzer oder Riß zugefügt und verlangt, daß sie sich mit dem daraus geflossenen Blut ihm verschreibe.(...)
Ferner bekennt obgedachte Walpurga, daß sie oft und viel mit dem Buhlteufel nachts auf einer Gabel an unterschiedliche Orte ausgefahren ist, jedoch wegen ihres Dienstes nicht zu weit. Bei solchen teuflischen Zusammenkünften hat sie einen großen Mann mit einem grauen Bart gefunden, der wie ein großer Fürst in einem Sessel saß und reich bekleidet war. Das war der große Teufel, dem sie sich abermals mit Leib und Seele zugeeignet und versprochen hat. Diesen hat sie angebetet, vor ihm ist sie niedergekniet und hat ihm andere gleiche Ehren erwiesen. Dabei will sie aber nicht wissen, mit welchen Worten und in welcher Weise sie da gebetet hat. Sie weiß nur, daß sie einst unbedachter Weise den Namen Jesus genannt hat. Da hat sie der obgedachte große Teufel ins Angesicht geschlagen, und die Walpurga mußte (was schrecklich zu vermelden ist) Gott im Himmel, den christlichen Namen und Glauben, die lieben Heiligen und die heiligen Sacramente

verleugnen und allen himmlischen Heerscharen und der ganzen Christenheit entsagen. Darauf hat sie der große Teufel wiederum getauft, sie Höfelin geheißen, ihren Buhlteufel aber Federlin.
Bei diesen teuflischen Zusammenkünften hat sie gegessen, getrunken und mit ihrem Buhlen Hurerei getrieben. Weil sie sich von ihm nicht überall hat hinschleppen lassen, hat er sie hart und übel geschlagen. Zum Essen hatte sie öfter einen guten Braten oder ein unschuldiges Kind, das auch gebraten gewesen ist (...)
Das hochwürdige Sacrament des wahren Leibes und Blutes Jesu Christi hat sie seit ihrer Ergebung an den Teufel scheinbar oft im Mund empfangen, aber nicht genossen, sondern (was abermals schrecklich zu melden ist), stets wieder aus dem Mund getan und dem Federlin, ihrem Buhlen, zugestellt. Auf ihren nächtlichen Zusammenkünften hat sie mit anderen Gespielen das hochgedachte, hochheilige Sacrament und das Bild des heiligen Kreuzes mit Füßen getreten, angespien und darauf geharnt (...) Die liebe Mutter Gottes, die heilige Jungfrau Maria, hat sie ebenfalls schwer verunehrt, vor ihr ausgespien und sagen müssen: "Pfui, Du häßliche Dirne!" Ihr Buhle, der Federlin, ist an vielen unterschiedlichen Orten zu ihr gekommen, um mit ihr Unzucht zu treiben, sogar auch des Nachts auf der Gasse und während sie jetzt in Haft gelegen ist. Sie bekennt auch, daß ihr ihr Buhle in einem Büchslein eine Salbe gegeben hat, um Menschen und Vieh wie auch die lieben Früchte auf dem Felde zu beschädigen. Er hat sie auch gezwungen, die jungen Kinder bei der Geburt, und noch ehe sie zur heiligen Taufe gekommen sind, umzubringen und zu töten. Dies hat sie auch, so viel es ihr möglich gewesen, ausgeführt. Dies hat sie wie folgt bekannt:
1 und 2) Vor ungefähr zehn Jahren hat sie die Anna Hämännin, die nicht weit von Durstigel wohnte, bei ihrer ersten Geburt mit ihrer Salbe und auch sonst verdorben, daß Mutter und Kind beieinander geblieben und gestorben sind.
3) Des Christian Wachters Stieftochter Dorothea hat vor zehn Jahren ihr erstes Kind geboren, diesem hat sie bei der Geburt ein Grifflein auf das Hirnlein gegeben, daß es gestorben ist. Der Teufel hatte ihr ganz besonders geboten, die erstgebornen Kinder umzubringen.
4) Vor zehn Jahren hat sie der Kromt Anna, die bei dem Altheimer Tor gesessen ist, das zweite Kind mit ihrer Salbe vergiftet, so daß es gestorben ist (...)
Der Hausfrau des Stadtschreibers hat sie im vergangenen Winter gegen Abend auf der Schwelle ihres Hauses ihre Salbe an den Arm gestrichen, worauf diese alsbald große Schmerzen empfand und noch heute trotz aller angewandten Mittel bei Tag und Nacht daran leidet. Als sie dem Michel Klingler vor acht Jahren einen Wagen schieben half, und der Klingler die Deichsel mit dem Kopf heben wollte, hat sie ihm mit ihrer Salbe an den Kopf gegriffen. Seither siecht der Klingler dahin, und es ist nichts bei ihm zu erwarten als der Tod.(...)
In Summa bekennt sie, daß sie überdies eine größere Anzahl von Vieh umgebracht hat. Vor einem Jahr hat sie auf der Gänseweide Tuch gebleicht und mit ihrer Salbe bestrichen, so daß die Schweine und Gänse, die darüber gelaufen sind, bald danach starben. Die Walpurga bekennt weiter, daß sie alljährlich, seitdem sie sich dem Teufel ergeben hat, bei St. Leonhard mindestens ein oder zwei unschuldige Kinder ausgegraben hat. Diese hat sie mit ihrem Buhlteufel und anderen Gespielen gefressen und die Flachsen und Knöchlein zur Zauberei verwendet.(...)
Die gedachten Knöchlein hat sie zum Machen von Hagel gebraucht, was sie jährlich ein oder zweimal gemacht hat. So erst einen in diesem Frühling vom Siechenhaus abwärts über das Feld. Auch zu den jüngsten Pfingsten hat sie einen Hagel gemacht, und als man sie und andere bezichtigte, einen Hexentanz gehalten zu haben, hatte sie wirklich einen beim oberen Tor beim Garten des Peter Schmidt. Damals sind ihre Gespielen in Unfriede geraten, und haben einander geschlagen, weil einige über der Dillinger Flur, andere aber unterhalb derselben Hagel machen wollten. Schließlich ist ein solcher über das Ried gegen Weißingen mit Schaden niedergegangen. Sie gesteht, daß sie noch mehreren und größeren Schaden und Übel verursacht hätte, wenn die göttliche Allmächtigkeit es nicht gnädiglich verhütet und abgewendet hätte.

Nach diesem allen haben Richter und Urteiler dieses peinlichen Stadtgerichts Dillingen kraft der kaiserlichen und königlichen Regalien und Freiheiten des Hochwürdigen Fürsten und Herrn Marquard, Bischofs zu Augsburg und Dompropstes zu Bamberg, unseres gnädigen Fürsten und Herrn, mit einhelligem Urteil endlich zu Recht erkannt, daß obgedachte, gegenwärtige Walpurga Hausmännin als eine schädliche, bekannte und überwiesene Hexe und Zauberin nach Inhalt der allgemeinen Rechte und der peinlichen Halsgerichtsordnung des Kaisers Carl V. und des heiligen römischen Reiches alsbald mit dem Feuer vom Leben zum Tod hingerichtet und gestraft werden soll. All ihr Hab und Gut und ganze Verlassenschaft hat dem Fiscus unseres hochgedachten Fürsten und Herrn anheim zu fallen. Die gedachte Walpurga ist auf dem Karren, worauf sie gebunden sitzt, zu der bestimmten Richtstätte zu führen und ihr Leib vorher fünfmal mit glühenden Zangen zu reißen. Das erstemal unter dem Rathaus in die linke Brust und in den rechten Arm, das zweitemal beim unteren Tor in die rechte Brust, das drittemal beim Mühlbach vor dem äußeren Spitaltörlein in den linken Arm, das viertemal bei der bestimmten Richtstätte in die linke Hand. Da sie aber an die neunzehn Jahre verpflichtete und beschworene Hebamme der Stadt Dillingen gewesen, dagegen aber erbärmlich gehandelt hat, soll ihr bei gedachter Richtstätte auch ihre rechte Hand, mit der sie so jämmerlich gehandelt, abgehauen werden. Auch soll ihre Asche nach ihrer Verbrennung nicht auf dem Erdboden liegen bleiben, sondern alsbald zu dem nächsten fließenden Wasser getragen und darein geschüttet werden. (...)" (Becker u. a. 1977, 380-385)

4.2.2 Ein Brief aus Bamberg 1628

Q 4. "Zu viel hunderttausend Gute Nacht, herzliche Tochter Veronika! Unschuldig bin ich in das Gefängnis gekommen, unschuldig bin ich gemartert worden, unschuldig muß ich sterben.(...)
Als ich das erstemal bin auf die Frage gestemmt worden, war[en] Dr. Braun, Dr. Kötzendörffer und die zween fremde Doktor da (...); da fragt mich Dr. Braun zu Abtswert: "Schwager, wie kommt Ihr daher?" Ich antwort: "Durch die Falschheit, Unglück." "Hört Ihr", sagt er, "Ihr seid ein Drudner, wollt Ihr es gutwillig gestehen? Wenn nit, so wird man Euch Zeugen herstellen und den Henker an die Seite." Ich sagt: "Ich bin kein Drudner, ich hab ein reines Gewissen in der Sach, wenngleich tausend Zeugen wären, so besorg ich mich gar nicht, doch ich will gern die Zeugen hören." (...)
Danach kommt der Kanzler, sagt wie sein Sohn, er habe mich auch gesehen, habe mir aber nicht auf die Füß gesehen, was ich war. Darnach die Hopfenels: Sie habe mich in Hauptsmoor[wald] tanzen sehen. Ich fragt noch, wie sie sah. Sie sagt, sie wüßte es nicht. Ich bat die Herren um Gottes Willen, sie hörten, daß es lauter falsche Zeugen seien, man solle sie doch beeidigen und sicher examinieren. Es hat aber nicht sein wollen, sondern [sie haben] gesagt, ich solle es gutwillig bekennen, oder der Henker sollte mich wohl zwingen. Ich gab zur Antwort: "Ich hab Gott niemals verleugnet, ich will es auch nicht tun, Gott soll mich auch gnädig dafür behüten. Ich will eher darüber ausstehen, was ich soll."
Und da kam leider, Gott erbarm es im höchsten Himmel, der Henker und hat mir den Daumenstock angelegt, beide Hände zusammengebunden, daß das Blut zu den Nägeln herausgegangen und allenthalben, daß ich die Hände in vier Wochen nicht brauchen können, wie Du da aus dem Schreiben sehen kannst. So hab ich mich Gott in seine heiligen fünf Wunden befohlen und gesagt: "Weil es Gottes Ehr und Namen anlangt, den ich nit verleugnet hab, so will ich meine Unschuld und alle dieser Marter und Pein in seine fünf Wunden legen, er wird mir meinen Schmerz lindern, daß ich solche Schmerzen ausstehen kann." Darnach hat man mich erst ausgezogen, die Hände auf den Rücken gebunden und auf die Höhe in der Folter gezogen. Da dacht ich, Himmel und Erde ginge unter; haben mich achtmal aufgezogen und wieder fallen lassen, daß ich unselige Schmerzen empfand. Und dieses

ist alles faselnackend geschehen, denn sie haben mich faselnackt ausziehen lassen.
Als mir nun unser Herrgott geholfen, hab ich zu ihnen gesagt: "Verzeihe Euch Gott, daß Ihr einen ehrlichen Mann also unschuldig angreift und wollt ihn nicht allein um Leib und Seel, sondern um Hab und Gut bringen." Sagt Dr. Braun: "Du bist ein Schelm." Ich sagte: "Ich bin kein Schelm (...) und bin so ehrlich, wie ihr alle seid; allein weil es also zugeht, wird kein ehrlicher Mann in Bamberg sicher sein, Ihr so wenig wie ich oder ein anderer." Sagte der Doktor, er sei nit vom Teufel angefochten; ich sagte: "Ich auch nit, aber Eure falschen Zeugen, das sind die Teufel, Eure scharfe Marter; denn Ihr laßt keinen hinweg, und wenn er gleich alle Marter aussteht." (...)
Als nun der Henker mich wieder hinweggeführt in das Gefängnis, sagte er zu mir: "Herr, ich bitt Euch um Gottes willen, bekennt etwas, es sei gleich wahr oder nit. Erdenket etwas, denn Ihr könnt die Marter nit ausstehen, die man Euch antut, und wenn Ihr sie gleich alle aussteht, so kommt Ihr doch nit hinaus, wenn Ihr gleich ein Graf wäret, sondern fängt eine Marter wieder auf die andere an, bis Ihr saget, Ihr seid ein Drudner, (...) dann läßt man Euch zufrieden, wie denn aus allen ihren Urteilen zu sehen [ist], das eine wie das andere gehet."
Darnach kam der Georg und sagte, die Commissarii hätten gesagt, mein Herr [Bischof Johann Georg II.] wolle ein solches Exempel an mir statuieren, daß man darüber staunen sollt; so hätten [es] die Henker allewell zusammen geäußert und wollten mich wieder peinigen; er bitte mich um Gottes willen, ich solle etwas erdenken, und wenn ich gleich ganz unschuldig wäre, so käme ich doch nicht wieder hinaus. Dies sagten mir die Candelgießer, Neudecker und andere. So hab ich gebeten, man solle mir einen Tag Bedenkzeit geben und einen Priester. Der Priester wurde mir abgeschlagen, aber die Zeit zu bedenken wurde mir gegeben (...)
Nun folgt, herzliches Kind, was ich hab ausgesagt, damit ich der großen Marter und harten Tortur entgangen bin, welche mir unmöglich länger auszustehen gewesen wäre. Nämlich, als ich Anno 1624 oder 1625 eine Kommission zu Rottweil gehabt, hab ich dem Doktor [Hofgerichtsadvokat Lukas Schlee zu Rottweil] auf die Kommission in meiner Rottweilischen Rechtfertigung an die 600 Gulden geben müssen, so daß ich viel ehrliche Leut angesprochen, die mir ausgeholfen [haben]. Das ist alles wahr. Itzunder folgt meine Aussag mit lauter Lügen: (...)
Nach diesem sei ich auf mein Feld bei dem Friedrichsbrunnen gegangen, ganz bekümmert, hab mich daselbsten niedergesetzt, da sei ein feistes Mägdelein zu mir gekommen und [habe] gesagt: "Herr, was macht Ihr, warum seid Ihr so traurig?" Ich [habe] darauf gesagt, ich wüßte es nicht, also hat sie sich näher zu mir gemacht. Sobald solches geschehen, ist sie zu einem Geißbock geworden und [hat] zu mir gesagt: "Sieh, itzunter siehst du, mit wem du zu tun hast", hat mir an die Gurgel gegriffen und gesagt: "Du mußt mein sein oder ich will dich umbringen." Da hab ich gesagt: "Behüt mich Gott davor." Als ist er verschwunden und bald wieder gekommen und [hat] zwei Weiber und drei Männer [mitge]bracht. Ich [soll] Gott verleugnen, so hab ich es getan; Gott und das himmlische Heer verleugnen, so hab ich es getan; darauf hat er mich getauft, und die Weiber waren die Taufpaten; [sie] haben mir einen Dukaten eingebunden, [dies] sei aber ein Scherben gewesen.
Nun vermeint ich, es wäre gar vorüber, da stellt man mir erst den Henker an die Seite: "Wo ich auf Tänzen gewesen?" Da wußt ich nicht aus noch ein; besann mich, daß der Kanzler und sein Sohn und die Hopfenelse Alte Hofhaltung, Ratsstube und Hauptsmoor genannt hatten, und was ich sonst bei dem derartigen Vorlesen gehört hatte, nannte ich solche Orte auch. Darnach sollte ich sagen, was ich für Leut allda gesehen hatte. Ich sagte, ich hätte sie nicht gekannt. "Du alter Schelm, ich muß dir den Henker übern Hals schicken. Sag, ist der Kanzler nicht da gewesen?" So sag ich: "Ja." "Was mehr?" "Ich habe niemand gekannt." So sagt [er]: "Nimm eine Gasse nach der anderen; fahr erstlich den Markt hinaus und dann wieder hinein!" Da hab ich etliche Personen müssen nennen; dernach die Lange

185

Gasse; ich wußte niemand. Hab acht Personen daselbst müssen nennen (...). Darnach sollt ich sagen, was ich für Übel gestiftet hab. Ich sagte nichts. [Der Teufel] hat mich wohl angesonnen, allein weil ich es nicht tun wollte, hat er mich geschlagen. "Ziehet den Schelm auf!" So hab ich gesagt, ich hätte meine Kinder umbringen sollen, so hätte ich ein Pferd dafür umgebracht. Es hat nichts helfen wollen. Ich hätte eine Hostie genommen und die eingegraben. Wie [ich] dieses geredet, so haben sie mich zufrieden gelassen.
Nun, herzliches Kind, da hast Du alle meine Aussage und den Verlauf, darauf ich sterben muß, und [es] sind lauter Lügen und erdichtete Sachen, so wahr mir Gott helfe. Denn dieses hab ich alles aus Furcht [vor den] ferner angedrohten Martern [und] über die schon zuvor ausgestandene Marter sagen müssen. Denn sie lassen nicht mit den Martern nach, bis man etwas sagt, er sei so fromm, wie er wolle, er muß ein Drudner sein. Kommt auch keiner heraus, wenn er gleich ein Graf wäre, und wenn Gott kein Mittel schickt, daß die Sache recht an den Tag kommt, so wird die ganze Schwägerschaft verbrannt. Denn es muß ein jedes erst laut bekennen, was man gleich nit von einem weiß, wie ich das tun muß. Nun weiß Gott im Himmel, daß ich das Geringste nicht kann, noch weiß, sterbe also unschuldig wie ein Märtyrer.
Herzliebes Kind, ich weiß, daß Du so fromm bist wie ich; so hast Du ebensowohl schon etliche Pein, und wenn ich Dir raten soll, so sollst Du von Geld und Briefen, was Du hast, nehmen und Dich etwa ein halb Jahr auf eine Wallfahrt begeben oder wohin Du Dich eine Zeitlang aus dem Stift machen kannst; das rate ich Dir, bis man siehet, wo es hinaus will. (...)
Liebes Kind, dieses Schreiben halte verborgen, damit es nicht unter die Leut kommt, sonst werde ich dermaßen gemartert, daß es zum Erbarmen [ist], und es würden die Wächter geköpft. So streng ist es verboten. (...) Ich hab etliche Tag an dem Schreiben geschrieben; es sind meine Hände alle lahm, ich bin halt gar übel zugerichtet. Ich bitt Dich, um des Jüngsten Gerichts willen, halt dies Schreiben in guter Hut und bet für mich als Deinen Vater, für einen rechten Märtyrer, nach meinem Tod (...)
Gute Nacht, denn Dein Vater Johannes Junius sieht Dich nimmermehr." (*Neubig* o.J. 178-183)

Q 5. Schadenzauber durch Wettermachen (1555) (Hauschild 1979, 40)

Das Urteil aus Dillingen von 1587 gibt die klassische Sichtweise der Theologen ziemlich klar wieder; es ist prototypisch. Das Geständnis enthält alle fünf Hauptstücke *Teufelspakt, Teufelsbuhlschaft, Hexenflug, Hexen-*

sabbat und vor allem *Schadenzauber* (van Dülmen 1987, 23), der sich gegen Menschen (Kindstod, Impotenz), Vieh (Krankheit, Verlust der Milch) und Erntefrüchte (Hagel, Heuschrecken) richtet. Dazu kommen - ebenfalls überaus typisch - die Tätigkeit als Hebamme, die unkontrollierte Sinnlichkeit (Sexualität) der verwitweten Unterschichtfrau und das Ausgraben und Verzehren von Kinderleichen (Nekrophilie, Kannibalismus).

Die verurteilte - und zuvor gefolterte ("peinlich befragte") - Frau hat also nicht ihre Geschichte erzählt, sondern die der Verfolger, die dann auch noch offizielle Version in ihrem Namen wurde. Das heißt allerdings, wir können gerade nicht sicher sein, ob es nicht eine Menge magischer Alltagspraktiken und kleiner Hilfsmaßnahmen und Drohgebärden bei ihr gab. Daß nicht nur die allermeisten Zeitgenossen an Zauberei glaubten, sondern daß manche auch zu zaubern versuchten, ist aus anderen schriftlichen Quellen recht gut belegt (z.B. Behringer 1988, Daxelmüller 1996), aber auch aus Sachfunden, z.B. durchbohrte Wachspuppen, eine Alraune unter den Bohlen des Nonnenchors von Wienhausen (Appuhn 1973, 49-52) oder Opfer in Brunnen, bei Herden und unter Schwellen (vgl. Messal 1999). Vor allem "Abwehrzauber" - als "Zauberabwehr" - ist geläufig.

Q 6. Alraunenfund aus Kloster Wienhausen (Appuhn 1973, 50)

Der Brief aus Bamberg 1628 gibt die nötige Gegenbeleuchtung: Hier spricht die Stimme eines Opfers direkt und korrigiert die Version der Obrigkeit ausdrücklich, ohne freilich über den Alltag und die Denkwelt normaler Beschuldigter zuverlässige Auskunft zu geben. Ob es Zaubereiversuche wirklich gab, erfahren wir auch hier nicht. Es ist kaum ein Zufall, daß es sich um einen ganz untypischen Fall handelt, der hier zu Wort kommt, einen schreibkundigen und gelehrten Mann aus der Oberschicht. Es gab zwar mehrfach ganz ähnliche Vorgänge, wo man geradezu politische Intrigen zum Sturz Mächtiger erkennen kann; aber Durchschnittsfälle sind das durchaus nicht. Junius geht erstaunlich weit in seiner grundsätzlichen Kritik an der Verfolgung; seine Argumente gleichen ziemlich stark denen, die - nur drei Jahre später - Friedrich von Spee in seinem - anonym erschienenen - Buch "cautio criminalis" vorlegt. Vielleicht war ja diese Anti-Haltung bekannt und der Grund für den Sturz von Bürgermeister Junius.

4.3 Umfang und Stellenwert der Erscheinung

Prozesse und Urteile in Fällen wie dem aus Dillingen 1587 hat es in Europa, vor allem aber in Mitteleuropa (Deutschland und seine unmittelbaren Nachbarn) vom Spätmittelalter bis zur Aufklärung in großer Zahl gegeben. Schon Jeanne d'Arc, das Mädchen von Orleans, wurde 1431 in Rouen als Hexe verbrannt; und noch 1782 wurde in Glarus (Schweiz) eine Magd wegen angeblicher Zauberei geköpft. Das sind mehr als 350 Jahre. Die Zahl der Verdächtigten, Verhörten oder Verbannten ging in die Hunderttausende (Schormann 1981), die der Hingerichteten gegen 100.000 (Behringer 1988, 179-195), wenn auch Angaben bis neun Millionen - schon aus bevölkerungswissenschaftlichen Überlegungen - als Tatarenmeldungen anzusehen sind.

Der eigentliche Schwerpunkt lag in Franken, am Mittelrhein und in Westfalen, aber auch im (damals nur teilweise französischen) Lothringen, in Savoyen und im Waadtland (französischsprachige Schweiz). Fast 3000 Fälle sind allerdings auch aus Mecklenburg bekannt. Ähnliches gilt für Niedersachsen, das Elsaß, Oberschwaben, Burgund (Ostfrankreich) und Graubünden (Ostschweiz). Kaum ein deutsches und benachbartes Gebiet blieb ganz von Hexenprozessen frei.

Die Verfolgung begann im Mittelalter (vgl. Behringer 1988); das Grundmuster wurde durch den "Hexenhammer" (1487) wenige Jahre vor Kolumbus und da Gama nachdrücklich geprägt. Der zahlenmäßige Schwerpunkt (ca. 1555 bis 1665) mit der überwältigenden Mehrheit der Opfer lag aber keineswegs im "Mittelalter" und nicht einmal in der Reformationsepoche (1517-1555), sondern im konfessionellen Zeitalter der Frühneuzeit, das an sich durch einen massiven Schub an Rationalismus gekennzeichnet ist. Vier besondere "Wellen" der Hexenverfolgung finden sich um 1560, um 1590, um 1630 und um 1660 (vgl. Schormann 1981, 55, Behringer 1988).

Ein Abschieben des Phänomens an das "finstere Mittelalter" ist zwar weithin üblich, geht aber - bei intellektueller Redlichkeit - nicht an. Zu den lebhaftesten Befürwortern des Ausrottungsfeldzuges gehörte - mit

dem Buch "*De daemonomania magorum*" (1580) - Jean Bodin, der Erfinder der "Souveränität" des Staates in den "*six livres de la republique*" (1576) und Vertreter religiöser Toleranz (!). Auch der Begründer der Theorie vom fürstlichen Absolutismus, Thomas Hobbes, verteidigt ausdrücklich die Bestrafung von "Hexen" (vgl. v. Borries 2001, 162-165).
Im ganzen waren deutlich mehr Frauen betroffen (ca. 85%) als Männer (ca. 15%), in Einzelfällen allerdings ist die Geschlechterratio völlig ausgeglichen. Ein geläufiges Vorurteil bedeutet die Zuschreibung nur an die katholische Seite; auch diese Deutung läßt sich bei näherer Betrachtung nicht halten. Lutherische - und auch calvinistische - Territorien hatten durchaus ihre eigenen Verfolgungswellen und -praktiken (z.B. in den Kurfürstentümern Sachsen und Brandenburg). Selbst im Hamburgisch-Lübischen Bergedorf gab es einige und in der lippischen Hansestadt Lemgo Hunderte von Hinrichtungen (alle diese Städte sind evangelisch).
Oft wird unterstellt, die Hexenprozesse seien ein völliges Ausnahmeverhalten praktisch außerhalb aller Rechtsformen gewesen; auch das aber ist nicht triftig. Es handelte sich um - relativ - normale Strafverfahren der Epoche vor regulären Gerichten (die Folter war z.B. damals auch bei anderen "Schwerverbrechen" durchaus üblich und ausdrücklich legal). Ähnlich wie bei anderen Majestätsverbrechen (z.B. Verschwörung gegen den Fürsten, Häresie) war allerdings die Verteidigung der Angeklagten stark eingeschränkt. Wo eine ordungsgemäße juristische Vertretung gewährleistet blieb, lag die Quote der Verurteilten und Hingerichteten deutlich niedriger.
Bei aller Eindrücklichkeit legen Quellen wie die zitierten zwei Mißverständnisse nahe, die einem wirklichen Begreifen im Wege stehen:
- Die große Hexenverfolgung sei *erstens* ein unentrinnbarer Teufelskreis und ein unaufhaltsames Schneeballsystem gewesen: Der Teufelskreis habe demnach gelautet: "*Hexerei-Anklage*" - "*Hexenprobe*" - "*wiederholte Folter*" - "*erzwungenes Geständnis*" - "*Besagung* (Angabe anderer "Hexen")" - "*Hinrichtung*" - "*neue Hexereianklage (gegen die Besagten)*". Wenn die Sache wirklich so eindeutig und einfach gewesen wäre, hätte schließlich niemand überleben können. Wir wissen aber, daß die Bevölkerung nicht nur weiter gewachsen ist, sondern daß sogar ein nennenswerter Teil der Prozesse mit Freisprüchen oder Landesverweisungen endete. Wellen von Verfolgungen entstanden nicht nur, sondern ebbten auch wieder ab.
- Die vorgeworfene Hexerei und Zauberei sei *zweitens* ausschließlich der Fantasie der Ankläger und Richter entsprungen, also ein "imaginäres Verbrechen" gewesen. Das ist zwar feste Überzeugung, kann aber der geschichtlichen Realität nicht ganz entsprochen haben. Bei Ausgrabungen alter Gebäude finden sich zwischen Fundamenten, in Brunnen, unter Schwellen und an Herden nicht selten dort niedergelegte Zaubermittel und vor allem Mittel zur Abwehr von Zauber. Bauopfer, aber auch Alraunen und Liebeszauber dürften ziemlich häufig gewesen sein. Die Quellen belegen auch Drohungen mit Zauber als durchaus alltäglich.

Angesichts dieser Feststellungen gilt, daß die Hexenverfolgung nicht dämonisiert - und dadurch derealisiert - werden darf, sondern in die Wirklichkeit und ihre Zusammenhänge zurückgeholt werden muß, wenn man den Vorgang einigermaßen begreifen will. Bei aller Schrecklichkeit war sie Alltag und System eines bestimmten historischen Gesellschaftstyps - und wurde von gutwilligen Menschen bei bestem Gewissen und klarstem Verstand befürwortet und betrieben. Das macht die Sache aus heutiger Sicht übrigens nicht besser oder harmloser, sondern nur komplizierter und abgründiger. Empörung über grausame Folter und primitiven Aberglauben sind nur allzu verständlich; aber sie helfen nicht weiter. Nur nüchterne Analyse und Durcharbeitung der "Tatlogik" kann dazu beitragen, ähnliche Katastrophen künftig zu vermeiden.

4.4 Rechtfertigungen der Verfolger

Wie also sah die Welt der Täter, der Verfolger, aus? Deren Perspektive, deren Argumentation, ist bisher nicht deutlich geworden, auch nicht in dem, was der armen Walburga Hausmännin 1587 - und vielen anderen - in den Mund gelegt wurde. Beim Bamberger Fall 1628 kann man gut die Legitimation des Bischofs greifen. Nach Abflauen der Hysterie wurde er öffentlich kritisiert, Forderungen nach Rehabilitation der Verurteilten, die ja teilweise aus der Oberschicht stammten, kamen auf. Die (natürlich erfolgreiche) Rechtfertigung von 1631 - es handelt sich um das Erscheinungsjahr von Friedrich von Spees "cautio criminalis"! - an den Kaiser ist überaus typisch (leider auch hinsichtlich ihrer sprachlichen Schwierigkeit). Verantwortung (*"Ich tue doch nur meine Pflicht."*), Tradition (*"Das war schon immer so."*), Gewohnheit (*"Die andern machen's doch auch."*) und Legalität (*"Alles geht streng nach dem Reichsgesetz."*) bilden die Grundpfeiler.

Das ist nicht eben überraschend - allenfalls der drohende Unterton gegen die sich Beschwerenden - und wirkt auf uns ärmlich. Hinzu kommt, daß in diesem Bamberger Falle ausdrücklich mehrere Rechtsbrüche (z.B. Fälschung eines Dokuments und Unterdrückung eines kaiserlichen Mandats) nachgewiesen sind (vgl. Hammes 1977, 88ff.). Vergleicht man viele Texte, so wiederholen sich die Argumente rasch: Zauberei gilt - in Not- und Krisenzeiten - als offenkundige Erfahrungstatsache; Untätigkeit dagegen wird als schuldhafte Begünstigung ausgelegt. Eifrige, drängende Verwaltungs- und Kirchenleute finden sich immer... Eines der allerwichtigsten Argumente war den Zeitgenossen so undiskutiert selbstverständlich und absolut unwiderlegbar, daß wir es oft gar nicht mehr greifen, die ausdrückliche Berufung auf den Wortlaut der Bibel. Gerade im "konfessionellen Zeitalter" hörte auf beiden Seiten oft die Debatte auf, wenn eine eindeutige Bibelstelle als letzte Autorität gefunden war.

Die einschlägigen Stellen aus dem Pentateuch (3. Moses 19, 26 und 31, 3. Moses 20, 6 und 27, 5. Moses 18, 10-12) wurden ganz eindeutig ausgelegt *"Deutero*[nomion] *18 wird befohlen, alle Hexer und Beschwörer zu töten."* (Behringer 1988, 95) und ausdrücklich übersetzt: *"Die Zauberer sollst Du nicht am Leben lassen!"* Bei Johannes Trithemius (1508) wird daraus sogar *"Die Zaeuberin soltu nicht Leben lassen."* (Behringer 1988, 101). Ähnlich wirken im neuen Testament die Bestrafungen der Zauberer Simon durch Petrus (Apostelgesch. 8, 18-24) und Barjesus durch Paulus (Apostelgesch. 13, 6-12). Das überwältigende Gewicht solcher Textstellen für die Zeitgenossen ist heute nur noch schwer nachzuvollziehen.
Daß die Gegner der Hexenverfolgung oder wenigstens ihrer "Auswüchse" und "Risiken", die es schon frühzeitig durchaus auf allen Ebenen gab (vgl. Behringer 1988, sich ebenfalls ausdrücklich auf Bibelstellen - und nicht nur auf Vernunft und Mitleid - beriefen, steht auf einem anderen Blatt. Adam Tanner von der katholischen Universität Ingolstadt zog z.B. Matthäus 13, 29 heran: *"Nein: Damit Ihr nicht, indem Ihr das Unkraut zusammensucht, zugleich mit ihm auch den Weizen ausrauft. Lasset beides miteinander wachsen bis zur Ernte. Und zur Zeit der Ernte will ich den Schnittern sagen: Sammelt zuerst das Unkraut und bindet es in Bündel, damit man es verbrenne. Den Weizen aber sammelt in meine Scheune."* (Behringer 1988, 373)
Zusätzliche Auskunft über die Motive und die Kräfteverhältnisse gibt eine typische Eingabe von Untertanen aus der kleinen fränkischen Herrschaft Wertheim (wiederum von 1628). Der Druck von ökonomischer Not, drohenden Heereszügen (Dreißigjähriger Krieg!), Teufels- und Höllenangst spiegelt sich direkt. Äußerst spannend ist auch die Sorge um die eigenen Kinder, die panische Furcht vor Verführung der ungefestigten und gefährdeten Jugend durch den Teufel. Wo solche Bedürfnisse und Wünsche aus dem Volk an Bischof, Freiherrn oder Stadtrat herangetragen werden, kann schon der Eindruck entstehen, der patriarchalische Landesherr müsse aus Verantwortung eingreifen (freilich geschieht das nicht zum Schutz einer hilflosen, verdächtigten Minderheit, sondern zur Beruhigung der ängstlichen und aggressiven Mehrheit). Beim Drängen der Untertanen handelt es sich durchaus nicht um einen Einzelfall; das zweite Beispiel enthält ausdrückliche Hinweise auf wiederholte Bittschriften und die explizite Drohung, das Land - im Falle weiterer Untätigkeit gegen die immer dreister werdenden "Hexen" - zu verlassen, d.h. auszuwandern.

4.3.1 Obrigkeiten verteidigen ihr Durchgreifen

Q 7. Der Hexenbischof von Bamberg, 1631
"Solche Processe habe ich allein zur Ausbreitung und Beförderung der Ehre Gottes und zum Heile vieler verführten Seelen, wie andere Churfürsten und

Fürsten im römischen Reiche mehr, und sonst zu keinem andern Ende, nicht unzeitig angestellt und rechtmässig geführt, so dass ich desshalb vor Gott, Eurer Römisch-Kaiserlichen Majestät und der lieben Justitia Rechenschaft und Antwort zu geben mir getraue. Demgemäss lebe ich in der unterthänigsten Hoffnung und stelle zugleich die gehorsamste Bitte, Eure Römisch-Kaiserliche Majestät wollen mich bei diesem, zur Ehre des Allmächtigen und Ausreutung eines so gar überhand genommen habenden erschrecklichen Lasters begonnenen, gerechten und sehr nothwendigen Werk nicht allein manuteniren [erhalten] und mit Neuerungen allergnädigst verschonen, welche bisher im Römischen Reich bei solchen Verbrechen niemals zugelassen worden und gegen die allgemeine Gerichtsgewohnheit streiten; sondern auch dem Supplicanten, wider welchen ein Criminal-Process angestellt werden könnte, und Andern, die ihm anhängen, ferner kein gnädigstes Gehör mehr geben." (*Behringer* 1988, 389)

Q 8. *Hexenritt* (Francisco Goya 1793/98) (van Dülmen 1987, 361)

Q 11. *Teufelsbuhlschaft* (Holzschnitt 1489) (van Dülmen 1987, 358)

Q 9. Eine Verwaltungsvorlage in Ansbach 1591

"Weil dann daß schendliche Truten [Zauberei] und Hexenwerckh ie lenger ie mehr uberhandt nimbt, und dardurch des leidigen Satans heftiger Zorn und erbitterte boßheit wider Gott und Menschen gnugsam offenbahret wirdt, so thuen E.F.D. [Eure Fürstliche Durchlaucht] hierinnen ein gueth christlich, Gottwohlgefällig und hochlöblich werckh, daß sie solche loße geschmeiß in dero landen und Fürstenthumb weder dulden noch leiden, sondern mit gebürlichem Ernst und eifer außrotten wollen, auch vorher eine reiffe Deliberation [Überlegung] und nothwendige berathschlagung von Geistlichen und weltlichen Räthen ahnzuestellen befehlen..." (*Behringer* 1988, 224)

4.3.2 Untertanen bitten um Hexenverfolgung

Q 10. Wertheim 1628

"Obwohl der leidige Satan, Gottes und aller Menschen abgesagter Feind, nach seinem Abfall von Gott viel unnatürliche Gräuel und verdammliche Sünd ins menschliche Geschlecht gebracht und unter seinen Adhaerenten mehr und mehr häufet und fortpflanzt, so finden wir doch bei der jetzigen sehr bösen Welt keine gemeinere, größere, verderblichere und bei Gott verhaßtere Sünd, als die teuflische verfluchte Zauberei und erschreckliche Abfall von Gott, unserem Schöpfer und Erlöser, welches Uebel vor wenig Jahren durch Verhängniß Gottes allenthalben dermaßen zugenommen, daß sie nunmehr aller Orten im öffentlichen Schwang und also dahin gehet, daß auch (Gott sei es geklagt) die Kinder und Schüler sie lernen und [zu] practiciren wissen(...)

Demnach aber außer Zweifel ist, daß auch in dieser Grafschaft und hiesiger Stadt, in dergleichen Zauberer, Unholden und Zauberinnen gefunden werden, denen nichts mehr angelegen, auch von ihrem Meister dazu angetrieben werden, als wie sie dem armen Mann zu Haus und im Feld, in ganzer Landschaft durch göttliche Zulassung allerlei Ungewitter, Hagel, Frost und anderm Können mögen verderben. Inmaßen wir solches in zwei letzten Jahren mit unwiederbringlichem Schaden (Gott erbarm's) in unserm Frankenlande erfahren, auch ihr eigen Bekenntniß bei den in der Nachbarschaft hingerichteten Hexen und Milchdieben mit sich gebracht haben.

So bitten wir in aller Unterthänigkeit und ums jüngste Gericht willen, da wir allsamt vor Gottes Richterstuhl erscheinen(...) Eine gnädige Herrschaft als Gottes Dienerin, weßhalb sie das Schwert trägt, gerufen aus göttlichem Befehl, welcher in der heiligen Schrift oft wiederholt ist, mit ernstem Eifer auf die berechtigten durch ihren Ruf und gemeinen Leumund der Hexerei halber bezüchtigten [bezichtigten] Leute inquiriren und sie nach Befund der Sachen exemplarisch abstrafen zu lassen. Dadurch geschiehet Gottes des höchsten Richters Befehl nicht allein, sondern es wird seine göttliche Ehre befördert, das verunsäuberte und entheiligte Land von Gottes Zorn und Straf befreit und gesäubert, so daß wir der zuversichtlichen Hoffnung leben, weil dieses Unkraut nunmehr aller Orten auszurotten angefangen wird, es werden nicht allein um unseres eifrigen Gebetes bessere fruchtbarere Zeiten folgen, sondern der Allmächtige werde auch dem Teufel ein Ziel stecken, daß die unverständige einfältige Jugend, unsere lieben Kinder, nicht so jämmerlich verführt, schmählich hingerichtet und zugleich um Leib und Seel gebracht werde(...)

Dieses haben einer Herrschaft, als unserer lieben gottfürchtigen Obrigkeit, wir bei so gründlich und sonnenklarer Sach und Vorgang zu klagen und zu bitten nicht umgehen können, nicht der Intention, Dero vorzugreifen, Maß oder Ordnung zu geben, sondern aus der Ursache, daß sie auch zu sehen, wie in dieser Gegend das teuflische Laster einen rechten Abscheu trage, nicht weniger unsere Kinder und Nachkommen durch Austilgung dieses Unkrautes davon ganz befreit haben möchten, der ganz unterthänigen Hoffnung, eine hohe Herrschaft sich diesem unserem recht christlichen Eifer mehr in Gnaden belieben als mißfallen lassen werden.

Das Uebrige Gott und dem hohen obrigkeitlichem Amte anheimstellende, der bald folgenden gnädigen Resolution uns getröstende unterthänig gehorsamste Bürger und Unterthanen der Stadt Werthheim. [Folgen 13 Unterschriften]" (*Behringer* 1988, 274-276)

Q 12. Gemeinde Eltz bei Limburg/Lahn 1589

"...pitten wir armen Suplicanden [Bittsteller], Eure Churfürstlichen Gnaden wollen dem Herrn Keller der verdächtigen und landbeschreiten Zaubersen halber, wie wir dann Eure Churfürstlichen Gnaden zu unterschiedlichen Malen unterthänigst suplicando umb Gottes willen gebetten, zu inquiriren [untersuchen] und was sich alsdann in Wahrheit befind und Recht sein wird zu vollziehen befehlen. Dann [Denn], gnädigster Fürst und Herr, sollte solcher überaus großer verderblicher Schaden, so uns begegnet, nit bestraft werden, würden sie [die Hexen] in ihrem Vornehmen gestärkt, und wir müßten mit Weib und Kindern entlaufen und alles verlassen." (*Schormann* 1981, 56)

Daß wohlanständige und gutwillige Menschen - in den weltlichen und kirchlichen Obrigkeiten, in der juristischen und theologischen Wissenschaft und in der breiten Bevölkerung - die Massenvernichtung von völlig unschuldigen (oder jedenfalls völlig harmlosen) Frauen und gelegentlich auch Männern konsequent und langfristig durchsetzten, macht die Sache schlimmer, als wenn es ein paar Verbrecher, Verrückte oder Verblendete gewesen wären. Die Hexenverfolgung war in der Tiefendimension der selbstverständlichen Glaubenssysteme fundiert ("Bibel"), entsprang der Aufgewühltheit und Endzeitangst des Zeitalters und gehört zum Kern der Frühneuzeit in Mitteleuropa.

Wenn Krise und Krisenbewußtsein die Quellen der Massenverfolgung sind, klärt das noch nicht das starke Überwiegen weiblicher Opfer. Merkwürdigerweise haben sich die "patriarchalisch" denkenden Zeitgenossen darüber relativ wenige Gedanken gemacht. Ausgerechnet ein Gegner der Verfolgung - Augustin Lercheimer (1585) glaubt an Zaubereiversuche, aber nicht an deren Wirkung - gibt wichtige Hinweise; er erkennt gerade die weibliche Machtlosigkeit als Ursache.

Q 13. Augustin Lercheimer (1585): "Daß er (der Teufel, B.v.B.) aber mehr Weiber/ in diesem fall/ dann Maenner versuchet/ verfuehret vnnd an sich bringet/ ist die vrsache/ daß die Weiber leichtfertiger seind zu glauben/ sich ehe(r) bereden lassen/ vnnd fuerwitziger sind dann die Maenner. Wie Eua auß leichtfertigkeit/ vnd darumb daß sie guts vnnd boeses wissen wolte/ dem Teuffel ehe(r) dann Adam gehorchete vnnd folgete/ Gottes Gebott zu vbertretten. Zu dem sind die Weiber vber die masse rachgirig: darumb/ wann sie sich mit eigener macht nicht rechen koennen/ so hengen sie sich an den Teuffel: der lehret sie vnd hilfft jhnen/ daß sie es mit zauberey/ wie sie meinen/ oder auch mit giffte thun..." (*Behringer* 1988, 339)

Q 14. Ortenau (um 1600): "Es ist ohn Zweifel, das Laster der Gotteslästerung bringt je länger je mehr in allen Ländern die Zauberei und Hexenkünste in Schwang. Ist es doch, als wenn das unmenschlich Fluchen und Lästern sowie das unmenschlich, viehisch Saufen, Ehebruch und Unzucht den Teufel, als man spricht, losgemacht hat, wie wenn er seine Wohnung jetzund auf Erden genommen. Es ist kein vereinzelter Fall, wenn in Ortenburg eine Frau den Scheiterhaufen bestieg, welche von ihrem eigenen Sohn als Hexe deshalb angegeben worden, weil sie mit Gotteslästern, Schwören und Balgen zu Hause ein unchristliches Leben führe." (*Behringer* 1988, 312)

Eine weitere Frage - der letzte Bericht läßt aufhorchen - ist natürlich die Wirkung auf Denkgewohnheiten und Alltagsverhalten. Es kann kaum spurlos an Rollenverständnis und Sozialcharakter der Frauen vorbei gegangen sein, daß sie jahrhundertelang unter der ständigen Drohung von möglichen Hexereibezichtigungen leben mußten. Das zwang vermutlich zu einer ängstlichen Selbstkontrolle, wie sie vorher offenkundig keineswegs üblich war. Frauen mußten sich - wenn sie Risiken mindern wollten - häuslich, keusch, zurückhaltend, passiv benehmen. Wird dadurch das bürgerliche Frauenideal des späten 18. und 19. Jahrhunderts vorbereitet?

4.5 Erklärungen! Erklärungen? Erklärungen! Erklärungen?

Historie besteht - die letzten Absätze, ob man ihnen nun zustimmt oder nicht, belegen es beispielhaft - nicht nur aus Quellenbelegen und Detailtatsachen, sondern aus Deutungen und Synthesen. Wie also ist die große Hexenverfolgung zu erklären? Die Debatte darüber ist in den letzten Jahrzehnten erst richtig losgebrochen. Die Köpfe der Mehrheit und der Jugendlichen hat sie noch nicht erreicht. Zweifellos beschränkt sich die Überzeugung der Bevölkerung, selbst der relativ gut Informierten und der Autor(inn)en mancher Unterrichtsvorschläge, auf *"Frauenfeindlichkeit"*, *"Aberglauben"*, *"Schneeballsystem"* und *"Sündenbockmechanismus"* - vielleicht neuerdings auch die These bzw. Legende von der *"Verfolgung der weisen Frauen und Hebammen"* (Heinsohn/Steiger 1985). Damit aber können entscheidende Punkte gerade nicht angemessen erklärt werden, z.B. die Situierung in der Frühneuzeit und die Konzentration auf die französisch- und deutschsprachigen Gebiete.

Die Bevorzugung der Deutungsmodelle *"Frauenfeindlichkeit"*, *"Aberglauben"*, *"Schneeballsystem"* und *"Sündenbockmechanismus"* ist gewiß kein Zufall. Liest man die Quellen - durchaus auch die bisher hier zitierten (vgl. Q 3, 4, 7, 9, 10 und 12) - dann drängen sie sich gewissermaßen naturwüchsig auf, zumal sie schon eine lange Tradition seit der Aufklärung haben. Die Quellen der Hexenverfolger werden dabei *gegen den Strich gebürstet*, die der Gegner *zustimmend rezipiert und eingebaut*. Damit aber bleibt die Interpretation auf einen veralteten Stand fixiert, weder die - relative - "Funktionalität" und "Rationalität" der Verfolgung noch die blinden Flecken in der aufklärerischen Position kommen genügend scharf ins Bild. Diese Einseitigkeit der Quellenauslegung wie der Sachdeutung aufzubrechen ist ausgesprochen schwierig, muß aber wenigstens versucht werden.

Die zwölf folgenden Erklärungsversuche - Mat. 3-14 - (nach v. Borries in Steidinger 1986, 142-146) sind bewusst so angelegt, daß ihr *Charakter als weiterführende Theorien und Generalisierungen* deutlich wird, daß aber auch ihre *Stützung in zeitgenössischen Quellenaussagen*, d.h. Fakten und Argumenten schon der Mitlebenden, sichtbar wird. Alle zwölf sind als eine Art Denkbewegung aufzufassen, in der ein freies Spiel von Kombinationen und Ausschließungen ausprobiert werden kann. Natürlich eignen sich die Materialien dazu, Rollenkarten für eine sachbezogene - und an Wissenschaft angelehnte - Debatte daraus zu entwickeln (oder sie einfach kopiert zu verteilen). Damit kann die Eigenschaft der Historie abgebildet werden, ein kontroverser und kommunikativer Dialog über - noch präsente und relevante - Vergangenheitsdeutungen zu sein.

Mat. 3

Der Hexenwahn ist eine typische Ausgeburt mittelalterlichen Aberglaubens und finsteren Sadismus'. Er beruht auf krankhaften Vorstellungen in den fanatischen Köpfen wissenschaftsfeindlicher Theologen und realitätsblinder Juristen. Aber so konnten auch abweichende Minderheiten und selbständig Denkende bewusst eingeschüchtert oder ausgeschaltet werden. Es dauerte lange, bis die neuzeitliche Aufklärung diesen Spuk vertrieb und wissenschaftliche, rationale Erklärungen an die Stelle von Angst vor dem Übersinnlichen setzte: "*Weil ich das Laster der Zauberei für eine Fabel halte, rate ich diese einzige Vorsicht an: Ein Fürst soll niemals gestatten, daß wegen des Lasters der Magie, also des Bündnisses der Menschen mit dem Teufel,... eine Untersuchung angestellt werde*" (ein Aufklärer 1701).

Mat. 4

Der Hexenwahn als kollektive Geisteskrankheit der frühen Neuzeit ging ganz wesentlich von den Frauen selbst aus. Hysterische Denunziationen und neurotische Krankheiten wiederholten sich in Wellen und breiteten sich wie Seuchen aus. Recht häufig kam es auch zu Selbstbezichtigungen von überspannten oder wahnsinnigen Frauen: "*Die mühsalbeladenen Weiblein werden vom bösen Geist durch Visionen, die er ihrer Einbildung ganz wirklich vorkommen läßt, so betört, daß sie davon Genaues zu sagen wissen, nicht anders, als wenn es tatsächlich geschehen wäre. In Wahrheit läßt sich feststellen, daß alle ihre Taten, die außernatürlich scheinen, nicht mehr als falscher Wahn und Träume sind*" (ein Arzt 1563).

Mat. 5

Der Hexenprozeß stellt sich wesentlich als Kampfmittel zwischen den Konfessionen in der Zeit von Reformation und Gegenreformation dar. Er ist eine Art verdeckter Religionskrieg zwischen Katholiken und Protestanten, an dem beide Seiten ungefähr gleich beteiligt sind. "*Die Teufel haben in den Ketzern wie einst in den Götzenbildern ihre Wohnstätten ... Wie die Pest der Hungersnot folgt, so folgt die Hexerei der Ketzerei*" (ein Mönch 1599). Aufforderungen zur konfessionellen Hexenverfolgung standen auch Warnungen gegenüber: "*Es* (die Hexensuche) *ist sicher von der Calvinischen Seite zu keinem anderen Zweck vorgesehen, als um durch dieses Mittel die Katholischen ... zu vertilgen und fortzuschaffen. Deshalb muß in diesem Punkt vorsichtig verfahren werden*" (ein Politiker 1652).

Mat. 6

Die Hexenjagden sind nur als ein Schneeballsystem, als ein sich selbst bestätigender und steigernder Kreislauf, zu begreifen. Wer an "Hexerei" zweifelte oder eine "Hexe" verteidigte, wurde selbst der Zauberei beschuldigt. Verdächtige wurden verhaftet und so lange gefoltert, bis sie nicht nur selbst alle gewünschten Untaten gestanden, sondern auch noch jeweils mehrere Mitschuldige nannten, "besagten": "*Die Folter macht die Hexen*" (ein Mönch 1631). Aus einem solchen in sich geschlossenen und "logischen" - nur von außen als "wahnsinnig" erkennbaren - Mechanismus gab es für die Richter so wenig ein Entkommen wie für die Opfer: "*Soviel die Fürsten auch noch verbrennen mögen, sie werden es doch nicht ausbrennen, sofern sie nicht alles verbrennen. Sie verwüsten ihre Länder mehr, als es jemals tun könnte und richten doch nicht das allergeringste damit aus: es ist, um blutige Tränen darüber zu vergießen*" (ein Mönch 1631).

Mat. 7

Die Hexenverfolgung ist vor allem ein Geschäft und aus den Gewinnen für bestimmte Personengruppen zu erklären. Oft verdiente der Landesherr, öfter ein Denunziant, weil die Vermögen der Opfer beschlagnahmt und verteilt wurden. Immer aber machten Richter und Schreiber, Schergen und Kerkermeister, Folterer und Henker ihren Schnitt. *"Sie hofften aus der Asche ihrer Opfer Reichtum zu gewinnen. Notare und Schreiber wurden reich. Der Scharfrichter ritt ein Vollblutpferd wie ein Edelmann vom Hof und trug Gold- und Silberborten. Sein Weib wetteiferte in prunkvoller Kleidung mit den vornehmen Damen"* (ein Beobachter um 1590). Selbst beim Verbrennen einer besitzlosen, verwitweten Greisin fielen etwa 100 Gulden Gebühren an. Hexenprozesse wurden der einträgliche Hauptberuf einer kriminellen Minderheit.

Mat. 8

Die Hexenprozesse erfüllen vor allem die Aufgabe, Sündenböcke für alle Leiden des alltäglichen Lebens (z.B. Mißernten, Todesfälle, Armut, Kriegszüge) zu finden und zu bestrafen. *"Weil im Volk geglaubt wurde, die jahrelange Unfruchtbarkeit sei vom teuflischen Hass der Hexen und Zauberer verursacht, erhob sich das ganze Land zu ihrer Ausrottung ... Diese Verfolgung dauerte mehrere Jahre"* (ein Zeuge um 1590). Der Anstoß zur Verfolgung kam häufig aus dem gequälten und geängstigten Volk selbst, in Krisenzeiten auch seitens der Obrigkeit, die von Versäumnissen oder Ausbeutung ablenken und sich vor Aufruhr und Absetzung schützen wollte.

Mat. 9

Die Hexenjagd ist eigentlich eine große Ketzerverfolgung, aus der sie ja auch entstanden ist. In weiten Teilen Europas hatten sich neben und unter der christlichen Kirche des Mittelalters heidnische "Hexensekten" und "Teufelskulte" gehalten, in denen vielfach Frauen die Hauptrolle spielten. Im Zentrum standen landwirtschaftliche Fruchtbarkeitsriten, z. B.: *"Ich bin Benandante* (Segner), *dieweil ich mit vielen anderen vier mal im Jahr... nachts kämpfen gehe, unsichtbar im Geiste, und der Körper bleibt zurück... Und wenn wir Sieger bleiben, ist es ein Jahr des Überflusses, und wenn wir verlieren, herrscht Notdurft in diesem Jahr"* (ein Verhafteter um 1580). Dazu kamen geheime Feste mit Sexualorgien, Ausfahrtserlebnisse durch Rauschmittel ("Hexensalben"), sicherlich auch Versuche von Nutzen- und Schadenzauber. Einige Züge mögen der gelehrten Phantasie der Hexenverfolger entsprungen sein (Teufelspakt und -buhlschaft z.B.), aber im ganzen gibt es keinen Zweifel am Vorhandensein "ketzerischer" Fruchtbarkeitskulte.

Mat. 10

Der Hexenwahn stellt nur die höchste Zuspitzung einer jahrhundertelangen Frauenverachtung dar, insbesondere die christliche Tradition der Kirchenväter ist daran maßgeblich schuldig, z.B.: *"Was ist das Weib anderes als eine Feindin der Freundschaft, eine unvermeidliche Strafe, ein notwendiges Übel, eine natürliche Versuchung, ein begehrenswertes Unglück, eine häusliche Gefahr, ein süßschmeckender Schaden, ein mit schöner Farbe getünchtes Übel der Natur"* (ein Kirchenvater um 400). Vor allem die mittelalterlichen Mönche, die Keuschheit und Ehelosigkeit gelobt hatten, konnten sich in Tadel und Abwertung der Frauen kaum genug tun. Die Versuchungen der eigenen unterdrückten Sexualität wurden den Frauen angelastet. Hinter dem Frauenhaß stand deutlich die Angst vor Frauen.

Mat. 11

Die Hexenverfolgungen gelten den "weisen Frauen", den Trägerinnen der Heilkunde in ländlichen Gesellschaften. Besonders brutal ausgerottet wurden Hebammen, da sie typisch weibliches Wissen über Verhütung und Abtreibung besaßen, nutzten und weitergaben. Der männlich-neuzeitliche Staat wünschte aber nicht Geburtenkontrolle, sondern Bevölkerungswachstum und viele Untertanen. *"Wer immer mit der Zauberkunst umgeht, kann nicht bestreiten, daß er das Gesetz Gottes und der Natur bricht, weil er die Wirkung der von Gott eingesetzten Ehe verhindert"* (ein Staatsmann 1580). Erst jetzt wurden Abtreibung und Verhütung als Totschlag und Hexerei todeswürdig: *"Niemand schadet dem katholischen Glauben mehr als die Hebammen"* (ein Theologe 1487). Bekämpft wurde also die Verfügung der Frauen über ihren eigenen Körper. Staat und Kirche erhielten dabei besonders Hilfe vom neuen Stand der "wissenschaftlich" ausgebildeten männlichen Ärzte, die sich mit den "weisen Frauen" lästige Konkurrenz vom Halse schafften.

Mat. 12

Die Hexenverfolgung ist vor allem ein Feldzug der Männer gegen die Frauen. Gerade zu Beginn der Neuzeit entwickelte sich der "männliche" moderne Rationalitäts- und Wissenschaftsbegriff, der Beherrschung und Zerstörung der Natur bedeutet. Diese Unterwerfung und Vernichtung begann mit den Frauen, die den Männern als Stück Natur erschienen - und der Natur auch viel näher standen. Gegen die verschärfte Unterdrückung gab es andererseits weiblichen Widerstand: Frauen betrieben oder phantasierten Hexerei aus Wut über ihre Ohnmacht im Alltag: *"Sie glaubten nicht, es sei böse getan, auf den Sabbat zu gehen. Vielmehr sei es eine Bosheit, ihnen eine so große Befriedigung zu versagen und zu verbieten. Diese Ausübung beraube sie nicht der Gnade Gottes; sie gingen trotzdem alle Tage zur Kirche"* (eine Verhaftete 1612). Durch die Hexenverfolgung wurde zugleich die weibliche Natürlichkeit, die überlegene Sinnlichkeit und die gelegentliche Auflehnung von Frauen gebrochen: *"Man kann der alten Frauen und verhaßter Leute nicht schneller quitt werden als auf solche Art und Weise"* (ein Beobachter 1590).

Mat. 13

Die Hexenjagd beruht vornehmlich auf sozialen Konflikten im Nahbereich, besonders auf dem Land. Durch das Bevölkerungswachstum der frühen Neuzeit waren zahlreiche unterbäuerliche, aber nicht völlig besitzlose Existenzen in den Dörfern entstanden. Die Reicheren verweigerten ihnen bisher übliche solidarische Nachbarschaftshilfe, fürchteten aber ihren Neid: *"Neulich war sie (eine alte Frau) vor meinem Haus und hätte gern einen Krug Milch gehabt. Sie ging voller Ärger weg, weil sie ihn nicht bekam. Sie lästerte, fluchte, murmelte und flüsterte.*

Schließlich sagte sie, sie wäre quitt mit mir. Und bald danach führte sich mein Kind, meine Kuh, mein Schwein oder meine Henne seltsam auf oder starb" (eine Anzeige 1584). Die Besitzenden drohten: *"Ich habe einen Verdacht gegen dich; und sollte irgend jemand in meinem Hause etwas zustoßen, so wirst du dafür zur Rechenschaft gezogen werden"* (ein Ängstlicher 1573). Von den größeren Bauern stammten die meisten Anklagen, aus den unterbäuerlichen Schichten die meisten Opfer. Grund waren Übervölkerung und Klassenspaltung.

Mat. 14

Die Hexenprozesse dienen vor allem der Disziplinierung und Einschüchterung der ländlichen Untertanen durch religiöse und weltliche Obrigkeiten. Bisher war in den fast unabhängigen Dörfern allerlei Aberglauben und Zauberei von Pfarrern und Adligen geduldet worden: "*Häufig kamen Männer und Frauen zu ihr* (einer Alten) *ins Haus, damit sie Freunde dieser Leute, die verhext waren, vom Banne losspreche ... Sie kann einer Frau ihren Mann zurückholen*" (ein Zeuge 1446). Jetzt sollte die Seele ganz allein der Kirche, der Körper uneingeschränkt dem König gehören. Die Hexenverfolgung war die brutalste Etappe eines langen Kampfes, an dessen Ende die Menschen im Sinne des modernen Staates geformt, d. h. angepaßt, manipuliert und vereinnahmt waren. Gerade das macht die mentale Seite des langen Übergangs vom mittelalterlichen Feudalismus zum neuzeitlichen Kapitalismus aus. Insofern ist die Hexenjagd eine Ausgeburt und Form der modernen Rationalität und Wissenschaftlichkeit.

Arbeitsaufgaben:
- Wo erscheint die Hexenverfolgung als typisch "mittelalterlich", wo als spezifisch "neuzeitlich"? Auf welcher Seite ist jeweils die "Rationalität", auf welcher der "Aberglaube" zu finden?
- Wieweit handelt es sich um soziale oder seelische Mechanismen, die zu allen Zeiten wirksam werden können? Wieweit werden ganz besondere Umstände im späten 16. und frühen 17. Jahrhundert angeführt?
- Welche Ansätze halten "Hexerei" für ein reales, wenn auch nicht todeswürdiges Geschehen? Welche bezeichnen sie nur als Erfindung und Einbildung der Verfolger oder der Verfolgten?
- Wo bleiben die Erklärungen allgemein und geschlechtsneutral? Wo wird ausdrücklich begründet, daß vorrangig Frauen angeklagt und hingerichtet wurden?
- Wem wird jeweils die Hauptschuld am großen Justizmord zugesprochen? Achtet/Achten Sie vor allem darauf, ob die Anstöße von den "Obrigkeiten" oder von den "Untertanen" selbst kommen.
- Welche Erklärungen sind miteinander kombinierbar, welche widersprechen sich unauflöslich? Nehmt/Nehmen Sie selbst zur Reichweite und Überzeugungskraft Stellung.

4.6 Und heute? - Presseartikel und Ausstellung

Geht man beim Thema "Hexenverfolgung" zum Gegenwartsbezug über (er kann am Anfang wie am Ende der historischen Untersuchung stehen), dann wird die Lage kompliziert. Es handelt sich nicht um ein abgeschlossenes Phänomen. Gewiß gibt es auch in Deutschland - nicht nur auf dem Lande - viele okkultistische Praktiken, und das mit deutlich steigender Tendenz. Jugendliche werden allerdings ihren eigenen, meist durchaus spielerischen Umgang mit Horoskopen, Talismanen oder Edelsteinen - "zwischen Scherz und Ernst" - kaum mit Hexenverfolgungen verbinden wollen oder vergleichen können. Die neue rassistische Gewalt von 1990

bis 2001 - eben nicht nur 1933-1945 - wäre da schon ein besserer Vergleich.
Viel dramatischer ist zudem die Tatsache, daß auch heute in weiten Teilen Afrikas (aber auch Lateinamerikas etc.) große Zahlen angeblicher Hexen und Hexer getötet werden, wenn auch - anders als in Europa 1555-1665 - nicht in rechtsförmlichen Strafprozessen. Die Presseberichte, Hintergrundsinformationen und Spezialforschungen sind da ganz eindeutig. Die Masse der Menschen in Schwarzafrika glaubt an Schadenzauber - und auch dabei handelt es sich wieder um eine Reaktion auf Realverluste und Verlustgefühle großer Gruppen im Prozeß einer höchst ambivalenten "Modernisierung".

Mat. 15. Frauen als Hexen verbrannt
JOHANNESBURG, 15. März (AP.). Im südafrikanischen Homeland Transkei hat eine aufgebrachte Menschenmenge zwei ältere Frauen aus den Häusern gezerrt und verbrannt, weil sie sie für Hexen hielt. Die Polizei berichtete am Donnerstag, die 60 und 67 Jahre alten Frauen seien mit Benzin übergossen und auf brennende Reifen geworfen worden.
Transkei ist 1976 von Südafrika für unabhängig erklärt worden, die Regierung wird international jedoch nicht anerkannt.
(*FR 16.3.1990, S. 28*)

Mat. 16. ... auch manche Minister glauben an Hexerei
In Tansania fielen einer Studie des Familienministeriums zufolge zwischen 1994 und 1998 über 5000 ältere Menschen Hexenjagden zum Opfer, Tendenz steigend. In der Shinyanga-Region, einem ländlichen Gebiet in der Nähe des Victoria-Sees, werden durchschnittlich jeden Monat neun Menschen wegen angeblicher Hexerei ermordet, berichtet der tansanische Verband der Medienfrauen (Tamwa).
Aufgrund des Internationalen Schutzprogrammes für gefährdete Arten (Ci-tes) wuchs in den vergangenen Jahren in Malawi die Krokodilpopulation. Wegen knapper Nahrung töteten die Tiere im Süden im Durchschnitt jeden Tag über zwei Menschen, sagt der Wildhüter Khaled Hassen. Auf eine Anfrage des Provinz-Parlaments, was die Regierung gegen das Problem zu tun gedenke, antwortete George Ntafu, Minister für Wildlife, sein Ministerium gehe davon aus, dass die Ausbreitung der Krokodile auf Hexerei zurückzuführen sei.
(*DIE ZEIT, 4. Januar 2001, S. 28*)

Mat. 17. Widerspruch zur Moderne?
Aus europäischer Sicht mag das wie ein Widerspruch zur Moderne erscheinen. Für viele Afrikaner ist es aber eine Möglichkeit, mit den Folgen ebenjener Moderne fertig zu werden: Der Glaube an Übersinnliches biete Erklärungen und diene so der Entmystifizierung einer zunehmend als rätselhaft empfundenen Welt, in der vertraute Strukturen beständig in Frage gestellt werden, schreibt Jean Comaroff in der Zeitschrift *Culture*. Die Angst vor Hexen nehme nicht trotz, sondern wegen der rapiden Veränderungen durch Globalisierung und Moderne zu. Kein Zufall also, vermutet Kohnert, dass Hexenverfolgungen dort "epidemische Ausmaße" annehmen, wo die soziale Ungleichheit besonders eklatant ist.(...)
Hinter der Überzeugung, dass manche Menschen durchaus in der Lage sind, anderen mithilfe von Zauberkräften zu schaden und sich selbst Vorteile zu verschaffen, steht das "Konzept von limitierten kosmischen Gütern", schreibt Anthony Minnaar. Danach habe jeder - entsprechend seiner gesell-

schaftlichen Stellung - Anspruch auf einen bestimmten Anteil Glück und Erfolg. Wer jedoch - etwa durch eine gute Ernte - deutlich mehr besitze, als ihm in den Augen seiner Umgebung zustehe, gerate in Verdacht, anderen mithilfe dunkler Mächte den Erfolg "gestohlen" zu haben.
(*DIE ZEIT, 4. Januar 2001, S. 28*)

Mat. 18. Schließlich töteten sie den Hexer
PARIS, 4. März (APF). Nahezu alle 680 Einwohner des französischen Dorfes Hesloup hielten ihn für einen Hexer, und zwei Brüder im Alter von 20 und 28 Jahren zogen daraus die Konsequenz: Sie erschossen den 49 Jahre alten Jean Camus, der, wie alle glaubten, mit dem Teufel im Bunde stand. Die Brüder gestanden, den "Hexenmeister", der sich selbst gerühmt hatte, den Tod herbeizaubern zu können, mit einer Schrotladung in seinem Bett getötet zu haben. Die Bewohner des 200 Kilometer westlich von Paris gelegenen Dorfes machten den "Hexer" für Trockenheit, Viehsterben und alle anderen Schicksalsschläge verantwortlich. Und die beiden Täter glaubten, er habe drei Wochen zuvor auch den Autounfall ihrer Schwester herbeigeführt.(...)" (*FAZ, 5.3.1976*)

Die aus solchen Berichten zu gewinnenden strukturellen Einsichten sind überaus wichtig; bei ihnen beleuchtet tatsächlich der vergangene europäische Fall den gegenwärtigen afrikanischen und umgekehrt. Historie kehrt zu ihrer Grundfunktion der "Orientierung des Lebens", der "Sinnbildung über Zeiterfahrung" zurück. Der Glaube an "schwarze Magie" ("Schadenzauber") - übrigens auch an "weiße Magie" oder "Nutzenzauber" - ist unter den menschlichen Kulturen weit verbreitet, fast universell. Er stellt einen höchst wirksamen - wenn auch riskanten - Mechanismus zur Krisenbewältigung für einzelne, Gruppen und Gesellschaften dar. In vielen Fällen sind die Heilungs- und Zauberfunktionen des Heilers (Schamanen) kaum zu trennen.
Gerade an dieser Stelle tritt für europäische Betrachter(innen) von heute auch eine große Gefahr auf, nämlich ein unterschwelliger oder ausdrücklicher Überlegenheitsdünkel gegenüber den Schwarzen. Er kann aggressiv auftreten ("*Bei den Negern wundert mich gar nichts mehr; Afrika ist eben ein hoffnungsloser Fall!*"), sich aber auch patriarchalisch wohlwollend verkleiden ("*Solchen Blödsinn haben unsere Vorfahren vor rund vierhundert Jahren leider auch angerichtet. Ihr müßt das noch lernen und auch bei der aufgeklärten Haltung ankommen, wo wir schon stehen.*"). Beide Varianten sind politisch unerwünscht und verhindern Struktureinsichten. Aber wie soll man heute überhaupt mit der "*großen Hexenverfolgung*" 1555-1665 umgehen, ohne Fehllernen zu riskieren?
Und wie steht es in Europa selbst, wie in der Wissenschaft? Seit dreißig Jahren nehmen einzelne (viele?) junge Frauen den Begriff "Hexe" positiv und versuchen sich als Hexen zu verhalten, worunter sie ökologisches und spirituelles - vor allem auch von männlicher Herrschaft freies - Benehmen verstehen. Jedenfalls gibt es dafür einen Pressemarkt. Deutlich darüber hinaus geht es, wenn ein großes Museum 2001 in einem Ausstellungs-

katalog schreibt, daß Hexenglauben ein universelles Phänomen und auf dem Vormarsch sei. Ja, es wird sogar - in der wissenschaftlichen Textsorte "Ausstellungskatalog"! - ausdrücklich offen gelassen, ob es Hexen gebe oder nicht.

> **Mat. 20. Gibt es Hexen?**
> In Westeuropa haben wir gelernt, daß es "Hexerei" nicht wirklich gibt. Noch vor 250 Jahren wurden Menschen bei uns vor Gericht gestellt und sogar verbrannt, aufgrund von Unterstellungen, sie könnten hexen. Man brachte uns bei, daß sie einer kollektiven Wahnvorstellung, dem "Hexenwahn" zum Opfer gefallen seien. Unsere Ausstellung zeigt: Viele Menschen in anderen Teilen der Welt glauben weiterhin an die Existenz von Hexen. Müssen wir die Bevölkerung ganzer Kontinente für wahnsinnig halten, weil hier das Phänomen "Hexerei" noch besteht, ja, im Vormarsch begriffen ist? Die Festigkeit der Überzeugung, daß Hexen und Magie wirklich existieren, irritiert uns.
> Viele Besucherinnen und Besucher werden sich fragen: Was gilt nun? Sind Hexen Wahn oder Wirklichkeit?
> Seriös läßt sich diese Frage unserer Meinung nach zur Zeit nicht beantworten. Der Glaube an Hexerei ist so weit über die Welt verbreitet und überall so ähnlich ausgeformt, daß wir ihn auch als Wissenschaftler einfach ernst nehmen müssen. Andererseits ist die tatsächliche Wirksamkeit von Hexenzauber nicht so allgemein und zweifelsfrei nachweisbar, daß aufgeklärte Zeitgenossen davon restlos überzeugt sein müßten.
> Der berühmte spanische Erforscher des Hexenphänomens, Caro Baroja, stellte am Ende eines langen Forscherlebens fest: Ich weiß, daß es keine Hexen gibt. Aber wenn es sie geben kann, dann gibt es sie auch.
> Auch wir lassen die Frage bewusst offen. Möge jede/r sie für sich selbst beantworten.
> (*Hexenwelten 2001, 234*)

Natürlich stimmt es, daß jeder/jede die Frage nach der Wirklichkeit von Hexerei "*für sich selbst beantworten*" muß. Wer sollte es für ihn/sie sonst tun? Aber die Betrachter(innen) fühlen sich doch ziemlich unbequem eingequetscht zwischen solchen Experten, die - in aufklärerischer Tradition - alles für Humbug halten und als pathologische Verarbeitung von Modernisierungsprozessen erklären, und solchen Spezialisten, die - das "Fremdverstehen" der Kulturanthropologie ausübend - ernsthaft nicht nur mit "Hexereiglauben" (das ist besser als "Hexenwahn"), sondern auch mit "Hexereipraxis" rechnen. Denn beides hat ernste Konsequenzen: Entweder wir halten unsere Vorfahren und die meisten Menschen in den meisten Kulturen für uns selbst intellektuell weit unterlegen - oder wir geben der Obrigkeit (und den Kirchen) im Nachhinein gegenüber den geschundenen Opfern (z.B. in Q 3 und Q 4) wenigstens teilweise und ein bißchen Recht. Das ist eine höchst unerfreuliche Alternative, die nicht leicht zu entschärfen oder zu vermitteln ist.

Mat. 19. Hexerei - ein weltweites Phänomen
In vielen Kulturen der Welt hat der Glaube an Hexerei bis heute eine ungebrochene Tradition. Bemerkenswert sind hierbei die zahlreichen Ähnlichkeiten in der Konzeption des Hexenglaubens. Zu den geläufigen Vorstellungen zählen unter anderem:
- Hexen haben besondere Fähigkeiten. Sie können fliegen, ihren Körper verlassen und sich in Tiere verwandeln.
- Hexen sind häufiger Frauen als Männer, allerdings sind Männer meist die mächtigeren Hexen.
- Hexerei ist erblich. Dennoch bedarf die Hexe einer Unterweisung zur Ausübung ihrer Fähigkeiten. Den Anstoß hierfür gibt häufig ein Berufungserlebnis oder eine Berufungsvision.
- Hexen tragen oft Erkennungsmerkmale am Körper.
- Hexen können jegliche Form von Unglück verursachen. Durch Verwünschungen und den "Bösen Blick" betreiben sie Schaden- und Wetterzauber. Amulette gelten weltweit als geeignete Schutz- und Gegenmaßnahmen zur Abwehr der negativen Einflüsse.
- Hexen können aber auch Reichtum und Erfolg bescheren. In Dingen des Liebes- und Fruchtbarkeitszaubers ist ihre Hilfe gefragt. Sie werden herangezogen zur Heilung von psychischen und körperlichen Krankheiten.
- Hexen bedienen sich magischer Kräfte, die sie vorwiegend nachts und im Geheimen beschwören.
- Hexen bereiten Medizin aus Heilkräutern und anorganischen Substanzen, die heilen oder töten kann.
- Hexen treffen sich regelmäßig zu Versammlungen an bestimmten Orten wie dem Hexensabbat in Europa oder dem "Hexerhimmel" in Afrika.
- Hexerei geschieht meist aus Neid und Konkurrenzdenken, so dass überwiegend Bekannte Nachbarn und Verwandte geschädigt werden.
- Hexen haben Zugang zu einer "Anderswelt". Ihre Handlungen verkehren die Ordnung des Alltags und setzen sich über die bestehenden Normen von Sitte und Anstand hinweg.

Ergänzend hierzu haben sich in Europa drei weitere Aspekte durchgesetzt. Es handelt sich zum einen um die traditionelle Vorstellung, dass Hexen eine gegen das Christentum gerichtete Sekte bildeten, deren Grundlage ein Pakt mit dem Teufel sei. Zum anderen wurde unterstellt, dass sich auf dem Hexensabbat orgiastische Riten mit inzestuösen Sexualpraktiken unter dem Vorsitz des Teufels vollzogen.

Der Glaube an die Existenz eines diabolischen Hexenkults gehört heute weitgehend der Vergangenheit an. Vielmehr hat sich gerade in den siebziger Jahren des letzten Jahrhunderts im Zuge der Frauenbewegung eine Aufwertung des Hexenphänomens durchgesetzt. Es bildeten sich Zirkel heraus, deren Mitglieder sich selbst als "Neue Hexen" bezeichnen. Diese überwiegend positive Sicht auf magisches Wirken findet weltweit kaum ihresgleichen.
(*C. H. & J. K. in: Hexenwelten 2001, 232f.*)

Literatur

Eine umfassende Bibliografie zur "großen Hexenverfolgung" ist an dieser Stelle nicht zu leisten. Hier werden nur ein paar Titel aufgenommen, die mir weitergeholfen haben - im Guten wie im Schlechten. Bewußt sind auch Gattungen berücksichtigt, die normalerweise nicht wahrgenommen werden, nämlich Jugendromane und Sachbücher. Sie gehören mindestens ebenso zur "Geschichtskultur" wie die wissenschaftlichen Darstellungen...

Andersen, Leif Esper: Hexenfieber; München (dtv junior) 1979.
Appuhn, Horst: Der Fund vom Nonnenchor; Wienhausen (Kloster) 1973 (= Kloster Wienhausen Bd. 4).
Bayer, Ingeborg: Der Teufelskreis; Würzburg (Arena TB) 1985.
Becker, Gabriele u.a.: Aus der Zeit der Verzweiflung. Zur Genese und Aktualität des Hexenbildes; Frankfurt/M. (Suhrkarnp) 1977.
Behringer, Wolfgang: Scheiternde Hexenprozesse. Volksglaube und Hexenverfolgung um 1600 in München, in: van Dülmen, Richard (Hrsg.): Kultur der einfachen Leute; München (Beck) 1983, 42-78.
Behringer, Wolfgang (Hrsg.): Hexen und Hexenprozesse; München (dtv) 1988.
Behringer, Wolfgang: Chonrad Stoeckhlin und die Nachtschar. Eine Geschichte aus der frühen Neuzeit; München (Piper) 1994.
Behringer, Wolfgang: Hexen. Glaube, Verfolgung, Vermarktung; München (Beck) 2. durchges. Aufl 2000.
Biesel, Elisabeth: Hexenjustiz, Volksmagie und soziale Konflikte im lothringischen Raum; Trier (Spee) 1997.
Bitter, Wilhelm (Hrsg.): Massenwahn in Geschichte und Gegenwart; Stuttgart (Klett) 1965.
Böckl, Manfred: Svenja und der Hexenjäger; Recklinghausen (Georg Bitter) 1995.
Borries, Bodo v. (unter Mitarbeit von Dähn, Susanne, Körber, Andreas und Lehmann, Rainer H.): Kindlich-jugendliche Geschichtsverarbeitung in West- und Ostdeutschland 1990. Ein empirischer Vergleich; Pfaffenweiler (Centaurus) 1992.
Borries, Bodo v. (unter Mitarbeit von Weidemann, Sigrid, Baeck, Oliver, Grzeskowiak, Sylwia und Körber, Andreas): Das Geschichtsbewußtsein Jugendlicher. Erste repräsentative Untersuchung über Vergangenheitsdeutungen, Gegenwartswahrnehmungen und Zukunftserwartungen in Ost- und Westdeutschland; Weinheim/München (Juventa) 1995.
Borries, Bodo v.: Wendepunkte der Frauengeschichte I. Über Frauen-Leistung, Frauen-Unterdrückung und Frauen-Wahlrecht. Ein Lese- und Arbeitsbuch zum An- und Aufregen; Herbolzheim (Centaurus) 2. veränd. Aufl. 2001 (= Frauen in Geschichte und Gesellschaft 26).
Braukmann, Werner: Hexenbild und Hexenverfolgung. Anregung, ein verdrängtes Thema im Geschichtsunterricht zu behandeln, in: Gd. 6. Jg. 1981, 175-193, wiederabgedruckt in Borries, Bodo v. u.a. (Hrsg.): Sammelband Geschichtsdidaktik: Frau in der Geschichte I/II/III; Düsseldorf (Schwann) 1984, 249-267.
Briggs, Robin: Die Hexenmacher. Geschichte der Hexenverfolgung in Europa und der Neuen Welt; Berlin (Argon) 1998.
Daxelmüller, Christoph: Aberglaube, Hexenzauber, Höllenängste. Eine Geschichte der Magie; München (dtv) 1996.
Duerr, Hans Peter: Traumzeit. Über die Grenzen zwischen Wildnis und Zivilisation; Frankfurt/M. (Syndikat) 1983.
Droß, Annemarie: Die erste Walpurgisnacht. Hexenverfolgung in Deutschland, Reinbek (Rowohlt) 1981.
Engelhardt, Ingeborg: Hexen in der Stadt; München (dtv junior) 1975.
Favret-Saada, Jeanne: Die Wörter, der Zauber, der Tod. Der Hexenglaube im Hainland von Westfrankreich; Frankfurt/M. (Suhrkamp) 1979.

Gersmann, Gudrun: Auf den Spuren der Opfer - zur Rekonstruktion weiblichen Alltags unter dem Eindruck frühneuzeitlicher Hexenverfolgung, in: Lundt, Bea (Hrsg.): Vergessene Frauen an der Ruhr; Köln (Böhlau) 1992, 243-272.
Ginzburg, Carlo: Die Benandanti. Feldkulte und Hexenwesen im 16. und 17. Jahrhundert; Frankfurt/M. (Syndikat) 1980.
Ginzburg, Carlo: Der Käse und die Würmer. Die Welt eines Müllers um 1600; Frankfurt/M. (Syndikat) 1983.
Ginzburg, Carlo: Hexensabbat. Entzifferung einer nächtlichen Geschichte; Berlin (Wagenbach) 1989.
Haining, Peter: Hexen. Wahn und Wirklichkeit in Mittelalter und Gegenwart; Oldenburg/Hamburg (Stalling) 1977.
Hammes, Manfred: Hexenwahn und Hexenprozesse; Frankfurt/M. (Fischer) 1977.
Harmening, Dieter: Hexen - Hinter dem Rand des Christentums, in: Hergemöller, Bernd-Ulrich (Hrsg.): Randgruppen der spätmittelalterlichen Gesellschaft; Warendorf (Fahlbusch) 2. neubearb. Aufl. 1994, 328-360.
Hasler, Eveline: Anna Göldin. Letzte Hexe; München (dtv) 1985.
Hass, Ulrike: Teufelstanz. Eine Geschichte aus der Zeit der Hexenverfolgung; Reinbek (Rowohlt rotfuchs) 1982.
Hauschild, Thomas u.a.: Hexen. Katalog zur Ausstellung; Hamburg (Hochschule für bildende Künste) 1979.
Heinsohn, Gunnar und *Steiger*, Otto: Die Vernichtung der weisen Frauen. Beiträge zur Theorie und Geschichte von Bevölkerung und Kindheit; Herbstein (März) 1985.
Hexen und Hexenprozesse (= Journal für Geschichte, Heft V/1983).
Hexenwelten; Bonn (Holos) 2001 (= Mitteilungen aus dem Museum für Völkerkunde Hamburg, Neue Folge Bd. 31).
Hexerei (= kea Zeitschrift für Kulturwissenschaften Nr. 5, Sommer 1993).
Heyne, Isolde: Hexenfeuer; Ravensburg (Ravensburger) 1994.
Hoffmann, Ruth Franziska: Zwischen Wahn und Wirklichkeit. Amnestie für Hexenmörder, Konjunktur für Zauberer: In Afrika breitet sich ein zerstörerischer Irrglaube aus, in: DIE ZEIT Nr. 2, 4. Januar 2001, S. 28.
Honegger, Claudia (Hrsg.): Die Hexen der Neuzeit. Studien zur Sozialgeschichte eines kulturellen Deutungsmusters; Frankfurt/M. (Suhrkamp) 1979.
Irsigler, Franz und *Lassotta*, Arnold: Bettler und Gaukler, Dirnen und Henker. Randgruppen und Außenseiter in Köln 1300 - 1600; Köln (Greven) 1984, hier: Zauberinnen, Wahrsager und Werwölfe 145-166.
Kieckhefer, Richard: Magie im Mittelalter; München (Beck) 1992.
Kruse, Max: Anna zu Pferde; München (dtv) 1995.
Kuisl, Fritz: Die Hexen von Werdenfels; Garmisch-Partenkirchen (Adam) o.J.
Kunze, Michael: Straße ins Feuer. Vom Leben und Sterben in der Zeit des Hexenwahns; München (Droemer Knaur) o.J.; Original: München (Kindler) 1982.
Lecouteux, Claude: Das Reich der Nachtdämonen. Angst und Aberglauben im Mittelalter; Düsseldorf u. Zürich (Artemis/Winkler) 2001.
Levack, Brian P.: Hexenjagd; München (Beck) 2. Aufl. 1999.
Lohmeyer, Wolfgang: Die Hexe; München (Bertelsmann) 1976.
Lohmeyer, Wolfgang: Der Hexenanwalt; Berlin (Ullstein) 3. Aufl. 1998.
Mandé, Ana: Hexen; Bergisch-Gladbach (Lübbe) 2001.
Messal, Norbert: Zur Profan-Magie in Mecklenburg. Brunnen und Herd; Blankenberg (Hermes) 1999.
Merzbacher, Friedrich: Die Hexenprozesse in Franken; München (Beck) 2. erw. Aufl. 1970.
Mögenburg, Harm und *Schwarz*, Uta: Hexen und Ketzer - der Umgang mit Minderheiten vom Mittelalter bis heute; Frankfurt/M. (Diesterweg) 1987.
Muchembled, Robert: Kultur des Volks - Kultur der Eliten; Stuttgart (Klett-Cotta) 1982, hier bes.: Bekämpfung der Hexerei ... 232-276.
Müller, Klaus E.: Schamanismus. Heiler - Geister - Rituale; München (Beck)

1997.
Neubig, Karl-Heinz (Hrsg.): Anbruch der Neuzeit. Renaissance und Reformation 1350-1648; München (Goldmann) o.J. (= Lesewerk zur Geschichte 4).
Piat, Colette: Als man die Hexen verbrannte. Geschichten ihrer Verfolgung durch sieben Jahrhunderte; Freiburg/Br. (Eulen) 2. Aufl. 1998.
Rauer, Brigitte: Hexenwahn - Frauenverfolgung zu Beginn der Neuzeit - Ein Beitrag zur Frauengeschichte im Unterricht, in: Kuhn, Annette und Rüsen, Jörn (Hrsg.): Frauen in der Geschichte II; Düsseldorf (Schwann) 1982, 97 - 125.
Schmelz, Bernd (Hrsg.): Hexerei, Magie und Volksmedizin; Bonn (Holos) 1997.
Schormann, Gerhard: Hexenprozesse in Deutschland; Göttingen (Vandenhoek) 1981.
Schwaiger, Georg (Hrsg.): Teufelsglaube und Hexenprozesse; München (Beck) 4. Aufl. 1999.
Seidel, Ina: Lennacker. Das Buch einer Heimkehr; Stuttgart (DVA) 197-204. Tausend 1955, hier: Jakobus Johannes Lennacker (1628-1696), 220-279.
Spee, Friedrich v.: Cautio Criminalis oder Rechtliche Bedenken wegen der Hexenprozesse; München (dtv) 6. erw. Aufl. 2000.
Sprenger, Jakob und *Institoris*, Heinrich: Der Hexenhammer (Malleus Maleficarum); München (dtv) 14. Aufl. 1999.
Staschen, Heidi: Verraten, verteufelt, verbrannt. Hexenleben; Reinbek (Rowohlt) 1990.
Steidinger, Susanne: Hexenverfolgungen in der frühen Neuzeit, in: Borries, Bodo v. und Kuhn, Annette (Hrsg.): Frauen in der Geschichte VIII; Düsseldorf (Schwann) 1986, 91-152.
Stoeckle, Frieder: Für etwas herhalten müssen - Folter und Strafjustiz am Beispiel des Stuttgarter Hexenprozesses von 1562, in: Knoch, Peter (Hrsg.): Spurensuche Geschichte. Anregungen für einen kreativen Geschichtsunterricht, Bd. 2; Stuttgart (Klett) 1991, 64-67.
Sutcliff, Rosemary: Das Hexenkind; München (dtv) 1983.
Thomasius, Christian: Vom Laster der Zauberei. Über die Hexenprozesse; München (dtv) 2. Aufl. 1986.
Unverhau, Dagmar: Von allerlei Zauberei und Hexerei in Bergedorf im 17. Jahrhundert; Hamburg (Behörde für Schule und Berufsbildung) 1986 (= Geschichte - Schauplatz Hamburg).
van Dülmen, Richard (Hrsg.): Hexenwelten. Magie und Imagination vom 16. - 20. Jahrhundert; Frankfurt/M. (Fischer TB) 1987.
Williams, Gerhild Scholz: Hexen und Herrschaft; München (Wilhelm Fink) überarb. Neuausg. 1998.
Zierer, Otto: Hundert Geschichten aus 3000 Jahren, Bd. 2: Kulturgeschichte; München (List) 1970, 196-200.

5. Im „Paradies der Frauen"? – Weibliches Leben in den dreizehn Kolonien und den frühen USA

Vorbemerkungen

Frauengeschichte (als Teil einer kritischen Gesellschaftsgeschichte) bedarf an dieser Stelle keiner Begründung, wohl dagegen der hohe Stellenwert der angloamerikanischen Kolonien und der jungen USA bis 1828/29. Nordamerika

- bietet ein instruktives Beispiel des Zusammenstoßes europäischen Denkens und europäischer Expansion mit anderen Kulturen und Traditionen, z. B. Indianern und Negern, und eignet sich daher für die Einübung nicht-eurozentrischer Sicht,
- bildet ein entscheidendes Glied in der Kette des im 17. und 18. Jahrhundert entstehenden Weltwirtschaftssystems mit europäischem Zentrum,
- schafft (fast als einzige Region) den Sprung zu einer Europa überflügelnden industriellen Metropole, statt zu einer unterentwickelten Peripherie abzusinken (oder zu stagnieren),
- ist heute eine Supermacht mit extrem ausgeprägtem Selbst- und Sendungsbewußtsein, ein Hegemon seiner lateinamerikanischen Nachbarn und ein übermächtiger, eigenwilliger, manchmal gefährlicher Bündnispartner Westeuropas.

Damit ist klar: Eine Einheit über die USA muß Teil eines Ganzen sein, einer kritischen Universalgeschichte der Neuzeit: „Von der Europäisierung zur Industrialisierung" oder „Die Erfindung einer Weltwirtschaft zugunsten Europas" (ein solches Modell des Verfassers wartet auf einen Verlag). Aus den genannten Gründen darf die Betrachtung nicht 1783 mit der Unabhängigkeit oder 1787/89 mit der Bundesverfassung abbrechen, sondern muß die Konsolidierung der amerikanischen Gesellschaft einbeziehen und bis an die Schwelle der Industrialisierung führen. Der gleichzeitige Tod John Adams' und Thomas Jeffersons am 50. Jahrestag der Unabhängigkeitserklärung (4. Juli 1826) ist ein oft genanntes symbolisches Datum, der fast einer Revolution gleichkommende Amtsantritt des Präsidenten Andrew Jackson 1829 eine realhistorische Zäsur.
Das vorliegende Unterrichtsmodell (als Teil des angedeuteten Ganzen) setzt eine gewisse Kenntnis des Welthandelssystem (einschließlich Skla-

venhandel), der Koloniegründungen, der englischen Frühindustrialisierung sowie der Unabhängigkeitsbewegung und Verfassungsgebung voraus. Dagegen ist die soziale Gliederung und Dynamik weitgehend in die vorliegende Teileinheit eingearbeitet, die eine Gesellschaftsanalyse aus der Sicht der Fraueninteressen zu geben versucht.

Die Form des Modells als „alternatives Schulbuch" bzw. „alternatives Sachbuch" kann nicht ausführlich begründet werden. Die Vorteile gegenüber einer konzentrierten und abstrahierenden fachwissenschaftlichen Analyse liegen auf der Hand, insbesondere für Unterrichtsgebrauch und eigene Einarbeitung. Lernziele liegen der Einheit zugrunde und schimmern oft in der Materialauswahl und -anordnung durch. Der Verfasser ist nicht neutral (neigt z. B. eher Harriet Martineaus als Alexis de Tocquevilles Interpretation zu), legt aber meist kontroverse Positionen zum eigenen Abarbeiten vor. Aus Platzgründen werden die Lernziele nicht in Listenform ausgeworfen.

Streckenweise nimmt das Modell fast die Form einer Quellensammlung an. Kommentare und Arbeitsaufgaben sind nur sparsam eingestreut, da an ältere Schüler und erwachsene Leser gedacht ist, die sich leicht bevormundet fühlen könnten. Trotz des relativ großen Umfangs ist keine „vollständige", „flächendeckende" Stoffaufbereitung geplant, sondern ein ganz bestimmter, problemorientierter Zugriff. Der großschrittige Gedankengang einer Gesamtuntersuchung des Problems soll ungefähr so aussehen:

1. Auffaltung des Fragehorizonts auf die wichtigsten Sektoren: Die Rechtsstellung, die Arbeit, die Partnerbeziehung und die „Identität",
2. Beispiele bedeutender Lebensleistungen amerikanischer Frauen aus verschiedenen Gruppen und Schichten,
3. spezifische Lebenszusammenhänge der amerikanischen Frauen in verschiedenen Regionen und Klassen,
4. gegensätzliche Deutungsversuche einer widersprüchlichen Gesamtentwicklung (mit Ausblick auf die Organisation der Fraueninteressen).

Die Quellen sind meist vom Verfasser aus dem Englischen/Amerikanischen übersetzt (und damit auch ansatzweise interpretiert). Die z. T. köstlichen Unregelmäßigkeiten der Sprache und Schreibung sind nicht nachgeahmt; der Satzbau wird zur Leseerleichterung vielfach etwas vereinfacht. Bei den Gedichten sind – ohne Anspruch auf künstlerische Leistung – wenigstens ein bißchen Rhythmus und vereinzelt Reime erhalten, um die literarische Form durchspüren zu lassen. Kürzungen sind mit „...", notwendige Ergänzungen mit „[]" bezeichnet. Die Fundstellen der Text- und Bildquellen sind im Anhang zusammen mit einzelnen Darstellungen nachgewiesen.

I. Fragen über Fragen

Einige Beobachter haben das Nord-Amerika des 18. und frühen 19. Jahrhunderts als „Paradies der Frauen" angesehen. Ob die Betroffenen das auch selbst so empfanden?

1. Braucht die Amerikanerin mehr Rechte?

Im Frühjahr 1776, wenige Monate vor der Unabhängigkeitserklärung, wechselt *Abigail Smith Adams* (1744-1818) – die Frau des künftigen 2. und die Mutter des späteren 6. Präsidenten der USA – Briefe mit ihrem Mann. Denn John Adams (1735-1826) ist monatelang in politischen Angelegenheiten abwesend.

Q 1. Abigail Adams an John Adams am 31. März 1776:
„... Ich sehne mich nach der Nachricht, daß Ihr die Unabhängigkeit erklärt habt. Und, nebenbei, in dem neuen Gesetzbuch, das Ihr – meiner Meinung nach – notwendig machen müßt, solltet Ihr – wie ich wünsche – an die Frauen denken und sie großzügiger und günstiger behandeln, als Eure Vorfahren es taten. Gebt keine solche unbegrenzte Macht mehr in die Hände der Ehemänner. Erinnert Euch, daß alle Männer Tyrannen wären, wenn sie könnten. Wenn den Frauen keine besondere Sorge und Berücksichtigung zuteil wird, sind wir entschlossen, einen Aufruhr zu schüren. Wir werden uns nicht durch irgendwelche Gesetze gebunden fühlen, bei denen wir kein Stimm- oder Vertretungsrecht haben.
Daß Euer Geschlecht von Natur aus tyrannisch ist, ist als Wahrheit so völlig bewiesen, daß es keine Erörterung mehr erlaubt. Aber die von Euch, die glücklich sein wollen, geben freiwillig das strenge Anrecht des Herren auf zugunsten des sanfteren und teureren als Freund. Warum dann nehmt Ihr es nicht aus der Macht der Bösen und Zügellosen, ohne Strafe mit uns grausam und entwürdigend umzugehen? Männer von Verstand verabscheuen in allen Zeiten solche Sitten, die uns nur als die Mägde Eures Geschlechtes behandeln. Betrachtet uns also als von der Vorsehung unter Euren Schutz gestellt. Und in Nachahmung des höchsten Wesens macht von dieser Gewalt nur zu unserem Glück Gebrauch."

John Adams an Abigail Adams am 14. April 1776:
„... Was Dein außerordentliches Gesetzbuch betrifft, da kann ich nur lachen. Man hat uns erzählt, daß unser Kampf [gegen England] die Bande der Obrigkeit überall gelockert habe, daß Kinder und Lehrlinge ungehorsam würden, daß Schulen und Universitäten aufgewühlt würden, daß Indianer ihre Wächter mißachteten und Neger unverschämt gegen ihre Herren würden. Aber Dein Brief war der erste Hinweis, daß noch ein anderer Klüngel – zahlreicher und mächtiger als alle anderen – zur Unzufriedenheit herangezüchtet wird. Das ist ein ziemlich grobes Kompliment, aber Du bist so frech, daß ich es nicht ausstreichen werde.
Verlaß Dich drauf, wir wissen etwas besseres, als unsere männlichen Einrichtungen außer Kraft zu setzen. Obwohl sie in voller Rechtskraft stehen, sind sie – wie Dir bekannt – wenig mehr als Theorie. Wir wagen es nicht, unsere Gewalt auszuüben. Wir sind verpflichtet, fair und sanft vorzugehen; und in der Praxis – Du weißt es

– sind wir die Untergebenen. Wir haben nur den Namen von Herren, und ehe wir diesen aufgeben (was uns völlig dem Despotismus des Unterrockes untertänig machte!) würden hoffentlich General Washington und alle unsere tapferen Helden kämpfen..."

Abigail Adams an John Adams am 7. Mai 1776:
„Wie zahlreich sind die einsamen Stunden, während deren ich die Vergangenheit überdenke und die Zukunft vorausnehme... Ich kann nicht sagen, daß Ihr – meiner Meinung nach – sehr großzügig gegen die Frauen seid. Denn, während Ihr Frieden und Wohlwollen für die Männer verkündet und alle Völker freilaßt, beharrt Ihr darauf, eine absolute Gewalt über die Frauen festzuhalten. Aber Ihr müßt daran denken, daß willkürliche Macht wie alle anderen sehr harten Dinge sehr leicht dem Zerbrechen ausgesetzt ist. Und trotz all Eurer weisen Gesetze und Grundsätze haben wir es in unserer Macht, nicht nur uns selbst zu befreien, sondern unsere Herren zu unterdrücken. Ohne Gewaltanwendung können wir beides, Eure natürliche und gesetzliche Autorität zu unseren Füßen niederwerfen...
Unsere Kleinen, die Du so oft meiner Sorge und Belehrung anvertraut hast, sollen es an Tüchtigkeit und Ehrenhaftigkeit nicht fehlen lassen, wenn der Unterricht einer Mutter den erwünschten Erfolg hat. Aber sie würden doppelt bekräftigt, wenn sie umschichtig das Beispiel eines Vaters vor sich genießen könnten."

Q 2 Abigal Adams

Die Briefe werfen eine ganze Kette von Fragen auf: Verhielt sich Mrs. Adams zur Unabhängigkeitsbewegung skeptisch oder ermutigend? Welche Rechte hatten die Frauen, welche nicht? Was wünscht Mrs. Adams? Mit welcher Begründung und in welcher Sprache? Warum verhandeln die

Ehepartner in so scharfem Ton? Welche Argumente gegen eine Besserstellung der Frauen führt Mr. Adams an? Entsprechen die tatsächlichen Verhältnisse der Frauen den formalen Rechten? Wie beurteilt Mr. Adams die Unabhängigkeitsbewegung? Hängt die Frauenfrage mit der Lage anderer Unterdrückter zusammen? Ist Mr. Adams ein Revolutionär? Wie sind die Rechte und Pflichten im Hause Adams verteilt? Ist das gerecht? usw.

2. Sind Einfluß und Arbeit „gerecht" und „sinnvoll" verteilt?

Europäische Besucher der englischen Kolonien und später der USA haben immer wieder fasziniert beschrieben, daß die Stellung der Frauen in Amerika erheblich von der in Europa abweiche.

Q 3. Per Kalm (1716-1779) reiste als schwedischer Aufklärer und Naturforscher 1748/50 durch die englischen und französischen Kolonien.
„Die Frauen waren hier [in Kanada] recht schön. Sie zeigten viel Lebensart und waren ehrbar mit einer kleinen unschuldigen Freiheit ... Im Haushalt übertrafen sie bei weitem die englischen Kolonistinnen, die – die Wahrheit zu sagen – sich die Freiheit herausgenommen haben, alle Beschwerden des Haushalts auf die Männer abzuwälzen und deshalb oft den ganzen Tag auf dem Stuhl mit den Händen im Schosse zubringen können, ohne daß sie arbeiten müßten. Diese kanadischen Frauen aber griffen meist besser zu, besonders die gemeinen Leute, die sich überall auf den Äckern, Wiesen, in den Viehställen usw. sehen ließen und keine Arbeit scheuten ...
Einige waren recht fleißig. Dennoch traf ich auch zuweilen solche an, die sich nicht mehr Last auferlegten als die englischen Kolonistinnen, sondern auf dem Stuhl saßen, herumgafften, unaufhörlich plauderten und nichts erledigten ... Auf dem Lande wurde oft die Gewohnheit beachtet, daß, wenn der Mann einen Besuch von vornehmen Leuten erhielt und mit ihnen bei Tische saß, die Frau hinter seinem Stuhl stand und ihn bediente. In den Städten aber hatten die Frauen mehr zu sagen. Sie wollten sich gern dieselbe Stellung wie der Mann anmaßen, wenn nicht eine noch größere."

Q 4. Francis Wright (1795-1852) aus Schottland reiste 1818/20 durch die nördlichen USA und berichtet darüber (später wanderte sie übrigens aus und förderte die Sklaven- und Frauenbefreiung maßgeblich):
„Ich muß in Wahrheit sagen, daß ich kein Land kenne, in dem die Rechte der Frauen in ein so glückliches Verhältnis gebracht sind. In jedem Hausstand, vom vornehmsten bis zum geringsten, gewahrt man beim Amerikaner die größte Anhänglichkeit für seine Frau und seine Kinder ... [Niemand] kann zärtlichere Aufmerksamkeit für den Gegenstand seines Gefühls haben als der Amerikaner für seine Gattin. Auch die Frauen und Töchter der Handwerker und Bauern findet man immer in reinlicher Kleidung im inneren Haushalt beschäftigt. Aber nie würden es die Männer zulassen, daß sie auf dem Felde schwere Arbeiten verrichteten, die ihren Kräften nicht angemessen wären.
Vielleicht, mein Freund, geben uns die Verhältnisse der Frauen in jedem Lande den sichersten Maßstab zur Beurteilung der Männer. Wo das schwache Geschlecht mit

beschwerlichen Arbeiten belastet ist, möchte man glauben, daß ein Zug eigenartiger Rohheit die Männer auszeichne. Aber wo die Freiheit des Wollens und Handels der Frauen sehr beschränkt ist, zeigt sich gewiß die niedrige Sinnlichkeit der Männer. Vor allem glaube ich, daß jetzt die guten Sitten in dieser Hinsicht in meinem Vaterlande [Großbritannien] nicht gerade voranschreiten."

Q 5. Die „Encyclopedia Brittanica" von 1810, eines der bekanntesten europäischen Lexika, lautet u. a. im Stichwort „America":
„Die Amerikaner heiraten sehr jung, besonders auf dem Lande. Junge Männer, die sich regelmäßig sehr früh entweder auf neuem Land oder in irgend einem Gewerbe niederlassen, haben Verwendung für eine Frau, die ihnen bei ihren Arbeiten hilft. Das führt ebenso zu frühen Ehen wie die allgemeine Strenge der Sitten. Wenn eine Frau stirbt, wird sie aus dem gleichen Grunde sehr eilig durch eine andere ersetzt. In der Stadt wie auf dem Lande ist sie ein unerläßliches Hilfsmittel für die häuslichen Angelegenheiten, wenn ihr Mann, wie jeder in Amerika, in seine eigenen Geschäfte verwickelt ist. Sie ist auch als Gefährte nötig in einem Lande, wo die Kinder bald ihre Eltern verlassen und wo die Männer – ständig mit irgendwelchem Erwerb beschäftigt – es unbequem finden, ihre Familien zu verlassen und nach Geselligkeit zu suchen ... Alle Reisenden stimmen überein, die Amerikanerinnen als sehr tugendhaft und angesehen darzustellen, als treue und fleißige Frauen und zärtliche Mütter. Die jungen Frauen genießen völlige Freiheit, und der Umgang der Geschlechter verläuft ohne Schmeichelei und Eifersucht."

Q 6. William Byrd II (1674-1744), ein reicher virginischer Plantagenbesitzer und Schriftsteller, 1728:
„Indianermais hat einen so guten Ertrag, daß man bei wenig Mühe eine große Familie mit Brot versorgen kann. Und dazu können sie überhaupt ohne jeden Aufwand Fleisch haben, mit Hilfe der niedergelegenen Böden und der großen Vielfalt von Baummast, die auf dem Hochland wächst. Die Männer für ihren Teil laden, genau wie die Indianer, alle Arbeit auf die armen Frauen ab. Sie lassen ihre Frauen früh am Morgen aus den Betten aufstehen, während sie gleichzeitig weiter liegen und schnarchen, bis die Sonne ein Drittel ihres Weges gemacht und alle ungesunden Dünste zerstreut hat. Wenn sie dann eine halbe Stunde sich gereckt und gegähnt haben, zünden sie ihre Pfeife an und wagen sich unter dem Schutz einer Rauchwolke ins Freie. Aber wenn es zufällig ein ganz klein bißchen kalt ist, kehren sie schnell zitternd in die Kaminecke zurück. Wenn das Wetter mild ist, stehn sie und lehnen beide Arme auf den Zaun des Maisfeldes. Sie überlegen ernsthaft, ob sie nicht am besten gehen und sich ein bißchen beim Hacken aufwärmen sollten. Aber meist finden sie Gründe, es bis zu einem anderen Mal aufzuschieben. So vertrödeln sie ihr Leben wie Salomons Faulpelz mit verschränkten Armen. Und am Jahresende haben sie kaum Brot zum Essen."

Es lohnt sich, diese vier Positionen genau zu betrachten, zu beschreiben und zu analysieren. Sie zeigen einzelne Übereinstimmungen, viele Abweichungen und manche Widersprüche. Man kann näher aufgliedern und jeweils Ansehen, Einfluß, Pflichten und Freiheiten (Handlungsmöglichkeiten) der Frauen trennen. Beim Vergleich zwischen Männern und Frauen werden oft „gleiche" (gleichartige) von „entsprechenden" (gleichwertigen, gleichgewichtigen) Arbeiten und Möglichkeiten abgehoben. Manche der Autoren urteilen moralisch, andere funktional, manche ausdrücklich, andere verdeckt. Man kann Gründe der unterschiedlichen Beschreibung und Bewertung in den jeweiligen Erfahrungen und Interessen der Reisenden vermuten, aber nur schwer ohne weiteres Material herausbekommen, wer mehr und wer weniger „recht" hat. Zunächst genügt es schon, möglichst viele Fragen aufzulisten.

3. Eigene Wahl bei Liebe und Ehe?

Freiheit und Selbständigkeit der jungen Amerikanerin werden häufig erwähnt, z. B. in der „Encyclopedia Brittanica" und bei Francis Wright. Wie kommen wirklich Ehen zustande (oder nicht zustande)? Welche Wahl- und Entscheidungsmöglichkeiten hatten junge Mädchen? Wie insbesondere sahen ihre Alternativen aus? Gab es Gleichberechtigung bei der Partnerwahl (oder Partnerablehnung)?

Q 7. Benjamin Franklin (1706-1790) einer der ehrwürdigen und ehrenwerten Gründungsväter der USA, beschreibt in seiner Autobiografie gescheiterte Heiratspläne von ca. 1728:
„Frau Godfrey beabsichtigte, mich mit der Tochter eines ihrer Verwandten zu verheiraten, und suchte uns bei mehrfachen Gelegenheiten zusammenzubringen, bis sie mich ernsthaft gefesselt sah, da das Mädchen selbst sehr begehrenswert war. Die Eltern ermutigten meine Bewerbung durch häufige Einladung zum Abendessen und ließen uns allein, bis es endlich Zeit zu einer Erklärung war. Frau Godfrey übernahm die erforderliche Unterhandlung. Ich gab ihr zu verstehen, daß ich mit der jungen Dame eine Mitgift von so viel Geld erwarte, um mindestens den Rest meiner Schuld für die Druckerei bezahlen zu können, der sich damals auf hundert Pfund belaufen mochte.
Ich erhielt zur Antwort, daß sie eine solche Summe nicht beschaffen könnten; worauf ich bemerkte, daß sie diese leicht als Hypothek [Grundschuld] auf ihr Haus erhalten könnten. Hierauf empfing ich nach Verlauf einiger Tage die Antwort, daß sie die Heirat nicht billigten. ... Das Geschäft eines Buchdruckers sei durchaus nicht einträglich. Meine Schriften [Lettern] würden bald abgenutzt und neue nötig sein. Kelmer und Harry hätten nacheinander falliert [Pleite gemacht] und mir würde es wahrscheinlich ähnlich ergehen. Sie verboten mir also das Haus und sperrten das junge Mädchen ein.
Ich weiß nicht, ob sie wirklich ihren Sinn geändert hatten oder ob das ganze nur eine List war, in der Voraussetzung, daß unsere Neigung zu weit gediehen sei, als daß wir voneinander lassen könnten. Dann, im Falle einer heimlichen Heirat, hätten sie volle Freiheit gehabt, uns nach Belieben etwas zu geben oder nicht. Ich argwöhnte das letztere, ärgerte mich darüber und ging nie wieder hin. Einige Zeit nachher brachte mir Frau Godfrey mehrfach Kunde, daß die Eltern mir nun mehr gewogen seien und die Verbindung mit mir wieder anzuknüpfen wünschten. Ich aber erklärte mich entschieden dahin, nicht mehr mit der Familie zu schaffen haben zu wollen."

Q 8. Ein anonymes Gedicht von 1736
Die Klage der Frau

Die Sitte, ach, ist parteiisch,
sie gibt uns kein gleiches Maß,
die Liebe ist für uns Leiden,
und für die Männer ein Spaß.

Sie dürfen frei alles sagen,
bei uns bleibt Gefühl unerkannt.
Uns nützen nicht Zungen und Augen,
denn Offenheit gilt als Schand'.

Sie flattern von Freuden zu Siegen,
ganz ohne Gefahr und Verzicht.
Wir bleiben allein, wenn wir weigern
und wenn wir gewähren, vernicht'.

Die Sitte soll Gleichheit erfinden,
unterdrücken kein Geschlecht,
soll Freiheit mehr geben den Frauen
oder Männern weniger Recht!

Q 9. Méderic Louis Élie Moreau de Saint-Mery (1750-1819) ein französischer Politiker, schreibt nach einem Exil-Aufenthalt in den USA 1793/98:
„Endlich, sie sind bezaubernd, anbetungswürdig mit fünzehn, ausgetrocknet mit dreiundzwanzig, alt mit fünfunddreißig, verbraucht mit vierzig oder fünfzig. Es ist kein Zufall, daß vierzehn als übliches Alter für Heiratsfähigkeit gilt ... Von dieser Zeit an zeigen sie sich der Gesellschaft; sie werden ihre eigenen Herrinnen, können alleine spazieren gehen und nehmen einen Verehrer an. Die Wahl eines Verehrers bleibt ohne Tadel, geschieht öffentlich, und die Eltern nehmen kaum Notiz davon, denn so ist die Sitte des Landes. Der gewählte Mann kommt ins Haus, wann immer er will. Er begleitet den Gegenstand seiner Liebe auf einen Spaziergang, wann immer er möchte. Er kommt oft Sonntags mit einem offenen Wagen zu ihr heraus und bringt sie abends zurück, ohne nach seinem Verhalten gefragt zu werden ...
Man muß wirklich wissen, wie man planvoll und natürlich tugendhaft ist. Ein Mädchen vertraut sich der Zurückhaltung ihres Verehrers an und belastet ihn mit der Bewahrung einer Rücksicht, die sie selbst nicht immer kontrollieren kann. Jeden Tag werden sie allein gelassen. ... Vater, Mutter und die ganze Familie gehen schlafen. Der Verehrer und sein Mädchen bleiben allein; und manchmal finden die Diener – bei ihrer Rückkunft – sie schlafend mit erloschener Kerze: So kalt ist Liebe in diesem Land ... Diese amerikanischen jungen Damen sind kalt und leidenschaftslos. Sie machen immer den Eindruck der Berechnung ...
Im Blick auf die unbegrenzte Freiheit der unverheirateten Frau ist es erstaunlich, den Eifer aller zu entdecken, sich zu verheiraten. Denn die Ehe bringt einen absoluten Wechsel im Leben des Mädchens mit sich. Sie hört auf, das junge, flatterhaft-unverantwortliche Geschöpf zu sein, das kein Gesetz kennt als ihre Laune und die gute Stimmung ihres Verehrers. Sie wird eine Frau, die nur für ihren Ehemann und die Sorge um ihren Haushalt da ist. Sie ist wenig mehr als ein Kindermädchen, oft tatsächlich die erste und einzige Dienerin. Aber eben dieser Eifer [auf Heirat] ist eine Folge selbstsüchtiger Berechnung. Denn es wird allgemein geglaubt, Mißerfolg bei der Gattensuche zeige einen Fehler an, der die Verehrer abstoße."

Q 10: Die Staatszeitung von Nord-Carolina schreibt 1764:
„Eine alte Jungfer ist eines der komischsten, mürrischsten, launischsten, ungeduldigsten, eingebildetsten, widerwärtigsten, heuchlerischsten, aufgeregtesten, lautesten, spöttischsten, verquersten, ... unzufriedensten, überflüssigsten Geschöpfe ... Sie gibt große Frömmigkeit vor und besucht die Kirchen, nur um Winke zu sehen – welche Zeichen von Liebe sich etwa ereignen ..."
Und die unverheiratete Schriftstellerin Catherine M. *Sedgwick* (1789-1867) trägt 1828 in ihr geheimes Tagebuch ein:
„Nach meiner eigenen Erfahrung würde ich niemand raten, unverheiratet zu bleiben. Denn meine Erfahrungen waren einzigartig günstig. Meine Gefühle sind nie durch solche Zurücksetzungen und Spötteleien verbittert worden, die die Abstossenden und Vernachlässigten ertragen müssen. Es gab bis zum heutigen Tag in meinem Leben keine Zeit, wo ich mich nicht achtbar bei mir ernsthaft gewogenen Leuten hätte aufhalten können, wenn ich gewollt hätte ... Meine Schwestern sind alle freundlich und liebevoll zu mir, meine Brüder großzügig und unwandelbar freundlich. Ihre Kinder lieben mich alle ... Und doch ist das Ergebnis all dieser sehr glücklichen Erfahrung: Es gibt keinen gleichwertigen Ersatz für jene Gnade, die die Vorsehung an die erste Stelle gesetzt, für die sie verfügt hat, daß sie mit den größten Opfern erworben werden sollte. Ich habe dies nicht im Geist der Unzufriedenheit niedergeschrieben; aber es ist – denke ich – gut, unsere Gefühle ehrlich auszusprechen. Sie können als Beispiele oder Warnsignale dienen."

Auch diese Nachrichten sind teilweise widersprüchlich und werfen im ganzen mehr Fragen auf, als sie beantworten können. Freiheit und Selbständigkeit der jungen Mädchen waren größer als in Europa. Aber wie weit reichten sie? Für die Ehe spielte die Zustimmung des Mädchens eine Rolle. Aber was sonst noch? Mädchen und junge Männer wurden verschieden beurteilt. Wozu führte das? Nichts wurde so sehr gefürchtet wie Ehelosigkeit. Warum bloß?

4. Gleiche Lebensleistungen und Entfaltungschancen?

Das Leben besteht nicht nur aus Politik, Arbeit und Liebe. Jenseits davon gibt es noch persönliche Entfaltung, besondere Leistung und individuellen Glücksanspruch. Gibt es sie auch für Frauen im Amerika der Kolonien und Bundesstaaten?

Q 11. Anne Bradstreet (1612-1672), Tochter und Frau von Gouverneuren der Kolonie Massachusetts, Mutter von acht Kindern, veröffentlichte 1650 das erste bedeutende Gedichtbuch Amerikas. Sie wurde daher als „die zehnte Muse" gerühmt; dennoch zweifelte sie an der Aufnahme ihres Werkes:
„Nun bin ich ausgesetzt der Nörgler Schar:
Die Nadel paß' nur – sagt sie – meiner Hand,
des Dichters Feder brächt' ich schweren Schimpf.

Sie tragen solchen Haß dem Geist bei Fraun:
Selbst wo mein Werk gelang, wird's abgelehnt,
durch Diebstahl oder Glück nur sei es gut ...
Laßt Griechen Griechen sein, und Frauen Fraun.
Die Männer überragend stehn voran.
Doch sinnlos bleibt ein ungerechter Krieg.
Wohl wissen's Fraun: Das Beste leistet ihr.
Gehört schon stets ein jeder Vorrang euch,
gewährt doch kleine Anerkennung uns."

Q 12. Judith Sargent Murray (1751-1820) hatte den Unterricht ihres Bruders, der zur Universität gehen sollte, geteilt. Sie schrieb 1798:
„... Ich nehme die Gelegenheit, meinen untadeligen ‚Lands-Frauen' zu gratulieren zu der glücklichen Revolution, die die letzten Jahre zu ihren Gunsten gebracht haben: In diesen jungen Republiken, wo noch zu meinem Gedenken der Nähnadelgebrauch als notwendige Hauptfertigkeit einer Frau galt, darf sie jetzt einen Teil ihrer Zeit für Studien einer höheren und erhebenden Art benutzen. Weibliche Akademien sind überall eingerichtet; und dieser Name klingt für mein Ohr recht angenehm ...
Die Vorstellung von der weiblichen Unfähigkeit ist – glauben wir – in diesem aufgeklärten Zeitalter völlig unzulässig. Unser Beweismaterial geht dahin, zu belegen, daß sie
1. gleich fähig zum Ertragen von Not,
2. ebenso findig und erfolgreich an Auswegen sind.
3. Ihr Gleichmut und Heldentum kann nicht übertroffen werden.
4. Sie sind gleich furchtlos.
5. Sie sind genauso patriotisch,
6. genauso einflußreich,
7. ebenso energisch und ebenso beredt,
8. ebenso zuverlässig und dauerhaft in ihrem Engagement,
9. ebenso fähig, in Ehren die Plagen des Regierens zu tragen, und
10. (und letztens): Sie sind gleich aufnahmefähig für jede literarische Bildung."

Es bewegt uns besonders, wenn eine ungewöhnlich leistungsfähige Frau die Gleichrangigkeit der Frauen entschieden ablehnt. Verständlich ist das wohl nicht allein aus der damaligen Rechtslage, sondern auch aus der Lehre der Kirchen (hier der Puritaner), daß die Frau dem Manne untertan sein und in der Kirche schweigen solle. Aus Angst vor Höllenstrafen haben wohl viele Frauen diese Lehre (gegen eigene Erfahrungen und Interessen) geglaubt und von ihr ein resignatives, unsicheres Selbstbild übernommen. Der zweite Text geht (ausdrücklich!) von einer andern geistigen Strömung aus, die sich erst im 18. Jahrhundert durchsetzte. Hier wird eher eine Utopie für die Zukunft, ein Programm für die Frauenemanzipation vorgetragen als die tatsächliche Situation der Zeit beschrieben.

II. Vergessene Größe – verschüttete Vorbilder?

Nach Anne *Bradstreet* hätte es keine wirklich überragenden Lebensleistungen von Frauen in Amerika geben können. Nach Judith Sargent *Murray* müßten wir sie erwarten und nachweisen können. Wer hat recht?

1. Eine sektenbildende Koloniegründerin: Anne Hutchinson (ca. 1589-1643)

Anne Hutchinson kam 1634, also nur fünf Jahre nach Gründung der Kolonie, mit Mann und Kindern (später insgesamt fünfzehn) nach Massachusetts. Sie erwarb sich als hilfreiche Hebamme großen Ruf unter den Frauen und begann bald – unerhört für eine Frau – zu predigen und zu lehren. Dabei entfernte sie sich mehr und mehr von der fanatischen, intoleranten Dogmatik der puritanischen Theologen und beanspruchte prophetische Gaben. 1637/38 wurde sie vom geistlichen und weltlichen Gericht verurteilt, aus der Gemeinde ausgestoßen und aus der Kolonie verbannt.

Q 13. John Winthrop, (1588-1649), Gouverneur von Massachusetts und puritanischer Geschichtsschreiber, berichtet 1638:
„Tatsächlich, es war ein Wunder, wie plötzlich die ganze Kirche von Boston – mit wenigen Ausnahmen – von ihr neu ‚bekehrt' und von ihren Meinungen angesteckt wurde. Und auch viele außerhalb der Kirche und auch aus anderen Kirchen, ja viele Ungläubige nahmen ihre Auffassung an. Denn es war ein sehr einfacher und angenehmer Weg zum Himmel, nichts zu sehen, nichts zu haben, nur zu warten, daß Christus alles tue. Nachdem sie sich so durchgesetzt hatte und einige von besonderem Rang und Amt auf ihre Seite gezogen hatte . . ., hielt sie ein offenes Haus für alle und jeden. Und sie richtete zwei Vortrags-Tage in der Woche ein, wo man sich üblicherweise in ihrem Haus traf, sechzig oder achtzig Personen. Der Vorwand war, die Predigt zu wiederholen, aber danach pflegte sie die Lehren zu erläutern und alle Abschnitte nach ihrem Belieben auszulegen."

Q 13a. Anne Bradstreets Haus (Anwesen der Gründungszeit)

Q 14. John Cotton (1585-1652), der gelehrteste und mächtigste puritanische Theologe in Boston (und früherer Freund von Anne Hutchinson), warnte 1638:
„An erster Stelle richte ich meine Rede an die, die Frau Hutchinsons Söhne und Schwiegersöhne sind. Laßt mich euch vom Herrn berichten. Obwohl natürliche Liebe euch verleiten könnte, zur Verteidigung eurer Mutter zu sprechen und ihre Partei zu ergreifen – was in manchen Fällen und zu manchen Zeiten zulässig und lobenswert sein mag –, dennoch dürft ihr in der Sache Gottes nicht Vater und Mutter, nicht Schwester noch Bruder kennen. Indem ihr für eure Mutter eingetreten seid, habt ihr eurer Mutter nicht geholfen, sondern nur ihr Herz verhärtet und ihre falsche Lehre ermutigt.
Nun laßt mich zu den Schwestern unserer Gemeinde sprechen, von denen viele – meine ich – durch Frau Hutchinson in die Irre geführt worden sind. Ich warne euch im Namen Gottes, auf euch selbst zu achten und Sorge zu tragen, daß ihr nichts als Wahrheit annehmt, was nicht den Stempel des Wortes Gottes auf sich trägt. Laßt mich das zu euch allen sagen: Die Güte, die ihr von Frau Hutchinson erfahren habt, darf euch nicht alles glauben machen, was sie sagt. Denn ihr seht, sie ist nur eine Frau. Und sie vertritt viele ungesunde und gefährliche Grundsätze."

Anne Hutchinson verließ 1638 Massachusetts und zog in die gerade im allerersten Aufbau befindliche Nachbarkolonie Rhode Island, wo religiöse Freiheit herrschte. 35 Familien aus Boston folgten ihr, denn sie hatte eine eigene kleine Sekte, die „Antinomianer", gegründet, blieb aber tolerant gegen andere religiöse Gruppen. Bald zog sie weiter und errichtete eine neue Kolonie am Long-Island-Sund, dort wurde sie 1643 mit dem größten Teil ihrer Familie bei einem Indianerüberfall erschlagen.
Größe und Leiden der Frauen in der Koloniegründungszeit und ihren religiösen Wirren zeigen sich durchaus nicht nur in diesem Einzelfall. Da war z. B. Mary *Dyer,* die 1637/38 Anne Hutchinson verteidigte und 1660 als „ketzerische" Quäkerin in Boston gehängt wurde. Da war auch Anne *Bradstreet* (s. o.) mit ihrem Gedichtbuch „die zehnte Muse" von 1650. Da war Margaret *Brent* in Maryland, die Testamentsvollstreckerin des Koloniegründers Lord Baltimore wurde und 1647 als erste Amerikanerin Sitz und Stimme in politischen Gremien verlangte (und teilweise erhielt!). Da war Deborah *Moody,* die 1643 Gravesend gründete und gegen einen Indianerüberfall verteidigte. Da war Sarah *Good* aus Salem, die 1692 (wie achtzehn andere Frauen) als „Hexe" gehängt wurde, obwohl sie (anfangs) energisch jede Zauberei geleugnet hatte. Und da war Hannah *Dustin,* die 1697 als Gefangene der Indianer zusammen mit einer Freundin und einem Kind zehn Wächter überwältigte und erschlug.
Warum ist heute Anne Hutchinson vergessen, während ihr Zeitgenosse Roger Williams (ca. 1603-1684), der gleichfalls wegen Ketzerei verbannt wurde und Toleranz anstrebte, in Erinnerung geblieben ist? Was könnte an Anne Hutchinson vorbildlich sein: ihre Unerschrockenheit, Hilfsbereit-

schaft, Gastfreundschaft, Familienfürsorge, Redegewandtheit und Toleranz, ihr Mut, Gottvertrauen, Prophetentum, weibliches Selbstbewußtsein, ständiger Neuanfang und erstmaliges Eintreten für Frauenrechte in der Kirche? Es ist einseitig, immer von den „Pilgervätern" und „Koloniegründern" zu sprechen: Gab es keine „Pilger- und Koloniemütter", die Überleben und Wachstum garantierten? Man kann sogar in den ersten europäischen Frauen das stabile und zukunftsweisende Element sehen, das die Entwicklung der englischen Kolonien in Nordamerika von der der spanischen und portugiesischen in Südamerika unterschied.

2. Eine erfinderische Plantagenbesitzerin: Eliza Lucas Pinckney (1723-1793)

Eliza Lucas war die Tochter eines britischen Gouverneurs der westindischen Insel Antigua, aber sie lebte mit ihrer Mutter auf Besitzungen in Süd-Carolina. Ihre sehr anschaulichen Briefe erlauben Einblicke in ihre Lebensweise, Leistungen, Pläne und Charakterzüge:

Q 15. Eliza Lucas an Mrs. Boddicott 1740:
„Die große Güte meines Vaters und meiner Mutter mir gegenüber überläßt es mir, unseren Wohnsitz in der Stadt oder auf dem Lande zu wählen. Aber ich glaube, es ist klüger und auch angenehmer für meine Mama und mich selbst, während der Abwesenheit meines Vaters auf dem Lande zu leben. Wir sind siebzehn Meilen zu Land und sechs zu Wasser von Charlestown entfernt. Wir haben etwa sechs angenehme Familien um uns, mit denen wir in großer Harmonie leben. Ich habe eine kleine, gut ausgestattete Bibliothek, denn mein Vater hat mir die meisten seiner Bücher zurückgelassen. Da verbringe ich Teile meiner Zeit. Meine Musik und der Garten, über den ich sehr glücklich bin, nehmen den Rest ein – soweit er nicht für Geschäfte gebraucht wird, von denen mein Vater mir einen hübsch großen Anteil überlassen hat. Das war unvermeidlich, weil der schlechte Gesundheitszustand meiner Mutter sie hindert, sich irgend einer Anstrengung zu unterziehen.
Ich habe die Geschäfte von drei Plantagen zu erledigen, was viel Schreiberei verlangt und mehr Pflichten und Mühen, als Sie sich vorstellen können. Aber sehen Sie es keineswegs als zu schwer für ein Mädchen in meinem frühen Lebensalter an, lassen Sie mich Ihnen versichern: Ich fühle mich glücklich, daß ich einem so guten Vater nützlich sein kann. Indem ich sehr früh aufstehe, finde ich, daß ich mit sehr vielen Geschäften fertig werden kann. Aber Sie sollen nicht denken, ich wäre ganz niedergeschlagen durch diese Lebensweise. Ich kann Sie informieren, daß es zwei würdige Damen in Charlestown gibt, Mrs. Pinckney und Mrs. Cleland, die voreingenommen genug für mich sind, um mich bei sich haben zu wollen. Sie bestehen darauf, daß ich – während der Stadtaufenthalte – ihre Häuser zu meinem Heim mache, und bestürmen mich viel öfter, ein bißchen auszuruhen, als ich ihre liebenswürdigen Einladungen annehmen kann. Aber ich verbringe manchmal mit der einen oder der anderen drei Wochen oder einen Monat auf einmal; und dann genieße ich alle die Vergnügungen, die Charlestown bietet."

Q 15a. Sklaven auf einer Indigoplantage

Q 16. Eliza Lucas an ihren Vater George Lucas, 1740:
„Die Baumwolle, der Guinea-Mais und der meiste Ingwer, die hier gepflanzt wurden, sind durch einen Frost vernichtet. Ich schrieb Ihnen in einem früheren Brief, daß wir auf dem Land eine schöne Ernte von Indigo-Samen hatten. Seit ich Sie informiert habe, hat der Frost sie weggenommen, ehe sie getrocknet war. Ich habe die besten von ihnen ausgesucht und pflanzen lassen, aber nicht mehr als hundert Büsche von ihnen sind aufgegangen. Das ist umso unglücklicher, als Sie extra einen Mann geschickt haben, es zu machen. Ich habe keinen Zweifel, daß Indigo sich auf Dauer als sehr wertvolles Produkt erweisen wird. Wenn wir doch die Samen aus Ostindien rechtzeitig hätten, um sie Ende März zu pflanzen, damit die Samen trokken genug werden könnten, um vor dem Frost eingebracht zu werden. Ich bin sehr traurig, daß wir dieses Jahr verloren haben. Wir können nichts dazu tun als die Arbeiten für das nächste Jahr vorbereiten. Die Luzerne schrumpft gegenwärtig nur noch, aber Mr. Hunt sagt mir, daß es hier im ersten Jahr immer so ist . . .
. . . Geehrter Herr . . . Soweit Sie mir Mr. L [als Gatten] vorschlagen, kann ich keine genügend günstigen Gefühle für ihn haben, um mir Zeit zum Nachdenken über den Gegenstand zu nehmen. Auch wird Ihre Güte gegen mich stets zur Pflicht weiteres Gewicht hinzufügen, die mich zu untersuchen zwingt, was Ihnen am besten gefällt. Denn so viel Großmut auf Ihrer Seite verlangt meinen ganzen Gehorsam. Aber da ich weiß, daß Sie Rücksicht auf mein Glück nehmen, muß ich Sie um den Gefallen bitten, dem alten Herrn meine Empfehlungen für seine Großzügigkeit und seine positiven Gefühle für mich zu überbringen. Und lassen Sie ihn meine Gedanken über die Angelegenheit in so höflichen Worten wissen, wie Sie sie viel besser kennen, als ich irgendwelche diktieren kann. Und ich bitte um Erlaubnis, Ihnen zu sagen, daß die Reichtümer von Chile und Peru zusammengenommen – wenn er sie hätte – keine ausreichende Neigung für ihn erkaufen könnten, ihn zu meinem Ehemann zu machen.

Was den anderen Herrn betrifft, den Sie erwähnen, Mr. Walsh, so wissen Sie, Herr, daß ich eine so oberflächliche Kenntnis von ihm habe, daß ich mir kein Urteil machen kann. Und ein Fall mit solchen Folgen erfordert die schönste Besonderheit der Temperamente und Gefühle. Aber erlauben Sie mir, Ihnen zu versichern, lieber Herr, daß ein lediges Leben meine einzige Wahl ist. – Und wenn es nicht so wäre: Da ich noch erst achtzehn bin, hoffe ich, Sie werden die Gedanken an meine Heirat beiseite lassen wenigstens noch für die nächsten zwei oder drei Jahre ..."

Die systematischen Versuche mit verschiedenen Fruchtpflanzen und Handelsgütern (z. B. auch Flachs, Hanf und Seide, getrocknete Feigen und eingelegte Eier) setzte Eliza Lucas viele Jahre lang fort, schließlich mit vollem Erfolg. Der von ihr sorgfältig gezüchtete Indigo verbreitete sich über die ganze Kolonie und wurde bald nach dem Reis und vor dem Tabak zum zweitwichtigsten Ausfuhrgut beider Carolinas; nach der Revolution folgte die Baumwolle, mit der sie ebenfalls schon früh experimentiert hatte. Das Sträuben gegen eine Ehe gab Eliza Lucas später allerdings auf, sie heiratete 1744 den älteren Witwer Charles Pinckney (vgl. die oben erwähnte Freundin!), der es bis zum Oberrichter von South-Carolina brachte. Sie wurde aber schon 1758 selbst Witwe mit vier Kindern. Die Verwaltung der Plantagen behielt sie lebenslang bei, zog ihre Kinder und verwaisten Enkel auf, las ihre altgriechischen Lieblingsautoren, lehrte die Sklavenkinder und wechselte Briefe und Besuche mit den Großen der Zeit, z. B. Präsident George Washington, der auf eigenen Wunsch zu ihren Sargträgern gehörte.

John Rolfe (1685-1622) als „Vater" des virginischen Tabaks und Eli Whitney (1765-1825) als Erfinder der Baumwollentkernungsmaschine bleiben im öffentlichen Bewußtsein. Warum ist Eliza Lucas Pinckney, die „Mutter" des Indigo-Anbaus, vergessen? Und warum kennt niemand Sybilla *Masters* aus Philadelphia, die 1715 und 1716 die Reinigung und Konservierung von Mais und Stroh verbesserte, deren Patente aber ihr Ehemann Thomas erhielt? Mancher bewundert junge Männer, die mit siebzehn in den Krieg ziehen. Wäre es nicht klüger, ein junges Mädchen zum Vorbild zu nehmen, das mit sechzehn bis achtzehn große Güter verwaltet – und eine Ehe ohne Liebe verweigert?

Die Amerikaner verherrlichen die „Gründungsväter" ihrer Unabhängigkeit; patriotische Frauenvereine nennen sich „Töchter der Freiheit" oder „Töchter der amerikanischen Revolution". Gab es keine „Mütter der Revolution" und „Mütter der Unabhängigkeit"? Eliza Lucas Pinckney gehört gewiß nicht weniger dazu als ihre Söhne Charles und Thomas zu den „Gründungsvätern". Deborah *Champion,* Tochter eines amerikanischen Generals, diente als Kurier der Aufständischen. Abigail *Adams* (s. o.) und ihre Freundin Mercy Otis *Warren* (1728-1814), Schwester und Helferin des Gründungsvaters James Otis (1725-1783), leisteten besonders viel. Mrs. Warren, Mutter von fünf Söhnen, fand noch die Zeit für politische Kampfschriften, antibritische Komödien und Tragödien und eine dreibändige „Geschichte der amerikanischen Revolution". Alle diese Frauen waren allerdings Mitglieder der Oberschicht und genossen die Vorrechte einer ganz kleinen Minderheit.

3. Eine versklavte Freiheitsdichterin: Phillis Wheatley (ca. 1753-1794)

1773 erschien das erste Buch eines schwarzen Amerikaners. Es war eine Sammlung von Gedichten und stammte von einer Sklavin, die noch in Afrika geboren, als Kind geraubt, 1761 nach Amerika verkauft und nach ihrem Herrn Phillis Wheatley getauft worden war. Phillis Wheatley hatte ungewöhnliches Glück: sie geriet in die nördliche Kolonie Massachusetts, nicht in eine südliche; und sie wurde Haussklavin (fast wie ein Kind gehalten und erzogen), nicht Feldsklavin. Schon 1765 konnte sie Englisch schreiben, später lernte sie auch Latein. Sie bereiste ausführlich England. In ihren Gedichten setzte sie sich mit ihrem eigenen Schicksal, dem Christentum und der Gegenwartspolitik auseinander.

Q 17. „Von Afrika nach Amerika gebracht!
Die Gnade brachte mich vom Heidenland,
sie lehrte meine nächtlich-dumpfe Seele:
„Es ist ein Gott, es ist ein Heiland auch!"
Ich kannte, ja ich sucht' Erlösung nicht.
Man blickt auf uns're schwarze Rasse zornig:
„Die Farbe ist ein teuflisch Stempelzeichen!"
Doch hört, viel' Negerchristen, schwarz wie Kain,
geläutert, reih'n sich in der Engel Schar!"

Q 18. Auf die amerikanische Revolution
„Nicht mehr, Amerika, in tiefer Trauer
beklag Unrecht und ungesühnten Groll!
Nicht länger fürchte nun die Eisenkette,
die böse Tyrannei mit Frevelhand
geschmiedet hat dem Land als Sklavenfessel!
Du fragst, mein Herr, der meinem Lied du folgst,
woher die Freiheitsliebe mir entstammt,
mir heißer Wunsch für das Gemeinwohl fließt?
Ein fühlend Herz allein wird's ganz verstehn:
Sehr jung ward ich – ein scheinbar hart Geschick! –
geraubt von Afrika, von Glück und Heimat.

Wie müssen noch qualvolle Krämpfe wühlen,
wie Sorgen kämpfen in der Eltern Brust?
Ein stahlhart Herz ward durch kein Leid bewegt,
entriß dem Vater sein geliebtes Kind.
Das, das mein Los! Kann Bessres ich als beten,
daß andre niemals fühl'n Tyrannenmacht?"

Q 19. Phillis Wheatley

Wie verarbeitet Phillis Wheatley ihre Lebensgeschichte und die Gedanken ihrer Umwelt? Welche Hindernisse hatte sie zu überwinden, um eine amerikanische Dichterin zu werden? Welche (unausgesprochene) Hoffnung enthält das zweite Gedicht; wie mag sie auf die weitere Entwicklung reagiert haben? Zu ihrer Zeit war die „schwarze Muse" eine bekannte Dichterin, die von George Washington eingeladen wurde, allerdings nach Freilassung, Ehe und Kindern im Elend starb. Sie bewies fast als erste die außerordentliche Leistungsfähigkeit von Schwarzen in Amerika. Ob sie vergessen wurde, weil später die Vorurteile gegen Neger wuchsen und eine gelehrte, dichtende Negersklavin nicht mehr ins Bild paßte?

Doch auch Phillis Wheatley ist kein Einzelfall. Ungewöhnliche Lebensleistungen vollbrachten z. B. auch die schwarzen Freiheitskämpferinnen Harriet *Tubman* (ca. 1820-1913) und Sojourner *Truth* (ca. 1797-1893) und Biddy *Mason* (1818-1891) als Neger-Pionierfrau in Kalifornien. Es mag ihnen geholfen haben, daß die Stellung der Frau in ihren afrikanischen Herkunftgesellschaften weit günstiger war als in Amerika oder Europa.

4. Eine verschleppte Wahlirokesin: Deh-he-wa-mis (1743-1833)

Marie *Jemison* wurde 1743 als Tochter irischer Einwanderer während der Überfahrt nach Amerika geboren. Sie lebte auf der Grenzerfarm ihrer Eltern, bis 1758 (im englisch-französischen „siebenjährigen Krieg") eine Indianertruppe einige Familienmitglieder erschlug und sie raubte. Sie wurde von den Seneca, einem Irokesenstamm, adoptiert und *Deh-he-wa-mis* („schönes Mädchen") genannt. Von ihrem ersten Ehemann Sheninjee hatte sie zwei, vom zweiten Hiokatoo, einem hochberühmten Krieger und Jäger, sechs Kinder. Sie erlebte Jagdglück und Rekordmaisernten ebenso wie Hungerwinter und Grenzkriege (insbesonders während des Unabhängigkeitskrieges 1775-1783) aus indianischer Sicht. Sie selbst berichtet.

Q 20. Marie Jemison eigener Bericht 1823:
„Kurz nach dem Ende des Revolutionskrieges bot mir mein indianischer Bruder Kau-jises-tau-ge-au (was übersetzt „Schwarze Wolke" heißt) die Freiheit an und sagte mir, wenn dies meine Wahl sei, könne ich zu meinen Freunden gehen. Mein Sohn Thomas wollte unbedingt, daß ich ginge und bot an, mit mir zu gehen und mir auf der Reise beiseite zu stehen, auf die kleineren Kinder aufzupassen und für Nahrung zu sorgen, während wir durch die Wildnis reisten. Aber die Häuptlinge unseres Stammes vermuteten wegen seines Aussehens, seiner Taten und ein paar kriegerischer Ausbrüche, Thomas könne ein großer Krieger oder ein guter Berater werden. Sie lehnten es ab, ihn aus welchem Anlaß auch immer fortgehen zu lassen.

Allein zu gehen und ihn hinter mir zu lassen, war mehr, als ich mich zu tun fähig fühlte; denn er war lieb zu mir gewesen und einer, auf den ich stark angewiesen war. Die Weigerung der Häuptlinge, ihn fortgehen zu lassen, war der Grund für meinen Entschluß zu bleiben. Aber ein anderer, wenn möglich stärkerer war, daß ich eine große Familie von Indianer-Kindern hatte, die ich mitnehmen mußte. Und sollte ich das Glück haben, meine Verwandten zu finden, würden sie sie, wenn nicht mich selbst, verachten und uns als Feinde oder zumindest mit einem mir unerträglich scheinenden Maß an kalter Gleichgültigkeit behandeln. Nachdem ich also die Sache bestens überlegt hatte, sagte ich meinem Bruder, es sei mein Wunsch, zu bleiben und den Rest meiner Tage bei meinen indianischen Freunden zu verbringen und bei meiner Familie zu wohnen, wie ich es bis dahin getan hatte. Er schien sehr erfreut über meinen Beschluß zu sein und sagte mir, da dies meine Wahl sei, solle ich ein Stück Land erhalten."

Q 21. James E. Seaver über die achtzigjährige Marie Jemison 1823:
„Sie geht mit schnellen Schritten und ohne Stock ... Ihr Gemüt ist leicht erregbar. An mehreren Stellen ihrer Erzählung flossen Tränen über ihre von Sorgen gezeichneten Wangen ... Betriebsamkeit ist eine Tugend, die sie seit dem Tage ihrer Adoption bis heute immerzu gepflegt hat. Sie stampft ihren Maisbrei, kocht für sich, sammelt und hackt Holz, füttert ihr Vieh und die Hühner und führt andere anstrengende Arbeit aus. Letztes Jahr pflanzte und erntete sie Mais – kurz, sie ist immer geschäftig. Als ich sie sah, war ihre Kleidung nach indianischer Art gefertigt und wurde auch so getragen. Diese bestand aus einem Hemd, einem kurzen Rock, einem Unterrock, Strümpfen, Mokassins, einer Decke und einer Haube ... So sah die Klei-

dung aus, mit der sich die alte Frau zufrieden gab; und Gewohnheit hatte sie angepaßt und bequem gemacht. Sie trug sie nicht aus Bedürftigkeit, sondern weil sie es so wollte. Denn man wird in der Folge sehen, daß ihr Besitz ausreichen würde, um sich nach der besten Mode zu kleiden und sich jeden Komfort zu leisten.
Das Haus, in dem sie wohnt, mißt 20 auf 28 Fuß; es ist aus vierkantigen Balken gebaut und hat ein Schindeldach und eine gedeckte Eingangsveranda. In der Mitte des Hauses befindet sich ein Kamin aus Steinen und Balken mit zwei Feuerstellen. Sie besitzt eine gut gebaute Scheune von 26 auf 36 Fuß, die gut gefüllt ist, und einen schönen Bestand an Vieh und Pferden . . . Ihre Lebensweise ist die einer Indianerin – sie schläft auf Fellen und ohne ein Bettgestell, sitzt auf dem Boden oder auf einer Bank und hält ihr Essen auf dem Schoß oder in den Händen. Ihre Glaubensvorstellungen stimmen in jeder Hinsicht mit denen der großen Mehrheit der Seneca überein. Sie lobt die Tugend und verachtet das Laster. Sie glaubt an einen zukünftigen Zustand, in dem die Guten glücklich und die Bösen elend sein werden . . . Die Grundsätze, die der christlichen Glauben lehrt, sind ihr fremd. Man sagt, ihre Töchter seien aktive und unternehmungslustige Frauen. Und man meint in ihrem Stamm, ihre Enkel, die alle erwachsen sind, seien fähige, anständige und ehrenwerte Menschen."

Q 22. Seneca-Mädchen

Deh-he-wa-mis erwarb später großen Landbesitz und wurde 1819 sogar Bürgerin der USA (Indianer waren allgemein nicht Bürger!). Als aber die Indianer verdrängt wurden und sie nur noch von Weißen umgeben war, verkaufte sie ihr Land und zog 1831 den Seneca in deren Reservat nach. Dort gehörte sie zur christlichen Partei. Ihr Leben zwischen den Kulturen ist kein Einzelfall, in ihren Erinnerungen berichtet sie von mehreren Ehen zwischen gefangenen Kolonistinnen und Indianern und zwischen Weißen und Indianerinnen.

Auch reine Indianerinnen haben eine bedeutende Rolle in der amerikanischen Geschichte gespielt: *Pocahontas* z. B., Tochter eines Häuptlings in Virginia, rettete 1610 Captain John Smith (1580-1631) vor der Hinrichtung, heiratete 1614 den „Vater des Tabaks" John Rolfe und starb 1617 in London. *Sacajawea,* eine Shoshone-Indianerin, nahm als Führerin und Dolmetscherin an der berühmten Lewis-Clark-Expedition 1804/06 zur Erforschung des amerikanischen Nordwestens teil. Können solche Indianerinnen Vorbild sein? Oder eher Mrs. *Ross,* die christliche Cherokeeindianerin und Häuptlingsfrau, die 1838 auf dem von der US-Regierung erzwungenen berühmten „Marsch der Tränen" wie 6 000 andere Indianer erfror, nachdem sie ihre Decke einem zitternden Kind geschenkt hatte?

III. Gegensätzliche weibliche Lebensverhältnisse

Die besonderen Leistungen einzelner amerikanischer Frauen sind nur auf dem Hintergrund der jeweiligen Gruppe und Schicht zu erklären. Die Unterschiede waren größer als die Gemeinsamkeiten: Zwischen der Sklavin und der Herrin z. B. klaffte derselbe Abstand wie zwischen dem Sklaven und dem Herrn. Deshalb müssen die Lebensverhältnisse verschiedener Gruppen einzeln untersucht werden.

1. Gemeinsame Grundlage: Farmerinnen und Vertragsmägde

Die englischen Kolonien (und auch die Staaten der USA bis etwa 1829) waren Agrarländer, d. h. die meisten Menschen lebten von der Landwirtschaft. In allen Kolonien – vom nördlichen Massachusetts über das mittlere Pennsylvanien bis zum südlichen Carolina – arbeitete die große Mehrheit als Farmer/Farmerinnen und Knechte/Mägde. Dabei versorgten sie sich vor allem selbst und brachten nur verhältnismäßig kleine Anteile ihrer Erzeugnisse auf den Markt, um selbst notwendige Waren (z. B. Eisenwerkzeuge oder Tongeschirr) einkaufen zu können. Aber was am weitesten verbreitet ist, wird am wenigsten beschrieben. Jeder weiß ja schließlich, wie die Farmer leben; und wer selbst Farmer(in) ist, hat keine Zeit und Lust, sein Leben aufzuzeichnen. Nur ein paar neugierige Reisende haben manches festgehalten, wenn auch wenig über die Farmersfrauen.

Q 23. Per Kalm (1716-1779), der erwähnte schwedische Reisende von 1748/50:
„Wenn wir ein kleines Stück durch den Wald gekommen waren, so sahen wir gemeinhin ein kleines freies Feld, wo man das Holz weggehauen und entweder einen Hof, eine Weide oder sonst etwas angelegt hatte. Die Höfe waren zum Teil sehr schön, und oft ging eine Allee von der Landstraße zu ihnen hin. Die Häuser bestanden insgesamt aus Steinen, teils Ziegeln, teils Feldsteinen, die hier überall gefunden werden. Ein jeder Landmann, wenn es auch nur ein Handwerker, ein Bauer oder ein Kötter war, hatte um seine Wohnung oder neben ihr einen Garten voll allerlei Fruchtbäumen, die ihm Äpfel, Pfirsiche, Kastanien, Walnüsse, Kirschen, Quitten und anderes schönes Obst in Menge trugen. Man sah dazwischen auch Weinranken. In den Tälern floß hin und wieder ein kleiner Bach mit einem kristallhellen Wasser. Die Äcker an beiden Seiten des Weges waren jetzt meist abgemäht, und von den Getreidearten standen nur noch Mais und Buchweizen auf dem Felde ...

Wenn ein Acker drei Jahre nacheinander mit derselben Art Getreide besät worden ist, bringt er nichts mehr von einiger Bedeutung hervor, falls er nicht sehr gut gedüngt wird oder auf einige Jahre brach liegen bleibt. Dünger ist aber hier schwer zu erhalten, daher wählt man lieber das Mittel, das Feld ruhen zu lassen. Mit der Zeit überwächst es dann mit allerlei Kräutern und Bäumen. Der Landwirt aber bebaut solange einen Acker, der bisher brach gelegen hat, oder wählt von dem noch ungebrauchten Boden einen Strich zum Bearbeiten. Und in beiden Fällen kann er sich eine gute Ernte versprechen. Diese Art des Vorgehens läßt sich hier noch ganz bequem anwenden. Denn die Erde ist locker, so daß sie leicht umgepflügt werden kann. Und jeder Landmann hat gemeinhin ausgedehnte Flächen als sein Eigentum. Die hier eingeführte Gewohnheit, das Vieh im Winter nicht daheim zu behalten oder es auf den Äckern hüten zu lassen, hindert die Leute, genügend Dünger zu sammeln. ...

Die zweite Gruppe freier Dienstboten besteht aus denjenigen, die Jahr für Jahr aus Deutschland, Irland, England und anderen Ländern kommen, um sich hier niederzulassen. Diese Neuankömmlinge sind jedes Jahr sehr zahlreich; es sind Alte und Junge beiderlei Geschlechts. Einige sind der Unterdrückung entflohen, andere hat religiöse Verfolgung aus ihrem Land vertrieben. Aber die meisten sind arm und haben nicht genug Geld für die Schiffspassage, die pro Person zwischen sechs und acht Pfund Sterling kostet. Sie vereinbaren deshalb mit dem Kapitän, daß sie sich bei der Ankunft auf einige Jahre verdingen. Ihr Käufer zahlt dann die Kosten für die Überfahrt. Häufig kommen sehr alte Menschen herüber, die ihre Überfahrt nicht bezahlen können. Sie verkaufen dann ihre Kinder auf einige Jahre, die für sich selbst und auch für die Eltern dienen."

Q 24. Als Beispiel für viele der Dienstvertrag einer Zeitsklavin von 1710:
„Sie hat sich auf eigenen Wunsch, aus freiem Willen mit ihrer Zustimmung verpflichtet als untertänige Dienerin gegenüber John Delemont, einem Weber aus der Stadt Albany, mit Erlaubnis der Geistlichen der Reformierten Kirche. Sie wird dienen vom Datum des vorliegenden Vertrags an bis zu ihrer Volljährigkeit ... Falls die genannte Aulkey Hubertse vor ihrer Volljährigkeit heiraten sollte, ist die Dienerin frei von ihrem Dienst ..."
Eine Zeitungsanzeige von 1745 als Beispiel für viele: „Weggelaufen vom Unterzeichneten in der Grafschaft Fairfax am 30. März letzten Jahres: Eine englische Sträflings-Zwangsarbeiterin namens Isabella Pierce von mittlerer Größe und hagerem Gesicht. Sie hinkt mit ihrem rechten Bein, was bei näherer Untersuchung sich als Folge einer großen Narbe auf beiden Seiten des Knöchels dieses Beines herausstellt ..."

Q 25. Aus einem Gesetzbuch von Nord-Carolina 1741:
„Wenn irgendein(e) christliche(r) Diener(in) gewaltsam Hand an seinen/ihren Herrn oder seine/ihre Herrin oder einen Aufseher legen sollte oder sich starrsinnig weigern sollte, den zulässigen Befehlen von einem von ihnen zu gehorchen, soll er oder sie nach Beweis dessen für jeden solchen Verstoß die körperliche Bestrafung erleiden, die der Richter für passend hält zuzusprechen, nicht über einundzwanzig Hiebe ... Viele weibliche Diener werden durch freie Männer oder Diener geschwängert, zum großen Schaden ihrer Herren oder Herrinen, denen sie dienen ...
Wenn irgendeine Dienerin mit einem Kind schwanger wird und es während der Dauer ihrer Dienstbarkeit zur Welt bringt, soll sie für diesen Verstoß vom Grafschaftsgericht berichtigt werden, ihrem Herrn oder ihrer Herrin ein Jahr zu dienen, nachdem ihre vertraglich vereinbarte oder sonstige Dienstzeit ausgelaufen ist."

Auch wenn in diesen Darstellungen aus der Zeit vor der Revolution kaum ausdrücklich von der Farmersfrau gesprochen wird, kann man sich ihr Leben recht gut vorstellen. Die Farmwirtschat der „neuen Welt" zeigt einige wichtige Unterschiede vom Bauerntum in Europa, die Kalm klar herausarbeitet. Sie hängen alle eng mit dem riesigen dünn besiedelten Land zusammem in dem Menschen sehr knapp und teuer, Ackerböden ziemlich reichlich und billig waren. Die Vertragsknechte (und -mägde!) („Indentured servants") wurden auch „Zeitsklaven", „Schuldknechte", „Zwangsgesinde", „weiße Sklaven", „Strafarbeiter" usw. genannt. Diese Einrichtung wurde im Verlauf der amerikanischen Revolution abgeschafft; denn sie war bei den Betroffenen unbeliebt (viele liefen weg!) und verletzte „Freiheit" und „Gleichheit". Hilfskräfte mußten nun anders beschafft werden.

Q 26. Farm

Q 27. Garten

229

Q 28. Michel Guillaume de Crèvecoeur, genannt St. John (1735-1813), ein Farmer französischer Herkunft, um 1775:
„Im Sommer geschieht es oft, daß durch Krankheit oder Unglücksfall einige Familien nicht alles erledigen können, was sie tun müssen. Haben wir z. B. Angst, daß wir unsere Sommerbrache nicht umpflügen können? Zur richtigen Zeit laden wir ein Dutzend Nachbarn ein, die mit ihren Gespannen kommen und alles in einem Tag beenden. Zum Mittagessen servieren wir ihnen die besten Nahrungsmittel, die unsere Farm bietet. Das sind Feste, deren Güte vor allem von der Kenntnis und Fähigkeit unserer Frauen abhängt. Pastete, Pudding, Geflügel, Gebratenes und Gekochtes – nichts wird gespart, was unsere Dankbarkeit zeigen kann. Abends wird dieselbe Sorgfalt wiederholt ...
Wenn einige unserer Frauen nicht die Menge Flachs spinnen können, die gewünscht wird, geben sie ein Pfund an jeden in ihrer Bekanntschaft hinaus. Die Jungen nehmen dieselbe Menge, die sie von ihren Liebsten gesponnen bekommen. Der Tag wird festgesetzt, an dem sie alle das Garn nach Hause bringen und zum Ausgleich ein herzhaftes Abendessen und einen Tanz erhalten. Kann es irgendetwas Harmloseres und Nützlicheres geben?
... Gott und Deinem Geschick sei Dank! Deine Frau kann weben. Diese glückliche Fähigkeit macht den nützlichsten Teil ihrer Mitgift aus. Jetzt ist alles mit dir so gut, wie es sein kann. Das Garn, das deine Töchter gesponnen haben, wird jetzt in groben, aber festen Stoff verwandelt. Flachs und Wolle kleiden die ganze Familie, denn die meisten Frauen sind ein Stück weit Schneider ... Die rosigen Kinder sitzen um den Herd, schwitzen und schlafen mit ihrer Schale Maisbrei auf dem Schoß. Die fleißige Mutter rattert an ihrem Webstuhl und nutzt sparsam jede Minute ihrer Zeit aus. Soll der Herr, das Vorbild für eine so glückliche Familie, rauchen und schlafen und müßig gehn? Nein, er hat die Kinder sich beklagen hören über Wunden und Frostbeulen aus Mangel an Schuhen. Er hat Leder, aber keinen Schumacher zur Hand ... Der Fleiß seiner Frau, das ist der wahre Schatz des amerikanischen Farmers ..."

Q 29. Jane Colman Turell über die Farmerin:
„Mein fetter Schinken, hausgebacknes Brot,
sie nähren die Familie ganz gesund,
Milch von der Kuh und Butter grad gemacht,
Und frischer Käs' aus Quark und Rahm erzeugt."

Obwohl Crèvecoeur selbst jahrelang Farmer gewesen war, sind seine berühmten Schilderungen der amerikanischen Farm zur Revolutionszeit fast zu idyllisch. Gab es wirklich keinerlei Schattenseiten? Wie wurden die ausgefallenen Vertragsknechte ersetzt? Hatten die Nachbarn keine eigenen dringenden Arbeiten? Gab es nicht ein Übermaß an Frauen- und Kinderarbeit? Tatsächlich konnte man die Sache auch recht anders ansehen. Beim folgenden Bericht über die Farmerinnen der frühen USA ist allerdings zu bedenken, daß die Verfasserin als englische Lady die Dinge von oben und aus Distanz betrachtete. Daher auch der Stellenwert der Frage, wie sie und ihre Standesgenossen genügend Dienstboten bekommen können.

Q 30. Francis Milton Trollope (1780-1863), die Mutter des bekannten englischen Romanciers Anthony Trollope, war eine vielgelesene Reiseschriftstellerin. Sie wanderte 1827 nach Amerika aus, kehrte aber 1831 enttäuscht zurück:
„Ich habe nie größeres Elend gesehen als was ich selbst von einem amerikanischen Dorf bezeugen kann, in dem Krankheit ausgebrochen ist. Aber wenn schon die Lage des Landarbeiters der eines englischen Bauern nicht überlegen ist, die seiner Frau und seiner Töchter ist unvergleichlich schlechter. Sie sind tatsächlich die Sklaven des Bodens. Man muß nur die Frau eines amerikanischen Landarbeiters ansehen und ihr Alter erfragen, um überzeugt zu sein, daß sie ein Leben voller Härte, Entbehrung und Arbeit führt. Man sieht selten eine Frau hier, die schon dreißig ist, ohne jede Spur von Jugend und Schönheit verloren zu haben. Man bemerkt dauernd Frauen mit Kindern auf ihrem Knie, die man sicher für ihre Enkel hält, bis ein überzeugender Beweis des Gegenteils entdeckt wird.

Selbst die jungen Mädchen – obwohl oft mit schönem Gesicht – sehen blaß, dünn und verhärmt aus. Ich erinnere mich nicht, unter den Armen bei einer einzigen Gelegenheit ein Beispiel der molligen, rosigen, lächelnden Gesichtsart gesehen zu haben, die bei unseren [englischen] Dorfmädchen so verbreitet ist. Der Abscheu vor dem Dienen im Haushalt, den die Wirklichkeit der Sklaverei und das Märchen von der Gleichheit erzeugt haben, schneidet die jungen Frauen von jenen sicheren und sehr bequemen Hilfskräften wie den ordentlichen englischen Mädchen ab. Und die Folge ist, daß gleichzeitig mit einer sehr respektlosen Freiheit des Benehmens gegenüber den Eltern die Töchter häusliche Sklavinnen sind – im vollen Sinne des Wortes. Diese Lebensweise, die keine Lustbarkeit, kein Dorffest jemals aufmuntert, wird nur abgelöst durch die noch traurigeren Lasten einer herumwimmelnden Frau. Sie heiraten sehr jung ..."

2. Westliche Grenzwildnis: Pionierfrauen und Indianerinnen

Die Wirtschaft am westlichen Rand der alten Kolonien war noch weit primitiver. Und das galt umso mehr für die neuen Staaten, die nach und nach in die Union aufgenommen wurden: Kentucky (1792), Tennessee (1796), Ohio (1803), Louisiana (1812), Alabama (1819) und Missouri (1821). Dagegen wurden Vermont (1791) und Maine (1820) durch Abspaltung auf dem Gebiet der alten 13 Kolonien gebildet. Das Dasein der „Pioniere" und „Pionierfrauen" blieb ähnlich, wie es nach 1609 in Virginia und nach 1620 in Neuengland gewesen war. Die „Grenze" schob sich langsam über die ganze Breite des Kontinents vor, aber an der Lebensweise änderte sich verhältnismäßig wenig, ob die Grenze nun 1630 bei Boston und Jamestown, 1710 im Piedmont und Shenandoahgebiet, 1790 am Ohio und Tennessee oder 1870 am Fuß der Rocky Mountains lag. Nur trat an die Stelle der alten Flechthütten der Küste in den Wäldern das Blockhaus und später in der Prärie die Erd- und Grashütte.

Q 31. The Columbian Magazine, 1786:
„Der erste Siedler in den Wäldern ist meist ein Mann, der seinen Kredit oder sein Glück in den besiedelten Teilen des Staates überzogen hat. Die Zeit des Wanderns liegt im Monat April. Die erste Aufgabe ist, eine kleine Hütte aus rohen Stämmen für sich und die Familie zu bauen. Der Boden dieser Hütte ist aus Erde, das Dach aus gespaltenen Baumstämmen. Das Licht wird durch die Tür und manchmal durch ein kleines Fenster mit Ölpapier eingelassen. Ein groberes Gebäude neben dieser Hütte bietet einer Kuh Schutz und einem Paar ärmlicher Pferde.
Der Arbeit, diese Bauten aufzurichten, folgt die Vernichtung der Bäume auf ein paar Acres Boden um die Hütte. Das geschieht, indem zwei oder drei Fuß über dem Boden ringförmig Kerben in die Bäume geschlagen werden. Der Boden rund um diese Bäume wird dann gepflügt und Indianermais darein gepflanzt. Die richtige Zeit, um dieses Getreide zu pflanzen, ist um den 20. Mai. Es wächst gewöhnlich auf neuem Boden mit nur wenig Pflege und trägt im folgenden Oktober 40 bis 50 bushels je Acre. Nach dem 1. September trägt es in seinem grünen und unreifen Zustand, in dem es „Röst-Kolben" genannt wird, einen guten Teil zur Ernährung der Familie bei. Während des Sommers wird die Familie des Siedlers durch eine geringe Menge Getreide erhalten, die er mit sich bringt, und durch Fisch und Wild. Seine Kühe und Pferde leben von wildem Gras oder den saftigen Zweigen der Bäume.
Im ersten Jahr erträgt er eine große Menge von Sorgen – durch Hunger, Kälte und verschiedene Zufälle –, aber selten beklagt er sich oder bricht unter ihnen zusammen. Da er in der Nachbarschaft von Indianern lebt, nimmt er bald eine starke Färbung von ihrer Lebensart an. Seine Anstrengungen, solange sie andauern, sind heftig; aber sie werden von langen Zwischenräumen der Ruhe unterbrochen. Seine Vergnügungen bestehen vor allem im Fischen und Jagen. Er liebt alkoholische Getränke und ißt, trinkt und schläft in Schmutz und Lumpen in seiner kleinen Hütte. In seinem Umgang mit der Welt zeigt er alle die Kniffe, die den Indianer unseres Landes auszeichnen."

Q 32. Eine Grenzerin 1710:
„Man sagt über diese Mrs. Jones, von deren Haus wir kamen, daß sie eine sehr gesittete Frau ist und nichts von Abgerissenheit oder Unanständigkeit an sich hat. Dennoch kann sie ein Gewehr in die Wälder tragen und Hirsche, Truthähne usw. töten, wildes Vieh niederschießen, Schweine fangen und fesseln, mit der Axt Rinder niederschlagen und sehr männliche Tätigkeiten ebenso gut ausführen wie die meisten Männer dieser Gegend."
Eine Grenzerin um 1830: „Ich stand um fünf auf, frühstückte früh. Brachte meine Hausarbeit fertig bis neun. Backte sechs Laib Brot. Machte einen Kessel Brei und lasse jetzt eine Nieren-Wurst und Rindfleisch kochen. Mein [indianisches] Mädchen hat gebügelt, und ich habe es geschafft, meine Kleider wegzupacken und mein Haus aufzuräumen. Mag der gnädige Gott mit mir sein während des unvorhergesehenen Ereignisses ... Neun Uhr abends wurde ich von meinem zweiten Sohn entbunden."

Das Leben der „Pioniere" an der Grenze war stark auf die Indianer bezogen. Immer wieder wird die Ähnlichkeit der Lebensweise betont. Tatsächlich fand ein starker Austausch statt. Schon vor den ersten Siedlern gingen „Waldläufer" (Kundschafter, Pelztierjäger) und „Indianerhändler", die besonders Gewehre, Pulver, Decken und Feuerwasser verkauften und dafür mit riesigem Gewinn die wertvollen Pelze einhandelten, ins Indianerland. Anfangs lebten die „Grenzer" manchmal friedlich

Q 33. Blockhaus

mit den gastfreundlichen Indianern zusammen, die ihren späteren Gegnern oft in Notzeiten halfen. Später begann dann jeweils – mit Zunahme der weißen Bevölkerung und der Rodungen – die Vernichtung oder Verdrängung der einheimischen **Landbesitzer** (und deren vergebliche Gegenwehr). Es lohnt sich beide Lebensweisen gerade unter dem Gesichtswinkel der Frauen zu vergleichen. Wer war primitiver, wer menschlicher?

Q 34. Indianerdorf

Q 35. George Croghan, ein Pelzhändler, über die Indianer 1777:
„Ich bin seit ungefähr 20 Jahren mit fast 40 Stämmen nördlicher und westlicher Indianer bekannt und konnte nie entdecken, daß Vielehe gebilligt wurde. Zwar habe ich einige Male Männer unter ihnen gesehen, die zwei Frauen hatten, aber sie waren deswegen häufig Zielscheibe von Spott und Sticheleien... Ihre Ehen sind vor allem auf Dauer angelegt, obwohl es oft geschieht, daß sie wegen Uneinigkeit des Ehepaares geschieden werden. Denn sie stimmen ganz in der Meinung überein, daß es besser ist, sich zu trennen als im Streit zusammenzuleben. Wenn die Kinder klein sind, behält die Frau sie. Und der Mann schickt ihr gelegentlich Teile seiner Jagdbeute, um sie zu bekleiden, bis sie sich selbst und ihre Mutter erhalten können. Aber wenn die Kinder erwachsen sind, nimmt der Mann die Jungen und die Frau die Mädchen. Die Trennung von Mann und Frau schafft keinerlei böses Blut zwischen ihnen und ihren Freunden ...
Die Indianerfrauen verkaufen vor der Heirat ihre Gunst, wie es Damen von lockerer Keuschheit unter den Europäern tun. Aber es geschieht ohne irgendeinen Fleck auf ihrem Charakter. Wenn sie geehlicht haben, ist jeder Bruch der Keuschheit nach der Heirat ein Makel; er wird in manchen Stämmen bestraft und führt in allen oft zur Scheidung. (Frage: Wie werden die Frauen von ihren Männern behandelt?) In derselben Weise, wie wir es tun, soweit sie die Mittel haben, sie schön anzuziehen und ihnen zu geben, was sie wollen. Dabei bevorzugen sie die Frauen vor sich selbst

... Indianische Frauen sind im allgemeinen ebenso fruchtbar wie unsere ... Kein Volk auf der Erde kann mehr Sorge für die Kinder tragen ... Kein Volk kann mehr Liebe für die Kinder fühlen. Und die Gegenleistungen der [kindlichen] Pflicht sind mit anderen Völkern zu vergleichen ... Jede Familie hat ihren besonderen Besitz. Aber die Gemeinschaft kann niemals Mangel leiden, wenn einer etwas hat. So groß ist ihre Gastfreundschaft. Allerdings beginnen sie neuerdings nachzulassen, seit sie näher mit Europäern bekannt werden. Das ist – obwohl sehr gut – nur ein schlechtes Lob für die verfeinerte Welt."

Q 36: Marie Jemison (1743-1833) nach 65 Jahren unter den Irokesen:
„Unsere Arbeit war nicht schwer, und sie war in einem Jahr in beinahe allen Belangen genau gleich wie in einem anderen, ohne jenes endlose Wechseln, das man bei der täglichen Arbeit der Weißen beobachten kann. Abgesehen davon, daß die Indianerfrauen alles Brennmaterial und Getreide beschaffen und das Kochen zu verrichten haben, ist ihre Arbeit wahrscheinlich nicht schwerer, als die der weißen Frauen, die mit diesen Waren versorgt werden. Und ihre Sorgen sind sicher nicht halb so zahlreich und auch nicht so groß. Im Sommer pflanzten, pflegten und ernteten wir unseren Mais und hatten normalerweise alle Kinder dabei. Aber wir hatten keine Herren, die uns beaufsichtigten oder antrieben, so daß wir in dem Tempo arbeiten konnten, das uns paßte. Wir hatten am Ohio keine Pflüge, sondern verrichteten den ganzen Vorgang des Anpflanzens und Hackens mit einem kleinen Werkzeug, das in gewisser Hinsicht einer Hacke mit einem sehr kurzen Stiel glich. Unsere Kochkunst bestand darin, daß wir unseren Mais zu Samp oder Hominy zerstampften, ihn kochten und hin und wieder einen Kuchen zubereiteten und ihn in der Asche buken, und Wildbret siedeten oder rösteten. Weil unser Koch- und Eßgeschirr aus einem Mörser und Stößel, einem kleinen Kochtopf, einem oder zwei Messern und ein paar Gefäßen aus Rinde oder Holz bestand, brauchte es nur wenig Zeit, es in Ordnung zu halten. Spinnen, Weben, Nähen, Strümpfe stricken und dergleichen sind Tätigkeiten, die bei den Indianerstämmen im allgemeinen nie verrichtet worden sind ... Während der Jagdzeit war es außer dem Kochen unsere Aufgabe, das von den Indianern erlegte Wild heimzuschaffen, es zu zerlegen und die Häute zuzubereiten oder zu bearbeiten. Unsere Kleider wurden mit Schnüren aus Hirschleder zusammengehalten und mit denselben genäht."

Jeder große europäische Krieg war auch ein Kolonialkrieg, jeder Kolonialkrieg wurde auch ein Grenz- und Indianerkrieg. Besonders die französisch-englischen Kriege 1701-1713, 1739-1748, 1755-1763 und die englisch-amerikanischen Kriege 1775-1783 und 1812-1814 forderten viele Opfer unter Grenzern und noch mehr unter Indianern. Auch zwischendurch verschwand der Kleinkrieg nie ganz, weil der Vormarsch der Pioniere nie aufhörte. 1828/29 war das Schicksal des „roten Mannes" (und der „roten Frau"!) längst endgültig besiegelt, zu Beginn der dreißiger Jahre wurde beschlossen, das Land östlich des Mississippi „indianerfrei" zu räumen.

3. Südliche Plantagengesellschaft: Negersklavinnen und Geldadelsdamen

Schon seit der frühen Kolonialzeit um 1630 erzeugten die südlichen Kolonien auf Großgrundbesitz mit unfreien Arbeitskräften landwirtschaftliche Massengüter für die Ausfuhr nach Europa. 1619, nur zwölf Jahre nach der Ansiedlung, kam die erste Schiffsladung Neger(innen) in Jamestown an. Tabak war der Reichtum Virginias und Marylands, geradezu ihre Ersatzwährung (Zahlungen wurden vielfach in Tabak geleistet!). Reis und Indigo wuchsen auf den Feldern der beiden Carolinas und Georgias. Nach der Revolution wurde jedes andere Ausfuhrgut überall im Süden (auch in den neuen Staaten Louisiana und Mississippi) durch „König Baumwolle" überflügelt. Im ganzen Süden waren die gesellschaftlichen Gegensätze (zwischen reichen Plantagenbesitzern und rechtlosen Negersklaven) besonders krass.

Q 37: Philip Vickers Fithian, Hauslehrer auf einer Plantage, 1773/74:
„Ich hatte heute Mittag das Vergnügen, mit Mrs. Carter spazieren zu gehen. Sie zeigte mir ihren Vorrat von Geflügel und Hammelfleisch für den Winter. Sie bemerkte – sehr wahr – daß auf dem Lande zu leben und überhaupt keine Freude an Wäldchen, Feldern oder Wiesen, auch an Vieh, Pferden und zahmem Federvieh zu haben, eine Lebensweise bedeuten würde, die vor Langeweile nicht auszuhalten wäre... Mrs. Carter ist klug, immer froh, nie ohne etwas Angenehmes, eine bemerkenswerte Wirtschafterin, – meiner Meinung nach – vollständig vertraut mit der Erziehung von Kindern, ganz frei von aller törichten und unnötigen Laune. Und sie ist auch gut bekannt... mit der Förmlichkeit und Feierlichkeit, die wir in der besseren Gesellschaft finden...
Miss Priscilla, die älteste Tochter von ungefähr sechzehn, ist stetig, fleißig, klug, rasch und macht gute Fortschritte bei allem, was sie unternimmt. Wenn ich mit Anstand in der Familie bleiben könnte, würde ich keinen stärkeren Anreiz benötigen als die Befriedigung, die es mir bedeuten würde, diese junge Dame voll mit allen meinen Anregungen vertraut werden zu sehen, und das sofort nach ihrer Äußerung... Sie ist klein für ihr Alter, hat ein sanftes, gewinnendes Auftreten, einen lieben, gefälligen Charakter. Sie flucht nie, was hier eine ausgezeichnete Tugend ist, tanzt schön, spielt gut auf Tasteninstrumenten und gehört im ganzen zur allerersten Klasse des weiblichen Geschlechts."

Q 38. Herrenhaus

Q 39. Feldarbeit

Q 40. Moses Grandy, ein entlaufener Sklave, in seinen 1844 gedruckten Erinnerungen:
„... Wir mußten, sogar an langen Sommertagen, bis zwölf Uhr arbeiten, bevor wir einen Bissen schmeckten; Männer, Frauen und Kinder wurden alle gleich versorgt. Mittags erschien der Karren mit unserem Frühstück. Es stand auf langen Brettern

und wurde auf den Boden gesetzt. Es gab Brot, von dem für jede Person ein Stück abgeschnitten wurde. Dann war da etwas gekochtes Hominy, das ist Indianer-Mais, in einer Handmühle gemahlen, und außerdem zwei Heringe für jeden der Männer und Frauen und einer für jedes Kind. Unser Getränk war das Wasser in den Gräben, wie immer es auch beschaffen sein mochte. Wenn die Gräben trocken waren, wurde uns durch die Jungen Wasser gebracht. Der Salzfisch machte uns immer durstig, aber kein anderes Getränk als Wasser wurde jemals erlaubt. Wie durstig auch immer ein Sklave sein mag, er darf seine Beschäftigung keinen Augenblick verlassen, um Wasser zu bekommen. Er kann es nur erreichen, wenn die Leute bei der Arbeit den Graben erreicht haben, also am Ende der Reihe.
Der Aufseher stand mit der Uhr in der Hand, um uns genau eine Stunde [Pause] zu geben. Wenn er „Los" sagte, mußten wir aufstehen und wieder an die Arbeit gehen. Die Frauen mit Kindern legten diese an der Heckenreihe nieder und gaben ihnen Stroh und andere Kleinigkeiten zum Spielen. Da waren sie durch Schlangen gefährdet. Ich habe gesehen, wie eine große Schlange gefunden wurde, die rund um Hals und Gesicht eines Kindes gewickelt war, als seine Mutter zur Essenszeit hinging, um es zu säugen. Die Leute arbeiten in einer Linie, neben dem jeweils nächsten. Der Aufseher stellt die flinkesten Kräfte in die vorderste Reihe. Und alle müssen mit ihnen gleichauf bleiben. Ein schwarzer Mann wird zu dem Zweck gehalten, die anderen auf dem Felde auszupeitschen. Wenn er nicht mit ausreichender Härte verdrischt, wird er selbst verdroschen. Er peitscht hart, um die Peitsche vom eigenen Rücken fernzuhalten."

Auch in den Südstaaten bildeten Negersklaven meist nicht die Bevölkerungsmehrheit, sondern nur 40 bis 50 %. Neben dem Großgrundbesitz blieben viele freie weiße Farmer der westlichen Grenzgebiete und auch viele „arme Weiße" ohne Grundbesitz. Aber gesellschaftlich tonangebend waren doch die großen Plantagen, auf denen Frauen zusammenlebten, wie wenn sie verschiedenen Sternen angehörten: als Arbeitstiere einerseits und als Luxusspielzeuge (ohne Aufgabe und Verantwortung) andererseits. Von der trostlosen Lage der Schwarzen abgesehen war das auch für die zu Engeln stilisierten weißen Damen ein fragwürdiges Geschenk.

Q 41. Francis Kemble (1809-1893), britische Schauspielerin und Gattin eines Plantagenbesitzers, über Bitten und Erzählungen ihrer Negersklavinnen 1838/39:
„Fanny hat sechs Kinder gehabt; alle sind tot bis auf eines. Sie kam und bat um Erleichterung ihrer Arbeit auf dem Feld. Nanny hat drei Kinder gehabt; zwei davon sind tot. Sie kam und flehte, daß die Regelung geändert werden sollte, sie schon drei Wochen nach ihrer Entbindung wieder aufs Feld zu schicken. Leah, Caesars Frau, hat sechs Kinder gehabt; drei sind tot. Sophy, Lewis Frau, kam und bat um etwas altes Leinen. Sie leidet furchtbar, hat zehn Kinder gehabt; fünf sind tot. Die Hauptgunst, die sie erflehte, war ein Stück Fleisch, das ich ihr auch gab . . .
Eine andere meiner Besucherinnen hatte eine noch düstere Geschichte zu erzählen; ihr Name war Die. Sie hatte sechzehn Kinder gehabt, von denen vierzehn tot waren. Sie hatte vier Fehlgeburten gehabt. Eine wurde durch einen Sturz mit einer sehr schweren Last auf dem Kopf verursacht, eine durch Auskugeln ihrer Arme, um ausgepeitscht zu werden. Ich fragte sie, was sie mit Hochziehen ihrer Arme meinte. Sie sagte, ihre Hände würden erst zusammengebunden, manchmal an den Gelenken, manchmal – was schlimmer sei – an den Daumen. Und sie würden dann an

einem Baum oder Pfosten hochgezogen, bis sie beinahe vom Boden abhöben. Ihre Kleider würden bis zur Taille aufgerollt, und ein Mann mit einer Lederpeitsche stünde und schlüge sie heftig.
Ich gebe euch die eigenen Worte der Frau. Sie sprach davon nicht als von irgendetwas Fremden, Unüblichen oder besonders Furchtbaren und Schrecklichen. Und als ich sagte: ‚Taten sie das mit dir, als du schwanger warst?', antwortete sie einfach: ‚Ja, Herrin'. Und all das muß ich anhören, ich, eine Engländerin, die Frau des Mannes, der diese Unglücklichen besitzt. Und ich habe keine Macht zu sagen: ‚Das soll nicht wieder geschehen. Diese grausame Schande und Gemeinheit darf hier nie wieder erlitten werden!' . . ."

Q 42. Mary Boykin Chesnut, eine sklavenhaltende Plantagenbesitzerin, in ihrem geheimen Tagebuch:
„Gott vergebe uns, aber unser System ist ungeheuerlich . . . Wie die Patriarchen des Alten [Testaments] leben alle unsere Männer in einem Haus mit ihren Ehefrauen und ihren Nebenfrauen. Und die Mulatten [Mischlinge], die man in jeder Familie sieht, gleichen teilweise den weißen Kindern. Jede Dame erzählt dir gern, wer der Vater von allen Mulattenkindern in jedermanns Haushalt ist – außer denen in ihrem eigenen. Diese, scheint sie zu denken, fallen aus den Wolken."
Sarah *Grimké* (1792-1873), eine Führerin der Befreiungsbewegung von Sklaven und Frauen, in einem Brief an ihre Schwester 1837: „Unsere südlichen Städte sind begraben unter einer Flut von Schmutz. Die Tugend weiblicher Sklaven steht ganz im Belieben unverantwortlicher Tyrannen. Und auf unseren Sklavenmärkten werden Frauen verkauft und erworben, um die brutale Gier von Leuten zu stillen, die den Namen von Christen tragen. Wenn eine Frau inmitten all ihrer Erniedrigung und Unwissenheit ihre Unschuld bewahren will, wird sie in unseren Sklavenstaaten zur Zustimmung entweder bestochen oder gepeitscht. Oder wenn sie ihrem Verführer zu widerstehen wagt, kann ihr Leben nach den Gesetzen von Sklavenstaaten (und das ist tatsächlich geschehen!) der Wut einer enttäuschten Leidenschaft geopfert werden . . ."

Die Texte sprechen für sich: Welchen Einfluß und welche Selbständigkeit haben die weißen Frauen? Warum fühlen sie sich keineswegs alle „im Paradies der Frauen", sondern eher erniedrigt? Welche besonderen Entbehrungen und Leiden tragen die schwarzen Frauen? Welche widersprüchlichen Gefühle müssen sie gegenüber ihren Kindern (und deren Vätern) haben? Die Mehrheit auch der weißen Frauen verteidigt dennoch die Sklaverei (so auch Mary Chesnut im Gegensatz zu Sarah Grimké). Die Gegner der Sklaverei vergaßen oft, daß viele Sklaven besser lebten als die „armen Weißen". Denn für einen klugen Sklavenbesitzer gab es eine Grenze der Grausamkeit und Ausbeutung: das eigene Interesse am Gewinn. Tote Negerinnen sind ein großer Verlust, hungernde produzieren wenig, kranke bringen keinen wertvollen Sklavennachwuchs. Doch nicht alle Besitzer rechneten so kühl.

4. Nordöstliche Gewerbewelt: Geschäftsfrauen und Fabrikarbeiterinnen

In den Neuenglandstaaten sowie an den Küsten und großen Flüssen der Mittelstaaten waren schon früh verhältnismäßig große Städte entstanden, z. B. Boston, Providence, New York, Newark, Philadelphia und Wilmington. Die Neuenglandstaaten hatten nur wenig und ärmliches Hinterland zum Siedeln, aber ziemlich viel Großgewerbe, z. B. Sägemühlen und Schiffswerften, Fischverarbeitung und Rumbrennereien, Papiermühlen und Buchdruckereien, Eisenhütten und Hammerwerke. In den Mittelstaaten blühte besonders das Handelsgeschäft (Pelze, Holz, Getreide, Fleisch) im großen und kleinen Umfang.

Q 43. Mr. Alexander aus New York, 1721, über seine Frau Mary Provoost Alexander:
„Vor zwei Nächten um elf Uhr hat meine Frau eine Tochter geboren. Sie ist bei so guter Gesundheit, wie erwartet werden kann, und tut mehr, als von irgendeiner Frau erwartet werden kann. Denn sie war bis wenige Stunden, bevor sie zu Bett gebracht wurde, in ihrem Laden und hat seitdem ständig ihrem Lehrling die Preise angegeben, der zu ihr eilt und sie fragt, wenn Kunden hereinkommen. Gleich den nächsten Tag, nachdem sie ins Wochenbett gebracht war, verkaufte sie Waren von über dreißig Pfund Wert. Und daraus, daß sie die geschäftlichen Angelegenheiten ihres Ladens, der allgemein als der beste in New York geschätzt wird, ohne die geringste Hilfe von mir mit einem Lehrling von ungefähr sechzehn Jahren vollkommen und bestens erledigt, können Sie ein wenig von ihrem Erfolg ahnen ... Das Größte an meinem guten Geschick ist, eine so gute Frau bekommen zu haben, die allein einen Mann sorgenfrei und glücklich machen würde, auch wenn er sich sonst auf nichts verlassen könnte."

Q 44. Benjamin Franklin (1806-1790), Buchdrucker, Erfinder und „Gründungsvater" der USA: „Im Jahre 1733 sandte ich einen meiner Gehilfen nach Charleston in Südcarolina, wo es an einem Buchdrucker fehlte. Ich versah ihn mit einer Presse und Lettern nach einem Gesellschaftsvertrag ... Der Mann war wohlunterrichtet und ehrlich, aber im Rechnungswesen unerfahren. Er schickte mir von Zeit zu Zeit Geldbeträge, aber ich konnte, solange er lebte, nie eine Abrechnung erhalten. Nach seinem Tode wurde das Geschäft von seiner Witwe fortgesetzt ... Sie schickte mir nicht nur eine so deutliche Aufstellung über die Geschäfte der Vergangenheit ein, als sie nur zu ermitteln vermochte, sondern fuhr auch fort, mir später jedes Vierteljahr mit der größten Regelmäßigkeit und Genauigkeit Rechenschaft abzulegen. Sie führte das Geschäft mit solchem Erfolg, daß sie nicht allein eine Familie von Kindern ehrenhaft erzog, sondern nach Ablauf der Vertragsdauer imstande war, mir die Buchdruckerei abzukaufen und dieselbe ihrem Sohn zu übergeben.
Ich erwähne diesen Umstand hauptsächlich nur in der Absicht, diesen Zweig der Erziehung für unsere jungen Frauenzimmer anzuempfehlen, weil er vermutlich im Falle der Witwenschaft für sie und ihre Kinder von weit größerem Nutzen ist als Musik und Tanzen. Denn er setzt sie in den Stand, vor Verlusten durch die Übervorteilung von Seiten hinterlistiger Menschen bewahrt zu werden und ein nutzbrin-

gendes Handelsgeschäft mit einer festen Kundschaft solange fortzuführen, bis ein Sohn herangewachsen und tüchtig genug ist, um es zu übernehmen und zum bleibenden Nutzen und zur Bereicherung der Familie fortzusetzen."

Q 45. *Geschäftsstraße (in New York)*

Q 46. *Fabrikarbeiterinnen*

Im 18. Jahrhundert konnten Frauen fast ungehindert alle Gewerbe treiben, vor allem natürlich den Kleinhandel. Soweit sie Witwen waren, gehörten ihnen die Geschäfte sogar. Nach der Revolution wurden die wirtschaftlichen Chancen von Frauen bald eingeschränkt. Jetzt sollten sie nur noch für Haushalt und Kinder da sein. Von den selbständigen Berufen blieben ihnen um 1820 überhaupt nur noch zwei: Lehrerin und Hebamme als typisch „weibliche" Beschäftigungen. Sonst waren sie überall herausgedrängt. Als fragwürdiger „Ersatz" boten sich allerdings die ersten industriellen Arbeitsplätze an.

Q 47. Alexander Hamilton (1757-1804), „Gründungsvater" und erster Finanzminister der USA, in einem Bericht über Fabriken von 1791:
„Neben diesem Vorteil der Gelegenheitsbeschäftigung für Klassen mit verschiedenen Betätigungen gibt es einen anderen damit verbundener Art und ähnlicher Richtung. Das ist die Beschäftigung von Personen, die sonst müßig wären (und in vielen Fällen eine Bürde für die Gemeinschaft), und zwar entweder aus Abneigung des Charakters, aus Gewohnheit, körperlicher Schwäche oder einem anderen Grund, der sie untauglich und unfähig für die Plackerei der Landwirtschaft macht. Es ist eine besondere Bemerkung wert, daß allgemein Frauen und Kinder (und diese auch früher) durch Fabrikeinrichtungen nützlicher gemacht werden, als sie sonst wären. Es wird gerechnet, daß von der Zahl der beschäftigten Personen in den Baumwollfabriken Großbritanniens fast vier Siebtel Frauen und Kinder sind. Von diesen sind der größte Anteil Kinder und viele in einem sehr zarten Alter. So scheint es eine der Eigenschaften von Fabriken zu sein – und eine sehr folgenreiche –, bei der gleichen Zahl von Personen die Ausübung einer größeren Menge von Gewerbefleiß zu veranlassen."

Q 48. Francis Milton Trollope (1780-1863), englische Reiseschriftstellerin, nach einem Aufenthalt 1827/31:
„Die größte Schwierigkeit beim Aufbau eines Familienhaushalts ... ist es, Diener zu finden oder – wie man dort sagt – „Hilfe zu bekommen" (Denn es gilt als kein kleiner Verrat an der Republik, einen freien Bürger „Diener" zu nennen). Die ganze Gruppe der jungen Frauen, deren Brot von ihrer Arbeit abhängt, ist der Glauben gelehrt worden, daß die allerelendeste Armut dem Dienstboten-Dasein vorzuziehen ist. Hunderte von halbnackten Mädchen arbeiten in den Papiermühlen für weniger als die Hälfte des Lohnes, den sie als Dienerinnen erhalten würden. Aber sie denken, daß ihre Gleichheit durch diese Arbeit preisgegeben würde. Und nichts als der Wunsch irgendeinen besonderen Gegenstand des Putzes zu erlangen, kann sie jemals bewegen, sich ihr zu unterziehen."

Q 49. Mathew Carey 1822 über Fabrikarbeiterinnen:
„Ohne diese Fabrik wären sie ohne Beschäftigung gewesen und hätten ihre Zeit verderblich verbracht: Eine Bürde für ihre Eltern und die Gesellschaft und vorbereitet auf lasterhafte Lebensläufe. Aber so sind sie glücklich gerettet vom Müßiggang und den ihn begleitenden Fehlern und Verbrechen ..."
Lucy *Larcom*, eine Fabrikarbeiterin: „Landmädchen waren von Natur unabhängig. Das Gefühl, daß bei dieser neuen Arbeit die wenigen Stunden täglicher Freizeit ganz ihnen gehören würde, gab ihnen eine große Befriedigung. Sie zogen sie deshalb gegenüber dem Dienstbotendasein vor. Es war wie das Vergnügen eines jungen Mannes, wenn er selbständig ins Geschäftsleben eintritt."

Q 50. Salome Lincoln, Fabrikarbeiterin und später Predigerin, 1829 (Bericht eines Freundes im Jahre 1843):
„Aus irgendeinem Grund kürzte die Gesellschaft die Löhne in der Weberei-Abteilung, in der Salome damals arbeitete. Die darüber empörten Mädchen taten sich unter der Verpflichtung zusammen, nicht in die Fabrik zurückzugehen, bis der frühere Satz wiederhergestellt wäre. Als dies nicht gewährt wurde, bildeten sie selbst eine Demonstration und marschierten durch die Straßen zu dem Park vor dem Gerichtsgebäude ... Sie waren in Uniform, trugen nämlich schwarze Seidenkleider mit roten Tüchern und grünen Hüten. Dann gingen sie in einen Saal nahe dem Gemeindehaus, um eine Ansprache anzuhören.
Salome wurde als Redner des Tages ausgewählt. Sie erstieg also das Pult und trug ihnen in ihrem eigenen besonderen Stil, redegewandt und ausführlich über den Gegenstand ihrer Benachteiligungen vor. Danach kehrten sie ruhig in ihre Häuser zurück. Durch den einen oder anderen Grund verleitet kehrten fast alle, die diesmal in den Ausstand getreten waren, wieder in die Fabrik zurück und nahmen ihre Arbeit wieder auf. Aber nicht so Salome! – Sie weigerte sich männlich, ihr Wort zu brechen. Sie zog vor, ihre Beschäftigung zu verlassen – und alle angeknüpften sozialen und religiösen Bande, als vom Pfade der Redlichkeit abzuweichen. Danach arbeitete sie nie wieder in der Fabrik von Taunton, suchte aber anderswo Arbeit und war erfolgreich."

Die Motive von Frauen zur Annahme von Industriearbeit werden überaus gegensätzlich dargestellt. Mal erscheint sie als Befreiung, mal als Rettung vor Faulheit (und Armut). Wie in England beschäftigte die frühe Industrie auch in Amerika vorwiegend Frauen und Kinder, da z. B. Frauen nur etwa ein Drittel der Männerlöhne bekamen. 1816 gab es in den USA etwa 100 000 Industriearbeiter, davon zwei Drittel Frauen und Kinder. Verglichen mit knapp 10 Millionen Einwohnern erscheint diese Zahl gering, doch waren die zahlreichen Heimarbeiterinnen (Hausindustrie) nicht enthalten, die Fabriken konzentrierten sich eng auf den Nordosten und der Industrieanteil wuchs rasch. Die Fabrikarbeiterinnen (vorwiegend in Textil-, Papier- und Schuhindustrie, aber auch bei der Roheisenerzeugung beschäftigt) waren weit besser dran als ihre europäischen Kolleginnen. Die Quellen oben geben dazu einige Hinweise. Noch immer stand der Weg nach Westen, an die Grenze offen!

IV. „Leben, Freiheit und Suche nach Glück" – Auch für Frauen?

Nach der verwirrenden Vielfalt und Widersprüchlichkeit des Materials soll ein Fazit versucht und ein Ausblick gegeben werden. Sie können nicht frei von Wertungen sein.

1. Gegensätzliche Entwicklungen erschweren das Urteil

Zur Zeit der Unabhängigkeitserklärung, 1776, waren die Amerikanerinnen – darüber ist die Forschung einig – in einer erheblich günstigeren Lage als die Europäerinnen. Die Besiedlung „freien" Landes (an die Besitzrechte der Indianer dachte niemand!) hatte erhebliche Vorteile gebracht: die Chance eines Neuanfangs und die andauernde Möglichkeit, nach Westen weiterzuziehen. Wenn die Knappheit der Menschen gegenüber dem Boden schon den Wert jeder Arbeitskraft erhöhte, galt das umso mehr für die Frauen. Sie waren in allen Kolonien und zu allen Zeiten weit weniger zahlreich als Männer, oft im Verhältnis eins zu drei. Diese Seltenheit erhöhte ihre Wertschätzung und ihre Kostbarkeit. Hier wie überall richtet sich der „Preis" nach dem Verhältnis von Angebot und Nachfrage.

Andererseits bot diese Lage auch einige Nachteile. Die Situation des Neuanfangs in ungerodetem Land bedeutete eine extreme Härte des Lebens und der Arbeit. Die Seltenheit der Frauen verursachte ein sehr junges Heiratsalter und kostete sie damit jede Bildungschance. Der Bedarf an Arbeitskräften forderte von den Frauen bei hoher Kindersterblichkeit eine unablässige Kette von Schwangerschaften und Geburten. Oft genug starben die Frauen dabei jung. Nein, ein Paradies war Amerika sicher nicht, aber im Vergleich mit der Lage der Frauen anderswo konnte es sich sehen lassen.

Die Sklaverei allerdings stellte ein Kapitel für sich dar. Sie brachte bedingt Vorteile, da sie den Arbeitskräftemangel milderte; sie entlastete eine Minderheit reicher, weißer Frauen von schwerer Arbeit. Die „Zeitsklaverei" (selbst der Sträflinge) bot vielen die Chance, danach ein selbständiges Leben anzufangen. Für die schwarzen Frauen war die Sklaverei eine Katastrophe. Dennoch haben sie Unschätzbares zum Aufbau des Landes geleistet: „Die schwarze Frau ist die vergessene Heldin unserer Geschichte" (LERNER 1971, 70). Auch für die weißen Frauen war die Sklaverei ein schädliches Geschenk; sie gewöhnte sie an Menschenverachtung und erniedrigte sie, indem sie als überflüssige „Königinnen" neben den schwarzen „Mätressen" ihrer Männer leben mußten.

Während der Unabhängigkeitsbewegung haben kluge und selbstbewußte Frauen, z. B. Abigail Adams und Mercy Warren, bereits Frauenrechte gefordert. Wie äußerten die „regierenden" Männer sich dazu?

Q 51. Thomas Paine (1737-1809) 1775:
„Wenn eine Frau die Sache ihres Geschlechts verteidigen wollte, könnte sie in der folgenden Weise [die Männer an]reden: ‚Wie groß ist Eure Ungerechtigkeit?... Unsere Pflichten sind verschieden von Euren, aber sie sind deswegen nicht weniger schwer zu erfüllen oder weniger folgenreich für die Gesellschaft. Sie sind die Quellen Eures Glücks und versüßen das Leben. Wir sind Frauen und Mütter. Wir stellen die Einheit... der Familien... her. Erlaubt doch, daß unsere Namen zuweilen außerhalb des engen Kreises, in dem wir leben, ausgesprochen werden!' "

Q 52. Thomas Jefferson (1743-1826):
„Wenn unser Staat eine reine Demokratie wäre, in der alle Einwohner zur Entscheidung aller ihrer Geschäfte zusammenkommen würden, würden doch von ihren Beratungen ausgeschlossen werden:
1. Kinder, bis sie das Alter der Besonnenheit erreicht hätten,
2. Frauen, die sich – zur Vermeidung von Verderbnis der Moral und Mehrdeutigkeit des Ergebnisses – nicht freizügig in die öffentlichen Treffen der Männer einmischen könnten,
3. Sklaven, denen der unglückliche Zustand der Dinge bei uns das Recht auf Willen und auf Eigentum abspricht."

Beide Autoren gehören zu den „Gründungsvätern" der USA. Thomas Paine war ein einflußreicher Zeitungsschreiber und Flugblattverfasser, der allerdings nie Amt oder Regierungsgewalt erreichte. Thomas Jefferson dagegen war nicht nur der Verfasser der „Unabhängigkeitserklärung" und der „Grundrechte von Virginia", sondern wurde auch Botschafter, Außenminister und schließlich Präsident der USA (1801-1809). Seine Meinung ist eher typisch als die des „radikalen" Paine. Die politische Beteiligung und Betätigung der Frauen lehnte er heftiger ab als die der Neger. Bei seiner Stellungnahme gegen die Sklaverei fehlte ihm eine Mehrheit seiner Landsleute. Beim Ausschluß der Frauen von politischen Rechten fand er sicherlich breite Zustimmung. So bleibt es ein Einzelfall, daß im Staate New Jersey ab 1790 Frauen das Wahlrecht hatten. Sie machten kaum Gebrauch davon, und 1807 wurde diese Besonderheit durch Gesetz abgeschafft.

Wie also war die Lage ungefähr 50 Jahre nach der Unabhängigkeitserklärung? Hatten sich irgendwelche von Abigail Adams' und Judith Murrays Wünschen erfüllt? Die Unabhängigkeit und die Demokratisierung hatte den Frauen wenig gebracht. Ihre Bildungschancen hatten sich verbessert; den weiblichen Akademien folgte 1833 das erste College für Mädchen.

Aber nur eine Minderheit aus der Oberschicht konnte davon Gebrauch machen, und auch diese nur, wenn sie ausnahmsweise nicht als halbe Kinder heirateten. 1783, im Jahr der Unabhängigkeit, bestand ein zwölfjähriges Mädchen die Aufnahmeprüfung für die Eliteuniversität Harvard, wurde aber weggeschickt als „völlig geeignet, ausgenommen ihr Geschlecht" (LERNER 1971, 39). Wahlrecht und Eigentumsrecht fehlten den Frauen auch nach 50 Jahren Unabhängigkeit.

Der wachsende Reichtum und die beginnende Industrialisierung hatten zwiespältige Folgen. Der Konsum stieg, alte häusliche Arbeiten (besonders Spinnen und Weben) fingen an wegzufallen, und Arbeitsplätze für Fabrikarbeiterinnen entstanden (aber Arbeitsplätze welcher Art!). Andererseits entfaltete sich mit dem größeren Wohlstand erst voll der (bürgerliche) Gedanke, die Frauen hätten nur Aufgaben im Haus zu erledigen und in der Geschäftswelt nichts zu suchen. Früher hatte die Not Frauen (besonders Witwen!) in allen Berufen verlangt und erlaubt. Jetzt gab es nur noch den „Beruf" Mutter und seine Abwandlungen „Krankenschwester" und „Lehrerin". Doch die übertriebene Einengung des „Wesens der Frau" galt wieder nicht für Negerinnen und Arbeiterinnen. Mehr noch als früher war die Lage der Frauen nach Schichten gespalten und in sich widersprüchlich. Die Mehrheit mußte in Form von Feldarbeit und Fabrikarbeit das tun, was die tonangebende Minderheit nicht durfte: Arbeit außer Haus.

2. Ein konservativer Mann zieht positive Bilanz

1831/32, also kurz nach dem Ende des untersuchten Zeitraums, reiste Alexis de *Tocqueville* (1805-1859), ein französischer Jurist, durch die gesamten USA. Er brachte nach seiner Rückkehr 1835/40 ein über 600seitiges zweibändiges Werk „Über die Demokratie in Amerika" heraus. Das Buch wurde umgehend berühmt und galt als größte Darstellung der USA überhaupt. Als konservativer Adliger stellte Tocqueville – durchaus mit Bedauern – fest, daß Amerika unaufhaltsam immer demokratischer werde und gerade dadurch auch immer stärker, eine künftige Weltmacht. In seiner Analyse des gesamten amerikanischen Lebens hielt er die Negersklaverei im Süden für nicht abschaffbar, ließ die Industrialisierung aus und ging auf die Probleme der Frauen auf wenigen Seiten ein.

Q 53. Alexis de Tocqueville:
„Es liegt auf der Hand, daß man mit einem Gleichmachen der Geschlechter beide erniedrigt; und daß aus dieser groben Vermischung der Werke der Natur nie etwas anderes kommen kann als schwache Männer und zuchtlose Frauen. Nicht so haben die Amerikaner die Art demokratischer Gleichheit, die zwischen Frau und Mann

eingeführt werden kann, aufgefaßt. Sie dachten, da die Natur Mann und Frau körperlich und geistig so verschieden gebildet hat, sei es ihr klar umschriebenes Ziel, diese ungleichen Fähigkeiten in verschiedener Art zu verwenden; und sie sahen den Fortschritt nicht darin, die ungefähr gleichen Dinge durch unähnliche Wesen besorgen zu lassen, sondern von jedem zu erwirken, daß es die ihm zugewiesene Aufgabe so gut wie möglich ausführe...

Sie haben die Seinsweisen des Mannes und der Frau sorgfältig geschieden, damit die große Gemeinschaftsarbeit besser geleistet werde... Man sieht also keine Amerikanerin die äußeren Familienangelegenheiten führen, ein Geschäft leiten noch gar den politischen Bezirk betreten; man trifft aber auch keine, die gezwungen wäre, die harten Arbeiten des Ackerbaus zu besorgen oder irgendeine der mühseligen Tätigkeiten auszuüben, die schwere körperliche Arbeit erfordern. Keine noch so arme Familie bildet eine Ausnahme zu dieser Regel. Kann die Amerikanerin dem friedlichen Kreise häuslicher Beschäftigungen nicht entrinnen, so ist sie andererseits auch nie gezwungen, ihn zu verlassen. Daher rührt es, daß die Amerikanerinnen, die sich oft über einen kräftigen Verstand und eine durchaus männliche Tatkraft ausweisen, im allgemeinen von sehr zarter Erscheinung sind und in ihrem Benehmen immer Frauen bleiben, obwohl sie manchmal in Geist und Herz den Männern gleichen.

Die Amerikaner haben sich auch nie vorgestellt, die demokratischen Grundsätze hätten eine Umkehrung der ehelichen Gewalt und die Verwirrung der Autorität in der Familie zur Folge. Sie sind der Ansicht, jegliche Vereinigung müsse, um wirksam zu sein, ein Oberhaupt haben, und das natürliche Haupt der Ehegemeinschaft sei der Mann. Sie verweigern diesem also das Recht nicht, seine Gefährtin zu lenken; und sie glauben, daß in der kleinen Gesellschaft von Mann und Frau wie in der großen politischen Gesellschaft der Zweck der Demokratie darin besteht, die notwendigen Gewalten zu regeln und sie rechtlich zu begründen, nicht aber, jegliche Gewalt zu zerstören.

Diese Auffassung wird nicht von einem Geschlecht vertreten und vom anderen bekämpft. Ich habe nicht bemerkt, daß die Amerikanerinnen in der ehelichen Autorität eine glückliche Anmaßung ihrer Rechte erblicken, noch daß es ihnen als Erniedrigung vorkommt, sich ihr zu unterwerfen. Eher schien es mir, daß sie sich eine Art Ehre daraus machten, ihrem Willen aus freien Stücken zu entsagen, und daß ihre Größe darin bestand, sich aus eigenem Antrieb dem Joch zu beugen, statt sich ihm zu entziehen. Wenigstens ist dies das Empfinden, das die Tugendhaftesten äußern; die anderen schweigen, und in den Vereinigten Staaten hört man keine Ehebrecherin lärmend die Rechte der Frau fordern, indem sie ihre heiligsten Pflichten mit Füßen tritt...

Die Amerikaner kennen keine ungleiche Verteilung der Pflichten und der Rechte. Bei ihnen ist der Verführer ebenso entehrt wie sein Opfer. Es stimmt, daß die Amerikaner den Frauen selten die beflissenen Rücksichten erweisen, mit denen man sie in Europa gern umgibt; immer aber beweisen sie durch ihr Benehmen, daß sie sie für tugendhaft und zart halten, und sie bringen ihrer sittlichen Freiheit eine so große Achtung entgegen, daß jeder in ihrer Anwesenheit seine Worte sorgfältig überwacht aus Angst, sie könnten gezwungen sein, etwas Verletzendes zu vernehmen. In Amerika begibt sich ein junges Mädchen allein und furchtlos auf eine lange Reise...

Somit glauben die Amerikaner, daß Mann und Frau weder die Pflicht noch das *Recht* haben, die gleichen Dinge zu tun, sie bringen aber der Aufgabe eines jeden

von ihnen dieselbe Achtung entgegen, und sie betrachten sie als Geschöpfe gleichen Wertes, obwohl ungleicher Bestimmung. Der Mut der Frau hat bei ihnen weder dieselbe Form noch dieselbe Aufgabe wie der des Mannes; sie zweifeln aber nie an ihrem Mut; und wenn sie meinen, der Mann und seine Gefährtin sollen ihren Geist und ihren Verstand nicht immer in der gleichen Weise betätigen, so sind sie zumindest der Auffassung, der Verstand der einen sei ebenso gefestigt wie der des anderen und ihr Geist ebenso klar.
Die Amerikaner, die die gesellschaftliche Unterlegenheit der Frau bestehen ließen, haben sie in der geistigen und sittlichen Welt mit aller Macht dem Manne gleichgestellt; und darin haben sie, scheint mir, den wahren Sinn des demokratischen Fortschritts bewundernswert begriffen. Was mich angeht, zögere ich nicht, es zu sagen: obwohl in den Vereinigten Staaten die Frau den häuslichen Kreis kaum verläßt und sie darin in gewisser Hinsicht sehr abhängig ist, erschien mir nirgends ihre Stellung höher; und wenn man mir . . . die Frage stellte, auf was man nach meinem Dafürhalten den besonderen Wohlstand und die wachsende Kraft dieses Volkes zurückführen müsse, so antworte ich: es ist die Überlegenheit seiner Frauen."

Wie stellt Tocqueville politische Rechte, Erwerbsarbeit, Partnerverhalten und (Selbst)-Achtung der Amerikanerinnen (und Amerikaner) dar? Welchen Stellenwert erkennt er im ganzen der Frauenfrage zu? Von welchen Voraussetzungen und Wertungen geht er aus? Wo benutzt er zutreffende, wo irrtümliche Tatsachen? Wie ist seine positive Bilanz zu beurteilen? Selbstverständlich gilt Alexis de Tocqueville bis heute als ein genialer Politikwissenschaftler und sein Buch über Amerika als eine der größten Darstellungen von Demokratietheorie!

3. Eine radikale Frau findet großes Defizit

Fast gleichzeitig mit Tocqueville, 1834/36, erkundete Harriet *Martineau* (1802-1876), eine britische Intellektuelle, alle Teile der USA. Sie fragte dabei Namenlose wie Spitzenpolitiker intensiv aus. Schon 1837 veröffentlichte sie „Gesellschaft in Amerika", eine zweibändige Auswertung von über 500 Seiten. Das Buch wurde rasch in andere Sprachen übersetzt und mehrfach wieder aufgelegt. Da Harriet Martineau alle Bereiche des amerikanischen Lebens untersuchen wollte, trat sie u. a. ausführlich gegen die Sklaverei ein und betonte klar die Bedeutung der Industrialisierung. Vor allem schrieb sie umfangreiche Kapitel über die Frauenfrage (34 Seiten) und hatte die besondere weibliche Lebenslage auch in allen anderen Ausführungen im Blick, wie viele Bemerkungen beweisen.

Q 54. Harriet Martineau:
„Eine der grundlegenden Regeln, die in der Unabhängigkeitserklärung aufgestellt sind, ist, daß Regierungen ihre gerechte Gewalt von der Zustimmung der Regierten ableiten. Wie kann die politische Stellung der Frauen damit vereinbart werden? In

den Vereinigten Staaten haben Regierungen die Gewalt, Frauen zu besteuern, soweit sie Eigentum haben, sie von ihren Ehemännern zu scheiden, sie für bestimmte Verbrechen mit Geldstrafen zu belegen, einzusperren oder hinzurichten. Woher leiten diese Regierungen ihre Gewalt ab? Sie sind nicht ‚gerecht', weil sie nicht von der Zustimmung der Frauen abgeleitet sind, die sie regieren. In den Vereinigten Staaten haben Regierungen die Gewalt, bestimmte Frauen zu versklaven, und auch, andere Frauen für unmenschliche Behandlung solcher Sklavinnen zu bestrafen. Keine dieser Gewalten ist ‚gerecht', da sie nicht von der Zustimmung der Regierten abgeleitet sind.

Regierungen überlassen den Frauen in einigen Staaten die Hälfte vom Besitz ihrer Männer, in anderen ein Drittel; in einigen muß eine Frau bei der Heirat ihr ganzes Vermögen an den Ehemann abgeben, in anderen kann sie einen Teil oder das ganze in ihrer Hand behalten. Woher leiten Regierungen die ungerechte Gewalt ab, auf diese Weise ohne Zustimmung der Regierten über Vermögen zu entscheiden? Der demokratische Grundsatz verdammt all dies als falsch und verlangt die gleiche politische Vertretung aller vernünftigen Wesen. Kinder, Verrückte und Verbrecher – für die Dauer ihrer Einsperrung – sind die einzigen billigen Ausnahmen...

Daß die Frau ihre eigenen Interessen zu vertreten vermag, kann niemand leugnen, bis sie es versucht hat... Die Könige von Europa würden vor zweihundert Jahren ungeheuer gelacht haben bei der Idee, daß ein gewöhnlicher Mann ohne Mantel, Krone oder Szepter den Thron eines starken Volkes besteigen könnte. Aber wer wagte zu lachen, als Washingtons mehr als königliche Stimme die Neue Welt vom Präsidentenstuhl aus grüßte und als die alte Welt stillstand, um das Echo aufzufangen? Der Grundsatz gleicher Rechte für beide Hälften der Menschheit ist alles, womit wir hier zu tun haben. Er ist der wahre demokratische Grundsatz, der niemals ernsthaft umgestürzt und nur kurzfristig umgangen werden kann...

Wenn eine Probe auf die Gesittung gesucht wird, ist keine so sicher wie die Stellung der Hälfte der Gesellschaft, über die die andere Hälfte Gewalt hat (und zwar nur durch Anwendung des Rechts des Stärkeren). Gemessen an dieser Probe scheint die amerikanische Gesittung auf einer niedrigeren Stufe, als man aus einigen anderen Anzeichen des gesellschaftlichen Zustandes erwarten sollte. Die Amerikaner sind bei der Behandlung der Frauen nicht nur hinter ihre eigenen demokratischen Grundsätze zurückgefallen, sondern auch hinter die Praxis einiger Teile der alten Welt. Das fehlende Bewußtsein beider [politischen] Parteien über die Ungerechtigkeiten, die die Frauen von der Hand der über sie Mächtigen erleiden, ist ein ausreichender Beweis für den niedrigen Grad der Gesittung, auf dem sie in diesem wichtigen Einzelpunkt beharren.

Während der Intellekt der Frau beschränkt wird, ihre Moral zerstört, ihre Gesundheit ruiniert, ihre Schwäche ermutigt und ihre Stärke bestraft, erzählt man ihr, daß sie ihr Los „im Paradies der Frauen" gezogen hat. Und es gibt kein Land der Welt, wo soviel mit der „ritterlichen" Behandlung geprahlt wird, die sie genießt. Das heißt: Sie hat den besten Platz in Postkutschen. Wenn es nicht genug Stühle für jeden gibt, steht der Herr. Sie hört rednerische Phrasen über ‚Frau und Heim' bei öffentlichen Gelegenheiten, und Damenreden. Ihrem Ehemann steht das Haar beim Gedanken zu Berge, sie könnte arbeiten gehn. Und er plagt sich, sie mit Geld zu befriedigen. Sie hat die Freiheit, ihren Geist durch religiöse Schwärmerei verwirren zu lassen, damit ihre Aufmerksamkeit von Moral, Politik und Philosophie abgelenkt wird. Und besonders ihre Moral wird durch die strikteste Einhaltung des Anstandes in ihrer Gegenwart bewacht.

Kurz: Vergünstigung wird ihr gewährt als Ersatz für Gerechtigkeit. Ihr Fall unterscheidet sich – im Grundsatz – von dem des Sklaven nur so weit, daß die Vergünstigung groß und allgemein ist statt winzig und launisch. In beiden Fällen wird Gerechtigkeit aus keinem besseren Vorwand verweigert als dem Recht des Stärkeren. In beiden Fällen beweist die Anerkennung durch die Mehrheit der Unterdrückten nur die gegenwärtige Erniedrigung der Gruppe; und die brennende Unzufriedenheit einer Minderheit belegt ihre Eignung für den Genuß der Menschenrechte...
Eine traurige und ungerechte Folge des „ritterlichen" Geschmacks und Charakters eines Landes, mit Bezug auf seine Frauen, ist, daß es für Frauen schwierig – wenn nicht unmöglich – ist, ihr Brot zu verdienen. Wo man prahlt, daß Frauen nicht arbeiten, ist Ermutigung und Entlohnung von [Frauen-]Arbeit nicht vorgesehen. So ist es in Amerika. In einigen Teilen gibt es jetzt so viele Frauen, deren Unterhalt von ihren eigenen Anstrengungen abhängt, daß die Macht der Umstände das Übel aus dem Weg räumt. In der Zwischenzeit ist das Los armer Frauen traurig. Vor der Eröffnung von Fabriken gab es nur drei Hilfsmittel: Lehren, Nadelarbeit oder das Unterhalten von Pensionen oder Hotels. Jetzt gibt es die Fabriken..."

Wie schätzt Harriet Martineau die Lage der Frauen, ihre Rechtsstellung, ihre Arbeit, ihr Eheleben und ihr Selbstbewußtsein ein? Welchen Rang hat die Frauenfrage bei ihr? Von welchem Wertsystem geht sie aus? Wo kann man ihr zustimmen, wo nicht? Wie ist ihr Werk im ganzen zu sehen? Harriet Martineau, die damals vom US-Präsidenten und Obersten Richter empfangen wurde und eine Fülle viel gelesener Untersuchungen schrieb, ist heute völlig vergessen!

4. Entschlossene Frauen organisieren eine Bewegung

Wie bei den Industriearbeitern muß man auch bei den Frauen deutlich unterscheiden zwischen dem privaten Bewußtmachen und Durchdenken des Problems bei einigen intellektuellen Vorläufern und der massenhaften Organisation, dem politischen Kampf der Betroffenen. Bis 1828/29 hatten zwar einige Frauen (und vereinzelt Männer) über Unterdrückung und Entrechtung der Frauen nachgedacht und geschrieben, aber es fehlten Versammlungen, Vereine, Pressekampagnen oder Parteien der Frauen. In den dreißiger Jahren folgten die ersten zaghaften Anfänge von Organisation, oft durch Schriftstellerinnen. 1848 gab eine Konferenz in Seneca Falls (unter den 300 Teilnehmern waren auch 40 Männer) der entstehenden Frauenbewegung Programm und Zusammenhalt durch die „Erklärung der Ansichten" über die Frauenfrage.

Q 55. Erklärung von Seneca-Falls 1848:
„... Die Geschichte der Menschheit ist eine Geschichte wiederholter Schädigungen und Übergriffe von Seiten des Mannes gegenüber der Frau, die zum unmittel-

baren Zweck die Begründung einer Tyrannei über sie haben. Um dies zu beweisen, sollen die Tatsachen einer unvoreingenommenen Welt unterbreitet werden.
- Er hat ihr niemals erlaubt, ihren unveräußerlichen Anspruch auf das politische Stimmrecht auszuüben.
- Er hat sie gezwungen, sich Gesetzen zu unterwerfen, bei deren Abfassung sie keine Stimme hatte.
- Er hat ihr Rechte vorenthalten, die man den unwissendsten und entartetsten Männern, Einheimischen und Fremden, gewährt ...
- Er hat die verheiratete Frau, vom Standpunkt des Gesetzes aus, bürgerlich tot gemacht.
- Er hat ihr alles Eigentumsrecht genommen, sogar auf den selbstverdienten Lohn.
- Er hat sie moralisch zu einem unverantwortlichen Wesen gemacht, da sie viele Verbrechen ungestraft tun kann, vorausgesetzt, daß sie in Gegenwart ihres Mannes tut. In dem Heiratsvertrag ist sie gezwungen, ihrem Manne Gehorsam zu versprechen, der in jeder Beziehung zu ihrem Herrn wird, indem das Gesetz ihm das Recht gibt, sie ihrer Freiheit zu berauben und Züchtigung auszuüben ...
- Er hat fast alle einträglichen Berufe monopolisiert, in denen, die sie ausüben darf, erhält sie nur eine kärgliche Bezahlung ...
- Er hat ihr die Gelegenheit versagt, sich eine gründliche Bildung anzueignen, indem er ihr alle höheren Schulen verschloß ...
- Er hat die öffentlichen Moralvorstellungen verwirrt, indem er der Welt ein verschiedenes Sittengesetz für Mann und Frau gab, durch welches moralische Verfehlungen, die die Frauen gesellschaftlich unmöglich machen, bei dem Mann nicht nur geduldet, sondern sogar für ziemlich belanglos gehalten werden ...
- Er hat sich in jeder Weise bemüht, ihr Vertrauen in ihre eigene Kraft zu zerstören, ihre Selbstachtung zu verringern und sie willig zu machen, ein abhängiges und unwürdiges Leben zu führen.

Nun, angesichts dieser gänzlichen Knechtung der einen Hälfte unseres Volkes, ihrer sozialen und religiösen Erniedrigung, angesichts der oben erwähnten ungerechten Gesetze, und weil die Frauen sich beleidigt, unterdrückt und betrügerischer Weise ihrer heiligsten Rechte beraubt fühlen, bestehen wir darauf, daß sie sofort zu allen Rechten und Privilegien zugelassen werden, die ihnen als Bürgern der Vereinigten Staaten gehören. Indem wir dieses große Werk beginnen, sehen wir kein geringes Maß von Mißdeutungen, Mißverständnissen und Lächerlichkeit voraus, aber wir werden jedes Mittel, das in unsere Macht gegeben ist, gebrauchen, um unser Ziel zu erreichen. Wir werden Redner aussenden, Abhandlungen verteilen, Bittschriften an den Staat und die gesetzgebenden Körperschaften richten. Und wir werden uns bemühen, die Kanzel und die Presse für unsere Interessen zu gewinnen. Wir hoffen, daß dieser Versammlung eine Reihe von anderen Versammlungen in allen Teilen des Landes folgen werden."

Es lohnt sich, die Deklaration mit den Texten von Alexis de Tocqueville und Harriet Martineau zu vergleichen. Warum lehnt sich ihr Text in Aufbau und Sprache ganz stark an die „Unabhängigkeitserklärung" an? Welches Bild zeichnet sie von der tatsächlichen Stellung der Frau, welche Ziele werden angegeben? Es ist bezeichnend, welche Kampfformen angekündigt werden, auf welche man offenbar verzichtet. Von Anfang an war die Frauenbewegung aufs engste mit der Antisklaverei-Bewegung verbunden, beide waren weithin identisch. Eine entschlossene und opferbereite Minderheit ließ sich für die Ziele „Befreiung der Neger" und „Gleichberechtigung der Frau" vom männlichen weißen Mob verspotten, bedrohen und verprügeln. Die bündigste Antwort auf alle Einwendungen und Gegengründe hat eine schwarze Freiheitskämpferin gegeben.

Q 56: Sojourner Truth („Gast Wahrheit", eigentlich Isabella Baumfree)

Q 57: Sojourner Truth (ca. 1797-1893), Wanderpredigerin und ehemalige Negersklavin, 1851 in einer Versammlung, wo man ihr als Negerin zunächst das Wort verbieten wollte:
„Gut Kinder, wenn es da so viel Lärm gibt, muß irgendwas kaputt sein. Ich glaube, daß die weißen Männer zwischen den Negern des Südens und den Frauen des Nordens, die alle über ihre Rechte sprechen, sehr bald in einer Klemme stecken werden. Aber worum geht's eigentlich bei allem, was hier geredet wird?
Der Mann da drüben sagt, daß Frauen nötig haben, in Kutschen geholfen zu kriegen, über Gräben gehoben zu werden und überall den besten Platz zu bekommen. Niemand hilft mir in Kutschen, über Schlammpfützen oder gibt mir irgendwo den besten Platz. Und bin ich keine Frau? Seht mich an! Seht meinen Arm an! . . . Ich habe gepflügt und gepflanzt und in die Scheunen gesammelt, und kein Mann konn-

te mich übertreffen. Und bin ich keine Frau? Ich konnte so hart arbeiten und so viel essen wie ein Mann – wenn ich es kriegen konnte – und die Peitsche ebensogut ertragen! Und bin ich keine Frau? Ich habe dreizehn Kinder geboren und die meisten in die Sklaverei wegverkaufen sehen. Und als ich aufschrie im Gram einer Mutter, hörte mich niemand als Jesus. Und bin ich keine Frau?...
Dann sagt der kleine Mann in schwarzer Kleidung da, Frauen könnten nicht so viele Rechte wie Männer haben, weil Christus keine Frau war! Von wem stammte Christus ab?... Von Gott und einer Frau! Ein Mann hatte nichts zu tun mit ihm... Wenn die erste Frau, die Gott geschaffen hat, stark genug war, ganz allein die Welt auf den Kopf zu stellen, dann sollten alle diese Frauen zusammen... sie wieder zurückdrehen und richtig auf die Füße stellen können! Und jetzt, wo sie genau das verlangen, sollten die Männer sie lieber gewähren lassen... Vielen Dank, daß ihr mir zugehört habt; und jetzt hat die alte Sojourner nichts mehr zu sagen."

Quellennachweise

1. *Millstein, Beth und Bodin, Jeanne (Hrsg.):* We, the American Women. A Documentary History; Chicago (Science Research Associates) 1977, 38 ff.
2. Millstein/Bodin 1977, 31.
3. *Kalm, Peter:* Beschreibung der Reise (...) nach dem nördlichen Amerika (...), 3 Bde.; Göttingen (Vandenhoek) 1754, 1757, 1764, III 346 f., 373 f.
4. *Wright, Franziska:* Gesellschaftsleben und Sitten in den vereinigten Staaten von Amerika, 2 Bde.; Berlin (Carl August Stuhr) 1824, II 132 f.
5. Encyclopedia Britannica, Bd. 2; Edinburgh (Andrew Bell) 1810, 133.
6. *Land, Aubrey C. (Hrsg.):* Basis of the Plantation Society; New York (Harper & Row) 1969, 52 f. (= Documentary History of the United States).
7. *Franklin, Benjamin:* Autobiographie; Frankfurt/M (Insel) 1969, 102 f.
8. Millstein/Bodin 1977, 25 f.
9. *Handlin, Oscar (Hrsg.):* This was America. True Accounts (...) recorded by European Travellers (...); Cambridge (Harvard University Press) 1949, 98 ff.
10a. Millstein/Bodin 1977, 4.
10b. *Lerner, Gerda (Hrsg.):* The Female Experience. An American Documentary; Indianapolis (Bobbs-Merrill) 1977, 106 (= The American, heritage series No. 90).
11. Millstein/Bodin 1977, 13 f.
12. Millstein/Bodin 1977, 49 f.
13. Lerner 1977, 466 f.
13a. *Adams, James Truslow (Hrsg.):* Album of American History, 5 Bde.; New York (Charles Scribner's Sons) 1944-1949, I 135.
14. Millstein/Bodin 1977, 18 f.
15. Land 1969, 88 f.
15a. Adams 1944, I 209.
16a. Land 1969, 89 f.
16b. Lerner 1977, 49 f.
17. Millstein/Bodin 1977, 26 f.
18. Millstein/Bodin 1977, 27.
19. *Adams 1944, I 334.*
20. *Jemison, Marie:* Niederschrift der Lebensgeschichte (...) aufgezeichnet nach ihren eigenen Worten von James E. Seaver, Basel/Frankfurt/M (Stroemfeld/Roter Stern) 1979, 147.
21. Jemison 1979, 10-14.
22. Jemison 1979, 57.
23. Kalm 1759/64, II 238, 251, 533 f. auch: *Adams, Willi Paul und Adams, Angela Meurer (Hrsg.):* Die Amerkanische Revolution in Augenzeugenberichten; München (dtv) 1976, 23-25.
24a. Millstein/Bodin 1977, 27 f.
24b. Millstein/Bodin 1977, 28.
25. Land 1969, 209 f.
26. *Savelle, Max:* Die Vereinigten Staaten von Amerika. Von der Kolonie zur Weltmacht; München (Kindler) 1969, 250.
27. Adams 1944, I 98.
28. *Crèvecoeur, St. John de:* Sketches of Eighteenth Century America. More „Let-

ters from an American Farmer"; New Haven (Yale University Press) 1925, 96 f., 71 f.
29. Millstein/Bodin 1977, 6.
30. *Trollope, (Francis):* Domestic Manners of the Americans, 2 Bde.; Paris (Baudry's Foreign Library) 4. Aufl. 1832, I 154 ff.
31. *Kutler, Stanley I (Hrsg.):* Looking for America. The People's History, 2 Bde.; San Francisco (Canfield Press) 1976, I 142 f.
32a. Millstein/Bodin 1977, 25.
32b. Millstein/Bodin 1977, 54.
33. *Lerner, Gerda:* The Woman in American History; Menlo Park, Cal. (Addison-Wesley) 1971, 13.
34. Adams 1944, I 6.
35. Kutler 1976, I 41.
36. Jemison 1979, 73 f.
37. Millstein/Bodin 1977, 24 f.
38. Adams 1944, I 364.
39. Adams 1946, III 24.
40. Lerner 1971, 61 f.
41. Kutler 1976, 292 f.
42a. Lerner 1971, 62.
42b. Millstein/Bodin 1977, 107.
43. Millstein/Bodin 1977, 22.
44. Franklin 1969, 146 f.
45. Adams 1944, II 214.
46. Kutler 1976, I 243.
47. *Cunningham, Noble E. Jr. (Hrsg.):* The Early Republic 1789-1828; New York (Harper & Row) 1968, 180 (= Documentary History of the US).
48. Trollope 1832, I 69 f.
49a. Lerner 1971, 50.
49b. Millstein/Bodin 1977, 76.
50. Lerner 1977, 276 f.
51. Millstein/Bodin 1977, 48.
52. *Jefferson, Thomas:* Memoires, Correspondence, and Miscellanis Bd. 4; Carlottesville Va. (F. Carr) 1829 IV 295.
53. *Tocqueville, Alexis de:* Über die Demokratie in Amerika, 2 Bde.; Stuttgart (Deutsche Verlagsanstalt) 1962, II 231-234.
54. *Martineau, Harriet:* Society in America, 2 Bde.; Paris (Baudry's European Library) 1837, I 120 f., II 156 f., II 177.
55. *Lange, Helene (Hrsg.):* Die Anfänge der Frauenbewegung; Berlin (F. A. Herbig) 1927, 44 f. (= Quellenhefte zum Frauenleben in der Geschichte 17).
56. Lerner 1971, 69.
57. Millstein/Bodin 1977, 117.

Einige wenige weitere Darstellungen und Quellensammlungen zur Sozialgeschichte und Frauengeschichte:
Beard, Mary (Hrsg.): America through Women's Eyes; New York (Macmillan) 1934.
Curti, Merle u. a.: Geschichte Amerikas, 2 Bde.; Frankfurt/M (EVA) o. J.
Debouzy, Marianne: La Femme americaine, In: Grimal, Pierre (Hrsg.): Histoire ge-

nerale de la Femme, Bd. 4; Paris (Nouv. Lib. de France) 1965, 347-385 (wenig ergiebig.)
Flexner, Alienor: Hundert Jahre Kampf. Frauenrechtsbewegung in den Vereinigten Staaten; Frankfurt/M (Syndikat) 1978.
Gottesman, Ronald u. a. (Hrsg.): The Norton Anthology of American Literature, Bd. 1; New York (Norton) 1979.
Hofstadter, Richard (Hrsg.): Great Issues in American History, 3 Bde. (Bd. 1 gemeinsam mit Clarence L. Ver Steeg); New York (Vintage) 1958/1969.
Holliday, Carl: Woman's Life in Colonial Days; New York (Frederic Ungar) 1922.
Nye, Russel B. and Grabo, Norman S. (Hrsg.): American Thought and Writing, Vol. 1 and 2; Boston (Houghton Mifflin) 1965.
Sinclair, Andrew: The Emanzipation of the American Woman; New York (Harper & Row) 1965.
Spruill, J. C.: Women's Life and Work in the Southern Colonies; Chapel Hill, N.C. (Univ. of N.C. Press) 1938.
Wild, Friedrich und von Hofe, Harold: Die Kultur der angelsächsischen Völker; Konstanz (Athenaion) 1963 (= Handbuch der Kulturgeschichte) (wenig ergiebig).

6. "Konvenienzehe" oder "Leidenschaftsheirat"?

Autobiografische Zeugnisse des 18. Jahrhunderts zur rationalen Partnersuche in der Vormoderne

6.1 "Heirat ohne Liebe" - Unvorstellbar! Unvorstellbar?

Heutige Jugendliche leben in einer Welt der "Lebensabschnittspartnerschaften"; auch "Ehen", also die staatlich und/oder kirchlich sanktionierten Paarbindungen, sind eigentlich nicht auf Dauer - sondern auf Probe - geschlossen. Etwa die Hälfte geht wieder auseinander, auch wenn gemeinsame Kinder da sind. Geschlossen allerdings werden die Verbindungen aus leidenschaftlicher Liebe. In einer solchen Situation muß die Form der Partnersuche und Partnerwahl in vormodernen Zeiten besonders spannend sein.

Jugendliche haben davon durchaus ihre Vorstellungen. In ganz Europa wurde 1995 ein entsprechendes Dilemma bei fast 32.000 etwa Fünfzehnjährigen (9. Klassenstufe) abgefragt: "*Stelle Dir vor, daß Du eine junge Frau/ein junger Mann im 15. Jahrhundert bist. Dein Vater befiehlt Dir, Hans/Katharina, den Sohn/die Tochter eines vergleichsweise reichen Bauern im Nachbardorf zu heiraten. Du liebst Deinen zukünftigen Mann/ Deine zukünftige Frau nicht, du kennst ihn/sie nicht einmal richtig. Was würdest Du tun, wenn Du damals gelebt hättest? Schätze die folgenden Argumente ein!*" Dann wurden verschiedene Handlungsalternativen angeboten (vgl. v. Borries u.a. 1999, 190ff.).

Auf den ersten Blick wird klar, daß die Fünfzehnjährigen - angeblich auch aus zeitgenössischer Perspektive - in ihrer großen Mehrheit strikt für Verweigerung und gegen Gehorsam sind. Die *anachronistischen Berufungen auf "Menschlichkeit" und "Naturrecht"* (beide sind selbstverständlich unauffällige Umschreibungen für "Menschenrechte") werden ohne weiteres von fast zwei Dritteln anerkannt, die *historisch triftigen Einsichten in das Gewicht von Konvention ("alle tun es"), Konvenienz ("passendes Vermögen") und Dekalog ("viertes Gebot")*, d.h. die Übermacht und Prägekraft zeitgenössischer Sitten, Interessen und Wertmaßstäbe, werden massiv abgelehnt. Beide Handlungslogiken sind übrigens direkt (polar) entgegengesetzt. Nur etwa jede(r) zehnte bis fünfte entscheidet gegen den Mainstream, gegen die heutige - historisch betrachtet "falsche" - Konvention. Die Alternative eines "geistlichen" Lebens wird noch weniger als damals attraktiv anerkannt.

Tabelle 2: **Gehorsam und Widerstand bei befohlener Heirat**
(Antworten in %)

	"sehr wahrscheinlich"/ "wahrscheinlich"		"möglich"		"unwahrscheinlich"/ "sehr unwahrscheinlich"	
Angebliche Reaktionen als Zeitgenosse/in	*Europa*	Dtl.	*Europa*	Dtl.	*Europa*	Dtl.
"Verweigern, denn es ist unmenschlich und illegitim, jemanden ohne echte Liebe zur Heirat zu zwingen"	*64*	**61**	*19*	**20**	*17*	**19**
"Widerstehen, denn es ist das natürliche Recht jedes einzelnen, aus Liebe zu heiraten"	*67*	**61**	*19*	**24**	*13*	**15**
"Gehorchen, weil Wohlstand wichtiger für eine Familie ist als leidenschaftliche Liebe zwischen Ehefrau und Ehemann"	*13*	**16**	*21*	**24**	*66*	**60**
"Zustimmen, weil fast alle jungen Leute gemäß der Entscheidung des Vaters geheiratet haben"	*17*	**19**	*25*	**27**	*59*	**54**
"Gehorchen, denn eine Rebellion gegen den Willen der Eltern ist eine Rebellion gegen Gottes Gesetz"	*14*	**12**	*24*	**24**	*63*	**65**
"In ein Nonnen-/Mönchskloster fliehen, weil ein religiöses Leben mehr wert ist als das weltliche"	*10*	**9**	*20*	**22**	*70*	**69**

Die deutschen Jugendlichen wären - wie gesagt, in der Rolle etwa Gleichaltriger des 15. Jahrhunderts - geringfügig mehr zum Gehorsam gegenüber väterlichen Eheplänen bereit als das Mittel der Befragten in ganz Europa. Das verweist auf ein unerwartetes Muster: Insgesamt sind es eher "individualistisch" und "modern" denkende Länder, in denen man sich ein wenig besser "befohlene" (oder wenigstens "arrangierte") Ehen von früher vorstellen kann (Dänemark, Schweden, Norwegen und fast ganz Westeuropa) - und nicht "traditionalistische". Je kürzer Fälle von *"familien-politischen Heiraten"* realhistorisch zurückliegen, desto schärfer scheinen die Jugendlichen gegen deren (ehemalige) Realität und Logik zu protestieren (Griechenland, Polen und Litauen, Portugal und Spanien, Italien und Kroatien). Auch Befragte aus Ländern, in denen genau solche Praktiken angeblich durchaus heute noch vorkommen - wie in der Türkei und entlegenen Teilen Rußlands (genauer: bei dortigen Minderheiten) - verleugnen

sie krass. Dafür kann man sich in den traditionaleren (religiöseren) Gesellschaften die "Flucht ins Kloster" etwas besser ausmalen.
Die Unterschiede der Antworten von Jungen und Mädchen sind übrigens relativ gering, nur dass die weiblichen Befragten die "Unmenschlichkeit" etwas heftiger geltend machen und Gehorsam zwecks "ökonomischer Sicherung" sowie wegen des "Vierten Gebotes" etwas heftiger zurückweisen, dafür aber eher ins Kloster zu gehen bereit sind. Das mag an ihrem stärker moralisch geprägten Denken liegen, aber auch ein Reflex ihrer größeren realgeschichtlichen Betroffenheit sein. Historisch bestanden zwischen "Vernunft- und Bündnisehen" für junge Männer und "Zwangs- und Versorgungsehen" für junge Mädchen ja beträchtliche Abstufungen. Schlichte elterliche (meist väterliche) Anordnung und deren gewaltsame Durchsetzung jedenfalls werden mehr in Fällen von Töchtern als in denen von Söhnen berichtet.
Das Unverständnis heutiger Jugendlicher für "seltsame", "fremdartige" Verhaltensweisen in der Geschichte kann also als gesicherter Ausgangspunkt gelten. "*Historisches Fremdverstehen*" tut hier bitter not. Wenn man allerdings die Frage der Logik von Partnerschaftssuche und -wahl historisch diskutieren will, wird man nicht eine Zeit wie Spätmittelalter und Reformationszeit wählen, wo die Quellenlage ungünstig ist und ein bestimmtes Verhalten (hier "Konvenienzehe", "Familienentscheidung" und "Versorgungsheirat") selbstverständlich - also nicht berichtenswert - waren. Erst wenn das Muster seinem Ende zugeht und zugunsten des Modells "Heirat aus romantischer Liebe" problematisiert wird, erscheint es häufiger ausdrücklich in zeitgenössischen Zeugnissen. Das ist besonders in der "Sattelzeit" von 1750 bis 1800 zwischen "altständischer Epoche" und "früher Moderne" (insbesondere Industrialisierung, Säkularisierung und Demokratisierung) der Fall.
Dieselbe Epoche hat - nicht zufällig - auch erstmalig eine ausgesprochen große Anzahl an Autobiografien, sogar einige von Frauen, hervorgebracht. Das ist eine ideale - und noch viel zu wenig beachtete - Quellengruppe zur Mentalitätsgeschichte, weil sie biografische Muster reflektiert und erklärt. Was vielleicht an Zuverlässigkeit gegenüber anderen Quellengruppen verloren geht, wird an expliziter Problematisierung des eigenen Verhaltens gewonnen, insbesondere eben auch der Eheschließungslogik. *Dieser "erfahrungsgeschichtliche" Zugriff "von unten und innen" ist -* unbeschadet gewisser Schwächen der Quellenart - *kaum ersetzbar.*
Die eigene Heirats-Geschichte mag nachträglich um-konstruiert, nach-stilisiert, eingefärbt, perspektivisch verschoben und verzerrt sein, um dem eigenen Leben Kontinuität und Sinn zu geben, um es - positiv oder negativ - beispielhaft zu machen oder die Öffentlichkeit zu beeindrucken. Gerade deshalb aber wird sie vermutlich das Problem "Partnersuche" explizit stellen und dazu - mehr oder weniger im Vergleich zur neuen Forderung

der "romantischen Leidenschaft" - argumentieren. Deshalb besteht das ganze weitere Kapitel aus der Diskussion autobiografischer Zeugnisse des späten 18. Jahrhunderts (genauer über diese Epoche, denn die Texte sind nicht selten erst im frühen 19. Jahrhundert geschrieben).

6.2 Exemplarische Fälle aus verschiedenen Schichten und Regionen

6.2.1 Ein adliger Student vom Mitterhein

Q 1. "Meine übrige Art zu leben blieb die nehmliche, aber meine Jugendfreundin wurde mir in diesem Sommer (1770) entrißen.(...) Bey Tische erzählte uns Frau von Bozenhard als die Neuigkeit des Tages, daß heute fruh Herr Bernus aus dem Saalhofe zu Frankfurth, ein reicher Banquier, in Heidelberg angekommen und bey Kirchen Rathe Fuchs abgestiegen seye. Man sage, seine Absicht seye auf eine der Miegischen Töchter gerichtet. Es seye auch schon heute der Mutter die förmliche Erklärung darüber gemacht worden. Eigentlich seye seine erste Absicht auf Modesta (so hies die älteste Schwester) gerichtet gewesen, als er aber Luisen gesehen hätte, habe er sich sogleich für diese bestimmt erklärt.
Ich ware nun freilig hierüber nicht wenig betroffen und hatte alle Mühe, mich in einiger Faßung zu erhalten, doch fande ich es sehr natürlich, daß Herr Bernus Luisen schön finde und sie sich zur Gattin wünsche. Ich fande zugleich, wie wünschenswerth Luisens Familie eine solche Verbindung mit einem reichen Frankfurter Bürger seyn müse und wünschte in meinem Herzen Glük und Segen dazu, als, ehe noch Herr v. Bozenhard darüber mit den ersten Äuserungen seines Erstaunens fertig ware, Frau von Bozenhard vom Tische ab auf einen Augenblik in ein Nebenzimmer gerufen wurde. Hier hörten wir eine weibliche mit bittern Weinen unterbrochene Stimme leise mit ihr Sprechen. Wir hörten die Frau von Bozenhart im Tone nachdrücklicher ernster Vorstellung reden, endlich hörte ich einige Male meinen Nahmen nennen, und nun erkannte ich Luisens Stimme. Da hielt mich freylich nichts mehr auf. Ich gieng vom Tische gerade zu in das Nebenzimmer, sah aber gleich bey meinem ersten Blicke, wie betroffen Frau von B. über mein Kommen ware und wie gerne sie mir die Thüre gewißen hätte, weil sie überzeugt ware, daß mein Daseyn, welches sie Luisen wohlbedächtlich verschwiegen hatte, ihren Gründen einen gewaltigen Stoß geben und ihre ganze Beredsamkeit unnüz machen würde. Sie betrog sich aber. Ich fragte nach dem Unglük, das Luisen begegnet wäre, sie antwortete mir mit einem Thränenguße und mit dem Ausrufe, daß sie das unglüklichste Mädchen zwischen Himmel und Erde sey. Ich bat sie, mir in das andere Zimmer zu folgen, wo Herr v. B. noch zu Tische sas. Wir wollten dann das weitere hören und überlegen. Zugleich nahm ich sie bey der Hand und führte sie hin. Als wir nun so um den Tisch herum sasen, fieng sie an zu erzählen. In der Fruh gegen halb 9 Uhr seye Frau Base Fuchs zu ihrer Mutter gekommen und habe erzählt, daß vor einer Stunde Herr Bernus aus Frankfurt bey ihr angekommen seye in dem festen Entschluße, Heidelberg nicht zu verlaßen, ohne ein junges hübsches Weibchen mit nach Hause zu bringen. Frau Ehrmann in Frankfurth habe ihn in diesem sehr ernstlichen Freyungsgeschäfte an Frau Mieg angewiesen, welche zwey Töchter hätte, von welchen ihm gewis eine die rechte seyn würde. Herr Bernus, ohne beide zu kennen, habe sich bereits für die ältere erklärt, weil es schiklich fande, seine Anträge wenigstens nach dieser natürlichen aller Rangordnungen vorläufig einzurichten. Ihre Mutter sey hierauf zu ihr auf das Zimmer gekommen, wo sie eben in dem ankleiden wäre begriffen gewesen und zum ersten male ein von mir gemahltes Band aufgestekt hätte und habe ihr in der Freude ihres Herzens diese glükliche Fügung der göttlichen Vorsicht verkündet und ihr,

weil ihre ältere Schwester bereits zur Kirche gegangen ware, befohlen, mit Frau Base Fuchs nach Haus zu gehen und Herrn Bernus vorläufig in ihrem Nahmen zu begrüsen. Überrascht von der Freude über das glück ihrer Schwester habe sie keinen Augenblick gesäumt, den Befehl zu vollziehen und so in der frohesten unbefangensten Laune die Frau Base begleitet. Sie habe ehe noch einige Verwandte getroffen und in diesem kleinen Zirkel munter und fröhlich von Hochzeiten und was da alles auf die Basen komme, mit geplaudert und gescherzt. Endlich nachdem sich die Gesellschaft getrennt und nach hätte getrennt gehabt, habe Frau Fuchs sie allein genommen und ihr eröfnet, daß Herr Bernus sich bereits erklärt habe, nachdem er jez Luisen gesehen habe, könne von keiner andern mehr die Rede seyn, und er würde nie eine andere nehmen als sie, nie mit einer andern leben und glüklich seyn als mit ihr. Er werde noch diesen Nachmittag sie von ihrer Mutter förmlich begehren. Zum Hochzeit Geschenk gebe er dreisig tausend Gulden, und Hundert tausend wolle er ihr vorausvermachen auch auf den Fall, wenn sie keine Kinder kriegen sollten. Sie wäre noch nie so erschrocken wie über diesen unerwarteten Antrag, den sie aber erst im Scherze, nachher in vollem Ernste abgewiesen hätte. Dann seyen ihre Mutter und Schwester dazu gekommen, hätten ihr sehr ernsthaft zugeredet, und ihre Mutter habe beygesezt, sie würde sich über dieses Weigern und über ihr von sich gestoßenes Glück zu Tode kränken. Allein sie könne sich unmöglich entschliesen, einen Mann zu heurathen, der wenigstens ihr Grosvatter seyn könnte. Sie hätte sich den ganzen Tag in ihrem Zimmer verschloßen gehabt und geweint bis eben jez, wo die Gesellschaft auseinander gegangen seye und sie durch vieles Bitten von ihrer Mutter die Erlaubnis erhalten hätte, zu Herrn von Bozenhard zu gehen, um mit ihm als einem verständigen Manne sich über ihre Lage zu benehmen. Nach Luise ware nun freylich ich in der Gesellschaft der betroffenste und verlegenste. Frau von Bozenhard lies es ganz deutlich merken, daß nach ihrer Meinung nicht so sehr das Alter von 52 Jahren des Herrn Bernus als Luisens Liebe zu mir im Anschlage wäre. Im übrigen hielt sie sich an die Deduktionen über den Reichtum, über das Glück der Reichen, über die Seltenheit, gleich Männer zu finden, die 30/m f Hochzeitsgeschenk und 100/m f Vermächtnis mit brächten. Herr von Bozenhard konnte freylich auch etwas verlegen seyn, da er in dem Falle ware, noch um einige Jahre älter, doch auch noch erst ein junges hübsches Weibchen genommen zu haben. Er pakte daher die Sache sehr fein von Seiten des Witzes und brachte dadurch die erste gute Würkung für Luisens Zustand hervor, daß sie nun statt zu weinen mit uns allen herzlich lachen muste. Durch diese Stimmung kam auch ich endlich zu Athem, und es ward mir etwas leichter ums Herz. Ich nahm den Gegenstand von einer neuen Seite, wie wenig Ehen durch die Liebe geknüpft werden und wie viele Ehen unter diesen wenigen dann doch am Ende sehr unglüklich ausschlagen, wo im Gegentheil diese auf das Leben geschloßene Bande, wenn sie durch Vernunft geknüpft wurden, meistens glücklichere Folgen hätten. Dieses ware der Gesellschaft aus meinem Munde vielleicht so unerwartet, als heute fruh der Antrag des Herrn Bernus Luisen gewesen ware. Ich hatte meine Sätze mit zu vieler Wärme ausgeführt, daß sie an der aufrichtigkeit meiner Worte hätten zweifeln sollen, und da es anfieng, spat in der Nacht zu werden, so hatte man jez keinen Anstand, es mir zu überlaßen, Luisen nach ihrem Hause zu begleiten. Hier kamen wir nun zu sehr ernsthaften Deduktionen und dehnten mit kurzen oft unterbrochenen Schritten den kurzen Weeg vom Markte bis in das Kaltenthal nach der Gröse der wichtigen Angelegenheit, die wir iez mit unsern Herzen peremptorisch abmachen musten. Wir gestanden uns gegenseitig unsere Liebe, giengen dann über zu unsern Aussichten, meine Jugend, Luisens Mannbars Alter (sie war 2 ½ Jahr älter als ich), die Gewissheit, daß ich noch lange unversorgt werde harren müssen, bis ich ein gutes Mädchen zur Theilnehmerin des Schiksals meines Lebens würde wählen dörfen, und der Unterschied der Rel(i)gion, welcher bey unsern beiden Familien das unüberwindlichste Hindernis seyn würde. All das und noch mehr wurde sehr ernsthaft erwogen. Wir freuten uns unsrer unschuldigen Liebe, schworen uns ewige Freundschaft zu, und da nun nichts mehr zu widerlegen ware als das Alter des Bräutigams von 52 Jah-

261

ren, so beschloß Luise für diesen Abend, die Sache nunmehr mit kaltem Blute zu überlegen.
Sie hatte am andern Morgen sich hierüber ihrer Schwester vertrauet und ihr erzählet, was zwischen uns vorgegangen ware, und so ware nicht nur aller Verdacht wider mich gehoben, sondern ich wurde nun als Freund des Hauses angesehen. Herr Bernus lies sich noch am nehmlichen Tage durch Herrn Kirchenrath Fuchs bey mir als dem Freunde seines Bräutchens und ihrer Familie aufführen. Bey dem Eintritte in mein Zimmer sah ich gleich, wo der Hauptknoten gelöset werden müste. Er ware ein wohlgebildeter glatter Mann mit munterem, lebhaften Blicke. Aus allen seinen Zügen sahe man die Ruhe des wohlhabenden Bürgers und die Unverdorbenheit seiner Seele ohne Leidenschaft. Sein Aussehen ware wenigstens um zehn Jahre jünger, aber seine Kleidung von der Perucke an bis auf die Schuhschnallen herab um fünfzig Jahre älter als er selbst. Unsere Unterhaltung lenkte sich bald auf sein Vorhaben, Luisen zur Frau zu nehmen. Mein Glückwunsch ware mit einer beredten Schilderung des braven, guten Mädchens begleitet. Ich erzählte ihm offenherzig unsere Unterredung von dem vorigen Abend und machte ihm nun die Bemerkung, wie auch bey dem vernünftigsten Frauenzimmer von Luisens Jahren das Äuserliche des Hochzeiters nothwendig in den Hauptanschlag käme. Ich lies ihn in den Spiegel sehen, und nun fand er selbst, daß er würklich alt aussähe. Jez erbat ich mir und erhielt die Erlaubnis, seine Garderobe zu mustern. Wir redeten die Stunde ab, wo ich mit meinem Schneider und meinem Peruckenmacher ihn in seiner Wohnung finden würde, und in Zeit von vier Tagen war Herr Bernus einer der galantesten Männer unserer Stadt. Dieses und die Gewohnheit in seinem täglichen Umgang gewann ihn Luisen, und bald wurde der Tag zur Hochzeit festgesezt. Ein Abschiedsmal und Ball auf dem Haarlaß und ein schönes Feuerwerk, welches ich dazu verfertigt hatte, beschloßen diesen ersten Roman meines Herzens. Luise folgte ihrem Manne nach Frankfurth und lebte lange in glücklicher Ehe, aus welcher sie eine Tochter erhielt. Als ich sie am Morgen ihres Hochzeit Tages von dem Balle nach der Stadt zurukführte, sagte sie mir: "Nun seyen auch sie einst glücklich, sie verdienen es. Die Marianne Blesen wäre das Mädchen, das ich ihnen wünschte. Folgen Sie meinem Rathe!" Ich dachte damal wohl nicht, daß ich vier Jahre spater diesen Wunsch und diesen Rath erfüllen würde. (...)
Jez hatte ich mich mit allem Ernste daran gemacht, meine Heurath mit Marianne Blesen, dem schönsten und liebenswürdigsten Frauenzimmer Mannheims, zu Stande zu bringen. Schon im May hatte ich mich darüber mit meinem Vatter besprochen, und nachdem dieser sich mit seinem Herrn Bruder, dem Archivar, darüber benommen hatte, machte er selbst dem Regierungsrath Blesen den 29^t May in Seckenheim die erste Erklärung, und da nun beide Vätter darüber eins waren, so kam es darauf an, die Zeit unserer Verbindung zu bestimmen. Vor allem muste ein Umstand berichtiget werden, der zu wesentlich ware, daß nicht unser so lange ersehntes Glück davon abhängig gewesen wäre - ich muste eine beträchtliche Vermehrung an Besoldung erhalten. In dem Ansehen, in welchem mein Vatter stand und bey dem ausgezeichneten Vertrauen, das ihm der Churfürst schenkte, nach den langjährigen wichtigen Diensten, die er dem Churhause und dem Staate geleistet hatte, hätte es wohl nicht schwer halten dörfen, für seinen ältesten Sohn eine glänzende Versorgung zu erhalten. Allein seine Bescheidenheit lies es nicht zu, dies alles anzufahren oder zu benützen. Endlich erbot sich der erste Hofbibliothekar abbé Maillot, welchen der Churfürst persönlich schäzte, davon den ersten Anwurf zu machen. Dies geschah den 30^t Juny 1774, und er erhielt vom Churfürsten ohne Schwierigkeit die vorläufige Zusage mit dem Auftrage, dem Minister Freih. von Oberndorf zu melden, daß er ihn darüber sprechen sollte. Wäre auch nur dieser Moment benüzt worden. Allein Frh. v. Oberndorf zögerte bis zum 3^t September und machte die Sache so kalt und kleinlich ab, daß da am Ende für alles und alles eine Zulage von jährlichen 600 f aus der Kabinetskaße die ganze Resultat ware. Ich lies mich aber dadurch nicht abschrecken, ich eilte zu meiner geliebten Marianne. Wir rechneten und zitterten zwey Abende und fanden am Ende, daß wir erstaunlich reich wären.

Unsere Eltern liesen uns gewähren, und den 11ᵗ September wurde unter ihnen abgemacht, daß bis Catharinen Tag unsre Hochzeit seyn sollte.
Schon zählte ich die Tage, als den 13ᵗ Oktober mein Vatter mich in der Fruh nach Schwezingen zu sich beschied. Ich habe ihm ein Geheimnis anzuvertrauen, sagte er mir, das außer dem Churfürsten und einigen wenigen niemand weis und niemand wißen dörf. Der Churfürst geht vielleicht in vierzehn Tagen ab, um eine Reise durch Italien zu machen. Ich bin alt, so gerne ich auch dieses schöne und merkwürdige Land sonst zu sehen gewünscht hätte, so kann ich es doch jez wenig mehr nutzen und gönne ihm daher gerne diese schöne Gelegenheit. Dem Churfürsten hab ich bereits davon gesprochen, und er ist es zufrieden. Es kömt also darauf an, ob Er die Reise mitmachen will - sie dauert wenigstens drey Monate. - "Ob ich mit gehen will? O ich danke Ihnen von ganzem Herzen für die Güte, die Sie mir da erzeugen, mit tausend Freuden gehe ich." - "Hätte ich doch gedacht, daß, wenn man Ihm die Thüre zum Paradiese öfnen wollte, er es nicht benützen werde. Und was wird denn seine Braut dazu sagen?" "O - dafür hab ich jez schon gesorgt - ehe ich reise, mus sie meine Frau werden, denn wahrlich, ich werde nicht 100 Meilen weit mich entfernen und sie als eine verlaßene Braut in der langen Weile sitzen läßen." Mein Vatter lächelte - und fragte, ob mein Herr Schwiegervatter wohl auch mit dieser Eile so zufrieden seyn würde. Ich bat ihn aber, mich nur dafür sorgen zu laßen.
Jez hatte ich nichts eiligeres, als, so bald meine Geschäfte abgethan waren, nach Mannheim zu fahren und dort das Vorrucken des Hochzeit-Tages um 3 bis 4 Wochen in Ordnung zu bringen. Von meinem Vatter bekam ich die Ermahnung auf den Weeg mit, ja das Geheimnis nicht zu verrathen. Als ich in Mannheim angekommen ware, ware mein erstes, meine Braut vorzubereiten, daß ich ihre Eltern bitten würde, unsere Hochzeit um 4 Wochen früher feyern zu dörfen. Sie fragte nicht nach dem warum, und so ware mein Geheimnis hier schon einmal geborgen. Nun giengs zur Mutter. Ich machte meinen Antrag in Form der aller einfachsten Bitte. Sie schien etwas betroffen - wenn es möglich wäre, sagte sie, sah ihre Tochter an - "Was sagt Sie dazu, Marianne?" "Ich bin alles zufrieden", antwortete Marianne, "wie Sie es machen wollen." "Ja nun, da mus ich doch wenigstens meinen Mann darum fragen. Ist denn etwas vorgefallen?" "Nein", antwortete ich, "aber ich werde ihnen ein andresmal die Ursache sagen." Sie schien beruhigt. Nun kam es an den schwersten Posten - bey dem Vatter. Er hatte die Menschen so sehr von der bösen Seite kennen zu lernen Gelegenheit gehabt, um nicht bey dem leichtesten Anlaße Verdacht zu schöpfen. Die Mutter ware zu ihm auf sein Zimmer gegangen, und nun kam er - lächelnd - "Meine Frau sagt mir da, Sie wünschten um vier Wochen früher Hochzeit zu machen - und auch Du Marianne! wärest damit [ein]verstanden." Ich: "Ja, darum bat ich." "Darf ich um die Ursache fragen?" Ich: "Ich kann Ihnen darüber nichts sagen." Er: "Mir nicht?" Ich: "Ihnen nicht." Er heftet einen scharffen Blick auf seine Tochter, geht im Zimmer auf und ab. - Pause - "Sonderbar, mir nicht! Der Vatter dörf also diese Ursache nicht wißen." Ich: "Niemand weis sie." Er: "Ich bin aber Vatter." Ich: "Ich habe mein Wort gegeben." Er: "Wem?" Ich: "Meinem Vatter." Er: "Also Ihr Herr Vatter weis, und ich darf es nicht wißen?" Jez ward er ruhiger. Ich: "Auch Sie werden es in einigen Tagen erfahren." Nun ware er es zufrieden, schrieb noch am nehmlichen Tage an seinen Herrn Bruder, den Komenthur, der eben damal in Frankfurt ware und sich vorbehalten hatte, unsere Hochzeit in der Komanderie zu Worms zu halten."
(*Stengel, Stephan Freiherr v.* (1750-1822), 1993, 36, 37-40, 71-73)

Das ist schon eine ziemlich abenteuerliche, ja romanhafte Geschichte mit unerwartetem Ausgang. Der leidenschaftlich Verliebte selbst ist es, der seiner Angebeteten nicht nur aus Vernunftsüberlegungen zurät, einen viel älteren ("Großvater"), viel reicheren, schon arrivierten, mit sicherer "Nahrung" versehenen Konkurrenten zu "nehmen", sondern der - zunächst

263

durchaus unwilligen - Freundin durch Neu-Einkleidung in modische Gewänder auch Zuneigung zu ihrem künftigen Eheherrn einflößt. Aus späterer Sicht, d.h. nach der Dichtung der Klassik und Romantik (die Stephan und Luise zusammen schwärmerisch gelesen haben!), ist das ausgesprochen kaltherzig, ja feige. Die Zeitgenossen haben es offenbar anders gesehen, für klug und großzügig gehalten.

Um das zu verstehen, darf man nicht vergessen, wie tief damals noch die Konfessionsschranke und die Standesschranke saßen: Der Frankfurter Kaufmann war natürlich protestantisch und bürgerlich wie die Braut; für ihn kam eine Pfarrerstochter durchaus in Frage, wenn er nämlich schon in vorgerücktem Alter war und auf eine Mitgift verzichten wollte und konnte. In der katholischen Freiherrnfamilie sah es ganz anders aus; dort hatten die Eltern ein wichtiges Wort mitzusprechen; und sie konnten - schon im Interesse der Geschwister, die es ebenfalls zu verheiraten galt - keineswegs zustimmen. Eheschließungen sind Familien-Politik zwecks Sicherung oder Steigerung von Macht und Vermögen, Einfluß und Renommee; sie gehen nicht in erster Linie - und oft gar nicht - nach persönlichem Gefühl. Das gilt zumindest in den Fällen souveräner Fürsten, wo es allgemein bekannt ist, aber auch im Adel - und Bürgertum - insgesamt.

Es lohnt sich durchaus, diese Geschichte in Abschnitten zu lesen (lesen zu lassen), z.B. in der Mitte zu unterbrechen und die Lage aller Beteiligten zu analysieren. Dann kann man schätzen bzw. voraussagen lassen, wie es wohl weitergeht (allerdings müssen die ersten beiden Zeilen, die das Ende vorweg nehmen, dann ausgelassen werden). Mindestens wird man die Gelegenheit nutzen, um die Geschichte mehrfach von verschiedener Seite zu durchdenken: dem Mädchen, dem Werbenden, der Mutter, der Schwester, dem Liebhaber. Das ist auch eine naheliegende Klassenarbeit... Ein Vergleich mit heute ist natürlich ebenfalls eine angemessene und lösbare Aufgabe. Verhalten wir uns heute wirklich anders - oder reden wir nur anders? Wie häufig heiratet ein Generaldirektor eine Sekretärin? Wie oft eine Filmschauspielerin ihren Bodyguard?

Freilich geht die Geschichte noch weiter: Die scheidende Geliebte - ihre Ehe wird als erfolgreich beschrieben, aber nicht enthusiastisch dargestellt - bezeichnet beim Abschied ihrem Liebhaber die künftige Gattin - und eben diese wird viel später - nach Examen und Karrierebeginn - auch wirklich geheiratet, weil sich diese "Partie" als vermögens- und familienpolitisch günstig erweist. Aber diesmal taucht eine andere Komplikation auf. Der junge Beamte soll den Fürsten auf eine Bildungsreise nach Italien begleiten, deren Plan allerdings unbedingt noch geheimzuhalten ist. Die Kürzung der Verlobungszeit begegnet erheblichen Schwierigkeiten, denn nun kommen Fragen der Ehre ins Spiel. Schon der Verdacht, man "müsse" heiraten, ist überaus heikel, tendenziell zerstörerisch. Die Geheimniskrämerei - obwohl unvermeidlich - tut ein übriges. Erst das ge-

meinsame standesspezifische Ehrgefühl beider Väter bringt die Sache ins Lot. Dem Kollegen und Standesgenossen kann der Schwiegervater *in spe* vertrauen.
Damit ist die - weit über den Einzelfall hinaus gültige - Logik der Partnersuche in der altständischen Gesellschaft (vor 1800) vorzüglich beschrieben. Das Geflecht besteht aus gleichem Stand (d.h. hier adliger Herkunft), möglichst großem bzw. ähnlichem Vermögen, erwünschter Familienbindung (im Interesse politisch-sozialen Aufstiegs), gemeinsamer Konfession, passendem Alter (Männer meist deutlich älter!) und schließlich persönlicher Sympathie (bei oft nur ziemlich flüchtiger Bekanntschaft!).

6.2.2 Ein bürgerlicher Künstler aus der Pfalz

Q 2. "Die Zeit der Heimreise nach Zweibrücken rückte näher. Ich hatte die Vermutung, daß sich die Gräfin mit der Absicht trage, Mlle Diderot für ihr Gesellschaftstheater zu gewinnen. Das war aber viel zu früh. Schließlich machte sie mir den Vorschlag, diese zu heiraten, mit dem Beifügen, daß mir der Vater sehr gewogen sei und es nur von mir abhänge, dem Mädchen zu gefallen, dem der Philosoph freie Wahl lassen wolle. Das übrige fände sich dann von selbst. Sie legte mir ans Herz, diese für mich nach jeder Hinsicht ehrenvolle und vorteilhafte Angelegenheit nicht zu vernachlässigen... (...)
Anfang Februar 1774 befand ich mich wieder in meinem Zimmer des Hotels des Deux-Ponts, und es schien mir, als hätte ich Paris überhaupt nicht verlassen.
Die ersten Tage meines Aufenthaltes benützte ich zur Begrüßung meiner alten Freunde und Bekannten. Weshalb Gräfin Forbach dieses Mal nicht über Fräulein Diderot mit mir sprach, vermochte ich mir nicht zu erklären, und ich hatte bisher ebenfalls vermieden, zum "Philosophen", ihrem Vater, zu gehen, aus Furcht, die schlafende Katze zu wecken. Da diesem berühmten Mann jedoch Dank und Verehrung schuldete, konnte ich meinen Besuch nicht länger aufschieben. Ich traf ihn schmerzgebeugt an. Seine geliebte Tochter, die er als "höheren Geist, vor dem er sich selbst fürchte", und als ein Vorbild kindlicher Liebe, Sanftmut und Tugend rühmte, hatte soeben das väterliche Haus verlassen, um einen Finanzpachtbeamten insgeheim zu heiraten, in den sie schon seit langem verliebt war, ohne daß es der weise Sokrates noch Mutter Xanthippe bemerkt hatten.
Diderot erzählte mir von diesem Abenteuer auf seine Art, das heißt mit einer Leidenschaft und Rührung, die sich auch anderen mitteilt. Ich war für ihn in der Seele betrübt. Er beklagte sich hauptsächlich über die Heuchelei und den Mangel an Vertrauen seines Kindes; alles übrige hatte er vergeben. Aber da ihr Fehltritt Herzlosigkeit verriet, konnte er ihn nie verzeihen. In den Armen ihres Geliebten ließ das junge Mädchen ihren philosophischen Vater schmollen, den sie nur zu gut kannte. In häufigen Briefen suchte sie von ihm die Vergebung ihrer Schuld zu erlangen; schließlich erbat sie sich sein Konterfei, um ihr Verbrechen vor dem Bilde eines geliebten, aber zürnenden Vaters zu sühnen, der ihr seine Arme verschloß. Von diesem Augenblicke an war alles vergeben und vergessen. Die Idee war poetisch und malerisch, ein Vorwurf für ein schönes Gemälde: eine hübsche Büßerin, in Tränen aufgelöst, auf den Knien vor einem Bildnisse. Ihr zu widerstehen lag außerhalb des Bereichs des Möglichen... (...)
Eines Abends, als ich Herrn de Vismes besuchte, der eben nach Paris zurückzukehren gedachte, war ich betroffen und aufs angenehmste überrascht, vor mir das nämliche junge Mädchen zu erblicken, das ich im Theater zu Metz gesehen und so eifrig, aber vergebens seit mehreren Jahren gesucht und keineswegs vergessen hatte. De Vismes stellte Fontenet und mich dieser jungen Dame, seiner Schwägerin, als Freunde des Hauses vor und behielt uns zum Abendessen zurück. Hatte

mich damals im Komödienhause zu Metz das liebenswürdige Mädchen wegen seiner hübschen Gestalt gefangen genommen, so verdrehte es mir bei unserer Unterhaltung während des Soupers noch vollends den Kopf und ließ zum ersten Male in meinem Leben den Wunsch in mir lebendig werden, mein Geschick an das einer Frau zu ketten. Von nun an verbrachten Fontenet und ich jeden Abend bei de Vismes; wir musizierten, meine Angebetete sang sehr anmutig, und ihre Schwester spielte meisterlich die Harfe. Den kleinen Konzerten folgte gewöhnlich ein Souper auf französische Art, belebt durch die frohe Laune der Gastgeber. Die Folge dieses regen Verkehrs war natürlich, daß die Besuche bei Mme de Saint-Germier ein wenig in den Hintergrund gedrängt wurden. (...)
Die Abfahrt des Herzogs war für uns Hofleute und die Untergebenen jedes Ranges das Signal für die wiedererlangte Freiheit. Nach Dutzenden waren sie nun wieder in der Stadt zu sehen, und das verlieh unseren Gesellschaften und Redouten ein glanzvolles Gepräge. Durch eine Maskerade, die zur Aufführung an einem dieser öffentlichen Bälle bestimmt war und deren harmlose Satire sich gegen die Preziösen Zweibrückens richtete, hatte sich de Vismes, die er sie ihm gebracht, den Unwillen des Herzogs zugezogen... Obgleich de Vismes keinerlei Groll über die ihm widerfahrene Behandlung hegte, so blieb ihm doch etwas auf dem Herzen zurück. Nach dem Wunsche seines Vaters sollte er seine Entlassung nehmen und so schnell wie möglich in das väterliche Haus kommen. De Vismes setzte mich davon sofort in Kenntnis. Die Nachricht traf mich wie ein Blitzschlag aus heiterem Himmel, da ich meine liebenswürdige Freundin, die ich leidenschaftlich liebte, nun verlieren sollte. Die Hindernisse, die ich von seiten meiner Mutter für eine Verbindung mit dem sanften Mädchen voraussah, hatten mir bis dahin den Mund verschlossen. Wir beide aber wußten wohl, wie es um uns stand, obgleich ich ihr niemals meine zärtlichen Gefühle geoffenbart hatte. Jetzt, da sie für mich verlorengehen sollte, entriß die rauhe Notwendigkeit meinen Lippen das Geständnis meiner leidenschaftlichen Liebe und den glühenden Wunsch, mein Geschick mit dem ihren zu vereinen. Dieses Geständnis machte ich ihr, als ich sie am Vorabende ihrer Abreise allein fand; ich sagte ihr damit nichts Neues: unsere Seelen waren schon seit langem eins; sie war selig bei dem Gedanken, daß wir uns nie mehr trennen sollten.
Die wahre Liebe, die sich immer auf Achtung und Vertrauen gründet, schreckt vor Trennung, Hindernissen und ferngerückter Erfüllung ihrer Wünsche nicht zurück. Und wenn uns jene, die ihr Ziel nur im Genusse des geliebten Gegenstandes sieht, ungeduldig, schlau oder zornig macht, so verleiht uns die erstere Geduld, Hoffnung, Klugheit und den Mut zur Überwindung aller Schwierigkeiten. Von dieser Wahrheit durchdrungen, sah ich am Morgen des nächsten Tages meine Freunde mit ziemlicher Ergebung scheiden, und rollten auch einige Tränen über die Wangen meiner Vielgeliebten, als ich ihr beim Besteigen des Wagens die Hand reichte, so vergossen deren noch mehr ihre Schwester und de Vismes selbst, die Zweibrücken mit Bedauern verließen.
Ich war fest entschlossen, alle Mittel zu versuchen, um die Zustimmung meiner Mutter zur Verheiratung mit ihr zu erlangen. Da ich aber um ihre Abneigung gegen die Franzosen und vor allem gegen das römische Glaubensbekenntnis wußte, konnte ich mir die zu überwindenden Schwierigkeiten nicht verhehlen. Wohl zwanzigmal war ich daran, ihr mein Herz zu erschließen und sie zu beschwören, meinem Glücke ihren mütterlichen Segen nicht zu versagen, aber jedesmal, wenn ich sie so bleich und leidend vor mir sah, erstarben mir auf den Lippen die Worte, die ich mir vorher schon zurechtgelegt hatte.
Seit der Ankunft de Visrnes' in Metz schrieben wir uns alle Tage; seine Frau und deren Schwester fügten jedem seiner Briefe einige Zeilen bei, und ich antwortete ihnen getrennt, um mir das Recht des brieflichen Verkehrs mit der letzteren auch für die Tage nach der Heimkehr ihrer Verwandten zu sichern.
Während dieser Zeit schwanden die Kräfte meiner guten Mutter sichtlich von Stunde zu Stunde. Sie war gefaßt, geduldig und ruhig. Meine Schwester und ich wichen nicht mehr von ihrer Seite, und es schien, als litten wir mehr unter ihren

Leiden als sie selbst: so sehr hatte die Frömmigkeit ihre Seele erhoben und ihren Mut bis zum Heldentum gesteigert. In vollster Seelenruhe und Ergebung hauchte sie, benetzt von meinen Tränen, ihr Leben nach wenigen Tagen aus (26. September 1776).
Als ich dem Herzog meinen Verlust mitteilte, rühmte er zuerst die Tugenden der Verblichenen und fügte dann gütig bei: »Sie können Ihrer Schwester versichern, daß ich Ihre gute Mutter nicht beerben will und deren Pension auf sie übertrage.« Diese Pension von dreihundert Gulden war meiner Mutter nach meines Vaters Heimgang von Herzog Christian zugesprochen worden. Meine Schwester blieb in deren Genusse bis zum Tode Karls II., nach dem Minister Montgelas unter der Regierung Maximilian Josephs sie ihr nehmen ließ. (...)
Diesen Augenblick, in dem ich mich mit dem Herzog allein befand, benutzte ich, um meine Heiratserlaubnis von ihm zu erbitten. "Ich habe auch schon daran gedacht", sagte er, "und Ihre Angelegenheit, deren ich mich annehme, wird bald geregelt sein: ich bestimme Ihm Fräulein W., deren Vater und Familie ich sehr schätze. Sie ist hübsch, klug, gut erzogen und reich; das ist eine gute Partie für Sie." - "Aber gnädigster Herr, wenn ich auch all dem beipflichte, so kann ich doch als ehrenhafter Mann mein Wort, das ich einem anderen Mädchen bereits gegeben habe, nicht brechen und es rückgängig machen; ich liebe es übrigens und werde von ihm wiedergeliebt." - "Die Liebe ist ein Wahn, der sehr schnell schwindet", erwiderte er mir lebhaft. "Wer ist denn die Dulzinea, derentwegen Sie die ausgezeichnete Partie zurückweisen, die ich Ihnen vorschlage?" - "Es ist die Schwägerin de Vismes'." - "Ah! Sie gedenken also eine Liebesheirat zu machen?" - "Ja, gnädigster Herr." - "Aber Sie sollten sich mit de Vismes nicht verschwägern: das ist ein sehr boshafter Kopf, und ich habe Ursache zu glauben, daß sein Herz nicht viel besser ist." - "Ich kann Eurer Durchlaucht wenigstens die Versicherung geben, daß er beim Verfassen der Verse, die seine Ungnade zur Folge gehabt haben, nicht daran dachte, den Minister zu verhöhnen. Übrigens, wenn ich seine Schwägerin zur Frau nehme, so behaupte ich nicht, seine etwaigen Torheiten mitzuheiraten."
Nach längerem Stillschweigen sprach der Herzog von anderen Dingen, beauftragte mich, die Ausgrabung der römischen Altertümer bei Schwarzenacker zu überwachen, und entließ mich, ohne meine Bitte erfüllt zu haben. In Schwarzenacker fanden wir an diesem Nachmittage mehr als vierzig Totenurnen einen Fuß tief unter der Erde, die meisten aus gewöhnlichem, nur wenige aus sehr feinem Tone und zwei aus bläulichem, weißgestreiftem Glase. Dort traf ich mit dem Sekretär Creuzer zusammen, dessen Einfluß Frau von Esebeck erweitern wollte und den sie beim Herzog protegierte, um in dessen Nähe einen ihr ergebenen Schützling zu bringen, während sich seinerseits der kleinlichsten Mittel bediente, mit denen er sich angenehm machen wollte."
(*Mannlich, Johann Christian v.* (1741-1822), 1966, 156, 161f., 191f., 201f., 207f.)

Das ist eine recht andere Geschichte, nicht nur weil der Titelheld ein bürgerlicher (erst viel später geadelter) Handwerker ist. Hier wird die - freilich keineswegs unvernünftige und unpassende - Leidenschaftsheirat durchgesetzt; jedenfalls will die Autobiografie diesen Eindruck erwecken. Jahrelang kann der Autobiograf die frühzeitig ganz kurz Gesehene nicht wiederfinden, dann überwindet er alle Hindernisse. Freilich, die anderen (Gönnerin, Fürst, Mutter) wollen ihn alle zu einer Konvenienzehe überreden, fast zu seinem Glücke zwingen.
Der Arbeitgeber des Hofkünstlers gebraucht sogar die klassische Formel: *"Die Liebe ist ein Wahn, der sehr schnell schwindet."* Für den Abhängi-

gen wird der Vorschlag des Herrn, eine andere zu heiraten, leicht zum Angebot, das er nicht ausschlagen kann. Das ist auch deswegen heikel, weil es sich ja gut und gern um eine abgelegte oder noch andauernde Mätresse des Fürsten handeln könnte. Mannlich wehrt sich denn auch geschickt - und erfolgreich - nicht mit dem Argument der modernen romantischen Liebe, sondern mit einem altständischen Argument der Ehre: *"Aber gnädigster Herr, wenn ich auch all dem beipflichte, so kann ich doch als ehrenhafter Mann mein Wort, das ich einem anderen Mädchen bereits gegeben habe, nicht brechen und es rückgängig machen(...)"*
Und wie steht es wirklich mit der Liebesheirat? Der Parallelfall der Tochter des befreundeten französischem Philosophen Diderot wird ziemlich ironisch dargestellt, als abgekartetes Spiel, in dem die junge Frau ihre Interessen gegen den autoritären, aber auch schwachen Vater (den berühmten Aufklärer!) mit allem Mitteln durchsetzt. Man hat keinen Augenblick den Eindruck, Mannlich habe seine Gefühle nicht sehr wohl unter Kontrolle und verliebe sich nur in das Mädchen, das für eine standesgemäße und vernünftige Heirat durchaus in Frage komme. Jedenfalls ist diese Werbung ein voller Erfolg; höchstens könnte man sagen: *Zur Konvenienz auch noch die Zuneigung.*

6.2.3 Zwei patrizische Kaufmannstöchter in Hansestädten

Q 3. "Das 1769ste Jahr ward herangeweint. Es kam trübe und finster, brachte aller Welt, nur uns kein fröhliches Neujahr. Es kam schwanger mit der Trennung, die es uns gebar, uns furchtbar mit allen Geburtsschmerzen, Geburtsangst gebar. Uns blieb nun nichts. So der erste Monat. Papa mußte böser Schulden wegen jemanden nach Preußen schicken, Octav ward natürlicherweise dazu gewählt. In einem ganz kurzen Billete wies er mir einen Ort an, wo ich die wenigen Briefe, welche ich von ihm hatte, hinlegen sollte, und so reiste er den ersten Februar ab. "Ohne Abschied?" werdet Ihr fragen. Das nicht, den letzten Morgen, ehe meine Eltern aufkamen, empfing er meinen Abschiedskuß mit heißen Thränen, die aber sogleich wieder vertrocknen mußten und sich im innersten Herzen tief hineingruben. Er blieb zwei Monate weg, die mir in stiller Traurigkeit vergingen. Zwar war ich nun nicht gefangen, konnte bei Tische frei atmen, frei aufsehen, im Hause gehen wo ich wollte. Mama hatte keine Veranlassung zu neuen harten Begegnungen, und doch, ruhig war ich, frei war ich, aber nicht glücklich. Wir lebten diese Zeit sehr eingezogen, und außer einem einzigen Ball kamen wir beinahe nicht aus dem Hause. Den 2. April kam Octav 11 Uhr morgens wieder. Hannchen stand am Fenster und sagte: "Da kommt Octav wieder!" Alle standen auf, nur ich nicht, ich ward feuerrot, verwirrt halb vor Freuden, halb vor Angst. Er kam herauf, Mama empfing ihn ziemlich freundlich, und ich wagte nicht, ihn anzusehn, sah ihn erst zu Mittag durch den Spiegel. Und nun ging mein voriges Leben und Leiden wieder an. Octav quälte mich oft, wenn ich nicht hatte wagen können, ihn anzusehen, so glaubte er, ich habe ihn vergessen, ward einige Tage aufgebracht. Doch waren meine Eltern öfters aus und wir sprachen uns öfters.
Den 6. Mai kam der 3. Band des Messias heraus. Der 7. Mai war Sonntag, die Alten waren aus und nun ward er durchlesen. Oh wie wurden da alle die herrlichen Stellen aufgesucht, empfunden, wie gossen sie Balsam, lindernden Trost in unser Herz. Montag fing Mama an, den Garten reinmachen zu lassen, und gegen Pfingsten in Ordnung zu bringen. Sie fuhr also selbst hinaus. Wir waren den folgenden

Tag auf einem Ball und konnten, weil wir uns vorher die Haare wickeln lassen mußten, nicht mitfahren. Den Mittag sagte Papa, Tante Möller wollte Mama gern sprechen, und mit ihr nach dem Garten fahren. Papa fuhr auch mit; wir waren allein, und Octav las uns vor. Mama war den Abend und den folgenden Morgen ungewöhnlich gütig gegen mich und fuhr wieder nach dem Garten. Wir fuhren nach dem Balle, wo ich mir das Herz leicht tanzte bis 11 Uhr, da ich mich von dem Tanze erholte. Meine Nichte Möller setzte sich zu mir. "Morgen Mittag bist du mit deinen Eltern bei uns, und nur du, nicht Sara." "Wieso" sagte ich, erschrak, ohne zu wissen worüber, denn wir waren oft bei Möllers. "Ich glaube, Betchen, es ist ein Bräutigam für dich da." Ich ward starr, da erklärte sich mir auf einmal die Freundlichkeit meiner Mutter, daß die Möller sie hatte sprechen wollen, und da Gute Nacht Tanz, gute Nacht Freunde! Ihre Vermutung ward mir *Gewissheit*. Ich erzählte zu meinem Trost der Möller meine ganze Geschichte und so machte ich mir das Herz leicht. Wie wir wieder nach Haus kamen, ward Hannchen geweckt, und sie bestätigte, daß wir bei Möllers gebeten waren. Die Nacht wurde durchbetet und durchweint. Wir standen spät auf, Mama war schon auf der Diele, um wieder nach dem Garten zu fahren. Sie sagte nur. "Heute sind wir bei Möllers, zieh dein bestes Schnürleib an und lass dich gut frisieren." Neue Bestätigung meiner schrecklichen Vermutung. Ich sagte Octav im Vorbeigehen auf der Diele meine Vermutung, weinte, betete, wußte kaum, was ich that. Mädchen, sagte ich, sollte meine Frisur ganz so sitzen lassen und mit einem Puderquast Puder darauf machen, weil ich sie zu Lämmerabend noch so haben wollte. Dann ging ich wieder hinunter, um Octav zu sehen, bat ihn, um Himmels Willen doch bei Tische ruhig zu sein, um mich keinem neuen Verdruß mit Mama auszusetzen, beruhigte ihn und sagte, ich wolle wohl machen, daß ich nicht gefiele. Er war auch ruhig bei Tische, worum ich ihn gebeten hatte. Nachdem er hinunter gegangen, sagte Mama: "Du bist ja sehr schlecht frisiert, so kannst du heute nicht gehen, Sarah, du mußt die Frisur etwas reparieren, und einige rote Blumen anstecken."
Zu meiner Zeit mußten wir immer Mama nach unserm Anzuge fragen, ich thats also auch jetzt. Das vorige Jahr hatte ich ein rotziznes Kleid bekommen, welches mir am besten unter meinen Kleidern stand. Es war geplättet und ich wollte es Lämmerabend anziehen, und das Kleid, sagte Mama, sollte ich heute anziehen. Ich machte Entschuldigung, weil es regne, ich wollte es gern Freitag rein anziehen, aber das half alles nichts, genug, ich sollte es anziehen. "Und dann thu ein schwarzes Tuch dabei um, ja hübsch ehrbar, das kleidet junge Mädchen am besten", sagte Papa. Hier nun merkte ich, daß der vermeinte Bräutigam ein Prediger sein müsse. "Man kann auch nicht wissen, wer da ist," setzte Papa hinzu, "bei Möllers sind gemeiniglich Offiziere, Doctoren und Secretäre und dergl." (Prediger ward weislich ausgelassen). Meine Schwestern barsten beinahe vor Lachen und so schwer mir das Herz war, konnte ich doch nicht lassen, es auch zu thun. Wie sie weg waren, konnte Sarah mich kaum vor Lachen frisieren. Mir vergings aber bald, ich dachte an die Folgen, doch nahm ich mir vor, wenns ein vernünftiger Mann wäre, eine alberne eitle Thörin zu spielen, die den Kopf von Putz und Gesellschaften voll habe, sei es ein ehrlicher einfältiger Kaufmann eine Verschwenderin und gelehrtes Frauenzimmer zu machen, sei es ein Gelehrter ein einfältiges Mädchen zu machen, die nichts wie plattdeutsch sprechen könne. Schon war ich angezogen und ging mit meiner Mutter hin, wie ein Lamm, das zur Schlachtbank geführt wird, und Octav langte uns noch einen Schirm aus dem Kontor hinaus. Ich war garnicht reizend, blaß, mager, abgehärmt schon seit einem halben Jahr, dazu die vorige schlaflose Nacht, halb im Tanz und halb in Thränen verbracht, die Furcht und das Warten der Dinge, die kommen sollten, dazu die aufgekratzte Frisur: so habt Ihr mein Bild. Wie wir kamen, fragte Mama die Möller, wer da wäre? Sie nannte Alle, "und dann hat Lüders noch einen fremden Prediger mitgebracht." Mir schlug das Herz, ich kannte einen Prediger, der mit Lüders bekannt war, das war immer in meinen Augen der fataleste Mensch gewesen, der, wußte ich, ging auf Freiers Füßen. Mit doppelter Angst ging ich in das Zimmer und zu meinem Entsetzen sah ich Hahn, wenigstens glaubte ichs, bis die Möller

ihn mir als *Milow* vorstellte. Ich war froh, daß es doch der nicht war, den ich geglaubt. Er sprach viel, ich kein Wort, ging gleich nach dem Thee mit meiner Nichte nach ihrem Zimmer, sie tröstete mich so gut sie konnte. Doch wir mußten wieder hinüber, und Milow war weggegangen. Die Möller frug nach, und es hieß, er habe Briefe zu schreiben und käme wieder. Ich spielte, um mich der Gefahr nicht auszusetzen, mich nachher mit ihm zu unterhalten. Nach einer Stunde kam er wieder. Wie zerstreut ich da ward, könnt ihr denken. Milow war in den Zeiten, wo noch alles Feuer der Jugend aus ihm lachte, einer der schönsten Mannspersonen. Er setzte sich hinter meinen Stuhl, nahm bald ein Buch, bald wies er mich zu rechte, und das machte mich noch verwirrter. Endlich setzte man sich zu Tische und mich wie natürlich bei ihm. Er sprach viel, besonders mit Mama, mit mir wenig, ich schwieg. Das Gespräch kam auf Alberti, den M. sehr lobte und auch mich fragte er, wie er mir gefiele. Mein Hang zu Alberti, meine Meinung von ihm, war beinahe Abgötterei. Octav, mein Bruder und ich hielten ihn, seine Predigten, alles was er sagte für Gottes Ansprüche; hingegen meine Eltern waren eifrige Anhänger seines Antagonisten Goetzers. Wir waren daher nur seine heimlichen Jünger. Wie freute es also meinen Bruder und mich, Milow mit gleichem Entzücken von Alberti reden zu hören, da schien Milow einer von uns zu sein und mein Bruder ward ganz von ihm eingenommen, von dem Augenblick an Milows Freund. Auch wars uns der Alten wegen lieb, daß Milow so von Alberti sprach, daß sie sähen, daß wirs doch nicht alleine wären, die sich was aus ihm machten und hofften nun in Zukunft schon freier von ihm reden zu können. Nach Tische nahm man gleich Abschied, Milow mit äußester Kälte von mir, so daß er mir nicht einmal die Hand küßte, die er doch Mama und der Möller küßte. Dies freute mich. Ich war ruhig und glaubte ihm mißfallen zu haben. Im Wagen war jeder Mund voll Lobes, und ganz natürlich, denn wer nicht schon liebte, der durfte Milow nicht sehen, ohne ganz für ihn eingenommen zu werden. Den andern Tag waren meine Eltern aus und Octav bei uns. Alles ward ihm erzählt und auch meine Hoffnung, Milow mißfallen zu haben. Aber das wollte Octav nicht glauben, er konnte nicht ruhig sein, alle meine Versicherungen von ewiger Liebe und Treue (die ich nicht hätte thun sollen), weil ich sie nicht halten konnte, waren vergeblich. Den andern Tag war Lämmerabend, kaum waren wir auf dem Garten, so sagte meine Nichte, Milow käme auch. Was thun? Meine Ruhe war dahin. Unter den vielen Mädchen, die den Tag kamen, war auch eine, die gerne spazierte und nicht gern mit dem ganzen Schwarm gehen mochte. Sobald wir Thee getrunken, ging ich also mit der weg, Milow zu entgehen und dachte nicht eher als mit Thorschluß wiederzukommen, und ich hatte durch sie einen guten Vorwand so lange weggeblieben zu sein. Doch kaum war ich mit ihr in der Allee, so kam eine Nichte mit ihrem Mann uns zu besuchen und wir mußten umkehren. Wie wir in die Thüre kamen, kam einer meiner kleine Brüder mir entgegen: "Es ist ein Mann da, Betchen, mit 2 Böckchens." Und wie gesagt, Milow war da. Wir machten uns einander unser Kompliment; Papa ging mit ihm weg, zeigte ihm das ganze Haus bis oben hinaus, stand mit ihm auf dem Altan, ihm die Aussicht zu zeigen, und ich konnte es nicht lassen, in Gedanken eine boshafte Anmerkung zu machen, es kam mir vor, als sagte Papa, dies alles will ich Dir geben, so du meine Tochter nehmen willst. Wir beide, das Mädchen und ich, schlichen uns unter der Zeit wieder weg und kamen so spät wie möglich nach Hause. Man war auf dem Vorplatz unter den Lusthäusern, ich versteckte mich unter den übrigen Mädchens, und man ging gleich darauf nach Haus. Milow küßte mir die Hand und ging auch. Abends nach Tische beschied mein Bruder mich morgens um 5 Uhr im Garten, daher schlief ich unruhig und war schon vor der Zeit auf.
Es sollte mir nahe gehen, wenn sich meine Geschichte wie die gewöhnlichen Romane mit meiner Verheiratung enden, und Gott mich dieses Wochenbett zu sich nehmen sollte.
Jetzt kann ich an meiner Geschichte nichts mehr schreiben, meine Kräfte sind abends dahin, und des Tages habe ich zu viele Geschäfte. Doch vielleicht ist Gott mir gnädig und hilft mir, dieses Wochenbett zu überstehen, und dann ist es mein

erstes Geschäfte, sie ganz zu liefern, sie ist nach meiner Verheiratung ebenso reichhaltig wie vorher. Aus beiliegenden Briefen könnt Ihr ungefähr sehen, wies mit meiner Verheiratung gegangen, und fast alles von meinem Leben in Lüneburg aus meinem Briefwechsel mit meinem Bruder. Die fehlgeschlagenen Hoffnungen mit den Wahlen in Hamburg, die nagenden Nahrungssorgen, die öfteren Reisen nach Hamburg, die öfteren Abschiede: wie die Freude wie ich hierher nach Wandsbek kam.
Aber von Allem, was mir begegnet ist, kann ich Euch keine Anweisung geben. Auch hier ist Gutes und Böses untereinander gewesen, auch hier hat Gott mich schwere Leiden überstehen helfen, hat mein Herz so ziemlich von Allem woran es zu sehr hing, abgezogen, hat mich oft tief gebeugt, schwer geprüft, aber auch viel Gutes hier erwiesen, so manche Erhörung meines Gebets. Euch alle, meine Kinder, mir bis jetzt erhalten oft, wenn Ihr mit dem Tode ranget, Euch doch erhalten und mir wieder geschenkt. Meinen Mann mir erhalten, seine Liebe, uns im Zeitlichen gesegnet. Oh, Gott sei Dank für alles Gute, *dort* will ich Dir besser danken. Und nun noch eins von meinem Mann, Euren Vater. Oh, Kinder, es ist der beste Mann unter der Sonne. Ein solches Herz mit tiefem Verstande findet man selten; wie er mich geliebt, immer für mich gesorgt, daß ich auch nach seinem Tode mit Euch, meinen Kindern, keinen Mangel haben möchte. Oh, Segen von Gott werde ihm dafür. Empfange meinen Dank, bester Milow, für alle Liebe, alles Gute, das du mir so reichlich erzeigt hast. Kinder, liebt Euren Vater beständig, sucht ihm alles zu vergelten, was er mir gethan hat. Meine Kräfte sind schwach. Eure Euch liebende Mutter. Wandsbek, 7. April 1779."
(*Milow, Margarethe Elisabeth (geb. Hudtwalcker)* (1748-1794), 1987, 59-64)

Das ist die Lebensbeichte einer - für damalige Verhältnisse - alten Frau an ihre Kinder. Sie berichtet den großen Kummer ihres Lebens, die Zerstörung ihrer Jugendliebe durch die Eltern und die Quasi-Zwangsverheiratung mit einem Pfarrer, der dann zum Vater dieser Kinder wurde. Es wird kein Zufall sein, daß die Frau so viel heftiger an ihre Grenzen stößt als die Männer in den beiden letzten Fällen. Wenn schon Männern die Selbstbestimmung der Ehepartnerin verweigert wird, wieviel mehr dann - in einer eindeutig patriarchalischen Gesellschaft - Frauen die freie Wahl. Das Hauptmittel ist nicht der physische Zwang, aber das induzierte Schuldbewußtsein. Kirche und Eltern gemeinsam sorgen für quälende Gewissensbisse, unter denen die romantische Liebe schließlich begraben wird.
Denn die Patriziertochter hatte sich gänzlich unstandesgemäß verliebt. Oktav war ein Handlungs-Kommis, d.h. ein Angestellter ihres Vaters (der es nicht einmal für nötig befand, den Unbotmäßigen zu entlassen). So selbstverständlich galt Margarethes Handeln als grobes Fehlverhalten, daß man auf ihre Scham und Besserung setzen konnte - mit sanfter und unsanfter Gewalt. Frauen hatten eben tugendhaft zu sein und sich voll unter Kontrolle zu haben. Das gelang im Endeffekt ja ganz gut, wenn auch um den Preis eines frühen Todes. Übrigens bedeutete die Heirat mit einem vermögenslosen Studierten (einem Pfarrer) vermutlich für die Kaufmannstochter einen gewissen sozialen Abstieg. Ohne die ärgerliche Vorgeschichte wäre das wohl kein akzeptabler Partner für die Patrizierin gewesen. Aber bei Gerüchten sinkt die Ware "heiratsfähige Frau" schnell im Wert...

Wie mögen die anderen Hauptbeteiligten die Geschichte erlebt - und später erzählt - haben? In welchen Begriffen sprechen die Eltern von der leidigen - und schließlich doch noch einigermaßen bereinigten - Angelegenheit? Was sagen die Freundinnen? Wie geht Oktav mit dem Verlust um? Vor allem aber: Wie fühlt sich Milow? Wie kann er eine Frau heiraten, die ihn offenkundig nicht liebt? Wie kann er in der Eheschließung eine akzeptable Lösung sehen, nicht eine katastrophale Niederlage? Dazu muß man wohl wieder auf ein Ehemodell zurückgehen, in dem nicht heiße Leidenschaft, sondern Beherrschung, nicht persönliche Neigung, sondern familiäre Politik, nicht emotionale Aufbruchstimmung, sondern ökonomische Sicherheit den Ausschlag gibt. Milow verließ sich zweifellos darauf, die Liebe und das Vertrauen würden schon später folgen - und auf Anstand und Treue könne er sich bei dieser Familie ohnehin verlassen. Denn zum "Hahnrei" werden durfte er als Pfarrer keinesfalls.

Und Margarethe Milow, geborene Hudtwalcker, selbst? Auf der Oberfläche ihres Textes akzeptiert sie ihr Schicksal als eine göttliche Prüfung, als eine Übung im Gehorsam gegen Eltern, Obrigkeit, Vorsehung. Den Ausbruchsversuch sieht sie im Nachhinein als Schuld an, die sie abbüßen muß und - dafür hat sie dankbar zu sein - auch abbüßen darf. Schließlich nahm man das vierte Gebot *"Du sollst Deinen Vater und Deine Mutter ehren!"* damals noch bedingungslos ernst. Den - zunächst ungeliebten - Ehemann lobt die gealterte Frau in höchsten Tönen. Ist er wirklich ihr vertrauter Gefährte geworden oder nur ein "Kreuz", das sie eben um Gottes und der Seligkeit willen geduldig zu tragen hatte? Der Text hat verschiedene Schichten und erlaubt mehrere Interpretationen, die aber leicht auch als Verdrängungen und Projektionen angesehen werden können.

Hat sich Margarethe Milow eine Art "Liebesroman der empfindsamen Literaturepoche" zusammengebraut - weit über die Realität hinaus? Oder ist sie wirklich fast an dieser unglücklichen, unerfüllten Leidenschaft zerbrochen? Hat sie später ihren Ehemann lieben gelernt oder nur die Konventionen der frommen Traktate eingehalten und für die Kinder abgeschrieben, um wenigstens den schlimmsten Schock für diese zu mildern? Und schließlich: Ist der Krebs, an dem sie relativ früh gestorben ist, eine psychosomatische (leiblich-seelische) Erkrankung gewesen wie das berühmte "gebrochene Herz" oder die verbreitete "Schwindsucht aus Liebeskummer"? Wurde sie schließlich auch physisch zum Opfer der herkömmlichen Standesvorurteile und der üblichen Konventionsehe?

So dramatisch und tragisch müssen die Dinge natürlich nicht verlaufen. In anderen Fällen ergeben sich eher banale und komische oder einfach "normale" Geschichten, wie bei einer Danziger Kaufmannstochter:

Q 4. *"Brauttage und Hochzeit.* Ohne daß ich es wollte oder auch nur bemerkte, war indessen eben jener unbeugsame Republikaner [Danzigs] aufmerksam auf

mich geworden, der seine Pferde lieber töten als eine Gunstbezeugung des preußischen Generals hatte annehmen wollen. Er suchte während des Winters jede Gelegenheit auf, mich näher kennenzulernen; mein Onkel Lehmann, der inzwischen aus einem angehenden Hagestolz in einen jungen Ehemann sich verwandelt hatte, wurde halb und halb sein Vertrauter und kam seinen Wünschen hilfreich entgegen. Heinrich Floris Schopenhauer, so hieß der Mann, der während einer bedeutenden Reihe von Jahren mich treulich durchs Leben begleitet hat, wußte wenigstens die Gewissheit, daß ich seine Hand nicht ausschlagen würde, von mir zu erhalten, ehe er an meine Eltern sich wandte, was damals in jenen aller Romantik abholden Tagen ohne Vorwissen der am meisten dabei beteiligten Hauptperson noch oft der Fall war.
Furchtlose Offenheit war ein Hauptzug seines Charakters; auch kannte er mich schon genug, um vorauszusehen, daß mein bei der kindlichsten Anspruchslosigkeit doch stolzes Gemüt eine andere Handlungsweise nie ertragen haben würde. Aus freiem Entschluss sprach ich in Gegenwart meiner Eltern das erbetene Ja sogleich aus, sogar ohne die damals gewohnte Bedenkzeit von drei Tagen mir vorzubehalten. Alfanzereien dieser Art strebten meinem geraden Sinn immer entgegen, und ohne es zu wissen, stieg ich durch dieses mein ungeziertes Benehmen in der Achtung des vorurteilfreiesten Mannes, den ich je gekannt.
Noch vor Vollendung meines neunzehnten Jahres war mir nun durch diese Verbindung die Aussicht auf ein weit glänzenderes Los geworden, als ich jemals berechtigt gewesen zu erwarten; doch daß dies in so früher Jugend meine Wahl nicht bestimmen konnte, ja daß ich kaum daran dachte, wird man mir hoffentlich zutrauen.
Ich meinte, mit dem Leben abgeschlossen zu haben, ein Wahn, dem man in früher Jugend nach der ersten schmerzlichen Erfahrung sich so leicht und gern überläßt. Meine Eltern, alle meine Verwandten mußten meine Verbindung mit einem so bedeutenden Manne, wie Heinrich Floris Schopenhauer in unserer Stadt es war, für ein sehr glückliches Ereignis nehmen, doch haben weder mein Vater noch meine Mutter sich erlaubt, meinen Entschluss leiten zu wollen, obgleich Herrn Schopenhauers Betragen gegen mich zu auffallend war, als daß seine Erklärung sie hätte überraschen können.
Sein stets gleiches, rechtliches Betragen, seine warme Freiheitsliebe, seine ausgebreiteten merkantilischen Kenntnisse neben der ungewöhnlichen geistigen Bildung, die er während seines mehrere Jahre währenden Aufenthalts im Auslande, besonders in Frankreich und England, sich erworben, hatten die Liebe und das Vertrauen seiner Mitbürger in hohem Grade ihm gewonnen; ich durfte stolz darauf sein, diesem Manne anzugehören, und war es auch.
Glühende Liebe heuchelte ich ihm ebensowenig, als er Anspruch darauf machte, aber wir fühlten beide, wie er mit jedem Tage mir werter wurde. An das bedeutende Mißverhältnis zwischen achtunddreißig und achtzehn dachte ich kaum; es konnte keineswegs mir störend auffallen, war doch auch mein Vater fünfzehn Jahre älter als meine Mutter.
Mein Brautstand währte nur wenige Wochen; vom 10. April bis zum 16. Mai ist eine gar kurze Zeit; viele meines Geschlechts achten die Brauttage für die glücklichsten ihres Lebens; mir waren sie es nicht, obgleich ich gegen das Gefühl, sowohl in der Familie als in der Gesellschaft plötzlich eine Hauptperson geworden zu sein, nicht ganz gleichgültig bleiben konnte. Auch mag ich nicht leugnen, daß die geschmackvollen und zum Teil sehr kostbaren Geschenke mich freuten, mit welchen mich, die auch in dieser Hinsicht an Mäßigkeit gewöhnte, mein Bräutigam verschwenderisch überhäufte; das liebste von allen war mir immer der aus den seltensten und duftendsten Blumen zusammengesetzte Strauß, der morgens mein Erwachen begrüßte. Sonntag und bei großen festlichen Gelegenheiten war ein solcher Strauß ein althergebrachter Tribut, den jede Braut zu erhalten erwarten durfte; ich erhielt den meinigen alle Tage, weil mein Bräutigam behauptete, daß jetzt in seinem Kalender lauter Sonntage ständen."
(*Schopenhauer, Johanna (geb. Trosiener)* (1766-1838), 1986, 176-178)

Jeder Einzelfall ist völlig anders, das zeigt der Vergleich der Danziger und der Hamburger Kaufmannstochter ganz klar. Einmal das todunglückliche und sterbensverliebte Mädchen, das - jedenfalls aus heutiger Sicht - mit moralischem Terror und psychischer Grausamkeit mit einem ungeliebten Manne verkuppelt wird, einmal das kühle und nüchterne junge Ding (nach der ersten Enttäuschung romantischer Jugendliebe!), das mit klarem Verstande und kühler Berechnung der glänzenden Partie mit einem reichen und doppelt so alten "Promi" zustimmt - und das ganz ohne elterlichen Zwang.
Natürlich trägt die andere Sprache, in der das erzählt wird, zum günstigeren Eindruck entscheidend bei. Der lockere Plauderton eines "Salons" ersetzt den aufwühlenden Aufschrei eines "Bekenntnisses". Doch darf man sich nicht täuschen lassen: von leidenschaftlicher Liebe kann - auf beiden Seiten - keine Rede sein. Es geht ums Haushalten, ums Repräsentieren, ums Zusammenleben, sicherlich auch um standesgemäße Kinder, also um die Weiterführung der Familie. Im übrigen ist nicht alles Gold, was glänzt. Heinrich Floris Schopenhauer verlor seine Vaterstadt, dann große Teile seines Vermögens; schließlich - alt und krank - nahm er sich das Leben; Johanna blieb mit den Kindern, Arthur und Adele, zurück.
Mit dem berühmten Sohn (dem frauenfeindlichen Philosophen) war sie zeitlebens überworfen, die Tochter konnte - weil vermögenslos - nicht heiraten. Die Mutter hielt - in Weimar - ihren von Goethe hoch geschätzten und oft besuchten Salon und verfaßte erfolgreiche Reiseberichte und Feuilletons. In ihrer Schriftstellerei vertritt sie natürlich nicht mehr die Konvenienzehe ihrer Herkunft und Biografie, sondern das neue romantische Eheideal der Seelenverwandtschaft, ohne allerdings sich selbst zu desavouieren. Gerade deshalb ist der Quellenbeleg so klar und so wertvoll.

6.2.4 Zwei vielbeschäftigte Ärzte in Residenzen

Q 5. "So bestätigte sich die treffliche Maxime Goethes, daß man die Menschen, bei denen man etwas gegen ihre Absicht durchsetzen will, nehmen müsse, wie sie sein sollen, nicht wie sie sind, auch bei mir. Wider seinen Willen wurde der Geheimerat für mich gestimmt. Wenige Tage nach dieser Audienz erhielt ich das Anstellungsdekret als erster Physikus in Ludwigsburg, und an meine Stelle trat der von einer andern Seite her begünstigte und empfohlene Sohn des verstorbenen Hofmedikus Mörike, wodurch der Geheimerat ohne Zweifel noch mehr zu meinen Gunsten gestimmt worden war.
Schon als zweiter Physikus war ich bereits verheuratet, und meine Verheuratung fiel gerade in die Zeit, wo Seubert zum ersten Physikus ernannt worden ist. Wäre ich noch unverheuratet gewesen, so hätte ich wohl sehr klug gehandelt, wenn ich mich um die Hand seiner ältesten Tochter, eines schönen und geistreichen Mädchens, beworben hätte. Allein ich wollte keine Frau, der ich mehr als sie mir zu danken gehabt hätte, und eben darum wählte ich mir auch kein Mädchen aus den einflußreichen Familien der Stadt, ungeachtet ich hier ebensowenig einen Korb hätte fürchten müssen als von der Tochter Seuberts. Das Mädchen, welches ich mir zur Braut wählte, war die Tochter des Hofapothekers Bischoff in Ludwigs-

burg, ohne großes Vermögen, ganz einfach erzogen, aber ein Mädchen von Geist, ebenso liebenswürdig als schön. Sie war erst siebenzehn Jahr alt, als ich sie heuratete, und wer mich vorzüglich auf ihre vielseitigen Vorzüge aufmerksam machte, war mein Freund Pauly, welcher sich selbst bereits um sie bewarb, allein weil er keine Aussicht auf eine baldige Anstellung als Geistlicher hatte, seine Bewerbung freiwillig aufgab und um so weniger scheel dazusah, daß ich an seine Stelle trat, da er ihr Herz für sich zu gewinnen wenig Hoffnung hatte. So aufmerksam auf sie gemacht, suchte ich nun näher mit ihr bekannt zu werden, kam öfter, um sie zu sehen, in die Apotheke, wurde bald bekannter und vertrauter mit ihr, das Wohlgefallen an ihr ging in Liebe über, und nachdem ich an ihrer Gegenliebe nicht mehr zweifeln konnte, bat ich sie um ihre Hand, die Eltern um ihre Einwilligung, und nach Verfluß weniger Wochen nach der Verlobung traten wir an den Altar.
War meine schöne junge Frau schon als Mädchen geistreich und liebenswürdig, so entwickelte sich ihr Geist und ihr schöner Charakter immer mehr. Als Hausfrau trieb sie ihr Hauswesen mit ebensoviel Fleiß und Ernst als Klugheit und Verstand. Ohne geizig zu sein, war sie sparsam, wohltätig, ohne zu verschwenden, in allen ihren Handlungen besonnen, einfach in ihrem Betragen wie in ihrem Anzug wohlwollend und dienstfertig gegen jedermann, versöhnlich, wenn sie beleidigt wurde, und stets bereit, Frieden zu stiften, wenn sich unter ihren Bekannten Mißhelligkeiten entsponnen hatten, eine echte Freundin ihrer Freundinnen, eine treue und liebevolle Gattin, eine zärtliche sorgsame Mutter ihrer Kinder bis zu ihrem Tode. Da zur damaligen Zeit die Töchter bürgerlicher Familien, der wahren Bestimmung des weiblichen Geschlechts gemäß, bloß zu tüchtigen Hausfrauen und sorgsamen Müttern, nicht zu Kunststickerinnen, Malerinnen, Musikantinnen oder gar zu gelehrten Weibern erzogen wurden, so war dies auch der Fall mit meiner Frau. Sie hatte nichts als Lesen, Schreiben, Rechnen und einen korrekten Brief schreiben gelernt, aber sie verstand das Kochen, Backen, das Waschen, das Bügeln, das Stricken und Nähen und überhaupt alle weiblichen Arbeiten vollkommen. Indessen begnügte sie sich damit nicht; sie wollte auch geistig beschäftigt sein, sie wollte ihren Geist durch Lesen guter, für ihr Geschlecht tauglicher Bücher ausbilden, sie wollte auch Französisch lernen usw. Ich half ihr dazu, soviel ich vermochte, aber das Hauptverdienst um sie hatte in dieser Beziehung mein Freund Stoll. Nicht nur war er ihr Lehrer im Französischen, sondern als vieljähriger Erzieher auf weiblicher Personen war er ihr auch zu ihrer geistigen Ausbildung überhaupt auf alle Weise förderlich. So wurde sie, wie sie eine vorzügliche Hausfrau war, auch eine im hohen Grade geistig gebildete Frau, und um dieses doppelten Vorzugs willen war sie auch von jedermann, der sie näher kennenlernte, selbst von Männern wie Schiller, ebenso verehrt als wegen ihres edeln und liebenswürdigen Charakters geschätzt und geliebt. - Als Zögling der Akademie mußte ich zu meiner Verheuratung die Erlaubnis von dem Herzog nachsuchen. Mit der erteilten Erlaubnis erhielt ich auch zugleich den Charakter als herzoglicher Hofmedikus, gleichsam zum Hochzeitgeschenk, und das nächste Mal, als der Herzog das militärische Waisenhaus besuchte, wurde ihm und der Frau Herzogin auf ihr Verlangen meine Frau von mir vorgestellt und von beiden auf das gnädigste behandelt."
(Hoven, Friedrich Wilhelm v. (1759-1838), 1984, 97-99)

Diese etwas selbstgerechte Darstellung liest man nicht ohne Unbehagen. Man kann sich kaum vorstellen, daß dieser berechnende, pedantische Geselle ein enger Jugendfreund des revolutionären Feuerkopfes und Freiheitsdichters *Friedrich Schiller* gewesen ist. Da schlägt denn doch die schwäbische Sparsamkeit und das Sicherheitsdenken durch (der württembergische Hof residiert in Ludwigsburg bei Stuttgart). Wie stolz ist der Autor, daß er keine Konventionsehe mit der Tochter des Vorgängers ein-

geht (es wäre gute zünftlerische Tradition, Witwe oder Tochter des Vorgängers zu ehelichen). Aber man hätte weit gefehlt, wenn man daraus auf eine "moderne" Liebesheirat aus Leidenschaft schließen wollte.
Im Gegenteil: Hier sichert sich der Arzt einfach den Zugang zur Apotheke. Wichtig ist vor allem das jüngere Alter und die bildungsmäßige Unterlegenheit (das garantiert die familiäre Hierarchie). Selbst die vormoderne Emanzipation der bürgerlichen Frau wird abgelehnt, weil sie nur die Arbeitskraft herabsetzt. Die tüchtige Haushälterin ist da mindestens so wichtig wie die romantische Geliebte oder gar die kunstbegeisterte Muse. Das ist ein ziemlich patriarchalischer Pascha (was das behauptete Glück der Verbindung natürlich nicht ausschließt: *Kluge Frauen wissen sich damals - und heute? - in vieles zu schicken*).
Dennoch hält man an einer Stelle den Atem besonders an: Nicht einmal selbst entdeckt hat der Pedant das entzückende - noch minderjährige - Apothekerstöchterchen. Auch das hat ein Freund für ihn getan, der - weil selbst noch zu weit von einer "Nahrung" - dem Freund die Geliebte abtritt. Das hatten wir doch schon beim Freiherrn von Spiegel - nur etwas überzeugender. Eine Siebzehnjährige hätte ja allemal noch fünf Jahre auf die große Liebe warten können; erst ab 22 oder 25 Jahren sank der Kurswert einer unverheirateten Frau. Und der künftige Pfarrer hätte für seine Liebe kämpfen können; aber das tat man damals nicht, denn es galt nicht als *vernünftig*.
Hoven gebrauchte für seine Werbung klassische Formeln, die den Konvenienzcharakter auch dieser Ehe unverkennbar machen: "*(...) das Wohlgefallen an ihr ging in Liebe über, und nachdem ich an ihrer Gegenliebe nicht mehr zweifeln konnte, bat ich sie um ihre Hand, die Eltern um ihre Einwilligung, und nach Verfluß weniger Wochen nach der Verlobung traten wir an den Altar.*" Die Liebe folgt der Heiratsentscheidung mehr, als daß sie ihr vorausgeht; die vernünftige und strategische Überlegung - meist unter Einbezug der Familien und der Freunde beider Seiten - steht am Anfang. So auch beim populären Berliner Armenarzt Heim:

Q 6. "Im April 1778 starb mein innigstens geliebter Freund der Prof. Muzell. Während seine hinterlaßenen Kranken und selbst sein H. Vater wünschten, daß ich nach Berlin kommen und Spandau verlaßen möchte, allein das freye und zwanglose Leben so ich hier führte, die gute Gesinnung, die sowohl die Stadt als auch das Land für mich hatten, bestimmten mich hier zu bleiben.
Troz dem daß ich gleich nach dem Tode meines Freundes nicht nach Berlin gieng, so war ich doch entschloßen, Spandau einmal zu verlaßen und in Berlin den Rest meines Lebens zu zubringen. Mit diesem Entschluss war auch das verbunden mich nicht zu verheyrathen. In Spandau wo ich ganz arm hinkam, konnte ich nie reich werden, sondern bloß ohne Sorgen leben. - In Berlin glaubte ich nie ein wohlhabender Mann zu werden. Und im Fall dies wurde, so war mein Vorsaz, mir einen gelerten, und in praxi doch nicht ganz unerfahrenen Arzt zu halten, dem ich jährlich 4. bis 5. ja wohl 6000 Rth. wenn er verheyrathet und Familie hätte zu geben. Sein Geschäft für mich sollte seyn, daß er Bücher aus denen ich etwas wissen

wollte für mich lesen, und mir den Inhalt davon mittheilen sollte. Hätte ich eine mir noch unbekannte Beobachtung gemacht, in Büchern wozu ihm eine große Sammlung zu Dienste gestanden hätte, nachzusehen, ob schon jemand vor mir eine gleiche Beobachtung gemacht hätte, wo nicht diese genau niederzuschreiben. Wichtige Krankheiten mit mir zugleich zu untersuchen, und genau auf alles Acht zu geben, ob ich seiner Meinung nach die Krankheit richtig erkenne? und auch die paßenden Mittel dabei gebrauche? Hätte ich von einem und dem selbsten Gegenstand mehrere Beobachtungen gemacht, diese als Erfahrung nieder zu schreiben. Kurz da ich mir bewusst war, bei der ausgebreiteten praxis die ich hatte und aller Wahrscheinlichkeit nach, immer haben wurde daß ich mich mit Bücherlesen, noch mit Aufzeichnen alles deßen, was ich fast täglich zu bemerken Gelegenheit hatte, nicht befaßen könne; so sollt ein solcher Arzt alles das Leisten, was ich selbst nicht die mindeste Muse habe. Täglich hätte ich mich mit einem so gelerten Arzt unterhalten und zu unserem beiderseitigen Nuzzen recht oft andere geschikte und kenntnißreiche Aerzte in unsere Gesellschaft gezogen, wobei ich es auch an einem guten Tisch nicht wurde haben fehlen laßen. Die Folge hat gelehrt, daß dieser Vorsaz keine bloße Träumerey gewesen, und ich ihn in Berlin recht gut hätte ausführen können.

Allein im Rath des Himmels war es anders beschloßen. Ich lernte die älteste Tochter des CommerzienRath Maekers allhier auf eine so vortheilhafte Seite kennen, daß es mir wohl in den Sinn kam sie mir zur Frau zu wünschen. Nun fügte es sich daß just um diese Zeit einer meiner Brüder der HofAdvocat aus Meiningen zu mir nach Spandau kam, und sich mehrere Wochen lang bei mir aufhilt. Dieser bestand darauf nicht im Ehelosen Leben das meinige zu beschließen. Nachdem er selbst fast alle Mädchen der Stadt, die sich für mich zur Frau paßen könnten, kennen gelernt hatte, gefiel ihm keine besser, ja er war entzükt wenn er sie sah als eben die Mamsell Lotte Maeker, die mir gleichfalls besser als andere gefiel, und der ich schon früher meine HerzensMeinung zu erkennen gegeben haben würde, hätte mich mein Vorsaz mit dem gelerten Arzt nicht davon abgehalten. Denn diesen mochte ich nicht gerne aufgeben. Mein Bruder machte aber eine Menge Einwürfe gegen diesen Vorsaz - und so hilt ich im August 1779 um Mamsell Maeker an, und bekam auch das Jawort von ihr.

Nun wollte ich mir meine Herzensgute Lotte auch sobald als möglich antrauen laßen, welches auch ohne Umstände geschehen konnte, da ich schon eine fast complete eingerichtete Wirthschaft hatte, allein ich bekam die Ruhr, an der ich an 3 Monate lang kank lag - und meine Hochzeit erst im folgenden Jahr nemlich den 27. März 1780 stattfinden konnte. (...)

Als ich um meine Frau anhilt, und sie mir das Jawort gab, sagte ich ihr, aber Mamsell wenn sie die Meinige werden wollen, so müssen sie keinen Caffée trinken, weil ich damals glaubte, daß wenn wir Kinder bekommen sollten, dieser den Kindern nachtheilig sey. Wollen Sie Coffée doch trinken, so heyrathe ich Sie lieber gar nicht. Ich rauche gern Tobak - wo Ihnen dieses zuwider, so rauche ich nicht mehr. Nun sagte sie Sie mögen zu rauchen fortfahren - ich trinke von heutigen Tag an keinen Coffée mehr. Nach 10 Monaten unserer Verheyrathung kam meine Frau mit einem Sohn in die Wehen. Das Kind starb bald nach seiner Geburt, und meine liebe Frau bekam heftiges Kindbettfieber, so daß ich um ihr Leben in großer Sorge war. Das Fieber war heftig und die Nächte schlaflos. In der 4ten Woche nach ihrer Niederkunft kam ich eines Nachmittags zu ihr, und fand sie weinend. Ich frug nach der Ursache warum sie weinte, sie antwortete mir, dies könne sie mir nicht sagen. Sind deine Eltern, oder eine von den Domestiquen oder vielleicht ich selbst die Ursache des Weinens, frug ich? Nein, nein, aber ich unterstehe mich nicht es Dir zu sagen, sagte sie mit beklommenen Herzen - ach ich habe schon seit mehreren Tagen ein so heftiges Verlangen eine Tasse Coffée zu trinken, aber ich habe mich nicht unterstehen können dich darum zu bitten. Ich konnte mich vor Rührung der Thränen bei diesem Geständniß nicht enthalten, ließ ihr sogleich Caffée zu trinken geben, die Nacht darauf schlief sie gut und den folgenden Tag hatte sie noch die nämliche Sehnsucht nach Caffée und nachdem sie

10 Monate keinen Caffée getrunken hatte, trank sie nun täglich Caffée und trinkt ihn noch bis auf den heutigen Tag. Kaum hatte sich meine Frau erholt so wurde sie wieder schwanger, und kam im März 1782 glüklich nieder. Zu Anfang des Jahres 1783 befand sie sich wieder in anderen Umständen. -"
(*Heim, Ernst Ludwig* (1747-1834), 1989, 267f., 270)

Wer - wie Dr. Heim - eigentlich gar nicht zu heiraten beschließt, um ganz der Wissenschaft zu leben, der kann nicht besonders leidenschaftlich entflammt sein. Dabei wird diese Entscheidung zu einem Zeitpunkt getroffen, als die Überlegenheit der Mamsell Lotte Maeker über alle anderen Mädchen der Stadt durchaus schon bekannt ist. Die Sinnesänderung Heims wiederum wird nicht durch einen neuen Anfall von Verliebtheit bewirkt, sondern durch den Rat eines älteren Verwandten und eine Änderung der Berufspläne, also eine neue Priorität bei rationalen Überlegungen zur Biografie. Die Anekdote über das Verbot des Kaffeetrinkens ist gewiß witzig, doch auch entlarvend: Der junge Dr. Heim (der alt Gewordene erzählt das mit Distanz und Humor) war offenkundig eine Art aufklärerischer Pedant - und gar kein zärtlich schmelzender Liebhaber.

Fast glaubt man, diese Geschichte schon gelesen zu haben: Wichtig ist vor allem, daß solche Parallelfälle den Eindruck verscheuchen, es nur mit seltenen Einzelbeispielen zu tun zu haben. Die Heirat ist keine Funktion der vorher ausgebrochenen Leidenschaft, sondern die Zuneigung eine Folge der hinterher entstehenden Vertrautheit, der Erinnerung an gemeinsame Erlebnisse und Krisen. Verheiratet sein ist in vielen gesellschaftlichen und beruflichen Funktionen schlicht nötig (zwar weniger für einen privatisierenden Wissenschaftler, aber durchaus für einen praktizierenden Mediziner); ohne Meisterin darf auch ein Handwerker keine Lehrlinge und Gesellen in seinem Hause wohnen haben. Ehestand ist eine soziale Tatsache, keine affektive.

6.2.5 Zwei arme Schlucker vom Süden und Norden

Q 7. "*LX Heurathsgedanken (1758)*
Schon im vorigen Jahr geriet ich bei meinem Herumpatrouilieren hie und da an eine sogenannte Schöne; und es gab deren nicht wenig, die mir herzlich gut waren, aber meist ohne Vermögen. Ich nichts, sie nichts, dacht ich dann, ist doch auch zuwenig; denn so unbedachtsam war ich doch nicht mehr wie im zwanzigsten. Auch sprach der Vater immer zu uns: "Buben! Seid doch nicht so wohlfeil. Seht euch wohl vor. Ich will's euch zwar nicht wehren, aber werft den Bengel nur ein bißlin hoch, er fällt schon von selbst wieder tief; in diesem Punkt darf sich einer alleweil was Rechtes einbilden." Nun, das war schön und gut; aber es muß einer denn doch durch, wo's ihm geschaufelt ist. Gleichwohl dacht ich, etwas zu erhaschen, und glaubte mich eigentlich zum Ehestand bestimmt, sonst wär ich um diese Zeit sicher in die weite Welt gegangen. Inzwischen war, aller meiner obenbelobten Bedächtlichkeit unbeachtet, der Geiz wirklich nicht meine Sache. Ein Mädchen, ganz nach meinem Herzen, hätt ich nackend genommen. Aber da leuchtete mir eben keine vollkommen recht ein wie weiland mein Ännchen. Mit einem gewissen Lieschen von K. war ich ein paarmal auf dem Sprung. Erst mach-

te das Ding Bedenklichkeiten, nachwärts bot es sich selber an. Aber eine Neigung zu ihr war zu schwach; und doch glaub ich nicht, daß ich unglücklich mit ihr gefahren wäre. Aber zu stockig ist zu stockig. Bald darauf kam ich fast ohne mein Wissen und Willen mit der Tochter einer katholischen Witwe in einen Handel, welcher ziemliches Aufsehen machte, obschon ich nur ein paarmal mit ihr spazierengegangen und ein Glas Wein mit ihr getrunken u. dgl., alles ohne sonderliche Absicht und vornehmlich ohne sonderliche Liebe. Aber da blies man meinem Vater ein, ich wolle katholisch, und Marianchens Mutter, sie wolle reformiert werden; und doch hatte keins von uns nur nicht an den Glauben, geschweige an eine Änderung desselben gedacht. Das arme Ding kam wirklich darüber in eine Art geheimer Inquisition von Geist- und Weltlichen, erzählte mir dann alles haarklein, und ihr ward himmelangst. Ich hingegen lachte im Herzen des dummen Lärms, um so vielmehr, da mein Vater solider zu Werk ging, mich zwar freundernstlich examinierte, aber mir dann auch auf mein Wort glaubte, da ich ihm sagte, daß ich so steif und fest auf meinem Bekenntnis leben und sterben wollte als Lutherus oder unsre Landskraft Zwinglin. Inzwischen wurde die Sach doch auf Marianchens Seite ernsthafter, als ich glaubte. Das gute Kind ward so vernarrt in mich wie ein Kätzchen und befeuchtete mich oft mit seinen Tränen. Ich glaube, das Närrchen wär mit mir ans End der Welt gelaufen; und wenn ihm schon sein mütterlicher Glaube sehr ans Herz gewachsen war, meint ich doch fast, ich hätt in der Waagschal überwogen. Auch setzte mir itzt das Mitleid fast mehr zu als je zuvor die Liebe. Und doch mußt ich, wenn ich alles und alles überdachte, durchaus allmählich abbrechen und tat es wirklich. Hier falle eine mitleidige Träne auf das Grab dieses armen Töchterchens! Es zehrte sich nach und nach ab und starb nach wenig Monaten im Frühling seines zarten Lebens. Gott verzeihe mir meine große, schwere Sünde, wenn ich je an diesem Tod einige Schuld trug. Und wie sollt ich mir dies verbergen wollen?

LXI Itzt wird's wohl ernst gelten

Indem ich so hin und wieder meinen Salpeter brannte, sah ich eines Tags ein Mädchen so mit einem Amazonengesicht vorbeigehn, das mir als einem alten Preußen nicht übel gefiel und das ich bald nachher auch in der Kirche bemerkte. Dieser fragte ich erst nur ganz verstohlen nach, und was ich von ihr vernahm, behagte mir ziemlich, einen Kapitalpunkt ausgenommen, daß es hieß, sie sei verzweifelt böse – doch im bessern Sinn. Und dann glaubten einige, sie habe schon einen Liebhaber. Nun, mit alledem, dacht ich, 's muß doch einmal gewagt sein! Ich sucht ihr also näherzukommen und mit ihr bekannt zu werden. Zu dem End kauft ich im Eggberg, wo meine Dulcinee daheim war, etwas Salpetererde und zugleich ihres Vaters Gaden, ihr zulieb viel zu teuer, denn es war fast verloren Geld; und schon bei diesem Handel merkt ich, daß sie gern den Herrn und Meister spiele, aber der Verstand, womit sie's tat, war mir denn doch nicht zuwider. Nun hatt ich alle Tag Gelegenheit, sie zu sehen; doch ließ ich ihr lange meine Absichten unentdeckt und dachte: Du mußt sie erst recht ausstudieren. Die Böse, wovon man mir soviel Wesens gemacht, konnt ich eben nicht an ihr finden. Aber der Henker hol ein lediges Mädchen aus! Meine Besuche wurden indessen immer häufiger. Endlich leert ich den Kram aus und gewahrte bald, daß ihr mein Antrag nicht unerwartet fiel. Dennoch hatte sie viele Bedenken, und ihr Ziel ging offenbar dahin, mich auf eine lange Probe zu setzen. Setz du nur! dacht ich, wanderte unterdessen mit meinem Salpeterplunder von einem Ort zum andern und machte noch mit verschiedenen andern Mädchen Bekanntschaft, welche mir, die Wahrheit zu gestehen, vielleicht ebenso gefielen, von denen aber denn doch keine so gut für mich zu taugen schien wie sie – aber endlich begriff, oder vielmehr gab mir's mein guter Genius ein, daß ich nicht bloß meiner Sinnlichkeit folgen sollte. Inzwischen setzte es itzt schon bald allemal, wenn ich meine Schöne sah, irgendeinen Strauß oder Wortwechsel ab, aus denen ich leicht wahrnehmen konnte, daß unsre Seelen eben nicht gleichgestimmt waren; aber selbst diese Disharmonie war mir nicht zuwider, und ich bestärkte mich immer mehr in einer gewissen Überzeugung: Diese Person wird dein Nutzen sein - wie die Arztnei dem Kranken. Einst ließ sie sich gegen mir heraus, daß ihr meine dreckdigte Hantierung mit dem Salpetersieden gar nicht gefalle, und mir war's selber so. Sie riet mir darum, ein kleines Händelchen mit Baumwollengarn anzufangen, wie's ihr Schwager W. getan, dem's auch nicht übel gelungen. Das leuchtete mir so ziemlich ein. Aber wo 's Geld hernehmen? war meine erste und letzte Frage. Sie gab mir wohl etwas an, aber das kleckte nicht. Nun ging ich mit meinem Vater zu Rat; der hatte ebenfalls nichts dawider und verschaffte mir 100 fl., die er noch von der Mutter zu beziehen hatte. (...)

LXIII Das allerwichtigste Jahr
(...) Inzwischen war ich nun schon beinahe vier Jahre lang einem stettigen Mädchen nachgelaufen und sie mir, doch etwas minder. Und wenn wir uns nicht sehen konnten, mußten bald alle Tage gebundene und ungebundene Briefe gewechselt sein, wie mich denn über diesen Punkt meine verschmitzte Dulcinee meisterlich zu betriegen wußte. Sie schrieb mir nämlich ihre Briefe meist in Versen, so nett, daß sie mich darin übertraf. Ich hatte darum eine große Freude mit dem gelehrten Ding und glaubte bald eine vortreffliche Dichterin an ihr zu haben. Aber am End kam's heraus, daß sie weder schreiben noch Geschriebenes lesen konnte, sondern alles durch einen vertrauten Nachbar verrichten ließ. "Nun, Schatz!" ich eines Tags, "itzt ist unser Haus fertig, und ich muß doch einmal wissen, woran ich bin." Sie brachte noch einen ganzen Plunder von Entschuldigungen herfür. Zuletzt wurden wir darüber einig: Ich müss ihr noch Zeit lassen bis im Herbst. Endlich ward im Oktober unsre Hochzeit öffentlich verkündet. Itzt (so schwer war's kaum, Rom zu bauen) spielte mir ein niederträchtiger Kerl noch den Streich, daß er im Namen seines Bruders, der in piemontesischen Diensten stand, Ansprachen auf meine Braut machte, die aber bald vor ungültig erkannt wurden. An Allerseelen-Tag (3. Nov.) wurden wir kopuliert. Herr Pfarrer Seelmatter hielt uns eine schöne Sermon und knüpfte uns zusammen. So nahm meine Freiheit ein Ende und das Zanken gleich den ersten Tag seinen Anfang - und währt noch bis auf den heutigen. Ich sollte mich unterwerfen und wollte nicht und will's noch itzt nicht. Sie sollt es auch und will's noch viel minder. Auch darf ich noch einmal nicht verhehlen, daß mich eigentlich bloß politische Absichten zu meiner Heurat bewogen haben und ich nie jene zärtliche Neigung zu ihr verspürt, die man Liebe zu nennen gewohnt ist. Aber das erkannt ich wohl und war davon überzeugt und bin es noch in der gegenwärtigen Stunde, daß sie für meine Umstände unter allen, die ich bekommen hätte, weit, weit die tauglichste war. Meine Vernunft sieht es ein, daß mir keine nützlicher sein konnte, sosehr sich auch ein gewisser Mutwill gegen diese ernste Hofmeisterin sträuben will; und kurz, sosehr mir die einte Seite meiner treue Hälfte itzt noch bisweilen widrig ist, so aufrichtig ehr ich ihre andre schöne Seite im stillen. Wenn also meine Ehe schon nicht unter die glücklichsten gehört, so gehört sie doch gewiß auch nicht unter die unglücklichen, sondern wenigstens unter die halbglücklichen, und sie wird mich niemals gereuen. Mein Bruder Jakob hatte ein Jahr vor mir und meine älteste Schwester ein Jahr nach mir sich verheuratet, und keins von beiden traf's noch so gut wie ich. Nicht zu gedenken, daß die Familie meiner Frau weit besser war als die, worein gedachte meine beide Geschwisterte sich hineingemannet und -geweibet, sind die andern auch immer ärmer geblieben. Bruder Jakob zumal mußte in den teuern siebenziger Jahren vollends von Weib und Kindern weg in den Krieg laufen.(...)
- Meinem Weib hab ich nie Unrecht getan; es müßte denn das Unrecht heißen, daß ich mich nie ihr untertan machen wollte. Nie hab ich mich an ihr vergriffen, und wenn sie mich auch aufs Äußerste brachte, so nahm ich lieber den Weiten. Herzlich gern hätt ich ihr alles ersinnliche Vergnügen gemacht und ihr, was sie nur immer gelüstete, zukommen lassen. Aber von meiner Hand war ihr niemals nichts recht; es fehlte immer an einem Zipfel. Ich ließ darum zuletzt das Kramen und Laufen bleiben. Da war's wieder nicht recht. - Auch meinen Kindern tat ich

nicht Unrecht; es müßte denn das Unrecht sein, daß ich ihnen nicht Schätze sammelte oder wenigstens meinem Geld nicht besser geschont habe. In den ersten Jahren meines Ehestands nahm ich mit ihnen eine scharfe Zucht vor die Hand. - Aber als itzt meine zwei Erstgebornen starben, macht ich mir Vorwürfe, ich sei nur zu streng mit ihnen umgegangen, obschon sie mir in der Seele lieb waren. Nun verfuhr ich mit den übriggebliebenen nur zu gelinde, schonte sie mit Arbeit und Schlägen, verschaffete ihnen allerhand Freuden und ließ ihnen zukommen, was nur immer in meinem Vermögen stand - bis ich anfing einzusehn, daß meines Weibs diesfällige Vorwürfe wirklich nicht unbegründet waren. Denn schon waren mir meine Jungen ziemlich über die Hand gewachsen, und ich mußte eine ganz andre Miene annehmen, wenn ich nur noch in etwas meine Autorität behaupten wollte. Aber die Leier meiner Frau konnt ich darum auch itzt noch unmöglich leiern, unmöglich stundenlang donnern und lamentieren, unmöglich viele hundert Weidsprüche und Lebensregeln, haltbare und unhaltbare, in die Kreuz und Quer ihnen vorschreiben; und wenn ich's je gekonnt hätte, sah ich die Folgen einer solchen Art Kinderzucht nur allzudeutlich ein: daß nämlich am End gar nichts getan und geachtet, aus Übel immer Ärger wird und das junge Füllen zuletzt anfängt, wild und taub hinten auszuschlagen. Ich begnügte mich also, ihnen meine Meinung immer mit wenigen Worten, aber im ernsten Tone zu sagen, und besonders nie früher, als es vonnöten war, und niemals bloße Kleinigkeiten zu ahnden. Mehrmals hatt ich schon eine lange Predigt studiert, aber immer war ich glücklich genug, sie noch zu rechter Zeit zu verschlucken, wenn ich die Sachen bei näherer Untersuchung so schlimm nicht fand, als ich es im ersten Ingrimm vermutet hatte.(...)"
(*Bräker, (Ulrich)* (1735-1798): Werke in einem Band; Berlin (Ost)/Weimar (Aufbau) 2. Aufl. 1966, 202-205, 211f., 264f.)

Die allermeisten autobiografischen Zeugnisse stammen aus "besseren Kreisen", genauer aus Oberschicht (Adel) und gehobener Mittelschicht (Kaufleute, akademische Berufe). Schon Handwerker sind überaus selten, Tagelöhner, Kleinbauern und Bediente fehlen praktisch völlig - und sogar Großbauern schreiben nicht. Die Unterständischen blieben häufig unverehelicht. Für etwa 95% der Bevölkerung haben wir - jedenfalls in der Textsorte *Autobiografie* - nur etwa 5% der Belege (deshalb wird hier vereinzelt auch auf Beispiele des frühen 19. Jahrhunderts ausgewichen!). Mit des Schweizers Ulrich Bräker ausführlicher Erzählung der Suche nach einer Partnerin im Überlebenskampf haben wir also einen ungewöhnlichen, mehrfachen Glücksfall, weil er nicht nur glänzend erzählt und viele konkrete Details berichtet, sondern auch allgemeine Erwägungen und Vergleiche anstellt, also ausdrücklich eine Art "Theorie" entfaltet.
Der allererste Eindruck ist die überwältigende Dominanz taktischer Überlegungen und ökonomischer Interessen. Hier sind die Verhältnisse so knapp, daß jeder und jede, die einfach nach ihrem Herzen, nach rascher Verliebtheit, entscheiden, rasch untergehen. Gerade hier dauern daher Anbahnung und Verlobung oft viele Jahre, was - im Vergleich zur kurzen und unsicheren Lebenszeit! - besonders verblüffend ist. Natürlich gilt das nur für die Eheschließung, nicht unbedingt für sexuelle Kontakte, die allerdings leicht Schwangerschaften zur Folge haben können. Leidenschaftliche Liebe tritt eher als Karikatur als als biografische Chance auf. Die Af-

färe mit Marianne ist deutlich genug; auch ohne die konfessionelle Schranke (wie am oberen Ende der Gesellschaft bei von Spiegel!) wäre daraus nichts geworden. *Wer wirklich seine Liebe zu leben versucht, stirbt bald an gebrochenem Herzen. Das ist eine eindeutige Botschaft!*
Ulrich Bräker stirbt nicht daran, er ist robust. Die Notwendigkeit sorgfältiger Wahl wird betont, aber die Gegenseite ist auch nicht dumm. Außerdem wird die Verbindung - auch aus wirtschaftlichen Gründen - lange hinausgeschoben. Das Heiratsalter lag in Alteuropa (bis 1800) spät, auch um die Kinderzahl einigermaßen zu begrenzen. Hier wird nicht familiäres Glück gefunden (Sexualität ist offenbar schon vorher abreagiert worden, und andere Frauen haben Bräker besser gefallen), sondern eine "Ehe-Kreuz" begonnen - mit ständigem Zank ab dem ersten Tag. Der Streit geht um die Führungsrolle; gerade die - vorher gesuchte - Tüchtigkeit und Unabhängigkeit der Frau löst die Konflikte aus. Bräker gesteht freimütig: *"Auch darf ich noch einmal nicht verhehlen, daß mich eigentlich bloß politische Absichten zu meiner Heurat bewogen haben und ich nie jene zärtliche Neigung zu ihr verspürt, die man Liebe zu nennen gewohnt ist."* Das ist die klassische Formel der Vernunft- und Konvenienzehe auch für die Unterschicht.
So wird die unerwartete Wendung eingeleitet: Bräker beklagt seine Ehe nicht und zieht die Heiratslogik nicht in Zweifel. Andere Ehen sind noch weit unglücklicher und leisten gerade das nicht, was ihm noch gelungen ist, eine gewisse wirtschaftliche Stabilisierung. Erst vor dem Hintergrund ständiger Sorge vor völliger Verarmung auch im Hause Bräker - ja vor dem Verhungern in Mißernte- und Teuerungsjahren - kann man das richtig einschätzen. Die Peitsche der Not (einschließlich der Todesfälle und Kinderkrankheiten) bestimmt das Leben der vorindustriellen Unterschichten absolut; das ist die große Mehrheit der Bevölkerung.
Wenigstens ein zweites Beispiel soll Formen der Berechnung und Planung von Ehen in den Unterschichten und die zerstörerische Wirkung des Mangels verdeutlichen. Diemal geht es ausnahmsweise - nur dieser Tatsache verdanken wir die autobiografische Erzählung - um einen studierten und gelehrten Mann, der aber durch Trunksucht und Leichtsinn weit heruntergekommen ist, den "Magister Laukhard". Als abgedankter Soldat, der gegen und für das revolutinäre Frankreich gekämpft hat, zieht er sich nach Halle (Saale) zurück.

Q 8. "Da ich einsah, daß bei einer unbestimmten schwankenden Lebensart auch der Charakter dessen, der diese Lebensart führt, unbestimmt und schwankend bleibt, ich aber des einen wie des andern längst überdrüssig bin, so machte ich endlich einen Plan, mich zu fixieren, und dadurch für meine künftige bessere Subsistenz zugleich mit zu sorgen. Ich ließ mir nämlich beigehen, ein Weib zu nehmen, und kalkulierte im voraus aus, daß ich dabei besser fahren würde, als bei meiner jetzigen isolierten Lebensart. Ich fand, daß ich von dem, was ich verdiene,

allerdings so gut mit einem Weibe leben könnte als mancher Perückenmacher, Schneider usw.
Daß mein Weib von niederem Stande sein sollte, versteht sich von selbst; denn eine Mamsell oder Madam, ich meine ein Frauenzimmer mit einem Federhut und Schleppkleid, würde allerdings drei ††† vor mir gemacht haben und ich desgleichen vor einer solchen. Denn so ein Wesen nur im baulichen Zustand zu erhalten, kostet mehr, als ich mir schmeicheln kann, jemals zu verdienen.
Da ich dachte, daß ich mein Projekt würde realisieren können, so fing ich im Ernst an, mit einem Mädchen so hin und her zu sprechen, das mir gefallen hatte. Wenn ich dies sage, so mögen meine Leser nicht denken, daß ich verliebt geworden sei, wie ehemals in meine mir noch immer teure Therese. Ich will nur soviel sagen, daß ich an dem Mädchen mein Behagen fand, daß mir ihr ganzes Wesen gefiel und daß ich sie besonders wegen ihres Fleißes, ihrer Eingezogenheit und ihrer witzigen Einfälle gut leiden konnte. Ihre Erziehung ging über ihren Stand, und da sie nicht in Halle erwachsen ist, so hat sie auch jene Fehler nicht, womit die Mädchen von Halle meist alle belastet sind.(...)
Einige Tage nach der Hochzeit fand ich schon, daß ich die Rechnung ohne den Wirt gemacht hatte. Meine Leser verstehen mich: der Mangel stellte sich bald in meiner Wirtschaft ein, und mein Hannchen forderte einmal acht Groschen von mir, als gerade noch zwei Groschen vier Pfennige in meinem Vermögen hatte. Ich gab dies wenige Geld hin; Hannchen lachte.
"Schäker!" sagte sie, "Rücke doch heraus!"
"Ich hab' nicht mehr, liebes Kind."
"Ach, gackele nicht, gib her, immer her!"
Große Not hatte ich, das gute Kind zu überzeugen, daß ich nichts mehr hatte, und zu dieser Überzeugung war eine Okularinspektion nötig. Hannchen wurde überführt, und weg war mit dieser traurigen Überzeugung ihre freundliche Miene.(...)
Daß es gleich von Anfang unseres Ehejochs oftmals zum Wortwechsel kam, versteht sich von selbst. Ich bin zwar von Natur nicht finster und rauh, noch weniger ist Grobheit und Impertinenz mein Laster - allein der Teufel bleibe gleichgültig, wenn einem unverdiente Vorwürfe gemacht werden oder wenn man Dinge von uns, und zwar mit Poltern, fordert, welche wir unmöglich leisten können.
So ging mir's: meine Frau fand alles nicht recht, was in unserer Wirtschaft war, und ich fand ganz natürlich auch vieles von dem nicht recht, was sie vornahm.(...)
Meine Vorstellungen, mein Zanken und Poltern half alles nichts; meine Frau verstand des aus dem Fundament, auf Vorstellungen zu replizieren, und ist eine Meisterin im Zanken und poltern. Meine Lage war nichts weniger als beneidenswert."
(*Laukhard, Friedrich Christian* (1757-1822), 1912, 471f., 1930, II, 340f., 342)

Diese Erzählung bedarf - angesichts ihres wohltuend direkten und volkstümlichen Tones - eigentlich keines ausführlichen Kommentars mehr. Beide Seiten haben sich leider einfach verrechnet und verplant; die wirtschaftliche - und insofern auch emotionale - Fehlkalkulation wird - in wenig feinen Formen - jeweils auf dem anderen ausgetragen. Vielleicht sollte hinzugefügt werden, daß Laukhard - als einer der ganz wenigen unter den Autobiografen des 18. Jahrhunderts - offenlegt, wie in der altständischen Gesellschaft sexuelle Bedürfnisse auch außerhalb von Ehen in kümmerlichen Formen ausgelebt werden konnten und wurden. Das galt - bei zwiefacher Doppelmoral zu ihren Lasten (*"Was beim Mann verzeihlich ist, darf die Frau keineswegs!"*, *"Ein Herr von Stande soll er sich bei einfachen Frauen die Hörner abstoßen!"*) - sogar für Frauen aus den Unterschichten.

6.2.6 Zwei vermögende Witwer aus Norddeutschland

[Q 9] "Da fiel mir's denn schwer und immer schwerer aufs Herz, daß ich so ganz abgesondert und verlassen in der Welt dastand. Ich zählte bereits 75 Jahre und in meinen Gedanken hatte ich meine Lebensrechnung sehr viel früher abgeschlossen. Was sollte mit mir werden, wenn Gott mich noch nicht wollte? wenn nun die unvermeidlichen Schwachheiten des Alters näher zutraten? wenn meine edleren Sinne mich verließen? wenn ich unvernehmlich und kindisch würde? - Mir grauste, wenn ich auf diese Weise in die Zukunft blickte! Meine Freunde, denen ich aus diesen Betrachtungen kein Geheimnis machte, rieten mir lachend, aber bald auch im wohlgemeinten Ernste, zuversichtlich noch einmal in den Glückstopf des Ehestandes zu greifen. Ich hingegen schüttelte mächtig den Kopf - ein Bräutigam mit drei Vierteln eines Säkulums auf dem Nacken! Überdies: Wer, der, wie ich, bereits zwei so böse Nieten aus jenem Topfe gezogen, hätte sich's wohl zugetraut, das dritte Mal mit dem großen Lose davonzugehen?
Dennoch war der Gedanke ein Feuerfunke in meine Seele, der unablässig darin fortglimmte und all mein Sinnen und Streben beschäftigte. Es ließ sich nicht leugnen, daß der Ruhe und dem Wohlsein meines Lebensabends nicht füglicher geraten werden konnte, als durch eine Gefährtin, die mir aus Güte und Wohlwollen die Pflege, welche ich aus bezahlter Hand nur widerwillig erhalten haben würde, mit unendlich treuerer Sorgfalt erwiese. Allein wie konnte und durfte ich Greis irgendwo erwarten, daß ein Frauenherz zu solchen Gesinnungen fähig, den eignen Anspruch ans Leben dergestalt verleugnen sollte, um es mit mir zu wagen? - Ich fing wiederum an, den Kopf noch mächtiger zu schütteln.
Da traten nun endlich meine Freunde im Ernste zu, und ihrem Rate, wie ihren Vorschlägen, danke ich's, daß nicht nur meine tausend Bedenklichkeiten besiegt, sondern auch die Einleitungen zur Verwirklichung meines Entschlusses aufs glücklichste getroffen wurden. Ihre Bemühungen führten mir eine würdige und erwünschte Gattin zu, die nicht nur den Pflichten einer Hausfrau im vollen Umfange zu genügen verstand, sondern die auch durch eine gute Erziehung, Milde der Gesinnung und reine Güte des Herzens mir in Wahrheit ein großes Los, wie ich es nimmer gehofft hätte, geworden ist. Tochter eines würdigen Landpredigers in der Uckermark, war sie zwar frühe Waise geworden, aber unter der Fürsorge liebreicher Verwandten hatten sich Herz und Geist bei ihr trefflich gebildet, und es fehlte ihr an keinem Bedingnis für die Bestimmung zu einem stillen bürgerlichen Leben und Wirken. Was ich damals schon mit völligster Überzeugung aussprach, das hat sich mir jetzt, nach beinahe zehn Jahren, noch wahrhafter erwiesen: Gerade so und nicht anders mußte mir der gnädige Gott eine Gefährtin zuweisen, wenn sie der Trost und die Stütze meines Alters sein sollte!
So ward ich denn im Jahre 1814 der glücklichste Ehegatte und bin es noch: allein was den Leser dieser Blätter vielleicht noch weit mehr überraschen wird, - ich ward gleich im nächsten Jahre auch *Vater*. Ein liebes Töchterchen war mir geboren, und lebt, wächst und gedeiht zu unserer herzinnigen Freude. Gleicht es einst der *Mutter*, wie ich mir das verspreche, an Sinn und Gemüt, so bleibt mir kaum noch etwas zu wünschen übrig. Was vom *Vater* auf sie vererben kann und auch vererben soll, ist freilich nicht viel; doch habe und hege ich nur meine Scheu vor Unrecht und meine es gut und redlich mit allen Menschen, so wird auch dieses geringe Erbteil ihr reichlich wuchern! - Ich nahm mir das Herz, Se. Majestät um die Übernahme der Patenstelle bei meinem Kinde zu ersuchen. Des Königs Gnade bewilligte nicht nur diese Bitte, sondern erlaubte dem Täufling auch in einer treuen Erinnerung, den Namen *Luise* zu führen."
(*Nettelbeck, Joachim* (1738-1824), 1919, 452-454)

Was da launig und naiv erzählt wird, ist eigentlich ziemlich starker Tabak. Ein 75-jähriger Greis sucht nach einer privaten Krankenpflegerin für den allerletzten Lebensabend. Er selbst hat heftige Bedenken dagegen, diese Aufgabe in der Form einer Ehe erledigen zu lassen. Aber die Freunde - immer wieder die Freunde! - setzen sich mit ihren durchaus rationalen Überlegungen durch. Natürlich findet sich auch eine - vermutlich nicht mehr ganz junge und sicherlich völlig vermögenslose - Frau aus gutbürgerlicher Familie (der frühverstorbene Vater ist Landpfarrer gewesen!), die ein solches - uns seltsam scheinendes - Verhältnis einzugehen bereit ist.

Die Kalkulation auf ihrer Seite ist ziemlich klar: Als nicht ganz arme Witwe wird sie in wenigen Jahren nicht großartig, aber ungleich besser dastehen als jede alte Jungfer. Wie das Leben so spielt, wird die Verbindung sogar - relativ - glücklich und erfolgreich. Sie ist noch mit einem Kind gesegnet, dessen Zukunft dank königlicher Gnade glänzend gesichert werden kann (Nettelbeck war eine Art Nationalheld aus den Napoleonischen Kriegen). Anders gesagt: Wo eine Liebesheirat völlig ausgeschlossen ist - und von beiden Seiten gar nicht behauptet wird -, bewährt sich der im gegenseitigen Interesse ausgehandelte Vertrag ziemlich gut. So läßt sich Leben ertragbarer machen, wenn jeder die Bedingungen einhält. Das gilt auch für den folgenden Fall:

[Q 10] *"Nach Berlin 1814.* Glücklich und im Triumphgefühl kehrten wir nach Berlin zurück, und ich trat mit neuem Mut und Kraft in meine früheren Verhältnisse: als Lehrer, als Ministerialrat, als Leibarzt und konsultierender Arzt. – Aber mein Herz war traurig. Ich hatte nun 7 Jahre als Witwer gelebt - glücklich hauptsächlich in dem Gefühl, meinen Kindern noch immer die reine Anhänglichkeit an ihre Mutter zu erhalten, die sie nur durch Krankheit von mir und sich getrennt glaubten, ohne dieses heilige Gefühl durch eine zweite Mutter zu stören. Ja, ich fühlte mich stark genug, allen Ansprüchen meines Herzens ferner zu entsagen und diese Witwerschaft noch fortzusetzen. Aber jene Trennung konnte ihnen in die Länge nicht verschwiegen bleiben, und überdies sah ich immer mehr ein, und der Aufenthalt in Schlesien hatte mich noch mehr davon überzeugt, daß Minna nicht Autorität genug hatte, die beiden Kinder, besonders Laura, für die Folge zu erziehen, ja, daß selbst ihre zu poetisch-philosophischen Grundsätze: z.B., daß die Kinder nicht unbedingt, sondern nur nach eigener Überzeugung gehorchen müßten u. dgl. der ganzen Erziehung eine nachteilige Richtung geben könnten. Überdies konnte ja auch sie mir leicht bald durch ein Ehebündnis geraubt werden.

Dies legte mir die Pflicht auf, für eine zweite Mutter zu sorgen - und die Folge war die zweite wichtigste Epoche meines häuslichen Lebens: meine zweite Verheiratung.

Die Wahl mußte mit Gott, Überlegung und besonders mit Rücksicht auf Minna und ihre persönliche Zuneigung zu der zu Wählenden, gemacht werden. - Ich fragte sie also, mit welcher Person unserer Bekanntschaft sie am liebsten vereint häuslich zusammenleben möchte, und sie nannte mir Helene *Troschel*, eine Verwandte und auch mir schon lange werte Freundin! Und so segnete Gott diesen Schritt. - Er schenkte mir in ihr eine fromme, treue, liebende Lebensgefährtin für mein Alter, eine verständige Mutter und Erzieherin meiner Kinder und eine Ordnung und Wirtschaftlichkeit übende Hausfrau, mit der ich nun 16 Jahre in ununterbrochener Liebe und Einigkeit verlebt, die mir die Freuden des Lebens erhöhte

und die Leiden treulich tragen half, ja ihr ganzes Dasein mir geweiht hat. - Hat sie nicht alle ihre Lieblingsfreuden: gesellschaftliche, Theater usw. aufgeopfert, um mit mir die Abende in der Stille zuzubringen und sie mir durch Vorlesen und Unterhaltung zu erheitern?, so daß wir uns immer auf diese Stunden freuten, und jeden Abend mit Dank gegen Gott zu Bett gingen.
Möge nach meinem Tode das Bewusstsein, mich glücklich gemacht und durch ihre Pflege mein Leben verlängert zu haben und in jener Welt Gott ihr dafür lohnen!"
(*Hufeland, Christoph Wilhelm* (1762-1836), 1937, 114-117)

Wiederverheiratungen auch ziemlich alter Witwer mit und ohne Kinder waren nicht die Ausnahme, sondern der Regelfall. Die damalige Hauswirtschaft - in weiten Teilen noch Selbstversorgung aus Garten, Feld und Weide, jedenfalls aber mit Haltbarmachen, Kochen, Waschen, Flicken, Putzen ungleich arbeitsreicher als heute - ließ kaum eine andere Wahl, soweit nicht die ältesten Töchter voll eingespannt werden konnten. Ein Haus ohne Hausfrau steuerte ziemlich direkt in die wirtschaftliche Katastrophe. Bei der Wahl konnte zarte Verliebtheit und erotische Anziehung nun wirklich keinen Ausschlag geben. Der Fall Hufeland ist auch deshalb typisch, weil erneut die Umgebung (diesmal die fast erwachsene Tochter Minna [Wilhelmine]) die Entscheidung trifft und weil erneut die Gebrechlichkeit des Mannes (Hufeland war schon auf einem Auge blind und wollte sich lieber vorlesen lassen als selbst lesen) zu beachten war. Das alles ist selbstverständlich und wird ganz gottergeben und leidenschaftslos verhandelt.
Vielleicht sollte man in diesen zahlreichen Fällen von einer wechselseitigen "Versorgungsheirat" sprechen. Die Männer hatten die "Nahrung" und boten ein Heim, ein Auskommen, einen Arbeitsplatz und eine soziale Aufwertung (unverheiratete Frauen galten wenig, ja als Belastung der Angehörigen!). Die Frauen versorgten die Kinder, das Haus, den Garten und den Kranken selbst. Daß es auch in umgekehrter Richtung ähnliche Fälle gab, ist bekannt: Gesellen kamen oft zur Meisterswürde, indem sie die - manchmal viel ältere - Witwe ihres Vorgängers heirateten. Natürlich folgte dem später vielfach eine Zweitehe mit einer weit jüngeren Frau. Selbst unter berühmten Künstlern kennen wir solche Beispiele.
Die Zeitgenossen - besonders die jungen Leute! - haben Ehen sehr verschiedenen Alters keineswegs gern gesehen, minderten sie doch die Heiratschancen anderer (nämlich Gleichaltriger). Spottgedichte, satirische Gemälde ("Ungleiches Paar") und unflätige Demonstrationen vor dem Haus ("Charivari", "Haberfeldtreiben" oder "Katzenmusik") waren üblich; sie änderten aber nichts an der Häufigkeit und der Rationalität solcher Verbindungen. Aus heutiger Sicht ist besonders wichtig, wie oft nicht das Mißlingen, sondern ein Gelingen der "Konvenienzehe", d.h. der leidenschaftslosen Kalkulationen gegenseitigen Vorteils, eintraf, und das sogar in krassen Fällen und bei großen Altersunterschieden.

6.3. Das Modell "Vernunft- und Versorgungsheirat" ("Konvenienzehe") - zwar "inhuman", aber "erfolgreich"?

Das Bild ist ziemlich klar. Wo immer wir hinschauen: statt Leidenschaft und Zuneigung vor der Ehe finden wir Überlegung, ja Berechnung einer sozialen und wirtschaftlichen Strategie. Eheschließung ist das Kernstück der "Politik" von den Fürsten bis zu den Bauern. Allenfalls die ganz Besitzlosen sind davon weitgehend ausgeschlossen. Man darf auch nicht vergessen, daß die Brautleute sich oft nur ausgesprochen kurz, flüchtig und oberflächlich kannten. Geworben wurde über große Entfernungen (Fürsten) oder nach wenigen formellen Besuchen (Bauern). Sympathie und Bindung entstanden eher nach als vor der "Kopulation". Gegenseitiges Vertrautsein und Vertrauen beruhten dann auf gemeinsamen Freuden (Zusammenleben, Feste und Kinder) und Leiden (Notzeiten, Krankheiten und Tod), auf erinnerter Biografie. Oft genug trennte das Sterben einer Seite die Ehen ziemlich bald.

Natürlich schließt dieser Mainstream der *rational kalkulierten Konvenienzehe* des späten 18. Jahrhunderts *heiße Leidenschaften mit Heiratsfolgen* nicht völlig aus. Schließlich handelt es sich um das galante Zeitalter des Rokoko. Junge Adlige spielen Schäfer und versuchen Bauernmädchen, Handwerkertöchter und auch adlige Standesgenossinnen anzuhimmeln, mit Komplimenten und Liebesschwüren zu überschütten und zu verführen; die ihrerseits sind vielfach auch weder prüde noch naiv. Aber das ist selbst mehr ein Gesellschaftsspiel, eine Konvention, als an Selbstverlust und Entrückung grenzende Liebessehnsucht. Gelegentlich gibt es verblüffende Beispiele fast spontaner Heiraten und merkwürdiger Bindungen über Standesschranken hinweg. Für Empfindsamkeit, Klassik und Romantik gilt das nicht weniger als für das Rokoko. Üblich bleibt die kalkulierte und politische Konventionsehe.

6.3.1 Kontroverse Einschätzungen

Das allgemein anerkannte Bild der vormodernen Heirat unabhängig von "Verliebtheit" und "Leidenschaft" ist jüngst heftig angegriffen worden. Leah Otis-Cour behauptet, *schon im Mittelalter* sei es die individuelle Zuneigung gewesen, die die Ehen ausgemacht habe. Und eben diese sei der Heirat vorausgegangen und nicht gefolgt. Andere Deutungen seien eine Projektion von heute aus.

Mat. 1. "Der Wertschätzung der Ehe als dauerhafter emotionaler Beziehung lag eine fundamentale Veränderung in der Art ihrer Entstehung zugrunde. Der freie Konsens der Partner sollte die einzige Basis der Eheschließung bilden. Diesem revolutionären Konzept leisteten Adels- und Patrizierfamilien lange Zeit Widerstand, hofften sie doch, mit Hilfe der Enterbungsbestimmungen die

Partnerwahl ihrer Kinder weiterhin diktieren zu können. Als jedoch die Liebesverbindungen und heimlichen Heiraten sogar in adligen und Herrscherfamilien um sich griffen, sahen sich auch die Eltern dieser Schichten zunehmend gezwungen, der "modernen" Mentalität der persönlichen Wahl Rechnung zu tragen.

Das tiefe Verlangen nach einer harmonischen Beziehung in der Ehe fand in der populären Literatur bereits früh im Thema der "mal mariée" Ausdruck, der jungen Frau, die gegen ihren Willen mit einem eifersüchtigen alten Mann verheiratet wird. Das Motiv blieb auch in der späteren "höfischen" Literatur ein vertrauter Topos. Die Literatur der "fin'amour" proklamiert keine Unvereinbarkeit von Liebe und Ehe (...) In Hülle und Fülle ist spätmittelalterliche Literatur überliefert, die Liebe und Ehe miteinander verbindet und zu erkennen gibt, daß der einzig wahre Ausdruck der Liebe in der Ehe zu finden sei. Held und Heldin werden als leidenschaftlich Verliebte "verheiratete Liebende"(...) So nimmt es nicht wunder, daß im Spätmittelalter auch Werke der didaktischen Literatur und Dichtung, die zum Lob der Ehe anhoben, die kluge Hausfrau priesen und die Ehe als vollkommene Freundschaft definierten, eine Blütezeit erlebten. Der "Rippentopos" wurde zum "Herztopos" erweitert - die Beziehung zwischen den beiden Partnern oder Verbündeten war nicht nur eine Beziehung der Gegenseitigkeit, sondern umfaßte auch tiefe, leidenschaftliche Zuneigung. Tagebücher und Briefe zeigen, daß sich Liebe und Gegenseitigkeit in Ehen des realen Lebens ebenso wie in literarischen Modellen fanden.

Der Gesamteindruck, der sich aus dieser Untersuchung ergibt, ist der einer erstaunlich "modernen" Gestaltung der mittelalterlichen Ehe. Viele der mit dem modernen Eheleben verbundenen Merkmale waren bereits im Mittelalter keimhaft oder sogar voll erblüht vorhanden. Die "Kameradschaftsehe" (...) galt schon im Mittelalter als Ideal und war gleichzeitig gelebte Realität(...) "
(*Otis-Cour* 2000,186f.)

Andererseits vertreten auch neuere Darstellungen des Alltags und des Frauenlebens in der Frühneuzeit (Münch 1992, van Dülmen 1990/92/94, Wunder 1992), ja *noch im ganzen 19. Jahrhundert*, durchaus die vertraute Deutung, so die umfangreiche Untersuchung von Olwen Hufton.

Mat. 2. "Wenn wir uns auch einer Entwicklung der Einstellungen auf der gedruckten Buchseite bewusst sind, sollte uns dies doch nicht zu der Ansicht verleiten, die Ehe im 16. Jahrhundert sei einzig und allein von den Eltern und die Ehe im 17. und 18. Jahrhundert einzig von den Jungen abhängig gewesen. Nach wie vor war Geld von Bedeutung. Für die großen Familien aller europäischen Länder bedeutete eine Eheschließung den Höhepunkt eines langen Prozesses, der die Bemühungen der Eltern, ihrer Familien, der ferneren Verwandtschaft, ihrer Freunde und der Braut und des Bräutigams einschloß. Je höher man auf der sozialen Leiter stand, um so mehr Leute waren eingebunden. Die Vermittlerdienste von Freunden und Verwandten nutzte man, um dem potentiellen Partner auf die richtige Weise vorgestellt zu werden und seinen ungefähren Wert herauszufinden. Die Meinung der Braut beziehungsweise des Bräutigams war also nur eine von vielen, wenn auch vielleicht die entscheidende.(...)

Die Quellen lassen also vermuten, daß in großen Teilen Europas bis zum 20. Jahrhundert das Vermögen die entscheidende Rolle dabei spielte, wer wen ehelichte. Für viele der Landlosen, die in Gebieten mit römischem Recht lebten, wo die Braut keine Mitgift erhielt, gab es keine formelle Eheschließung, jedoch waren freie Verbindungen offenbar nicht unüblich. Andererseits mußten vermögende Mädchen nie einen Gatten entbehren. Die Geldbörse triumphierte über das Herz.(...)

Es scheint üblich gewesen zu sein, daß ein Mann oder eine Frau vor Beginn der Werbung eine klare Vorstellung von den eigenen Lebensperspektiven hatte. Der zukünftige Ehemann mußte einen Bauernhof zu erwarten haben; der städtische Lehrling mußte warten, bis er seine Lehre abgeschlossen hatte; der Industriearbeiter mußte vielleicht Geld aufnehmen, um Maschinen zu kaufen oder Räumlichkeiten zu mieten. Doch hinderte das viele nicht daran, einen bestimmten Partner im Auge zu haben. Gewiß war es oft dem Zufall überlassen, wen man kennenlernte, aber die beiderseitigen Bekannten setzten sich dafür ein, weitere Begegnungen zwischen den jungen Leuten in einer Atmosphäre zu erleichtern, die zwar weniger förmlich war als in den oberen Schichten, aber doch an deren arrangierte Anlässe erinnerte.(...)
Sobald einmal das Geschäft der Partnersuche abgeschlossen und die Heirat in Sicht war, Vermögenswerte mobilisiert und Eheversprechen ausgetauscht waren, kannten alle die Solidität und die Perspektive des Paares. (...) Reichtum mag zwar weder Glück noch Befriedigung garantiert haben, aber die Armut schuf eine ganze Pandorabüchse voller Probleme, die auf lange Sicht die Lebensfähigkeit einer Verbindung bedrohen konnten." (*Hufton* 1998, 155f., 180f., 191)

Wenn man die Streitfrage entscheiden will, muß man wohl vor allem den Begriff "Liebe" differenzieren. Er ist zu unspezifisch, denn er kann intensives sexuelles Begehren, erotische Anziehung, tiefe Freundschaft, festes Vertrauen, begründete Hochachtung, selbstlose Treue, reibungslose Zusammenarbeit, aber eben auch leidenschaftliche, selbstvergessene Zuwendung bedeuten. In dieser letzten Bedeutung - jenem Unruhezustand, Außersichsein, Schweben, Entrücktsein, Sich-Verloren-Haben, das man "Verliebtheit" nennt - war Liebe sicherlich als Ehevoraussetzung und Ehegrundlage ausgesprochen selten - und auch ungeeignet. Häufiger kam sie - seit der Antike - in der Literatur vor und wurde dort meist als arge Geisteskrankheit angesehen. Damals - wie heute - pflegte gerade diese Form mit raschem Tode oder baldigem Abflauen zu enden. Und das war wohlbekannt.
Etwas ganz anderes sind natürlich die Vertrautheit und das Vertrauen, die durch langes Zusammenleben und Zusammenarbeiten wachsen. Wenn es aber genau auf diese spätere Bewährung im Alltag ankommt, dann hat man allen Grund, vorher sorgfältig zu wählen, Gleichheit der Ansprüche und Gegenseitigkeit der Gaben genau zu prüfen und den persönlichen Charakter penibel abzuschätzen. Das macht ein Ritual der Besprechungen und Beratungen mit Familie und Freunden geradezu zwingend, zumal wo die direkte Begegnung der beiden "Kandidaten" durch Moral und Sitte recht schmal und kurz bleibt. So gesehen, ist die These von Leah Otis-Cour nicht wirklich plausibel. Statt einer weiteren Theoriediskussion soll am Ende ein kleines Potpourri von Quellenzeugnissen stehen, die ein buntes Ineinander von Berechnung und Selbstlosigkeit, "Leidenschaft" und "Konvention", Hagestolzentum und Anhänglichkeit, Einigkeit und Zank usw. zeigen.

6.3.2 Männliche Erfahrungen in Stenogrammform

Die - durchweg ganz knappen - folgenden autobiografischen Zeugnisse des 18. Jahrhunderts (sie wären durchaus noch zu vermehren, gerade bei den Bauern ist aber bereits das frühe 19. Jahrhundert einbezogen) lassen sich systematisch auswerten:
- Inwieweit werden die obigen Beispiele (vgl. 2.) von *"Vernunft- und Versorgungsehen"* bzw. von *"rational kontrollierter Wahl des Liebes- und Ehepartners"* bestätigt oder widerlegt?
- Ergeben sich mehr Unterschiede oder mehr Gemeinsamkeiten zwischen den verschiedenen Ständen, Schichten und Berufsgruppen? Welche?
- Inwieweit lassen sich bestimmende Einflüsse der Familien (besonders der Eltern) und der Freunde/Freundinnen nachweisen? Welchen Altersabstand haben die Brautleute?
- Welche Rolle spielt jeweils das Vermögen, welche Tüchtigkeit und Charakter, welche das körperliche Aussehen und die persönliche Ausstrahlung?
- Welche Heiratspläne "scheitern" und woran? Lassen sich Unterschiede zu den "gelingenden" Projekten aufzeigen? Wie lange dauern Werbung und Verlobung?
- Wie sieht das idealtypische Grundmuster der vormodernen "Lebensplanung", "Heiratspolitik" und "Eheanbahnung" aus?

Q 11. Ein Hessischer Fürst: "Ich gab mein ewiges Jawort, die Ursache meiner späteren Schwächen und bittersten Nöte. (...) Ich müßte lügen, wenn ich sagen wollte, daß der Ehestand wahre Zärtlichkeit und unwandelbare Liebe zwischen uns erbracht hätte. Mißstimmungen trennten uns häufiger als Frohsinn uns vereinte, infolge der Unvereinbarkeit unserer Gemüter: Ich spürte mit Schrecken, daß wir in keiner Weise zueinander paßten. Aber was tun? Man mußte sich in Geduld üben." (*Wilhelm I von Hessen-Kassel* (1743-1821), 1996, 57)

Q 12. Ein Schleswigscher Bauer: "Doch tadelte ich diese Summe [600 Thaler Mitgift] nicht, sondern sprach: 'Tugend und Tätigkeit gefallen mir besser als größerer Reichtum.' (...) 'Noch ist mein Herz kalt, und wenn du mir nein sagst, so ist es Gottes Wille, daß wir nicht in den Ehestand treten.' (...) Und von dieser Stunde an schworen wir einander Treue. (...) Mein Herz war erweicht, daß ich meinen Schwiegereltern vor Tränen kaum den Trost zurücklassen konnte, daß ich gegen Christine liebreich und verträglich sein und bis an mein Ende bleiben wollte." (*Peter Hansen Breckenfeld* (1805-1881), 1992, 39-41)

Q 13. Ein Pfälzer Gelehrter: "War mir schon in meinem bisherigen Lebensgange das Glück nicht ganz abhold gewesen, so war es mir besonders günstig bei meiner Ehe. Ich erwarb eine Frau, welche mit den trefflichsten Eigenschaften des Geistes und Herzens und mit den Tugenden einer Hausfrau und Mutter die Liebe und Hingebung verband, die sie zur treuen Gefährtin bei allen Anliegen und Arbeiten des Mannes machten. Durch ihre rege, liebevolle Theilnahme und ihr feines Urtheil belebte und förderte sie meine literarische Thätigkeit und stärkte mein Selbstvertrauen." (*Georg Weber* (1808 - nach 1887), 1887, 229f.)

Q 14. Ein Schweizer Staatsmann: "Im Roman ist das Sichsuchen und Finden der Liebenden Würze und Kern; in Wirklichkeit aber, eine glückliche Ehe der schönste Roman. Wir atmen in einer neuen Welt, weil wir ein Doppelleben im eigenen Selbst empfangen. Das Einförmige der Tage löset sich in ein magisches, mildes Farbenspiel auf, worin das Gemeinste höhere Bedeutsamkeit annimmt. Ich will daher glauben, daß unglückliche Ehen Höllen auf Erden werden, weil glückliche ein Himmelreich sind. Jenes aber zu verhüten, schloß ich, in den ersten Stunden alleinigen Beisammenseins, mit dem jungen Weibchen, einen Ehevertrag, bessern Wertes als jeder gewöhnliche(...)" (*Heinrich Zschokke* (1770-1848), 1907, 200)

Q 15. Ein Berliner Baumeister: "Der hilflose Zustand meiner Mutter, deren einziger Trost ihr Sohn war, verzögerte sich siebzehn Jahre nach meines Vaters Tode. Um ihr eine Freundin und Vertraute zu geben, verheiratete ich mich im Jahre 1787 mit einer Witwe, der Tochter des Försters Kappel, die ich liebte, weil sie von meiner Mutter geliebt wurde. Und als meine Mutter die Welt verließ, war ich schon zum zweiten Male seit dem 1. Mai des Jahres 1796 mit der jüngsten Tochter des Geheimen Finanzrates Pappritz verheiratet und hatte ein rundes Dutzend gesunder Kinder." (*Carl Friedrich Zelter* (1758-1832), 1931, 259)

Q 16. Ein Bayerischer Adliger: "Eines Abends, in einer sehr geschmückten Gesellschaft bei Herrn Kretschmann, war die Rede davon, daß die jüngste Tochter des Kammerrats Ammon, eine Blondine (geboren 12. April 1777), das schönste Mädchen der Stadt sei. Ich, betroffen, daß ich dieses bei meinen täglichen Besuchen nicht längst schon selber bemerkt, und um den Fehler auf der Stelle gutzumachen, schleiche mich heimlich ab und schelle an der Tür der Ammonschen Wohnung im alten Schlosse, welche mir von derselben Tochter geöffnet wurde, unter dem Vermelden, daß von ihren Eltern und Brüdern niemand im Hause sei. Ich sehe das Mädchen jetzt erst recht forschend an, finde sie über alle Maßen reizend, und frage sie, auf der Treppe stehend, ob sie nicht meine Frau werden wolle? Warum nicht? war ihre Antwort, ich sollte mit den Eltern sprechen. Wir schieden unter zärtlichen Umarmungen. An andern Tage war alles in seiner Richtigkeit." (*Karl Heinrich Ritter von Lang* (1764-1835), o.J., 170f.)

Q 17. Ein Preußischer Handwerker: "Der Brautstand hatte übrigens meine wissenschaftlichen Bestrebungen nicht unterbrochen, und noch am Tage meiner Hochzeit trieb ich vormittags einige Stunden Algebra, die mich sehr zu interessieren anfing. Es war dies nicht Lauigkeit der Gesinnung gegen meine Braut, ich liebte sie ebenso herzlich wie die Wissenschaft; aber höher als diese vermochte ich kein irdisches Wesen zu lieben. Meine Braut ließ sich solche Nebenbuhlerin gern gefallen; denn sie war nicht egoistisch genug, um zu verlangen, sie solle mir mein ein und alles sein, noch war sie so unerfahren in der Welt, um nicht zu wissen, daß eine solche Exaltation, wenn sie als Versprechen gegeben wird, selten länger als ein Vierteljahr vorhält und in der Regel nicht die Flitterwochen überlebt." (*Karl Friedrich (von) Klöden* (1786-1856), 1978, 312)

Q 18. Ein Westfälischer Bauer: "Erste Liebe. (...) Durch meine Verliebung in die damalige Krawinkel-Tochter, Kirchspiels Telgte, die das Kolonat bekam, wurde besonders das Vorhaben in mir bestärkt, unser Nachbarskolonat Böckmann durch Tausch zu erwerben; nämlich ich wollte die Krawinkel-Tochter heiraten, damit auf Richters Erbe ziehen und den Böckmann-Erben das Krawinkelsche Kolonat wiedergeben. Auf Maria Himmelfahrt hatte ich genanntes Mädchen kennengelernt dadurch, daß meine Schwester Dina, jetzige Frau Kohaus in Roxel, dieselbe in Warendorf in einer Kirche zeigte. Die Zeit verging bis Maria Geburt, wo das Liebesfeuer am Montage [des] Telgter Marktes losbrach. Ich erzählte am anderen Sonntagmorgen meinem Prinzipal mein großes Vorhaben mit der Bitte, genannte Krawinkel-Tochter davon in Kenntnis zu setzen, daß ich Willens wäre, um ihre Hand zu werben. Da mein Prinzipal, der alte Raestrup, hierdurch nun den ganzen Sachverhalt hatte kennengelernt und meine Erzählung auf dem Wege zur Kirche hin, hatte dieser geschwind die ganze Verliebungsgeschichte seiner Tochter Tresia erzählt. Dadurch wurde mein Vorhaben vereitelt, es entstanden Sympathien und Antipathien, und es ließe sich ein vollständiger Roman hierüber beschreiben. Ich aber litt vieles dadurch an Körper und Geist, trug aber mit Gott den vollen Sieg davon, indem ich so klug handelte und die unterschobene Braut fahren ließ, bekam aber die von mir Gewählte auch nicht..." (*Philipp Richter* (1915-1890), 1991, 18)

Q 19. Ein Badischer Arzt: "Im Jahre 1770 wurde ich von meinen Anverwandten und Freunden, indem sie sahen, daß sich mein kleines Vermögen aus Mangel der Aufmerksamkeit und weil ich von meinen Bedienten bestohlen wurde, versplitterte, aufgerufen, mich wieder zu verehelichen. So wenig noch mein Gemüt für eine neue Verbindung gestimmt sein mochte, so gehorchte ich doch diesem Rate und schritt am 12. Juni mit Marianne Wittlinsbach, einer Tochter des Oberamtsschreibers zu Rastatt, zur Ehe. Bald wurde ich von einem ansteckenden Fieber befallen. Ich kam darin bis zum Äußersten, so daß ich am Ende dieser Krankheit vier Stunden lang im Zustande eines Scheintoten liegen blieb." (*Johann Peter Frank* (1745-1821), 1969, 62f.)

Q 20. Ein Thüringer Theologe: "Ohnerachtet ich keine Frau ernähren konnte und eine so reiche Partie, welche mir alle eigne Einnahme entbehrlich machte, weder in Erfurt leicht zu haben nicht war (denn besser ist darben als aus der Hand eines Weibes sein Brot empfahen), so dacht' ich doch verschiedentlich auf eine Verehelichung. Mein Kopf war stets voll angenehmer Möglichkeiten, wie meiner armseligen Lage in kurzem abgeholfen werden könnte, und es schien mir gewiß, daß unter so vielen doch eine in Wirklichkeit übergehen würde. Folglich beunruhigte mich meine Brotlosigkeit bei Heiratsprojekten sehr wenig. Ich glaube, ich hätte das ärmste Mädchen genommen, wenn sie meinem Herzen eine leidenschaftliche Liebe hätte einflößen können.
Aber es ist sonderbar, daß das in meinem Leben nicht geschehen ist. Ich habe so manches vortreffliche Mädchen gekannt, bin mit so mancher Schönheit in langem freundschaftlichem Umgange gewesen, habe einige Frauenzimmer in Leipzig und Erfurt recht innig geliebt, aber ich bin nie auch nur auf der niedrigsten Stufe der Leidenschaft gewesen.(...)
Das Heiraten war einmal beschlossen, und eine Witwe war mir bestimmt. Sobald ich mit meiner Dulzinea zurückgekehrt war, schrieb ich von Erfurt aus an den D. Arnold und bat ihn, sich für mich zu verwenden. Er tats. Ich erhielt das Jawort und machte vierzehn Tage darauf Hochzeit und zwar eine Hochzeit, wie alle Hochzeiten sein sollten, wenn die Leute das Geld zu Brote brauchen. Ich ließ die Braut, mit welcher ich gar nichts von Geschenken gewechselt hatte, mit ihrem Schwager und ihrer Schwester nach Erfurt kommen, bat meinen Vater dazu, welcher mit der guten Mutter und zwei Geschwistern sich einfand, und gab eine Schüssel mehr als gewöhnlich zu essen(...)" (*Carl Friedrich Bahrdt* (1741-1792), 1922, 235f., 245f.)

Q 21. Ein Westfälischer Lehrer: "Die Conferenz fand jeden Samstag Nachmittags statt und wurde in den Häusern der Lehrer nach einem festgelegten Turnus abgehalten, wobei die Lehrerfrauen den Kaffee servirten. Da fühlte ich dann auch das Bedürfniß, eine Familie zu gründen und vermählte mich am 12. October 1824 mit der Tochter eines achtbaren Bürgers, Wilhelmine Enckhaus, die mir das ganze Leben hindurch eine treue Lebensgefährtin gewesen ist und durch die besondere Sorgfalt, die sie auf meine Pflege verwendete, wie auch durch Fleiß und Sparsamkeit zu dem Glücke unserer Ehe redlich beigetragen hat. Die sieben Kinder, die aus dieser Ehe hervorgegangen, haben uns bis an unser hohes Alter große Freude gemacht." (*Peter Lübke* (1798 - nach 1856), 1891, 31)

Q 22. Ein Preußischer Pfarrer: "Und nun, da ich im Stande gewesen wäre, zu heiraten, ward der Schmerz über die in Saschau Begrabene fürchterlich erneuert. Und doch, nein und Möglichkeit, ihr untreu zu werden, dachte ich mir nie. Nur ein mal, einige Jahre später, als zwei Schwestern aus Thüringen meinen Kirchenpatron besuchten, fing mein Entschluss zu wanken an. Wer weiß, was geschehen wäre, wenn nicht zwei Schwestern, gleich schön, gleich gebildet, gleich gut, die Wahl erschwert hätten. Mein Patron, der die Verbindung wünschte, hatte unpsychologisch gehandelt, da er sie beide kommen ließ, um nicht länger da behielt. Die Liebe des zwanzigjährigen Jünglings hätte in achtundvierzig Stunden sich entwickelt. Du bist's und sonst keine. Aber die Vorsicht des dreißigjährigen Mannes, dessen Herz schon gefühlt und geblutet hatte, bedurfte wenigstens vierwöchentliche Beobachtung, um sich bestimmen zu können." (*Gustav Friedrich Dinter* (1760-1831), 1879, 80)

6.3.3 Zur Gegenkontrolle - der (seltener überlieferte) weibliche Blick

Natürlich muß man die gleiche Fragenserie auch für - viel seltenere - Texte von Autorinnen (vgl. auch 6.2.3.) stellen. Dazu kommen einige weitere Überlegungen:
– Wer ergreift die Initiative, Mann oder Frau? Welche Möglichkeiten der Steuerung stehen der Frau zur Verfügung?
– Gibt es Unterschiede im Heiratsverhalten beider Geschlechter? Kann man einen erhöhten Einfluß der Familien auf die Heirat der Mädchen feststellen?
– Inwieweit lassen sich Altersunterschiede zwischen beiden Partnern feststellen? Was werden sie für das weitere Zusammenleben bedeuten?
– Kann man sagen, daß die neue Heiratsmode der "romantischen Leidenschaft" die Kräfteverhältnisse zugunsten der Frauen verschiebt?

Q 23. Eine brandenburgische Landarme: "Niemals konnte man mich zu den Schönheiten zählen, und dennoch fand sich unter den Jünglingen des Vaterlandes einer, der mich suchte. Meine Mutter kam eines Tages mit ungewöhnlicher Munterkeit mir entgegen und sagte von einem jungen Menschen, der eben gekommen wäre, und in welchem sie mir meinen Bräutigam vorstellen würde. "Er ist schön, wohlgewachsen, angenehm", rief sie mir zu, "und meine Freunde in Tirschtiegel haben mir schon vor einiger Zeit gesagt, daß er Absichten hätte, mein Schwiegersohn zu werden, und ich fühle keinen Widerwillen." Ich erstaunte über diese unerwartete Nachricht und sie befahl mir, den Fremden wohl zu empfangen. Ich gehorsamte und fand in der Tat soviel Einschmeichelndes in ihm, daß ich anfing, ihren Ausrufungen recht zu geben. Ich werde Sie mit keiner langen Beschreibung aufhalten. Ich wurde gewonnen und bei der zweiten Reise, die er meinetwegen unternahm, behorchte ich meine Mutter und ihn. Er warb um mich, die Mutter machte Schwierigkeiten wegen meiner Jugend, er bestritt ihre Gründe. Der Mutter Herz ward eingenommen, sie wollte mich versorgt wissen. Er machte mir mit guter Art ein Geschenk von zwei Ringen, ich nahm sie mit einer treuherzigen Miene. Wir wurden verlobt und in einem Monat ward ich die Seine. Ich ward Frau und wußte mir kein anderes als das Ansehen eines Kindermädchens zu geben. Mein Mann erkundigte sich vor meiner Verheiratung nicht nach meinem väterlichen Erbteil. Aus einer angenommenen Großmut unterließ er dies, aber ich empfand in der Folge, daß mein Vermögen für ihn zu klein gewesen. Unsere Gemüter harmonierten schlecht; mein reiches schmelzendes Herz, meine Zärtlichkeiten und seine Begierde nach Reichtümern waren viel zu sehr verschieden, als daß eine Glückseligkeit in unserer Vereinigung möglich war. Meine einzige Erquickung fand ich in Büchern(...)" (*Anna Louise Karsch, geb. Dürbach, gesch. Hirsekorn* (1722-1791), 1981, 31f.)

Q 24. Eine jüdische Arzttochter: "Ich war nun zwölf Jahre alt - man sah als schönes Kind, das für sein Alter ungemein groß war, mit Wohlgefallen auf mich.(...) Ich mochte wohl sechs Monate in die Nähschule gegangen sein, als mir die Mutter sagte, ich solle wieder bei der Tante nähen lernen, und wie sehr erstaunte ich nicht, als diese mir im Vertrauen sagte, ich solle Braut werden - mit wem, fragte ich sie, und sie nannte mir den Mann; er war angehender praktischer Arzt - ich hatte ihn einige Male bei meinem Vater und auch wohl an seinem Fenster gesehn; er wohnte in unserer Nähe, und ich mußte vor seinem Hause vorübergehn, wenn ich mir Bücher aus der Leihbibliothek holte - da begegnete es mir auch einmal, daß ich an einem Wintertage, mit einem schauerlichen Roman in der Hand, vor seinem Hause gleitete und fiel - meine Beschämung war groß, denn er war im Fenster. Ich freute mich kindisch dazu, Braut zu werden, und malte es mir recht lebhaft aus, wie ich, von meinem Bräutigam geführt, nun spazierengehn würde, wie ich bessere Kleider und einen Friseur bekommen würde, denn bis jetzt machte mir die Tante das Haar, mit Talg geschmiert, nach ihrem eigenen Geschmack zurechte; ferner hoffte ich auf ein größeres Taschengeld, das jetzt in zwei Groschen monatlich bestand, und von den kleinen, etwas feineren Gerichten, die zuweilen für meinen Vater bereitet wurden, etwas zu bekommen. Mit Ungeduld erwartete ich den Tag der Verlobung, den mir die Tante im Vertrauen genannt und mir dabei gesagt hatte, daß mein Vater mich fragen würde, ob ich zufrieden mit seiner Wahl für mich sei. Der ersehnte Tag erschien, der Morgen verstrich, und mir ward nichts gesagt - beim Mittagsessen fragte mich mein Vater, ob ich lieber einen Doktor oder einen Rabbiner heiraten wolle? Mir klopfte das Herz mächtig, und ich antwortete, daß ich mit allem zufrieden sei, was er über mich beschließen würde.(...) Ich wußte wenig von meinem Bräutigam, er war fünfzehn Jahre älter als ich, klein und hässlich, hatte aber ein geistreiches Gesicht und den Ruf eines Gelehrten - er war geliebter Schüler Kants, - (...)" *(Henriette (Julie) Herz, geb. de Lemos (1764-1847), 1984, 21ff.)*

Q 25. Eine fahrende Schauspielerin: "Der redliche Kummerfeld, der 22 Jahre älter war als ich, der - ohne schön zu sein, doch gefiel - der viele Tugenden hatte und Ansehen genoß, war mir wert geworden, hatte meine ganze Hochachtung und zärtlichste Freundschaft gewonnen. Und da ich nun mein Herz durchforschte, mußte ich mir gestehen, daß ich wahre Liebe für ihn empfand. Bei seinem Antrag hatte er jedoch vielleicht nicht alles recht bedacht, und so schrieb ich ihm (...) Als der Hochzeitstermin auf die Fasten endgültig festgesetzt war, mußte ich Koch endlich davon in Kenntnis setzen. Die Hälfte meiner noch übrigen Lebensjahre hätte ich dafür hingegeben, wenn ich zu gleicher Zeit Kummerfelds Gattin und bei Koch Schauspielerin hätte sein können." *(Karoline Schulze-Kummerfeld (1745-1815), 1988, 154, 159)*

Q 26. Eine Schweizerische Landhandwerkerin: "So ging es bis in's Frühjahr 1778 - ich war 17 Jahre alt und glaubte schon eine lange Zeit meiner schönen Jugend in dieser Zurückgezogenheit verloren zu haben. - Da einst war ich mit meiner Mutter in Zizers, wo wir bei verschiedenen Damen zu arbeiten hatten, und hier fand ich den Anlaß eine Bekanntschaft zu machen, die bleibender seyn sollte, als der Aufenthalt bei der lieben Mutter.
Florian Engel von Langwies, Sergeant-Major unter dem Schweizer-Regiment von Diesbach in französischen Diensten, war damals auf Urlaub im Lande, und stand in Zizers auf Werbung. Wir lernten ihn im Hause der Frau Oberst Jost kennen, und wenn ich meinen Lesern sage, daß er ein sehr schöner großer Mann war, den seine Uniform wohl kleidete, so werden sie mir leicht glauben, daß diese Erscheinung mir nicht halb so schrecklich seyn mußte, als jene des Capuziners bei Ragaz. Es ist aber auch zwischen einer Capuziner-Kutte und einer französischen Uniform ein sehr merklicher Unterschied, und was in beiden stecken mag, das kann ein junges Mädchen nicht bekümmern, es greift bloß nach der Schale, den Kern lernt es hernach kosten. - Ach, wie manches arme Mädchen hat sich schon zu seinem Unglück in eine blinkende Uniform vergafft! -
- Florian unterhielt die Bekanntschaft mit uns, und machte mir bald Liebesanträge, die mir nicht unwillkommen waren. Er war von guter Familie und im Lande

beliebt. Ich glaubte keine Zeit verlieren zu dürfen und mein jugendlicher Leichtsinn ließ mich nicht daran denken, daß ich meine so schöne Heimath gegen einen traurigen, von aller Welt abgeschiedenen Ort, wie Langwies, vertauschen müsse und eben so wenig darauf bedacht seyn, daß eine Soldatenfrau sich mit dem Manne einem unstäten Leben und allen Gefahren, denen dieser ausgesetzt ist, bloß giebt. Mitbringen konnte ich ihm auch nichts, und mußte also froh seyn, wenn er mit meinem Persönchen allein vorlieb nahm, und so wies ich ihn denn an meine Mutter. Diese gab gern ihr Jawort zu unserer Verbindung, sie dachte wahrscheinlich: geh' nur junger Schnabel, du wirst auch in die Schule kommen, wie ich darin war. Ich mußte aber noch mehrere Klassen durchlaufen, als sie." (*Regula Engel, geb. Egli* (1761-1853), 1977, 17f.)

Q 27. Eine Sächsische Schönheit: "Nur ein einziger Zug mißfiel mir an Fanny: ich konnte ihr den Kaltsinn gegen ihren, sie wahrhaft vergötternden Bräutigam, einen jungen Arzt und Besitzer einer Apotheke in Zittau, namens Knispel, nicht verzeihen.(...) Monate waren vergangen, als der Bräutigam einst mit verbundenem Arme unerwartet eintrat; er erzählte, er habe um Fannys willen ein Duell gehabt. Diese war anfangs betroffen, dann aber stellte sie mit dem angeblichen Duellanten ein solches Kreuzverhör von allerlei Fragen an, daß sich bald zeigte, wie er Komödie gespielt hatte, um seiner Braut mehr Liebe zu sich einzuflößen. Dieser Unfug war der Direktorin Stieler denn doch zu arg; sie legte sich ins Mittel, worauf ihr Fanny weinend gestand, nur ihre bittere Armut habe sie veranlaßt, sich mit Knispel, den sie nicht leiden könne, zu verloben. Frau Stieler, die uns allen eine edle, mütterliche Freundin war, bot ihr darauf an, ihr ein Jahr lang freien Unterricht und freie Station in ihrem Institute zu gewähren; in dieser Zeit könne sie sich zur Erzieherin ausbilden. Fanny war hierüber aus Herzensgrunde froh; die Vorsteherin übernahm das heikle Amt, den Dr. Knispel zu benachrigtigen, daß seine Braut die Lösung des Verhältnisses wünsche, worauf der arme Mann schwermütig abreiste - und somit war die Sache beigelegt. Fanny lebte sichtlich auf; sie entfaltete rastlosen Fleiß und machte gute Fortschritte. Leichten Sinnes blieb sie freilich immer(...)" (*Louise Seidler* (1786-1866), 1922, 15f.)

Q 28. Eine Königsberger Kaufmannstochter: "In der Familie gab es viel Rederei.(...) sie sprachen es auch gegen mich aus, daß der Vater wohl "eine Partie" für mich haben werde, und ermahnten mich dringend, nun endlich vom "hohen Pferde" zu steigen, und wenn ein ordentlicher Mann mich haben wolle, vernünftig zu heiraten, ohne groß an Liebe zu denken, die in der Ehe doch nicht wie im Brautstande dauere. Man könne sich seinen Mann nicht bestellen und nicht malen, und wer wie ich fünf Schwestern und kein Vermögen habe, der müsse sehen, daß er aus dem Hause und unter die Haube komme. Vernünftig war das sehr, nur war ich für diese Art von prosaischer Vernunft nicht eben sehr empfänglich, und sie hatte keine andere Wirkung auf mich, als mich in allen meinen Idealen zu bestärken(...)" (*Fanny Lewald-Stahr, geb. Markus* (1811-1889), 1980, 128)

6.3.4 "Gefühle von Überlegenheit" und "Anlässe zum Nachdenken"?

Was also unterschied die Partnersuche und -wahl des späten 18. wirklich von der des frühen 21. Jahrhunderts? Kann man sagen: "*Altes Modell: vorher stets vernünftige Berechnung - nachher oft innige Liebe; neues Modell: vorher immer blinde Leidenschaft - nachher häufig rasche Entfremdung*"? So einfach ist die Frage wohl nicht zu entscheiden, so glatt geht die Sache nicht auf...

Gewiß waren damals die äußeren ökonomischen Zwänge weit stärker bestimmend, auch das standesspezifische Ehrgefühl, das öffentliche Ansehen, die Notwendigkeit des Zusammenhaltes von Familien. Der einzelne unterlag in ganz anderem Maße einer "sozialen Kontrolle" durch andere, besonders Eltern, Obrigkeit, Freunde, Nachbarn, Geschwister, aber auch durch Rivalen und Neider. Da konnte man keineswegs alles tun, was einem durch die Krone fuhr. Individualität blieb eng begrenzt, Regelüberschreitungen wurden strikt bestraft, nicht unbedingt mit Geldbußen oder Gefängnishaft, aber mit Verlusten an Achtung und Einfluß, damit auch verminderten Chancen für die Kinder. Das *symbolische Kapital der Ehre* (Grießinger 1981) war schlechterdings entscheidend und wurde deshalb sorgfältig bewacht.

Aber heute? *Haben wir wirklich verlernt, unsere Gefühle - jedenfalls vor einer Eheschließung - halbwegs zu kontrollieren, zu kanalisieren und zu steuern?* Eher nein! Meistens treffen sich doch Kolleginnen und Kollegen bei der Arbeit, in der Ausbildung, im Sportverein, in der Freizeit, im Urlaub. Und meist wirbt nicht der Millionärssohn um eine Hilfsarbeitertochter oder der Arbeitslose um eine Star-Anwältin. "*Schuster, bleib bei Deinem Leisten!*", das gilt eigentlich für die meisten Fälle immer noch. Aber das rationale Kalkül und die Aushandlung der Vermögenswerte sind nicht mehr so offensichtlich. Die Zuneigung hat sich in den Vordergrund gespielt; die anderen Gesichtspunkte sind weitgehend unsichtbar, aber nicht unwirksam geworden. Das Steigen und Sinken des eigenen - und fremden - "Marktwertes" auf dem Heiratsmarkt wird noch immer sehr genau beobachtet.

Und als Zweites: *Sind Ehen heute - bei (angeblicher) Heirat aus "Leidenschaft" - stabiler und glücklicher?* Die Scheidungsstatistiken sprechen scheinbar dagegen; sie sind wichtig, aber auch kein objektiver Maßstab. Man darf nicht vergessen, daß - angesichts steigender Lebenserwartung - eine in gleichem Alter geschlossene Ehe heute normalerweise mindestens dreimal so lange dauern würde wie vor 250 Jahren, meist viele Jahrzehnte. Früher trat der Tod einer Seite oft ziemlich rasch dazwischen. Scheidungen dagegen waren fast unmöglich. Die Kirchen verboten sie streng, d.h. duldeten sie nur im extremen Ausnahmefall. Ökonomisch und sozial hatte eine Trennung meist verheerende Folgen, zumal Wiederverheiratung vor dem Tode des/der anderen unmöglich war. Auf Bigamie (Doppelehe) stand die Todesstrafe.

Glück kann man schwer historisch messen und noch schwerer zwischen verschiedenen Epochen vergleichen. Daß die Struktur der Ehen eine völlig andere war als heute, steht aber außer Zweifel. Ob das System besser war, wird selten gefragt und ist kaum beantwortbar. Wichtiger ist zunächst, daß es seiner Zeit angemessen ja in seiner Zeit *notwendig* war (andernfalls wäre die Not noch größer gewesen). Man muß die Frage wohl umdrehen: Wieso soll dieses System eigentlich schlechter gewesen sein als das heutige? Warum können die Jugendlichen - wie oben (vgl. 6.1) gesehen - sich überhaupt keine andere Lösung vorstellen? Hier liegt das Problem: Obwohl das heutige Muster herzlich schlecht funktioniert (Zahl der Scheidungen), obwohl Familie und Ehe ihre Funktionen teils verloren und teils gewandelt haben, obwohl die Menschen mittleren und höheren Alters massenhaft als Singles wohnen und oft sehr einsam sind (die mittlere Haushaltsgröße beträgt kaum zwei Personen), obwohl die "DINKs" (*"double income, no kids"*) das öffentliche Bild bestimmen, obwohl Kinder Mangelware sind und zu 20% von der Sozialhilfe leben, bilden wie uns noch ein, im Heiratsmodell unseren vorindustriellen Vorfahren weit überlegen zu sein. Davon kann keine Rede sein - das Studium der "überwundenen" Alternative bleibt lohnend.

Erwähnte Literatur

Bahrdt, Carl Friedrich: Geschichte seines Lebens, seiner Meinungen und Schicksale, hrsg. von Hasselberg, Felix; Berlin (Dom) 1922 (= Der Domschatz Bd. 7).
Borries, Bodo v. (unter Mitarbeit von Körber, Andreas, Baeck, Oliver und Kindervater, Angela): Jugend und Geschichte. Ein europäischer Kulturvergleich aus deutscher Sicht; Opladen (Leske & Budrich) 1999 (= Schule und Gesellschaft 21).
Bräker, (Ulrich): Werke in einem Band, ausgewählt und eingeleitet von Thalheim, Hans-Günther; Berlin (Ost) /Weimar (Aufbau) 2. Aufl. 1966.
Breckenfeld, Peter Hansen: Was mir widerfahren ist. Aus den Tagebüchern des Bauern (...) Gintorf in Angeln um 1835, ausgew. u. bearb. von Schmidt, Walter; Steinberg (Kirchspielarchiv) 2. Aufl. 1991 (= Chronik des Kirchspiels Steinberg, Sonderband 1).
Dinter, G(ustav) F.: G. F. Dinter's Leben, von ihm selbst beschrieben, mit Erläuterungen und Kommentar versehen von Niedergesäß, Robert; Wien (A. Pichler's Witwe & Sohn) 1879.
Engel, (Regula) Frau Oberst: Memoiren einer Amazone aus Napoleonischer Zeit; Zürich/München (Artemis) 1977.
Frank, Johann Peter: Seine Selbstbiographie, hrsg. von Lesky, Erna; Bern und Stuttgart (Hans Huber) 1969 (= Hubers Klassiker der Medizin und der Naturwissenschaften Bd. 12). (Original 1802)
Grießinger, Andreas;: Das symbolische Kapital der Ehre. Frankfurt/M. (Ullstein) 1981.
Heim, Ernst Ludwig: Tagebücher und Erinnerungen; Leipzig (Koehler & Amelang) 1989.
Herz, Henriette: Erinnerungen, Briefe und Zeugnisse; Frankfurt/M. (Insel) 1984.
Hoven, Friedrich Wilhelm v.: Lebenserinnerungen; Berlin (Ost) (Rütten & Loening) 1984. (Original Nürnberg 1840)
Hufeland, Christoph Wilhelm: Selbstbiographie, hrsg. von Brunn, Walter v.; Stuttgart (Robert Lutz Nflg. Otto Schramm) 3. Aufl. 1937.
Hufton, Olwen: Frauenleben. Eine europäische Geschichte 1500-1800; Frankfurt/M. (Fischer) 1998.
Karsch, Anna Louisa: Herzgedanken. Das Leben der "deutschen Sappho", von ihr selbst erzählt, hrsg. von Beuys, Barbara; Frankfurt/M (Societäts-Verlag) 1981.
Klöden, Karl Friedrich: Von Berlin nach Berlin. Erinnerungen 1786-1824, hrsg. von Weber, Rolf; Berlin (Ost) (Verlag der Nation) 2. Aufl. 1978.
Lang, Karl Heinrich v.: Aus der bösen alten Zeit. Lebenserinnerungen; Stuttgart (Robert Lutz) 4. Aufl. o.J. (1. Aufl. 1910).

Laukhard, Magister Friedrich Christian: Sein Leben und seine Schicksale, von ihm selbst beschrieben; München (Martin Mörike) 1912.
Laukhard, Magister Friedrich Christian: Leben und Schicksale, von ihm selbst beschrieben, bearb. von Petersen, Viktor. 2 Bde.; Stuttgart (Robert Lutz Nflg. Otto Schramm) 13. Aufl. 1930.
Lewald, Fanny: Meine Lebensgeschichte; Frankfurt/M. (Fischer) 1980.
Lübke, Peter: Aus dem Leben eines Volksschullehrers, in: Lübke, Wilhelm: Lebenserinnerungen; Berlin (F. Fontane) 1891, 1-46.
Mannlich, Johann Christian v.: Rokoko und Revolution. Lebenserinnerungen; Stuttgart (K.F. Koehler) 1966.
Milow, Margarethe Elisabeth,: Ich will aber nicht murren; Hamburg (Dölling und Galitz) 1987.
Münch, Paul: Lebensformen in der Frühen Neuzeit; Berlin (Propyläen) 1992.
Nettelbeck, Joachim: Des Seefahrers und aufrechten Bürgers Joachim Nettelbeck wundersame Lebensgeschichte, von ihm selbst erzählt; Ebenhausen-München/Leipzig (W. Langewiesche-Brandt) 51. bis 57. Tausend 1919.
Otis-Cour, Leah: Lust und Liebe. Geschichte der Partnerbeziehungen im Mittelalter; Frankfurt/M. (Fischer) 2000.
Richter, Philipp: Ein Bauernleben; Rheda-Wiedenbrück (Güth) 2. Aufl. 1991.
Schopenhauer, Johanna: Im Wechsel der Zeiten, im Gedränge der Welt. Jugenderinnerungen, Tagebücher, Briefe; München (Winkler) 1986.
Schulze-Kummerfeld, Karoline: Ein fahrendes Frauenzimmer: die Lebenserinnerungen der Komödiantin ... 1745-1815, hrsg. von Buck, Inge; Berlin(West) (Orlanda Frauenverlag) 1988.
Seidler, Louise: Erinnerungen; Berlin (Propyläen) Neue Ausg. 1922.
Stengel, Stephan Freiherr v.: Denkwürdigkeiten; Mannheim (J + J) 1993.
Van Dülmen, Richard: Kultur und Alltag in der frühen Neuzeit, 3 Bde.; München (Beck) 1990/92/94.
Weber, Georg: Jugendeindrücke und Erlebnisse. Ein historisches Zeitbild; Leipzig (Wilhelm Engelmann) 1887.
Wilhelm (Hessen, Kurfürst, I.): Wir Wilhelm von Gottes Gnaden. Die Lebenserinnerungen Kurfürst Wilhelms I. von Hessen 1743-1821; Frankfurt/New York (Campus) 1996.
Wunder, Heide: "Er ist die Sonn', sie ist der Mond". Frauen in der Frühen Neuzeit; München (Beck) 1992.
Zelter, Carl Friedrich: Darstellungen seines Lebens, hrsg. von Schottländer, Johann-Wolfgang; Weimar (Verlag der Goethe-Gesellschaft) 1931 (Nachdruck 1978).
Zschokke, Heinrich: Eine Selbstschau; Aarau (H. R. Sauerländer) 8. Aufl. 1907.

7. „Wie Mädchen gemacht und Frauen geformt wurden"
Geschlechtsspezifische Erziehung und weiblicher Charakter im bürgerlichen Zeitalter 1763-1914

1. „Weibliche Unterlegenheit": Naturgesetz oder Erziehungsfolge?

„An Genialität, an schöpferischer Kraft, in allem Großartigen und Abstracten **Q 1a.** steht das Weib zurück, und wenn sich auch Frauen in das Gebiet der Wissenschaften hinein gewagt haben, oder sich den Künsten widmeten, so sind ihre Leistungen doch immer sehr unbedeutend gewesen, so lange sie in der Sphäre der wahren Weiblichkeit verblieben. Wenn sie auch Einzelnes erlernten und erfaßten, wenn sie auch in der Malerei und Musik Darstellungsvermögen an den Tag legten, so vermochten sie doch niemals in das Allgemeine einzudringen und den reinen Gedanken zu erfassen. Nie hat ein Weib in der Wissenschaft eine Epoche begründet." (Hohmann 1981, 124)

Der Text von 1839 steht in einem Handbuch und stammt von dem hochberühmten Medizinprofessor Dietrich Wilhelm Busch, Mitglied zahlreicher wissenschaftlicher Gesellschaften. Man „wußte" also im 19. Jahrhundert ganz genau, wie Frauen sind: schwach, passiv, gefühlsbestimmt und häuslich – im Gegensatz zu Stärke, Aktivität, Intellekt und Weltzuwendung der Männer. Man kann kaum zweifeln, daß „männliche" und „weibliche" Charakterstrukturen und Verhaltensweisen sich damals wirklich unterschieden, daß die Behauptung also kein bloßes Vorurteil wiedergibt, sondern auf beobachteten Tatsachen beruht. Nur über die Gründe waren die Zeitgenossen durchaus uneinig: Warum sind Frauen seltener künstlerisch genial, logisch abstraktionsfähig und wissenschaftlich produktiv?

1.1 „Erziehung als Entwicklung – Erziehung als Verkrüppelung"

Ein bekanntes Lexikon verbreitet 1847 – ganz in Übereinstimmung mit **Q 1b.** Prof. Busch – als gesichertes Wissen und selbstverständliche Anweisung:

„In neuerer Zeit hat man dem Weibe Functionen zuweisen wollen, die nur dem Manne von der Natur selbst zugewiesen sind; aber schon die äußere Bildung,

Stimme, Gang und Haltung beweisen auf den ersten Blick, auch wenn man die Erfahrungen einer tausendjährigen Geschichte nicht zu Rathe ziehen wollte, wie verschieden die Natur beider Geschlechter ist und wie verschieden daher auch ihre Aufgabe innerhalb der geistigen Entwicklung der Menschheit sein muß. Für das consequente logische Denken des Mannes hat das Weib das instinctartige, orakelhafte und ahnungsvolle Auffassen. In der Philosophie, in Kunst und Wissenschaft, in der Staats- und Religionsschöpfung war der Mann stets productiv, gestaltend, maßgebend; die Frauen schlugen noch nie eine neue Richtung ein, so viele sich auch mit Poesie, Musik und Malerei beschäftigen. Auch große Regentinnen hat es gegeben, aber keine von ihnen hat je eine eigentliche Staatsschöpfung hervorgebracht, sondern sie alle wirkten nur durch die Männer, mit denen sie sich umgaben und die sie mit richtigem Takte wählten. Diese geschichtlichen Erfahrungen, die sich nicht wegläugnen lassen, hat man durch die engherzige Erziehung zu erklären versucht, die dem weiblichen Geschlecht zu Theil werde, aber die größten Männer haben sich selbst erzogen, zum Theil den engherzigen Verhältnissen zum Trotz. Man erziehe ein Mädchen und einen Knaben von anscheinend denselben Gaben ganz gleichmäßig und das Resultat wird doch ein durchaus verschiedenes sein, denn die Natur läßt sich nur bis zu einem gewissen Grade umgehen, aber auf die Dauer nicht betrügen und rächt sich bei solchen gewaltsamen Versuchen nur um so grausamer" (Gerhard 1978, 386).

Q 1c. Das junge Mädchen Louise Otto (1819–1895), das später als Louise Otto-Peters Gründerin und Leiterin der deutschen Frauenbewegung werden sollte, widersprach schon 1843 witzig und entschieden der Mehrheitsmeinung:

„Laßt uns doch ja nicht klug und ironisch über die närrische Sitte der Chinesen lächeln, nach welcher diese ihren Mädchen die Füße zusammenschnüren und verkrüppeln lassen, daß diese dann kaum noch darauf stehen und nie anders als schwankend gehen können – ihnen sind kleine Füße unerläßlich bei weiblicher Schönheit – und die Begriffe über Schönheit sind hier einmal immer sehr relativ –, bei uns schnürt man den Mädchen den Charakter zusammen, daß er so unentwickelt bleibt, daß bei ihm nie vom Selbststehen und Fortschreiten die Rede sein kann – was bei uns die Schönheit der Weiblichkeit heißt, ist meist eine solche Verkrüppelung geistiger freier Anlagen" (Möhrmann 1978, 53).

- Worin liegt der eigentliche Gegensatz der beiden Positionen?
- Auf welche Fakten, Erfahrungen, Argumente und Maßstäbe gründen beide Seiten ihre Behauptungen? Wie könnte eine Entscheidung eindeutig gefällt werden?
- Welche Interessen dürften hinter der Meinung des Lexikons, welche hinter der Überzeugung der „Frauenrechtlerin" stehen?
- Werden beide Erklärungen „weiblicher Unterlegenheit" noch heute vertreten? Welche überzeugt euch mehr?
- Welche Arbeiten, welche Spiele müssen bzw. dürfen die Jungen ausüben, welche die Mädchen? Vgl. Q 2a. und b.
- Welche Fähigkeiten werden dadurch jeweils befördert, welche behindert? Wessen Tätigkeiten sind vielfältiger, abwechslungsreicher, interessanter, phantasieanregender?
- Welche „Rolle" würdet ihr selbst lieber übernehmen? Gibt es heute noch vergleichbare Unterschiede?

Mädchen-Arbeitssaal und Jungen-Arbeitssaal in einem Hamburger Waisenhaus **Q 2a**. 1846 (Ges. Wirklichkeit 1980, 108)

● Welche Auskunft geben die Bilder zur Streitfrage: Weibliche Unterlegenheit „von Natur" oder „durch Erziehung"?

Der Lexikonartikel behauptet, Mädchen und Jungen würden sich auch dann verschieden entwickeln, wenn sie gleich erzogen würden. Die

Q 2b. Knaben-Belustigungen und Kinder-Belustigungen nach Moritz von Schwind 1827 (Weber Kellermann 1979, 322f.)

Bilder belegen, daß beide Geschlechter im 19. Jahrhundert sehr abweichend behandelt wurden. Aber das ist noch keine zwingende Widerlegung des Lexikons. Louise Otto unterstellt, Mädchen würden durch die übliche Erziehung verdummt und verkrüppelt. Ihr eintöniges Arbeiten und Spielen ist dafür ein starkes Indiz, aber keine unbezweifelbare Beweiskette. Es könnte ja sein, daß Mädchen die Pflichten und Belustigungen zugewiesen bekommen, die sie von sich aus freiwillig wählen, die ihnen „natürlichen" Wünschen und Interessen, Fähigkeiten und Veranlagungen entsprechen.

1.2 Die Innensicht der Betroffenen

Um wirklich schlüssige Beweise für oder gegen die Benachteiligung von Mädchen in der damaligen Erziehung zu führen, muß anderes Material gesucht werden. *Was berichten Frauen selbst über ihre Kindheit? Wie haben sie sich bevorzugt oder benachteiligt gefühlt? Wie haben Erziehungsmaßnahmen auf sie gewirkt?* Gültige Aussagen dazu können wir vor allem in „Lebensgeschichten" (Autobiographien) und „Erinnerungen" (Memoiren), daneben auch in Briefen und Tagebüchern finden. Sie sind zahlreich überliefert, wenn auch viel seltener als von männlichen Zeitgenossen.

Anna Louise Karsch (1722 -1891), eine berühmte Dichterin, erzählt von Q 3a. ihrer Kindheit auf dem Land um 1730:

„Meine Mutter blieb nicht lange Witwe. Sie gab ihr Herz einem andern Manne und kam in seiner Gesellschaft, uns zu besuchen. ‚Herr Vetter', sagte sie, ‚ich komme meine Tochter abzuholen! Ich brauche sie künftig zur Wiege, und ich fürchte, sie wird verrückt im Kopfe werden, wenn sie fortfährt, Tag und Nacht über den Büchern zu liegen. Sie kann lesen und schreiben, dies ist alles, was ein Mädchen wissen muß!' ‚Ja', sagte mein Oheim, ‚es ist wahr, aber wollte sie nicht, daß ich sie soviel Latein lehrte als ich selbst weiß? Sie bezeigt große Lust und weiß schon eine Menge Vokabeln auswendig!' –, Das kann sein', sagte meine Mutter, ‚aber sie wird nicht studieren, und ich danke Ihnen für den guten Willen.' Alle Vorstellungen waren umsonst" (Hirsch 1982, 7).

Johanna Schopenhauer (1766-1838), eine bekannte Reiseschriftstelle- Q 3b. rin, berichtet vom Aufwachsen in Königsberg um 1775:

„Ein Mädchen und Englisch lernen! Wozu in aller Welt sollte das ihr nützen? Die Frage wurde täglich von Freunden und Verwandten wiederholt, denn die Sache war damals in Danzig etwas Unerhörtes. Ich fing am Ende an, mich meiner Kenntniß der englischen Sprache zu schämen, und schlug deshalb einige Jahre später es standhaft aus, auch Griechisch zu lernen, so sehr ich es innerlich wünschte, und so freundlich auch Jameson deshalb in mich drang. Der Widerwille gegen den Gedanken für ein gelehrtes Frauenzimmer zu gelten, lag schon damals, wie eben noch jetzt, in meiner jungen Seele. (...) Römer, Griechen, Shakspeare, Homer, welchen Wirrwarr mußte das alles in einem so sehr jungen Mädchenkopfe anrichten! Gewiß war ich, obgleich Kuschel und Jameson alles dagegen thaten, in eminenter Gefahr, ein unerträglich überspanntes und verschrobenes Persönchen zu werden, so eine Art von gebildetem jungen Frauenzimmer" (Schlumbohm 1983, 346f.).

Q 3c. Marie Nathusius (1817–1857), eine vielgelesene Romanautorin, beschreibt ihr Lernen in einer „Küsterschule" um 1830:

„Diese, eine gewöhnliche Elementarschule, war das höchste, was die Stadt Calbe ihren ‚höheren Töchtern' darzubieten vermochte (der Rektor hatte die Knaben), und mit gesundem Takte – der wohl auch durch die finanziellen Rücksichten, bei dem schon fast unerschwinglichen Schul- und Universitätsleben der vielen Knaben aufs wirksamste unterstützt ward – wollten die Eltern die Tochter nicht aus dem Hause, nicht ‚in Pension' geben. So war denn für diese, was da zu lernen war, bald wieder gelernt; sie saß dann mehrere Jahre lang – weil doch bis zur Konfirmation in die Schule gegangen sein mußte – konstant als die oberste, und machte den Kursus immer von neuem mit durch. Deutsche Aufsätze nach Art unserer höheren Töchterschulen hat die nachmalige Schriftstellerin nie machen gelernt (...). Noch weniger war natürlich von fremden Sprachen oder des etwas die Rede. Kopfrechnen ware ihre Hauptforce" (Rutschky 1983, 504).

Q 3d. Helene Lange (1848–1930), die anerkannte Führerin der bürgerlichen Frauenbewegung, bemerkte um 1855:

„Mehr als einmal, wenn ich mich aufs lebhafteste an ‚Räuber und Soldaten' oder sonst einem aufregenden Knabenspiel beteiligte, öffnete sich die Luftscheibe des Kontors, und es kam eine jener nicht häufigen, aber dann unabänderlichen Weisungen: ‚Geh hinauf und spiele mit Theo'. Hinauf ging ich, aber mein Bruder Theodor, den sein Alter noch von wilden Spielen ausschloß, wird nicht allzuviel von der Schwester gehabt haben, die sich gewöhnlich sofort in ein Buch vergrub, um das verlorene Paradies zu vergessen. (...) Und so wurden mir denn eines Tages zwei hübsche, mir sehr in die Augen stechende Taschentücher in die Hand gegeben, das eine durch feine rote, das andere durch blaue Streifen in saubere Vierecke geteilt. Sie waren für die Brüder bestimmt, und die Schwester – ich kann höchstens sechs Jahre gewesen sein – sollte sie säumen. Ob man sich wohl eine Vorstellung davon macht, was es heißt, wenn so ein kleines Mädchen vor einem zugemessenen Stück Saum sitzt, das es mit immer schwärzer werdendem Faden allmählich zu schließen sucht, und dabei draußen die Sonne scheinen sieht und die Jungen toben hört? Es war so ein dumpfes Gefühl von ‚der Frauen Zustand ist beklagenswert', das einen erfüllte" (Lange 1921, 12, 24).

- Worin sind die Autorinnen gegenüber Brüdern oder anderen Jungen benachteiligt worden? Waren Frauen im 19. Jahrhundert passiver, häuslicher, schwächer und dümmer als Männer?
- Welche Einflüsse und Maßnahmen der Umgebung sorgen dafür, daß die Mädchen – gern oder ungern – die Einschränkungen hinnehmen und übernehmen?
- Wie weit begehren die Frauen im Rückblick auf ihre Kindheit gegen „Unterdrückung" auf? Wie weit akzeptieren sie nachträglich die erzwungene „Weiblichkeit"?
- Hat der Lexikon-Artikel 1847 recht oder Louise Otto 1843? Sind Frauen „von Natur" unterlegen oder „durch Erziehung" verkrüppelt?

Offenbar nahmen Mädchen im 18. und 19. Jahrhundert durchaus die Verweigerung von Bildung und Bewegung, den Zwang zu Hausarbeit und Sanftheit wahr und fühlten sich dadurch eingeengt. Manche billigten allerdings diese Beschränkung als unvermeidlich. Hinter den Einzelheiten der Frauenerziehung steht ein System, das u. a. in den folgenden Texten eindringlich realistisch und zugleich sinnbildlich beschrieben wird.

Aus dem späten 18. Jahrhundert berichtet K. F. von Strombeck **Q 4a.** (1771–1848) von einer kleinen Mitschülerin:

„Das fromme, blasse Kind saß auf seinem Bänkchen gegen uns Jungen über und weinte bitterlich, doch die Tränen so gut es gehen wollte verbergend. Da fragte die Lehrerin, nicht ohne einige Härte, was ihr fehle. Zögernd, und gleichsam als wenn sie ein hochverpöntes Verbrechen bekenne, gestand sie endlich: es drücke ihr die Schnürbrust. ,Was' sagte nun Mademoiselle Ruhländer, ‚darüber willst du weinen? Ein artiges Mädchen muß ertragen lernen, dicht eingeschnürt zu sitzen, sonst wird es so dick wie eine Bauernmagd. Doch komm her, ich will es dir bequemer machen.' Das gute Kind mochte wohl schon ahnen, wovon die Rede sei, denn es ließ sich zwei- oder dreimal heißen. Endlich kam sie, und nun wurde ihr denn die Schnürbrust ganz zugeschnürt, so daß ihr Körperchen von Mademoiselle mit den Händen mit Leichtigkeit umspannt werden konnte, worüber diese nicht wenig sich erfreute, und dann sowohl den andern Mädchen als der Patientin selbst bemerklich machte, welch eine schöne Taille sie nun habe: so müsse ein artiges und hübsches Mädchen sein!" (Rutschky 1983, 59).

Die bekannte Dichterin Marie von Ebner-Eschenbach (1830–1916) **Q 4b.** beschreibt die Sorgen ihrer Großmutter:

„Ausgesprochen hat sie es nicht, im stillen soll sie aber sehr gelitten haben, als unser Vater sich wieder vermählte und an die Stelle unserer Mutter eine jüngere und schönere Frau trat, ,Maman Eugénie', eine geborene Freiin von Bartenstein. Das erste Kind, was sie zur Welt brachte, war ein Knabe und das zweite wieder ein Knabe, während die Verstorbene ihrem Gatten nur Töchter geboren hatte. Nun würden wir nichts mehr gelten, besorgte die Großmutter. Zurückgesetzt würden wir werden und zu fühlen bekommen, daß es eigentlich uns, den Älteren, zugestanden hätte, männlichen Geschlechts zu sein" (Hirsch 1982, 381).

Beiden Texten kommt eine geradezu symbolische Stellung zu: Sie belegen, welch zentrale Bedeutung das Geschlecht schon von frühester Kindheit an hatte und wie tief sich das Bewußtsein der weiblichen Minderwertigkeit und Mindergültigkeit eingrub, wie entscheidend es den Charakter bestimmte, wenn es dann akzeptiert war. An der atemberaubenden Einschnürung wird die Brutalität der Mädchenerziehung körperlich und sinnlich erfahrbar. Ist der Abstand zur Füßeverkrüppelung bei den Chinesen wirklich so groß? Und seelisch muß es eine tiefe Erniedrigung und Verunsicherung bedeuten, zu wissen und zu fühlen, daß man wegen seines Geschlechts unerwünscht ist, daß man eigentlich hätte ein Junge sein sollen. Ist das keine Verletzung der Menschenwürde, der Identität? So klein die Quellenstücke sind, machen sie doch die Radikalität des Problems deutlich. Auf diesem Hintergrund lassen sich dann auch die milderen Fälle angemessen bewerten.

2. Erziehungsmittel – und ihre Wirkungen

Q 5. Familienszene (Kößler 1979, 7)

Die Mutter drin sitzend und die Mädchen streichelnd, der Vater (mit Buch und Globus) dem Knaben die Welt draußen erklärend – das mag in klassischer Formel das Selbstverständnis des 19. Jahrhunderts treffen. Bisher scheint festzustehen: 1. Männer und Frauen, Mädchen und Jungen wurden im 18./19. Jahrhundert nicht nur als ungleich geartet, sondern als verschieden wertvoll angesehen. 2. Die Gegensätze wurden (meist) der „Natur" zugeschrieben, tatsächlich aber durch „geschlechtsspezifische Erziehung" erst erzeugt oder jedenfalls entscheidend verschärft. Daraus ergibt sich zwingend die Frage: Wie sahen die Techniken und Verfahren geschlechtsspezifischer Erziehung – bei eindeutiger weiblicher Benachteiligung – konkret und im einzelnen aus? Welche Praktiken und Mechanismen bewirken in der Regel, daß Mädchen lernten, „Frauen" zu werden?

2.1 Spiel und Ernst, Belohnung und Bestrafung

Q 6b. Moritz Seebeck (1805–1884) beobachtet um 1840 die Spiele seiner Kinder:

„Sie [Julie] weiß sich immer zu beschäftigen, namentlich mit ihren Puppen, die sie handeln und sprechen läßt. Dabei klingt es gar nett, wenn sie ihr feines Stimmchen in der höchsten Lage vernehmen läßt; denn so läßt sie stets die Puppen reden. Z. B. fragt sie: ‚Albertine, willst du mitkommen und sehen, wie artig sich die Julchen waschen läßt?' und im feinsten Diskant: ‚Ja, ich will mitgehen.' So nimmt sie ihre Albertine mit und setzt sie sich auf einen Stuhl gegenüber, und indem sie nun die Unannehmlichkeit des Waschens tapfer überwindet, sieht sie immer auf die Puppe, als ob sie das Staunen in deren Gesicht sehen wollte, und da sagt dann die Puppe wieder mit der feinen Stimme: ‚Ei, das Julchen ist mal recht artig', sie selbst aber ist nun über das Selbstlob, das sie sich im Namen der Puppe erteilt, so glücklich, als ob sie wirklich gelobt worden wäre. (...) Ich bin sehr in ihrer Gunst; neulich abend drückte sie mich an sich und sagte: ‚Du bist mein, immer und immer mein Papa.' (...) Neulich waren meine beiden Jungen in einer großen Buben-

Q 6a. Geschwisterpaar in Pause vom Spiel (Weber-Kellermann 1979, 194)

gesellschaft, wo man Soldat spielte. Am anderen Tag sah der Hofjägermeister von Gemmingen meine Ida und rief ihr zu: ‚Was haben Sie für prächtige Jungen! Aber das sieht man, in denen ist echtes Soldatenblut, da ist Kraft und Leben; wie wissen die Burschen zu kommandieren; die kennen ja alle Kommandos, und geben sie mit einer Art, als ob sie schon vor einem Bataillon ständen.' (...) Neulich auf einem Spaziergang, den ich mit dem Prinzen und meinen zwei Jungen machte, spielten wir Krieg, indem auf der einen Seite ich mit August war und auf der anderen der Prinz mit Bernhard. Dabei tat sich der Kleinste so durch Bravour und Gewandtheit hervor, daß der Prinz und ich es mit Verwundern ansahen. Als der Krieg aus war und ich das Bürschchen belobte, sagte er, indem er mich treuherzig ansah, mit dem gemütlichsten Tone: ‚Ja, ja, Papa, sag' es nur, der Prinz und ich wir haben den Sieg gewonnen!'" (Seebeck 1916, 206, 242 f.).

Ernst Haun (1879 -?) erinnert sich – aus seiner Kindheit um 1890 – Q 6c. besonders an das „Familienspiel":

„Dies andauernde Knasterpaffen war schon nicht leicht für die Lunge, aber es war doch noch nicht das schwerste, was mir die Großvaterrolle auferlegte. Während nämlich die Jungen fröhlich herumsprangen und schanzten, hatte der Großvater ganz still zu sitzen, denn seine Beine waren müde. Und wenn der junge Ehemann seine Herzallerliebste tüchtig auszankte, hatte ich unwirsch vor mich hinzubrummen von Flegelei und dergleichen. Ich mußte mich unwillig räuspern und immerfort dumpf räsonnieren. Wenn dann die Frau leise zu weinen begann, dann hatte ich lauter zu brummen und zu poltern, doch nicht so laut, daß der gereizte Ehefürst es beachtete. Schließlich klagte wohl die junge Frau unter Tränen, sie hätte gar keinen schützenden Vater mehr. Das war mein Stichwort. Jetzt nahm ich die Pfeife fester in die Lippen und begann loszupoltern mit verwüsteter, knorriger Stimme. Und das Spiel wurde dramatisch! Der Schwiegersohn und der Vater kamen in Streit. Man warf sich starke Grobheiten an den harten Kopf: Betrug, Diebstahl, auch Mord waren nicht selten. Dann kam die Nachbarfamilie hinzu und suchte zu schlichten. Doch oft ergriff nun der Großvater die Offensive: ‚Ich nehme mein Kind wieder mit und gehe!' schrie ich den Ehemann an. Nahm die Pfeife aus dem Munde, die Tochter an der Hand und ging. Man saß dann ein wenig entfernt und grollte. Bald aber gruppierte man sich unmerklich anders" (Weber-Kellermann/ Falkenberg 1981, 169ff.).

- Warum ahmen die Kinder im Spiel das Verhalten der Eltern und Erwachsenen nach? Wieso macht ihnen besonders die Übertreibung bis zur Karikatur Spaß?
- Inwiefern erlernen die Mädchen „spielend" typisch enge und untergeordnete Frauenrollen, die Jungen vielfältigeres und auftrumpfendes Männerbenehmen?
- Welche Bedeutung, welchen Einfluß haben die Erwartungen, Belobigungen und Belohnungen der Erwachsenen?
- Zählt möglichst viele Formen von Lob und Lohn, Tadel und Strafe für Kinder auf? Welche davon kommen in unseren Texten vor?

Q 7a. Geschwisterpaare auf dem Weg zur Arbeit (Kürbisch 1979, vor 65)

Q 7b. Magnus Jocham (1808 –?) faßt seine Pflichten als Kind um 1820 zusammen:

„Zum Lernen sei die Schule da; in der Schule müsse man lernen, – dies war die Ansicht der Eltern und der Kinder. Sobald die Schule aus war, mußten wir eiligst nach Hause gehen, und da warteten schon Arbeiten auf uns. Man betrieb damals in den meisten Häusern des oberen Allgäu Leinwandweberei. Sobald die Kinder sitzen konnten, mußten sie spuhlen. Es war dies mitunter, zumal wenn man schlechtes Garn hatte, eine verdrießliche Arbeit. Es brach der Faden, man verlor

das Trumm, der Schneller wurde zerzaust usw. Dann wurden die Knaben sehr frühe zur Reinigung des Stalles, zum Herrichten des Futters für das Vieh und zu allerlei Hausarbeiten angeleitet, die wir pünktlich verrichten mußten. Erst abends nach sieben Uhr kam's zum Nachtessen, nach dem man schon stundenlang hungerte; denn von Mittag an bis zum Abendessen bekam man durchaus nichts, außer man hatte besonders strenge Arbeit. Überhaupt war die Kost im Allgäu damals durchweg sehr einfach. Das Beste und Nahrhafteste waren die Milchspeisen, mit denen man sich nebst Kartoffeln zur Not sättigte. Fleisch hatte man nur an der Kirchweih und in der Fastnacht.
Während des Sommers wurden wir frühzeitig zu Feldarbeiten angehalten. Ich war kaum etwas über zehn Jahre, als man mir schon eine kleinere Sense kaufte, daß ich mit dem Vater zum Mähen gehen konnte. Es war dies für einen Knaben eine sehr anstrengende Arbeit. Oft wurde ich so müde, daß ich nicht einmal am Morgenessen Teil nehmen konnte. Das Mähen hatte nämlich schon um vier Uhr begonnen und um sieben Uhr kam man zum Morgenessen. Zur Holzarbeit im Walde nahm uns der Vater auch sehr frühe mit. Auch da gab es recht ermüdende Arbeiten, z. B. das Holzsägen. An Sonntagen nahm uns der Vater, so lange wir noch kleiner waren, immer mit sich in die Kirche, und wir mußten jedesmal ihm zur Seite knien. Sobald wir nur kümmerlich lesen konnten, kaufte er uns Gebetbüchlein, in denen wir während des Amtes die Meßgebete lesen mußten" (Hardach-Pinke/Hardach 1981, 231 f.).

Das Mädchen Kathrin (1860 –?) wollte anonym bleiben, als es einem Arzt über seine Kindheit um 1870 erzählte:

„Von Z. zogen meine Eltern nach D., da gingen sie wieder in die Fabrik. Über Tag mußte ich meinen Bruder und meine Schwester pflegen, so gut ich konnte; meine Mutter machte jeden Morgen alles bereit, denn der Bruder war damals erst ein halbes Jahr alt, meine Schwester 3 Jahre alt. Meine Mutter sagte und zeigte es mir, wie ich es machen müßte, bis sie wieder heim komme. Ich mußte immer auf einer Bank oben stehen, mochte lange nicht in das Wägelchen hineinlangen, wo mein Bruder lag, es war manchmal keine schöne Ordnung. Dort waren wir etwa ein halbes Jahr, dann zogen sie nach W., auch dort gings wieder an die gleiche Arbeit. Ich und meine Schwester mußten meinen Bruder wieder pflegen, bis ihn 5 Jahre alt war. Da mußten wir Schwestern in den Wald mit einem Wägelein, den Bruder mußten wir auch allemal mitnehmen, jeden Tag zwei- bis dreimal eine Stunde weit, manchmal mußten wir den ganzen Tag allein draußen sein und einen großen Haufen Holz suchen. (. . .) Da fragte der Vater, was wir heute getan haben; wir sagten nichts. Da nahm er mich über einen abgehauenen Stock, schlug mich mit einem vierfachen Seil, bis ich ganz blau war; nachher nahm er meine Schwester und gab ihr auch Schläge. Die Mutter wollte immer abwehren, aber er wollte auch sie schlagen. (. . .) An jedem Morgen mußte ich mit meinen Eltern in die Fabrik, bis ich die höchste Zeit zur Schule hatte, am Mittag, wenn die Schule aus war, auch, und wenn es nur noch eine halbe Stunde war, bis er abstellte. Nachmittags nach der Schule mußte ich auch wieder in die Fabrik, durfte nicht umherstehen auf der Straße, sonst bekam ich eine Tracht Prügel; am Abend mußte ich manchmal bis nachts 8 Uhr arbeiten beim Vater. Er hatte auch wieder Webstühle und zwar ganz breite, es gab Bett-Anzüge, es waren nur 4 solche Stühle. Die Augen taten mir oftmals weh und den Schlaf bekam ich, sah dann die Nester nicht; wenn es aber ein solches gab, dann schlug mich der Vater mit dem Schifflein über den Kopf, stieß mich weg,

mußte dann eine Zeitlang bei meiner Mutter weben; denn ich getraute mich nicht so geschwind wieder zu ihm zu gehen. Ich sah aber auch, daß er der Mutter die Schifflein nachwarf, sie weinte oft mit mir. Wenn er die Wut in der Fabrik nicht auslassen konnte, so sagte er zu mir, ich solle nur warten bis am Abend. Es machte mir dann Angst, durfte fast nicht heim, ging manchmal ungegessen ins Bett" (Klucsarits/Kürbisch o. J., 66ff.).
● Warum ist die Beteiligung der Kinder an der elterlichen Arbeit nötig? Inwieweit werden dabei Unterschiede zwischen Mädchen und Jungen gemacht?
● Erklärt, wieso die tatsächliche Ausübung und Einübung von Erwachsenentätigkeiten die Kinder „erzieht"! Welche Bedeutung hat das für die Festigung und Vererbung herkömmlicher Männer- und Frauenrollen?
● Beschreibt, wie bei der „Erziehung durch Leben und Wirklichkeit selbst" die Eltern als Vorbilder und/oder zur Abschreckung dienen.
● Welchen Stellenwert haben Tadel und Strafe in der geschlechtsspezifischen Erziehung? Welche höchst unterschiedlichen Formen können sie annehmen?

2.2 Vom brutalen Gewaltantun zum bitteren Gewissensbiß

Spiel und Ernst, phantasiemäßig-nachahmende Vorwegnahme von und alltäglich-ernsthafte Teilnahme an Erwachsenenpflichten, sind die wichtigsten Lernformen und Erziehungsmittel. Gesteuert werden sie über Lohn und Strafe, Lob und Tadel, Ermutigung und Warnung, Vorbildsetzung und Abschreckung, Liebeszuwendung und Liebesentzug. Damit ist allerdings noch nicht geklärt, wie diese vier Praktiken vielfältig verbunden, abgestuft eingesetzt und tatsächlich wirksam werden. Einige typische Fälle können das verdeutlichen.

Q 8a. Das Mädchen Kathrin X (1860 –?) fährt in seiner Erzählung fort:
„Meine Schwester mußte bald auch in die Fabrik. Da konnten wir einen schönen neuen Hausrat anschaffen. An dem hatte ich Freude, putzte und ordnete gern. Wenn der Vater so gespart hätte wie die Mutter, so hätten wir ein paar tausend Franken in die Kasse legen können. Aber der Vater trieb es noch ärger. Er gab der Mutter manchmal fast nichts. Wir mußten fast alle 14 Tage 12 bis 15 Franken zahlen fürs Trinken, ohne das, was Er am Sonntag brauchte; die Mutter durfte jetzt gar nichts mehr sagen. (...) Da sagte ich zu ihm: du hast ja einen Rausch! lachte aber dazu, meinte es nicht so bös. Es lag gerade ein Messer auf dem Tisch, er zog es gegen mich, ich konnte aber entfliehen. Er rief mir zu, diese Nacht komme ich nicht ins Bett; dann ging er wieder in die Stube, schlug mit dem Messer 8 Löcher in einen neuen Tisch. Meine Mutter nahm mich in Schutz, ich konnte bei ihr schlafen, denn der Vater und der Bruder schliefen in einer anderen Kammer. Der Vater kam zwei, drei, viermal in die Kammer, suchte mich, unter dem Bett und im Kasten, hob bei der Mutter die Decke ein wenig auf und sagte dann, es sei gut, daß ich nicht da sei. Ich war aber doch in diesem Bett, denn wenn ich und meine Mutter ihn kommen hörten, da sagte sie, ich solle zu ihren Füßen herunter, deckte mich recht zu, daß er es nicht sah; ich wußte nicht vor Angst, ob ich im Bett oder unter dem Bett war. (...)
Ich sah das Mannsvolk damals schon gern, verkehrte aber noch nicht mit ihnen. Ich hörte eben viel von meinem Vater und dachte manchmal, ich möchte auch

wissen, wie das wäre, sah auch, daß der Vater meine Freundinnen, die ich am Sonntag heimbrachte, herumziehen wollte, und wüst mit ihnen reden, aber nur, wenn es die Mutter nicht sah. Diese Mädchen sagten oft zu mir, mein Vater sei ein Schlimmer. Er wollte es auch mit mir probieren, aber ich hatte kein Gefühl für ihn, denn es ekelte mich, warum weiß ich nicht. Er rupfte immer an mir herum, meinte, er bringe mich dazu, aber es half nichts, ich sagte dann zu ihm, er habe eine Frau. Ich sagte es aber auch der Mutter. Sie sagte mir, ich solle immer fliehen, wo ich könne. Ich hatte aber auch wirklich nie etwas mit ihm, nicht im geringsten, denn der Stolz und Charakter gab mir solches nicht zu" (Klucsarits/ Kürbisch o. J., 69f. und Emmerich 1974, 171f.).

Namenloses Arbeitermädchen (Weber-Kellermann 1983, 163) Q 8b.

- Wodurch ist die Gewalttätigkeit des Vaters verursacht, was bezweckt sie?
- Inwiefern „lernt" Kathrin typisch „frauliches" Benehmen anwenden und typisch „männliches" Verhalten fürchten?
- Was bewirkt die Behandlung: „Einsicht", „Gutwilligkeit" und „Selbständigkeit" oder „Verachtung", „Resignation" und „Selbstzweifel"?
- Kathrin X entkam ihrer Herkunft nicht: Sie erwog einen Selbstmord, bekam früh ein uneheliches Kind und verelendete völlig. Versucht, diesen Vorgang zu erklären.

Isolde Kurz (1853–1944), später eine bekannte Schriftstellerin, berichtet Q 8c. von ihrem Verhältnis zu den Brüdern um 1860:

„Gegen das weibliche Geschlecht hatte der Trotzkopf [Alfred] einen dämonischen Haß, den er schon als kleines Kind an den Dienstmädchen und den weiblichen Gästen des Hauses zu betätigen suchte. In der Schule wurde er in dieser Gesinnung noch bestärkt, denn die Mädchen standen da in tiefer Mißachtung. (...) Ich war natürlich die nächste, die seinen von ihm selber unverstandenen dumpfen Groll zu spüren bekam. Trotz seiner unendlichen Gutherzigkeit hatte ich mich jahrelang vor ihm zu hüten; es war ihm ein stetes Bedürfnis, mich irgendwie zu peinigen. Auf der Straße kannte er mich überhaupt nicht, denn er hielt es unter seiner Knabenwürde, eine Schwester zu besitzen. (...)
Edgar, der Älteste, hatte keine Spur von Geschlechtshochmut, er war vielmehr stolz auf den Besitz der Schwester, und was andere Jungen etwa meinten und redeten, kümmerte ihn wenig. Aber er machte es mir auf seine Weise ebenso schwer. Er geriet in den schmerzlichsten Zorn, wenn ich anders wollte als er, und ohne sich davon Rechenschaft zu geben, suchte er mir in allem sein Urteil und seinen Geschmack aufzuzwingen. Wenn ich mich wehrte, war er tief unglücklich und empfand es als einen Verrat an dem gemeinsamen Kinderland, durch das wir Hand in Hand in inniger Eintracht gegangen waren. Wir litten dann beide und vermochten die Kluft nicht zu füllen. Es gab aber auch ganz dunkle Tage, wo sich alle gemeinsam gegen mich wandten und wo selbst unser kleiner Balde, der Nestling, sein Blondköpfchen zwischen den Gitterstäben des Bettchens vorstreckte, um mit lallender Kinderstimme zu sagen: Ein Mädle, pfui! Ich tät' mich schämen, wenn ich ein Mädle wär'.
Ging ich aus einer geschwisterlichen Auseinandersetzung zerzaust hervor, so wurde ich meist noch von der Mutter gescholten, die, rasch, wie sie war, nicht so genau zusah, auf welcher Seite sich das größere Unrecht befand. Sie pflegte dann nur zu sagen, daß ich als Mädchen durch Sanftmut die Gewalttätigkeit der Brüder entwaffnen müßte, wobei sie aber nicht mit der menschlichen Natur rechnete. Denn wenn ich mich nach diesem Rat einrichten wollte, war ich der wilden Schar erst recht ausgeliefert und kam in die Lage, mich mit doppeltem Nachdruck wehren zu müssen. Selig die Friedfertigen, aber nur, wenn alle Nachbarn ringsum die gleiche Gesinnung hegen. Allmählich bildete sich in mir die Überzeugung aus, daß ich ein unglückliches Kind sei und daß ich am besten täte, auszuwandern" (Kurz 1918, 77 ff.).

Q 8d. Isolde Kurz (Soergel 1912, 669)

- Wie behandeln die Brüder und ihre Kameraden das Mädchen? Welche Vorteile haben sie davon? Inwiefern haben sie – auch das Kleinkind – die „Männerrolle" gelernt?
- Auf welche Weise und mit welchem Erfolg versucht die Mutter die Konflikte zu lösen? Verschlimmert oder mildert sie die Benachteiligung?

- Wie verarbeitet die Tochter die Situation? Was geschieht mit ihrem Selbstbewußtsein, ihrem Mut, ihrer Lebensfreude?
- Warum fühlt sich die erwachsene Frau im Rückblick veranlaßt, die große Liebe der Brüder zu ihr so stark herauszustreichen?

Moritz Seebeck (1805–1884) vergleicht in Briefen seine mittleren Kinder Q 9ι Bernhard (geb. Mai 1836) und Julie (geb. September 1839):

1842
„Auch unser Bernhard ist im Lernen fortdauernd wacker; aber mehr noch als seine intellektuelle Begabung ist sein prächtiges Gemüt zu rühmen, sein offenes, warmes, treues, an Liebe reiches Herz. Wenn Christus sagte: ‚Solchen ist das Himmelreich', da mußte er Kinder im Sinn haben, wie unser Bernhard ist. Er ist gut aus unmittelbarem Trieb des Herzens, aus innerstem Bedürfnis seiner Seele. Es klingt wunderlich und ist doch wahr; man muß das Kind nicht nur lieben, sondern auch achten. Bei der kleinen Julie sind die Fähigkeiten des Kopfes vorwiegend bemerkbar, und die sind auch, soweit schon geurteilt werden kann, recht erfreulich. In ihrem Gesichtchen drückt sich schon viel geistiges Leben aus, und ihre Worte bekunden das nicht weniger. Dabei hat sie viel Anmut, aber noch steckt auch ein Eigensinn in ihr, der überwunden sein will."
„Bei der kleinen Julie ist Entschiedenheit des Willens ein hervorstechender Zug, und daß sich der oft als kindischer Eigensinn darstellt, ist natürlich. Doch ist es nicht Eigensinn aus Schwäche, und da wird er schon in sich selbst die Kraft finden, sich zu überwinden. Neulich wurde sie zu etwas aufgefordert, was sie nicht wollte, da sagte sie ganz fest: ‚Nein, und das bleibt es.' Daß man es nicht immer dabei bleiben läßt, versteht sich, aber daß in solchem Sinn auch der Keim zu moralischer Kraft liegt, ist nicht zu verkennen. (...) Von Bernhard ist weniger einzelnes zu erzählen, aber er ist in allem, wie er spricht und handelt, anmutig und eigentümlich. (...) Solch ein Herz ist wohl ein seltener Schatz, und dies Herz spricht aus ihm vom Morgen bis Abend."
„Bernhard lernt recht wacker, und nächstens werdet Ihr auch von ihm Briefe erhalten. Seine Hand wird nach und nach fest, und mit Auswendiglernen, das ihm erst viel Mühe machte, geht es auch im erfreulichsten Fortschritt immer besser. Ich bin überzeugt, er wird mit seinem steten Eifer noch recht gut lernen. Die kleine Julie hat ein offenes Köpfchen und wird vielleicht einmal mehr Freude an den Büchern wie am Kochen haben; sie hat einen lebhaften Geist, ist aufmerksam und behält sehr gut, was sie einmal gehört hat."
1844
[Bernhard] „Ein Hauptschmuck ist bei dem allem sein selbstloses Wesen; das Wohlgefallen und Wohlbehagen anderer gilt ihm höher als sein eigener Vorteil. Neid, Mißgunst, Schadsucht wird ihm immer fremd sein, und List und Trug kommt bei ihm niemals zum Vorschein; er ist allerwärts redlich, wahr und offen, und das ohne nur einen Schein von Kampf; seine innerste Natur fordert es, er kann nicht anders. Sehr erfreulich ist es mir, zu bemerken, daß er anfängt, derber, knabenhafter in seinem Wesen und Benehmen zu werden. Emmrich wirkt in dieser Beziehung sehr günstig, und das Beispiel seines Bruders, der eine rechte Bubenambition hat, tut dabei auch das Seine. Mit seinem Schlittschuhlaufen geht es noch schwach, es wird ihm schwer; aber auch hier ist es ihm durch ausdauernden Willen gelungen, doch Fortschritte zu machen. (...) In der Woche kommen beide Knaben nur hinaus, um spazierenzulaufen, und das täglich vor und nach

dem Essen; aber am Sonntag sind sie immer bei fremden Knaben oder sehen ihre Kameraden bei sich, und da sind sie oft zu sechs und sieben vereinigt. Ich sehe, daß dieser Knabenumgang auf beide nur günstig wirkt, und darum halte ich auch diese Reunionen im geregelten Gang.
Von meinem lieben Töchterchen kann ich nur Erfreuliches berichten. Sie macht mir auch nicht den leisesten Verdruß; vom Morgen bis Abend ist sie in ihrer kleinen Sphäre geschäftig; nie ist sie müßig, sie räumt auf, näht, beschäftigt ihr Brüderchen, pflegt und erzieht ihre Puppen; kurz und gut, sie ist immer emsig und dabei immer heiteren, kindlichfrohen Sinns, freundlich und gefällig gegen jedermann, herzlich und innig zu Eltern und Geschwistern und, so fest ihr Sinn ist, doch durch Wort und Blick im Momente lenksam. Eine milde Mahnung tut bei ihr die beste Wirkung; sage ich nur: ‚Das ist nicht meine Julie', so wird sie rot und die Tränen treten ihr in die Augen, und wenige Momente, so ist alles in Ordnung. (...) Die Freundschaft zwischen ihr und der kleinen Emma Gemmingen besteht ungemindert fort; es hat etwas wahrhaft Rührendes, zu sehen, wie innig die beiden Kinder sich lieben. Ihr Hauptinteresse sind ihre Puppen; Julie sorgt für die ihrigen wie eine Mutter, sie ist unermüdlich in allem, was sie die eigene Mutter tun sieht. Diese ist überhaupt ihr höchstes Ideal, und sie will, wie sie oft sagt, genau so wie ihre Mutter werden und leben. Ich bin überzeugt, daß dieser Wunsch, dieses nacheifernde Streben es vorzugsweise und vielleicht es allein ist, was sie eigentlich erzieht, und das kann es um so eher, da sie immer und unausgesetzt bei ihrer Mutter ist" (Seebeck 1916, 194, 202 ff., 205 f., 258 ff.).

Q 9b. Julie, August und Bernhard Seebeck (Seebeck 1916, nach 238)

- Welche Charakterzüge zeigen beide Kinder nach Beobachtungen des Vaters? Was gilt beim Mädchen als erwünscht bzw. schädlich, was beim Jungen?
- Wie ändern sich beide Geschwister im Verlauf von zwei Jahren? Ist ein Wandel vom jeweils Abgelehnten zum Angestrebten festzustellen?
- Wie wirken Eltern, Geschwister und Freunde auf den Jungen und das Mädchen ein? Welche Techniken fördern dabei „junghaftes" und „mädchenhaftes" Verhalten?
- Sind dem Vater seine geschlechtsspezifischen Erziehungspraktiken bewußt? Warum wünscht er verschiedene Eigenschaften, liebt er etwa die Kinder in verschiedenem Grade?

Lily und Gustav Parthey (Rutschky 1983, 137)   Q 9d.

Lily Parthey (1800–1829) schreibt 1817 in ihr Tagebuch: Q 9c.

„17.1. Ich werde nie ohne Reue an diesen Abend denken und ihn gewiß nie vergessen! – Ich glaube, ich war von Therese angesteckt und bei Tische so lustig und ausgelassen, daß ich gewiß wohl recht unangenehm wurde. Vater winkte mir oft, mich nicht so gehen zu lassen, aber in meinem Taumel achtete ich nicht darauf. Ach, wann werde ich denn behalten, daß ein Mädchen nie liebenswürdig sein kann, wenn sie nicht in den ihr von der Natur bezeichneten Schranken bleibt, d. h. wenn sie bescheiden und sanft ihre weibliche Würde behauptet und nicht so ausgelassen und wild alle Sitte und Schicklichkeit von sich wirft, wie ich gewiß an diesem unglücklichen Abend tat. Ach, sogar eine freundliche Ermahnung des Vaters kam mir ganz sonderbar und überflüssig vor, und hätte ich mich gewiß meiner unglücklichen Verblendung überlassen, wenn nicht Gustav, mein guter teurer Bruder, mir die Binde von den Augen gerissen hätte. Er kam zu mir, als ich mich auszog, und sagte mir so sanft und freundlich, wie unweiblich, und Therese so ähnlich, mein Betragen am heutigen Abend gewesen sei, wie sehr es den Vater gekränkt und ihn selbst betrübt habe – er sagte es mir mit Tränen in den Augen – die meinigen flossen längst. – Der Wahn war kurz gewesen, aber die Reue sehr bitter. – Ich versprach ihm noch heute, dem Vater alles zu sagen, seine Verzeihung zu erbitten und mich nie, nie wieder so zu vergessen. Und wenn ich es täte, bat ich ihn, so möchte er mich immer wieder wie heute zu dem verlassenen Weg zurückführen. Er versprach es mir, umarmte mich und ging. Ach, wie viel lieber habe ich ihn nach dieser Unterredung! Wohl mir! Ich werde immer an meinem Bruder einen Freund, einen treuen Ratgeber, eine sichere Stütze haben. – Und nun flog ich zum Vater und gelobte ihm unter tausend Tränen Besserung, und gewiß, ich will mein Versprechen halten und recht über mich wachen, damit mein Leichtsinn, meine Unbesonnenheit mich nicht herabsinken läßt ..." (Rutschky 1983, 672).

- Welches Verhalten hat das Mädchen an den Tag gelegt? Welche Umstände trugen dazu bei? Was gilt daran als schuldhaft?
- Warum strafen Vater und Bruder Lily nicht gewaltsam und offen? Auf welchen Mechanismus verlassen sie sich?
- Warum weinen Bruder und Schwester? Wieso bindet das Erlebnis sie enger zusammen, aber auch fester an ihre geschlechtsspezifischen Rollen?
- Vermutlich ist die Maßregelung Lilys weit wirksamer und dauerhafter als die Kathrins. Erklärt die Gründe!

Es lohnt sich, die vier typischen Quellenzeugnisse zu vergleichen. Die chronologische Folge ist eher Zufall, aber die Verfahren der „Zähmung" und „Unterwerfung" von Mädchen bilden eine Steigerung und Zuspitzung:

- brutale Gewalt und offene Unterdrückung,
- ironische Verachtung und raffinierter Spott,
- sanfte Ermahnung und geschickte Gewöhnung,
- eigene Überzeugung und inneres Schuldgefühl.

Wichtig ist der Prozeß, in dem die zunächst nicht akzeptierten Regeln und erkennbaren Ungerechtigkeiten der „Weiblichkeit" gleichwohl durchgesetzt werden. Äußerer Zwang, offene Gewalt und verletzender Hohn sind zwar im Augenblick hoch wirksam, wenn sich die Mädchen ihnen nicht entziehen können. Aber sie halten das Herrschaftsverhältnis sichtbar, versagen bei Abwesenheit der Männer oder zerstören die weibliche Selbstachtung. Sanftere Verfahren, die vor allem mit Liebesbeweisen und Liebesentzug arbeiten, sind mühsamer, weniger erfolgreich im ersten Anlauf, aber sie wirken tiefer und dauerhafter. Schließlich sind nur noch leise Äußerungen von Trauer und unauffällige Appelle ans Schuldgefühl nötig.

Der Vorgang der Verinnerlichung („Internalisierung") ist vollzogen. Nicht mehr äußere Autoritäten und Drohungen veranlassen die Mädchen zu unterwürfiger „Weiblichkeit", sondern Gewissensbisse und

Selbstvorwürfe als innere Instanz. Der ganze Vorgang scheint oft – auf seiten der Erzieher wie der Kinder – weitgehend unbewußt abgelaufen zu sein. Jedenfalls wurde er als selbstverständlich angesehen. Daher galt das Ergebnis von „Erziehung" dann als Entwicklung der „Natur".

3. „Soziale Frage" statt „Frauenfrage"?

Betrachtet man das Bild genauer, tauchen Zweifel auf, ob es wirklich sinnvoll ist, Mädchenerziehung gegen Jungenerziehung abzugrenzen und gesondert zu untersuchen. Haben Knabe und Mädchen in der warmen Stube des reichen Elternpaares nicht fast alles miteinander gemeinsam? Und teilen nicht Sohn und Tochter der Hungernden und Frierenden draußen ebenfalls das gesamte Leid? Überragt nicht der Unterschied zwischen den Schichten oder Klassen weit den zwischen den Geschlechtern? Wird die „weibliche" Erziehung als Benachteiligung in den bisherigen Quellen nicht maßlos überschätzt?

Q 10. „Wenn ich ein Vöglein wär'" (1892) (Glaser 1981, 83)

Jedenfalls muß präzise untersucht werden, welche Aussagen sich überhaupt allgemein für *alle* Mädchen bzw. *alle* Jungen treffen lassen und welche Tatsachen für *alle* „armen" Kinder bzw. *alle* „reichen" Kinder gelten. Eigentlich müßte weit genauer unterschieden werden zwischen Adligen, Unternehmern, Bildungsbürgern, Handwerkern, Bauern, Landarbeitern, Fabrikarbeitern und Randgruppen (z. B. Bettler, Fahrende, Behinderte, Sträflinge). Aus Platzgründen ist aber nur ein ganz grobes Raster möglich: der Vergleich zwischen Kindern aus begüterten, gebildeten und bevorrechtigten Elternhäusern des Adels, der Unternehmerschaft und des Bildungsbürgertums und Kindern aus besitzlosen, ungebildeten und benachteiligten Familien kleiner Handwerker und Bauern, armer Feld- und Industriearbeiter und sozial Verachteter. Ober- und obere Mittelschicht werden also den Unterschichten gegenübergestellt.

3.1 Spiel oder Hausarbeit, Schule oder Erwerb?

Q 11a. Karl Friedrich Klöden (1786-1856), ein bedeutender Bildungsreformer, erzählt von einer Hungerkindheit um 1800:

„Ein tolles Spiel war eine Zeitlang unter uns Schülern Mode geworden; wir nannten es das ‚Atschaspielen', und es wurde gewöhnlich nach dem Schlusse der Lektionen in der Schulstube exerziert. Einer war der Teufel und wurde von einem andern Huckepack getragen. Indem dieser nun lief, mußte der Teufel versuchen, einen andern zu greifen, worauf er von ihm abgelöst wurde. Der Teufel schrie dabei beständig ‚Atscha'. Es ging wild über Tische und Bänke fort, und der Teufel auf dem Rücken seines Trägers mußte gut balancieren. Noch begreife ich kaum, wie dies tolle Spiel stets ohne Unglück abgegangen ist. Die Mädchen waren dabei ebenso wild wie die Knaben" (Weber-Kellermann/Falkenberg 1981, 116).

Q 11b. Friedrich Paulsen (1846-1908), Professor für Philosophie und Pädagogik, ist um 1850 im bäuerlich-ländlichen Milieu aufgewachsen:

„Mit einem Wort berühre ich hier eine gegenwärtig viel erwogene Frage: die Frage der gemeinsamen Schulerziehung der Geschlechter. Ich hab die Sache in zehnjähriger Erfahrung kennen gelernt und kann bezeugen, daß das Zusammenleben auch in der Schule uns immer als selbstverständlich vorgekommen ist. Ein Unterschied in der intellektuellen Leistungsfähigkeit zwischen den Geschlechtern ist uns wohl nie in den Sinn gekommen; von den Mädchen wurde dasselbe gefordert und geleistet. Dumme und Gescheite gab es auf beiden Seiten" (Schlumbohm 1983, 156).

Q 11c. Julie Blum (1894-?), lebenslang fleißige Dienstmagd, verbringt ihre Kindheit um 1900 im Waisenhaus:

„Die Buben sind im Heim nicht anders behandelt worden wie die Mädchen. Wir wurden eben alle gebraucht. Es war ja beim Haus eine große Landwirtschaft dabei. Die, die man nicht in der Landwirtschaft verwenden konnte, weil sie schwächlich oder zu gering waren, die mußten halt Knöpfe ausnähen. Früher hat man doch diese Garnknöpfe gehabt. Aus der Fabrik haben sie uns Kartons mit Vorlagen geschickt, und wir mußten sie ausnähen. Die Mädchen und die Buben. Wir haben als Kinder immer eine Arbeit gehabt. (...) So mußten wir selbst auch für das Auskommen sorgen. Aber es ist gut, wenn schon ein Kind lernt zu schaffen. (...) Also nach der Schule haben wir Mädchen flicken und stricken müssen. Es waren ja 30 Buben, die haben in der Landwirtschaft geholfen. Bis eben auf die, die zu schwach für die Feld- und Stallarbeit waren – und achtzehn Mädchen haben müssen die Hemden flicken und die Wäsche in Ordnung halten" (Kienzle 1983, 30).

Q 12a. Friedrich Paulsen (1468-1908) erwähnt auch die ländlichen Spiele um 1850:

„Wie die Spiele, so waren die Spielzeuge unser eigenes Werk; niemand lehrte sie machen, niemand kümmerte sich darum, (...) die Mädchen machten sich ihre Puppen und zogen sie mit farbigen Läppchen an, sie stickten sich ihre Bälle, ein Kork diente als Unterlage, er wurde mit altem Wollgarn rund gewickelt und dann die Decke darauf ‚geflammt', je bunter, desto schöner. Wir Knaben machten uns Bogen und Pfeile, aus Weidenzweigen und Rohr mit Eisenspitze, zu der ein Nagel verarbeitet wurde. (...) Aus einem Lederstück mit zwei Schnüren daran wurde eine gefährliche Schleuder hergestellt, die wohl einmal einem Schaf ein Bein gekostet hat. Ein prachtvoll fernreichendes, wenn auch nicht ferntreffendes Werkzeug war auch eine schmiegsame Gerte, auf die eine kleine Kartoffel gesteckt und weggeschleudert wurde. Natürlich fehlte es nicht an Windbüchsen und Wasserspritzen, Hollunderzweige wurden dazu ausgehöhlt. Ein Blasrohr hab ich mir noch gemacht und mit gefiederten Pfeilen versehen, als ich schon die ersten lateinischen Vokabeln lernte" (Schlumbohm 1983, 148f.).

Ottilie Baader (1847–1925), bekannte SPD-Politikerin, ist Kind früher **Q 12b.** Fabrikarbeiter um 1850:

„Ich kam erst etwa im zehnten Jahre in die Schule. Lesen, Schreiben und Rechnen hatte ich von meinem Vater gelernt. Bei der Prüfung wurde ich für die dritte Klasse reif befunden. Es war eine Mittelschule, in einem alten Kloster untergebracht, und sie galt für die damalige Zeit als eine gute Schule. Es hieß, daß die Mädchen dort vor allem zu ‚guten Sitten' erzogen wurden. Leise, zart und sanft sein war das Frauenideal jener Zeit, und der Vater hatte gerade an der Mutter ihre Sanftheit geliebt und wollte, daß auch seine Töchter so wurden. Lange bin ich nicht in die Schule gegangen. Als ich dreizehn Jahre alt wurde, zog der Vater mit uns nach Berlin, und hier war es mit meinem Schulbesuch vorbei. Ich mußte arbeiten und mußte mitverdienen. Es brauchte kein großer Familienrat abgehalten zu werden, um den richtigen Beruf zu wählen, denn groß war die Auswahl für Mädchen damals nicht. In der Schule war ich immer gelobt worden, weil ich gut nähen und vor allem gute Knopflöcher machen konnte. Ich sollte also Wäsche nähen" (Baader 1979, 13f.).

Anna Louise Karsch (1721–1791), berühmte Dichterin, spricht für **Q 12c.** Tausende von Unterschichtmädchen:

„Meine Mutter gab ihrem zweiten Manne einen Sohn, und ich bekam das Amt einer Kinderwärtin. Zehn Jahre war ich alt, mein Stiefbruder ward der einzige Vorwurf meiner Beschäftigung. Traurig saß ich an seiner Wiege, weil mir Bücher fehlten, denn an meinem Geburtsort auf der Meierei fand ich keine. (...) Es ward eine Teuerung im Lande durch Überschwemmung der Äcker. Man besorgte zu verarmen, und man teilte mir mein Brot in kleine Bissen ab. Meine Frau, von üblen Begegnungen ihres Mannes aufgebracht, übte ihre Rache an mir aus. Ich sollte ihre Magd vorstellen, und mein Alter von zwölf Jahren gab mir nicht Kräfte genug. Wasser schöpfen, mit einem Schiebkarren Getreide zur Mühle hinauffahren war meine Tagesarbeit. Es gefiel meinem gütigen Schöpfer, mich früh in der Schule der Geduld zu üben, um künftig härteren Versuchen mich ohne Murren zu unterwerfen" (Hirsch 1982, 7ff.).

- In welchen wesentlichen Punkten gleicht sich das Leben von Jungen und Mädchen bei Bauern und Arbeitern (oft ist einfach nur von „uns Kindern" die Rede)?
- Wo liegen gleichwohl wichtige Abweichungen? Inwiefern stellen sie Benachteiligungen der Mädchen dar?

- Beschreibt, wie die Kinder durch unterschiedliche Tätigkeiten die Geschlechtsrollen der Erwachsenen in der Unterschicht imitieren und einüben!
- Stellt Vermutungen an, ob die Unterschiede zwischen Jungen und Mädchen in den „reichen" Bevölkerungsschichten größer oder kleiner sein werden!

Q 13a. Herstellung und Verkauf von Kinderspielzeug (Puppe ... 1977, 68, Rutschky 1983, 547)

Gebrauch und Zweck von Kinderspielzeug (Puppe ... 1977, 185, 59)   Q 13b.

- Welche Auskunft geben die Bildquellen über die Rolle von Spielzeug im Leben der Kinder? Wie unterscheiden sich die Beschäftigungen in oberer Mittelschicht und Unterschicht, wie die von Mädchen und Jungen?
- Kann man – nach Aussage der Bilder – auf geschlechtsspezifische Untersuchung der Kindheit zugunsten von klassenspezifischer Betrachtung verzichten?

Q 14a. Ottilie Wildermuth (1817–1877), vielgelesene Schriftstellerin, berichtet über ihre bürgerliche Kindheit:

„Die Sommerabende führten Knaben und Mädchen auseinander, an Winterabenden aber versammelte man sich unter der Mutter Anleitung zu *gemeinschaftlicher Lektüre*. (...) Unsere Abendlektüre wurde stets mit lebhaftem Interesse und vielen Zwischenkritiken aufgenommen. Glatz' Sittenlehre, wo es sich nur um Mädchen handelte, deren Tugenden dem Alphabet nach in lehrreiche Geschichten eingekleidet waren: ‚Die aufrichtige Adelheid', ‚Die bescheidene Berta', ‚Die dienstfertige Dorothea' wurden von den Buben entschieden verworfen und zu den ‚Beispielen des Guten' griff man nur im äußersten Notfall. Dagegen interessierten uns Campes ‚Robinson', ‚Die Entdeckung von Amerika' und der ‚Jugendgarten' von A. Gebauer in hohem Grade. Vor allem aber entzückte uns die ‚Tausendundeine Nacht' in der Grimmschen Bearbeitung. (...)
Gern hätte auch ich nach meinem mangelhaften Schulunterricht noch mehr gelernt. Es gab aber damals im ganzen Königreich nur ein einziges Institut zur Ausbildung heranwachsender Mädchen, das Katharinenstift in Stuttgart, und es war eine seltene Ausnahme, wenn eine Tochter vom Lande dahin geschickt wurde. (...) So blieb ich zunächst auf die Bildungsmittel angewiesen, die in der Heimat zu finden waren. Die Mutter gewann den Herrn Vikar Burkhard (...) dafür, mir *Privatlektionen* zu geben in Geographie und Geschichte. (...) In einem besonders kalten Winter gab es auf dem Neckarkanal prachtvolle *Schlittschuhbahn*. Daß dies leichtfüßige Vergnügen auch für die Mädchen zugänglich sei, wußte man damals noch nicht. (...) Nach Tisch war großer Korso auf dem spiegelglatten Eis; die Herren glitten in graziösen Schwingungen auf und ab; die Damen trippelten in kleinen Gruppen vorsichtig auf dem Eise, bis ein galanter Kavalier einen Schlitten herbeischob, auf den man sich setzte und nun mit demselben dahinflog, den Kavalier mit Schlittschuhen hinter sich" (Rutschky 1983, 374 ff.).

Q 14b. Dorothea Schlözer (1770–1825), Wunderkind, später Dr. phil. und Hausfrau, verteidigt in einem Brief um 1780 ihre für ein Mädchen völlig außergewöhnliche Bildung:

„Du mußt Dir aber ja nicht einbilden, daß ich nichts von weiblichen Arbeiten verstehe: im Kochen nehme ich es doch wohl mit Dir auf, und meine Mutter macht mir oft Schmeicheleien über mein flinkes Stricken. – Ich kann spinnen, nähen, mit Wein umgehen, denn ich besorge größtenteils den Keller allein; nur im Putzmachen fehlt's mir noch ein wenig, da möchtest Du wohl schon mein Meister sein, und meiner Mutter vollends komme ich in diesem Kapitel all meine Tage nicht bei. Nicht einmal, sondern wohl zehnmal hat es mir mein Vater freigestellt, ich sollte keine Lernstunde mehr haben, sondern nur weibliche Sachen treiben – aber ich hielt es noch nicht für ratsam, wahrhaftig nicht bloß weil ich fürchtete, meinen Vater bös zu machen. (...) Weiber sind nicht in der Welt, bloß um Männer zu amüsieren, Weiber sind Menschen wie Männer: eines soll das andere glücklich machen. (...) Wie, wenn ich nun einen Kaufmann oder Fabrikanten kriegte, der nach Spanien, Frankreich, Holland, Italien, England, Schweden usw. handelt, und ich verstehe die Sprache dieser Länder und könnte ihm gar seine Korrespondenz führen? Wieviel Kaufmannsweiber gibt es denn, die so ein halb Dutzend Sprachen verstehen; und müßte mein – will's Gott! – Künftiger denn nicht ein Flegel sein, wenn er mir nicht eine Köchin bezahlte, weil ich ihm einen Buchhalter ersparte? Freilich wählen können wir Mädchen nicht, weder ich noch Du; wenn ich also einen Gelehrten kriegte, so wäre mein bißchen Lernen verloren, aber Schaden tät's mir doch auch nicht. Gesetzt ich müßte der Haushaltung wegen, Klavier, Singen, Mathematik und Latein niederlegen, meine Sprachen spräche ich doch noch immerfort, und mein Mann hätte doch sein Vergnügen dabei, und ich läse doch immer so was nebenher von Rom. Denn immer vor dem Herd zu stehn, wäre meine Sache auch nicht" (Rutschky 1983, 669f.).

Fanny Hensel, geb. Mendelssohn (1805–1847), erst jüngst als geniale **Q 14c.** Komponistin wiederentdeckt, ist musikalisch ebenso begabt wie ihr Bruder, der berühmte Komponist Felix; dennoch schreibt 1820 ihr Vater an sie:

„Was Du mir über Dein musikalisches Treiben im Verhältnis zu Felix in einem Deiner früheren Briefe geschrieben, war eben so wohl gedacht wie ausgedrückt. Die Musik wird für ihn vielleicht Beruf, während sie für Dich stets nur Zierde, niemals Grundbaß Deines Seins und Tuns werden kann und soll; ihm ist daher Ehrgeiz, Begierde, sich geltend zu machen in einer Angelegenheit, die ihm sehr wichtig vorkommt, weil er sich dazu berufen fühlt, eher nachzusehn, während es Dich nicht weniger ehrt, daß Du von jeher Dich in diesen Fällen gutmütig und vernünftig bezeugt und durch Deine Freude an dem Beifall, den er sich erworben, bewiesen hast, daß Du ihn Dir an seiner Stelle auch würdest verdienen können. Beharre in dieser Gesinnung und diesem Betragen, sie sind weiblich, und nur das Weibliche ziert die Frauen (...) Dein Vater" (Rutschky 1983, 673).

Lotte Grimm (1793–1833), Schwester der Märchenerzähler, verliert **Q 15a.** frühzeitig ihre Mutter; von der Tante erhält sie einen Brief:

„Liebe Lotte dein Verluß an deiner Lieben Seeligen Mutter ist unersetzlig, Gott hat es gethan under deßen Willen wier unß bügen müßen, folge den Lehren deiner Seeligen Mutter durch ein friedliges betragen mit deinen Brüdern so wird dier Gott beystehen, u. dier auch beruigung in deinem gemühte schencken. Liebe Lotte, du bist ja kein Kind mehr du bist ja 15 Jahre alt u. kanst schon viel leisten in der Haußhaldung ohne deinen Körber anzugreiffen, u. hast das glück die Treie Katriene zu haben mit der du rathschlagen kanst wegen der Kogerey, u. um alles liebe Lotte sehe mir auf ordnung das es nicht schmutzig bey dir außieht oder unordenglig; Schencke mir dein Zutrauen u. Schreibe mir Ja wenn dier waß fehled ich werde dir jmmer Mütterlig beystehen besonderst liebe Lotte sehe Ja auf das Weißzeig – du würst ja noch bey der Heißen das neehen auslernen waß auch gud ist – u. dann liebe Lotte werde Ja denckend auf Haußhaldweßen u. erfülle den wunsch deiner Lieben Seeligen Mutter, die mir oft gesacht hat, die Lotte will ich zu einer guden Haußhälderen erziehen, du hast recht das du im Kleinen stübgen mit der Katriene Schläfts das die Eckstube doch recht sauber gehalden werden kann. deine Treie Tante. H. Zimmer" (Rutschky 1983, 671).

G. F. Schumacher (1771–?), später Lehrer, erinnert sich an die Notzeit **Q 15b.** nach dem Tode des Vaters und den sozialen Abstieg vom Bürgertum ins Elend:

„Bei meinen Schwestern war vom Lernen noch weniger die Rede; ein bischen schreiben und rechnen bei mir, das war Alles. Lesen konnten sie, ich weiß nicht woher? Die Zeiten wurden immer trüber für uns; meine Mutter immer finsterer, immer muthloser. Es sprach sich das innere Elend plötzlich stärker aus, da meine Mutter uns sagte: sie werde das Dienstmädchen abschaffen; wir müßten die Hausdienste selbst thun. Die Zerrüttung des häuslichen Lebens ward dadurch groß. (...)
Um halb 9 Uhr indeß sollte doch Etwas geordnet, im Winter eingeheizt, unser bischen Milch und Wasser zu einem Stück Brod gewärmt, eine Tasse Kaffee für die Mutter gekocht werden; das Alles lag meiner Schwester ob. Die Laden konnten nur von außen geöffnet werden; das mußte ich thun, und that es nie ohne eine Art von Widerstreben. Ich schämte mich vor den Nachbarn als Knabe eines Dienstes, der dem Dienstmädchen sonst zufiel, ich ärgerte mich über die höhnenden Anmerkungen der Nachbarn über unser spätes Aufkommen, und konnte doch nie schnell und unbemerkt davon kommen, weil die Laden von außen mit eisernen Krampen versehen waren, die erst mühsam ausgenommen werden mußten. Die Noth ward größer. Ich konnte nichts erwerben, mein Bruder noch weniger; aber meine Schwestern konnten stricken und nähen" (Schlumbohm 1983, 384f.).

Q 15c. Otto Schmeil (1860–1943), Biologe und Schulbuchverfasser, beschreibt die Versuche der verwitweten Mutter, fünf Kinder durchzubringen und den Wiederaufstieg ins Bürgertum zu ermöglichen:

„Die energische Mutter warf sich sofort auf das, was sie beherrschte und was einer Frau in damaligen Zeiten besonders nahe lag, nämlich auf die Herstellung von Wäsche. Hierbei stand ihr meine Schwester treu zur Seite. Jedoch, was konnte ein Kind leisten, das beim Tode des Vaters noch nicht ganz elf Jahre alt war! Da die bäuerlichen Kunden zur Nähmaschine noch kein Zutrauen hatten und die Mutter den relativ hohen Preis für eine solche auch nicht erschwingen konnte, mußten alle die vielen Tausende von Stichen, durch die aus einem Stück Leinwand etwa ein Hemd wird, mit der Hand ausgeführt werden. (...) Der Umzug (...) war notwendig, weil die heranwachsende Schwester in den Dörfern des Kirchspiels Osmünde durch Näharbeit einen besseren Verdienst finden konnte. (...) Auch hatte sie vielfach in Halle Material für ihre Arbeiten einzukaufen, wohin sie, da Gröbers Eisenbahnstation war, von dort aus verhältnismäßig leicht gelangen konnte. Ein größerer Verdienst war aber umso wichtiger, als mein Bruder Paul bereits nach wenigen Jahren mit der Vorbereitung zum Lehrerberuf beginnen und ich bald darauf den gleichen Weg beschreiten sollte. Ohne die unablässige Hilfe der guten Schwester, die den letzten Pfennig für unsere Ausbildung hingab, wäre es unserer Mutter unmöglich gewesen, uns dem erstrebten Ziel zuzuführen" (Rutschky 1983, 190ff.)

- Wie unterscheiden sich im Regelfall (Q 14a–c) bürgerlicher Familien Spiel, Bildung und häusliche Mithilfe zwischen Jungen und Mädchen?
- Warum werden Mädchen nicht auf eine Erwerbstätigkeit vorbereitet und was folgt daraus für ihre Schullaufbahn und Bildung?
- Wie ändern sich die Verhältnisse, wenn z. B. durch einen Todesfall (Q 15a–c.) plötzlich Elend und Krise eintreten? Wer trägt die Hauptlast der wirtschaftlichen Not und sozialen Gefährdung?

- Wie kommt es, daß Jungen sich der Hausarbeit schämen und zum Broterwerb unfähig sind, während Mädchen selbstverständlich die Rolle der Magd und der Heimarbeiterin übernehmen?
- Vergleicht (nach Q 13.–Q 15.) noch einmal Jungen und Mädchen der „reichen" Leute mit Jungen und Mädchen der „Armen"!
- Legt eine kleine Graphik mit zwei Spalten („Mädchen", „Jungen") und zwei Zeilen („Obere Mittelschicht", „Unterschicht") an und schreibt die wichtigsten Beobachtungen in den vier Feldern nieder.
- Wo sind die Unterschiede größer? Wodurch sind die abweichenden Ausprägungen von „Mädchenrolle" und „Jungenrolle" verursacht?
- Kann man auf „geschlechtsspezifische" Untersuchung der Kindheit zugunsten von „klassenspezifischer" Betrachtung verzichten?

3.2 Liebe und Ehe, Beruf und Politik

Eigene Familiengründung und erwachsene Sexualität, wirtschaftliche Selbständigkeit und politische Beteiligung werden – während der Kindheit – in den Unterschichten so wenig erreicht wie von Bürgertum und Adel, aber sie werden vorbereitet. Um wirklich beurteilen zu können, ob es statt der „Frauenfrage", dem „Geschlechterkampf", eigentlich nur eine „Soziale Frage", einen „Klassenkampf", gab, muß also auch die Situation der proletarischen und bürgerlichen jungen Mädchen betrachtet werden.

Lily von Kretschman (1865–1916), später als Lily Braun eine vielgelesene Schriftstellerin und aktive Sozialdemokratin, beschreibt ihre Jungmädchenzeit: **Q 16a.**

„Ich war wirklich eine ‚junge Dame' geworden; ich fühlte nicht einmal mehr, daß die hoffnungsvollsten Triebe meines Lebensbodens niedergetrampelt waren. ‚Man beurteilt ein junges Mädchen nach seinem Aussehen, weniger nach seinem Wissen', schrieb ich, mir die Ansichten meiner Tante zu eigen machend, ‚sie wird mit Recht für arrogant gehalten, wenn sie schon eine eigne Meinung haben will.' (...) ‚Auch Verse mache ich nicht mehr, denn mein Streben ist darauf gerichtet, mein eignes Ich und die Welt um mich so poetisch wie möglich zu gestalten' – durch bemalte Teller und Schachteln, bestickte Deckchen und ein mißhandeltes Klavier! – ‚damit ich einmal meinem Mann eine hübsche Häuslichkeit schaffen kann.'

Mein Mann!– Die Tante sorgte dafür, daß meine Träume sich mehr und mehr um ihn drehten und meine Phantasie, die wir so tief eingesargt wähnten, nach dieser Richtung üppigste Blüten trieb. War nicht das Ziel all ihrer Erziehungskünste der Mann? War es nicht wie ein glattes Rechenexempel, wenn sie mir auseinandersetzte, warum und wann und wen ich heiraten sollte? ‚Da ich kinderlos bin, wird für dich reichlich gesorgt sein,' sagte sie, als wir einmal im Siebentischwald spazieren gingen und ihr Arm schwer und schmerzhaft wie stets auf dem meinen ruhte, ‚aber natürlich erst nach meinem Tode. Jetzt bist du arm und bei der schlechten Wirtschaft deiner Eltern kannst du kaum auf eine Zulage rechnen.

Mach also keine Dummheiten. Sorgen treiben gewöhnlich die Liebe zum Hause hinaus. Und wenn ich versucht habe, dich aus deinem Wolkenkuckucksheim in die nüchterne Alltäglichkeit zurückzuführen, so doch nur, damit du dich nicht mit einer konfusen Leidenschaft verplemperst. Du kannst jetzt die größten Ansprüche machen – verscherze dir das nicht!' Ich hörte ruhig zu, ich war so gut erzogen, daß mir das alles selbstverständlich klang" (Braun 1985, 109f.).

Q 16b. Anita Augspurg (1868–1943), später eine der ersten Doktorinnen der Jurisprudenz und Spitzenvertreterin der radikalen Frauenbewegung, als „Höhere Tochter" (nach dem Bericht einer Freundin):

„Eine – man darf wohl sagen – glückliche freie Kindheit war beendet, die Schule verlassen, ein neuer Lebenabschnitt begann, der der höheren Tochter. Für weibliche Wesen mit normalem Instinkt bedeutete das ‚Höhere-Tochter-Spielen' ein Drohnen-Dasein ohne sinnvolle Betätigung und Arbeit. In einer Zeit, wo ein junges, gesundes Menschenkind voller Kraft, Hoffnungen, Wünsche, Ideale, aber auch schwerer Zweifel sich sein Leben gestalten will, arbeiten, schaffen und wirken, verbannte es die damals landläufige Norm in die Enge des Hauses, um allen Familienmitgliedern zu dienen, allen Ausbeutungsobjekt für nichtige Dinge zu sein; in Literatur, Künsten und Sprachen zu dilettieren; zu warten, bis der Freier erschien, der es – wie das so schön hieß – ihrem natürlichen Berufe zuführte, d. h. ins Ehejoch spannte.
Die heutige weibliche Generation kann sich von solcher Zumutung kaum noch eine Vorstellung machen, denn, von seltenen Ausnahmen abgesehen, ist das ‚Höhere-Tochter-Spielen' eine überlebte Institution geworden, aber sie hat den Töchtern des Bürgerstandes und des Adels bis zum Beginn des Zeitalters der Maschine und Technik wie des erhöhten Selbstbewußtseins des weiblichen Geschlechtes unendlich viel stilles Leid, qualvolle Stunden bis zur völligen Verzweiflung gebracht, und der Gesamtheit gingen viel wertvolle Kräfte verloren, bis selbstsichere Naturen sich nicht mehr überlieferten Traditionen stillschweigend beugten, sondern sich mit Erfolg auflehnten und eigene Wege gingen. Das war in den Zeiten, da Anita das 10. Lebensjahr erreichte, nicht nur ein harter Kampf mit der Umwelt und denen, die gesetzliche Autorität über sie hatten; auch die Berufe, die ein aus angesehener gutbürgerlicher Gelehrtenfamilie stammendes Mädchen erwählen konnte, waren mehr oder weniger auf den Lehrberuf beschränkt, für den Anita weder Lust noch Begabung verspürte" (Heymann 1972, 7f.).

Q 16c. Eine junge Arbeiterin um 1885 nach dem Zeugnis ihrer Kollegin Adelheid Popp (1869–1939):

„Da war die Tini. Sie war ein zierliches Geschöpf von außerordentlicher Lieblichkeit; ihre Wangen wie Milch und Blut, das aschblonde Haar kunstvoll gewellt, die weißen Hände sorgsam gepflegt. In der Kleidung aber zeigte sie die Arbeiterin. Während die Hochhinausstrebenden zierliche schwarze Schürzen trugen, trug die Tini mit Vorliebe breite blaue Leinenschürzen, die damals von Fabrikmädchen gerne getragen wurden. Ein hübsches Tuch hatte sie kokett um die Schultern geschlungen, Rock und Bluse waren nach dem Schnitt gearbeitet, wie er für Arbeiterinnen Gebrauch war. Durch ihre Schönheit fiel sie trotz ihrer Kleidung auf. Sie hatte einen Freund, der sie von der Fabrik abzuholen pflegte.

„Höhere Töchter": Geduld bei Handarbeiten, Lektüre, Heiratsantrag (Weber-Kellermann 1983, 140, 149; 1974, 115)   Q 17a.

Q 17b. „Dienstmädchen": Arbeit für gnädige Frau, gnädigen Herrn, Schatz (Wegrainer 1979, nach 74, vor 75; Weber-Kellermann 1983, 130)

Mit einem Pfiff gab er ihr das Zeichen, daß er sich auf dem Posten befinde. Eilig trippelte sie dann zu ihm hinüber, wo sie sich laut begrüßten. Er war in Haltung, Kleidung und Benehmen der Typus des Wiener Strizzi. Er schlug Tini, was sie am nächsten Tag, über ihn schimpfend, erzählte. Mit neunzehn Jahren hatte sie schon zwei Kinder, die sie allein erhalten mußte, weil er bei seiner Abneigung gegen regelmäßige Arbeit nichts beisteuern konnte und wahrscheinlich auch nicht wollte. Das reizende Mädchen liebte den rohen Menschen grenzenlos, er konnte mit ihr machen, was er wollte, sie verteidigte ihn, und wehe jener, die es wagte, ein Wort über ihn zu sagen. Eine Flut von Beschimpfungen ergoß sich dann über die rosigen Lippen Tinis" (Popp 1983, 141).

Marie Frank (1852-1924), Mutter des bedeutenden Romanciers Leonhard Frank, verbirgt sich in ihrer Lebensgeschichte hinter dem Pseudonym Marie Wegrainer: **Q 16d.**

„In der Wohnung des Ehepaares angekommen, fand sie außer einem Ersatz für sich auch noch einen Brief von Karl vor, in welchem er schrieb, wie schwer es ihm werde, und wie er es deshalb stets von einem Tag zum andern hinausgeschoben habe, ihr mitzuteilen, daß er durch Familienverhältnisse gezwungen sei, eine gute Partie zu machen. Er sei trostlos darüber, denn nur ihr allein gehöre seine Liebe, und er flehe sie an, ihn nicht allzu schwer zu verurteilen. Da stand Marie nun auf der Straße, losgetrennt von Allem, ohne Obdach, mit dem Brief in der Tasche, der ihr sagte, daß der liebste Mensch, den sie besessen, sie im Stich gelassen hatte. (...)
Von da an trafen sich die beiden aber öfters während der Woche und gingen auch Sonntags miteinander aus, und Marie erzählte viel von Karl Volk. Auch Leonhard hatte eine traurige Erfahrung gemacht. Er hatte ein Mädchen geliebt, und sie hatte ihn hintergangen. (...) So kam auch der Tag, wo Leonhard um Mariens Liebe bat und um ihr Wort, später seine Frau zu werden; und als Marie Einwände machte und meinte, daß das alles doch noch in zu weiter Ferne liege, fragte Leonhard traurig, ob sie ihm denn kein Vertrauen schenken wolle in bezug auf Treue und er meinte, daß er einmal eine Frau werde ernähren können. Verliebt wie Marie war, willigte sie nun ein – und so war ihr Schicksal besiegelt" (Wegrainer 1979, 55f., 67f.).

- Beschreibt den Alltag von Bürgermädchen und Proletariermädchen, ihre Arbeit und Freizeit, ihre Pläne und Träume!
- Warum ergreifen Oberschichtmädchen „selbstverständlich" keinen Beruf und Erwerb, warum tun es Unterschichtmädchen „natürlicherweise"?
- Wer kann inwiefern stärker über sich selbst verfügen? Wer ist mehr vom Geld anderer, mehr von Männern abhängig?
- In welchem Zusammenhang stehen Liebe und Sexualität, Ehe und Versorgung für die beiden Gruppen?

Tatsächlich war die Lage der Bürgermädchen und der Proletarierinnen gründlich verschieden: Die einen „durften" nicht „arbeiten gehen", von eigenem Geld leben und für sich wohnen, die anderen „mußten" es. Die einen hatten fast nur Freizeit bis zu Überflüssigkeit und Langeweile, die anderen fast keine Freizeit bis zur Erschöpfung und Krankheit. Die einen waren gezwungen, eine „Versorgungsehe" (oft ohne Liebe und meist nach elterlicher Entscheidung) einzugehen, die anderen hatten keine Aussicht, es zu tun. Die einen wurden strikt gegen voreheliche Sexualerfahrungen abgeschirmt, die anderen konnten sich vor Verführung oder Vergewaltigung durch Vorgesetzte kaum retten. Beides galt als „natürlich"; der krasse Widerspruch kam kaum einem Zeitgenossen zum Bewußtsein. Dennoch: die Unterordnung unter Männer war gemeinsam. Das zeigt sich nicht zuletzt bei den ersten schüchternen Versuchen, eine eigene Meinung zu vertreten, politisch aktiv zu werden.

Q 18a. Lida Gustava Heymann (1868-1943), später eine der aktivsten Organisatorinnen der bürgerlich-radikalen Frauenbewegung, berichtet vom Zusammenstoß mit einem adligen Schwager 1884:

„Einmal erklärte er im Scherz, in Preußen gelte noch das Züchtigungsrecht des Mannes der Ehefrau gegenüber. Daß ein Mann es wagte, vor seiner Braut in Gegenwart ihrer Schwestern auf ein solches veraltetes Gesetz anzuspielen, und jene das stillschweigend hinnahmen, empörte mich, und ich erklärte, daß Frauen dann besser täten, überhaupt nicht zu heiraten, solange solch blöde Gesetze bestünden. Meine Empörung reizte ihn sichtlich, er sprach weiter von der Minderwertigkeit der Frau. Das hörte ich damals zum erstenmal. Sechzehnjährig, in vieler Hinsicht noch ein völliges Kind, war ich solcher Unterhaltung nicht gewachsen, der Mann war mir an Jahren und Redefertigkeit überlegen. Ich fühlte einerseits meine Ohnmacht, wußte mich anderseits moralisch im Recht. Es war mir völlig unverständlich, warum unter erwachsenen Menschen der Mann besondere Rechte für sich in Anspruch nahm. Ich überlegte, wie ich mich am besten aus dieser unerquicklichen Lage ziehen konnte. Über das Spucken war ich damals hinaus; kurz entschlossen stand ich auf, verließ das Zimmer und warf die Türe schallend ins Schloß" (Heymann 1972, 32).

Q 18b. Ottilie Baader (1847-1925), eine der Leitfiguren der Arbeiterinnen-Bewegung, erinnert sich an ihre politischen Anfänge um 1880:

„In welchem Abhängigkeitsverhältnis die Frauen, auch die arbeitenden Frauen, damals noch zu ihren männlichen Familienangehörigen standen, habe ich am eigenen Leibe erfahren. Trotzdem ich nun schon lange die alleinige Erhalterin unseres kleinen Haushaltes war, blieb ich für meinen Vater die Tochter, die keine eigene Meinung zu haben brauchte, die sich in allem unbedingt nach ihm zu richten hatte. Ich war von Natur nachgiebig und fügte mich, konnte aber schließlich, als die Zeiten auch für uns immer ernster wurden, meine Gedanken nicht ganz unterdrücken. (...)
Ich selbst hatte mich allmählich auch von meinem Vater etwas freier gemacht. Das war nicht ganz leicht. Ich hatte durch das Lesen nun gelernt, mir meine Meinung zu bilden, in eine Versammlung durfte ich aber immer noch nicht allein gehen. Das gefiel mir auf die Dauer nicht mehr. Da hörte ich eines Tages, daß die Schäftearbeiter im Englischen Hof in der Alexanderstraße eine Versammlung angesetzt hatten. Ich hatte plötzlich einen energischen Augenblick und erklärte: ‚Ich gehe heute abend in die Versammlung der Schäftearbeiter!' Diese Energie

muß meinen Vater vollkommen überrascht haben. Er schwieg ganz still und ließ mich auch allein gehen" (Baader 1979, 23 f., 29).

In der Frauenbewegung vor 1914 ist es stets umstritten geblieben, ob es gemeinsame Interessen aller Frauen gegenüber den Männern oder nur gemeinsame Interessen der Proletarier gegenüber den Besitzenden gebe. „Bürgerliche" und „proletarische" Frauenbewegung blieben an dieser Frage strikt getrennt. Zwei bedeutende Köpfe äußern sich um 1890 kraß gegensätzlich.

Clara Zetkin (1857–1933), Spitzenpolitikerin der SPD, seit 1918 der KPD: **Q 19a.**

„Die bürgerlichen Frauenrechtlerinnen erstreben nur durch einen Kampf von Geschlecht zu Geschlecht, im Gegensatz zu den Männern ihrer eigenen Klasse, Reformen zugunsten des weiblichen Geschlechts innerhalb des Rahmens der bürgerlichen Gesellschaft, sie tasten den Bestand dieser Gesellschaft selbst nicht an. Die proletarischen Frauen dagegen erstreben durch einen Kampf von Klasse zu Klasse, in enger Ideen- und Waffengemeinschaft mit den Männern ihrer Klasse – die ihre Gleichberechtigung voll und ganz anerkennen – zugunsten des gesamten Proletariats die Beseitigung der bürgerlichen Gesellschaft. Reformen zugunsten des weiblichen Geschlechts, zugunsten der Arbeiterklasse sind ihnen nur Mittel zum Zweck, den bürgerlichen Frauen sind Reformen der ersteren Art Endziel. Die bürgerliche Frauenrechtelei ist nicht mehr als Reformbewegung, die proletarische Frauenbewegung ist revolutionär und muß revolutionär sein. Die proletarischen Frauen werden durch ihre Klassenlage in das Lager der Revolution geführt, die bürgerlichen Frauen in das der Reaktion. Die Mehrzahl der letzteren muß den Bestrebungen der Sozialdemokratie nicht bloß verständnislos gegenüberstehen, sondern direkt feindlich" (Frederiksen 1981, 111).

Dr. Anita Augspurg (1857–1943), brilliantester Kopf der „radikalen" bürgerlichen Frauenbewegung: **Q 19b.**

„Wenn Clara Zetkin von den Männern einer zur Herrschaft gekommenen Sozialdemokratie erwartet, daß sie die politischen Rechte, auf welche die Frauen heute freiwillig verzichten, freiwillig auf die Frauen ausdehnen, dann hat sie, die doch soviel auf die Lehren der Geschichte gibt, aus ihnen wenig gelernt. In den 110 Jahren von der Französischen Revolution bis zu dem belgischen Stimmrechtsfeldzug haben sich die Männer, die für Freiheit, Gleichheit und Brüderlichkeit kämpften und bluteten, in bezug auf die Anerkennung der Rechte der Frau außer auf dem Papier nicht geändert; sie werden sich auch in den nächsten 110 Jahren nicht ändern. In bedeutend kürzerer Zeit werden aber die Frauen, die solidarisch die Schultern anstemmen, die politischen Rechte für sich erkämpft haben, und daß sie alsdann für Gerechtigkeit und sozialen Fortschritt wirken werden, dürfte sich sicherer bewahrheiten, als die umgekehrte Rechnung Clara Zetkins" (Evans 1979, 151).

Die große Mehrheit selbst der für Frauenbenachteiligung sensiblen Bürgerinnen hatte ganz andere Sorgen und Ziele.

Q 19c. Helene Lange (1848–1930), jahrzehntelang Vorsitzende des „Allgemeinen Deutschen Frauenvereins" und damit *die* Vertreterin der gemäßigten bürgerlichen Frauenbewegung, hielt Sozialismus für verhängnisvoll und Gleichberechtigung kurzfristig für undurchsetzbar:

„Es ist in hohem Grade charakteristisch, daß nur die sozialdemokratische Partei das Frauenstimmrecht auf ihr Programm gesetzt hat. (...) Keine der anderen Parteien hat die Frau jemals ernst genug genommen, um auch nur den Gedanken an eine Gleichberechtigung zu fassen; auch die sogenannten liberalen Parteien sind für die Fraueninteressen nur mit billigen Phrasen eingetreten. (...)
Durch die Rolle, die der Mann der Frau angewiesen hat, ist jene Gesellschaftspuppe entstanden, die heute anstelle der tüchtigen, durchgebildeten, für das Gemeinwohl sich interessierenden Frau die erste Rolle spielt. Diese Dame, nicht der Mann ist der ärgste Feind der Frau. (...) Diese Dame, bei der man tief graben muß, um auf Spuren der Frau zu stoßen, hat die Welt nicht nur nicht gefördert, sondern in ihrer Entwicklung *gehemmt*. Ihre Herrschaft muß die *Frau* brechen. (...)
Und so ist uns unser Weg gewiesen. Es gilt zunächst – und diese Arbeit haben wir schon mit Energie in Angriff genommen –, die Hindernisse zu beseitigen, die uns am Leisten hindern. Es gilt, einzudringen in die Arbeit der Gemeinden, in die Schulverwaltungen, die Universitäten, die verschiedenen Berufszweige, und überall zu zeigen: *Das kann* die Frau. Es gilt, der *Dame* entgegenzutreten, die durch das parfümierte Taschentuch den ‚Armeleutegeruch' fernhalten möchte; es gilt das Laster in seinen Schlupfwinkeln aufzusuchen, die Kindlein zu uns kommen zu lassen, den Verwaisten und Verlassenen Pflegerinnen zu sein und unerschrocken die Wahrheit zu sagen über alles, was da faul ist auf sozialem Gebiet, mag uns noch so oft das allmählich doch etwas in Mißkredit geratende ‚Unweiblich' entgegengeschleudert werden. Der Weg ist weit; aber er ist kein Umweg. Denn wir nehmen viel mit unterwegs, all das Rüstzeug, das wir für eine spätere Zeit brauchen. Und überdies: Wir haben keine Wahl" (Frederiksen 1981, 392 ff.).

Q 19d. Selbst diese zurückhaltende Politik war vielen Frauen bei weitem zu radikal; Kronprinzessin Viktoria (später Kaiserin Friedrich) z. B. führte die Schirmherrschaft über den einflußreichen „Verein zur Förderung der Erwerbstätigkeit des weiblichen Geschlechts" (Lette-Verein), zu dessen Programm gehörte:

„Was wir *nicht wollen* und *niemals*, auch nicht in noch so fernen Jahrhunderten wünschen und bezwecken, ist die *politische Emanzipation und Gleichberechtigung der Frauen*. Wenn ihnen sogar der berühmte englische Nationalökonom John Stuart Mill das aktive und passive Wahlrecht, die Vertretung und Teilnahme an politischen Versammlungen zu vindizieren gemeint ist, so befindet er sich dabei im Widerspruch, wie mit den tausendjährigen Einrichtungen aller Staaten und Völker, so auch mit der Natur und Bestimmung des Weibes und mit den ewigen Gesetzen der göttlichen Weltordnung. Der alte Satz der christlichen Kirche, ‚mulier taceat in ecclesia' gilt für alle Zeit, nicht bloß für die kirchliche, sondern auch für die politische Gemeinde. Sodann hat die Erweiterung des Arbeitsfeldes der Frauen und deren Ausbildung für Erwerbsbeschäftigungen eine *naturgemäße Grenze in der Verschiedenheit der Befähigungen* des männlichen und des weiblichen Geschlechtes" (Gosche 1927, 13).

● Vergleicht die vier Positionen mit den Quellen (auch denen zu Kapitel 1. und 2.)! Bedenkt, daß es sich ausschließlich um Organisationen handelt, die intensiv für Verbesserung der Frauenlage eintreten! Wie mögen sich erst die Gegner geäußert haben?
● Worin hat Clara Zetkin, worin Anita Augspurg Recht? Wem kann man im ganzen eher zustimmen? Oder haben beide Seiten im Kern Unrecht?
● Warum vertritt Helene Lange entschieden „gemäßigte" Mittel und „lange" Wege, aber durchaus „weitreichende" Ziele? Konnte sie sich in praktischen Fragen mit dem „Lette-Verein" einigen? Und mit Dr. Augspurg? Mit den Sozialistinnen?
● Gab es eine Chance zur Zusammenarbeit aller politisch aktiven Frauen? Auf welcher Linie könnt ihr euch einen Ausgleich der Ziele und der Interessen vorstellen?

Nur eine Minderheit der Industriearbeiterinnen (erst recht der Dienstmädchen und Landarbeiterinnen) kämpfte in Gewerkschaften und Sozialdemokratie für soziale Verbesserungen und sozialistische Umwälzung. Eine winzige Gruppe radikaler bürgerlicher Frauen engagierte sich für eine neue Sexualmoral, Frauenwahlrecht und Gleichberechtigung. Eine viel größere Minderheit setzte sich als „gemäßigte" Frauenbewegung für Bildungs- und Berufschancen von Mädchen ein. Vergleichbar große Gruppen betrieben in „Konfessionellen Frauenvereinen" kirchliche Sozialarbeit und bereiteten sich in „Vaterländischen Frauenvereinen" auf Hilfs- und Pflegeleistungen in künftigen Kriegen vor („Rotes Kreuz"). Diese beiden Großorganisationen waren eher Gegner als Befürworter der Frauenemanzipation (vom Sozialismus zu schweigen). Die breite Masse der Unterschicht-Frauen wie der Mittelschicht-Damen aber blieb aus Überarbeitung, Unwissenheit, Desinteresse oder Überzeugung jeder Form von Frauenorganisation oder Frauenbewegung fern.

4. Und dennoch: „Frauen befreien sich"

Q 20a. „Die moderne deutsche Hausfrau" Q 20b. „Streit der Moden" (um 1900)
(1882) (Hohmann 1981, 139) (Böttger 1981, 280)

„Das Reformkleid ist vor allem hygienisch und erhält den Körper tüchtig für die Mutterpflichten." „So lange Sie den Fetzen anhaben, werden Sie nie in diese Verlegenheit kommen."

Dumme und bösartige Karikaturen und Witze wie die vorstehenden waren um 1900 überall geläufig. Die über die veröffentlichte Meinung verfügenden Männer konnten sich nicht genugtun, frauenfeindlichen Hohn und ätzende Verachtung über jeden bescheidenen Versuch zur „Emanzipation" zu gießen. Man kann sich heute kaum noch vorstellen, wie mühsam und mutig die ersten Schritte der Frauenbefreiung waren, wie schwer und spät sie erkämpft werden mußten. Erst seit 1896 konnten in Preußen Mädchen Abitur machen und 1908 wurden Studentinnen – unter gewissen Auflagen – an wissenschaftlichen Hochschulen zugelassen; ihr Besuch – so befreiend auf der einen Seite – wurde für die ersten Pioniere oft genug zum Spießrutenlaufen gegen die Vorurteile der Umgebung. Erst 1908 durften Frauen politischen Vereinen beitreten und 1918 – nach der Revolution – erhielten sie das Wahlrecht.

Q 20c. „Emanzipation" (1901)
(Böttger 1981, 13)

„Schäm dich, Emmy, früher schwärmtest du für Frauenrechte und jetzt erniedrigst du dich zur Milchkuh."
„Ach, ich bin so froh, daß ich endlich etwas gefunden habe, das die Männer nicht besser machen können als wir."

Wirtschaftliche Beschränkungen, rechtliche Verbote, öffentliche Verhöhnungen, familiäre Warnungen und Hindernisse, drohende Sanktionen und nicht zuletzt irrationale Bedenken und frauenfeindliche Ideologien im eigenen Bewußtsein machten der ersten Generation die Emanzipation unendlich schwer. Um so mehr sind die Bahnbrecherinnen zu bewundern und der Erinnerung würdig. Um so mehr auch bleibt es interessant, aus welchen Quellen sie die Kraft schöpften, gegen alle Widerstände und Vorurteile durchzuhalten. Wir sind darüber verhältnismäßig gut unterrichtet, da ein großer Teil dieser Frauen „Erinnerungen" oder „Lebensgeschichten" geschrieben hat. Sie kannten ihre Leistungen und besaßen genug Selbstbewußtsein und Disziplin zum Bücherschreiben. Von der überwältigenden Mehrheit der unpolitischen, unemanzipierten Frauen haben wir viel weniger Selbstzeugnisse.
Als Beispiele sollen nur zwei besonders bedeutende Frauen nach ihren Selbstzeugnissen vorgestellt werden: eine Preußin und eine Österreicherin, eine Künstlerin und eine Politikerin, eine Bürgersfrau und eine Proletarierin, eine Gestalt des frühen und eine des späten 19. Jahrhunderts. Es handelt sich um Fanny Lewald, einen „Schriftsteller", und Adelheid Popp, eine „Agitatorin". Entscheidende Frage ist: Aus welchen besonderen Gründen und unter welchen begünstigenden Umständen schafften diese beiden großen Frauen, was der Mehrheit im 19. Jahr-

"Frauenstudium" (1908/09)
Weber-Kellermann 1983, 146)

Q 20d.

„Aber ich bitt' Sie, mit so einem lieben
G'sichterl studiert man doch nicht!"

hundert nicht gelang? Wie konnten sie sich intellektuell bilden, ideologisch freimachen, ökonomisch selbständig werden und politisch Einfluß ausüben?

4.1 Fanny Lewald (1811-1889), „Schriftsteller"

Fanny Lewald wurde 1811 als Fanny Marcus – der Vater nahm erst 1832 den weniger jüdisch klingenden Namen Lewald an – in einer wohlhabenden Königsberger Kaufmanns- und Bankiersfamilie geboren. Sie war das erste Kind, dem später noch fünf Töchter und zwei Söhne folgten.

Q 21a. Schon in der Schule fällt Fanny Lewald als besonders auf:

„Ich beneidete es schon lange allen Knaben, daß sie Knaben waren und studieren konnten, und ich hatte eine Art von Geringschätzung gegen die Frauen. So töricht das an einem Kinde von neun Jahren erscheinen mag und so unberechtigt es in meinem besonderen Falle war, lag doch der Ursprung zu diesen Gedanken nicht in mir selbst. Von jeher hatten Fremde, wenn sie meine Fähigkeiten lobten, mit einer Art von Bedauern hinzugefügt: wie schade, daß das kein Junge ist! – Ich hatte also die Idee gefaßt, daß die Knaben etwas Besseres wären als die Mädchen und daß ich selbst mehr und besser sein müsse als die anderen Mädchen. Als Vorbild war mir immer auch ein Knabe, Eduard Simson, hingestellt worden, und meine Mutter, welche von dieser falschen Richtung meines Wesens später gelitten hat, hatte selbst in der besten Absicht den Gedanken, daß Wissen die Hauptsache und alles Andere dagegen gering sei, in mir genährt und gepflegt.

Voller Liebe für uns alle, hatte sie große Freude an meiner Begabung und an meinen Fortschritten. Sie war stolz darauf, ein so kluges Kind zu haben, sie setzte mein Wissen vor meinen Onkeln und Tanten gern in ein großes Licht, und weil sie selber ohne alle Kenntnisse war, überschätzte sie das Wenige, was ich bis dahin gelernt hatte, über alles Maß. (...) Noch ehe ich mein achtes Jahr vollendet hatte, wußte ich tatsächlich auch mehr als meine Mutter. (...) Und da die Mehrzahl der Frauen, welche ich damals kannte, auch nicht viel unterrichteter waren als meine Mutter, so setzte sich eben die Vorstellung in mir fest, die Frauen seien geringer als die Männer und für sie sei es ganz gut, daß sie auf Ordnung sähen und Haus hielten. Ich aber wolle lernen wie ein Mann, und ordentlich zu sein, hätte ich gar nicht nötig. Eine unklare Erinnerung an eine Frau, die, wie ich hatte erzählen hören, damals Professor in Bologna gewesen war, schwebte mit dabei vor und trug noch dazu bei, mich vollends zu verwirren" (Lewald 1980, 60 f.).

Die schulische Bildung endet mit dreizehneinhalb Jahren; verantwortliche, umfassende Hausarbeit wird nur vorübergehend übernommen. Gelangweilt und neidisch auf die Brüder muß Fanny auf einen angemessenen Heiratsantrag warten: **Q 21b.**

„Mein Vater (...) fand die Stellung der Frauen traurig, und kam man bei uns darauf einmal zu sprechen, so pflegte er zu sagen, die Juden wüßten wohl, weshalb sie ihrem Gotte täglich dafür dankten, als Männer geboren zu sein. (...) Aber er tat das nur, um uns damit Fügsamkeit in das Unvermeidliche zu predigen, um danach seinen Grundsatz auszusprechen, daß jede Frau sich verheiraten müsse, daß die verheiratete Frau, auch wenn ihr ein beschränktes Los und ein ihr nicht zupassender Mann zuteil geworden sei, immer noch ein beneidenswertes Schicksal neben der unverheirateten habe, weil sie sich in dem ihr naturgemäßen Berufe bewege. (...) Außerdem stehe es fest, daß die Frau die beste sei, von der man außerhalb ihres Hauses gar nichts wisse und nichts spreche.
Er sagte das immer mit rühmendem Bezug auf unsere Mutter, aber er bedachte nicht, daß alle Anleitung, welche ich von ihm erhielt, darauf hinauslief, mich in vielem Betrachte zu dem Gegensatz von ihr zu machen. Während er mir unablässig vorhielt, daß ich bestimmt sei, eine fügsame, häusliche, von ihrem Manne abhängige Frau zu werden wie sie, hatte er mir längst eine Selbständigkeit und Charakterfestigkeit eingeflößt, die er unterschätzte, weil meine Liebe und Verehrung vor ihm mich ihm in blindem Gehorsam unterwarfen. Seine Ansichten nicht zu teilen, fühlte ich mich bereits durchaus berechtigt; und ich teilte sie z. B. in bezug auf die Pläne, welche er für meine einstige Verheiratung hatte, ganz und gar nicht" (Lewald 1980, 110 f.).

1837 bittet ein hoher Beamter um ihre Hand. Aber sie weigert sich **Q 21c.** gegenüber dem Vater:

„Er schwieg einen Augenblick und bemerkte danach: ‚Überlege Dir die Verhältnisse, mein Kind! Du bist nicht mehr jung, Du bist fünfundzwanzig Jahre. Ich befinde mich leider nicht in der Lage, Dir ein Vermögen zur Mitgift zu geben, man weiß, daß ich kein reicher Mann bin, und ich habe fünf Töchter außer Dir. Zwei davon sind bereits erwachsen, die andern werden es in wenigen Jahren sein, und sechs erwachsene Töchter können sich in einem Hause nebeneinander nicht wohl befinden. Der Assessor wählt Dich um Deiner selbst willen, das wird vielen

reichen Mädchen nicht zuteil, und Du hast als Frau eines Landrates, der sicher eine gute Karriere machen wird, eine ehrenvolle Stellung und ein gesichertes Auskommen; ganz abgesehen davon, daß eine Frau selbst in einer nicht ganz glücklichen Ehe noch immer besser daran ist als ein altes Mädchen.' (...)
Die Unterhaltung ging so eine Weile fort. Mein Vater war sehr weich und äußerst gelassen. In mir wogten die verschiedensten Empfindungen auf und nieder. Ich wollte gern auch gelassen bleiben, aber das Herz schlug mir, daß ich kaum atmen konnte, und in den Schläfen hämmerte mir das Blut. Ich mußte solchen Heiratsvorschlägen ein für allemal ein Ende machen, das fühlte ich. Ich erklärte meinem Vater also, daß nichts mich bestimmten könne, eine Heirat ohne Neigung einzugehen, und sagte, wenn er mich zu einer solchen zu überreden gewünscht, wenn er die Absicht gehabt hätte, aus mir nichts zu machen als eine der Frauen, die sich für ein gutes Auskommen einem Manne verkaufen, so hätte er mir die Erziehung nicht geben dürfen, die ich von ihm erhalten, so hätte er mich nicht selbständig werden lassen müssen. Mir sei eine Dirne, die sich für Geld verkaufe, wenn sie nichts gelernt habe und ihre Familie arm sei, nicht halb so verächtlich als ein Mädchen, das genug gelernt habe, um sich zu ernähren, und sich für Haus und Hof verkaufte" (Lewald 1980, 166 f.).

Q 21d. In den folgenden Jahren gestaltet sich das familiäre Zusammenleben immer unerträglicher:

„Das Axiom von meiner Kälte und Gemütlosigkeit, von meinen freien Ideen und von meiner Unweiblichkeit, war allen Frauen des Hauses, von meiner Muter bis hinab zu den jüngsten Schwestern wundervoll geläufig. Das war nicht zu verwundern, denn der Vater selbst hatte ihnen als ihr weibliches Vorbild immer mit Fug und Recht unsere Mutter, und als die höchsten weiblichen Tugenden, Bescheidenheit und alle jene Eigenschaften vorgehalten, welche eine Frau abhängig von ihrem Manne, innerhalb der Grenzen ihres Hauses, ohne Verlangen, Wunsch und Streben nach außen, erhalten. Mich aber hatte er, anfangs vielleicht ohne es bestimmt zu wollen, und später meiner Individualität nachgebend, zu einer andern Frau erzogen. (...) Wir litten alle, ich direkt und die Meinen indirekt, von der falschen, auch jetzt noch herrschenden Sitte, welche die Töchter der Mittelstände über die Jahre der Kindheit und Jugend hinaus zum nutzlosen Hinleben in den Banden der Familie verdammt, auch wenn sie denselben lange entwachsen und in jedem Betrachte für ein selbständiges Leben und Walten reif geworden sind.
Als bezahlte Vorsteherin eines fremden Haushalts und einer fremden Familie würde ich sehr nützlich gewesen, würde ich zur Ruhe gekommen, und bei meinen etwaigen Besuchen im Vaterhause glücklich und geliebt worden sein, wie ich es ersehnte und wie ich es verdiente. Als die Älteste von sechs erwachsenen und zu versorgenden Töchtern war ich für den ganzen Organismus der Familie überflüssig und unnütz wie das fünfte Rad am Wagen, und obenein hinderlich als ein solches fünftes Rad, weil ich für mich eigene und unabhängige Bewegungen machen wollte und machen mußte, um mich zu erhalten. Dennoch begehrte ich meine Entfernung nicht, und konnte sie auch aus den vielfach angeführten Gründen nicht begehren, hätte ich mich sogar überwinden können, es dem Vater einzugestehen, daß ich nicht mehr glücklich in seiner Nähe sei. Für eine Dienstbarkeit hätte ich die Erlaubnis nie erhalten, und an einen andern Aufenthalt außer dem Hause zu denken, war für mich schon darum ganz unmöglich, weil er

Kosten verursachen mußte, die ich meinem Vater um so weniger zumuten durfte, als Moritz in Wilna noch zu unterhalten war" (Lewald 1980, 185f.).

Inzwischen hat Fanny Lewald zu schreiben und zu veröffentlichen begonnen. Nach den ersten Erfolgen bittet sie 1841 – mit 30 Jahren – ihren Vater, Schriftstellerin werden zu dürfen. Widerwillig stimmt er zu unter der Bedingung, daß sie einen Decknamen benutzt. Nach dem zweiten erfolgreichen Buch lüftet sie – gegen den Widerstand von Vater und Schwestern – ihr Pseudonym. 1845 endlich – mit fast 34 Jahren darf Fanny Lewald einen eigenen Haushalt in Berlin einrichten. Das Geld dafür hat sie mit Romanen und Erzählungen selbst verdient; aber das darf niemand erfahren. Alle sollen denken, ihr Vater erhalte sie noch immer. Kurz darauf bricht sie in schicklicher Damenbegleitung – dennoch zum Unwillen der Familie – nach Italien auf.

- Welche Rolle spielt die Tatsache, daß Fanny das älteste Kind ist und erst später Brüder bekommt? Welches besondere Verhältnis hat sie zum Vater, welches zur Mutter?
- Sind die erzieherischen Einwirkungen der Eltern gradlinig, eindeutig, konsequent oder halbherzig, gebrochen, widersprüchlich?
- Was sind Fannys eigene Wünsche und Zukunftsvorstellungen? Warum nennt sie nachträglich die Zeit 1832–1841 ihre „Leidensjahre"?
- Womit behindert der Vater die „Emanzipation", wieweit fördert er sie? Woran zeigt sich, daß der Prozeß schwierig und schmerzlich ist, widersprüchlich und schrittweise verläuft?

Während der Italienreise erfährt Fanny Lewald 1846 mit tiefer Trauer vom Tode ihres Vaters. Kurz zuvor hat sie den Zeitungs- und Romanschreiber Adolf Stahr kennen und lieben gelernt, der getrennt von seiner Frau lebt. Erst nach 10 Jahren erreicht Stahr eine Scheidung; 1855 heiratet Fanny Lewald ihn, behält aber den Mädchennamen bei. Längst ist sie die bekannteste Schriftstellerin Deutschlands und wird oft neben George Sand (Frankreich) und George Eliot (England) genannt, die beide unter männlichen Decknamen schreiben.

1875 wird Fanny Lewald Witwe, als „große alte Dame" der Frauenliteratur und Frauenemanzipation lebt sie noch bis 1889. In fast 50 Jahren hat sie ein umfangreiches Werk von Romanen, Reiseberichten, Abhandlungen (z. B. über die Frauenfrage) und Erinnerungen geschaffen. Sie will keine Nachsicht, keinen „Rabatt" als Frau, sondern in ihren Leistungen streng beurteilt und mit Männern verglichen werden. Deshalb lehnt sie die Bezeichnung „Schriftstellerin" ab und nennt sich „Schriftsteller". So berühmt Fanny Lewald bei den Zeitgenossen war, so völlig vergessen blieb sie bis vor kurzem. Zumindestens für die Autobiographie und die Bücher zur Frauenemanzipation ist das kraß ungerecht.

Q 22a. Fanny Lewald (Lewald 1980, 14)

Q 22b. Vielleicht steht die Schlüsselstelle von Fannys Lebensgeschichte gleich am Anfang, bei ihrer Geburt:

„Ich soll sehr klein gewesen sein, dafür aber den ganzen Kopf voll krauser schwarzer Locken gehabt haben, als man mich meinem Vater brachte. ‚Ich habe mich sehr mit Dir gefreut!' sagte er mir einmal, als ich ein junges Mädchen war und in meiner Gegenwart die Rede auf meine Geburt kam; und noch in viel spätern Jahren pflegte er wohl gelegentlich meinen Kopf in seine Hände zu nehmen, und wenn er mich küßte, dazu sehr zärtlich: ‚mein ältestes Kind!' zu sagen. Wir haben einander sehr geliebt" (Lewald 1980, 38).

4.2 Adelheid Popp (1869–1939), „Agitatorin"

Adelheid Popp wird 1869 als Adelheid Dworschak im ländlichen Inzersdorf (Österreich) als fünfzehntes Kind einer Weberfamilie geboren. Viele Geschwister überleben die ersten Jahre nicht; schon 1875 stirbt der Vater.

Q 23a. Ihre ersten Lebensjahre faßt Adelheid Popp später zusammen:

„Kein Lichtpunkt, kein Sonnenstrahl, nichts vom behaglichen Heim, wo mütterliche Liebe und Sorgfalt meine Kindheit geleitet hätte, ist mir bewußt. Trotzdem hatte ich eine gute, aufopferungsvolle Mutter, die sich keine Stunde Rast und Ruhe gönnte, immer getrieben von der Notwendigkeit und dem eigenen Willen, ihre Kinder redlich zu erziehen und sie vor dem Hunger zu schützen. (...) Ich erinnere mich an kein zärtliches Wort, an keine Liebkosung, sondern nur an die Angst, die ich, in einer Ecke oder unter dem Bett verkrochen, ausstand, wenn es eine häusliche Szene gab, wenn mein Vater zu wenig Geld nach Hause brachte und die Mutter ihm Vorwürfe machte. Mein Vater war jähzornig, er schlug dann die Mutter, die oft nur halb angekleidet fliehen mußte, um sich bei Nachbarn zu verbergen. Dann waren wir einige Tage allein mit dem grollenden Vater, dem man sich nicht nähern durfte. Zu essen gab es dann nicht viel, mitleidige Nachbarn halfen uns, bis die Mutter von der Sorge um ihre Kinder und den Hausstand getrieben, wieder kam.

Solche Szenen kehrten fast jeden Monat und auch früher wieder. Mein ganzes Herz hing an der Mutter; vor dem Vater hatte ich eine unbezwingliche Scheu, und ich erinnere mich nicht, ihn je angeredet zu haben, oder von ihm angesprochen worden zu sein. Meine Mutter sagte mir später, daß es ihn ärgerte, daß ich, das einzige Mädchen unter fünf am Leben gebliebenen Kindern, dunkle Augen wie meine Mutter hatte" (Popp 1983, 25).

Die Schulbildung bleibt völlig unzureichend, statt dessen beginnt schon mit sieben Jahren die Industriearbeit: **Q 23b.**

„Ich war überall die Jüngste von allen, und um nicht mit Rücksicht auf meine Jugend noch schlechter bezahlt zu werden, gab ich ein höheres Alter an, was ich ganz gut konnte, da ich über mein Alter groß war und weil mich mein ernstes Wesen auch älter erscheinen ließ. Zudem mußte ich als älter gelten, damit nicht jemand verraten konnte, daß ich eigentlich die Schule besuchen sollte. Ich war im zwölften Jahr, als sich meine Mutter entschloß, mich in eine Lehre zu geben. Ich sollte einen Beruf erlernen, von dem noch angenommen wurde, daß ein besserer Verdienst bei Fleiß und Geschicklichkeit zu erzielen sei, das Posamenteriegewerbe. Natürlich konnte ich wieder, meines schulpflichtigen Alters wegen, nur zu einer Zwischenmeisterin kommen. Zwölf Stunden im Tage mußte ich aus Perlen und Seidenschnüren Aufputz für Damenkonfektion herstellen. Ich erhielt keinen fixen Lohn, sondern jeder neue Artikel wurde genau berechnet, wieviel davon in einer Stunde zu machen sei und dafür wurden fünf Kreuzer bezahlt. (...)
Ich las gerne. Ich las wahllos, was ich in die Hände bekommen konnte, was mir Bekannte liehen, die auch nicht zwischen Passendem und Unpassendem unterschieden und was ich in einem Antiquariat der Vorstadt, für eine Leihgebühr von zwei Kreuzer, die ich mir vom Munde absparte, erhalten konnte. Indianergeschichten, Kolportageromane, Familienblätter, alles schleppte ich nach Hause. (...) Ihnen reihten sich die Jesuitenromane an und in weiterer Folge die Romane mit hundert Heften, vom armen Mädchen, das nach Überwindung vieler und grauenerregender Hindernisse zur Gräfin oder mindestens zur Fabrikantens- oder Kaufherrnsgattin gemacht wurde. Ich lebte wie in einem Taumel. Heft um Heft verschlang ich; ich war der Wirklichkeit entrückt und identifizierte mich mit den Heldinnen meiner Bücher. Ich wiederholte in Gedanken alle Worte, die sie sprachen, fühlte mit ihnen die Schrecken, wenn sie eingemauert, scheintot begraben, vergiftet, erdolcht oder gefoltert wurden. Ich war mit meinen Gedanken immer in einer ganz andern Welt und sah nichts von dem Elend um mich her, noch empfand ich mein eigenes Elend. Da meine Mutter nicht lesen konnte, stand meine Lektüre unter keiner Kontrolle" (Popp 1983, 38ff.).

Mit etwa 17 Jahren besitzt Adelheid Dworschak zwar zehn Jahre Arbeitserfahrung, aber keinerlei Kenntnis der Sozialdemokratie. Noch schwärmt sie für Militär und Kaiserhaus, klassische Literatur und Aufstieg durch Heirat. Dann lernt sie sozialistisches Gedankengut kennen: **Q 23c.**

„Wenn ich in den Pausen mit Wärme und Lebhaftigkeit den Inhalt meiner Zeitung vortrug und zu erklären versuchte, so kam es manchmal vor, daß einer der Kontorbeamten vorüberging und kopfschüttelnd zu einem anderen sagte: ‚Das Mädel spricht wie ein Mann.' (...) Da ich in meiner Zeitung immer las:

‚Werbet neue Abonnenten!' ‚Verbreitet Eure Zeitung,' bemühte ich mich in diesem Sinne zu wirken. Als ich dann jede Woche nicht nur eine Zeitung, sondern zwei, dann drei und schließlich gar zehn Stück holen konnte, da war mein Hochgefühl mit nichts mehr zu vergleichen. Mein Weg um die Zeitung hatte immer etwas Feiertägiges für mich. Ich zog an diesem Tage mein schönstes Kleid an, so wie früher, wenn ich in die Kirche ging. (...)
Von der ‚*Frauenfrage*' hatte ich noch immer keine Ahnung. Darüber stand nichts in der Zeitung und eine andere Presse als die sozialdemokratische las ich nicht mehr. Ich kannte auch keine Frau, die sich für Politik interessiert hätte. Ich galt als eine Ausnahme und betrachtete mich selbst als eine. Die soziale Frage, wie ich sie damals verstand, hielt ich für eine Männerfrage und ebenso die Politik. Nur hätte ich gerne ein Mann sein mögen, um auch ein Anrecht auf die Beschäftigung mit Politik zu haben. Daß die Sozialdemokraten den Frauen die Gleichberechtigung mit dem Manne erkämpfen wollen, erfuhr ich zum erstenmal, als ich nach dem Hainfelder Parteitage der österreichischen sozialdemokratischen Arbeiterpartei das sozialdemokratische Programm las. Wie aber Frauen selbst an den Parteibestrebungen mitarbeiten könnten, wußte ich noch nicht" (Popp 1983, 74f., 76f.).

Q 23d. Bei sozialistischen Veranstaltungen ist sie zuweilen die einzige Frau, bei Wahlversammlungen verstößt ihre Anwesenheit gegen ein ausdrückliches polizeiliches Verbot. Erst 1891 – mit 22 Jahren – wagt sie, sich öffentlich zu äußern:

„Man rief schon ‚Bravo!' ehe ich noch den Mund aufgetan hatte, so wirkte der Umstand, daß eine Arbeiterin sprechen wollte. Als ich die Stufen zum Rednerpult hinaufging, flimmerte es mir vor den Augen und ich spürte es würgend im Halse. Aber ich überwand diesen Zustand und hielt meine erste Rede. Ich sprach von den Leiden, von der Ausbeutung und von der geistigen Vernachlässigung der Arbeiterinnen. Auf letztere wies ich besonders hin, denn sie schien mir die Grundlage aller anderen rückständigen und für die Arbeiterinnen schädigenden Eigenschaften zu sein. Ich sprach über alles das, was ich an mir selber erfahren und an meinen Kolleginnen beobachtet hatte. Aufklärung, Bildung und Wissen forderte ich für mein Geschlecht und die Männer bat ich, uns dazu zu verhelfen.
Der Jubel in der Versammlung war grenzenlos, man umringte mich und wollte wissen, wer ich sei; man hielt mich zuerst für eine Branchengenossin und forderte mich auf, so wie ich gesprochen habe, sollte ich für das Fachblatt einen Artikel an die Arbeiterinnen schreiben. Das war nun freilich eine böse Sache. Ich hatte ja nur drei Jahre die Schule besucht, von Orthographie und Grammatik hatte ich keine Ahnung und meine Schrift war wie die eines Kindes, da ich ja nie Gelegenheit gehabt hatte, sie zu üben. Doch versprach ich, mich zu bemühen, den Artikel zustande zu bringen. Ich war wie in einem Taumel, als ich nach Hause ging. Ein unnennbares Glücksgefühl beseelte mich, ich kam mir vor, als hätte ich die Welt erobert. Kein Schlaf kam in dieser Nacht in meine Augen" (Popp 1983, 84f.).

Schon 1892 wird Adelheid Dworschak Mitgründerin und verantwortliche Redakteurin der „Arbeiterinnen-Zeitung"; damit ist sie hauptberuflich im Parteidienst, wenn sie auch noch Jahre zum Ausgleich ihrer schwachen Schulbildung benötigt. Im nächsten Jahr ist sie als Agitatorin am ersten großen Arbeiterinnen-Streik Österreichs beteiligt und wird gerichtlich angeklagt, aber freigesprochen. Ebenfalls 1893 heiratet sie den eine Generation älteren, schwer kranken sozialdemokratischen Funktionär und Publizisten Julius Popp; die Parteiarbeit führt sie fort.

- Beschreibt die Familiensituation, das Alltagsleben, die Bildung, die Erwerbstätigkeit von Adelheid Dworschak! Welches Verhältnis hat sie zu Vater und Mutter?
- Von welcher Zukunft träumt die junge Arbeiterin und in welchem Verhältnis stehen diese Wünsche zu ihrem tatsächlichen Leben?
- Finden sich Besonderheiten gegenüber anderen Proletariermädchen und Anzeichen für die künftige Hinwendung zu Sozialismus und Frauenemanzipation? Welche Episoden zeigen die Neuheit und Schwierigkeit politischer Arbeit von Frauen besonders augenfällig?
- Das Verhältnis zu Sozialisten und Sozialismus ist kein rein intellektuelles. Warum heiratet Adelheid Dworschak einen Mann, „der dem Alter nach mein Vater hätte sein können"?

Julius Popp ermutigt und unterstützt bewußt das politische Engagement seiner Frau. Aber die aufreibende und beglückende gemeinsame Parteiarbeit dauert nur neun Jahre. 1902, also mit 33 Jahren, ist Adelheid Popp Witwe mit zwei Kindern. Sie beißt sich durch, schreibt, organisiert, reist und trägt vor. Da sie so ziemlich alles erlebt hat, was für Arbeitermädchen typisch ist, veröffentlicht sie ihre „Jugendgeschichte einer Arbeiterin" (1909) und ihre „Erinnerungen" (1915), aber auch Untersuchungen zur „Frauenarbeit" und Reportagen zur „Frauenbewegung":

„Ich schrieb die Jugendgeschichte nicht, weil ich sie als etwas individuell Bedeutsames einschätzte, im Gegenteil, weil ich in meinem Schicksal das von hunderttausenden Frauen und Mädchen des Proletariats erkannte" (Popp 1983, 20).

1918, nach Erringung voller politischer Rechte der Frauen, wird sie Mitglied im Parteivorstand der österreichischen Sozialisten und im Parlament. Politisch gehört sie zum gemäßigten Flügel, steht den Kommunisten fern. Bis kurz vor ihrem Tode 1939 bleibt sie die Zentralgestalt der Frauen in der österreichischen Sozialdemokratie. Danach scheint sie vergessen. Erst in den letzten Jahren sind ihre autobiographischen Schriften und ihre Dokumentationen über die Geschichte der Frauenarbeit und der Frauenbewegung wiederentdeckt worden.

Entwicklungsweg und Kraftquellen der großen Sozialistin werden in einem Abschnitt der Autobiographie zum Jahr 1892 deutlich: Q 24a.

„Gerne hätte ich den Wunsch meiner Mutter, zu heiraten, erfüllt, aber ich vermochte nicht meine Ideale aufzugeben, nur um versorgt zu sein und um ein vor Not geschütztes Leben führen zu können. Ich war in meinem Denken zu selbständig geworden, war zu sehr von der Anschauung durchdrungen, daß der Sozialis-

Q 24b. Adelheid Popp (Popp 1983, Frontipiz)

mus nicht nur notwendig sei, sondern welterlösend wirken würde. Mein Glaube daran war unerschütterlich geworden und wenn ich an die Ehe dachte, so träumte ich von einem Manne, der meine Ideale teilen würde. Von ihm erwartete ich nicht nur das Glück, das gleichdenkenden, für ein gleiches Ziel strebenden Menschen beschieden sein kann, sondern auch Förderung meiner eigenen Entwicklung. Dieses Glück wurde mir beschieden. Ich bekam einen Mann zum Gatten, der meine Gesinnung teilte und dessen Charakter das Ideal erreichte, von dem ich geträumt hatte. Es gab für ihn keine größere Freude, als wenn er meine Begeisterung für die Partei sah, für die er schon lange, bevor ich von ihm wußte, Opfer gebracht und gelitten hatte. (...) Die Frauen hatten keinen teilnehmenderen Freund als ihn" (Popp 1983, 97ff.).

- Lest die Neuausgaben der Autobiographien von Fanny Lewald und Adelheid Popp ganz! Berichtet und diskutiert darüber.
- „Mein Mann/Vater erlaubt mir, daß ich mich emanzipiere." Wieweit trifft diese groteske und ironische Aussage für beide Frauen zu? Inwiefern gilt die Umkehrung: „Meinem Mann/Vater habe ich die Notwendigkeit der Frauenemanzipation wenigstens ein Stück weit beigebracht?"

Kommentar: Anspruch und Begrenzung

Das „Wesen der Frau" ist nicht – oder nur zu sehr geringem Anteil – biologisch – natürlich, d. h. genetisch und hormonell fixiert und damit überzeitlich und unveränderlich. Alles – oder fast alles – spricht vielmehr dafür, daß „geschlechtsspezifische Charaktermerkmale", „weibliche Mentalitäten" und „typisch weibliche Verhaltensweisen" jeweils gesellschaftlich-historisch bedingt sind, erzeugt werden und sich wandeln. Ihre relative Stabilität und quasi-natürliche Allgemeingültigkeit hängen wohl daran, daß sie zu den tiefsitzenden kulturellen Selbstverständlichkeiten zählen, die auch den meisten „Revoluzzern" und „Kritikastern" unbewußt und zugleich heilig sind. Zudem wandeln sich solche Mentalitäten wahrscheinlich nur ganz langsam, da sie zum Bereich der Strukturen von langer Dauer gehören und individuell im Verlaufe der Lebenszeit als kaum variant erlebt werden.

Wenn „Geschlechtschaktere", die noch weit stärker als bloße „Geschlechtsstereotype" und „Vorurteile" soziale Tatsachen und schicksalprägende, identitätsgestaltende Wirklichkeiten sind, gesellschaftlich erzeugt werden, dann muß dies vor allem in Sozialisation im weitesten Sinne, d. h. in absichtlicher (intentionaler) und beiläufiger (funktionaler) Erziehung geschehen. Man hat damit allen Grund, die Mechanismen und Praktiken geschlechtsspezifischer Sozialisation als wesentlichen Schlüsselbereich historischer Gesellschaften anzusehen: „Sage mir, wie du deine Kinder und Jugendlichen behandelst, wie du sie zu Männern und Frauen gestaltest, und ich sage dir, was du für eine Gesellschaft hast." Nicht nur die Gesellschaftsstruktur erklärt die jeweilige Kindererziehung, sondern auch umgekehrt: Die gesellschaftlichen Prozesse speisen ihre Erhaltung und Veränderung aus der Sozialisation. Das gilt insbesondere für das Verhältnis zwischen den beiden biologisch getrennten und aufeinander verwiesenen Gruppen „Männer" und „Frauen".
Eine Komplikation tritt hinzu: In nahezu allen historisch faßbaren Gesellschaften werden Frauen kraß benachteiligt und unterdrückt. Andererseits liegt ebenfalls in den meisten Gesellschaften die primäre Sozialisation – auch der Jungen – in den Händen der Mütter und anderer Frauen. Die Mütter stellen also selbst die sexistischen Verhältnisse zwischen ihren Söhnen und Töchtern her, unter denen sie gleichzeitig im Verhältnis zu ihren Männern und Brüdern leiden. Die kulturellen Selbstverständlichkeiten werden, daran gibt es wohl kaum einen Zweifel, besonders in frühkindlicher und kindlicher Zeit weitergegeben. Es hat den Anschein, als ob seit Jahrtausenden die institutionalisierte Erziehung gegen die fundamentalen Interessen der Frauen als der Hauptbeteiligten, ja der Steuernden, verliefe.
Das Unterrichtsmodell untersucht diesen Zusammenhang an einem sehr einfachen Modell, der geschlechtsspezifischen Erziehung in Deutschland zwischen 1763 und 1914. Dabei wird bewußt darauf verzichtet, Veränderungen im Verlauf dieser anderthalb Jahrhunderte sichtbar zu machen. Es kommt also nur die „lange Dauer" der Struktur, nicht der – gerade im Zeitalter der Industrialisierung – gewiß ebenfalls bedeutsame und sichtbare „Prozeß des Wandels" zur Sprache. Der Grundgedanke ist so fundamental wichtig und relativ neu, daß er zunächst an einem stationären Modell erprobt werden sollte. Deshalb wird auch auf regionale und konfessionelle Differenzierung verzichtet.

Dagegen kann die Klassenfrage nicht ausgeklammert werden. Schon zwischen der bürgerlichen und der proletarischen Frauenbewegung war umstritten, ob es auch gemeinsame Interessen der Frauen gegen die Männer oder nur gemeinsamen Interessen der Proletarier gegen die Bourgeoisie gebe. Bekanntlich wurde dieser Zwiespalt nie durch gemeinsame Aktionen überbrückt. In der Tat stellt sich die „Geschlechterfrage" in verschiedenen Schichten bzw. Klassen so grundverschieden, daß kein noch so vereinfachtes Unterrichtsmodell daran vorbeigehen kann. Daraus folgt allerdings noch nicht, daß es keine gemeinsamen Frauenziele hätte geben können. Für unseren Zweck reicht ein extrem vereinfachtes Klassenmodell, in dem nur zwei Gruppen, obere Mittelschicht und Unterschicht, berücksichtigt werden. Zur gehobenen Mittelschicht rechnen wir bürgerliche Unternehmer, Kaufleute, Beamte, Gelehrte, vereinzelt auch Bagatelladlige. Zur Unterschicht zählen ländliche und städtische Tagelöhner, Heimarbeiter und Fabrikarbeiter, vereinzelt auch Nicht-Seßhafte. Selbständige Kleinhandwerker und -bauern sind im Material relativ selten und werden eher der Unterschicht zugerechnet. Eine weitere Untergliederung wäre leicht möglich, würde aber hoffnungslos den Umfang einer Unterrichtseinheit sprengen. Für eine erste Annäherung ist die Vereinfachung jedenfalls brauchbar; für sie ist auch die Abgrenzung zwischen „Schicht" und „Klasse" entbehrlich.

Selbstverständlich können geschlechtsspezifische Erziehungspraktiken aus Erziehungslehren, Predigten, Konversationslexika usw. herausgearbeitet werden. Solche „normativen" Texte geben jedoch stets mehr Auskunft darüber, was bestimmte Gruppen als Theorie und Ideal forderten, als was tatsächlich bei der Mehrheit der Menschen geschah. Gerade die häufige Wiederholung kann ein Indiz für die Unwirksamkeit sein, für die Resistenz der Lebenspraxis und der sie tragenden Mentalität gegen „Reformen" und „Ideologien" von oben, von Kirche und Staat, Gelehrten oder Moralisten. Zudem soll ja nicht nur untersucht werden, was die Erziehenden wollten und unternahmen, sondern wie ihre Verhaltensweisen auf die Kinder und Jugendlichen einwirken und von diesen verarbeitet wurden. Mithin kommen in erster Linie Quellengruppen in Frage, die ganz aus der subjektiven Innensicht gestaltet sind. Die Mehrheit des Materials stammt daher aus Autobiographien und Memoiren, daneben werden auch Briefe und Tagebücher herangezogen. Auf das Problem ihrer Zuverlässigkeit, Glaubwürdigkeit und literarischen Stilisierung kann hier nicht eingegangen werden. Wahrscheinlich neigen „Bürgerliche" zur „nostalgischen Verklärung" ihrer Kindheit, „Proletarier" zur Steigerung der „sozialen Anklage". Die tatsächlichen Unterschiede dürften etwas geringer gewesen sein.

Im späten 18. bis frühen 20. Jahrhundert sind autobiographische Zeugnisse sehr reichlich vorhanden, wenn auch höchst unterschiedlich über die Phasen, Schichten und Geschlechter verteilt. Nur etwa ein Zehntel der gedruckten Texte dieser Art stammt von Frauen, ebenfalls nur etwa ein Zehntel von Unterschichtangehörigen. Auf einundachtzig männliche Oberschichtautobiographen kommt nach dieser Schätzung eine weibliche Unterschichtautobiographie. Übrigens ist die Lage für klassenbewußte Industriearbeiter (eine erst gegen Ende unseres Zeitraumes entstehende Gruppe) erheblich besser als z. B. für Bauern, Landarbeiter und Dienstboten. Nach Findung ihrer persönlichen und politischen Identität in der

Sozialdemokratie haben relativ viele Proletarier ihren (meist typischen) Lebensgang beschrieben, darunter auch einige Frauen (z. B. Adelheid Popp, Ottilie Baader, Verena Conzett, Berta Selinger). Weit seltener sind autobiographische Zeugnisse von parteilosen Kleinbürgerinnen oder Landarbeiterinnen (u. a. Marie Wegrainer, Lena Christ, Paula Ludwig, Julie Blum). Dennoch ist das Material über Unterschichtfrauen um 1900 gewiß zehnmal so reich wie für das späte 18. Jahrhundert, wo man sich neben wenigen Glücks- und Ausnahmefällen von Memoiren (Annal Luise Karsch, Regula Engel) auch auf Berichte und Reportagen stützen muß.

Die Bild- und Textquellen wurden in rund drei Dutzend Anthologien und Bildbänden sowie drei bis vier Dutzend autobiographischen Schriften bzw. Briefsammlungen gefunden. Bereits aus diesen Unterlagen hätte sich leicht ein Vielfaches des ausgebreiteten Materials zusammentragen lassen. Eine intensive Erforschung des Bestandes von vielen hunderten Büchern bleibt dringend erwünscht. Die Texte stammen vorwiegend von Frauen, vereinzelt sind aber auch männliche Äußerungen berücksichtigt, wenn sie sich durch Wahrnehmung geschlechtsspezifischer Sozialisationspraktiken auszeichnen. Auf solche Texte muß man verstärkt in den Epochen und Klassen zurückgreifen, wo weibliche Texte extrem selten sind. Das gilt um so mehr, wenn in denselben Gruppen meist die Wahrnehmung der weiblichen Benachteiligung, ja der geschlechtsspezifischen Behandlung fehlt.

Hier stößt man auf ein Paradox, dessen Aufklärung für die Unterrichtseinheit unerläßlich ist. Die Frauenunterdrückung und -benachteiligung war universal, allgemeingültig, typisch und selbstverständlich. Gerade deswegen verursachte sie einerseits, daß Frauen sehr selten Autobiographien schrieben (überhaupt wenig schrieben), andererseits, daß sie sogar in Autobiographien nicht darauf eingingen. Nur eine Minderheit entdeckte überhaupt die Benachteiligung; bei einer so tiefsitzenden kulturellen Selbstverständlichkeit und gesellschaftlichen Werthaltung ist bereits die deutliche, nicht-resignative Wahrnehmung ein erster Schritt zum Protest und zur Veränderung. Die frühen „emanzipierten Frauenzimmer" und die selbst in der Männerwelt erfolgreichen „berühmten Frauen" bildeten extreme Ausnahmefälle. Sie haben denn auch zu einem erstaunlich hohen Anteil ihre Lebensgeschichte aufgezeichnet und darin der geschlechtsspezifischen Sozialisierung einen hohen Stellenwert eingeräumt. Von „normalen" Frauen wissen wir viel weniger.

Wenn dieses Interpretationsmuster richtig ist, können die allgemein herrschenden Zustände erst an der seltenen Auflehnung gegen sie erkannt und analysiert werden. Damit ist das Häufige kaum bewußt dokumentiert und relativ uninteressant, das Ausgefallene dagegen ist zwar nicht typisch, aber aussagekräftig. Selbstverständlich muß diese Vermutung durch anderweitige Quellen abgestützt werden. Gerade dieses ist leicht möglich, wenn man zusätzlich die – wie oben beschrieben – in diesem Modell ausgeklammerten normativen Texte heranzieht. Die von den frühen „Frauenrechtlerinnen" beschriebenen Abrichtungspraktiken waren allgemeingültig. Sie scheinen bei den später aufmüpfigen Frauen sogar etwas milder ausgeübt worden zu sein (z. B. Fanny Lewald, Luise Mühlbach, Mathilde Franziska Anneke, Louise Otto-Peters). Bei rigoroser Anwendung hätte nämlich auch eine bescheidene Befreiung kaum stattfinden können. Viele Autobiographen belegen begrenzte Unterstützung durch Väter oder Männer. Paradoxerweise gilt in der Frühphase ein Stück weit: „Mein Vater (Mann) erlaubt mir, daß ich mich emanzipiere." Das trifft auch dann zu, wenn über die Selbständigkeit dann heftige psychische und soziale Konflikte ausgetragen werden. Bei den Arbeiterinnen ist die physische Unterdrückung und offene Gewaltanwendung oft beträchtlich. Anderseits kann man deutlich feststellen, wie die „bürgerliche" Weiblichkeits- und Familienideologie erst langsam „von oben" in diese Schichten eindringt.

Quellennachweise

Baader, Ottilie: Ein steiniger Weg. Lebenserinnerungen einer Sozialistin, Berlin/Bonn ³1979
Böttger, Fritz (Hrsg.): Zu neuen Ufern. Frauenbriefe von der Mitte des 19. Jahrhunderts bis zur Novemberrevolution 1918, Berlin (Ost) 1981
Braun, Lily: Memoiren einer Sozialistin, Berlin/Bonn 1985
Emmerich, Wolfgang (Hrsg.): Proletarische Lebensläufe, Bd. 1, Reinbek 1974
Evans, Richard J.: Sozialdemokratie und Frauenemanzipation im deutschen Kaiserreich, Berlin/Bonn 1979
Frederiksen, Elke (Hrsg.): Die Frauenfrage in Deutschland 1865 – 1915. Texte und Dokumente, Stuttgart 1981
Gerhard, Ute: Verhältnisse und Verhinderungen. Frauenarbeit, Familie und Rechte der Frauen im 19. Jahrhundert. Mit Dokumenten, Frankfurt/M. 1978
Die *gesellschaftliche Wirklichkeit* der Kinder in der bildenden Kunst, (Katalog) Neue Gesellschaft für bildende Kunst, Staatliche Kunsthalle Berlin, Berlin (West) 1980
Glaser, Hermann: Maschinenwelt und Alltagsleben. Industriekultur in Deutschland vom Biedermeier bis zur Weimarer Republik, o. O. 1981
Gosche, Agnes: Die organisierte Frauenbewegung, 2. Teil: Von der Gründung des Bundes Deutscher Frauenvereine bis 1927, Berlin 1927 (=Quellenhefte zum Frauenleben in der Geschichte, hrsg. von Emmy Beckmann und Irma Stoß, Heft 19b)
Hardach-Pinke, Irene, und Hardach, Gerd (Hrsg.): Kinderalltag. Deutsche Kindheiten in Selbstzeugnissen 1700–1900, Reinbek 1981
Heymann, Lida Gustava in Zus. mit Augspurg, Anita: Erlebtes – Erschautes. Deutsche Frauen kämpfen für Freiheit, Recht und Frieden 1850–1940, Meisenheim/Glan 1977
Hirsch, Helmut (Hrsg.): Über Tische und Bänke. Erzählte Kindheit, Darmstadt 1982

Hohmann, Joachim S. (Hrsg.): Schon auf den ersten Blick. Lesebuch zur Geschichte unserer Feindbilder, Darmstadt 1981
Kienzle, Birgit (Hrsg.): Julie die Magd. „Ich habe nur ein Recht gehabt, keines zu haben", Reinbek 1983
Klucsarits, Richard, und Kürbisch, Friedrich G. (Hrsg.): Arbeiterinnen kämpfen um ihr Recht. Autobiographische Texte..., Wuppertal o. J.
Kößler, Gottfried: Mädchenkindheiten im 19. Jahrhundert, Gießen 1979
Kürbisch, Friedrich G. (Hrsg.): Wir lebten nie wie Kinder. Ein Lesebuch, Berlin/ Bonn 1979
Kurz, Isolde: Aus meinem Jugendland, Stuttgart 1918
Lange, Helene: Lebenserinnerungen, Berlin 1921
Lewald, Fanny: Meine Lebensgeschichte, Frankfurt/M. 1980
Möhrmann, Renate (Hrsg.): Frauenemanzipation im deutschen Vormärz. Texte und Dokumente, Stuttgart 1978
Popp, Adelheid: Jugend einer Arbeiterin, Berlin/Bonn 1983
Puppe, Fibel, Schießgewehr. Das Kind im kaiserlichen Deutschland. Ausstellung in der Akademie der Künste 1976/77, (Katalog), Berlin (West) 1977
Rutschky, Katharina (Hrsg.): Deutsche Kinderchronik. Wunsch- und Schrekkensbilder aus vier Jahrhunderten, Köln 1983
Schlumbohm, Jürgen (Hrsg.): Kinderstuben. Wie Kinder zu Bauern, Bürgern, Aristokraten wurden 1700–1850, München 1983
Seebeck, Moritz: Aus sonniger Kindheit. Briefe, Berlin 1916
Soergel, Albert: Dichtung und Dichter der Zeit, Leipzig ²1912
Weber-Kellermann, Ingeborg: Die deutsche Familie. Versuch einer Sozialgeschichte, Frankfurt/M. 1974
Weber-Kellermann, Ingeborg: Die Kindheit. Kleidung und Wohnen, Arbeit und Spiel, Frankfurt/M. 1979
Weber-Kellermann, Ingeborg: Frauenleben im 19. Jahrhundert. Empire und Romantik, Biedermeier, Gründerzeit, München 1983
Weber-Kellermann, Ingeborg, und Falkenberg, Regine (Hrsg.): Was wir gespielt haben. Erinnerungen an die Kinderzeit, Frankfurt/M. 1981
Wegrainer, Marie: Der Lebensroman einer Arbeiterfrau von ihr selbst geschrieben, Frankfurt/M. 1979

8. Weibliches Recht auf Studium und Beruf?

Zulassung von Gymnasium und Abitur für Mädchen 1908

Kommentar
Die deutsche Frauenbewegung des Kaiserreichs - oder auch nur ihr bürgerlicher Flügel - läßt sich für wenige Unterrichtsstunden nicht umfassend aufbereiten. Von den zahlreichen Strängen (Wahlrecht, Familienstand, Sozialpolitik, Sexualreform, Wohlfahrtspflege, Friedensbewegung usw.) sollen nur zwei eng verwandte Themen herausgegriffen werden, der Kampf um "höhere Mädchenbildung" und "wissenschaftliche Frauenberufe". Heute handelt es sich dabei (auch wenn die Defizite an realer Chancengleichheit nicht zu leugnen sind) um eine unbefragte Selbstverständlichkeit. Für Kinder und Jugendliche dürfte meist völlig in Vergessenheit geraten sein, daß es vor rund hundert Jahren kaum winzige Anfänge aufgrund außergewöhnlicher Anstrengungen gab.

Die "kulturelle Selbstverständlichkeit" besagte damals gerade das Gegenteil der heutigen; insofern ist es nötig und anregend, an einen fundamentalen Bewußtseinswandel zu erinnern. Demgegenüber scheint die Gefahr geringer, eine bloß legitimatorische und affirmative "Erfolgsgeschichte" zu erzählen und die Grenzen und blinden Flecken der "alten" Frauenbewegung zu verschweigen, besonders wenn alltägliche Erfahrungen, persönliche Hoffnungen und Enttäuschungen, konkrete Freuden und Leiden der Zeitgenossinnen faßbar werden. Für Schülerinnen und Schüler können "Historisierung des Alltags" und Vergleich mit der eigenen schulisch-beruflichen Situation Wirkungen entfalten, die deutlich über übliches Geschichtslernen hinausgehen und existentielle Fragen streifen. An wenigen Stellen kann Historie so hautnah werden: nicht als Erschütterung durch Schreckliches, sondern als Denkanstoß über Lebensentwurf und Gesellschaftswandel.

Selbstverständlich muß stets bewußt bleiben, daß der erstrebte und erkämpfte Zugang zu "Gymnasialbildung" und "Universitätsstudium" zunächst nur eine kleine Minderheit von "Besitz und Bildung" betraf. Dennoch war es ein Kampf gegen Unterdrückung und für Freiheit, der langfristig Wirkungen für alle entfaltete. Nur die Nationalsozialisten haben die Entwicklung noch einmal zurückzudrehen versucht. Die heutige Situation, wo Mädchen durchschnittlich "bessere" Schulabschlüsse erwerben als Jungen, wäre ohne Rückgriff auf die schweren Anfänge nicht angemessen zu verstehen und nicht gerecht zu bewerten.

Das Thema ist - anders als die meisten frauengeschichtlichen Probleme - in einigen Schulbücher wenigstens erwähnt, allerdings meist mit programmatischen Texten illustriert. Im folgenden wird weitgehend auf detaillierte Rekonstruktion von Fakten verzichtet und statt dessen überwiegend auf lebensgeschichtliche Erfahrungen, d.h. autobiografische Zeugnisse aus zwei aufeinander folgenden Generationen zurückgegriffen. Dabei sind die bekanntesten Schriftstellerinnen, Frauenrechtlerinnen und Sozialistinnen bewusst ausgeklammert; ihre Texte sind in Neuauflagen oder Quellensammlungen relativ gut greifbar.

8.1 Weibliche Bildungs-, Berufs- und Lebenspläne vor 120 Jahren

Q 1. *Sophie Wiechering*, geb. Schlüter (1871-1937), wuchs als Tochter eines "Heuerlings" (Kleinpächters und Landarbeiters, B.v.B.) in einem westfälischen Dorf auf: "Nun (1885) lag also die Schulzeit hinter mir, und ich war froh darüber. Jetzt sollte doch das Leben erst richtig beginnen, wurde man doch von nun an auch ganz anders mitgezählt. Ich konnte meinen Eltern Arbeit abnehmen, besonders meiner Mutter eine Stütze sein, die doch neben den vielen eigenen Arbeiten auch noch auf dem Meierhofe zu helfen hatte. In den letzten Schuljahren konnte ich nichts dazulernen, es wiederholte sich doch vieles, und außer Rechnen faßte ich alles schnell auf, und darum langweilte ich mich oft im Unterricht. Aus dem Rechnen machte ich mir nicht viel, weil ich mir sagte: 'Was Eier und Butter kosten, wirst Du schon ausrechnen können, und das andere ist Sache der Männer.' Wenn draußen schönes Arbeitswetter war, habe ich oft morgens in der Schule in mich hineingeknurrt: 'Was ist das für eine Zeitvertrödelei! Du sitzt hier herum, und Deine Eltern wissen nicht, wie sie mit der Arbeit fertig werden sollen.' Nun hatte das ein Ende, und ich konnte meine Mutter doch wenigstens beim Bauern ablösen, und weil ich groß und stark genug war, hatte der Bauer nichts dagegen. Ja, die Bäuerin hatte mich sogar sehr gern in der Arbeit. Sie sagte öfters zu meiner Mutter: 'Schick sie nur ruhig das Mädchen, sie ist willig und fleißig und ersetzt mir Deine Arbeitskraft.' (...)
Mit zwanzig Jahren muß ein junges Mädchen bei uns unter der Haube sein. Weil ich immer noch keine Anstalten dazu traf, versuchten meine Eltern nachzuhelfen. Einen Junggesellen von vierzig Jahren hatten sie für mich ausersehen. Er hauste ganz allein auf seiner eigenen Besitzung. Meine Eltern sagten: 'Es wird Dir nie wieder besser geboten. Du hast deinen eigenen Grund und Boden und bist sofort Herrin im Hause!' Ich hörte das lange geduldig an. Doch eines Tages, als ich das Zureden gründlich satt hatte, platzte ich heraus: 'Ihr könnt reden, was Ihr wollt, ich nehme ihn nicht, und wenn er auch doppelt soviel Grund und Boden hätte!' Besonders verabscheute ich ihn, weil er so behaart war. Noch heute überkommt mich ein Ekel, wenn ich an seine Hände denke, die mit langen, braunen Haaren bedeckt waren." (Wiechering 1984, 24, 38)

Q 3. *Auguste Henke*, geb. Vietor (1867-1951), lebte in einem Pfarrhaus in Bremen: "Im Herbst 1882 hatte ich also die höhere Töchterschule samt Selecta (Abschlußklasse für Fortgeschrittene, B.v.B.) durchlaufen, mit 15 Jahren und 2$^1/_2$ Monaten, und damit alle Weisheit in mich aufgenommen, die man damals für gut und ausreichend hielt, einer 'höheren Tochter' mit auf ihren Lebensweg zu geben. Ich sollte aber erst Ostern 83 konfirmiert werden. Was konnte man nun aber mit mir in dem dazwischenliegenden Winter anfangen? Mich im Haushalt zu beschäftigen, schien bei den 2 Mädchen und 2 großen Schwestern nicht angängig. Ich war nicht

Q 2. Heimarbeit 1913 (Richter 1974, 129)
Kaffeekränzchen um 1890 (Weber-Kellermann 1983, 125)

Fisch noch Fleisch. So schickte man mich als Hospitantin auf das Jansonsche Lehrerinnenseminar für Englisch, Französisch, Geschichte, Geographie (?) und Deutsch, zusammen mit Magda Willatzen meiner liebsten Freundin. Und wir Beide wurden außer für deutschen Aufsatz als die Einzigen bei der Aufnahmeprüfung für würdig befunden, an dem Unterricht der Oberklasse teilzunehmen, doch wohl ein Beweis dafür, daß wir in der Bringemannschen Schule immerhin einiges gelernt hatten. (...)
(1885) - Nach einiger Zeit rief Mama mich zu sich in Papas Stube und gab mir einen Brief, den er (der 16 Jahre ältere Wilhelm Henke, B.v.B.) dem an die Eltern beigelegt hatte, und in dem er mich bat, seine Frau zu werden. Mama sah mich erwartungsvoll an. 'Na, was sagst Du?' 'Ja, ich will.' 'Du willst. Hast Du ihn denn lieb?' 'Ja, das habe ich.' 'Davon habe ich ja nichts gemerkt!' 'Das war ja auch nicht nötig. Seit Sonntag weiß ich es ganz gewiß.' 'Dann hätte ich mich ja nicht so zu sorgen brauchen'. - Die Eltern waren sehr einverstanden, da sie volles Vertrauen zu ihm hatten und wußten, aus welch ehrenwertem, frommem Hause er stammte."
(Henke o.J. 242, 257).

Q 4. Dr. *Käthe Schirmacher* (1865-1930) stammte aus einer Familie Danziger Großkaufleute: "Mich packte der faustische Drang, zu wissen, das Welträtsel zu raten, mich mit dem überlieferten Glauben und dem eigenen Denken auseinanderzusetzen, so qualvoll, daß ich darüber buchstäblich an das Ende meines Verstandes kam und die Schädelnähte knacken fühlte. Meine Not aber sprang aus noch anderen Quellen. Ich war noch in der ersten Klasse der städtischen höheren Mädchenschule, da ging ich mit meiner Mutter an einem schönen Frühlingstage die mächtige Pappelallee an der Mottlau hinunter und erklärte ihr, ich wollte studieren, ich müßte studieren, ich müßte wissen.
Der lieben, klugen und gütigen Frau blieb fast das Herz stehen. Studieren! Nicht, daß sie der Wunsch selbst befremdet hätte. Ihr eigner Sinn, ihre glänzenden Gaben wiesen sie diesen Weg. Aber - ich war ein Mädchen, und es war das Jahr 1878, und die Sache galt doch für sehr 'emanzipiert'. (...) daß es 'in der Welt' draußen Hemmungen für die Frau gab, wußte ich doch. Es focht mich freilich in mir selbst gar nicht an, denn ich fühlte mich ganz elementar 'gleichberechtigt', und wenn die Frauenemanzipation von den 'Großen' bemängelt oder abgelehnt wurde, sagte ich zu mir selbst: 'Redet ihr nur, was ihr wollt, es ist doch eine sehr gute Sache.' Seit meinem zwölften Jahre war ich Frauenstimmrechtlerin, ganz selbstverständlich und natürlich (...)
Da ich nicht studieren konnte, besuchte ich - es war damals der Gipfel aller Frauenausbildung - das städtische Lehrerinnenseminar, das ich Herbst 1883 nach bestandener Prüfung verließ. (...) Die Pforte meines Lieblingswunsches schien auf immer versperrt. Da biss ich die Zähne zusammen: Ich will Vater (finanziell, B.v.B.) helfen. (...) So machte ich meine ersten Lehrerfahrungen in einer Klasse wilder Berliner Rangen, denen ich nicht gewachsen war, ging Ostern 1884 als Erzieherin in ein schönes Thüringer Walddorf, erkämpfte mir dort Zeit zur Fortbildung, ging durch eine harte Schule der Selbstzucht und trat Ostern 1885 auf Rat und mit Unterstützung meines Schwagers Münsterberg (...) meine erste Fahrt in die Welt an: nach Paris, um später die französischen Sprachkenntnisse als Erzieherin in England zu verwerten. (...)
In dem Tiergarten der *rue Valette* lernte ich eine junge Französin kennen, die sich an der Sorbonne, philosophische Fakultät, erste Sektion, auf die Oberlehrerprüfung im Deutschen vorbereitete. (...) Von elementarer Macht getrieben, tat ich alle Schritte, um die Anerkennung meiner deutschen Zeugnisse zu erreichen. Schickte dem großen Schwager in Danzig die amtliche Antwort, und in meiner hochsommerlichen Einsamkeit in Paris kam mir die Nachricht aus der Heimat: Studiere! (...)
Ich bedurfte größter Ruhe und Pflege, da ich völlig überarbeitet war. In die Freude des Wiedersehens und Erfolges mischten sich aber sehr viele bittere Tropfen. Wer

brauchte im Deutschland von 1887 einen weiblichen Oberlehrer? Wer wußte in Deutschland, was der Titel *Agrégé* bedeutete, welche Leistung dahinter lag? Ja, wer wollte es wissen? (...) Städte, an die ich meine Eingaben richtete, dankten; das preußische Kultusministerium hatte keine Verwendung für solche Pariser Neuheit, und die damalige Frauen- und Frauenbildungsbewegung blieb durchaus ablehnend. Ich stand vor einem Rätsel: Sie hätten sich doch freuen müssen in Berlin und Leipzig, daß es einer Frau gelungen, was sie für die Frau erstrebten! (...)
Über den Weltfrauenkongreß hielt ich, Herbst 1893 öffentliche Vorträge im 'Frauenwohl' zu Königsberg und Danzig. Seit ich meine erste öffentliche Rede auf Englisch vor 5.000 Hörern gehalten, war ich gefeit. Zum Wintersemester ging ich dann nach Zürich. Mein Schwager sagte: 'Ich will dir nicht im Wege stehen, du könntest mir einmal Vorwürfe machen.' Er erwartete nicht sehr viel von dem Doktortitel. Ich aber wußte, er war der unentbehrliche Schlußstein des Baues. (...) Ich war nun (1895, B.v.B.) ein bekannter deutscher Schriftsteller und Tagesschriftsteller, einer der ersten weiblichen Dr. phil. Deutschlands, eine bekannte deutsche Frauenrechtlerin." (Schirmacher 1921, 10 f., 12 f., 17, 26, 32)

Arbeitsaufgaben

a) Frau Wiechering blieb zeitlebens Bäuerin, Frau Henke leitete - neben einem kinderreichen Haushalt - lange die "Evangelischen Frauenwerke" in Bremen, Frau Dr. Schirmacher wurde 1919 als eine der ersten Reichstagsabgeordneten (übrigens für die "Deutschnationalen"!) gewählt. Lassen sich Gründe für diese Lebensschicksale bereits in Kindheit und Schulzeit nachweisen?
b) Die beiden ersten Beispiele und die Bilder sind für die Chancen und Grenzen der Mädchen in verschiedenen Gruppen typisch. Wie sind sie z.B. Tagelöhnern, Bauern, Heimarbeitern, Industriearbeitern, Handwerkern, Beamten, Lehrern, Unternehmern, Großgrundbesitzern zuzuordnen?
c) Die dritte Lebensbeschreibung stellt einen äußerst seltenen Ausnahmefall dar. Welche Belege dafür finden sich im Text? Listet alle Schwierigkeiten auf, die überwunden werden mußten.
d) Die Ausbildung zur Lehrerin (an der Volksschule) war damals die einzige Weiterbildungsmöglichkeit für Mädchen, fand aber nicht an einer Hochschule statt und galt weniger als das Abitur. Zieht Schlüsse auf das Ansehen der Lehrerinnen und die Geltung der (Volks-)Schule.
e) Die bürgerliche Frauenbewegung dachte - trotz der Erfahrungen der Arbeiterinnen in Industrie, Heimgewerbe und Landwirtschaft - Erwerbsberuf und Ehe/Mutterschaft in der Regel als sich anschließende Alternativen. Sie war z.B. einverstanden, daß Lehrerinnen bei einer Heirat den Beruf verlassen mußten. Welche Motive dürften sie dazu veranlaßt haben? Nehmt aus heutiger Sicht Stellung dazu.
f) Erklärt das Paradox: Arbeiterinnen mußten Geld verdienen, auch wenn sie verheiratet waren; großbürgerliche Frauen sollten kein Geld verdienen, auch wenn sie unverheiratet waren. Beide Regeln wurden als Rechtfertigung dafür herangezogen, allen Frauen höhere Bildung zu verweigern, auch wenn sie weder Familie noch Erwerb wünschten.

8.2 Hochschulzugang für hochbegabte Hochprivilegierte?

Q 5. Gebildete und wohlhabende Frauen unternahmen zahlreiche Aktivitäten zugunsten besserer Ausbildungs- und Erwerbsmöglichkeiten; als Beispiel können die "Satzungen des Frauenvereins Reform zur Eröffnung wissenschaftlicher Berufe für die Frauenwelt" dienen:

"1. Der am 30. März 1888 in Weimar gegründete 'Frauenverein Reform' geht von der Überzeugung aus, daß einerseits die Steigerung der Erwerbsfähigkeit des weiblichen Geschlechts eine unaufschiebbare Pflicht unserer Zeit geworden ist und daß es andererseits der weite Umfang des Feldes der gewerblichen, kaufmännischen, künstlerischen und wissenschaftlichen Berufe, deren volle Aufschließung für die Frauenwelt anzustreben ist, als unmöglich erscheinen läßt, alle Teile dieses mächtigen Gebiets mit Nutzen durch einen Verein zu bearbeiten. Der Frauenverein 'Reform' beschränkt seinen Zweck ausschließlich darauf, für die Erschließung der auf wissenschaftlichen Studien beruhenden Berufe für das weibliche Geschlecht zu wirken; und zwar vertritt der Verein die Ansicht, daß die Frau gleich dem Manne zum Studium aller Wissenschaften Zutritt haben soll, nicht aber auf vereinzelte derselben (wie z.B. die Medizin oder das höhere Lehrfach) beschränkt werden darf.

2. Um dieses Ziel zu erreichen, will der Verein vorzüglich für folgende Punkte zu wirken versuchen:
a Errichtung von Mädchengymnasien mit dem gleichen Lehrplan, wie ihn die auf die Universität vorbereitenden Knabenschulen haben;
b Erlangung des Rechtes für diese Gymnasien, über die an denselben abgelegten Prüfungen amtliche Zeugnisse auszustellen, welche, wie die Maturitätszeugnisse der Knabengymnasien und -Realanstalten, zum Studium an den betreffenden Hochschulen berechtigen;
c Zulassung des weiblichen Geschlechts zum Studium auf Universitäten und anderen wissenschaftlichen Hochschulen;
d Erlangung der staatlichen Erlaubnis für Frauen, diejenigen auf wissenschaftlichen Studien beruhenden Berufe, deren Ausübung einer behördlichen Genehmigung bedarf, auch wirklich ausüben zu dürfen, soweit das praktisch durchführbar ist und sobald die betreffenden Examensnachweise geliefert sind."
(Frederiksen 1981, 230f.)

Q 6. Auch nach jahrzehntelangen hitzigen Debatten und günstigen Erfahrungen in anderen Ländern (Schweiz, USA u.a.) waren die Auffassungen zum Frauenstudium unter den - ausschließlich männlichen - Hochschullehrern geteilt:

Prof. Dr. med. *Paul Julius Möbius*, Leipzig (1900, 9. Aufl. 1908): "Ließe es sich machen, daß die weiblichen Fähigkeiten den männlichen gleich entwickelt würden, so würden die Mutterorgane verkümmern, und wir würden einen häßlichen und nutzlosen Zwitter vor uns haben. Jemand hat gesagt, man solle vom Weibe nichts verlangen, als daß es 'gesund und dumm' sei. Das ist grob ausgedrückt, aber es liegt in dem Paradoxon eine Wahrheit. Übermäßige Gehirntätigkeit macht das Weib nicht nur verkehrt, sondern auch krank. Wir sehen das leider tagtäglich vor Augen. Soll das Weib sein, wozu die Natur es bestimmt hat, so darf es nicht mit dem Manne wetteifern. Die modernen Närrinnen sind schlechte Gebärerinnen und schlechte Mütter. In dem Grade, in dem die 'Zivilisation' wächst, sinkt die Fruchtbarkeit, je besser die Schulen werden, um so schlechter werden die Wochenbetten, um so geringer wird die Milchabsonderung, kurz, um so untauglicher werden die Weiber." (Hohmann 1981, 158)

Prof. Dr. med., jur., phil. *Wilhelm Wundt*, Leipzig (1907): "Wenn ich gesagt habe, daß ich Niemand für berechtigt halte, irgend jemanden an der Ausbildung und der nützlichen Anwendung seiner geistigen Fähigkeiten zu hindern, so habe ich diesen Satz lediglich als eine ethische Forderung verstanden. Ich meine: Die Frau, die nach bestimmten Richtungen hin die gleichen Fähigkeiten hat wie der Mann, ist genau ebenso wie dieser an und für sich berechtigt, diese Fähigkeiten auszubilden und anzuwenden. Das so oft gehörte Argument: es seien schon in allen Gebieten die Angebote männlicher Bewerber zahlreich genug, es bestehe daher kein Bedürfnis auch nach weiblicher Konkurrenz und dergleichen - dieses Argument erscheint mir lediglich als der Ausdruck eines brutalen Geschlechtsegoismus, der nicht besser ist als irgend ein Klassenegoismus, der Vorrechte für sich in Anspruch nimmt."

Prof. Dr. jur. *Felix Dahn*, Breslau (1897): "So wünschenswert es wäre, den Frauen neue Berufswege zu erschließen, so groß sind doch die Schwierigkeiten des akademischen Studiums für sie. Vor allem müßten Mädchengymnasien in genügender Zahl errichtet werden: ohne Gymnasialbildung können Mädchen und Frauen nur wenige Vorlesungen (über Geschichte, Sprachen, Literatur, Ästhetik) mit Vorteil besuchen, wie sie es ja dies Jahr hier und in Berlin als Hospitantinnen tun. Aber auch nach Gymnasialbildung können sie ersprießlicher Weise die Rechte und Medizin nicht studieren (höchstens um tauglichere Hebammen zu werden); weibliche Richter und Anwälte können wir nicht brauchen und zum ärztlichen Beruf fehlen ihnen die körperlichen Kräfte wie gewisse Charaktereigenschaften."

Prof. Dr. jur. et phil. *Lujo Brentano*, München (1897): "Ich bin der Meinung, daß es Teile des wirtschaftlichen Lebens gibt, zu deren genauer Kenntnis und demgemäß zu deren wissenschaftlicher Erkenntnis wir nur mit Hilfe wissenschaftlich geschulter Frauen gelangen können. Es sind dies alle Zweige des Wirtschaftslebens, in denen die Frauenarbeit eine Rolle spielt. -- Die Erkenntnis des Kausalzusammenhanges der Erscheinungen und der Wirkungen der einzelnen gesellschaftlichen Einrichtungen setzt aber gerade auf volkswirtschaftlichem Gebiete eine besondere wissenschaftliche Schulung voraus. Also, wenn der höchst erfreuliche Eifer und die so wünschenswerte Teilnahme der Frauen an den sozialen Problemen der Zeit wohltätig wirken sollen, ist es dringend nötig, daß sie vor allem lernen." (Gosche 1927, II, 20f.)

Arbeitsaufgaben
a) Sind die Forderungen des Vereins "Reform" als gemäßigt oder als radikal anzusehen?
b) Prüft die Argumente der Gegner und der Befürworter des Frauenstudiums? Welche Seite dürfte in der Mehrheit gewesen sein?
c) Welche Motive für Unterstützung und Ablehnung könnt Ihr Euch vorstellen?
d) Hört Ihr heute noch entsprechende Meinungen zu dieser oder einer ähnlichen Frage in Eurer Umgebung?

Q 7. Nach vielen vergeblichen Vorstößen der bürgerlichen Frauenrechtlerinnen wurde endlich 1908 in Preußen eine "Neuordnung des höheren Mädchenschulwesens" erlassen. In der Einleitung zu diesem wichtigen und für kleinere deutsche Staaten modellbildenden Dokument hieß es: "Neben der Höheren Mädchenschule (bis zur 10. Klasse, B.v.B.) und dem Lyzeum mit höherem Lehrerinnenseminar, welche der allgemeinen Weiterbildung und der Fachausbildung zur Lehrerin dienen, sind Veranstaltungen nötig, um die Vorbereitung der jungen Mädchen der höheren Stände auch für akademische Berufe, soweit solche für Frauen in Betracht kommen, zweckmäßig zu ordnen.
Die rasche Entwicklung unserer Kultur und die damit gegebene Verschiebung der Gesellschafts-, Erwerbs- und Bildungsverhältnisse der Gegenwart haben es mit sich gebracht, daß gerade in den mittleren und höheren Ständen viele Mädchen unversorgt bleiben und viele für die Gesamtheit wertvolle Frauenkraft brach liegt. Der Überschuß der weiblichen über die männliche Bevölkerung und die zunehmende Ehelosigkeit der Männer in den höheren Ständen zwingen einen größeren Prozentsatz der Mädchen gebildeter Kreise zum Verzicht auf ihren natürlichen Beruf als Gattin und Mutter. Ihnen sind die Wege zu einem ihrer Erziehung angemessenen Berufe zu bahnen, bei den meisten auch zwecks Erwerbung der nötigen Mittel zum Lebensunterhalte, nicht allein in der Oberlehrerinnenlaufbahn, sondern auch in anderen, auf Universitätsstudien begründeten Lebensstellungen, soweit sie für Frauen in Betracht kommen. Denn es ist nicht gut und nicht im Inter-

esse der Schule, allen solchen Mädchen als einzigen ihrem Stande angemessenen Beruf den der Lehrerin freizugeben und damit manche, die innerlich nicht Lust und Veranlagung dazu haben, aus äußeren Gründen in eine Lebensarbeit hineinzutreiben, die den ganzen Menschen fordert, die ihnen selbst aber keine Befriedigung und der Sache nur Schaden bringen kann.
Die Ausbildung zur Universitätsreife soll in 'Studienanstalten' erfolgen, die tunlichst an Höhere Mädchenschulen angegliedert werden. Die in ihnen vermittelte Bildung soll derjenigen in den höheren Lehranstalten für die männliche Jugend gleichwertig sein, mechanische Übereinstimmung aber vermeiden." (Giese 1961, 222f.)

Q 8. Jahrgangsstärke der 11. bis 13. Klassen an Höheren Schulen (1911 Preußen, 1931 und 1937 Deutsches Reich, 1956 und 1975 Bundesrepublik)

Jahr	Mädchen	% der Gleichaltrigen	Jungen	% der Gleichaltrigen
1911	?	unter 0,5	11395	3,3
1931	11135	2,0	38464	6,9
1937	13324	1,6	39062	6,1
1956	17318	3,8	33477	7,1
1975	70850	16,2	81802	17,6

(berechnet nach Lundgreen 1981, II, 119)

Studierende an deutschen Hochschulen
(1911, 1931 und 1937 Deutsches Reich, 1952 und 1975 Bundesrepublik)

Jahr	Studentinnen	% aller Studierenden	Studenten	% aller Studierenden
1911	2653	3,6	70246	96,4
1931	22076	16,0	115859	84,0
1937	9306	14,3	55648	85,7
1952	24942	19,6	102178	80,4
1975	236355	36,1	419114	63,9

(berechnet nach Lundgreen 1981, II, 146)

Arbeitsaufgaben
a) Bis 1908 waren "Höhere Mädchenschulen" oder gar "Höhere Töchterschulen" etwas ganz anderes als "Höhere Jungenschulen" oder gar "Gymnasien". Inwiefern gibt der preußische Staat 1908 den Frauenforderungen nach, inwiefern nicht?
b) Sucht Erklärungen dafür, daß Mädchenabitur und Frauenstudium, die als dünnes Rinnsal begannen, fast unaufhaltsam zunahmen.
c) Erkundigt Euch, warum und wie in der Zeit des Nationalsozialismus die Bildungs- und Berufschancen von Frauen gezielt verringert wurden.

d) Seit 1975 haben die Mädchen an Höheren Schule zahlenmäßig die Jungen überholt, an Hochschulen dagegen bleiben sie unterrepräsentiert. Denkt über mögliche Gründe nach.

8.3 Vor fast hundert Jahren: Der weite Weg zur Selbstverständlichkeit

Q 9. *Maria Gremel*, geb. ? (1900 - nach 1982), wuchs als Tagelöhnertochter im Böhmerwald auf und mußte schon mit neun Jahren als Magd Geld verdienen: "Zieht der Frühling in das Land, so bringt er auch den Mai und alle konnten es kaum erwarten, daß die Schulbesuchserleichterung (Beurlaubung zur Arbeit, B.v.B.) wieder einsetzte. Wie wurde da beim Frühjahrsanbau schon gejammert, daß die große Dirn noch in die Schule gehen muß! Im Herbst waren es dann nur mehr sechs Wochen, wo ich die Schulbank drücken mußte. Im Winter, wo die Tage kurz sind, da ist eher Zeit dazu. Aus der Schule ausgetreten ist man damals genau am 14. Geburtstag, man mußte also nicht das ganze Schuljahr noch durchmachen. (...)
Erst aber kam der erste Mai. In der Schule fragte mich der Oberlehrer, was ich weiter zu unternehmen gedenke. Ich saß ja nun in der Klasse schon hinten an der Fensterseite, da waren die Großen und Gescheiten. Trotz des halben Schuljahres, wo ich nicht gehen durfte, hatte ich immer nur Einser. Ich war nicht stolz darauf, aber der Lehrer sagte, ich soll doch weiter lernen, es wäre schade, mit dem Zeugnis Dienstmagd zu sein, wo ich doch mehr leisten könnte. Ja, Lehrerin werden, wäre freilich mein Wunschtraum gewesen! Doch gab es damals noch keinerlei Hilfe und öffentliche Begünstigungen wie heute. So konnten solche Träume nur reiche Leute ihren Kindern ermöglichen.
Als ich es daheim bei der Arbeit nur so nebenbei erzählte, daß ich gerne Lehrerin werden möchte, da fuhr man mich voll Hohn an und es hieß nur: 'Die hat Ideen, geh' doch raus in den Kuhstall, da hast Schul genug. Wir werden gleich mit deinem Vater reden, damit er dir diese Mucken austreibt. Jetzt haben wir dich die ganzen Jahre ohnehin nur zum Fressen gehabt, nun willst gehen, wo man dich zum Arbeiten gebrauchen könnte!' Ich könnte heute noch heulen, wenn ich daran denke. Doch nicht weil mein Wunsch nicht in Erfüllung gehen konnte, so dumm war ich im 14. Lebensjahr nicht mehr, um nicht zu wissen, daß es allen Armen nicht besser geht. Nein, das war es nicht. Aber die harten Worte! Immer das Fressen! Nie in meinem ganzen Leben würde ich eigenen Kindern das Essen vorhalten." (Gremel 1983, 220f.)

Q 11. *Hedwig Wachenheim* (1891-1969) stammte aus einer vermögenden jüdischen Unternehmerfamilie in Mannheim: "Nach der Schulzeit bestand mein Leben großteils im Anfertigen von Handarbeiten, in Besuchen bei meinen Großmüttern, Kaffeevisiten, Besuchen von Theateraufführungen und Bällen, Schlittschuhlaufen und den sechswöchigen Sommerferien. (...) Daß ich neunzehn wurde, ohne verheiratet zu sein, bekümmerte meine Großmutter sehr, und nach der Mode der Zeit faßte sie das in einem Zitat aus Schillers Jungfrau von Orleans zusammen: 'Jeannette, Deine Schwestern machen Hochzeit ... Du, meine Jüngste, machst mir Gram und Schmerz.' (...) 1912 besuchte uns eine Kusine meines Vaters aus Triest, die sich vor der Langeweile einer unglücklichen Ehe in die verschiedenen zu jener Zeit üblichen Frauenkrankheiten flüchtete. Sie war mit Helene Simon, die damals schon wegen ihres Kampfes für Schulspeisungen und Frauenemanzipation bekannt war, verwandt oder befreundet, und als wir einmal unter vier Augen zusammen waren, sagte ich ihr, daß ich mein Leben nicht mehr ertragen könne. Sie erwiderte, daß die Berliner Soziale Frauenschule Mädchen ohne Vorbildung aufnehme. Ich schrieb an die Schule, erhielt eine Zusage und wurde im Herbst 1912 aufgenommen. Meiner Mutter erzählte ich zunächst nichts davon.

Q 10. Industriearbeit 1906 (Ruppert 1983, 188)
Jugendbewegtes Wandern 1913 (Richter 1974, 198)

Am Morgen meines einundzwanzigsten Geburtstages - wir waren gerade bei meiner Tante in Triest zu Besuch - ging ich zu meiner Mutter ins Schlafzimmer und erklärte ihr, noch ehe sie mir gratulieren konnte, ich sei nun mündig und Herr meiner Entschlüsse, auch hätte ich von meinem Vater Geld geerbt, über das ich jetzt frei verfügen könne und das für ein bescheidenes Leben durchaus ausreiche. Ich sei entschlossen, der Öde meines Daseins ein Ende zu machen und auf die Soziale Frauenschule nach Berlin zu gehen. Es war eine große Ungezogenheit, ihr das so plötzlich ins Gesicht zu schleudern, aber ich entging dadurch einer sich lange hinziehenden, unfruchtbaren Auseinandersetzung. Mein Vorgehen erwies sich als geschickter, als ich es vorausgesehen hatte. Mein kluger Onkel riet meiner Mutter, einen Zwist zu vermeiden und mich gehen zu lasse, da sie es ja doch nicht verhindern könne: vielleicht würde ich vernünftiger, wenn ich etwas Richtiges lerne." (Wachenheim 1973, 20f., 23)

Q 12. Dr. *Oda Lohmeyer* gehörte zur ersten Generation von Schülerinnen, die auf den 1908 gegründeten "Studienanstalten", also auf "normalem" Weg ein Abitur erwarben: "Unsere Klasse war wohl nicht einheitlich, wie es heute eine Schulklasse i.a. ist. Wir gehörten noch zu den 'realgymnasialen Kursen für Mädchen' (eingerichtet ursprünglich vom Verein 'Frauenbildung, Frauenstudium'), die, auf der Klasse I der Höheren Mädchenschule aufbauend, in vier Jahren zum Abitur führten. Die meisten von uns waren (...) aus der Ersten Klasse an die 'Kurse' übergegangen; gleich zu Anfang und im Laufe der Jahre traten aber auch ältere Mitschülerinnen hinzu, darunter einige, die bereits das 'Lehrerinnenexamen' gemacht oder gar schon im Beruf gestanden hatten. Ostern 1913 war die älteste 25, die jüngste knapp 18 Jahre alt. Weit mehr als die Hälfte kam von auswärts, nicht etwa nur aus Hessen, sondern aus allen möglichen Gegenden Nordwestdeutschlands, aus Westfalen und der Rheinprovinz, vom Harz, von Göttingen und von der Wasserkante, denn Kassel war damals in weitem Umkreis die einzige Mädchenbildungsanstalt, die zum Abitur führte. Unter 18 Prüflingen waren Ostern 1913 10 Auswärtige. Aus den 'Kursen' war damals bereits die 'Studienanstalt' entstanden, die mit der Untertertia (8. Klasse, B.v.B.) begann.
Trotz mancher Verschiedenheiten verband uns echte Kameradschaft und bei allem Frohsinn und aller jugendlichen Unbeschwertheit ein ernstes Streben. Wer damals in die 'Studienanstalt' bzw. bei den 'Kursen' eintrat, hatte fest vor, das Abitur zu machen und zu studieren. Manch eine hatte die Erlaubnis für diesen unweiblichen Lebensweg erst nach heftigen Kämpfen im Elternhaus durchsetzen können. Mein Vater z.B. fürchtete, daß ich den körperlichen Anstrengungen nicht gewachsen sein werde, und mein ein Jahre älterer Bruder (mit dem ich übrigens ganz besonders gut stand) sah mich im Geist schon im Irrenhaus enden. Wir 17 Abiturientinnen von Ostern 1913 und die 4 künftigen Apothekerinnen, die im Jahre vorher mit der Oberprimareife abgegangen waren, haben - abgesehen von zweien, die sehr bald heirateten - fast alle unsere akademische Ausbildung zu Ende geführt. 7 wurden Ärztinnen, 6 traten in das Höhere Lehramt ein, und viele - i.b. die Ärztinnen und Apothekerinnen - haben auch nach der Verheiratung den Beruf weiter ausgeübt." (Jahrbuch 1963/64, 41)

Arbeitsaufgaben
a) Frau Gremel ging als Kleinbürgerin in die Stadt, Frau Wachenheim wurde sozialdemokratische Sozialpolitikerin, Frau Dr. Lohmeyer Studienrätin. Worin zeigt sich, daß der Weg zum Studium noch immer etwas Seltenes und Mutiges war, worin, daß er im Laufe einer Generation schon viel leichter geworden war?
b) Der letzte Text beschreibt den nach 1908 gelingenden Übergang von privaten Vorbereitungseinrichtungen auf das Abitur zu staatlichen Schulen. Inwiefern liegt darin ein großer Erfolg der Frauenbewegung?
c) Auch vor rund 90 Jahren war das Frauenstudium ein Privileg der reichen und gebildeten Schichten. Nennt Belege aus den Bild- und Textdokumenten.

d) In der Frühzeit der höheren Frauenbildung (ohne und mit Hochschulstudium) tauchen immer drei Berufsgruppen auf: Erziehung, Sozialarbeit und Medizin. Warum gerade diese drei? Welche Vorteile und Nachteile hatte das für die Frauen und für die Gesellschaft?
e) Welche anderen "höheren" und "wissenschaftlichen" Berufe fehlen? Warum?
f) Ist der Frauenrechtskampf einer Minderheit auch für die Nachkommen der von Bildung ausgeschlossenen Mehrheit wichtig? Kann er ein Vorbild sein?

Literaturnachweise

Frederiksen, Elke (Hrsg.): Die Frauenfrage in Deutschland 1865-1915. Texte und Dokumente; Stuttgart (Reclam) 1981.
Giese, Gerhardt (Hrsg.): Quellen zur deutschen Schulgeschichte seit 1800; Göttingen (Musterschmidt) 1961.
Gosche, Agnes: Die organisierte Frauenbewegung, 2 Teile; Berlin (Herbig) 1927 (= Quellenhefte zum Frauenleben in der Geschichte 19a/b).
Gremel, Maria: Mit neun Jahren im Dienst. Mein Leben im Stübl und am Bauernhof 1900-1930; Wien (Böhlau) 2. Aufl. 1983.
Henke, Wilhelm und *Henke*, Auguste: Lebenserinnerungen, o.O. (Privatdruck) o.J.
Hohmann, Joachim S. (Hrsg.): Schon auf den ersten Blick. Lesebuch zur Geschichte unserer Feindbilder; Darmstadt (Luchterhand) 1981.
Jahrbuch 1963/64 der Heinrich Schütz Schule Kassel; Kassel (Eigendruck) 1964.
Lundgreen, Peter: Sozialgeschichte der deutschen Schule im Überblick, 2 Bde.; Göttingen (Vandenhoek) 1980/81.
Richter, Gert (Hrsg.): Die gute alte Zeit im Bild. Alltag im Kaiserreich 1871-1914 in Bildern und Zeugnissen präsentiert; Gütersloh (Bertelsmann Lexikon) 1974.
Ruppert, Wolfgang: Die Fabrik. Geschichte von Arbeit und Industrialisierung in Deutschland; München (Beck) 1983.
Schirmacher, Käthe: Flammen. Erinnerungen aus meinem Leben; Leipzig (Dürr & Weber) 1921.
Wachenheim, Hedwig: Vom Großbürgertum zur Sozialdemokratie. Memoiren einer Reformistin; Berlin(West) (Colloquium) 1973.
Weber-Kellermann, Ingeborg: Frauenleben im 19. Jahrhundert. Empire und Romantik, Biedermeier, Gründerzeit; München (Beck) 1983.
Wiechering, Sophie und *Wiechering*, Fritz: Friedenszeiten und Kriegsjahre im Spiegel zweier Lebenserinnerungen; Münster (Coppenrath) 1984 (= Beiträge zur Volkskultur Nordwestdeutschlands 37).

Fundstellen der Erstveröffentlichungen

Frauenleistung und Frauengeltung in jungsteinzeitlichen Bauerndörfern, in: Borries, Bodo v. und Kuhn, Annette (Hrsg.): Frauen in der Geschichte VIII; Düsseldorf (Schwann) 1986, 21-90.

Frauen im alten China, in: Kuhn, Annette und Schneider, Gerhard (Hrsg.): Frauen in der Geschichte (I); Düsseldorf (Schwann) 1979, 2. Aufl. 1982, 223-274.

Frauenunterdrückung und Frauenbefreiung bei den Römern. Begründung, Planung, Materialien für problemorientierten Geschichtsunterricht, in: Westermanns Päd. Beitr. 29. Jg., 1977, 419-327, 457-468. Leicht geänderter Wiederabdruck in: Römische Republik: Weltstaat ohne Frieden und Freiheit?; Stuttgart (Klett) 1980, 2. Aufl. 1985, 83-108, 195-200, 239-244.

Die "Große Hexenverfolgung" (1585-1665) - "Todeskampf des Mittelalters" oder "Geburtswehen der Neuzeit"?, unveröffentlicht; der Abschnitt "Erklärungen! Erklärungen? Erklärungen! Erklärungen?" schon in: Steidinger, Susanne: Hexenverfolgungen in der frühen Neuzeit, in: Borries, Bodo v. und Kuhn, Annette (Hrsg.): Frauen in der Geschichte VIII, Düsseldorf (Schwann) 1986, 91-152, hier 142-146 (Mat. 49; formuliert von Bodo v. Borries, siehe 150, Anm. zu Mat. 49).

Im "Paradies der Frauen"? Weibliches Leben in den dreizehn Kolonien und den frühen USA, in: Kuhn, Annette und Rüsen, Jörn (Hrsg.): Frauen in der Geschichte II; Düsseldorf (Schwann) 1982, 2. Aufl. 1986, 127-176.

"Konvenienzehe" oder "Leidenschaftsheirat"? Autobiografische Zeugnisse des 18. Jahrhunderts zur rationalen Partnersuche in der Vormoderne, unveröffentlicht.

"Wie Mädchen gemacht und Frauen geformt wurden" - Geschlechtsspezifische Erziehung und weiblicher Charakter im bürgerlichen Zeitalter 1763-1914, in: Bergmann, Klaus u.a. (Hrsg.): Kindheit in der Geschichte I; Düsseldorf (Schwann) 1985, 19-69.

Weibliches Recht auf Studium und Beruf?, in: Feminin - Maskulin, Friedrich Jahresheft VII; Velber (Friedrich) 1989, 134-138. (Leichte Kürzungen in dieser Publikation sind rückgängig gemacht.)

Eigene Beiträge zu Theoriebildung und Normsetzung, Empirie und Historie frauengeschichtlichen Lernens

Frauen in Schulgeschichtsbüchern. Zum Problem der Benachteiligung von Mädchen im Unterricht, in: Westermanns Päd. Beitr. 27. Jg. 1975, 601-618. Erweiterter Wiederabdruck als: Männergeschichte für Mädchengehirne, in: Schallenberger, E. Horst und Stein, Gerd (Hrsg.): Das Schulbuch zwischen staatlichem Zugriff und gesellschaftlichen Forderungen, Kastellaun (Henn) 1978, 187-222.

(zusammen mit Annette Kuhn) Ansätze zu einem frauengeschichtlichen Curriculum. Ein vorläufiger und lückenhafter Versuch, in: Geschichtsdidaktik 3. Jg. 1978, 312-339. Wiederabdruck in: Borries, Bodo v. u.a. (Hrsg.): Sammelband Geschichtsdidaktik: Frau in der Geschichte I/II/III; Düsseldorf (Schwann) 1984, 13-40.

Geschlechtsrollen und Frauengeschichte in der Unterrichtspraxis. Über Chancen und Grenzen kompensatorischen Lernens, in: Geschichtsdidaktik 3. Jg. 1978,

340-359. Wiederabdruck in: Borries, Bodo v. u.a. (Hrsg.): Sammelband Geschichtsdidaktik: Frau in der Geschichte I/II/III; Düsseldorf (Schwann) 1984, 41-61.

Mädchensozialisation und Frauengeschichte. Beobachtungen zum pädagogisch-psychologischen und fachdidaktischen Schrifttum, in: Geschichtsdidaktik 4. Jg. 1979, 15-35. Wiederabdruck in: Borries, Bodo v. u.a. (Hrsg.): Sammelband Geschichtsdidaktik: Frau in der Geschichte I/II/III; Düsseldorf (Schwann) 1984, 73-93.

Frauengeschichte, in: Bergmann, Klaus u.a. (Hrsg.): Handbuch der Geschichtsdidaktik, 1. Bd.; Düsseldorf (Schwann) 1979, 247-253. Erweiterter Wiederabdruck als: Didaktik der Frauengeschichte; a.a.O., 3. völl. überarb. und bed. erw. Aufl. 1985, 325-330, 4. Aufl. Seelze-Velber (Kallmeyer) 1992, 325-330.

Weibliche Geschichtslosigkeit: "Angeboren" oder "erlernt"?, in: Brehmer, Ilse (Hrsg.): Sexismus in der Schule; Weinheim (Beltz) 1982, 119-128.

Sexismus im Geschichts- und Politikunterricht? Eine Nachuntersuchung aus fünf Jahren Abstand, in: Brehmer, Ilse (Hrsg.): Sexismus in der Schule; Weinheim (Beltz) 1982, 129-149.

Forschen und Lernen an Frauengeschichte. Versuch einer Zwischenbilanz, in: Joeres, Ruth-Ellen B. und Kuhn, Annette (Hrsg.): Frauen in der Geschichte VI; Düsseldorf (Schwann) 1985, 49-89.

Vom Nutzen der Kindheitsgeschichte für historisches Lernen und kindliche Identität, in: Bergmann, Klaus u.a. (Hrsg.): Kindheit in der Geschichte I; Düsseldorf (Schwann) 1985, 7-18.

Unterricht über Frauengeschichte. Wege und Schritte, in: Borries, Bodo v. und Kuhn, Annette (Hrsg.): Frauen in der Geschichte VIII; Düsseldorf (Schwann) 1986, 9-19.

Erzählte Hexenverfolgung. Über legitime und praktikable Medien für die 5. bis 8. Klasse, in: Geschichte lernen, Heft 2, 1988, 27-28, 41-49.

Frauengeschichte - Mode, Sekte, Wende?, in: Feminin - Maskulin, Friedrich Jahresheft VII; Velber (Friedrich) 1989, 76-82.

Noch einmal: Frauengeschichte und Kindheitsgeschichte im Unterricht - Von der Schwierigkeit, Vernünftiges und Humanes praktisch durchzusetzen, in: Süssmuth, Hans (Hrsg.): Geschichtsunterricht im vereinten Deutschland. Auf der Suche nach Neuorientierung, Teil II; Baden-Baden (Nomos) 1991, 186-205.

Frauengeschichte in der Schule - Chancen und Erfahrungen, in: Löhr, Brigitte (Hrsg.): Frauen in der Geschichte. Grundlagen, Anregungen, Materialien für den Unterricht, Bd. 1: Beiträge; Tübingen (DIFF) 1993, 14-22. Wiederabdruck in: Informationen für Geschichtslehrer zur postuniversitären Fortbildung 2/94; Graz u.a. (Andreas Schnider) 1994, 4-14.

Geschlechtsspezifisches Geschichtsbewußtsein und koedukativer Geschichtsunterricht, in: Arnold, Udo u.a. (Hrsg.): Stationen einer Hochschullaufbahn. Festschrift für Annette Kuhn zum 65. Geburtstag; Dortmund (Edition Ebersbach) 1999, 89-111. Leicht geänderter Wiederabdruck in: Oechsle, Mechtild und Wetterau, Karin (Hrsg.): Politische Bildung und Geschlechterverhältnis; Opladen (Leske + Budrich) 2000, 262-288.

GPSR Compliance
The European Union's (EU) General Product Safety Regulation (GPSR) is a set of rules that requires consumer products to be safe and our obligations to ensure this.

If you have any concerns about our products, you can contact us on

ProductSafety@springernature.com

In case Publisher is established outside the EU, the EU authorized representative is:

Springer Nature Customer Service Center GmbH
Europaplatz 3
69115 Heidelberg, Germany

www.ingramcontent.com/pod-product-compliance
Ingram Content Group UK Ltd.
Pitfield, Milton Keynes, MK11 3LW, UK
UKHW041415180426
11947UKWH00007B/142